DIE NEUEN ALTTESTAMENTLICHEN PERIKOPENTEXTE

Alexander Deeg | Andreas Schüle

DIE NEUEN ALTTESTAMENTLICHEN PERIKOPENTEXTE

Exegetische und homiletisch-liturgische Zugänge

EVANGELISCHE VERLAGSANSTALT
Leipzig

Bibliografische Information der Deutschen Nationalbibliothek
Die Deutsche Nationalbibliothek verzeichnet diese Publikation in der
Deutschen Nationalbibliografie; detaillierte bibliografische Daten
sind im Internet über http://dnb.dnb.de abrufbar.

3. Auflage 2019
© 2018 by Evangelische Verlagsanstalt GmbH · Leipzig
Printed in Germany

Das Buch wurde auf alterungsbeständigem Papier gedruckt.

Cover: Kai-Michael Gustmann, Leipzig
Coverbild: Robert Rudat © by Andreas Schüle
Satz: Steffi Glauche, Leipzig
Druck und Binden: druckhaus köthen GmbH & Co. KG

ISBN 978-3-374-05596-8
www.eva-leipzig.de

VORWORT

Das Alte Testament gewinnt in den evangelischen Kirchen in Deutschland an Bedeutung. In der »Ordnung der Lese- und Predigttexte«, die am 1. Advent 2018 in Kraft tritt, verdoppelt sich der Anteil alttestamentlicher Texte im Vergleich zur bisherigen Perikopenordnung. Wenn das Alte Testament uns heute nahekommt, bedeutet das nicht, dass es deswegen unserer Frömmigkeit das Wort reden sollte. Eher im Gegenteil, dem Alten Testament heute zu begegnen fordert heraus, weil es aus einer Zeit und Welt zu uns spricht, die anders war als unsere eigene. Und doch haben Christinnen und Christen in diesen ›fremden‹ Worten immer wieder das an sie gerichtete Wort Gottes wahrgenommen. Das Alte Testament ist kein gefälliger Text, sondern zeugt von einem Ringen mit Gott, das sich in Erzählungen, Prophetien und Weisheitssätzen niedergeschlagen hat und dessen existenzieller Ausdruck die Klage ebenso ist wie das Lob. »Ich lasse dich nicht, du segnest mich denn!« (Gen 32,27), dieser Satz des Jakob ist gleichermaßen Über- wie Unterschrift einer jeden ernsthaften und intensiven Verstehensbemühung, die nicht zuletzt dem Predigen vorausgeht.

Der Leipziger Künstler Robert Rudat hat eigens für diesen Band eine Figur geschaffen, die ganz aus unserer Zeit ist und doch fremd erscheint. Sie kann für die Bilder und Geschichten des Alten Testaments stehen. Andererseits zeichnet sich in ihrem Gesichtsausdruck und ihrer Körperhaltung auch etwas von einem Ringen und Fragen, vielleicht auch Zweifeln, aber in jedem Fall einem Festhalten ab. Es ist eine Figur unserer Zeit – eine junge Frau, die nicht so aussieht, als würde sie sich mit einfachen Antworten abspeisen lassen. Auch in diesem Band geht es nicht darum, die Auseinandersetzung mit dem Alten Testament zugunsten ›brauchbarer‹ Handreichungen für die Predigt abzukürzen. Im Gegenteil haben wir es uns zum Ziel gesetzt, den Weg zur Predigt etwas länger zu machen, ermutigt durch die eigene Erfahrung, dass es rechts und links des Weges vieles zu sehen und zu entdecken gibt.

Im Judentum gibt es das Konzept der *Chevruta* (vom hebräischen Wort *chaver* = Freund). Beim Lernen soll man nicht allein sein, sondern sich durch die Stimme einer/eines anderen herausfordern lassen. Rabbi Chama ben Chanina sagt: »Wie ein Messer nur durch ein anderes geschliffen werden kann, so wird auch der Schüler nur klüger durch seinen *chaver.*«[1] Auf eine Art biblisch-praktisch-theologische Chevruta haben wir uns als die Autoren dieses Buches in den vergangenen zwei Jahren eingelassen – mit Freude und Gewinn. Wir sind der Überzeugung, dass es gut ist, wenn in den neuen Lese- und Predigtperikopen der evangelischen Kirchen das Alte Testament stärker zu Gehör kommt als bisher. Die zum 1. Advent 2018 in Kraft tretende revidierte Perikopenordnung fällt zugleich in eine Zeit, in der die Frage nach der Bedeutung des Alten Testaments für Kirche und Christentum intensiv diskutiert wird. Mehrfach wurden wir aufgefordert, zu dieser Diskussion Stellung zu nehmen, haben dies gerne getan, bei dieser Gelegenheit aber auch gesehen, dass die eingehende Auseinandersetzung mit *einzelnen* Texten oft weiterführender ist als abstrakte Überlegungen zum Verhältnis der beiden Testamente. Die Idee, aus unseren beiden Fachperspektiven, der Alttestamentlichen und Praktischen Theologie, ein gemeinsames Buch zu schreiben, ist das Ergebnis langjährigen Lesens, Nachdenkens und auch Predigens. In einem gemeinsamen Seminar im Wintersemester 2017/18 haben wir einige der neuen Texte gemeinsam mit Studierenden diskutiert und auch dabei deren Potential für gegenwärtiges Glauben und Zweifeln, Fragen und Suchen nach Gott entdeckt.

Unser Dank gilt zu allererst Frau stud. theol. Hanna Kuchenbuch, die alle Texte gründlich gelesen, hilfreich kommentiert und uns immer wieder mit Nachdruck daran erinnert hat, dass dieses Werk auch einmal zum Abschluss kommen musste.

Wir danken allen Kirchen, die die Veröffentlichung dieses Buches durch namhafte Zuschüsse (Evangelisch-Lutherische Landeskirche Hannovers, Evangelische Landeskirche in Württemberg, Evangelisch-Lutherische Landeskirche Sachsens, Evangelische Kirche Kurhessen-Waldeck, Evangelische Kirche Berlin-Brandenburg-schlesische Oberlausitz, Union Evangelischer Kirchen, Evangelische Kirche in Deutschland, Vereinigte Evangelisch-Lutherische Kirche Deutschlands) oder zugesagte Festabnahmen (Evangelische Landeskirche in Baden, Evangelische Kirche im Rheinland, Lippische Landeskirche, Evangelisch-Lutherische Kirche in Braunschweig, Evangelisch-Lutherische Landeskirche Schaumburg-Lippe, Evangelisch-Reformierte Kirche) unterstützt haben. Frau Katja Keßler, Sekretärin am Lehrstuhl für Exegese und Theologie des Alten Testaments in Leipzig, hat dankenswerterweise die Koordination mit den Kirchen übernommen.

---

[1]   Midrasch Bereshit Rabba 69:2.

Schließlich sind wir Frau Dr. Annette Weidhas von der Evangelischen Verlagsanstalt Leipzig dankbar verbunden, die dieses Buch von der ersten Idee bis zur Fertigstellung mit Energie und Tatkraft begleitet hat.

Leipzig, im Juni 2018

Alexander Deeg, Andreas Schüle

VORWORT ZUR 3. AUFLAGE

Nach nur wenigen Monaten ist diesem Band nun bereits eine dritte Auflage beschieden. Das zeugt vom großen Interesse der Predigerinnen und Prediger an den neuen alttestamentlichen Perikopentexten und, damit verbunden, an den besonderen Herausforderungen und Möglichkeiten des Predigens über das Alte Testament.

Die beiden Verfasser bedanken sich überdies für die zahlreichen Einladungen, dieses Werk in kirchlichen und akademischen Kontexten vorzustellen und zu diskutieren. Auch hier wurde deutlich, dass die niemals einfache, aber stets herausfordernde Begegnung mit Texten aus dem Alten Testament der Predigtarbeit insgesamt neue Akzente zu verleihen vermag.

Der Band erscheint, abgesehen von den üblichen Korrekturen, in unveränderter Gestalt. Wir haben einmal mehr der Evangelischen Verlagsanstalt Leipzig für die kompetente und umsichtige Betreuung auch dieser Neuauflage zu danken.

In der Fastenzeit 2019

Alexander Deeg, Andreas Schüle

Inhalt

Verstehen und Verkündigen
Hermeneutische Herausforderungen
biblischen Predigens mit
alttestamentlichen Texten

Andreas Schüle

1. Theorie und Praxis

Kann man, darf man auch, oder soll man sogar über das Alte Testament predigen? Ist das etwas Besonderes oder zumindest etwas anderes als im Fall des Neuen Testaments? Und wenn ja, warum eigentlich? Muss ein Text im Horizont des Lebens Jesu Christi entstanden sein, um als Grundlage einer christlichen Predigt zu dienen? Ist das Alte Testament überhaupt ein christliches Buch oder doch eher ein jüdisches? Diese und verwandte Fragen begleiten die christliche Schrifthermeneutik durch die Jahrhunderte und werden auch heute im Interesse einer grundsätzlichen Klärung gestellt. Es geht um den Status des Alten Testaments im Gesamtgefüge einer Schrifthermeneutik oder einer christlichen Dogmatik. Und erst wenn dieser Status geklärt ist, so die häufig geäußerte Annahme, könne man die Texte angemessen verstehen.

Andererseits haben sich die kirchliche Praxis und auch die kirchliche Kunst mit durchaus selektivem Zugriff auf einzelne Bücher, Texte und manchmal auch nur Sätze sehr unmittelbar der Wirkung des Alten Testaments überlassen – seinem narrativen Reichtum, seiner metaphorischen Tiefe und auch der Erfahrungssättigung, von der die Texte zeugen. Man stelle sich Liturgie, Predigt, Kirchenräume und Kirchenmusik einmal versuchsweise ohne die Text- und Bilderwelten des Alten Testaments vor!

Beide Zugänge, der ›dogmatische‹ und der ›praktische‹, haben ihr jeweiliges Eigenrecht, müssen aber letztlich Hand in Hand arbeiten. Wenn das Alte Testament nicht nur große Literatur sein soll, die wie Goethes Faust oder Thomas Manns Zauberberg Wirkung entfaltet, indem sie emotional wie intellektuell anspricht, fasziniert oder auch abstößt, bedarf es einer Hermeneutik, die darüber Auskunft gibt, warum gerade in den Texten des Alten Testaments (und das gilt freilich ebenso für das Neue Testament!) Gottes Wort zur Sprache kommt. Umgekehrt neigen dogmatische Aussagen zum Alten Testament häufig zu einem Prinzipialismus, der den theologischen Wert der Texte daran misst, ob sie sagen, was sie sagen sollen. Dabei kommt dann nicht selten heraus, dass der ›Nonkonformismus‹ des Alten Testaments weniger als theologische Herausforderung gesehen, sondern als Grund seiner Ablehnung genommen wird.

Die Auslegungen der neuen alttestamentlichen Perikopentexte, die in diesem Band vorgelegt werden, sind der Einsicht verpflichtet, dass allgemeine hermeneutische Reflexion einerseits und die genaue Textlektüre andererseits einander bedürfen – und sich wechselseitig herausfordern sollen. Insofern geht es darum,»dichte Beschreibungen« (C. Geertz) zu erzeugen, die zu einem vertieften Verständnis der Texte selbst und zu einer erweiterten Wahrnehmung ihrer Wirkmöglichkeit im Rahmen der Predigt beitragen.

2. Die Bibel als ›Story‹

Die Wahrnehmung der Bibel als aus zwei ›Testamenten‹ bestehend orientiert sich bereits an einer theologischen Unterscheidung, nämlich der eines alten und eines neuen ›Bundes‹. Es lohnt, sich in Erinnerung zu rufen, dass die Anwendung einer solchen Unterscheidung weder selbstverständlich noch kritiklos hinzunehmen ist. Zum einen wird die Unterscheidung von altem und neuem Bund (Jer 31,31–33) im Alten Testament selbst vorgenommen. Oder anders gesagt: Der neue Bund ist kein Proprium des Neuen Testaments, sondern gehört ebenso zum Alten. Zum anderen meint Paulus, wenn er diese Unterscheidung verwendet, damit unterschiedliche *Formen der Offenbarung* (1Kor 11,25; 2Kor 3,6-9; vgl. auch Heb 8,6-9,28), aber keine *Textbestände*. Was wir heute das Alte Testament nennen, war für ihn wie auch für die Autoren der Evangelien ganz selbstverständlich die ›Schrift‹. Das gilt auch für weite Teile der Alten Kirche, die diese ›Schrift‹ um die ›neutestamentlichen‹ Bücher erweiterten.

Insofern empfiehlt es sich, gerade in der Beschäftigung mit ›alttestamentlichen‹ Texten, bei der ganz einfachen Wahrnehmung einzusetzen, dass die christliche Bibel mit der Genesis beginnt und mit der Offenbarung des Johannes endet. Was dazwischen liegt, sind unterschiedliche Abschnitte einer großen Gesamtgeschichte. Die Bibel ist immer auch wie ein ›Roman‹ gelesen worden, in dem die Zeiten, Orte und Protagonisten wechseln mögen, in dem es Zwischenspiele, Gegenläufigkeiten und Seitenhandlungen gibt, ohne dass man aber den Eindruck hat, aus dem umgreifenden ›Plot‹ und der eigentlichen ›Story‹ herauszufallen. Zu dieser Story[1] gehören Adam und Eva, Mose, David, Jesaja, Jeremia und Hiob ebenso hinzu wie Johannes der Täufer, Maria, Jesus, Petrus und Paulus.

Fraglos ist es so, dass diese Story nicht nur durch sich selbst, sondern durch die Lesegewohnheiten und die Vorstellungskraft ihrer Leserschaft zusammengehalten wird. Die christliche Kirche hört in dieser ›Story‹ das Wort, das Gott an sie richtet – in einer Fülle von Facetten und zum Teil erratischen Details, aber eben doch in diesem Gesamtbild. Es gibt viele Versuche, diese Vielgestaltigkeit zu verstehen, zu ordnen und greifbar zu machen. Im Protestantismus dürfte die Unterscheidung von Gesetz und Evangelium das wirkmächtigste Modell einer biblischen Hermeneutik sein. Bekanntlich war Martin Luther nicht der Meinung, dass es im Alten Testament nur Gesetz und im Neuen nur Evangelium gäbe. Der erste Satz des Dekalogs »Ich bin der HERR, dein Gott!« ist für ihn Evangelium im Alten Testament. Gleichwohl teilte die binäre Unterscheidung von Gesetz und Evangelium das gleiche Schicksal wie die des alten und neuen Bundes, indem sie zur Verfestigung und wechselseitigen Abgrenzung zweier Kanon-›Teile‹ beitrug. Auch hier lauert die Gefahr einer Übersystematisierung, die sich sehr weit von der Textwelt entfernt. Dabei besteht dann die Gefahr, die nicht immer harmonische Vielstimmigkeit der Bibel in einer Weise zu bändigen, die die ganze Weite des Wortes Gottes auf theologische Richtigkeiten reduziert.

Fraglos hat die Bibel so etwas wie ein Ziel oder eine Mitte, und das ist aus christlicher Sicht die Geschichte Jesu von Nazareth. Wie auch immer man die *Story* der Bibel liest, sie muss sich mit dieser *Geschichte* verbinden lassen. Und auch hier gab und gibt es viele Angebote, dem Rechnung zu tragen – etwa dergestalt, dass alles, was der Geschichte Jesu vorausgeht, bis einschließlich Johannes des Täufers, Verheißung ist, die auf eine Erfüllung wartet und hinweist. Aber auch hier besteht die Gefahr der Verengung. Nicht alles an der Geschichte Jesu erfüllt irgendetwas, und nicht alles, was davor kommt, erschöpft sich in der Verheißung. So wenig in Frage steht, dass die Story der

---

[1] Im Blick auf die Definition von ›Story‹ orientiere ich mich an DIETRICH RITSCHL, Zur Logik der Theologie. Kurze Darstellung der Zusammenhänge theologischer Grundgedanken, München 1984, 46· »Wenn Israel sagen will, was es selbst ist und wer Gott ist, so erzählt es seine Geschichten. Dabei steuert die Vision der Gesamt-Story die Selektion und Kombination der einzelnen Geschichten. Wenn die frühesten Christen sagen wollten, wer Jesus war, so erzählten sie viele Einzelgeschichten, wiederum komponiert und selektiert nach der Steuerung einer schwer oder gar nicht erzählbaren Gesamt- oder Meta-Story.«

Bibel für jeden Theologen und jede Theologin, jeden Prediger und jede Predigerin eine mehr oder weniger scharf umrissene Mitte hat, so wenig lässt sich diese Mitte ohne Weiteres benennen.[2]

3. Herausforderungen

So unentbehrlich und unerlässlich die Orientierung an der Bibel als ›Story‹ ist, wird diese in doppelter Weise herausgefordert. Zum einen durch die Tatsache, dass ein Teil der christlichen Bibel – und zwar der deutlich umfangreichere – noch in eine andere Story hineingehört, nämlich in die des Judentums. Man kann große Teile der Bibel auch anders erzählen und anders ›verkündigen‹, als Christen[3] dies üblicherweise tun, was den gerade erwähnten Schablonen »Gesetz/Evangelium«, »Verheißung/Erfüllung« den Anspruch nimmt, die Texte in erschöpfender Weise zu erschließen. Die jüdische Auslegungspraxis macht aus den gleichen Texten etwas anderes. Das ist eine triviale Feststellung, die in der Geschichte des Christentums allerdings oft vergessen wurde, nämlich dann, wenn Christen die jüdische Bibelauslegung entweder ignorierten oder keinen adäquaten Zugang zu ihr hatten.

Die andere Herausforderung der Bibel als christlich gelesene Story besteht in der spätestens seit der Aufklärung betonten Eigengeschichtlichkeit der Texte. Die Texte sind eben nicht nur Teil einer Story, eines Romans, sondern sie sind Dokumente und Zeugnisse aus vergangenen Zeiten, sie sind verknüpft mit und gesättigt durch Erfahrungen von ganz bestimmten Menschen an ganz bestimmten geschichtlichen Orten. Uns liegen diese Texte heute aber in einer Form vor, die mit ihrem Entstehungskontext wenig zu tun hat. Die Autoren des Hohenliedes hätten es sich vermutlich nicht träumen lassen, dass ihre mitunter nicht ganz jugendfreie Liebespoesie einmal in einem Buch mit Goldschnitt und Kreuz von kirchlichen Kanzeln im 21. Jh. verkündigt werden würde. Und dennoch – trotz aller Wandlungen und neuer Einbettung – haftet diesen Texten ihre Entstehungswelt an und beeinflusst das, was sie uns bedeuten können und was uns verborgen bleibt. Es gibt eine

---

[2]   Dazu Ulrich Luz, Theologische Hermeneutik des Neuen Testaments, Neukirchen-Vluyn 2014, 541–544.

[3]   Wo in diesem Band grammatisch maskuline Formen verwendet werden, geschieht dies im Bewusstsein um unterschiedliche geschlechtliche Identitäten. Auf Schreibweisen mit Unterstrich oder Asterisk wurde aus stilistischen Gründen verzichtet.

Spannung zwischen dem, was diese Texte einmal waren und was sie für uns heute sind oder sein sollen. Die Texte haben etwas Ursprüngliches, irreduzibel ›Erdgebundenes‹ an sich, dem man sich als normaler Leser vielleicht nicht immer bewusst ist, das aber dennoch da ist. Auch in der gemeindlichen Bibelarbeit, jenseits aller akademischen Interessen, wird irgendwann die Frage gestellt, was die Menschen, die diese Texte verfassten, wohl damit meinten. Die Signatur des Ursprungs bleibt, auch für moderne Menschen, ein unhintergehbarer Referenzpunkt.

Wenn man nun diese beiden Einwände gegen die Lesart der Bibel als christliche Story – die Zugehörigkeit weiter Teile zur jüdischen Story und die Signifikanz der historischen Herkunft – übereinander blendet, könnte man sich zu der Schlussfolgerung verleitet finden, die Vorstellung von der christlichen Bibel zwischen Genesis und Offenbarung sei zwar nachvollziehbar, am Ende aber eben doch nicht sachgerecht. Was *vor*-christlich ist und auch *nicht*-christlich interpretiert werden kann, sei – so die Schlussfolgerung vor allem einiger neuzeitlicher Theologen (allen voran F. D. E. Schleiermacher und A. v. Harnack) – eben auch nicht im eigentlichen Sinne christlich. Das macht das Alte Testament zwar nicht uninteressant, aber es rangiert nicht auf derselben Ebene wie das, was im Kern christliche Schrift ist. Entsprechend gab Schleiermacher, als Gründervater moderner Theologie, die Empfehlung aus, das Alte Testament auf den Status apokrypher Schriften herabzustufen, die – in Luthers berühmter Formulierung – zwar nützlich und gut zu lesen sind, aber eben auch nicht mehr.

Eine solche Sichtweise droht einem fragwürdigen Essenzialismus zum Opfer zu fallen. Die Vorstellung scheint hier die zu sein, dass sich das wesentlich Christliche durch Subtraktion herauspräparieren lässt. Das Wesen des Christentums müsse sich zeigen, wenn man die ›eigentlich‹ christlichen Texte von allem Unwesentlichen abtrennt. Aber ein biblischer Text, egal ob im Neuen oder Alten Testament, ist eben niemals von allein Evangelium, sondern er wird dazu in Gestalt von Aneignung und Auslegung. Das geschieht in der Predigt, in dem was von der Kanzel aus einem Text heraus gesagt und gehört wird. Mit anderen Worten: Ob das Alte Testament ein christlicher Text ist, entscheidet sich nicht auf dem Weg historischer Rekonstruktion oder durch dogmatische Setzung, sondern in der Art und Weise, wie es verstanden und verkündigt wird. Das gilt freilich ebenso für das Neue Testament. Zeit- wie auch kultur- und mentalitätsgeschichtlich betrachtet ist uns das Neue Testament nicht näher als das Alte. Auch das Neue Testament ist zunächst einmal ein fremder, erratischer, ja esoterischer Text. Was uns Texte, egal aus welchem Teil der Bibel, nahebringt oder fern sein lässt, hängt wesentlich von der verstehenden Aneignung ab, die im Rahmen theologischen Denkens und kirchlicher Predigt stattfindet. Dabei ist es möglicherweise so, dass wir den Texten des Neuen Testaments bisweilen zu schnell und zu unkritisch trauen, weil wir sie für unsere ›eigentlichen‹ Texte halten, während wir dem Alten Testament (oder zumindest Teilen davon) wegen seines vor- und nebenchristlichen Eigenlebens eher mit Vorbehalten begegnen. Zum Verstehen und Verkündigen gehört die richtige Balance von Vertrauen und Kritik. Verstehende Verkündigung braucht kritisches Vertrauen – also weder naive Traditionshörigkeit noch Kritik um der Kritik willen.

Aber wenden wir uns den beiden gerade beschriebenen Einwänden noch einmal zu und versuchen, diese nun konstruktiv zu beantworten: Was trägt es für die christliche Wahrnehmung der biblischen Story aus, dass das Alte Testament geschichtlich gesehen ein vor-christlicher Text ist? Und was bedeutet es, dass das Alte Testament/die Hebräische Bibel in Gestalt des Judentums eben auch eine nicht-christliche Wirkungsgeschichte entfaltet hat?

3.1 DER HISTORISCHE ABSTAND UND DIE GESCHICHTLICHE ERDUNG DES ALTTESTAMENTLICHEN ZEUGNISSES

Offenbarung ist für die Bibel von der Genesis bis zur Offenbarung des Johannes zutiefst geschichtlich. Gott zeigt sich zu bestimmten Zeiten, an bestimmten Orten, gegenüber endlichen Menschen. Das gilt nicht erst seit Jesus von Nazareth. Das Christusereignis konnte nur glaubhaft sein, weil es der Art und Weise entsprach, in der Menschen schon lange zuvor die Gegenwart Gottes begriffen hatten. Es gibt das Reden und Denken über Gott nicht ohne diese Konkretion, nicht ohne die Erdung in Raum und Zeit, im Erleben und Erfahren geschichtlicher Menschen. Das Alte Testament ist konkretes, gewachsenes und durch vielfältige, positive wie negative, Erfahrungen gesättigtes Gotteszeugnis. Ohne diesen Hintergrund gäbe es keinen besonderen Grund oder Anlass anzunehmen, dass sich Gott gerade in der Geschichte Jesu von Nazareth gezeigt hat. Es ist die Eigenart dieses Gottes, sich so zu offenbaren. Darin besteht das relative Recht von Frank Crüsemanns viel beachteter These, wonach das Alte Testament der »Wahrheitsraum« des Neuen ist. Wer nicht vom Alten Testament her Gott in den Konkretionen geschichtlicher Erfahrung denkt, denkt gar nicht Gott, sondern irgendetwas anderes. Darin liegt ein Schlüssel auch zur Predigt alttestamentlicher Texte. Letztere enthalten keine abstrakten Wahrheiten, sondern perspektivisch gebundenes, begrenztes, dadurch aber auch elementares und lebendiges Zeugnis. Dass dieses Zeugnis nicht ›über jeden Zweifel erhaben‹ sein kann, entspricht seiner Natur. Das Alte Testament liefert, genauso wenig wie das Neue, eine fertige

Theologie, die dann ihrerseits nur noch zu predigen wäre. Meinem früheren Kollegen Dean McBride verdanke ich die Einsicht, die er regelmäßig an seine Studierenden weitergab: »Your exegesis will not do your theology for you. That'll be your job!« Was die Zeugnisse des Alten Testaments allerdings tun, ist, dem theologischen Denken einen Ort und einen Ausgangspunkt zu geben.

3.2 DIE UNVERFÜGBARKEIT DER SCHRIFT

Die Tatsache, dass das Alte Testament zur jüdischen Story gehört, hat christlicherseits zwei gegensätzliche, aber jeweils problematische Reaktionen hervorgerufen. Da ist einerseits das schon erwähnte, mehr oder weniger explizite Misstrauen gegenüber dem Alten Testament, das sich immer wieder mit verschiedenen Spielarten von Antijudaismus verbunden hat. Als Reaktion darauf, vor allem im Gefolge des Holocaust, wurde dann zum Teil die Gegenthese aufgestellt, dass man überhaupt nur durch das Judentum die wahre Bedeutung des Christentums entdecken könne. Anders gesagt: Man müsse zumindest ein bisschen jüdisch werden, um christlich sein zu können. Das war zwar gut gemeint, aber eben doch übers Ziel hinausgeschossen. Wenn man das Judentum interessant finden will, sollte man es um seiner selbst willen interessant finden und nicht als Mittel christlicher Selbstfindung. Was man vom Judentum aber sehr wohl lernen kann, ist die genaue, fragende, mit den Texten ebenso ringende wie spielerisch umgehende Lektüre alttestamentlicher Texte. Man kann lernen, diese Textwelt von innen heraus zu betrachten und sie gerade dadurch als theologisches Zeugnis ersten Ranges zu entdecken. Man kann lernen, dass diese Texte immer schon Bedeutung mitbringen, wenn sie in den Horizont christlichen Verstehens eintreten. Sie waren Zeugnis des Wortes Gottes, bevor sie Teil der christlichen Story wurden, und sie sind es auch neben und außerhalb der christlichen Story. Das Alte Testament ist Gottes Wort in Gestalt des menschlichen Zeugnisses, das überliefert und im Lauf seiner Überlieferung immer wieder neu bearbeitet wurde. Dieser Prozess der lebendigen Überlieferung ist allerdings kein christliches Proprium, nichts, worauf ein exklusiver Anspruch oder gar eine Deutungshoheit besteht. Es gibt eine letzte Unverfügbarkeit nicht nur der Texte selbst, sondern eben auch ihrer Wirkungen. Das Christentum meinte allzu oft, nur zwei Optionen mit dem Alten Testament zu haben: es entweder zu besitzen oder es abzustoßen. Dagegen dürfte der Schlüssel zum Umgang mit diesen Texten, die Teil zweier ›Bibeln‹ sind, gerade im Umgang mit dieser Unverfügbarkeit liegen. Die Frage ist, ob es gelingt, diese nicht nur hinzunehmen, sondern zum Ausgangspunkt und Antrieb eines immer neu zu erreichenden Schriftverständnisses werden zu lassen. Hilfreich erscheinen mir diesbezüglich Sören Kierkegaards Überlegungen zum Phänomen der ›Wiederholung‹, die im Folgenden zumindest knapp vorgestellt und im Blick auf die Schrifthermeneutik angewendet werden sollen.

4. ›Wiederholung‹ als Ansatzpunkt einer Schrifthermeneutik

4.1 Sören Kierkegaards Begriff der ›Wiederholung‹

Die Bibelwissenschaft hat in den vergangenen Jahren und Jahrzenten vor allem die vielfältigen literarischen Bezüge herausgearbeitet, die zwischen Altem und Neuem Testament bestehen. Um nur zwei Beispiele herauszugreifen: Das Tübinger Projekt biblischer Theologie von Hartmut Gese[4] und Peter Stuhlmacher[5] interpretierte diese Bezüge im Sinne einer Offenbarungskontinuität. Die Blickrichtung führte dabei vom Alten Testament zum Neuen, um darstellen zu können, dass überhaupt erst ganz am Ende des *Überlieferungsprozesses* der Bibel auch die *Offenbarungsgeschichte* zu ihrem Abschluss kommt. Erst in der Gesamtheit aller Zeugnisse erreicht das eine wie das andere seine volle Gestalt. Demgegenüber setzt Richard Hays beim Neuen Testament an und rekonstruiert die Art und Weise, wie sich insbesondere die Evangelien durch den Rückgriff auf das Alte Testament sprachlich und konzeptionell formieren.[6] Hays will zeigen, dass das Alte Testament zur literarischen DNA des Neuen gehört und insofern auch deren theologische Matrix mitbestimmt.

In Ergänzung zu dem Versuch, die Verbindung zwischen Altem und Neuem Testament offenbarungstheologisch und literarisch herzustellen, lässt sich anhand von Sören Kierkegaards existenzialem Verständnis der ›Wiederholung‹ eine weitere Facette für unser Thema gewinnen. Für Kierkegaard bedeutet Wiederholung den Versuch, die Intensität und Qualität eines früheren Erlebens und Empfindens in einem neuen Erfahrungskontext zurückzuge-

---

[4]   Hartmut Gese, Vom Sinai zum Zion. Alttestamentliche Beiträge zur biblischen Theologie, München 1974; ders., Zur biblischen Theologie. Alttestamentliche Vorträge, München 1977.

[5]   Peter Stuhlmacher, Wie treibt man biblische Theologie?, Neukirchen-Vluyn 1995; ders., Biblische Theologie des Neuen Testaments, Bd. 1: Grundlegung. Von Jesus zu Paulus, Göttingen ²1997.

[6]   Richard B. Hays, Echoes of Scripture in the Gospels, Waco (TX) 2016; vgl. auch ders., Echoes of Scripture in the Letters of Paul, New Haven 1989.

winnen. Hier scheint mir ein wichtiger Schlüssel zum Verständnis der Rezeption alttestamentlicher Stoffe im Neuen Testament zu liegen.

Zunächst einige wenige Anmerkungen zu Kierkegaards Theorie. Wenn Kierkegaard von Wiederholung spricht, meint er damit nicht ein landläufiges *Nochmal-Tun* – ein Gedicht, das man so lange übt, bis man es auswendig kann. Er meint damit auch nicht ein routiniertes, aber weitgehend unreflektiertes *Wieder-Tun* wie das morgendliche Zähneputzen oder den Gang zum Bäcker. Kierkegaard erläutert sein Verständnis von Wiederholung an einem Beispiel aus seiner psychiatrischen Praxis: Er erzählt von einem jungen Mann, einem seiner Patienten, der über beide Ohren verliebt ist, die Geliebte verehrt und geradezu vergöttlicht. Allerdings kann er diese Liebe nur im Modus der Hoffnung einerseits und der Erinnerung andererseits einordnen. Natürlich hofft er darauf, dass sich diese Liebe erfüllen wird. Andererseits kann er von dieser Liebe nicht anders reden als in der Erinnerung an die erste Begegnung mit der jungen Frau. Er erinnert sich daran, wie sie damals aussah und wie es sich anfühlte, in ihrer Gegenwart zu sein. Was er allerdings nicht kann, ist, diese Liebeserinnerung in seine Gegenwart hineinzunehmen, sie also in seine Existenz hinein ›wieder-zu-holen‹.[7]

Wiederholung ist etwas Altes und etwas Neues zugleich[8], es ist etwas Dagewesenes und etwas Gegenwärtiges. Alles Gegenwärtige holt etwas wieder, braucht einen Referenzpunkt, ohne den es richtungslos in der Zeit treiben würde. Kierkegaard kann das Eigentümliche der Wiederholung im Unterschied zur reinen Erinnerung oder Hoffnung bildlich anhand eines Kleidungsstücks ausdrücken: »Die Hoffnung ist ein neues Kleid, steif und straff und glänzend, doch hat man es nie getragen und weiß deshalb nicht, wie es einem stehen wird, oder wie es sitzt. Die Erinnerung ist ein abgelegtes Kleidungsstück, das, so schön es auch ist, doch nicht passt, weil man aus ihm herausgewachsen ist. Die Wiederholung ist ein unverwüstliches Kleid, das fest und schmiegsam anliegt, weder drückt noch lose hängt.«[9]

Mir scheint, dass sich in diesem Sinne das Verhältnis der beiden Testamente beschreiben lässt. In den neutestamentlichen Texten werden die alttestamentlichen wiederholt oder besser: ›wieder-ge-holt‹. Das Neue Testament verweist durchgängig darauf, dass das Leben, der Tod und die Auferstehung Jesu weder als geschichtliche Ereignisse noch in ihrer Bedeutung für spätere

---

[7]   Sören Kierkegaard, Die Wiederholung, Hamburg 2000 (Original von 1843), 5–18.

[8]   A. a. O., 22.

[9]   A. a. O., 4.

Leserinnen und Leser selbstevident sind.[10] Man denke nur an das Messias-
geheimnis im Markusevangelium, den Johannesprolog oder die vielfältigen
Typologien der Paulusbriefe: Adam-Christus, Moses-Christus etc. Die Ge-
schehnisse sprechen nicht für sich, bleiben für sich vielmehr erratisch und
bedürfen der Deutung. Genau dazu wiederholen die neutestamentlichen Texte
die alttestamentlichen. Das Verstehen kommt nicht zum Abschluss und nicht
zum Ziel, wenn diese Wiederholung nicht zustande kommt. Anders als Hegel
geht Kierkegaard nicht davon aus, dass die Wiederholung eine »Aufhebung«
ist, die die Spuren des Alten verwischt und restlos in eine neue Form hinein
auflöst. Das liegt für Kierkegaard auch daran, dass keine Wiederholung jemals
vollständig gelingt. Jeder Wiederholung haftet auch der Schmerz des Verlustes
an. Es gibt etwas Unwiederbringliches, das gleichzeitig aber auch Raum für
Neues schafft. Die Kunst zu leben hat für Kierkegaard etwas damit zu tun,
trotz dieses uneinholbaren Rests nicht in einer Endlosschleife des immer
neuen Versuchens und Scheiterns zu verharren, sondern voranzuschreiten.
Der junge Mann seines Beispiels erinnert sich ja an die Anfänge seiner Liebe.
Es gibt diese Erinnerung, ganz real, aber er scheitert an ihr, und darum bleibt
sie für ihn am Ende schmerzlich bedeutungslos. Erinnerung (oder auch Hoffnung) ohne Wiederholung mag ›da‹ sein, aber lebendig ist sie nicht.

4.2 Wiederholung zwischen Altem und Neuem Testament

Für unsere Zwecke möchte ich versuchen, diese thetischen Gedanken zu
einer biblischen Hermeneutik anhand zweier sehr verschiedener Text-
beispiele zu illustrieren, die auch zu den neuen Perikopentexten gehören. In
beiden Fällen geht es um explizite Wiederholungen, also um alttestamentliche
Texte, die von neutestamentlichen aufgegriffen werden.

4.2.1 Der Glaube Abrahams (Gen 15,1–6)

Einer der für die Theologie gerade des Protestantismus einschlägigsten Texte
ist Gen 15,1–6 mit der Spitzenaussage, dass Abraham Gott glaubte und Gott
diesen Glauben Abraham zur Gerechtigkeit angerechnet habe. Nähern wir
uns diesem Text von seinen neutestamentlichen Erwähnungen: In Röm 4,2–6
erwähnt Paulus den Glauben Abrahams als Beispiel der Gerechtigkeit, die
nicht durch Werke erreicht wird, die also nicht verdient werden kann. Das ist
keine willkürliche Wahrnehmung, vielmehr betont Paulus auf diese Weise,

---

[10] Vgl. Andreas Schüle, Erinnerung, Erfahrung, Erwartung. Alttestamentliche Grund-
legungen einer gesamtbiblischen Hermeneutik, EvTh 77 (2017), 101–113.

dass die Erzelterngeschichten vor den Sinaiereignissen liegen, also auch vor der Gabe der Tora und der Einsetzung eines bilateralen Bundesverhältnisses zwischen Gott und seinem erwählten Volk Israel. All das gibt es noch nicht, und dennoch spricht Gen 15 von Glaube und Gerechtigkeit. Dabei handelt es sich im narrativen Zusammenhang nicht um abstrakte Begriffe, sondern um eine Qualität und Intensität des Erlebens, die Abraham zuteilwerden. Genau an diesen Punkt der Geschichte will Paulus anknüpfen, um sagen zu können, dass es einen gerecht machenden Glauben und das *Erleben* eines gerecht machenden Glaubens gibt, die nicht die Zugehörigkeit zum Sinaibund erfordern. Das sagt Paulus im Blick auf eine Gruppe von Menschen in Rom (die sogenannten »Gottesfürchtigen«), die zwischen Synagoge und urchristlicher Gemeinde standen und sich entscheiden mussten, wo sie hingehören wollten. War Tora-Observanz eine notwendige Vorbedingung oder gab es einen Zugang zu diesem selben Gott auch ohne diese Vorbedingung?[11]

Nun ist Paulus aber nicht der Einzige, der sich für Gen 15 interessiert. Auch im Jakobusbrief wird darauf Bezug genommen (2,23) und, wie es scheint, in bewusst kritischer Haltung gegenüber Paulus. Jakobus verweist zunächst auf Gen 22, die Bindung Isaaks, und sieht darin ein »Werk« des Gehorsams (Jak 2,21). Abraham ist jemand, der willens ist, Gottes Gebot zu erfüllen, und dafür wird er als Gerechter bezeichnet. Glaube ist für Jakobus die Unterwerfung unter den souveränen Willen Gottes. In gewisser Weise kehrt Jakobus die Verhältnisse also um. Für Paulus ist entscheidend, dass *Abraham* noch nichts getan, nichts geleistet hat und trotzdem glaubt. Im Jakobusbrief geht es dagegen darum, dass *Gott* noch nichts getan hat und Abraham ihm – trotzdem – glaubt. Gott hat noch keine seiner Verheißungen erfüllt – weder Land noch Nachkommenschaft. Eher im Gegenteil: Als der versprochene Sohn, Isaak, endlich da ist, fordert Gott dessen Leben. Die Pointe bei Jakobus ist nicht der gerecht machende Glaube, sondern der glaubende Gehorsam, der sich Gott ausliefert. Interessanterweise scheint der Jakobusbrief dabei eine Übersetzung von Gen 15,6 vorauszusetzen, die im Christentum etwas an den Rand gedrängt

---

[11] Dabei muss man mit einem gewissen Augenzwinkern feststellen, dass Paulus geflissentlich außer Acht lässt, was in Gen 15 direkt nach dem berühmten Vers 6 geschieht: Abraham soll ein Opfer darbringen, durch dessen Hälften Gott mit Rauch und Feuer hindurchzieht (V. 17). Dabei sind die bildlichen und sprachlichen Anleihen an die Sinaioffenbarung so deutlich, dass man durchaus den Eindruck haben kann, Abraham werde auf diese Weise ganz bewusst in die Aura das Sinaibundes mit hineingenommen. Die Unterscheidung zwischen Erzeltern und dem Sinai-Israel ist also nicht ganz so undurchlässig, wie Paulus sich dies vorstellt.

wurde, im rabbinischen Judentum aber durchaus diskutiert wird: dass nämlich Abraham Gott die Verheißung des Sternhimmels glaubt und wiederum er diese Verheißung Gott zur Gerechtigkeit anrechnet. Es gäbe also keinen Subjektwechsel zwischen »Und Abraham glaubte Gott« und »er rechnete es ihm zur Gerechtigkeit an.« Etwas anders gesagt: Auch Gott ist ohne Werke gerecht – ein Gedanke, der es vielleicht wieder lohnt, gedacht zu werden.

Paulus und Jakobus *wiederholen* also je auf ihre Weise die Abrahamsgeschichte und legen dabei unterschiedliche Sinnebenen frei, die freilich auch der Predigt Raum eröffnen. Aber die Aufgabe eines Predigers/einer Predigerin besteht freilich nicht nur in der Wiederholung der Wiederholung. Sie besteht auch darin, eigenständig in den Text hineinzuhören und Bedeutungsnuancen eines Textes in unsere Gegenwart hineinzuholen, die innerhalb der eigenen Tradition vielleicht nicht oder wenig ausgeprägt zum Tragen kamen.

Diesbezüglich gibt es ein Detail, das in der rabbinischen Auslegung klarer gesehen wurde als in der christlichen. Zunächst einmal fällt auf, dass der Dialog zwischen Gott und Abram zu misslingen droht. Gott eröffnet diesen Dialog mit einer Standardformulierung: »Fürchte dich nicht!« Aber Abraham lässt sich auf diese Verheißungsrhetorik nicht ein: »Herr HERR, was willst du mir geben?« Etwas unfromm gesagt: Gott kassiert hier zunächst einmal eine Abfuhr. Und tatsächlich setzt Gott nach mit einer Geste, die das Geschehen auf eine tiefere Ebene legt. Zunächst scheint es so, dass Gott – wie so häufig im Buch Genesis – aus einem unbezeichneten »Off« spricht. Man weiß nie genau, woher die Stimme Gottes eigentlich kommt. Nun aber ist Gott geradezu physisch präsent, indem er Abraham an der Hand nimmt[12] und aus dessen Zelt hinausführt, um ihm den Sternenhimmel zu zeigen. Auf diese Geste kommt es hier an. Auf der Ebene des gesprochenen Wortes hat sich nichts verändert: Gott wiederholt etwas, das er in Gen 12 bereits fast wortgleich gesagt hatte. In Gen 15 tritt zur Verheißung aber die physische, sinnfällige Erfahrung der Nähe Gottes. Auch diese ist für die Genesis von Bedeutung, denn tatsächlich gibt es immer wieder diese unvorhersehbaren, aber zutiefst prägenden und in unterschiedlicher Weise intimen Begegnungen mit Gott, die nicht unbedingt harmonisch oder liebevoll verlaufen (man denke an den Kampf am Jabbok), die aber eine profunde Gotteserfahrung vermitteln. In Gen 15 ist es diese Begegnung, die dazu führt, dass die Verheißung Glauben findet und dass zwischen Gott und Abraham ein Verhältnis der Gerechtigkeit entsteht (unabhängig davon, wer diese wem zur Gerechtigkeit anrechnet).

---

[12]   Vgl. dazu die Auslegung von Gen 15,1–6 für den 15. Sonntag nach Trinitatis.

Gen 15 ist eine Erzählung, die ihrem eigenen Anspruch nach eine Gründungslegende sein will. Hier wird eine Beziehung zwischen JHWH und dem ersten Ahnvater Israels begründet, die in allem Folgenden mitschwingt. Das gilt literarisch, aber auch theologisch. So fällt auf, dass in die Narration subtil eine theologische Struktur eingearbeitet ist. Die Begegnung mit Gott wird zunächst als vor-begriffliche, existenziell verändernde Erfahrung charakterisiert. Gott ›berührt‹ Abraham und führt ihn hinaus. Die Begegnung wird dann zu einem dialogischen Geschehen, in dem sich eine wechselseitige, durch Verheißung, Glaube und Gerechtigkeit bestimmte Beziehung manifestiert. Schließlich weitet sich die Erzählung über das interpersonale Geschehen hinaus und nimmt die künftige Realität des Bundes zwischen JHWH und Israel in den Blick. Man kann sich hier kaum des Eindrucks erwehren, dass hier eine ganz bestimmte theologische »Logik« entfaltet wird. Diese Logik bleibt allerdings verborgen, wenn man einen Text wie Gen 15 auf den reinen »Plot« reduziert. Sie erschließt sich auch nicht, wenn man einzelne Elemente isoliert betrachtet, wie z. B. das Verhältnis von Glaube und Gerechtigkeit. Für Gen 15 ist die Frage, ob Glaube Werke braucht, nicht als solche relevant. Allerdings taucht sie implizit im Gefüge der verschiedenen theologischen Ebenen auf, weil der Glaube im Rahmen des Bundesgeschehens tätig wird. Andererseits ist dieser Glaube als Ausdruck und Folge der existenziellen Begegnung mit Gott jeder Aktivität enthoben.

Für die Wiederholung des Alten Testaments im Rahmen der christlichen Predigt dürfte von entscheidender Bedeutung sein, ob dabei gerade die vielschichtige theologische Logik zur Geltung kommen darf, die diese Texte bestimmt.

4.2.2 Das leuchtende Angesicht des Mose (Ex 34,19–25)

Wenden wir uns einem anderen neuen Predigttext[13] zu, der im Christentum in der Regel keinen positiven Anschluss gefunden hat. Ex 34 steht am Abschluss der hinteren Sinaiperikope und erzählt davon, wie Mose mit den beiden Gebotstafeln vom Sinai ins Lager der Israeliten zurückkehrt. Dabei leuchtet sein Angesicht mit der Herrlichkeit Gottes, die ihn während der Zeit auf dem Sinai umhüllt hat. Für Israel ist diese Erscheinung zu viel, und so legt Mose sich eine Decke aufs Gesicht, die er immer dann wieder abnimmt, wenn er in die Herrlichkeitssphäre Gottes zurückkehrt. Es ist eine nicht uninteressante Vorstellung, dass Mose von diesem Zeitpunkt an der Mann mit dem

---

[13]   Vgl. die Auslegung zum letzten Sonntag nach Epiphanias.

verhüllten Angesicht ist. Dieses Motiv wird in den Toraerzählungen nicht weiter aufgegriffen und entwickelt. Auch die Wirkungsgeschichte in Kunst und Literatur macht aus dem verhüllten Angesicht des Mose (im Unterschied zu den aufgrund eines Übersetzungsfehlers entstandenen ›Hörnern‹ des Mose) wenig. Gleichwohl wird Mose hier so nahe an Gott herangerückt wie sonst nur noch in Dtn 34,10. Auf diese Weise wird er nicht nur zum Boten des Wortes Gottes, sondern tatsächlich zu einer Mittlergestalt, die zwischen göttlicher und irdischer Sphäre wechselt.

Gemessen an der theologischen Bedeutung dieser Perikope überrascht nicht, dass diese auch von Paulus aufgegriffen wird (2Kor 3,12–18). Allerdings hat die Wiederholung in diesem Fall – im Unterschied zu Gen 15 – nicht das Ziel, eine frühere Erfahrung und die Tiefe damaligen Erlebens an die eigene Gegenwart heranzurücken. Paulus will sagen, dass Israel immer noch in dieser Geschichte lebt, deswegen aber gerade nicht frei werden kann für eine andere Erfahrung. Israel lebt unter der Decke, während Paulus für das Christentum eine ›unverhüllte‹ Klarheit in Anspruch nimmt. Wenn die Tora verlesen wird, hängt die Decke über den Herzen Israels (V. 13). Dass die Tora für sich genommen als Wort Gottes klar und gut ist, bezweifelt auch Paulus nicht. Aber es handelt sich um eine Klarheit, die sich nicht vermittelt, sondern die verhüllt bleibt und die nicht zu Hoffnung und Freude (V. 12), sondern zu Angst und Verzweiflung führt.

Dieses Bild des vor dem Wort Gottes verhüllten Judentums bildet bei Paulus nun die Kontrastfolie, vor der er seine Geisttheologie entfaltet. Erst das Evangelium von Christus bringt die volle Klarheit der Offenbarung zu den Menschen (V. 17). Verhüllung und Gebundenheit, ja Knechtschaft sind also die Assoziationen, die sich an die jüdische Wiederholung der Sinaiperikope heften. Anders als Abraham ist Mose darum keine Identifikations- oder Vorbildfigur für das Christentum geworden, sondern eher der Gegensatz, das zu Überwindende oder mindestens zu Überbietende. Die im Christentum über die Jahrhunderte regelmäßig wiederkehrenden Debatten um die Kanonizität des Alten Testaments sind so gut wie immer Debatten um die Sinaitora (oder ›Mosetora‹) und deren vermeintlich inferioren Offenbarungsstatus gewesen. Das Christentum hatte demgegenüber nie Schwierigkeiten, sich in ein positives Verhältnis zu den beiden anderen Kanonteilen, Propheten und Schriften, zu setzen und die eigene Story in diese Literaturen einzubetten. Aber es ist die Sinaiperikope (Ex 19 bis Num 10), die *pars pro toto* über die Kanonfrage entscheidet, weil hier – so jedenfalls die christliche Wahrnehmung – der Charakter des Alten Testaments als Gesetz und des Judentums als gesetzesobservante Religion ansichtig wird.

Diese Wahrnehmung weiter zu diskutieren, ist hier nicht der Ort. Die konkrete Frage lautet allerdings, ob man theologisch wie homiletisch Ex 34,19–25 entlang der paulinischen Adaption in 2Kor 3 zu verstehen hat oder ob die heutige Wiederholung dieses Textes Bedeutungsfacetten freilegen sollte, die Paulus ausblendet. Auch hier lohnt es sich, den Text für sich selbst sprechen zu lassen und ihm zuzutrauen, dass er eine theologische Aussage enthält, die nicht gleichzeitig eine Abgrenzungsbewegung verlangt.

Versucht man, den Text in seiner narrativen Eigendynamik wahrzunehmen, fällt zunächst die Ahnungslosigkeit des Mose auf, der sich gar nicht bewusst ist, dass sein Gesicht leuchtet und er diesen Gottesglanz ins Lager Israels trägt. Überhaupt steht Mose gar nicht so sehr im Vordergrund. Er ist in diesem Moment)nur(derjenige, der Gottes Herrlichkeit auf dem Angesicht und Gottes Wort in den Händen in das Lager der Israeliten am Fuß des Sinai hineinträgt. Und genau das sieht Israel auch – unverhüllt und unverdeckt. Anders als in der paulinischen Adaption dieser Erzählung hat die)Decke(keine die Offenbarung mindernde oder)verdeckende(Funktion. Die Decke löst ein eher pragmatisches Problem, nämlich wie man mit dem zu)hellen(Mose umgehen kann.

Insofern legt es sich nahe, diesen Abschnitt Ex 34,19–25 als Teil einer Elementarlehre der Offenbarung zu verstehen. Offenbarung ist etwas zutiefst *Geschichtliches*, etwas, das sich in Zeit und Raum für ganz bestimmte Menschen ereignet. Entsprechend tritt zur geschichtlichen Situierung die personale Konkretion hinzu. Es gibt Gott nicht)pur(, sondern in einer menschlichen Darstellung, die gleichwohl die volle Qualität göttlicher Wesens- und Willensgegenwart hat.

Es dürfte wenig Zweifel daran bestehen, dass diese Elementarlehre auch für den christlichen Glauben von entscheidender Bedeutung ist. Wenn im Johannesevangelium bekenntnishaft gesagt wird »und wir sahen seine Herrlichkeit« (Joh 1,14), dann braucht ein solcher Satz nicht nur einen literarischen Kontext, sondern das *Wieder-holen* einer existenziellen Erfahrung. Man muss bereits wissen oder zumindest eine Ahnung davon haben, was es bedeuten könnte, Gottes Herrlichkeit zu sehen, sonst wäre ein solcher Satz nur Raunen und Rauschen. Mose ist kein Vorläufer Jesu, und Jesus ist kein neuer Mose. Solche linearen Zuordnungen begegnen in der Geschichte des Christentums zwar immer wieder, gehen aber an der eigentlichen Sache vorbei. Wesentlicher scheint etwas anderes: In der Sinaitheophanie sind die Elemente angelegt, die auch das Christentum wiederholt, um für sich selbst begreiflich und glaubhaft machen zu können, dass mit Jesus Christus Gottes Wort zum Menschen kommt und dass auf diese Weise etwas von der Herrlichkeit Gottes unter den Bedingungen einer endlichen Welt sinnfällig gegenwärtig und erlebbar wird.

5. Abschluss

»Die legitimste Form theologischen Redens vom Alten Testament ist … immer noch die Nacherzählung. Das war jedenfalls die nächste Folgerung, die Israel aus dem ihm widerfahrenen Geschichtshandeln Jahwes zog: Die göttlichen Taten mußten erzählt werden! Jeder Generation sind sie von den Vätern erzählt worden [...], und deshalb mußten sie in immer neuer Aktualisierung weitererzählt werden [...]. So wird sich also auch eine Theologie des Alten Testaments im rechten Nachsprechen dieser Geschichtszeugnisse zu üben haben, wenn sie die Inhalte des Alten Testaments sachgemäß erheben will. Auch der Verfasser der Apostelgeschichte läßt Stephanus und Paulus die Geschichte des Gottesvolkes erzählen [...].«[14]

Diese berühmten Sätze Gerhard von Rads würden auch dann richtig und bedenkenswert sein, wenn man in ihnen die Begriffe »theologisch« und »Theologie« durch »homiletisch« und »Homiletik« ersetzte – und das nicht nur, weil von Rad stets eine große Affinität zwischen Theologie und Predigt gesehen hat. Mit »Nacherzählung« meint von Rad natürlich nicht die bloße Paraphrase oder das Wiederkäuen von auswendig Gelerntem. Nacherzählen ist für ihn in erster Linie eine Verstehensbemühung, die bereits in der Bibel selbst zum Verkündigen drängt.

Eingangs war bereits davon die Rede, dass die christliche Bibel eine Story ist, die mit der Genesis beginnt und mit der Offenbarung des Johannes endet. Allerdings ist dies keine lineare, sondern eine spiralförmig angelegte Story, weil jede Bewegung nach vorn auch eine Nacherzählung von etwas schon Dagewesenem ist. Wir hatten hier versucht, das, was von Rad mit ›Nacherzählung‹ meint, mithilfe von Kierkegaards Verständnis der ›Wiederholung‹ auf eine etwas breitere methodische Grundlage zu stellen. Aber welche Theorie man auch immer wählt, es wurde deutlich, dass dieses Nacherzählen oder Wiederholen nicht an den Grenzen des Kanons stehenbleibt, sondern auch und vor allem in Gestalt der Predigt fortgesetzt wird.

---

[14]   Gerhard von Rad, Theologie des Alten Testaments, Bd. 1, München ⁹1987, 134f.

Kann man, darf man, oder soll man sogar über das Alte Testament predigen? Ist das etwas Besonderes oder zumindest etwas Anderes als im Fall des Neuen Testaments? Das waren die Fragen, die wir uns eingangs gestellt hatten. Auf die erste Frage lässt sich nunmehr antworten, dass man auch im Fall eines neutestamentlichen Texts eigentlich gar nicht darum herumkommen wird, alttestamentlich zu predigen, jedenfalls nicht, wenn man der literarischen und theologischen Genese der Texte gerecht werden will. Entsprechend muss die Antwort auf die zweite Frage ›nein‹ lauten, denn weder hat das Alte Testament gegenüber dem Neuen ein Proprium noch ist es ein erratischer Sonderweg, der zu einer ›anderen‹ Form der Predigt nötigt.

Es ist kein Zufall, dass dieser Band nicht »Alttestamentlich predigen« oder ähnlich heißt, denn darum geht es im Grunde nicht. Die Aufgabe ist, »biblisch« zu predigen und dabei den vielfältigen Stimmen des Alten Testaments eigenes Gehör zu verschaffen. Dass die neuen Perikopenreihen dazu vermehrt Gelegenheit geben, ist zu begrüßen, und genau dabei wollen die hier vorgelegten Auslegungen helfen.

VIELFALT, LUST UND LEIDENSCHAFT
DAS ALTE TESTAMENT IN DEN
TEXTRÄUMEN DER SONN- UND FEIERTAGE

Zu den homiletisch-liturgischen Beiträgen dieses Bandes[15]

Alexander Deeg

I. PROBLEMFALL ODER ANLASS ZUR FREUDE?

Die Arbeit an diesem Buch hat Freude gemacht. Die neuen alttestamentlichen Texte in der Perikopenrevision bieten bewegende Erzählungen, dichte Poesie und gewagte Theologie. Sie machen nicht selten augenblicklich Lust zur Predigt und lassen die Vorfreude auf die Gottesdienste steigen, in denen diese Texte ab dem 1. Advent 2018 gepredigt werden.

---

[15]   Vgl. zum Folgenden auch die Beiträge, in denen ich die Frage nach der Predigt alttestamentlicher Texte in verschiedenen Perspektiven in den vergangenen Jahren ausführlicher entfaltet habe: ALEXANDER DEEG, Faktische Kanones und der Kanon der Kirche. Überlegungen angesichts der Diskussionen um die Rolle der Bibel in der evangelischen Kirche, um die Kanonizität des Alten Testaments und die Revision der Lese- und Predigtperikopen, in: PTh 104 (2015), 269-284; DERS., Selbstverständlich und Israel-sensibel. Das Alte Testament predigen, in: Junge Kirche H. 1/2016, 27-29; erneut abgedruckt in: Blickpunkte H. 2, April 2016, 7-8; DERS., Messianisch predigen, in: ALEXANDER DEEG/MANUEL GOLDMANN (Hg.), Gottes Gesalbte: Priester - Könige - Propheten. Solus Christus neu gelesen, in: Predigtmeditationen im christlich-jüdischen Kontext. Perikopenjahr 2016/17, Wernsberg 2016, lix-lxviii; DERS., Im Klangraum der beiden Testamente. Überlegungen zur Neubestimmung von Umfang und Funktion alttestamentlicher Texte im Gefüge des Revisionsvorschlags zur Perikopenordnung, in: EVANGELISCHES LUTHERISCHES LANDESKIRCHENAMT SACHSENS (Hg.), Das Verhältnis von Christen und Juden als Thema kirchgemeindlicher Arbeit, Dresden 2017, 29-34; DERS., Die Kirche und das Alte Testament oder: Die Hebräische Bibel zwischen Lust, Last und Leidenschaft, in: EvTh 77 (2016), 132-145; DERS., »*Auch* für dich« und das messianische »*Heute*«. Überlegungen zur Hermeneutik des Alten Testaments aus homiletischer Perspektive, in: MARKUS WITTE/JAN C. GERTZ (Hg.),

Ganz anders ist die Stimmung leider häufig, wenn in akademischen Kreisen über das Alte Testament im christlichen Gottesdienst geredet wird. Nicht selten erscheint es dann zuerst als *Problem* für die christliche Verkündigung. Neuere Diskussionen um das Alte Testament, wie sie der Berliner Systematische Theologe Notger Slenczka mit seinem bereits 2013 veröffentlichten, aber erst 2015 öffentlich wahrgenommenen Beitrag »Die Kirche und das Alte Testament« ausgelöst hat, legen dies ganz besonders nahe.[16] Die Grundfrage lautet, wie sich die Christusoffenbarung zu dem im Alten Testament Gesagten verhalte – oder schärfer, ob das Alte Testament legitimerweise Teil des christlichen Kanons sei oder nicht. Es wird erneut gefragt, ob der in der Alten Kirche als Häretiker verurteilte Reeder Marcion aus dem zweiten Jahrhundert, der sich vom Alten Testament verabschieden wollte, weil darin von einem anderen Gott die Rede sei, nicht doch Recht oder wenigstens ein Fünkchen Wahrheit erkannt habe.

Diese akademische Diskussion steht nicht nur meiner individuell empfundenen Freude an der Lektüre des Alten Testaments entgegen, sondern auch der Lust auf Altes Testament, die sich unter den haupt- und ehrenamtlich Predigenden im Bereich der EKD zeigt. Eine empirische Studie, die vor der Perikopenrevision von Gert Pickel und Wolfgang Ratzmann durchgeführt wurde, machte deutlich, dass Predigerinnen und Prediger sich von einer revidierten Perikopenordnung vor allem *mehr Altes Testament* erwarten.[17] Im Erprobungszeitraum der revidierten Ordnung wurden zahlreiche der Vorschläge für neue alttestamentliche Texte geradezu euphorisch begrüßt. Und die Rückmeldungen aus den Landeskirchen nach dem Abschluss des Erprobungszeitraums zeigen, dass die in der Revision vorgeschlagene annähernde Verdoppelung des Anteils alttestamentlicher Texte in der Perikopenordnung überaus freundlich angenommen wird. Vor allem die narrativen Texte aus dem Alten Testament (wie die Erzählung von der Trennung von Abram und

---

Hermeneutik des Alten Testaments, VWGTh 47, Leipzig 2017, 166–187; DERS., Neue Speisen am Tisch des Wortes. Zehn Thesen zur evangelischen Perikopenrevision und ihren liturgischen Implikationen, in: Jahrbuch für Liturgik und Hymnologie (2018).

[16]   Vgl. dazu den inzwischen vorliegenden Sammelband: NOTGER SLENCZKA, Vom Alten Testament und vom Neuen. Beiträge zur Neuvermessung ihres Verhältnisses, Leipzig 2017.

[17]   Vgl. GERT PICKEL/ WOLFGANG RATZMANN, Gesagt wird – Eine empirische Studie zur Rezeption der gottesdienstlichen Lesungen, in: Kirchenamt der EKD/ Amt der UEK/ Amt der VELKD (Hg.), Auf dem Weg zur Perikopenrevision. Dokumentation einer wissenschaftlichen Fachtagung, Hannover 2010, 95–111.

Lot aus Gen 13, von Hagar und Ismael aus Gen 16, vom Kampf Jakobs am Jabbok aus Gen 32, von Rut, Hiob bzw. von David als Musiktherapeut Sauls aus 1Sam 16) kamen insgesamt gut an. Immer wieder gelobt wurde aber z. B. auch die Erweiterung des Anteils weisheitlicher Texte sowie die erstmalige Aufnahme von Psalmen in die *Predigt*reihen.[18]

Doch nicht nur Predigerinnen und Prediger scheinen das Alte Testament mehrheitlich zu schätzen, es ist auch evidenter, nicht wegzudenkender und in den vergangenen Jahren und Jahrzehnten in seiner Popularität eher zunehmender Teil christlicher Frömmigkeit. Auf einen Aspekt dieser Evidenz des Alten/Ersten Testaments hat etwa Peter Zimmerling mit seinem Buch über die Herrnhuter Losungen aufmerksam gemacht. Seit Jahren sind die Losungen eine »Erfolgsgeschichte«.[19] Gegenwärtig erscheinen sie in mehr als 50 Sprachen und in einer Auflage von 1,7 Millionen (hinzu kommen dann noch die digitalen Ausgaben!). Erst im 20. Jahrhundert stabilisierte sich die heutige Gestalt der Losungen, so dass für jeden Tag eine *alttestamentliche* Losung und ein Lehrtext aus dem Neuen Testament zusammengestellt werden. Für die zahlreichen Leserinnen und Leser der Losungen gehören alttestamentliche Texte selbstverständlich zum täglichen geistig-geistlichen Vademecum und prägen evangelische Frömmigkeit.

Vergleichbar mit den Losungen ist die Bedeutung, die Sprüche aus dem Alten Testament als Taufsprüche, Trausprüche, Sprüche bei Konfirmationen oder Beerdigungen haben. Christlicher Lebenszyklus hat zweifellos alttestamentliche Kontur – von den Engeln, denen der Herr befohlen hat, dass sie »dich auf Händen tragen« (Ps 91,11f.), und die so beliebtester Taufspruch sind, über den Herrn, der noch immer und trotz aller Kritik am Hirtenbild und am 19. Jahrhundert-Kitsch als Hirte das Leben von Menschen begleitet (Ps 23), bis hin zu dem »Fürchte dich nicht« aus Jes 43,1, das durch die Verbindung der Zusage mit dem *Namen* von der Taufe bis zur Beerdigung als ge-

---

[18]   Auch bislang gibt es eine eigene Psalmenreihe für alle Sonn- und Feiertage des Kirchenjahres. Da die Psalmen aber in den sechs Reihen der Predigttexte derzeit keine Berücksichtigung finden und auch in der einschlägigen Predigthilfeliteratur nicht beachtet werden, sind Predigten über Psalmentexte bislang die Ausnahme. Vgl. aber z. B.: Studium in Israel (Hg.), »Herrliche Dinge werden in dir gepredigt, du Stadt Gottes …« (Ps 87,3). Psalmen predigen. Predigtmeditationen[Plus] im christlich-jüdischen Kontext, Perikopenjahr 2010/11, Wernsbach 2010.

[19]   Vgl. Peter Zimmerling, Die Losungen. Eine Erfolgsgeschichte durch die Jahrhunderte, Göttingen 2014.

eignet empfunden wird. Christenmenschen leben ganz selbstverständlich im Text- und Klangraum des Alten Testaments.

Und sie feiern in ihm. Das hat der Alttestamentler Jürgen Ebach in seinem eindrucksvollen Buch »Das Alte Testament als Klangraum des evangelischen Gottesdienstes« gezeigt.[20] Er geht darin einem ›ganz normalen‹ evangelischen Gottesdienst nach und zeigt, wie sich dieser Schritt für Schritt im Raum der Worte, Bilder und Geschichten des Alten Testaments verortet: vom liturgischen Gruß, der Salutatio (»Der HERR sei mit euch – und mit deinem Geist«; vgl. z. B. Rut 2,4; die Wendung im zweiten Teil begegnet explizit in 2Tim 4,22), bis zum Aaronitischen Segen (Num 6,24–26).

Es ist m. E. an der Zeit, *vor* aller Problematisierung ein *Loblied* auf das Alte Testament anzustimmen, das christliche Frömmigkeit seit Jahrhunderten prägt und bestimmt, das christliche Feier ermöglicht, das gelebtes Leben mit der Geschichte Gottes verbindet, das an den Übergängen des Lebens hilfreicher Begleiter und für viele Millionen von Christenmenschen täglicher Partner ist. Gleichzeitig bleibt die hermeneutische Frage selbstverständlich entscheidend, *wie* wir auf diese Textsammlung zugehen, die wunderbarerweise (!) seit den Anfängen dazugehört und ohne die wir nicht Christen wären. Es handelt sich bei den Worten, Bildern und Geschichten des Ersten Testaments um Texte, die historisch vor Geburt, Leiden, Sterben, Auferweckung Jesu formuliert wurden und die zunächst Gottes erwähltes Volk Israel adressieren und bis heute begleiten.

2. ›WIR‹ SIND DRIN IN DER GESCHICHTE DES GOTTESLOBS – UND DAS IST DAS WUNDER!

Röm 15,4–13 ist Predigttext in Reihe I am 3. Advent. Auch wenn Paulus sicher keine Hermeneutik des Alten Testaments schreiben wollte (und dies auch gar nicht konnte, da es ›das Alte Testament‹ weder begrifflich noch als fertigen Kanon zu seiner Zeit überhaupt schon gab!), enthält dieser Text doch grundlegende Antworten auf die Fragen, über die in 2000 Jahren Christentumsgeschichte, insbesondere seit der Mitte des zweiten Jahrhunderts, gestritten wurde. Paulus schreibt:

---

[20]   JÜRGEN EBACH, Das Alte Testament als Klangraum des evangelischen Gottesdienstes, Gütersloh 2016.

»[4] Denn was zuvor geschrieben ist, das ist uns zur Lehre geschrieben, damit wir durch Geduld und den Trost der Schrift Hoffnung haben. ....[7] Darum nehmt einander an, wie Christus euch angenommen hat zu Gottes Ehre. [8] Denn ich sage: Christus ist ein Diener der Beschneidung geworden um der Wahrhaftigkeit Gottes willen, um die Verheißungen zu bestätigen, die den Vätern gegeben sind; [9] die Heiden aber sollen Gott die Ehre geben um der Barmherzigkeit willen, wie geschrieben steht (Ps 18,50): ›Darum will ich dich loben unter den Heiden und deinem Namen singen.‹[10] Und wiederum heißt es (Dtn 32,43): ›Freut euch, ihr Heiden, mit seinem Volk!‹[11] Und wiederum (Ps 117,1): ›Lobet den Herrn, alle Heiden, und preisen sollen ihn alle Völker!‹[12] Und wiederum spricht Jesaja (Jes 11,10): ›Es wird kommen der Spross aus der Wurzel Isais und der wird aufstehen, zu herrschen über die Völker; auf den werden die Völker hoffen.‹[13] Der Gott der Hoffnung aber erfülle euch mit aller Freude und Frieden im Glauben, dass ihr immer reicher werdet an Hoffnung durch die Kraft des Heiligen Geistes.«

Paulus argumentiert im Blick auf den komplexen sozialen Zusammenhang der Gemeinde in Rom.[21] Das Grundproblem der Gemeinde besteht darin, dass es diejenigen gibt, die Juden sind und an den Christus glauben, und diejenigen, die Heiden sind und an den Christus glauben. Für Paulus bedeutet das: *In Christus zu sein* ist der Grund der Einheit der Gemeinde, die er drei Kapitel vorher als »Leib Christi« beschrieben hat (vgl. Röm 12,4–8). Diese Einheit aber ist und bleibt für ihn eine differenzierte Einheit. Christus bedeutet für die an ihn glaubenden Juden etwas anderes als für die an ihn glaubenden Heiden. Für die einen ist er die *Bestätigung der Verheißung*, für die anderen, die Heiden, ist er allererst die *Grundlage der Hoffnung*. Den Heiden in Rom, die an Christus glauben, macht Paulus klar: Das Wunder ist doch, dass *auch* ihr hinzugehört zu der Geschichte Gottes mit seinem Volk, dass *auch* ihr teilhabt an der Freude und an der Hoffnung, die Gottes Volk Israel verheißen ist. Von dieser Hoffnung, von dieser Geschichte Gottes mit seinem Volk erzählt die »Schrift«; von dieser Hoffnung erfährt die Gemeinde durch das, »was zuvor geschrieben ist« (Röm 15,4). Wie sich die Gemeinde in das, was zuvor geschrieben ist, verorten kann, zeigt Paulus dann gleich selbst, indem er vier Verse aus der »Schrift« zitiert (interessanterweise aus Tora, Propheten, Psalmen – den drei Teilen der Hebräischen Bibel), in denen es um das Verhältnis der Völker zu Israel geht. Versucht man, diese vor mehr als 1950 Jahre geschriebenen Worte in unsere Situation zu übertragen, so heißt das:

---

[21] GERD THEISSEN stellt diesen Zusammenhang in seinem Roman belletristisch, klug und anregend vor Augen; vgl. DERS., Der Anwalt des Paulus, Gütersloh 2017.

(1) Das, was zuvor geschrieben ist, ist nicht der zufällige, kontingente historische Bezugspunkt des Christusereignisses, sondern der notwendige und unaufgebbare theologische Kontext, in dem sich auch die Christen aus den Heiden immer neu verorten.

(2) Für uns, die Christen aus den Heiden, lässt sich das Wunder, von dem Paulus schreibt, so auf den Punkt bringen: dass *auch* wir dazugehören. Es ist ein einziges Wort, das es hermeneutisch immer wieder durchzubuchstabieren gilt: *auch*! Oder – mit dem von Paulus zitierten Vers Dtn 32,43: *mit* seinem Volk! In diesen Bestimmungen »*auch* wir« und »*mit* seinem Volk« hängen Differenz und Zugehörigkeit, hängt die ganze christliche Hermeneutik des Alten Testaments.[22]

(3) Die Hermeneutik der zwei-einen Bibel kann m.E. darüber hinaus nur gelingen, wenn wir sie in der Grundstimmung betreiben, die Paulus in Röm 15 vorgibt: den einen Gott staunend loben, der uns, die Heiden, mit hineinnimmt in die Hoffnung und Freude, die seinem Volk Israel verheißen sind.

(4) Damit zeigt sich auch: Bei der Frage nach dem christlichen Umgang mit dem so genannten Alten Testament[23] geht es um mehr als um die Frage, wie eine Auslegungsgemeinschaft mit einem alten Text bzw. einem Teil ihres Kanons umgeht. Die als Bezeichnung für diesen ersten Teil des christlichen Kanons teilweise vorgeschlagene Wendung *Bibel Israels*[24] bzw. *jüdische Bibel* macht deutlich: Es geht um eine Textsammlung, die nicht nur einen anderen ursprünglichen Adressaten hat, sondern bis heute in eine andere Auslegungsgemeinschaft gehört: das Judentum.

Selbstverständlich haben sich die Realitäten gegenüber dem ersten Jahrhundert, in das hinein Paulus schreibt, verschoben. Die Grundfrage ist nicht mehr, wie die an Christus glaubenden Heiden mit den an Christus glaubenden Juden in der einen Gemeinde Jesu Christi leben; die Grundfrage lautet, wie ein primär heidenchristliches Christentum mit Gottes bleibend erwähltem Volk Israel umgeht. Der Begriff »Grundfrage« freilich suggeriert, dass es sich

---

[22] Im Gesangbuch gibt es leider nur ein einziges Lied, das diesen Zusammenhang zum Ausdruck bringt: »Lobt Gott, den Herrn, ihr Heiden all« (EG 293; die Nachdichtung von Ps 117 durch Joachim Sartorius). In Strophe 1 heißt es: »… dass er euch auch erwählet hat …«

[23] Vgl. zur Bezeichnung dieses ersten Teils des christlichen Kanons bereits Erich Zenger, der den Vorschlag machte, vom *Ersten* Testament bzw. von der *jüdischen Bibel* zu sprechen: ders., Das Erste Testament. Die jüdische Bibel und die Christen, Düsseldorf 1991.

[24] Vgl. dazu nur z. B. Rolf Rendtorff, Die Bibel Israels als Buch der Christen, in: Christoph Dohmen / Thomas Söding (Hg.), Eine Bibel – zwei Testamente. Positionen biblischer Theologie, Paderborn u. a. 1995.

um eine mehr oder weniger akademisch-theologische Auseinandersetzung handeln würde. Über viele Jahrhunderte aber ging es um ein für Jüdinnen und Juden bedrängendes Problem der Existenz unter einer dominanten christlichen Mehrheit. Durch die Jahrhunderte zeigt sich: Das christliche Verhältnis zum Alten Testament ist ein Spiegel des Verhältnisses von Christen und Juden.

Die Ablehnung oder Zurückweisung des Alten Testaments in der Geschichte der Kirche ging meist auch mit anti-judaistischen Denkmodellen einher. Dies lässt sich bei Marcion ebenso zeigen wie in den Versuchen der Deutschen Christen, ein Christentum zu konstruieren, das »den jüdischen Einfluss auf das deutsche kirchliche Leben«[25] so weit wie möglich zurückdrängt. Umgekehrt gingen Annäherungen an das Judentum meist auch mit einer neuen Wahrnehmung des Alten Testaments einher, wofür etwa der frühe Luther stehen kann[26] oder die Geschichte des jüdisch-christlichen Dialogs in den vergangenen Jahrzehnten. Die Forderung nach intensiverer Lektüre des Alten/Ersten Testamentes und der christlich-jüdische Dialog entwickelten sich Hand in Hand. Vor diesem Hintergrund war das Entsetzen über die neuerliche Zurückweisung des Alten Testaments in der evangelischen Theologie groß, trifft sie doch nie nur einen *Text*, sondern immer auch eine *Gemeinschaft*, die sich um diesen Text versammelt, und einen Dialog, der sich zwischen zwei Gemeinschaften neu entwickelt hat.

Es ist freilich keineswegs so, dass Notger Slenczka dieser *soziale Aspekt* der hermeneutischen Diskussion um das Alte Testament nicht bewusst gewesen wäre. Im Gegenteil versteht er seine Überlegungen zur Zurücknahme der Kanonizität des Alten Testaments als einen freundlichen Akt der *Rückgabe* dieser Textsammlung an das Judentum als ihrem ersten und bleibenden Adressaten. Freilich verkennt er, dass er genau damit das Tuch zerschneidet, das Christinnen und Christen untrennbar mit dem Judentum verbindet. Um noch einmal auf Röm 15 zu sprechen zu kommen: Den Gott der Hoffnung erkennen Christinnen und Christen nur in dem, »was zuvor geschrieben ist«.

---

[25] 1939 wurde das »Institut zur Erforschung und Beseitigung des jüdischen Einflusses auf das deutsche kirchliche Leben« in Eisenach gegründet und von Walter Grundmann (einem Neutestamentler) geleitet; vgl. Roland Deines / Volker Leppin / Karl-Wilhelm Niebuhr (Hg.), Walter Grundmann. Ein Neutestamentler im Dritten Reich, Arbeiten zur Kirchen- und Theologiegeschichte 21, Leipzig 2007.

[26] Vgl. dazu auch den lesenswerten Text der Schriftstellerin Sibylle Lewitscharoff, Kraftmaxe und Sprachgenie, in: LS 67 (2016), 404–406.

Bereits bei Martin Luther findet sich die Andeutung dieses hermeneutischen Richtungswechsels: Er erkannte, dass das Neue Testament in das Alte führt. 1522 beschreibt er in seinem »Kleyn unterricht, was man ynn den Euangelijs suchen und gewartten soll« die neutestamentlichen Texte als »Zeiger« und »Hinweis in die Schrift der Propheten und Mosi«, in denen Christus materialiter erkannt werde: »Syntemal die Euangeli und Epistel der Apostel darumb geschrieben sind, das sie selb solche tzeyger seyn wollen und uns weyßen ynn die schrifft der propheten und Mosi des allten testaments, das wyr alda selbs leßen und sehen sollen, wie Christus ynn die windel thucher gewicklet und yn die krippen gelegt sey [...].«[27]

3. Der Generalschlüssel oder: Wie das Alte Testament verlässlich zum Verstummen gebracht wird

Das christlich-jüdische *Miteinander* war über Jahrhunderte eine Geschichte des christlichen Hochmuts gegenüber dem Judentum – mit fatalen gesellschaftlichen, politischen und theologischen Folgen. Christlicher Hochmut führte theologisch zu dem, was Rosemary Radford-Ruether »realisierte Eschatologie« nannte: In Jesus, dem Christus, erkannten die Christen die Erfüllung der alttestamentlichen Verheißung – und verurteilten all die, die dies so nicht sehen konnten, also vor allem: das ›uneinsichtige‹ Judentum.[28] Christliche Theologinnen und Theologen haben in den vergangenen Jahren an dieser Stelle von der ›Erfüllungsfalle‹ gesprochen, in die man getappt sei – und die auf ihrer Rückseite den Verlust der Verheißung bedeutet. Zu schnell habe man von der Erfüllung in und durch Christus gesprochen – wie etwa in dem Adventslied von Heinrich Held: »Was der alten Väter Schar, höchster Wunsch und Sehnen war, und was sie geprophezeit, ist erfüllt in Herrlichkeit ...« (EG 12,2).

Die Darstellung der Synagoga mit den verbundenen Augen ist ein bekanntes mittelalterliches Motiv und drückt die christliche ›Verwunderung‹ über die Tatsache aus, dass Jüdinnen und Juden die Erfüllung ›ihrer‹ Ver-

---

[27] WA 10/I/1, 15.

[28] Rosemary Ruether, Nächstenliebe und Brudermord. Die theologischen Wurzeln des Antisemitismus, Abhandlungen zum christlich-jüdischen Dialog 7, München 1978, Zitat: 229.

heißung in Christus nicht erkannten. Weniger bekannt ist, dass es auch eine umgekehrte Darstellung aus dem Hochmittelalter gibt, die sich etwa in einem aschkenasischen jüdischen Gebetbuch (Siddur) findet.[29]

Initiale aus einem jüdischen Gebetbuch (Siddur) aus dem 13. Jh.

---

[29]   Abbildung nach EBERHARD RÖHM / JÖRG THIERFELDER, Juden, Christen, Deutsche, Bd. 1: 1933–1945, Stuttgart ²2004, 26; es handelt sich um eine Initiale aus einem Siddur des 13. Jahrhunderts.

Hier wird die Kirche (erkennbar an der Krone mit dem Kreuz) mit einem Tuch um die Augen dargestellt. Die Synagoge hingegen sieht. Jüdinnen und Juden können Christen, die im Erfüllungstaumel leben, leicht vorwerfen: Ihr braucht doch nur *einmal* aus dem Fenster zu schauen, um zu sehen, dass die Verheißungen der Väter eben nicht erfüllt sind. Klar, es wäre dann immer noch möglich, die Verheißungen von umfassendem Frieden, von Recht und Gerechtigkeit zu spiritualisieren und zu verinnerlichen. Aber die Frage muss dann lauten: Wer hat nun eigentlich das Tuch um die Augen gewickelt?[30]

Manchmal suchen Christinnen und Christen nach *dem* hermeneutischen Generalschlüssel, um *das* Alte Testament einzuordnen und theologisch zu fassen. Dabei handelt es sich m. E. allerdings um eine durch die Jahrhunderte geübte Art und Weise, sich selbst hermeneutisch blind zu machen und ein dickes Tuch des eigenen hermeneutischen Vorurteils um die Augen zu wickeln. So nämlich erscheint das Alte Testament dann nicht mehr als eine faszinierende, manchmal verstörende, immer wieder herausfordernde Sammlung von Texten, sondern nur noch als eine Kategorie, die man handhaben und vor allem in das eigene theologische System einordnen kann.

Darauf hat der Alttestamentler Horst Dietrich Preuß bereits 1984 hingewiesen. Er kritisiert vereinfachende Modelle wie das von *Gesetz* und *Evangelium*, bei dem eine fundamentalthermeneutische Unterscheidung, die bei Luther für *alle* biblischen Texte gilt, schematisch auf zwei Textkorpora aufgeteilt wird – mit der dramatischen Folge, dass das Alte Testament auf einmal nur noch unter einem negativen theologischen Vorzeichen erscheinen kann: als Dokument des Scheiterns des Menschen vor Gott (wie dies mit unterschiedlicher Nuancierung etwa Rudolf Bultmann und Emanuel Hirsch meinten). Vor allem aber begegnet immer wieder das Schema *Verheißung und Erfüllung* in der Geschichte christlicher Hermeneutik. Dies führe – so Preuß – dazu, dass das Alte Testament »nur sehr in Auswahl bekannt ist und durch eine Brille gelesen wird, die ihm sein eigenes Wort kaum noch beläßt.«[31] Preuß plädierte demgegenüber für eine Beachtung der *Vielfalt* der alttestamentlichen Texte und für eine Auslegung, die den Versuch unternimmt, jedem Text seine

---

[30] ›Berührend‹ (im wahrsten Sinne des Wortes) ist an dieser Darstellung übrigens, dass Synagoga und Ecclesia nicht einfach einander gegenüberstehen (wie in den meisten mittelalterlichen skulpturalen Darstellungen), sondern sich gegenseitig die Hand reichen – ein Zeichen dafür, wie es im Verhältnis der beiden Geschwister im Glauben auch sein könnte?

[31] Horst Dietrich Preuss, Das Alte Testament in christlicher Predigt, Stuttgart u. a. 1984, 68.

Eigenart zu belassen und ihn mit den Kontexten einer christlichen Gemeinde der Gegenwart ins Gespräch zu bringen.[32]

Gleichzeitig bedarf das Modell »Verheißung und Erfüllung« auch dringend einer theologischen Korrektur, worauf im christlich-jüdischen Dialog der vergangenen Jahre immer wieder zurecht hingewiesen wurde. So spricht der katholische Pastoraltheologe Heinz-Günther Schöttler von der bleibenden Erfüllungslücke und dem ebenfalls bleibenden Verheißungsüberschuss.[33] Christinnen und Christen können und brauchen im Angesicht der Weltwirklichkeiten nicht zu behaupten, dass alle Verheißungen erfüllt wären. Die Verheißungen sind in Christus noch nicht erfüllt, aber allesamt »bestätigt«, wie Paulus nicht nur in Röm 15, sondern auch in 2Kor 1,20 sagt. Die Erfüllungslücke verwandelt sich so in den Verheißungsüberschuss: Die neue Welt Gottes ist im Kommen und wird vollendet sein, wenn Gott ist »alles in allem« (1Kor 15,28). Das jüdische »Nein« zum christlichen Messiasbekenntnis hat in diesem Verständnis eine positive, eine Augen öffnende Bedeutung auch für Christinnen und Christen: Es führt in den Überschuss der Verheißung und wird so zur Basis einer erneuerten, Juden und Christen verbindenden Hoffnung für und zu einer gemeinsamen Arbeit an dieser Welt. Schon Dietrich Bonhoeffer meinte: »Der Jude hält die Christusfrage offen.«[34] Christliche Identität bleibt im Angesicht der anderen und widersprechenden Auslegung des Judentums vor jedem Imperialismus des ›Habens‹ bewahrt und damit vor jeder *theologia gloriae* [Theologie der Herrlichkeit], in die sich auch die *theologia crucis* [Theologie des Kreuzes] immer wieder zu verwandeln droht. Gleichzeitig sind Christinnen und Christen in ihrem Hoffen und ihrem Klagen an die Seite Israels gestellt (vgl. Röm 15,10; vgl. aber auch Sach 8,23).

Das neutestamentliche Christuszeugnis führt Lesende hinein in die Schriften Israels und so in die bleibende und auf Zukunft offene Verheißungsgeschichte des Judentums.[35] Daraus ergeben sich vier Folgerungen:

(1) Christliche Kirche ist immer neu auf die Relektüre der Schriften des Ersten Testamentes angewiesen, wenn sie entdecken und verstehen will, wer Christus

---

[32] Preuß spricht hier von »Strukturanalogie« zwischen Altem Testament und gegenwärtigen Erfahrungen.

[33] Vgl. HEINZ-GÜNTHER SCHÖTTLER, Christliche Predigt und Altes Testament. Versuch einer homiletischen Kriteriologie, Ostfildern 2001.

[34] DIETRICH BONHOEFFER, Ethik, München 1966, 95.

[35] Vgl. auch JÜRGEN EBACH, Das Alte Testament als Klangraum des evangelischen Gottesdienstes, Gütersloh 2016, 44 u. ö.

ist, was die Christusbotschaft bedeutet und wie sie hinweist auf Gottes Handeln in Vergangenheit, Gegenwart und Zukunft. Die Bibel ist in dieser Hinsicht niemals die einmal verstandene, sondern die immer neu das Verstehen herausfordernde. Eine Kirche, die sich beständig erneuert (*semper reformanda*), ist vor allem eine Kirche, deren grundsätzliche und vornehmste Aufgabe die ständige Relektüre der Bibel ist.

(2) Die christliche Kirche liest das Alte Testament notwendig in einem anderen hermeneutischen Horizont, als Jüdinnen und Juden dies tun. Sie kommt vom Christusbekenntnis her, das es freilich – wie gesagt – niemals *ohne* die Texte des Ersten Testamentes gibt. Das Alte Testament erweist sich so als verbindend und trennend zugleich im Verhältnis von Christentum und Judentum.

(3) Aufgefordert sind wir zu einem Lesen im Dialog mit Jüdinnen und Juden – und können diesen Dialog zugleich als Chance und Bereicherung, Herausforderung unserer Theologie und Vertiefung unseres Verhältnisses erleben. Für die Frage nach der Predigt des Alten Testaments bedeutet diese Einsicht, dass sie konsequent eine *Predigt im Angesicht des Judentums* sein muss. Bereits Rudolf Bohren rief in seiner 1971 zuerst erschienenen »Predigtlehre« dazu auf, »vom Rabbiner zu lernen«. Er schreibt: »Nur Hochmut und Ignoranz könnten den evangelischen Prediger hindern, vom Rabbiner zu lernen. Nur unheiliger Egoismus wird das heutige Judentum von den Verheißungen der Propheten ausklammern und damit dem stets latenten Antisemitismus Nahrung geben. Soll der Prediger nicht reden wie ein Rabbiner, so soll er nicht ohne den Rabbiner predigen: Die Kirche kann von der Synagoge nicht absehen, es sei denn, sie verliere ihre Verheißung.«[36]

(4) Anstatt den einen theologischen Generalschlüssel im Verhältnis der Testamente zu suchen, lohnt es sich, erwartungsvoll in einzelne und unterschiedliche Texte einzutauchen, uns zu verwickeln in die *vielfältigen Aussagen* der Testamente und in das Viele, was uns diese Texte sagen und lehren und zeigen können von Gottes Weltwirklichkeit.

4. MIT DEN TEXTEN UNTERWEGS – IN TEXTRÄUMEN VERNETZT

In diesem Buch nehmen wir die neuen alttestamentlichen Texte jeweils in ihrem eigenen literarischen Kontext *und* in ihren liturgischen Klangräumen wahr. Eine Perikopenordnung lässt sich auch verstehen als ein Beitrag zur Auslegung biblischer Texte. Eine solche Ordnung bringt für jeden Sonn- und

---

[36] RUDOLF BOHREN, Predigtlehre, Gütersloh ⁶1993, 121.

Feiertag Texte zusammen, die meist in keinem unmittelbaren literarischen Bezugs- oder gar Abhängigkeitsverhältnis stehen. Sie fungiert dabei wie eine hermeneutische Brille, die ein bestimmtes Bild von den Texten zeigt.

Wenn etwa Moses Geburt und wundersame Errettung (Ex 2,1–10) am 1. Weihnachtsfeiertag gepredigt wird, dann wird dieser Text, der nicht nur von einer dramatischen Familiengeschichte erzählt, sondern auch von dem Beginn der Befreiungsgeschichte des Exodus, in weihnachtliches Licht getaucht – und umgekehrt verbindet sich die Fleischwerdung des göttlichen Logos mit der Gottesgeschichte Israels und der Frage nach politischer Macht und deren Durchbrechung.

Freilich ist die hermeneutische Brille einer Perikopenordnung nicht die einzige Möglichkeit, einen (alttestamentlichen) Text zu verstehen. Es handelt sich um *eine* Kontextualisierung, die immer auch zu einer Engführung werden kann. Im Blick auf Ex 2 gesagt: Die Geburt des Mose ist *mehr* und *anderes* als Weihnachten; und Weihnachten ist *mehr* und *anderes* als die Geburt des Mose. Wenn alttestamentliche Texte zu linear in christliche Proprien eingefügt werden, verlieren sie ihre provozierende (= aus gängigen Deuteschemata herausrufende!) Funktion.

Zwei Metaphern haben sich für die Arbeit im Kontext der Proprien als hilfreich erwiesen und finden sich auch in diesem Band:

(1) Die ›architektonische‹ Metapher des Raumes (Textraum) versteht die einzelnen Texte, die sich in einem Proprium finden (Evangelium, Epistel, alttestamentliche Lesung, weitere Predigttexte, Wochenspruch, Psalm, ggf. auch Lied der Woche), als die Mauern und Säulen, die für die Feiernden eines Gottesdienstes einen begehbaren Raum eröffnen. Wenn die Texte zu nah beieinander liegen, sich zu sehr ähneln, wird dieser Raum eng und klein; wenn sich die Texte zu weit voneinander entfernen, erscheint der Raum nicht mehr als Raum, wird diffus und verliert seine Konturen. Jede Arbeit an einer Perikopenrevision bedeutet die Herausforderung, Texte zu finden, die verschiedene Facetten eines Sonn- oder Feiertags erkennen lassen. Im Rückblick auf die Arbeit an diesem Buch zeigt sich m. E., dass es besonders den alttestamentlichen Texten gelingt, Proprien nicht zu ›eng‹ werden zu lassen und Dimensionen von Gottesgeschichte mit dieser Welt aufzunehmen, die ansonsten nicht sichtbar würden. In der Raummetaphorik bedeutet eine Perikopenrevision den Versuch umzuräumen, um so die Texträume der Proprien theologisch stimmiger, inhaltlich weiter, homiletisch und liturgisch herausfordernder bzw. anregender zu gestalten (keinesfalls: einliniger oder einfacher!).

(2) In eine ähnliche Richtung weist die Metapher des Klangs bzw. der Konsonanz innerhalb eines Propriums. Auch hier gilt, dass ein Proprium dann überaus langweilig daherkäme, wenn alle Texte exakt denselben Ton beisteuern würden. Wenn

freilich allzu verschiedene Texte zusammenkämen, wäre außer einer großen, ggf. schrillen Dissonanz nichts zu hören.

Die beiden Metaphern des Raumes und des Klanges verbinden sich in dem Begriff *Klangraum*, der auf den folgenden Seiten immer wieder verwendet wird – und erweisen sich bereits seit Jahrzehnten als hilfreiche Metaphern zur Arbeit an Perikopensystemen.[37]

5. Der Überschuss des Alten Testamentes: Gottes Weltwirklichkeit auf der Spur

Keine Perikopenordnung schöpft den Reichtum der Bibel ganz aus. Die Idee, man könne die *ganze Bibel* zu Wort kommen lassen,[38] scheitert an ihrer Fülle. Auch die in vielen reformierten Kirchen übliche *lectio continua* aus einem biblischen Buch über einen längeren Zusammenhang bietet der Gottesdienst feiernden Gemeinde (bei regelmäßigem Gottesdienstbesuch!) zwar einen tieferen Einblick in das jeweilige biblische Buch, aber genau deshalb auch nur einen Ausschnitt aus dem Ganzen.

Wenn die Schatzkammer der Bibel durch die Perikopenrevision nun weiter geöffnet wird, bleiben dennoch zahlreiche Schätze ungehoben liegen. Es scheint aber möglich, etwas vom »Überschuss des Alten Testaments« wahrzunehmen, von dem Kornelis Heiko Miskotte und Friedrich Mildenberger gesprochen haben.[39] Das Alte Testament bietet Fragen und Themen, die im Neuen Testament schlicht fehlen, für das Leben des Glaubens aber entscheidende Bedeutung haben. Friedrich Mildenberger erkannte diesen Überschuss in Sprachformen wie Klage bzw. Weisheit, aber auch in Themen wie politi-

---

[37]   Vgl. THEODOR KNOLLE/ WILHELM STÄHLIN, Das Kirchenjahr. Eine Denkschrift über die Kirchliche Ordnung des Jahres, Kassel 1934; HANS ASMUSSEN, Das Kirchenjahr, München 1936; und vgl. dazu MATTHIAS CYRUS, Konsonanz und Perikopenordnung, in: Liturgie und Kultur H. 2 (2013), 30–54.

[38]   Vgl. den zwar überaus anregenden, im Titel aber doch auch unbescheidenen Reformvorschlag zur Perikopenordnung der Konferenz landeskirchlicher Arbeitskreise Christen und Juden (KLAK) aus dem Jahr 2009: »Die ganze Bibel zu Wort kommen lassen«, greifbar als pdf unter http://www.perikopenmodell.de/klak_perikopen.pdf [Zugriff vom 07.05. 2018].

[39]   Vgl. FRIEDRICH MILDENBERGER, Kleine Predigtlehre, Stuttgart/Berlin/Köln/Mainz 1984, 101–105.

scher Friede, Natur und Schöpfung, von denen das auf das Christusereignis fokussierte Neue Testament nicht bzw. kaum redet und auch nicht reden muss, weil die Evangelien und Briefe des Neuen Testaments ja niemals mit dem Ziel geschrieben wurden, allein und für sich einen Kanon ›vollständigen‹ Redens von Gott zu ergeben, sondern allesamt die Texte voraussetzten, die damals als jüdische Texte im Umlauf waren und später (teilweise) als TaNaKh im Judentum und als Altes Testament im Christentum kanonisiert wurden.

Wenn Form und Inhalt in der Predigt unmittelbar zusammenhängen und auch die Sprachform der biblischen Texte Auswirkungen auf die Sprachgestalt der Predigtrede hat,[40] dann lässt sich erwarten und erhoffen, dass die neuen alttestamentlichen Texte die evangelische Predigt in den kommenden Jahren sowohl inhaltlich *als auch formal* herausfordern werden. Es begegnen weit mehr Erzählungen, die es ermöglichen, narrative Passagen auf die Kanzel zu bringen und gegenwärtige Erfahrungen mit den im biblischen Text erzählten Erfahrungen zu verbinden. Die Psalmen in der Perikopenordnung stellen die Frage, wie so gepredigt werden kann, dass nicht nur *über* alttestamentliche Poesie geredet wird, sondern Hörende *in* die Sprachbewegungen des Gebets geführt werden. Die weisheitlichen Texte der Perikopenordnung regen hoffentlich dazu an, jenseits von Moralisierung nach der Gestaltung des alltäglichen Lebens im Blick auf den Gotteswillen zu fragen. Zahlreiche Texte bringen auch Zweifel zur Sprache und lassen die Frage nach Gott und seiner ›Erfahrbarkeit‹ groß werden. Sie könnten zu Predigten führen, die jenseits der Affirmation und der zu schnellen rhetorischen Beschwichtigung gegenwärtige Fragen an Gott groß machen.

6. Gott auf der Spur – seinem »Heute« entgegen: Messianische Bibellektüre

Ziel dieses Buches ist es, die *Predigt* der neuen alttestamentlichen Texte anzuregen. Für Martin Luther waren zwei Aspekte für *jede* Predigt entscheidend: Es geht um das »*Heute*« und es geht um das »*Für euch*«! Entscheidend ist, dass es um Gottes veränderndes Handeln jetzt und für die Hörenden geht. Genau hier liegt zweifellos die Grundproblematik jeder neuzeitlichen historischen Hermeneutik der Bibel. Erst durch sie wird ja ein tiefer Graben aufgerichtet zwischen unserer Zeit und dem Damals, von dem die Texte erzählen.

---

[40]   So die wesentliche Einsicht jeder *ästhetischen* Homiletik.

Theologisch entscheidend ist es m. E., das *Heute* als ein *messianisches Heute* zu verstehen, nicht als ein *triumphalistisches*. Triumphalistisch wäre es, wenn es sich gegen Jüdinnen und Juden richten und behaupten würde: Heute, jetzt ist in Christus alles Entscheidende geschehen. Messianisch aber hält es die Verbindung mit den Worten des Alten Testaments und bestätigt die Verheißung – wie es Jesus bei seiner häufig so genannten Antrittspredigt in Nazareth tut. Jesus liest Worte aus dem Buch des Propheten Jesaja (Jes 61,1f.), die davon reden, dass die Gefangenen befreit und die Blinden sehend werden, dass Freiheit werde und ein Gnadenjahr des Herrn. Dann sagt er: »Heute ist dieses Wort der Schrift erfüllt vor euren Ohren« (Lk 4,21).

Genau dieses messianische »Heute« ist keineswegs nur Christinnen und Christen zu eigen, sondern auch Jüdinnen und Juden. Im Babylonischen Talmud (Sanhedrin 98a) findet sich die Erzählung von der Begegnung von Rabbi Jehoshua ben Levi mit dem Messias. Der Prophet Elia hatte Rabbi Jehoshua nach Rom gesandt – genauer: vor die Tore von Rom. Dort befindet sich der Messias inmitten der Armen und Kranken – und wird nur dadurch von Rabbi Jehoshua erkannt, dass alle anderen Kranken die Verbände um ihre Wunden insgesamt lösen und sie dann neu verbinden; der Messias hingegen tut dies einzeln – Wunde für Wunde –, um bereit zu sein, falls nach ihm verlangt werde. Rabbi Jehoshua nähert sich und fragt: »Wann kommt der Meister?« Dieser erwidert: »Heute.« Darauf kehrt Rabbi Jehoshua zu Elia zurück, der ihn fragt: »Was sagte er dir?« Er antwortet: »Er hat mich belogen, denn er sagte mir, er werde heute kommen, und er kam nicht.« – Elia erwidert: »Er hat es wie folgt gemeint: ›Wenn ihr *heute* auf seine Stimme hören werdet …‹ (Ps 95,7).«

Der verwundete (!) Messias, der vor den Toren der Stadt Rom sitzt, die im Talmud exemplarisch für Fremdherrschaft und Exil steht, sprengt mit seinem »Heute« jede lineare Zeitwahrnehmung.[41] Die neue Zeit, Gottes Zeit, ist da und steht bereit. Sie liegt gleichsam unter oder über oder neben der Zeit, in der Menschen leben und die sie als ihre Zeit begreifen. Durch sie erhält die Zeit einen Riss. So hat auch Walter Benjamin in seinem letzten Essay »Über den Begriff der Geschichte« (1940) die Zeit der Erwartung wahrgenommen. Er wendet sich kritisch gegen den vermeintlichen Fortschritt und gegen politische Konstruktionen, die mit dem Fortschrittsoptimismus zusammenhängen, und schreibt dann: »Die Thora und das Gebet unterweisen sie

---

[41]   Vgl. zur Auslegung auch Michael Krupp, Der Talmud. Eine Einführung in die Grundschrift des Judentums mit ausgewählten Texten, Gütersloh 1995, 170–173.

[die Juden] […] im Eingedenken. Dieses entzauberte ihnen die Zukunft, der die verfallen sind, die sich bei den Wahrsagern Auskunft holen. Den Juden wurde die Zukunft aber darum doch nicht zur homogenen und leeren Zeit. Denn in ihr war jede Sekunde die kleine Pforte, durch die der Messias treten konnte.«[42]

Darum ginge es wohl grundlegend: die Texte des Alten Testaments in dieser Hinsicht als *messianische Texte* zu lesen – gemeinsam mit Jüdinnen und Juden und doch in Unterschiedenheit. Darum ginge es: in diesen Texten Tag für Tag und Sonntag für Sonntag neue Entdeckungen zu machen und sie immer neu aus dem umarmenden Zugriff einer Hermeneutik zu befreien, die nach Generalschlüsseln und Einordnungen sucht.

7. ZU DEN PRAKTISCH-THEOLOGISCHEN, LITURGISCH-HOMILETISCHEN BEITRÄGEN

Die praktisch-theologischen, liturgisch-homiletischen Beiträge dieses Bandes nehmen die neuen alttestamentlichen Texte zunächst in dem durch ihre Stellung im Kirchenjahr gegebenen Textraum wahr. Wie oben (4) beschrieben, weisen sie auf die Architektur des Textraums hin und zeigen, wo und wie die neuen alttestamentlichen Texte in den Proprien des Kirchenjahres zu stehen kommen und wie sich die Texträume durch die Perikopenrevision verändert haben.

Darüber hinaus versuche ich – je nach alttestamentlicher Textvorgabe – systematisch-theologische Überlegungen, Beobachtungen in Kirche und Gesellschaft oder philosophische und kulturwissenschaftliche Diskussionen vorzustellen, die hoffentlich zur Predigt anregen. Die Texte wollen bewusst offen sein, um so das *eigne* Predigen herauszufordern.

Bei vielen der alttestamentlichen Texte habe ich auch einen Blick in die jüdische Auslegung – vor allem zu rabbinischer Zeit (also: in den ersten Jahrhunderten unserer Zeitrechnung) – geworfen. Teilweise geben meine Texte von dieser Beschäftigung Zeugnis und machen auf diese Weise ernst mit der Forderung, die Schriften des Alten/Ersten Testaments als Christen immer in dem Bewusstsein zu lesen, dass es eine faszinierende und bereichernde

---

[42] WALTER BENJAMIN, Über den Begriff der Geschichte, in: DERS., Sprache und Geschichte. Philosophische Essays, ausgewählt von Rolf Tiedemann, mit einem Essay von Theodor W. Adorno, Stuttgart 1992, 141–154, 153f.

jüdische Wirkungsgeschichte dieser Texte gibt. Es wäre eine mehr als nur lohnende Aufgabe, zu den neuen alttestamentlichen Texten eine Sammlung jüdischer Auslegungen aus Geschichte und Gegenwart zusammenzustellen.[43]

Immer wieder finden sich in meinen Betrachtungen Gedichte oder Auszüge aus Gedichten. Manche der biblischen Texte, die nun in die Perikopenordnung aufgenommen wurden, haben eine breite Spur in der Kunst gezogen und wurden kulturell bedeutsam. Der Erlanger Praktische Theologe Martin Nicol hat sich seit vielen Jahren mit biblischen Spuren in der deutschsprachigen Lyrik nach 1945 beschäftigt. In einer Datenbank (www.lyrik-projekt.de) sind seine Funde so auffindbar, dass biblische Texte, aber auch Personen, Sprachelemente, theologische Themen im Spiegel neuerer und neuester deutschsprachiger Lyrik erschlossen werden. Die Gedichte, die ich in meine Texte aufgenommen habe, sind in den seltensten Fällen geeignet, unmittelbar in der Predigt zitiert zu werden. Vielmehr zeigen sie, wie Dichterinnen und Dichter als Ausleger der Bibel eigene Wege gehen. Manchmal entdecken sie Aspekte in biblischen Texten, die die zünftige Auslegung übersieht. Oft heben sie vermeintliche Kleinigkeiten eines biblischen Textes ans Licht. Immer wieder finden sie Sprache, die biblische Texte mit gegenwärtigen Erfahrungen verbindet. In all diesen Hinsichten können die zitierten Gedichte die eigene Predigtarbeit hoffentlich anregen.[44]

Während des Erprobungszeitraums der Perikopenrevision wurden von den unterschiedlichen Herausgeberkreisen der einschlägigen Predigthilfen Anregungen für die Predigt der neuen Texte in der Perikopenrevision (nicht nur der alttestamentlichen!) erarbeitet. Diese Predigthilfen sind noch immer im Netz greifbar und erwiesen sich für die Arbeit an diesem Buch immer wieder als hilfreiche Ressource.[45]

Jeder Beitrag schließt mit Vorschlägen für mögliche Predigtlieder, die in aller Regel dem Stammteil des Evangelischen Gesangbuchs entnommen sind.

---

[43] Die vom Verein »Studium in Israel« herausgegebenen »Predigtmeditationen im christlich-jüdischen Kontext« werden in ihren »Plus-Teilen« ab dem Perikopenjahr 2018/19 jüdische Wahrnehmungen zu den neuen alttestamentlichen Texten vorstellen.

[44] Ganz herzlich danke ich Martin Nicol und seinem Team für die großartige Datenbank und für die über Jahre gewährte Unterstützung bei meinen hermeneutisch-praktisch-theologischen Erkundungsgängen zwischen Bibel und moderner Literatur.

[45] Vgl. www.stichwortp.de.

Das Zweite Vatikanische Konzil wollte die »Schatzkammer der Bibel« für die Gläubigen weiter auftun und den »Tisch des Gotteswortes« reicher bereiten.[46] Nach mehr als acht Jahren des Prozesses der Perikopenrevision und mehr als zwei Jahren der Arbeit an diesem Buch ist es meine Überzeugung, dass dieses Ziel durch die neue Auswahl der Lese- und Predigtperikopen erreicht wurde. Freilich: Jeder Abschluss der Revision ist hoffentlich zugleich der Startschuss zur nächsten Überarbeitung. Vorerst aber lassen sich die neuen Speisen am Tisch des Wortes genießen!

---

[46] So in der ersten Konstitution des Zweiten Vatikanischen Konzils, Sacrosanctum Concilium (SC 51).

1. Sonntag im Advent (Reihe III): Sach 9,9 f.

Erwartung wider Erfahrung. Die Vision vom Frieden in Sacharja 9,9 f.

Sacharja 9,9 f. und die Rezeption dieses Textes in einem der bekanntesten Adventslieder (»Tochter Zion, freue dich!«, EG 13) macht eine unvoreingenommene exegetische Annäherung gleichermaßen nötig wie auch schwierig. Das betrifft zunächst die Übersetzung, die eine Reihe von inhaltlichen Fragen mit sich bringt. Bleibt man möglichst nahe am hebräischen Text, lautet dieser wie folgt: »Freue dich, Tochter Zion! Juble, Tochter Jerusalem! Siehe, dein König kommt zu dir. Gerecht und rettend ist er, demütig und reitend auf einem Esel, nämlich dem Fohlen von Eselinnen. Ich werde den (Streit-)Wagen von Ephraim weg zerbrechen und das Pferd / die Reiterei aus Jerusalem. Und ich werde den Kriegsbogen zerbrechen, und es wird eine Rede von Frieden für die Völker sein, und die Kunde davon wird von einem Meer bis ans andere reichen und vom Fluss bis an die Enden der Erde.«

Aus dem Kontext geht hervor, dass es Gott selbst ist, der hier spricht und der seinem Volk nach Zeiten von Unheil und Krieg nun Frieden schenken wird. Der Ort, an dem dies geschieht, ist der Zionsberg und die ihn umgebende Stadt Jerusalem. Gleichwohl ist das Heilsgeschehen nicht auf diesen Ort begrenzt, sondern bezieht die Völker der Welt mit ein. Die Wortwahl an dieser Stelle bleibt aber offenbar ganz gezielt im Bereich der Andeutung; frei paraphrasiert: Es gibt ein Raunen unter den Völkern, dass Friede sein wird, und die Kunde davon breitet sich bereits aus, auch wenn dieser Friede noch gar nicht wirklich ›da‹ ist. Dieses Raunen bewegt sich, im Bild von V. 10, von einer Seite der Welt zur anderen. Im Hintergrund steht die Vorstellung, dass die Weltscheibe an ihren Rändern von Meeren umgeben wird.

Für das Verständnis des Textes ist grundlegend wichtig, dass es sich um die Ankündigung eines Geschehens handelt, das noch nicht eingetreten ist. Gleichwohl wirft dieses Ereignis seine Schatten voraus: Jerusalem soll jetzt schon jubeln und die Völker reden bereits davon. Insofern ist Sach 9,9 f. im wörtlichen Sinne ein Adventstext, weil er von einer Ankunft handelt und seine Adressaten dazu auffordert, sich auf diese Ankunft einzustellen, auch wenn die Ereignisgeschichte den Jubel und die Hoffnung noch nicht ganz eingeholt hat. Insofern ist es das Ziel der Ankündigung von Sach 9,9 f., eine Erwartung zu wecken, die das Denken und Handeln in der Gegenwart prägt. Es geht um etwas, das man glaubt und für wahr hält. Der so verstandene Glaube ist aber keine Reaktion auf etwas schon Geschehenes, sondern ein Glaube, der sich im Modus des Vorgriffs und im Bereich der Antizipation bewegt.

Was aber bedeutet das für die ›Zwischenzeit‹, also für die Zeitspanne zwischen Ankündigung und Ereignis? Wie lange wird diese dauern? Geht es um eine Erwartung, die sich in die unbestimmte Zukunft hinein erstreckt und die also vielleicht gar nicht damit rechnen kann, jemals wirklich erfüllt zu werden? Oder geht es um eine ›brennende‹ Erwartung, die sich gerade nicht gedulden will? Jan Assmann geht in seiner Theorie des kulturellen Gedächtnisses davon aus, dass es in jeder Kultur ›heiße‹ und ›kalte‹ Formen des Erinnerns gibt. Erstere wollen Kräfte der Veränderung und des (radikalen) Wandels entfachen, Letztere dagegen sind auf die langfristige Etablierung eines Status Quo gerichtet. Etwas ganz Ähnliches kann man auch für *Erwartungen* sagen. Auch diese können ›heiß‹ oder ›kalt‹ ausfallen, auf Veränderung oder Verstetigung drängen. Wie also lässt sich Sach 9 diesbezüglich einordnen?

Die Antwort darauf dürfte in der Ankündigung von Zions Heilskönig liegen. Diesem werden als Prädikationen Recht und Rettung beigelegt. Weiterhin wird er als »demütig« bezeichnet. Das ist weniger ungewöhnlich als man zunächst meinen mag, zumal sich die Könige der antiken Welt gerne (und häufig) in dieser Weise darstellten. Gemeint war damit vermutlich weniger eine Charaktereigenschaft als vielmehr in religiöser Hinsicht die Demut vor der Gottheit, der gegenüber sich ein König zu verantworten hatte. Als ein solcher Demutsgestus wurde und wird innerhalb der Bibelwissenschaft auch das Reiten auf einem Esel verstanden. Allerdings gehört zu diesem Bild noch einiges mehr: Es steht im gezielten Kontrast zu den Pferden und Streitwagen, die Sach 9,10 als Instrumente des Krieges benennt. Der Heilskönig bedient sich also nicht der Mittel, auf die ein ›normaler‹ Herrscher zur Ausübung seiner Macht zurückgreifen würde. Überhaupt werden diesem König auffälligerweise keine Machtmittel zur Verfügung gestellt. Dieser Eselsreiter »kommt«, das ist im Grunde alles, was von ihm gesagt wird – aber genau in dieser Ankunft liegt die Trostbotschaft von Sach 9.

Im Bild des Eselsreiters liegt ein oft übersehener Zugang zum Verständnis der konkreten Heilserwartung des späten Sacharjabuches. Die (auch im Hebräischen) auffallend wortreich gestaltete Aussage, dass es sich bei dem Reittier um ein Fohlen handelt,[47] will bildsprachlich vor allem sagen, dass auch

---

[47]   Wörtlich »reitend auf einem Esel *und* dem Fohlen von Eselinnen«; bei dem »und«

der Heilskönig selbst noch ein Kind ist. Innerhalb antiker Kulturen (wie im vorderasiatischen Raum auch heute noch) war es üblich, dass vor allem Jungen ab frühester Kindheit mit einem Eselsfohlen aufwuchsen, das dann ihr Reittier sein würde. Sach 9,9 nimmt diese Praxis auf und verleiht der Ankündigung eines Heilskönigs damit eine eigentümliche Brechung – jedenfalls, wenn man mit einem solchen König normalerweise einen erwachsenen »starken Mann« assoziiert hätte. Allerdings spielen auch im Jesajabuch Kinder in der Ankündigung von Heilszeiten eine Rolle. In Jes 7,7–14 und 8,1–4 bildet die Geburt des Immanuel und des »Raubebald-Eilebeute« den Ausgangspunkt für Jesajas Verheißung an seine Zeitgenossen, dass die Bedrohung durch Feinde vorbei und Friede sein werde, sobald diese Jungen das Kindesalter erreicht hätten. Sach 9,9 f. scheint genau an dieser Stelle anzusetzen: Hier ist aus dem Baby nun ein Kind geworden, das auf seinem Esel reitet. Die Heilszeit ist angebrochen, die Erwartung richtet sich auf das Hier und Jetzt.

Ein letzter Aspekt, der für die Erschließung von Sach 9,9 f. bedeutsam ist, betrifft die Stellung dieser beiden Verse im Kontext von Sach 9 insgesamt. Im Grunde passen diese Verse hier gar nicht hin, weil Sach 9 in seinem Kern die Ankündigung eines ›gerechten Krieges‹ enthält, den Gott um seines eigenen Volkes willen gegen die Völker der Welt führt. So findet sich am Ende dieses Kapitels das durch und durch blutige Bild, wie Gott als Kriegsherr die Feinde Israels niederwirft (V. 15–17): »Der HERR Zebaoth wird sie schützen, und die Schleudersteine werden fressen und niederwerfen und Blut trinken wie Wein und voll davon werden wie die Becken und wie die Ecken des Altars. Und der HERR, ihr Gott, wird ihnen zu der Zeit helfen, der Herde seines Volks; denn wie edle Steine werden sie in seinem Lande glänzen. Denn wie groß ist seine Güte und wie groß ist seine Huld! Korn und Wein lässt er sprossen, junge Männer und Frauen.« Das Siegesszenario wird hier unter anderem damit unterlegt, dass (anders als in Kriegszeiten mit hoher Kindersterblichkeit) aus Babys und Kindern nun junge Erwachsene werden.

Die Verse 9 und 10 sind mit einiger Wahrscheinlichkeit als (spätere) Korrektur des Gewaltbildes von Sach 9 zu verstehen. Friede bedeutet in dieser

---

muss es sich schon sachlogisch (man reitet normalerweise nicht auf zwei Eseln) um ein im Hebräischen übliches *waw explicativum* (»erläuterndes *und*«) handeln. Allerdings gibt es eine analoge Konstruktion im Griechischen nicht, was dazu führte, dass die Septuaginta in ihrer wörtlichen Übertragung des Hebräischen tatsächlich von zwei Eseln zu reden scheint. Dies dürfte wiederum der Grund dafür sein, warum Jesus in Mt 21,1–5 seine Jünger anweist, ihm für den Einzug nach Jerusalem eine Eselin *und* ihr Fohlen zu bringen – und er sich dann nach dem Text des Matthäusevangeliums »darauf« setzt.

neuen Zuspitzung nicht mehr, dass die Rettung eines Volkes den Untergang eines anderen mit sich bringt. Die Logik des Krieges, nach der es Sieger und Besiegte gibt, wird in V. 9 und 10 ganz gezielt unterlaufen und durch das Bild einer Heilszeit ersetzt, in der es weder für Menschen noch für Gott selbst die Notwendigkeit von Krieg und Gewalt geben wird. Hier berührt sich Sach 9,9 f. (neben Jes 7 und 8) mit einem weiteren Text des Jesajabuches, nämlich der Vision vom Friedefürst, dessen Geburt damit einhergeht, dass die Spuren von Gewalt (die Soldatenstiefel und die von Blut getränkten Mäntel) verschwinden (Jes 9,1–5). Insofern hat es hermeneutisch seinen guten Grund, dass im christlichen Festjahr Sach 9 zum Beginn der Adventszeit und Jes 9 zum Heiligabend gelesen und gehört werden. (AS)

Advent und Politik, Herzensbereitung und Weltgeschehen

Nicht selten grüßen Liturginnen und Liturgen die versammelte Gemeinde zu Beginn des Gottesdienstes mit dem Wochenspruch. Wo immer dies am 1. Advent geschieht, beginnt das Kirchenjahr mit elf der 33 Wörter von Sach 9,9: »Siehe, dein König kommt zu dir, ein Gerechter und ein Helfer.« Die fehlenden 22 weiteren Wörter dieses Verses machen klar, wer das »Du« ist, um das es geht, und wie eigentümlich der Helfer beschaffen ist, von dem die Rede ist. Angeredet ist die »Tochter Zion«, die »Tochter Jerusalem«, der nach Zeiten von Unheil und Krieg Frieden verheißen wird.

Mit der neuen Ordnung der Lese- und Predigtperikopen wird dieser Zusammenhang in der alttestamentlichen Lesung hörbar und alle sechs Jahre zum Predigttext. Der Advent gewinnt an Weite: Die christliche Gemeinde heute und Zion/Jerusalem einst verbinden sich, gleichzeitig aber auch die Erwartung von Juden durch die Zeiten und die adventliche Erwartung von Christen. Und so geht es im Advent nicht nur um die Bereitung des eigenen Herzens für die alljährlich neu erwartete Ankunft des Erlösers, die dann am 24./25. 12. auch ›eintrifft‹, sondern zugleich um die Hoffnung auf umfassenden Frieden unter den Völkern. Mit Sach 9,9 f. wird das Politische des Advents sichtbar.

Selbstverständlich ist die »Tochter Zion« auch ohne diesen neuen alttestamentlichen Lese- und Predigttext gottesdienstlich im Advent gegenwärtig. Dafür sorgt das bereits erwähnte Lied (EG 13), das eine interessante Geschichte hat, in der sich ›Politisches‹ und ›Adventliches‹ verbinden. Die Melodie nämlich gehörte ursprünglich in einen ›politischen‹ Kontext. Sie stammt von Georg Friedrich Händel und ist gut 70 Jahre älter als die Textversion von

Friedrich Heinrich Ranke, der diese um 1820 schuf. Händel komponierte die Melodie für sein Oratorium »Joshua« im Jahr 1747. Sie erklingt dort im dritten Akt, in dem Chor »See, the conqu'ring hero comes« (»Seht den Sieger ruhmgekrönt«). Mit diesen Worten wird im Oratorium Othniel begrüßt, der die Stadt Debir erobert hat (vgl. Jos 15,13–19). Auch in die Neubearbeitung des Oratoriums Judas Maccabaeus (1751) fügt Händel diesen Chor ein. Ranke nahm ihn auf, veränderte ihn leicht und dichtete sein Adventslied »Tochter Zion«, das allerdings keineswegs nur im Advent gesungen wurde. Bereits die älteste Veröffentlichung aus dem Jahr 1826 gibt den »Palmsonntag« als Bezugspunkt an. Hier wie dort, am 1. Advent und am Palmsonntag, ist das Lese-Evangelium die Erzählung vom Einzug Jesu in Jerusalem – einmal in der Matthäusfassung (Mt 21,1–11: 1. Advent), einmal in der Johannesfassung (Joh 12,12–19: Palmsonntag).[48] Ist es bei Händel also der siegreiche Held aus dem Josua-Buch, der in seine Stadt zurückkehrt, so ist es bei Ranke der auf einem Esel reitende Jesus, der in seine Stadt kommt und mit dem »Hosianna« aus Ps 118 empfangen wird, einem Huldigungsruf, der zugleich Bittruf ist: »Hilf doch!«

Der Einzug Jesu in Jerusalem ist ein politisches Straßentheater – so jedenfalls sehen es die beiden Homiletiker Charles Campbell und Johan Cilliers in ihrem Buch »Preaching Fools« (deutsch: »Was die Welt zum Narren hält. Predigt als Torheit«). Sie schreiben: Jesus stellt »die Vorstellungen der Welt von Macht und Regierung und Autorität auf den Kopf. Sein Theater ist ein wunderbares Stück politischer Parodie. Sein triumphaler Einzug verkehrt die Mächte der Welt und ihren Anspruch auf Ehre und Herrschaft, und er inszeniert eine Alternative zu weltlichen Machtvorstellungen. Er kommt nicht als einer, der anderen seine Autorität überstülpt, sondern als Diener, der Herrschaft ablehnt. Er kommt nicht mit Pomp und Reichtum, sondern als einer, der zu den Armen gehört. Er kommt nicht als mächtiger Krieger, sondern als einer, der sich weigert, sich auf Gewalt zu verlassen. Jesus widersteht den weltlichen Vorstellungen von Macht und führt das subversive, gewaltlose Gottesreich mitten in der Stadt auf. […] Er ist nicht das passive Opfer: Er ist der, der den Mächten und Gewalten widersteht, indem er ihren *modus operandi* – Herrschaft und Gewalt – verspottet.«[49]

---

[48] Im Neuen Testament verweisen von den vier Erzählungen zum Einzug Jesu in Jerusalem nur zwei explizit auf Sach 9,9 – und das sind die Matthäus- und die Johannesfassung.

[49] Charles Campbell / Johan Cilliers, Was die Welt zum Narren hält. Predigt als Torheit, übersetzt von Dietrich Eichenberg, Leipzig 2013, 5.

Handelt so der in Sach 9,9 f. erwartete König? Jedenfalls gebietet er Frieden – und die Mittel, die Gott selbst dazu anwendet, sind nicht die Mittel des Krieges und der Gewalt.

Eva Zeller schreibt in ihrem Gedicht »Nach Erster Korinther Dreizehn«:[50]

Die Liebe ist lächerlich
Sie reitet auf einem Esel
über ausgebreitete Kleider
Man soll sie hochleben lassen
mit Dornen krönen
und kurzen Prozeß mit ihr machen
Sie sucht um Asyl nach
in den Mündungen unsrer Gewehre
Eine Klagesache von Weltruf
Immer noch
schwebt das Verfahren

[…]
Nun aber bleibt
Glaube Liebe Hoffnung
diese drei
Aber die Liebe
ist das schwächste
Glied in der Kette
die Stelle
an welcher
der Teufelskreis
bricht

Wenn eine *christliche* Gemeinde »Tochter Zion« singt, so bezieht sie diese Anrede wohl zunächst auf sich selbst in ihrer Adventsstimmung und auf den Einzug Jesu in Jerusalem, der als Evangelium gelesen wird. Mit Sach 9,9 f. als Lese- und Predigttext bietet sich die Chance, »Tochter Zion« als eine Anrede zu hören, die *nicht* zunächst der christlichen Gemeinde gilt.

Paulus weist am Ende des Römerbriefs die »Heiden« darauf hin, dass ihre Rolle darin besteht, *mit* Israel in das Lob Gottes einzustimmen: »Lobet den Herrn, alle Heiden …« (Röm 15,11; mit Ps 117,1) und die Freude Israels zu teilen: »Freut euch, ihr Heiden, mit seinem Volk« (Röm 15,10, mit Dtn 32,43).

---

[50]   Eva Zeller, Sage und schreibe. Gedichte, Stuttgart 1971, 68–78.

Am 1. Advent hat die christliche Gemeinde Anteil an Israels Hoffnung: *Hofft, ihr Heiden, mit seinem Volk!*

Jesus, der Christus, re-inszeniert im Eselsritt in die Heilige Stadt den Verheißungstext Israels. So ist in ihm, in Jesus Christus, »auf alle Gottesverheißungen … das Ja« (2Kor 1,20). Keineswegs also so, dass in ihm bereits erfüllt wäre in Herrlichkeit (EG 12,2), was die Propheten verheißen, sondern so, dass die Heidenvölker Anteil gewinnen an Israels Hoffnung: »Darum denkt daran, dass ihr, die ihr einst nach dem Fleisch Heiden wart …, dass ihr zu jener Zeit ohne Christus wart, ausgeschlossen vom Bürgerrecht Israels und den Bundesschlüssen der Verheißung fremd; daher hattet ihr keine Hoffnung und wart ohne Gott in der Welt« (Eph 2,11 f.). In Christus aber gewinnen Christenmenschen Anteil an der Hoffnungsgeschichte. Sie brauchen nicht – wie es leider durch die Geschichte der Kirche hindurch geschah – stolz und hochmütig auf die Erfüllung aller Verheißung in Christus zu verweisen (zumal eine solche Haltung ja doch nur durch Kleinreden der ursprünglichen Verheißung behauptet werden könnte). Aus dem Frieden »bis an die Enden der Erde« würde dann das befriedete Herz, aus der Vernichtung des Kriegsgeräts die innerliche Bereitung.

Wenn diese falsche Hermeneutik der Erfüllung nicht mehr leitend ist, wird der Advent zu einem Fest der Hoffnung, das die Welt und das eigene Herz verbindet und in der Erwartung schon jetzt die Gegenwart verändert.

Schon in den 1970er Jahren beobachtete der Soziologe und Wirtschaftswissenschaftler Friedrich Baerwald, dass sich in Gesellschaften Angst- und Hoffnungsstrukturen ausmachen lassen, die zu unterschiedlichen Zeiten dominierend an die Oberfläche treten.[51] Die gesellschaftliche und politische Entwicklung in Europa und in den USA seit 1989 bis heute bestätigt dies eindrucksvoll. In eine Zeit hinein, die von Machtpolitik und Angststrukturen geprägt war, stellte Sach 9,9 f. einst die Vision des kommenden Friedenskönigs. In nicht weniger diffusen Zeiten lesen Christinnen und Christen diesen Text am 1. Advent erneut – und erfahren, wenn es gut geht, Hoffnung auf den kommenden Friedenskönig als antizipierendes Bewusstsein (Ernst Bloch) gegen die vermeintliche Unabänderlichkeit der Strukturen dieser Welt.

Liedhinweise: Natürlich wird »Tochter Zion« (EG 13) gesungen – und vielleicht als Predigtlied nach einer Predigt zu Sach 9,9 f. ganz neu wahrgenommen.

---

[51]   Vgl. Friedrich Baerwald, Welt, Angst und Hoffnung. Soziologische Betrachtungen zur »Theologie der Welt«, in: JCSW 13 (1972), 247–269.

Als weitere Lieder, die Gottes weltverändernden Frieden besingen, bieten sich an: »O Heiland, reiß die Himmel auf« (EG 7); »Das Volk, das noch im Finstern wandelt« (EG 20); »Meinem Gott gehört die Welt« (EG 408); »Gott liebt diese Welt« (EG 409), »Christus, das Licht der Welt« (EG 410), »Du Friedefürst, Herr Jesu Christ« (EG 422); »Gib Frieden, Herr, gib Frieden« (EG 430).

Interessant könnte es auch sein, »Jesus Christus herrscht als König« (EG 123; zugeordnet zu »Himmelfahrt«) in ausgewählten Strophen am 1. Advent zu singen. »Nun jauchzet, all ihr Frommen« (EG 9) nimmt Mt 21 auch in politischer Dimension auf (bes. V. 4 f.). (AD)

1. Sonntag im Advent (Reihe VI): Ps 24

Der Weg durch die Tore Gottes

Psalm 24 ist ein kurzer, aber eigentümlich ›verwinkelter‹ Text, dem man nicht so leicht ansieht, worum es in ihm eigentlich geht. Einem der beliebtesten Adventslieder hat er die entscheidenden Worte gegeben: »Macht hoch die Tür, die Tor macht weit, es kommt der Herr der Herrlichkeit!« (EG 1,1). Aber das ist nur ein Aspekt des Gesamtbildes. Grob gegliedert hat Ps 24 drei Teile: die schöpfungstheologische Eröffnung (»Die Erde ist des Herrn!«) in V. 1 + 2, die sogenannte Einzugstora (»Wer darf hinaufsteigen auf den Berg des Herrn?«) in V. 3-6 und schließlich die Kultprozession (»Machet die Tore weit und die Türen in der Welt hoch, dass der König der Ehre einziehe!«) in V. 7-10.

Dieser letzte Teil ist vermutlich auch der älteste. Innerhalb der Exegese vermutet man, dass der Einzug Gottes in seinen Tempel auf das Motiv der Prozession der Götter zurückgeht. Aus Mesopotamien und Ägypten ist bekannt, dass an bestimmten Festtagen die Götter, in der Regel in Gestalt ihrer Kultbilder, aus dem Tempel auszogen, für die Menschen sichtbar wurden und daraufhin wieder ins Allerheiligste zurückkehrten. Ps 24,7-10 scheint genau diesen Moment der Rückkehr einzufangen, in dem Gott durch die Tempeltore einzieht. Der Aufruf zum Öffnen und »Weitmachen« der Tore wäre dann möglicherweise von den Priestern des Jerusalemer Tempels gesprochen worden und hätte die Prozession akustisch begleitet.

Was dieser Einkehr Gottes eine besondere Pointe verleiht, ist zum einen der schöpfungstheologische Anfang des Psalms. Derjenige, der in den Tempel einzieht, ist nicht nur ein Lokalgott, der sich um seinen Flecken Erde kümmert, sondern der Schöpfer der Welt, der die Erde gegründet und den Himmel über ihr ausgespannt hat. Es ist der Kontrast von Größe und Weite auf der einen und Kleinheit und Begrenztheit auf der anderen Seite, der das Gottesbild dieses Psalms bestimmt. Gott ist im einen wie im anderen, er umgreift alles und hat doch zugleich einen ganz konkreten Ort. Hier wird eine Denkfigur eingeübt, auf die die christliche Weihnachtsbotschaft zurückgreifen konnte: Gott kommt in die Welt, die ihm doch schon gehört. Derjenige, der alles ermisst und erfüllt, zieht in den engen Raum des Tempels ein.

Begleitet wird die Vorstellung vom Einzug Gottes zum anderen von der Frage, wer zu diesem Ort kommen, wer also dabei sein darf, wenn Gott in sein Heiligtum einkehrt. Offenbar nicht jeder. Vielmehr werden hier Kriterien benannt bzw. wird hierfür eine »Tora«, ein Gesetz erlassen: »Der unschuldige Hände und ein reines Herz hat, der seine Seele nicht auf Falsches richtet und nicht schwört zum Betrug« (V. 4). Hier werden drei anthropologische Grundbegriffe genannt: die Hände, das Herz und die Lebenskraft (oder »Seele«). Auf den ersten Blick kann man bereits erkennen, dass mit den Händen die Taten eines Menschen gemeint sind. Es sind reine, unschuldige Hände, die gefordert werden – im Gegensatz zu den Händen, an denen das Blut Unschuldiger klebt. Das Herz andererseits steht für das Denken, Planen und, wie wir auch sagen würden, das strategische Vorgehen eines Menschen. Was wir heute eher mit dem Kopf bzw. dem Gehirn assoziieren, spielt sich für den alttestamentlichen Menschen im Herzen ab. Das reine Herz steht für die reinen Gedanken, im Gegensatz zu Argwohn und Hinterlist. Bleibt der für unsere heutige Wahrnehmung vom Menschen schwer greifbare Begriff der »Seele«. Diese Übersetzung des hebräischen Terminus *nefesch* bringt allerdings Fehlassoziationen mit sich, denn tatsächlich geht es nicht um die Seele als unsterbliches Inneres, das vom leiblichen Körper ablösbar ist. »Seele« ist im Hebräischen eher so etwas wie eine Lebenskraft oder Lebensenergie, die den Menschen antreibt. Umgekehrt stirbt der Mensch, wenn diese Lebenskraft nachlässt und irgendwann ganz verschwindet. Es geht also um den Menschen in ›Saft und Kraft‹ und um das, wozu er seine Energie einsetzt. Das Negativbeispiel, das Ps 24 vor Augen führt, ist das ›Falsche‹ oder ›Schlechte‹, für das sich ein Mensch stark machen kann. Genau das aber soll es und kann es in Gottes Nähe, an seinem Heiligen Ort, nicht geben. Ähnliche Triaden anthropologischer Begriffe, wie man sie in Ps 24 findet, begegnen auch sonst häufig im Alten Testament und richten sich meistens darauf, die Gesamtheit menschlichen Lebens als Denken, Wollen und Handeln zu erfassen. Sachlich und sprachlich berührt sich Ps 24,4 mit dem »Höre, Israel!« – bis heute die zentrale Bekenntnisformel im Judentum – und der Aufforderung, Gott mit ganzem Herzen, ganzer Seele und allem Vermögen (Tun?) zu lieben (Dtn 6,5).

Warum aber ist es nur der reine, schuldlose Mensch, der sich Gott nähern darf? Wird hier nicht etwas eingefordert, das es real gar nicht gibt? Sind es nicht gerade die unvollkommenen, sich ihrer Schuld aber bewussten Menschen, die die Nähe Gottes suchen? Diesbezüglich dürfte ein Hintergrund wichtig sein, den der Psalm allerdings nicht eigens erwähnt. Zu jeder Tempelwallfahrt war eine entsprechende Vorbereitung nötig. Dazu gehörte die äußere Reinigung wie auch die innere Wandlung. Dass ein Mensch – gleichsam von einem Moment auf den nächsten – nicht einfach ›umprogrammiert‹ werden kann, war den biblischen Autoren gewiss ebenso deutlich wie uns heute auch. Die Vorstellung (und Hoffnung) dürfte aber gewesen sein, dass durch die Vorbereitung auf die Begegnung mit Gott eine ›Form‹ des Menschen geschaffen wird, in die er realiter ›hineinwachsen‹ würde. Es geht also weniger um einen Zustand als um den reinen Menschen als Ergebnis eines vielleicht lebenslang andauernden Prozesses. Gleichwohl geht von Ps 24 auch die sehr deutliche Botschaft aus, dass die Herrlichkeit Gottes eine fordernde Mächtigkeit besitzt, die böses Handeln, Denken und Wollen nicht neben sich toleriert, sondern denjenigen scheitern lässt, der sich Gott ohne die notwendige innere Disposition und die äußere Tat zu nähern versucht.

Damit ist ein weiterer Aspekt berührt, der für die Wirkung von Ps 24 von Belang ist. Ps 24 spricht von der Vorbereitung auf die Begegnung mit Gottes Herrlichkeit, und dieses Motiv legt sich nun als hermeneutische Folie über die Zeit der Erwartung der Geburt Jesu. Auch hier geht es um Vorbereitung und zwar um eine Vorbereitung, die nicht einfach wieder verpufft, wenn das Ereignis vorbei ist, sondern mit der eine dauerhafte Transformation des Menschen beginnt. Dieses Element der Verwandlung wird weiterhin durch den literarischen Kontext von Ps 24 unterstrichen. Blickt man nicht nur auf den einzelnen Psalm, sondern beachtet dessen Einbettung im Psalter, so fällt auf, dass die Psalmen 23, 24 und 25 je für sich, aber dann auch im gesamten Ensemble eine Metaphorik des »Weges« entwickeln. In Ps 23 steht das »Mitgehen«, »Begleiten« und »Führen« Gottes im Zentrum, um den Schutz und den Trost, den der Mensch auch im »Tal der Todschatten« noch erfährt (»Und ob ich schon wanderte im finstern Tal, fürchte ich kein Unglück; denn du bist bei mir, dein Stecken und Stab trösten mich«, V. 4). Ps 24 verschiebt dieses Bild in eine andere Richtung: Hier geht es nicht mehr um das Mitgehen Gottes, sondern um das Nachfolgen des Menschen (»Wer darf hinaufsteigen auf den Berg des HERRN?«). Ps 25 schließlich richtet sich darüber hinaus auf die »Pfade«, die Gott dem Menschen erst noch zeigen wird. Hier geht der Weg also weiter, und er führt nicht mehr in den Tempel, sondern hinaus in die ganze Weite eines menschlichen Lebens. Aber auch dafür braucht der Mensch Gottes Begleitung und Weisung: »Deine Wege, HERR, tue mir kund, deine Pfade lehre mich!« (Ps 25,4).

Liest man diese Psalmgruppe (Ps 23–25) also im Blick auf Advent und Weihnachten, dann geht es hier um den Weg, der zur Ankunft – zur Krippe – führt, aber es geht auch um den Aufbruch von dort auf den Wegen, die tatsächlich noch vor einem liegen. (AS)

Politik und Spiritualität – Die Brisanz des I. Advents

Am 1. Advent hat sich die Perikopenrevision dazu entschlossen, nicht nur den Wochenspruch Sach 9,9 in erweiterter Fassung (Sach 9,9 f.) als alttestamentliche Lesung und als Predigttext zu bedenken (Sach 9,9 f.), sondern auch den Psalm dieses Tages zum Predigttext zu machen. Die beiden alttestamentlichen Texte, die den 1. Advent schon bislang liturgisch bestimmen, kommen so ausführlicher und in ihrem eigenen Kontext zu Wort.

Für Ps 24 bedeutet das eine deutliche Erweiterung. In den meisten Ausgaben des Evangelischen Gesangbuchs ist Ps 24 lediglich in den Versen 7–10 abgedruckt. Lediglich der dritte Teil kommt vor, und die Auswahl ist so ganz und gar ›adventlich‹ zugeschnitten. Mit der Perikopenrevision kommt der *ganze Psalm* alle sechs Jahre auf die Kanzel und die Frage lautet: Was bedeutet es, wenn nicht nur die dritte Strophe des Liedes gehört wird, sondern auch die ersten beiden?

Die erste Strophe (V. 1 f.): Die Frage, auf die V. 1 eine Antwort gibt, lautet schlicht: Wem gehört die Erde? Wem gehört die Welt? Gegenwärtig – im Angesicht der Macht von Unternehmen und Banken, von neuen Medien und alten Diktaturen – ist diese Frage durchaus präsent. Ps 24,1 gibt am 1. Advent eine schlichte, klare und gerade deshalb brisante Antwort: dem Herrn, den Jüdinnen und Juden als ihren Gott bekennen, den Christenmenschen erwarten und dessen Kommen sie herbeisehnen; dem Herrn, der sich ausgerechnet im Kind in der Krippe einmischt in diese Welt und merkwürdigerweise den politisch überaus mächtigen König Herodes durch diese Geburt erschreckt (Mt 2,3).

Ps 24 rückt mit dem ersten Vers die *Machtfrage* in den Blick, auf die Gott mit der Geburt eines unehelichen Kindes in einem Stall eine überaus ›närrische‹ Antwort gibt, die der Torheit des Kreuzes entspricht (1Kor 1,18–2,5) und durchaus auch dem Bekenntnis Israels: Ausgerechnet dieser ›Lokalgott‹ in Jerusalem ist der Schöpfer, der Herr der Welt und der »König der Ehre« (Ps 24,7–10). Ausgerechnet dieses Volk, das doch das kleinste unter den Völkern ist (Dtn 7,7), ist und bleibt das erwählte.

Die zweite Strophe (V. 3–6): Mit der Klärung der Machtverhältnisse verbindet sich die Frage: »Wer darf auf des Herrn Berg gehen?« (V. 3). Auch diese ebenso ernste wie unbequeme Frage gehört zum 1. Advent. In der Ordnung der Lese- und Predigttexte steht vor allem die Epistel Röm 13,8–14 dafür.

»Die Nacht ist vorgerückt«, ›wir‹ sind unterwegs zum Tag – und dies bedeutet, »die Werke der Finsternis« abzulegen und »die Waffen des Lichts« zu tragen (Röm 13,12).

In Ps 24 sind es *Hände, Herz* und *Seele*, die in den Blick kommen (V. 4). Die Feiernden am 1. Advent werden daran erinnert, dass sie auch als getaufte Christenmenschen noch immer in der alten Welt leben, in der sich andere Herren als der eine Herr mächtig aufspielen – und dass auch wir als Christenmenschen, als Gemeinde und Kirche immer wieder zu Kollaborateuren dieser Herren werden.

Der 1. Advent trägt die liturgische Farbe *violett*. Die Buß- und Fastenzeit beginnt – und damit ein echter Anachronismus im Empfinden vieler Gottesdienstfeiernder (die liturgisch und homiletisch Verantwortlichen ausdrücklich eingeschlossen!). Für die meisten beginnt mit dem 1. Advent weit eher die fröhliche und selige Weihnachtszeit, die Zeit von Stollen und Plätzchen, von Glühwein und Weihnachtsfeiern. Über dieses Problem ist vielfach nachgedacht worden. Die beiden extremen Alternativen können nur scheitern: die radikale kirchliche Gegnerschaft gegen die Welt des Konsums und des Kitsches und gegen die Entleerung der Botschaft des Advents auf der einen Seite; auf der anderen Seite die unkritische kirchlich-religiöse Überhöhung der Verwandlung des Advents in eine fröhliche Zeit kulinarischer Hochgenüsse und ausgelassener Jahresendfeierlichkeiten. Der Weg dazwischen wäre der Weg der Transformation: Feier und Vorfreude – ja, zweifellos! Aber gleichzeitig eine Feier, weil der »Tag« »nahe herbeigekommen« ist (Röm 13,12), weil der Herr der ganzen Welt kommt und einzieht, weil das Leben neu werden kann und neu werden wird, weil niemand in den Kreisläufen der »Lüge« und des »Trugs« (Ps 24,4) bleiben muss. Die Predigt von Ps 24 bietet die Chance, diese Dimension des Advents zu beachten. Innere Disposition und äußere Tat der Feiernden richten sich aus auf den Kommenden. Und niemand muss so bleiben, wie er oder sie ist.

Die dritte Strophe (V. 7–10): Erst vor diesem Hintergrund setzt die dritte Strophe ein. Der Gott, dem die Welt gehört, *kommt* – und ›wir‹ sind dabei! Aufgerufen sind wir dazu, nicht den Mächten und Gewalten Tür und Tor in dieser Welt zu öffnen, sondern dem einen Gott und Herrn, dem »König der Ehre« und mächtigen Gott. In jedem der vier Verse der dritten Strophe ist vom »König der Ehre« die Rede. Damit ergibt sich erneut eine adventliche Herausforderung und Provokation: Ist der mächtige König das Gegenbild zu dem Kind, das im Advent erwartet wird und mit dem sich ein gegenwärtiges protestantisches »Weihnachts-Christentum« und eine »Heiligabend-Religion«[52] ganz gut arrangiert haben?

Die Vorwürfe an den neuzeitlichen Protestantismus stehen im Raum, Gott zahmgestreichelt und aus ihm einen allzeit passenden, immer mal wieder nützlichen, aber auch entsetzlich harmlosen Gott gemacht zu haben.

In der Tat: Es gibt die Gefahr der Gottesverdünnung durch Ambivalenzreduktion. In einem Artikel im Deutschen Pfarrerblatt hat Markus Beile aktuelle Predigten auf ihr Gottesbild hin analysiert.[53] Er stellt fest: Gott ist darin vor allem »ein netter Kerl« – und die große Frage, wie von Gott geredet werden kann angesichts der bleibenden menschlichen Unmöglichkeit, von ihm als dem Geheimnis der Welt zu sprechen, scheint viele/manche Predigerinnen und Prediger kaum noch zu bekümmern. »Gott wird (wieder) unbefangen als Weltraummensch vorgestellt, eine Art älterer Onkel, der uns duzt, manchmal ein wenig vergesslich ist, aber immer lieb bleibt, was wir auch ausgefressen haben« (349). Beile weiter: »Man mag sich bei dieser Art von Gottesbild auf alles Mögliche berufen, aber bitte nicht auf die Bibel« (349). Anstatt »läppisch« (350) von Gott zu reden, fordert Beile dazu auf, sich der metaphorisch-symbolischen Dimension *jeder* Rede von Gott neu bewusst zu werden und so tastend und ahnend, metaphernreich und symbolisch Sprache zu finden (vgl. 350).

Der 1. Advent, der Beginn des Kirchenjahres und hier besonders die Predigt zu Ps 24 könnte eine gute Chance sein, die Weite der Rede von Gott mit der Gemeinde einzuüben, und die Dialektik im Blick zu behalten, die zu jeder Gottesrede gehört: Der König, der uns zu Herzen geht und mit unserer Seele zu tun hat, ist der »König der Ehre«, dem die ganze Erde gehört! Der Gott, der

---

[52]   Vgl. Matthias Morgenroth, Weihnachts-Christentum. Moderner Religiosität auf der Spur, Gütersloh 2002; ders., Heiligabend-Religion. Von unserer Sehnsucht nach Weihnachten, München 2003. Morgenroth analysiert und beschreibt darin die neuzeitliche Transformation evangelischer Religion von einer soteriologisch ausgerichteten Karfreitags-Orientierung (wie sie sich in zahlreichen Liedern des Evangelischen Gesangbuchs, aber auch in einer traditionellen Soteriologie der Rechtfertigung auf der Grundlage des unschuldigen Todes Jesu am Kreuz ausdrückt) hin zu einer inkarnatorisch orientierten Weihnachtsreligion, die sich insbesondere in der familiären Gestalt des Heiligabends Ausdruck verschafft.

[53]   Vgl. Markus Beile, Mit Gott auf du und du. Die Rede von Gott in heutigen Predigten, in: DtPfrBl 116 (2016), 348–350. Die folgenden Seitenangaben in Klammern beziehen sich auf diesen Aufsatz. Vgl. dazu auch Alexander Deeg (Hg.), Gottesprojektionen homiletisch. Bilder von Gott in Bibel, Kunst und Predigt, Leipzig 2016.

segnet und der der »Gott des Heiles« ist (V. 5), ist »der HERR, mächtig im Streit« (V. 8).

Dem ersten Lied des Evangelischen Gesangbuchs, das nicht nur die Adventszeit eröffnet, sondern auch das Portal für die weiteren Lieder und Gebete des Gesangbuchs bildet, gelingt es, diese Spannung zusammenzuhalten. Georg Weissel (1590–1635) dichtete es 1623 zur Weihe der Altrossgärter Kirche. Das Lied hält zusammen, was am 1. Advent zusammengehört. Der kommende König rückt immer näher: Er ist der »Heiland aller Welt« (Strophe 1), der die »Not« beendet (Strophe 2), in »Land« und »Stadt« (Strophe 3) einzieht und so mit dem eigenen »Herzen« zu tun hat (Strophe 4 und 5). Er ist der Kommende, der die Welt verändert und dem selbst das Herz der Singenden nicht zu klein ist. Politik und Spiritualität gehören zusammen – in EG 1, Ps 24 und insgesamt am 1. Advent.

Liedvorschläge: Natürlich bietet es sich an, Ps 24 zu predigen und dazu Strophen von EG 1 zu singen. Von den weiteren Adventsliedern erscheinen »O Heiland, reiß die Himmel auf« (EG 7), aber auch »Nun jauchzet, all ihr Frommen« (EG 9; bes. V. 3–6) besonders geeignet. Die ethische Dimension von Ps 24,3–6 führt EG 10 (Mit Ernst, o Menschenkinder) weiter. EG 408 (Meinem Gott gehört die Welt) nimmt die Grundüberzeugung von Ps 24,1 f. auf (vgl. auch die zu Sach 9,9 f. vorgeschlagenen Lieder). (AD)

2. Sonntag im Advent (Reihe V): Hld 2,8–13

Der Eros des Advents

Dass ein Text aus dem sogenannten »Hohenlied« (eigentlich »Lied der Lieder«) in der Adventszeit zu Gehör kommt, hat mit der typologischen Deutung dieses Buches innerhalb der christlichen (und jüdischen) Auslegungsgeschichte zu tun: Was sich vordergründig als mytho-poietische Liebeslyrik darstellt, ist auf einer tieferen Ebene das Bild der innigen Beziehung zwischen Gott und seinem Volk Israel oder, im christlichen Kontext, zwischen Gott und der Kirche. Anthropologisch gewendet wurde die erotische Rhetorik des Hohenliedes auch auf das intime Verhältnis der menschlichen Seele als Braut gedeutet, die sich Gott als ihrem Bräutigam öffnet. Solche Deutungsversuche unterliegen natürlich dem Verdacht, die zum Teil recht explizite Erotik des Textes theologisch einzufrieden und eben nur ›symbolisch‹ gelten zu lassen. Positiv gewendet kommt damit aber – gerade im Blick auf die Adventszeit – das Kommen Gottes zur Menschheit noch in einem anderen, kühneren und zugleich erwachseneren Bild zur Sprache als dem des Kindes in der Krippe. Dieses Bild hat mit Begehren und Verlangen zu tun und versetzt damit Gott selbst in die Rolle desjenigen, der aus Leidenschaft heraus die Verbindung mit den Menschen eingeht – ein Gegenbild zur potentatischen Rolle Gottes als König, Richter oder »Herr der Heerscharen«. Noch etwas anders gewendet: Das Hohelied als Adventstext hat das Potenzial, die Botschaft dieser Zeit des Kirchenjahres aus den mitunter kindlichen Klischees herauszuholen, in die wir sie getaucht haben.

Gleichwohl bleibt die Frage an die exegetische Beschäftigung mit diesem Text, ob die typologische Deutung die einzige ist, die ihn für uns bedeutungsvoll macht; denn wie man es auch dreht oder wendet, von Gott ist im Hohenlied nun einmal nicht die Rede. Es geht um zwischenmenschliches Begehren, Erwarten, Vertrauen und Lieben, und es geht, konkreter, um die poetische Entdeckung der Intimität zwischen einem Mann und einer Frau.

Das Hohelied in vorliegender Gestalt gibt den beiden Liebenden sogar Namen und ordnet sie in die Geschichtserzählungen Israels ein. In dieser Stilisierung ist der Mann kein anderer als König Salomo, der als Verfasser des Hohenliedes genannt wird. Anders als sonst häufig im Alten Testament hat aber auch die Frau einen Namen: Sulamit (Hld 7,1). Schon beim Hören kann man erahnen, dass diese beiden Namen füreinander gemacht sind – Salomo und Sulamit. Beide spielen auf die hebräische Wurzel *ŠLM* (»Schalom«) an, die in erster Linie Ganzheit, Vollständigkeit und, davon abgeleitet, dann auch »Friede« meint. Die Wahl der Namen könnte auf die Zusammengehörigkeit von Mann und Frau verweisen, wie sie in der Urgeschichte zum Thema wird: Der Mensch ist nicht dafür gemacht, allein zu sein (Gen 2,18). Er ist erst mit einem anderen Menschen »ganz« und »vollständig«. Und so kommt die Einsamkeit des zunächst geschaffenen »Erdlings« (Adams) mit der ihm zugesellten Frau als Wesen von seinem eigenen Fleisch und Gebein (Gen 2,23) zu einem Ende. In der Schöpfungsgeschichte von Gen 2 folgt dann ein Satz, der aus dem unmittelbaren Zusammenhang heraus gar keinen richtigen Sinn ergibt: »Darum wird ein Mann seinen Vater und seine Mutter verlassen und seiner Frau anhangen, und sie werden sein ein Fleisch« (Gen 2,24). Dieser Satz liegt außerhalb des Erzählzusammenhangs, weil von Eltern für das erste Menschenpaar freilich noch nicht die Rede sein kann. Aber auch realgeschichtlich wirkt er fremd, weil es damals üblich war, dass Frauen nach der Heirat in die Familien ihrer Männer eintraten. Die Männer mussten sich also nicht »bewegen«. In Gen 2,24 klingt es nun aber so, dass beide – Frau und Mann – ihre Herkunft hinter sich lassen, um »ein Fleisch« zu sein. Das geht offenbar nur, wenn sich beide aufmachen und aufeinander zu bewegen.

Genau davon spricht auch Hld 2,8-13, denn hier geht es darum, dass Mann und Frau, Geliebter und Geliebte sich aufmachen, herausgehen und einander begegnen:

(8) »Die Stimme meines Geliebten!
Siehe da, er kommt!
Über die Berge springt er,
über die Höhen hüpft er dahin.
(9) Mein Geliebter ist gleich einer Gazelle oder einem jungen Hirsch.
Siehe da, schon steht er hinter der Wand und schaut durchs Fenster, blickt durch die Gitter.
(10) Mein Geliebter hebt an und spricht zu mir:
›Erhebe dich, meine wunderschöne Freundin, und komm heraus zu mir.‹
(11) Denn siehe, der Winter ist vorüber, der Regen ist ganz verschwunden!
(12) Die Blumen zeigen sich auf der Erde, die Zeit des Singens ist da, der Gesang der Taube wird hörbar in unserem Land.
(13) Der Feigenbaum bringt frühe Früchte,
die Weinstöcke treiben Blüten und verbreiten Duft.
›Erhebe dich, komm, meine wunderschöne Freundin, und mache dich auf!‹«
(Übers. AS)

Die operativen Termini sind Verben der Bewegung: springen, hüpfen, aufstehen, hineingehen, herauskommen. Diese wiederum sind umgeben von Begriffen, die Sinneserlebnisse beschreiben: Farben, Düfte und Melodien. Es geht darum, dass nun der Moment gekommen ist, sich aufzumachen und nach draußen zu gehen. Wer zuhause bleibt und sich nicht regt, verpasst diesen Moment eines Neubeginns und mit ihm die Begegnung mit dem geliebten Menschen. Insofern ist von Belang, dass es in den wiederholten Passagen die Imperative sind, die geradezu hervorstechen: »Erhebe dich!« »Komm!« »Mach' dich auf!« Es bedarf der Ermutigung, sich darauf einzulassen und die eigene Trägheit – und vielleicht auch Ängstlichkeit – zu überwinden. Ein Mensch allein und von sich aus kann das nicht oder nur schwer; hier nun ist es die Stimme des Geliebten, die das erreicht, die Stimme eines Vertrauten. Und Vertrauen scheint es zu bedürfen, um dem Aufruf zu folgen, wenngleich in diesem Fall der Ansprache durch den Geliebten auch ein gewisses inneres Verlangen nach ihm den Ausschlag geben mag. Für das Hohelied ist dies im wörtlichen Sinne ein erotisches Geschehen, das in manchen Passagen auch sexuell aufgeladen wird. In Hld 2,8–13 scheint es dagegen nicht um sexuelle Erotik zu gehen, sondern um das Erwachen von Zuneigung, Neugierde und Liebe und eben auch darum, dass diese Liebe einen eigenen Ort braucht, jenseits sozialer oder kultureller Konventionen. So fällt auf, dass in V. 12 etwas ungebräuchlich von »unserem Land« die Rede ist. Das bezieht sich in allen anderen Belegfällen auf ein politisch definiertes Territorium, das man nötigenfalls verteidigt. Hier hat man allerdings eher den Eindruck, dass »unser Land« den Ort bezeichnet, den die beiden Verliebten für sich entdeckt haben. Nicht umsonst findet man in der Auslegungsgeschichte auch immer wieder den Gedanken, dass das Hohelied eigentlich die Rückkehr der Liebenden in den verlorenen Garten Eden besingt.

Was folgt daraus für Hld 2,8–13 als Adventstext? Möglicherweise, dass es gerade nicht darum geht, die Rollen von Mann und Frau, Bräutigam und Braut neu zu besetzen, sondern mit dem Bild zweier Liebender die reale Erwartung und Lebensfreude zum Ausdruck zu bringen, die auch die Adventszeit prägen sollen. Es geht um ein erfüllendes Glück, das kein Mensch für sich allein haben kann. »Steh auf!«, »Mach' dich auf!« sind dann die Aufrufe, die auch zum heutigen Leser / zur heutigen Leserin durchdringen sollen. Zum anderen holt Hld 2,8–13 Advent und Weihnachten aus dem Christkind-Klischee unserer Tage heraus. Wenn die Advents- und Weihnachtsbotschaft nicht nur kindlich berühren, sondern erwachsene Menschen tatsächlich in ihren tiefsten Emotionen und in ihrer ganzen Leidenschaftlichkeit bewegen soll, dann braucht es den Mut, solche Emotionen und Leidenschaften auch an- und auszusprechen. Das tut das Hohelied und erinnert daran, dass es neben der karitativen Liebe (»Agape«) auch und gerade den leidenschaftlichen Eros gibt, der den gläubigen Menschen antreibt. (AS)

Der Zweite Advent – Leidenschaft und Liebessehnsucht

In vielen Predigthilfen wurde und wird das bisherige Proprium des zweiten Advents kritisiert und hinterfragt. Die Töne der Endzeit, die im Evangelium (Lk 21,25–33[54]) angeschlagen werden, waren doch gerade erst zu hören – am Ende des Kirchenjahres. Warum nun schon wieder? Und das zu einer Zeit, in der viele in die Kirche kommen, weil sie sich nach anderen Tönen sehnen und andere Geschichten hören wollen als die der Gewalt und der Zerstörung und des Krieges, die die Nachrichten viel zu oft prägen.

Viele Menschen haben in den Tagen des Advents, so zeigen Umfragen, die Sehnsucht, zur Ruhe zu kommen – und das gerne auch bei einer Feier in der Kirche mit brennenden Kerzen und adventlicher Musik. Der zweite Advent allerdings trägt in seinem bisherigen Zuschnitt nicht wirklich zur Befriedigung adventlichen Ruheverlangens bei. Überaus beunruhigend findet ein apokalyptischer Klang seinen Ort im Raum dieses Gottesdienstes. Jesus spricht von »Zeichen«, die geschehen werden »an Sonne und Mond und Sternen« (Lk 21,25), er spricht von der Angst der Völker, von Menschen, die »vergehen vor Furcht und in Erwartung der Dinge« (Lk 21,26). Ja, die »Kräfte der Himmel werden ins Wanken kommen« (V. 26), wenn er, der Menschensohn, wiederkommt.

Es ist durchaus paradox: Wann, wenn nicht im *Advent* soll es um die *Ankunft,* und d. h. für die Christenmenschen, die nach Geburt und Leben, Kreuz und Auferweckung Jesu Christi leben, um die *Wiederkunft* Christi gehen? Aber ausgerechnet dann erscheint das Gemüt der Feiernden (Gottesdienstleitende sind ausdrücklich eingeschlossen!) am wenigsten auf diesen eschatologischen Ton gestimmt. Überspitzt formuliert: ›Wenn du schon wiederkommen willst, lieber Herr Christus, dann doch bitte nicht ausgerechnet im Advent!‹

Worum soll es denn im Advent sonst gehen, wenn nicht um die Ankündigung der Wiederkunft Christi? Nun – vielleicht um deren sehnliche Erwar-

---

[54]   Bislang war auch Mt 24,1–14, die matthäische Parallele, Predigttext am 2. Advent. Dieser Text gehört nach der Perikopenrevision nicht mehr zu den zu predigenden Texten.

tung! Das ist der Grund, warum in der Perikopenrevision mit einem biblischen Wort aus dem Hohenlied ein *anderer Ton* in den Text- und Klangraum des zweiten Advents eingetragen wurde. Ein ganz normales Liebeslied inszeniert Leidenschaft und Erwartung. Geprägt ist es, wie gezeigt, von den Verben. Und es wird einer Predigt guttun, sich in die Dynamik des Liedes hineinzufinden und der Gemeinde vor Augen zu malen, was da geschieht:

›Hört ihr, seht ihr?‹ »Da ist die Stimme meines Freundes! Siehe, er kommt …« (Hld 2,8). Er kommt nicht einfach, nein, er hüpft über Berge, springt über Hügel, wie eine Gazelle, wie ein junger Hirsch. So sieht Erwartung aus – ja, oder so läuft einer, der es eben nicht mehr erwarten kann, endlich da zu sein. Liebende sind ja immer auch ein wenig lächerlich! Und so rennt er durch die Welt, springt über Hügel, nichts hält ihn auf – bis er da ist. Fast jedenfalls. »Siehe, er steht hinter unsrer Wand und sieht durchs Fenster und blickt durchs Gitter …« (Hld 2,9). Nur noch eine Wand, die die beiden trennt. Und nun hören wir die Stimme des Freundes, der nach draußen lockt, weil drinnen gar nicht wahrgenommen werden kann, was draußen längst geschehen ist: Frühling ist geworden, der Winter ist vorbei.

Ein ganz normales Liebeslied taucht den zweiten Advent in die Klangfarbe der Liebe. Ob es einer Predigt gelingen kann, die Erwartung groß zu machen? Manchmal ist die Adventszeit für Erwachsene ja durchaus schmerzlich. An den leuchtenden Kinderaugen und den drängenden Fragen (»Wie oft noch schlafen?«) wird deutlich, was Erwachsene beim Älterwerden bei allem Zugewinn an Vernunft und Einsicht verloren haben: die Erwartung, die ungeduldig macht, das Warten, das voller Verheißung ist.

Von diesem Warten spricht der Dichter Richard Exner in einem seiner Gedichte:[55]

manchmal
wenn wir ihn
am Jahr entlang
herbeisehnen den Advent
vergessen wir seine Sonntage
die Kränze die Dochte sein Feuer
und unversehens fällt Licht
in Güssen herab und dir

---

[55] Richard Exner, Wiederkommen, in: ders., Die Zunge als Lohn. Gedichte 1991–1995, Stuttgart 1996, 64 f., 64.

das Kind in den Schoß
die Ankunft mitten
ins Warten–

In der jüdischen Tradition wird seit rabbinischer Zeit Hld 2,8–13 auch so verstanden, dass die »Wand«, hinter der der Freund steht, mit der Klagemauer in Jerusalem verbunden wird – dem Rest des 70 n. Chr. zerstörten herodianischen Tempels.[56] Wer die Klagemauer kennt, weiß, welche Bedeutung sie für viele Jüdinnen und Juden hat. Viele stehen lange davor, berühren die Mauer mit einer oder beiden Händen, falten Zettel, auf die sie Gebetsanliegen geschrieben haben, und stecken sie in die Ritzen der Mauer. Zweimal im Jahr werden diese Zettel vom zuständigen Rabbiner und seinen Helfern entfernt – vor dem Neujahrsfest und vor dem Passafest. Es sind so viele, dass sie gut 100 Einkaufstüten füllen würden. Hinzu kommen die Zettel, die im Laufe der Zeit heruntergefallen sind und aufbewahrt wurden. All diese Zettel werden nicht im Altpapier entsorgt, sondern ganz in die Nähe auf den Ölberg gebracht und dort rituell bestattet. Der Ölberg ist der Berg, von dem her Jüdinnen und Juden die Ankunft des Messias erwarten. Mit der Klage an den Resten der Mauer verbindet sich die Hoffnung auf Gott, der nah ist, Gebete hört und der kommen wird.

Es ist durchaus möglich, sich in der Erfahrung von Hld 2,8–13 wiederzufinden, ohne den Text im klassischen Sinne typologisch zu deuten. Auch Martin Luther trug seine Lebenserfahrung und seine Gotteserfahrung in diesen biblischen Text ein, der vor allem in mystischen Strömungen des Hochmittelalters eine große Karriere gemacht hatte. Luther schreibt: »Unter den Leiden, die uns von Gott scheiden wollen wie eine Wand, ja wie eine Mauer, steht er [Gott] verborgen – und sieht doch auf mich und verlässt mich nicht.« »Denn er steht und ist immer bereit, in Gnaden zu helfen, und durch die Fenster des dunklen Glaubens lässt er sich sehen.«[57]

Formal ist das Liebeslied aus Hld 2,8–13 ein umgekehrtes Paraklausithyron. Unter einem Paraklausithyron versteht man eine Türklage, die in der Antike vielfach überliefert ist: Ein Geliebter sitzt draußen, vor der verschlossenen Tür – und begehrt Einlass. In Hld 2,8–13 ist es genau umgekehrt: Der Geliebte ruft hinaus. Bleib nicht in deinem »dunklen Glauben« (Luther) sitzen! Steh auf! Denn draußen ist Frühling geworden!

---

[56]   So etwa im Midrasch Shemot Rabba 2,2 (und weiteren Parallelen).

[57]   WA 6, 208, 13–17 [Orthographie modernisiert].

Auch aus diesem Grund wurde Hld 2,8–13 in den Rückmeldungen während der Erprobung der Perikopenrevision von manchen kritisiert. Gerade sei tiefer Winter, noch werden die Tage immer kürzer – und da setzt die Perikopenrevision ein Frühlingsliebeslied in die Reihe der zu predigenden Texte!? Wo doch eine säkulare Mehrheit die Christenmenschen im Lande ohnehin für merkwürdig und den christlichen Glauben für einigermaßen weltfremd hält!? Dem Einwand lässt sich entgegnen: Genau darum geht es im Advent: Gott kommt, wie ein Geliebter, hüpfend über Berge und Hügel, so dass er sich in den Augen der Welt ziemlich lächerlich macht und als Kind in der Krippe am Rande der Stadt liegt und gut dreißig Jahre später spöttisch erhöht wird ans Kreuz draußen vor der Stadt – und dass sich dadurch schon jetzt die Welt verändert. Dieser göttlichen Verrücktheit entspricht der Hinweis auf den Frühling mitten im Winter, wie er auch in EG 30,1 besungen wird: »Es ist ein Ros entsprungen / aus einer Wurzel zart, / wie uns die Alten sungen / von Jesse kam die Art / und hat ein Blümlein bracht / mitten im kalten Winter / wohl zu der halben Nacht.«

Man muss das Hohelied nicht typologisch auf Christus und die Kirche beziehen oder auf Christus und die fromme Seele. Aber man kann das Liebeslied und seine drängende Erwartung im Klangraum des zweiten Advents hören und so, wenn es gut geht, die Dynamik der Leidenschaft des Advents wiederentdecken – seinen *Eros*: Also hat Gott die Welt geliebt, dass er sich aufmachte – mit schnellen Schritten wie ein Liebender …

Liedvorschläge: Als Lied nach der Predigt ist EG 11, vor allem in den Strophen 1 + 6 + 7 geeignet (Wie soll ich dich empfangen). Wer der Durchbrechung der Zeiten auch in Liedform Gestalt geben will, kann EG 503 (Geh aus, mein Herz) in ausgewählten Strophen (9–15) singen. Auch ausgewählte Strophen aus den Liebesliedern EG 400 (Ich will dich lieben, meine Stärke) und EG 401 (Liebe, die du mich zum Bilde) scheinen geeignet. (AD)

4. Sonntag im Advent (Reihe III): Gen 18,1-2.9-15

Saras Lachen

Die Verheißung eines Sohnes und Erben gehört zu den Grundbausteinen der Erzelternerzählungen des Buches Genesis. Neben Land und materiellem Reichtum zählt der männliche Nachkomme zu dem, was das Leben seiner Eltern zur Erfüllung bringt - jedenfalls in der Vorstellungswelt antiker Kulturen. Die Abrahamerzählungen sind so komponiert, dass sich zwei dieser Verheißungen - Reichtum und Land - zwar in unerwarteter, aber doch sukzessiver Weise erfüllen, während die dritte immer unwahrscheinlicher wird. Wer bis Kapitel 18 gelesen hat, weiß bereits, dass Abraham tatsächlich sehr rasch ein sehr reicher Mann geworden ist. Dieser Reichtum stellt sich durch seine Flucht nach Ägypten während einer Hungersnot ein. Dort gibt Abraham (damals noch Abram genannt) seine Frau Sara (Sarai) als seine Schwester aus, um nicht als Ehemann aus dem Weg geräumt zu werden (Gen 12,10-20). Der Pharao wirft ein Auge auf Sara und nimmt sie zu sich. Das bereits trägt Abraham - als vermeintlichem Bruder der Haremsdame Sara - Wohlstand ein. Und als der Schwindel schließlich auffliegt, schickt Pharao den Abraham als reichen Mann zurück nach Kanaan. Diese frühe Erzählung betont, wie die Verheißungen Gottes gleichsam miteinander konfligieren. Dieser Wohlstand bedeutet, dass Abraham den Nachkommen aufs Spiel setzt bzw. riskiert, dass Saras Sohn gar nicht sein eigener Nachkomme, sondern der eines fremdländischen Königs ist.

Auch die Erfüllung der Landverheißung verläuft alles andere als geradlinig. Tatsächlich wird Abraham selbst Landbesitzer, aber eben nicht des ganzen Landes Kanaan, sondern nur eines sehr kleinen Stückchens davon: Er kauft die Höhle Machpela beim Hain von Mamre (Gen 23,19), um seine Frau dort zu beerdigen. So geht die Landverheißung also zunächst einmal in der eher kontraintuitiven Gestalt eines Grabes in Erfüllung.

In diesem Kontext überrascht nicht, dass auch der Verheißung des Nachkommens etwas Skurriles anhaftet. Abraham ist 75 Jahre alt, als er aus Ur in Chaldäa auszieht (Gen 12,4); Sara - laut Gen 17,17 zehn Jahre jünger als Abraham - ist 65. Dies sind gemessen an der damaligen Lebenserwartung bereits sehr hohe Zahlen. Oder um es etwas salopp zu sagen: Es müssen »rüstige Rentner« gewesen sein, die da von Chaldäa nach Kanaan aufbrachen.

Und auch weiterhin legt die Erzählung großen Wert darauf, dass die Leserschaft immer genau weiß, wie alt Abraham und Sara im Verlauf der Handlung
sind: Bei der zweiten Bundeseinsetzung (Gen 17) ist Abraham dann bereits
100 Jahre alt, Sara entsprechend 90 (Gen 17,7). Vor diesem Hintergrund
spielt nun auch die Begegnung der Noch-nicht-Erzeltern mit den drei Boten
oder »Engeln« im Garten von Mamre.

Aus Gen 18 greift die Predigtperikope den Abschnitt heraus, der der Soh-
nesankündigung und dann vor allem der Reaktion Saras darauf gewidmet
ist. Tatsächlich ergeht die Verheißung im Unterschied zu allen vorangegan-
genen Erzählungen nun im Blick auf Sara und rückt sie damit ins Zentrum
des Geschehens. Allerdings ist sie selbst nur indirekt an dem »Männerge-
spräch« über sie beteiligt, insofern sie am Zelteingang lauscht, was draußen
gesprochen wird. Und da hört sie nun, dass sie Mutter werden soll: »Da sprach
er: ›In einem Jahr komme ich wieder zu dir, dann wird deine Frau Sara einen
Sohn haben‹« (Gen 18,10). Sara hat keinerlei Illusionen darüber, dass sie eine
alte Frau weit jenseits der Gebärfähigkeit ist – und auch ihrem Mann traut
sie offenbar nicht mehr viel an reproduktiver Kapazität zu (Gen 18,12). Und
so »lacht« sie »in sich hinein«. Die Szenerie wird so dargestellt, dass der
Bote/Engel, der hier spricht, Sara im Rücken hat, sie also gar nicht sehen
kann. Und auch dieses Lachen selbst wird nicht als lautes Lachen beschrieben, das jeder hören konnte, sondern eher als ein stilles, vielleicht amüsiertes
In-sich-Hineinlächeln einer Frau, die weiß, dass ihr da etwas verheißen wird,
was allem Normalmenschlichen entgegensteht. Trotzdem weiß der Engel, was
hinter seinem Rücken geschieht und spricht Sara darauf an. Diese leugnet
aus Furcht (oder vielleicht eher: Verlegenheit), aber der Engel insistiert: »Du
hast gelacht« (Gen 18,15).

Dieses Lachen hat Sara in der Auslegungsgeschichte immer wieder den
erhobenen Zeigefinger eingebracht: Wenn Gott etwas verheißt, dann soll man
das – wie Abraham in Gen 15,6 – in Glaube und Gehorsam empfangen. Aber
auch für Abraham ist das allenfalls die ›halbe‹ Wahrheit, denn auch er lacht
einmal angesichts der absurd klingenden Ankündigung, dass er noch Vater
werden wird. Und wie auch bei Sara hat das Lachen einen verborgen-subver-
siven Unterton: Abraham wirft sich zwar demütig vor Gott nieder (Gen 17,17),
nachdem er die Bundeszusage gehört hat, und doch – mit dem Gesicht auf
dem Boden – lacht auch er angesichts der Aussicht auf einen eigenen Sohn.

Worin liegt aber die Pointe, wenn die Erzählungen ein ums andere Mal
betonen, dass die ersten Erzeltern Gottes Ansagen offenbar nicht so ganz
ernst nehmen bzw. ›belächeln‹? Vielleicht ist die Aussage an dieser Stelle
ganz einfach: Abraham und Sara bleiben ihrem Gott immer treu, auch wenn

sie nach allem eigenen Ermessen nicht an das glauben können, was ihnen da verheißen wird. Dass Gott tatsächlich etwas *erfüllt*, ist für die beiden an praktisch keiner Stelle eine Vorbedingung ihres Glaubens. Im Gegenteil bleibt ihre Gottesverbundenheit auch dann noch bestehen, wenn ihnen das, was Gott sagt, doch reichlich seltsam, um nicht zu sagen: amüsant, vorkommt. Sara lacht angesichts der Vorstellung des Liebesspiels zweier Greise, das dann auch noch zu einer Schwangerschaft und schließlich einer Geburt führen soll (Gen 18,12). Aber das behält sie eben für sich (wörtlich »in ihrem Inneren«). Es bestehen also keine ausständigen Erwartungen, keine Bedingungen und auch keine Vorwürfe an Gott. Vielleicht wird es eben so kommen, dass Hagars Sohn Ismael und nicht Saras Sohn Isaak der Erbe sein wird. Auch damit könnte Abraham, an dieser Stelle angekommen, offenbar leben.

Aber dann geschieht es eben doch. Wo die Verheißung eigentlich schon aussortiert ist, erfüllt sie sich. Wo sie keinen ›Zweck‹ mehr hat, trifft sie ein. Darin könnte auch die tiefere Bedeutung von Gen 18 als Adventstext liegen. Auch in der Ankündigung der Geburt Jesu geht es nicht darum, dass Gott endlich etwas einlöst, was er schuldig gewesen wäre. Auch geht es nicht darum, dass Menschen ohne diese Geburt gar nicht an Gott glauben und ihm vertrauen könnten. Der Systematiker Eberhard Jüngel hat dies einmal in einer Weise formuliert, die sich durchaus auch auf die Theologie der Genesiserzählungen anwenden lässt: Gottes Verheißungen und deren Erfüllung sind nicht »notwendig«, sie sind aber sehr wohl »mehr als notwendig«.[58] Sie verrechnen sich nicht mit der Realität menschlichen Wollens oder Bedürfens, aber gerade weil sie davon frei sind, sind sie auch glaubwürdig. Das Kommen Jesu reagiert nicht auf etwas, das die Welt ihrem eigenen Urteil nach will oder braucht. Es füllt keine Lücke. Aber eben darin besteht die Chance, dass die Welt mehr wird, als sie aus sich selbst machen kann. Und gerade das wird exemplarisch an den Erzvätern und -müttern der Genesis gezeigt. (AS)

---

[58]   Eberhard Jüngel, Unterwegs zur Sache. Theologische Erörterungen I, Tübingen ³2000, Vorwort.

Adventliches Staunen und Lachen

Saras Lachen wird in der neuen Perikopenordnung am 4. Advent hörbar. Allerdings nicht mehr (wie im Revisionsentwurf 2014 geplant) als alttestamentlicher Lesungstext, sondern nur noch als Predigttext an diesem Tag. Die Befürchtung, dass ohne eine Predigt zu Gen 18 nicht verständlich sein könnte, warum diese Sohnesverheißung an die Erzeltern Abraham und Sara am 4. Advent laut wird, wurde in den Rückmeldungen zum Erprobungsentwurf deutlich artikuliert. Andererseits gab es aber auch viel Zustimmung zu dem Vorschlag, diese Erzählung mit ihrer vielfältigen Wirkungsgeschichte (man denke an die Trinitätsdarstellungen seit der Zeit der Alten Kirche) und ihren zahlreichen Paradoxien (wer besucht Abraham und Sara nun eigentlich? Die drei oder der eine? Männer, Engel oder der Herr?) in den Textraum dieses Sonntags aufzunehmen.

Damit begegnen sich Sara und Maria; es begegnen sich die unfruchtbare Frau, die (bzw. deren Mann) Besuch von drei Männern erhält und der auf recht vermittelte Weise die Geburt eines Sohnes angekündigt wird, und die junge Frau, die sehr direkt vom Engel Gabriel besucht wird, der ihr sagt: »Siehe, du wirst schwanger werden und einen Sohn gebären, und du sollst ihm den Namen Jesus geben« (Lk 1,31).

Beide Frauen reagieren verständlicherweise verwundert: Sara, weil sie »alt und hochbetagt« (Gen 18,11) ist; Maria, weil sie jung ist und »von keinem Manne weiß« (Lk 1,34). Trotz ihrer Skepsis bestätigt sich aber die Verheißung. Gabriel erläutert die Verheißung dann mit den Worten: »Denn bei Gott ist kein Ding unmöglich« (Lk 1,37). Ganz ähnlich sagen auch die drei Männer (bzw.: sagt auch der Herr) in Gen 18,14: »Sollte dem Herrn etwas unmöglich sein?«

Die Geschichten der beiden Frauen, der zu alten und der zu jungen, lassen sich nebeneinander lesen und beinahe Satz für Satz miteinander in Beziehung setzen. Das kann zweifellos Freude machen und entdecken lassen, wie die Erzählungen des Neuen Testamentes sich im Klangraum des Alten bewegen. Was aber ist der theologische und homiletische ›Mehrwert‹, wenn Gen 18 kurz vor Weihnachten, am 4. Advent hörbar wird? Geht es nur darum, der Gemeinde zu sagen: Seht, auch im Alten Testament hat Gott scheinbar Unmögliches möglich gemacht – wie nun noch einmal ganz neu in der Geburt Jesu, des Sohnes Gottes? Drängt damit die neutestamentliche unwahrscheinliche Mutter Maria die alttestamentliche unwahrscheinliche Mutter Sara automatisch in den Hintergrund?

Ich meine: Nein! In jedem Fall zeigt Gen 18, dass und wie die Jesusgeschichte im gesamtbiblischen Narrativ verwurzelt ist. Der eigentliche Mehrwert dieses Textes liegt m.E. aber im Lachen der Sara: »Darum lachte sie bei sich selbst ...« (Gen 18,12). Diese Reaktion wird zum wesentlichen Inhalt des nachfolgenden Gesprächs des Herrn[59] mit Abraham und dann auch mit Sara – und führt zu den *einzigen* Worten, die Gott im biblischen Bericht des Buches Genesis unmittelbar an Sara adressiert (Gen 18,15). Luther übersetzt sie mit: »Nein, es ist nicht so, du hast gelacht.« Im Hebräischen handelt es sich um lediglich drei Worte: *lo ki zachaqt.*

Wie klingen diese drei Worte? Üblicherweise werden sie wohl als eine tadelnde Zurückweisung gehört. Gott behaftet Sara bei ihrer unmittelbaren Reaktion, die sie ihm gegenüber lieber verheimlicht hätte. Und man könnte dann Maria doch im Gegenüber zu Sara in Anschlag bringen. Für Martin Luther etwa war klar, dass Maria zum Vorbild für die Haltung des Christenmenschen werden kann: »Siehe, ich bin des Herrn Magd. Mir geschehe, wie du gesagt hast« (Lk 1,38). Sie steht exemplarisch für einen Menschen, der sich die gnädige Zusage Gottes gefallen lässt, der nichts aus sich selbst machen will, sondern sich ganz Gott überlässt. In seinem »Magnificat verdeutscht und ausgelegt« von 1521[60] schreibt Luther: »Aber das Herz Marias stehet zu aller Zeit fest und gleich, lässt Gott in sich nach seinem Willen wirken, nimmt nicht mehr davon als einen guten Trost, Freude und Zuversicht in Gott. So sollten wir auch tun, das wäre ein rechtes Magnificat gesungen.«

Freilich: Es wäre fatal, Maria in ihrer Haltung gegen Sara auszuspielen nach dem Motto: Die eine empfängt die Verheißung in demütigem Glauben, die andere lacht!

Ich meine, man muss die drei Gottesworte an Sara (*lo ki zachaqt*) nicht als ultimativen göttlichen Tadel interpretieren. Sie lassen sich auch lesen als eine Bekräftigung Gottes für das Lachen Saras. Gott selbst würde in dieser Lesart die Inkommensurabilität der Verheißung bestätigen. Hätte Gott etwas ausführlicher reden wollen, so hätte er vielleicht gesagt: ›Ja, du hast gelacht – natürlich hast du gelacht! Was solltest du auch anderes tun als zu lachen, wenn mein Handeln so anders ist, als es sich erwarten lässt, so neu, so überraschend, so gegen alle Logik, die du kennst, so verrückt!‹ Gott hätte dann nicht das Lachen getadelt, sondern die Leugnung des Lachens aus Furcht vor ihm. Denn das Lachen und die Verheißung – sie gehören zusammen, wie etwa auch Ps 126 zeigt:

---

[59] Es ist auffällig, dass hier nicht mehr von drei Männern die Rede ist, sondern der mit dem tetragrammatischen Gottesnamen bezeichnete JHWH selbst spricht.

[60] Vgl. WA 7, 546-601.

Wenn der Herr die Gefangenen Zions erlösen wird,
so werden wir sein wie die Träumenden.
Dann wird unser Mund voll Lachens
und unsre Zunge voll Rühmens sein (Ps 126,1 f.).

Wenn man in der Spur dieser Deutung bleibt, dann hat Sara auch nicht gelogen, als sie sagte: »Ich habe nicht gelacht …« Das Lachen war vielleicht – und ich meine: wahrscheinlich – kein intentionales Lachen im Sinne eines spöttisch-überlegenen Verlachens der göttlichen Verheißung. Es war vielleicht eher ein spontanes Überwältigt-Sein, ein Nicht-Wahrhaben-Wollen und Nicht-Wahrhaben-Können, ein Lachen der Überraschung, wie es Menschen manchmal wiederfährt. Und dieses bestätigt Gott Sara gegenüber: »Du hast gelacht!« Das heißt dann auch: Du hast gestaunt, du hast dich zurecht gewundert! Echtes Staunen ist ebenso wenig ›machbar‹ wie ein nicht-intentionales, unwillkürliches Lachen. Staunen geschieht, wo das, was Menschen wahrnehmen, den Horizont des Bekannten und durch Begriffe Eingeordneten übersteigt. Damit ist auch klar, dass Kinder noch regelmäßig staunen, Erwachsene aber das Staunen vielfach verlernt haben. Außer es begegnet ihnen etwas, was sie nicht einordnen können – z. B. Gottes Verheißung mitten in ihrem Leben!

Folgt man den hier eröffneten Linien der Wahrnehmung von Gen 18, so heißt das: Alle sechs Jahre kann nun auch Sara mit ihrem Lachen zum adventlichen Vorbild und zum Sehnsuchtsbild werden – für einen Menschen, den Gott überrascht … Können wir so dem Weihnachtsfest entgegengehen – in der Hoffnung darauf, dass – wenn es Gott gefällt – auch ›wir‹ staunen werden – obwohl die Festlegende des Weihnachtsfestes ebenso wie die familiären Routinen ja nun wirklich hinreichend bekannt sind?

Menschliches Leben hat immer die Gefahr, sich einzurichten in der Erwartungslosigkeit, die etwa Nicolas Born in seinem Gedicht »Der erste Blick aus dem Fenster am Morgen« beschreibt – ein Gedicht, das die Bilderwelt von Gen 18 aufnimmt:[61]

Viel früher hat man gelebt und alles gewagt
Milch und Post erwartet, den Engel des Herrn
bei offenem Oberlicht
den blauen und den grauen Himmel

---

[61]   Nicolas Born, Marktlage. Gedichte, Köln/Berlin 1967, 39.

gewisse Besucher an der Tür
unverständliche Ansinnen.
Man hat gelebt und gefrühstückt bei Tageslicht.
Heute bleibt der Vorhang geschlossen
dunkelblau bis über den Mittag.
Einer kommt immer, ein Freund
oder ein Bekannter
berichtet von Veränderungen.
Überholt von meinem Eintopf
haben sie mir nichts mehr an.

Damit die Vorhänge nicht geschlossen bleiben, lohnt es sich, Gen 18 im Advent zu predigen.

Lieder, die vom Lachen singen, gibt es nicht viele im Evangelischen Gesangbuch. Aber Lieder, die das unerwartete und Staunen erregende Handeln Gottes als adventliche Erwartung beschreiben, gibt es durchaus. Zu denken ist an Martin Luthers »Nun komm, der Heiden Heiland« (EG 4), wo es bereits in der ersten Strophe um die staunenswert verwunderliche Geburt geht: »... dass sich wunder alle Welt«. Auch Michael Schirmers »Nun jauchzet, all ihr Frommen« (EG 9) besingt das verändernde Handeln Gottes – und dekliniert dies für unterschiedliche Gruppen von Menschen durch. Schließlich stimmt Friedrich Walz' »Seht, die gute Zeit ist nah« (EG 18) in die Bewegung der Vor-Freude ein, zu der auch der Wochenspruch aus Phil 4,4f. aufruft. (AD)

4. Sonntag im Advent (Reihe VI): Jes 62,1–5

Gott keine Ruhe gönnen

Diese Perikope gehört kompositorisch in einen Zusammenhang mit Jes 60–62, Kapiteln, die oft als das Herzstück des letzten Teils des Jesajabuches (des sogenannten Tritojesaja, Jes 56–66) verstanden werden. Gelegentlich wurde sogar erwogen, dass diese drei Mittelkapitel (und damit auch die vorliegende Perikope) einmal den Abschluss des gesamten Jesajabuches bildeten. Die hymnische Akklamation in Jes 62,1–5 wäre damit der Schlussstein, der die Dramaturgie Jesajas zu ihrem Ziel führt: Am Ende einer langen, schicksalshaften Geschichte, von der dieses Buch Zeugnis gibt, sollen endlich der Lichtglanz und die Gerechtigkeit auf dem Zionsberg einziehen, die so stark in die Welt ausstrahlen, dass alle Völker dies sehen werden. Dieses Grundbild des strahlenden Zion wird ergänzt durch zahlreiche andere Bilder und Metaphern, die fast überbordend wirken: Zion soll eine Krone in der Hand Gottes sein (V. 3); es findet eine Umbenennung statt: Aus der »Verlassenen« wird die »Begehrte« (V. 4), was wiederum überleitet in die Vorstellung von Gott als Bräutigam und Zion als Braut bzw. von Mutter Zion und ihren Kindern (V. 5). Alle diese Bilder haben Parallelen im Alten Testament. Man könnte insofern vermuten, dass hier, am Ende des Jesajabuches, ganz gezielt ein großes Finale an Heilsbildern entstehen soll.

Möglicherweise steht aber auch eine genauere Aussageabsicht im Hintergrund, vor allem dann, wenn in V. 3 der Siegeskranz (die »Corona«) gemeint ist, der insbesondere in der griechisch-römischen Antike als Auszeichnung für Leistungen im Sport oder im Krieg verliehen wurde. Gott erhält Zion demnach als Siegespreis, wird zu ihrem Bräutigam, und aus dieser Verbindung gehen die Kinder Zions hervor. Im Jesajabuch rückt Zion in Gestalt der Stadtgöttin immer wieder in die Rolle der weiblichen Gestalt an Gottes Seite ein, was Israel, als Kinder von Mutter Zion, auch zu Kindern JHWHs macht.[62]

---

[62] Tatsächlich kann Tritojesaja auch ganz direkt von Gott als »Vater« der Kinder Israels reden (Jes 63,16; 64,7).

Es geht also um einen Neubeginn, der mit Gott selbst, mit dem Zionsberg und auch mit Israel zu tun hat. Tatsächlich schwingt in Tritojesaja insgesamt die Ahnung – und Hoffnung – mit, dass nunmehr, nachdem die wechselvolle Geschichte Israels durch das babylonische Exil in einem vorläufigen Tiefpunkt geendet hatte, etwas Neues beginnen würde. Aus dem verlassenen Jerusalem und dem zerstörten Tempel wird die glänzende Gottesstadt, und aus den über die gesamte Welt zerstreuten Israeliten entsteht ein neues Gottesvolk.

Der Tritojesaja vorausgehende Deuterojesaja beschreibt diesen Neubeginn vor allem im Modus der Diskontinuität: »Siehe, ich schaffe etwas Neues« (Jes 43,19) steht geradezu als Leitthema über dem zweiten Teil des Jesajabuches, und damit ist tatsächlich nicht lediglich ein ›erneuertes Altes‹ gemeint. Es gibt Verbindungslinien zwischen dem Alten und dem Neuen, und der Ort – Zion –, wo bereits der Salomonische Tempel stand, ist vielleicht die wichtigste. Aber Zion wird nun eben nicht mehr nur zu einem nationalen Heiligtum aufgebaut, vielmehr macht Gott daraus einen Ort, von dem Gerechtigkeit und Rettung in die gesamte Welt hineinstrahlen (V. 1). Das bedeutet, dass auch Gott selbst nicht mehr allein oder vor allem der Gott Israels ist, sondern der Schöpfer der Welt und Herr der Geschichte aller Völker. Es bleibt dann die Frage, wer »Israel« in einer solchen Theologie des Neuen ist, und dazu gibt es im Jesajabuch (und anderswo) tatsächlich unterschiedliche Antworten. Einige davon tragen die Spuren geschichtlicher Erfahrung in durchaus problematischer Weise an sich. So wird in Jes 49,7–26 ausgemalt, wie die Völker zum Zion strömen, um dort – mit dem Gestus der Unterwürfigkeit – Tribute und Geschenke abzuliefern. Der erhabene Ort, Zion, soll auch das dort lebende Volk, Israel, über die Völker erheben. Hier scheint sich der Wunsch nach einer Umkehr der tatsächlichen Verhältnisse zu artikulieren. Israel war über weite Teile seiner Geschichte ein Volk, das anderen Mächten unterworfen war und sich deren Bedingungen fügen musste. Das sollte sich in der ›neuen Zeit‹ nun umkehren.

Jes 62,1f. setzt demgegenüber einen anderen Akzent. Der Modus dieses Textes ist der der Erwartung und des Zeugnisses: »Um Zions willen will ich nicht schweigen, und um Jerusalems willen will ich nicht innehalten, bis seine Gerechtigkeit aufgehe wie ein Glanz und sein Heil brenne wie eine Fackel.« Noch sind Gerechtigkeit und Rettung (eine sprachlich gegenüber »Heil« vorzuziehende Übersetzung) gar nicht über dem Zion aufgegangen, und gerade deswegen darf die ›Ich‹-Stimme nicht schweigen, sondern muss davon reden, muss es ankündigen. Liest man über die Predigtperikope hinaus, wird dieses Motiv des Nicht-schweigen-Dürfens noch weitergeführt (V. 6f.): »O Jerusalem, ich habe Wächter über deine Mauern bestellt, die den ganzen Tag und die ganze Nacht nicht mehr schweigen sollen. Die ihr den Herrn erinnern sollt, ohne euch Ruhe zu gönnen, lasst ihm keine Ruhe, bis er Jerusalem wieder aufrichte und es setze zum Lobpreis auf Erden!«

Die Ich-Stimme selbst will nicht schweigen, sondern so lange reden, bis Gott endlich handeln wird, und Gleiches gilt für die Wächter auf den Mauern Jerusalems, die die Stadt bis zum Morgengrauen bewachen. Das ist ein erstaunliches Motiv: Die Aufgabe derer, die Gottes Stadt auf Erden bewohnen, besteht darin, ihm keine Ruhe zu lassen, bis er – endlich – seinen Tempel zu einem Ort von Gerechtigkeit und Rettung macht. Das stellt die üblichen Verhältnisse auf den Kopf: Normalerweise ist es Gott, der sein Volk ermahnt, warnt und der darauf drängt, dass es endlich das werde, was es sein soll. Eigentlich ist es Gottes Rolle zu rufen, Propheten zu senden und sie zu Mahnern an seiner Stelle zu machen. Hier aber erheben sich nun Stimmen, die Gott daran erinnern, dass seine Arbeit noch nicht getan ist. Darin artikuliert sich eine Grundstimmung, die Jes 56–66 insgesamt bestimmt und durchzieht: Das Heilswerk Gottes ist ein noch unvollendetes Projekt. Noch gibt es den neuen Himmel und die neue Erde nicht (Jes 65 f.), was gewiss mit der Unvollkommenheit der Mittel zu tun hat, derer sich Gott bedient, allen voran seines eigenen Volks, und in dessen Gefolge auch der Völker der Welt. Gleichwohl, gerade weil dies so ist, darf Gott nicht ermüden (vgl. Jes 40,28).

In der Adventszeit dürfte gerade diese Umkehrung der Verhältnisse ein Thema sein, das die übliche Stimmung dieser Zeit herausfordert. Advent ist die Zeit der erwartenden Gewissheit, dass Gott zur Welt kommt und dass sich mit der Geburt des Kindes im Stall diese Gewissheit auch einlöst. Jes 62,1–5 fordert diese gleichsam ritualisierte Gewissheit heraus, weil weder Gott noch sein Volk noch die Welt insgesamt schon am Ziel sind.

Die kritische Auseinandersetzung mit der Perikope wird freilich bei ihrem, aus heutiger Sicht unzeitgemäßen Zentralismus einzusetzen haben. Dass Gottes Gerechtigkeit sich zuerst und vor allem an einem Ort zeigt und einem Volk gilt, trägt eine Heilshierarchie in die geopolitische Welt ein, von der man fragen kann, warum sie sachlich geboten sein soll. Geht es hier um eine notwendige Konkretion, wonach sich Gott eben nicht ›immer und überall‹ zeigt, sondern in ganz bestimmten Ereignissen, an geschichtlich konkreten Orten? Oder handelt es sich hier um eine menschlich vielleicht verständliche, sachlich aber eben nicht unproblematische Engführung, dass man »Heil« mit dem Ort assoziiert, an dem man sich selber befindet – egal ob dies für Teile des frühen Judentums der Zionsberg oder, für das Christentum, die Krippe im Stall war? Auch Jes 62,1–5 ist als Predigtperikope der kritischen Rückfrage zu unterziehen. Gleichwohl gewinnt man den Eindruck, dass hier – stärker als anderswo im Jesajabuch – eine solche kritische Perspektive schon mitschwingt: Zion ist eben auch der Ort, *von dem aus* Gott angerufen wird, eine Gerechtigkeit in die Welt zu bringen, die *auch für andere* – an anderen Orten – sichtbar sein wird. (AS)

»Nicht mehr …, sondern …« – Ein neuer Name

Nach dem deutschen Namensrecht lassen sich *Nachnamen* im Kontext von Eheschließungen, Ehescheidungen oder Adoptionen einigermaßen problemlos verändern. An *Vornamen* aber hängt Identität in besonderer Weise, so dass diese »nur geändert werden [dürfen], wenn ein wichtiger Grund ihre Änderung rechtfertigt.« Besonders streng ist das deutsche Namensrecht bei Kindern: »Vornamen von Kindern, die älter als ein Jahr und jünger als sechzehn Jahre sind, sollen nur aus schwerwiegenden Gründen zum Wohl des Kindes geändert werden.«[63]

In Jes 62 kündigt Gott selbst eine Namensänderung aus schwerwiegendem Grund an. Er verkündigt sein Heil, das die Realität so grundlegend verwandeln wird, dass die Identität nicht mehr die alte ist. Ein neuer Name muss dies zeigen. Aus der »Verlassenen« und »Einsamen« wird »Meine Lust« und »Liebe Frau« (V. 4). Eine neue Liebesbeziehung[64] zu Gott, dem Erbauer Zions, wird angekündigt, die radikaler Gegenentwurf zu der momentanen Erfahrung der einsam verlassenen ›Frau Zion‹ ist.

Zion wählt ihren neuen Namen nicht selbst; der Name wird gegeben. Der Dichter Jürgen Theobaldy zeigt in seinem Gedicht »Draußen vor dem Dorf«, was es heißt, einen Namen zu geben:[65]

»Nie komme ich so nah an diesen Tag heran
wie dieser Reiher dort im Wiesentau.
Er weiß es nicht, dass ich es bin,

den von weitem er ins Auge fasst,
während ich ihm seinen Namen gebe.

Die Kunst, zu segnen ohne Weihrauchfass.«

---

[63] Allgemeine Verwaltungsvorschrift für die Änderung von Familiennamen und Vornamen (NamÄndVwV) vom 11. 8. 1980, zuletzt geändert am 11. 2. 2014, Zweiter Abschnitt, Nr. 62.

[64] Vgl. auch den neuen alttestamentlichen Text Hld 2,8–15 am 2. Advent.

[65] Jürgen Theobaldy, Immer wieder alles. Gedichte, Lüneburg 2000, 22.

In Jes 62 übt Gott sich in der »Kunst, zu segnen ohne Weihrauchfass«. In der Sprache der Verheißung geschieht so bereits das Neue, das die vermeintliche Ausweglosigkeit aufbricht.

Es gibt Zeiten im Leben von Menschen, in denen sie sich einrichten in ihren Erfahrungen des Scheiterns und der Ausweglosigkeit. Hoffnung erscheint dann als riskant; denn wer hofft, engagiert sich emotional und riskiert enttäuscht zu werden. Dann doch lieber ein realistisches Leben, das von den Menschen nicht viel und von Gott schon gleich gar nichts erwartet! So gibt es wenigstens Stabilität, die sich benennen lässt: »Verlassene«, »Einsame«! So ist es, so bleibt es! Da kann man eben nichts machen!

Charles Taylor, der kanadische Kulturwissenschaftler, beschreibt den Weg zur Neuzeit als einen Weg hin zum »buffered self«.[66] Das Subjekt ziehe sich mehr und mehr in sich selbst zurück und werde resistent gegen Zumutungen von außen, aber auch gegen Erwartungen, die sich mit dem Außen verbinden. Darin erkennt Taylor einen der wesentlichen Gründe für die neuzeitliche Säkularisierung. Gott als externer Akteur, der strafen oder belohnen, fluchen oder segnen kann, werde an den Rand gedrängt und zunehmend zurückgewiesen. Das Subjekt könne das, was ihm im Leben begegnet, auch ganz gut ohne Gott deuten. Freilich, so führe ich diese Gesellschaftsdiagnose als Theologe weiter: Das gepufferte Selbst verliert so auch jede Erwartung an ein neues, fremdes, überraschendes Handeln Gottes.

Genau um diese Erwartung aber geht es im Glauben und ganz besonders in der Adventszeit. Im Textraum des 4. Advents werden die Transformationen durch das Handeln Gottes in besonderer Weise sichtbar: *Nicht mehr* die junge Frau in einer der hinterletzten Provinzen des Römischen Reiches, *sondern* Maria, die von Gott Begnadete (Lk 1,26–38; Evangelium). *Nicht mehr* die alte Frau, die nichts mehr zu erwarten hat, *sondern* Sara, die werdende Mutter (Gen 18,1–2.9–15, einer der neuen alttestamentlichen Predigttexte). *Nicht mehr* die Gewaltigen, nein – sie werden vom Thron gestoßen. *Nicht mehr* die Niedrigen, nein – sie werden erhoben (Lk 1,39–56; Magnificat). *Nicht mehr* die Sorge, *sondern* die Freude (Phil 4,4–7; Epistel). Denn es kommt Christus – und in ihm ist das »Ja« »auf alle Gottesverheißungen« (2Kor 1,18–23, V. 20).

Der 4. Advent ist der Sonntag der überraschenden Transformationen, der Umbenennungen, des Neu-Werdens. »Nicht mehr ..., sondern ...!« – das ist die ebenso überraschende wie unterbrechende und befreiende Logik dieses Sonntags und Gottes adventlichen Handelns. Für jene neuzeitlichen Men-

---

[66]   Vgl. Charles Taylor, Ein säkulares Zeitalter, Berlin 2012, bes. 51–78; 899–989.

schen, die sich unter einem verschlossenen Himmel mehr oder weniger gut eingerichtet haben und die den Tod Gottes vielleicht nicht mehr heroisch feiern, sondern eher mit milder Resignation hinnehmen, mag Jes 62 besonders befremdlich anmuten. Bei Friedrich Nietzsche fragt der »tolle Mensch«, der seinen verwunderten Zuhörern gerade erklärt hat, dass »wir« Gott »getötet« haben, dass wir »seine Mörder« seien: »Wohin bewegen wir uns? Fort von allen Sonnen? Stürzen wir nicht fortwährend? Und rückwärts, seitwärts, vorwärts, nach allen Seiten? Gibt es noch ein Oben und ein Unten? Irren wir nicht durch ein unendliches Nichts? Haucht uns nicht der leere Raum an? Ist es nicht kälter geworden?«[67] Das jesajanische Etikett: »Verlassene«, »Einsame« würde wohl ganz gut auf diesen so fragenden neuzeitlichen Menschen passen. Aber der nicht mehr erwartete Gott verändert die Situation.

Und für all jene unter den Gottesdienstfeiernden, deren Sehnsucht nach Gottes Handeln zwar immer noch da sein mag, aber unter den Erfahrungen des Lebens verschüttet zu gehen droht, bietet Jes 62 die Chance, die Leidenschaft der Erwartung neu zu wecken.

Und all jene schließlich, die voller Gotteserwartung Gottesdienst feiern, können genau darin bestärkt werden: Wir gehen zu auf das Neue, das bei Gott schon da ist; auf den Kommenden, der mitten unter uns ist.

Wo die Dynamik des Neuen besungen werden soll, eignet sich EG 286 »Singt, singt dem Herren neue Lieder« (Matthias Jorissens Psalmlied zu Ps 98) in besonderer Weise als Predigtlied. Wie Jes 62 verbindet auch dieses Lied die ›Partikularität‹ des Handelns Gottes an seinem Volk mit der Weite seines Handelns an und in aller Welt. Gleichzeitig nimmt es in V. 4 die Sprache des Advents auf: »Er kommt, er naht sich …« (AD)

---

[67]   Friedrich Nietzsche, Die fröhliche Wissenschaft, Drittes Buch, Abschnitt 125 (Kritische Studienausgabe Bd. 3, München 1999, 480 f.).

CHRISTNACHT (REIHE II): SACH 2,14-17

KOMMEN ODER HINGEHEN?

Sach 2,14-17 ist einer der vielen Tochter-Zion-Texte, die in der Advents- und Weihnachtszeit zu hören sind. Der ›Zwillingstext‹ zu Sach 2,14-17 ist einer der neuen Perikopentexte für den 1. Advent: Sach 9,9f., wo Zion die Ankunft ihres Heilskönigs angekündigt wird, der auf einem Eselsfohlen reitet. Tatsächlich scheint es so, dass Perikopenordnungen (wie auch das kirchliche Liedgut) sich für die Weihnachtszeit auf ein bestimmtes Segment der alttestamentlichen Prophetie konzentrieren, die man exegetisch gerne als ›Heilsprophetie‹ bezeichnet und die (vermutlich) einen ganz bestimmten geschichtlichen Ort hat: die Zeit nach der Rückkehr Israels aus dem babylonischen Exil, die als Zeit eines Neubeginns verstanden wurde und die von den Propheten mit der Ankündigung einer Heilszeit begleitet wurde.

In Sach 2 lässt sich das zeitgeschichtliche Lokalkolorit vor allem in V. 16 erkennen, wo von der Wiedererwählung Judas und Jerusalems die Rede ist, die während der Zeit des Exils weitgehend verlassen waren und als verworfen galten. Allerdings sind Anspielungen auf konkrete Ereignisse der Zeit insgesamt doch so reduziert, dass die Heilsbotschaft des Textes auch jenseits ihres eigenen Horizonts nachhallt. An Weihnachten ist es nicht die Heimkehr der Kinder Israels, über die sich die Tochter Zion freuen soll, sondern eben die Ankunft des Sohns Gottes. Und irgendwie scheint die Botschaft auch heute anzukommen, selbst wenn für viele, die diese Texte hören, gar nicht ohne weiteres klar ist, wer oder was überhaupt die »Tochter Zion« ist.

An dieser Perikope fällt zunächst auf, dass sich die Perspektive weitend von innen nach außen richtet. Zunächst geht es nur um die Tochter Zion, die zur Freude aufgefordert wird, weil Gott zu ihr kommt (V. 14). Das allerdings zieht weitere Kreise und bewirkt, dass sich auch andere Völker JHWH anschließen werden. Was die Völker dazu bewegt, wird nicht eigens ausgeführt. Allerdings scheint hier die Erwartung mitzuschwingen, dass das, was zunächst auf dem Zion geschieht, auch von anderen Völkern als Heilsereignis begriffen wird. Das hebräische Verb an dieser Stelle, *lawa* (ni.) »sich anschließen« (vgl. Jes 56,3), hat eine lautliche Nähe zum Namen der Leviten, woraus man möglicherweise schließen kann, dass die Völker nicht nur als ›Anhang‹

zum Gottesvolk gesehen werden, sondern gleichberechtigt und in priesterlichem Rang dazugehören.

Hier klingt ein Motiv an, das für die prophetischen Überlieferungen charakteristisch ist, nämlich die sogenannte Völkerwallfahrt zum Zion.[68] In Sach 2 wird, anders als in der berühmten Stelle Jes 2,1–5, zwar nicht direkt gesagt, dass sich die Völker zum Zion bewegen, und doch legt sich diese Perspektive nahe: Die Völker schließen sich dem Gott an, der auf dem Zion Wohnung nimmt. Diese Einwohnung (hebr. *Sch^{e}china*) als das Kommen Gottes von seinem himmlischen zu seinem irdischen Heiligtum wird als Ereignis kosmischer Dimension gesehen, so dass »alles Fleisch« (Mensch und Tier) vor Ehrfurcht still sein wird (V. 17).

In diese Verheißung eingeflochten (und leicht zu überhören) ist eine zweite ›Ich‹-Stimme, die allerdings deutlicher hervortritt, wenn man die Perikope in ihrem Kontext wahrnimmt. Es ist die Stimme des Propheten Sacharja, der sich hier als Zeuge des Geschehens einbringt: »Und du sollst erkennen, dass mich der HERR Zebaoth zu dir gesandt hat (V. 15b, vgl. V. 13). Die Ankündigung geht dem Ereignis voraus, bis zu dessen Eintritt bleibt sie offen und wartet auf ihre Bestätigung. Das prophetische »Ich« tritt gleichsam so lange in die noch offene Lücke ein, bis das göttliche »Ich« diese schließt. Prophetie ist demnach nicht nur Ansage ohne Gewähr. Sie ist im wörtlichen Sinne Platzhalterin für das, was sie ankündigt.

Aber wie wirkt diese Prophetie im Zusammenhang der Weihnachtsbotschaft weiter, in dem sie für die christlichen Kirchen zur Sprache kommt? Die Tochter Zion ist für heutige Hörer, anders als für die ersten Adressaten dieser Prophetie, sicher weniger ein besonderer Ort auf der Landkarte. Wer Sach 2 liest, stellt sich darunter das vor, was dieser Text aus der Tochter Zion offenbar ganz gezielt gemacht hat: eine literarische Figur, eine imaginäre Person, die Gott mit Freude erwartet und bei der er Wohnung nehmen wird. Das aber eröffnet eine Identifikationsmöglichkeit: So wie Gott zur Tochter Zion kommt, so kommt er auch zu uns / zu mir. Oder vielleicht sogar noch etwas unmittelbarer: Indem Gott zur Tochter Zion kommt, kommt er auch zu uns / zu mir. Damit ändert die Wirkung des Textes dessen eigene Bewegungsdynamik: Wie schon angemerkt geht die Perspektive von innen nach außen. Aber diese Bewegungsrichtung wird nun durchgehalten: Gott kommt zum Zion; die Konsequenz daraus ist allerdings nicht (mehr), dass sich Menschen ›im Gegenzug‹ zum Zion aufmachen müssen, sondern dass Gott auch zu ihnen

---

[68]   Vgl. Micha 4,1–5 als neuer Predigttext für den drittletzten Sonntag des Kirchenjahres.

kommt. Gott bleibt also nicht an einem Ort stehen, sondern geht selbst den Weg zu Ende – zu »allem Fleisch«. (AS)

GOTT HAT SICH AUFGEMACHT! ODER: BESUCH, DER BLEIBT

»… denn er hat sich aufgemacht« (Sach 2,17) – Gott ist in Bewegung. Das ist die Botschaft, die an Weihnachten alle Jahre wieder zum Staunen und zum Jubeln bringt: Gott ist in Bewegung zum Stall von Bethlehem und nun auch zu denen, die in der Christnacht noch einmal in die Kirche gekommen sind.

Wenn in der Christnacht in Reihe II Sach 2 gepredigt wird, werden sie von Gottes Bewegung zum Zion hören. Gott kommt, um zu bleiben und dort Wohnung zu nehmen. Dabei bedeutet diese Bewegung Gottes hin zu seinem Volk nicht die Errichtung von Mauern um den Zion, auf denen dann Schilder mit der Aufschrift »Privateigentum! Zutritt verboten!« zu lesen wären, sondern die Eröffnung einer Beziehung, die so weit geht, dass auch die fremden Völker zu Gottes Volk werden (V. 15).

Wenn Zionstexte im Advent und an Weihnachten gelesen und gepredigt werden, dann ist es entscheidend, den »Zion« nicht umgekehrt christlich in Besitz zu nehmen und zu enteignen. Über Jahrhunderte ist genau dies in der christlichen Rezeption immer wieder geschehen, so sehr, dass »Zion« lediglich zu einer metaphorischen Umschreibung für »Kirche« wurde. Im Grimmschen Wörterbuch heißt es zum Stichwort »Zion«: »im protestantischen schrifttum des 17. jhs. symbolisch für christliche gemeinde/christentum«.[69] Der Prophet Sacharja macht demgegenüber immer wieder deutlich, dass Gott nicht ohne Israel zu denken ist: »Wer euch antastet, der tastet meinen Augapfel an« (Sach 2,12). Jede Verletzung seines Volkes ist eine Verletzung Gottes – so unmittelbar hat er sich mit seinem Volk verbunden.

Ziel ist es daher, an Weihnachten zu entdecken, wie auch die Christenmenschen aus den Heidenvölkern am Zion ihren Ort finden. Etwas salopp formuliert: In der Wohngemeinschaft Gottes mit seinem Volk, deren Adresse »Berg Zion, Jerusalem« lautet, sind noch Zimmer frei – und durch Jesus Christus stehen sie kostenlos und auf Dauer zur Verfügung. Wenn Weihnachten so gefeiert wird, kann sich auch Gottes Volk Israel mitfreuen, weil es weiß, dass die Christenheit nicht einen eigenen Besitzanspruch auf den Zion proklamiert und den Mitbewohner »Gott« in eigens errichtete Kirchenmauern einschließt.

---

[69]   Deutsches Wörterbuch von JACOB und WILHELM GRIMM, Bd. 31, 1540.

Wenn Christen »Tochter Zion« (EG 13) singen, bleibt Israels Wohnrecht am Zion bewahrt und es gilt: Gott ist in Bewegung – und wir sind dabei, daher: »Tochter Zion, freue dich, jauchze laut, Jerusalem« (EG 13,1).[70]

Eine Predigt in der Christnacht zu Sach 2 könnte die Frage »Wo ist Gott?« stellen und auf mehrfache Weise beantworten: am Zion, in der Krippe, mitten unter uns auf dieser Erde, im Herzen der Feiernden. Wichtig ist es, alle diese Dimensionen zusammenzuhalten: Partikulares und Universales, Innerlichkeit und Weltoffenheit.

Besonders tröstlich könnte es sein, auf die Situation zu verweisen, in die hinein Sacharja seine Prophetie formuliert: Noch ist der Tempel in Jerusalem nicht wieder aufgebaut, noch ist die Stadt Jerusalem alles andere als ein strahlender Mittelpunkt. Gott nimmt nicht dort Wohnung, wo alles aufgeräumt und perfekt hergerichtet ist, sondern ist bereit, in unübersichtliche politische und gesellschaftliche Verhältnisse und komplexe Gefühlslagen irgendwo zwischen Hoffnung und Resignation einzuziehen.

Wozu führt es, wenn Gott in solcher Gegend Wohnung nimmt und verspricht, nicht nur ein flüchtiger Gast zu sein, sondern zu bleiben? Einerseits natürlich zur Freude. Michael Greßler schreibt: »Die ›Tochter Zion‹ hat eine Haupteigenschaft: Sie kann sich freuen. Und das nach schwerer Zeit.«[71]

Neben der Freude ist es die Stille, die angesichts von Gottes Verheißung eintritt: »… sei stille!« (V. 17). Wenn Menschen in der stillen Nacht (vgl. EG 46) zusammenkommen, dann könnte es sich lohnen, auf *diesen* Aspekt der Stille hinzuweisen: Sie entsteht, wo Gott kommt, und sie hat mit Freude und Ehrfurcht zu tun. In der Christnacht wird es so möglich, wegzuweisen von dem, was wir tun, und hinzuweisen auf den kommenden Gott. Menschen müssen sich nicht eine besonders stille oder idyllische oder familiär behagli-

---

[70]   Vgl. zu EG 13 die Ausführungen zu Sach 9,9 f. oben zum 1. Advent und dazu: Liederkunde zum Evangelischen Gesangbuch, H. 5, Göttingen 2002, 17–19. – Dass ›wir‹, die Christenmenschen, die an Jesus als den Sohn Gottes und Christus glauben, mit der Tochter Zion verbunden sind, legt sich auch durch eine – zugegeben etwas spekulative – Gedankenfolge von Michael Greßler nahe. Greßler denkt dem Familienbild »Tochter Zion« noch weiter nach: »Wessen Tochter? Auch darüber schweigt die Literatur weitgehend. Gottes Kind? Dann wäre die Tochter Zion Jesu Schwester. Das Bild beginnt zu schillern …« (vgl. Dirgit Mattausch/Michael Greßler, Übers gcfrorcnc Fcld, grcifbar untcr: http://www.stich wortp.de/index.php?state=stichworte&action=predigten&predigt=9 [Zugriff vom 12.05. 2018]).

[71]   Ebd.

che Nacht bereiten und alles, was dagegen spricht in ihrem Leben oder dieser
Welt, wenigstens für einen ›Heiligen Abend‹ unter den Teppich kehren. Stille
tritt ein, weil Gott mitten in das Chaos kommt und dort wohnt. Wann, wenn
nicht in der stillen Nacht kann darauf hingewiesen werden, wie Gott das
menschliche Handeln wohltuend unterbricht!

Als Predigtlied eignen sich EG 13 (Tochter Zion) und EG 46 (Stille Nacht) –
und bieten in Aufnahme von Sach 2,14-16 auch eine gute Möglichkeit zu einer Liedpredigt in der Christnacht. (AD)

CHRISTNACHT (REIHE V): EZ 34,23–31

DIE GNÄDIGEN REGEN

Der Zuschnitt dieser Perikope ist exegetisch nicht unproblematisch.[72] Sie beginnt mit der Ankündigung eines neuen David, der hier als Knecht Gottes bezeichnet wird (V. 23 f.), und weitet sich dann zur Vision eines in paradiesischen Farben gemalten Friedensbundes (V. 25–31). So betrachtet würde der Text vom Anbruch eines messianischen Zeitalters handeln, was ihn dann als Perikope zu Weihnachten freilich in besonderer Weise interessant macht.

Betrachtet man Ez 34 im Ganzen, legt sich allerdings zunächst eine andere Wahrnehmung nahe, denn V. 23 f. ist eigentlich nicht der Auftakt zum folgenden, sondern eher der Abschluss zum vorangehenden Abschnitt (V. 17–22). Dabei stellt sich zunächst die Frage, warum hier überhaupt auf einen neuen David gehofft wird. Mit einiger Sicherheit war die Monarchie in Juda bereits untergegangen, als Ez 34 geschrieben wurde. Insgesamt gewinnt man auch nicht den Eindruck, dass die alttestamentlichen Autoren den Königen, die über sie geherrscht hatten, später noch besonders nachtrauerten. Im Gegenteil war die Monarchie doch immer auch als ein Fremdkörper gesehen worden, der sich zwischen Gott und sein Volk geschoben hatte. Und so steht die Erwartung eines Heilskönigs auch in Spannung zu dem Bild, das Ez 34 insgesamt leitmotivisch durchzieht, nämlich dass Gott selbst – unmittelbar und ohne Vermittler – bei und mit seinem Volk sein will.

Nun ist David allerdings nicht irgendein König, vielmehr steht der Name für das ›Modell‹, die ursprüngliche ›Idee‹ eines Königs, auch wenn diese immer wieder an der realen Geschichte scheiterte. So wenig David in den Geschichtsbüchern idealisiert wird – mit ihm steht am Anfang von Israels Geschichte ein König nach Gottes Willen. Und genau an diesen Gedanken knüpft Ez 34,23 f. an. Allerdings geht es bei diesem Rückgriff nicht nur um eine nostalgische Reminiszenz, vielmehr wird von diesem neuen David konkrete Politik erwartet: Ganz unpoetisch und politisch ist davon die Rede, dass es innerhalb Israels zu einer Zweiklassengesellschaft gekommen war. Es ist von

---

[72] Ez 34 begegnet in anderem Zuschnitt (V. 1–2[3–9]10–16.31) auch noch am Sonntag Misericordias Domini.

sozialen Spannungen die Rede. Offenbar hatten sich die Wohlhabenden die besten Ressourcen angeeignet und machten den sozial und ökonomisch Schwächeren das Leben schwer (vgl. in V. 18 das Bild vom klaren und trüben Wasser).

Das klingt wie Kritik, die man auch bei Amos oder Hosea lesen kann. Geschichtlich befinden wir uns mit Ez 34 zwar bereits in der Zeit nach dem babylonischen Exil, jedoch war es im Land Juda offenbar auch nach der Rückkehr der Deportierten aus Babylon wieder zu den Problemen gekommen, die es auch schon zu früheren Zeiten gegeben hatte. Es gab Übervorteilungen der Armen durch Reiche als Ausdruck einer sozialen und politischen Indifferenz, die doch eigentlich nun – nach dem Heilsereignis der Befreiung aus dem Exil – hätte überwunden sein müssen. Das jedenfalls war die Erwartung der exilisch-nachexilischen Propheten. Daran gemessen fällt in Ez 34 auf, wie wenig das erwählte und errettete Gottesvolk idealisiert und stattdessen der prophetische Finger auf die marode Innenseite gelegt wird. Genau aus diesem Grund braucht es einen ›neuen David‹. Dies ist kein Eroberer, der Israel wieder zu ›alter Größe‹ bringen wird , sondern jemand, der das Gottesvolk nach dem Maßstab von Recht, Gerechtigkeit und Barmherzigkeit ordnen soll – im Gegensatz zu den unfähigen »Wächtern«, die das Volk jetzt kontrollierten (Ez 34,7f.) und die Ezechiel möglicherweise als Fortsetzung der unfähigen Könige betrachtete, die Israel einst regiert hatten.

Der Rekurs auf David hat also einen sehr konkreten politischen Anspruch. Umso mehr fällt auf, dass der folgende Abschnitt (V. 24-31) diese konkrete Ebene verlässt und ein Heilsbild mit fast surrealen Zügen entwirft. Unter der Überschrift des Friedensbundes (V. 25) ist seltsamerweise zunächst davon die Rede, dass Gott die wilden Tiere aus dem Land ausrotten will und so nirgends mehr Gefahr lauert. Selbst in der Wüste und den Wäldern – Orte, an denen man wilden Tieren entweder besonders ausgeliefert war oder wo es besonders viele davon gab – soll jeder sicher schlafen können. Man fragt sich freilich, ob die Gefahr, die von wilden Tieren ausging, tatsächlich so groß war, dass sie zum Thema eines prophetischen Heilsorakels wurde. Wohlgemerkt geht es an dieser Stelle nicht um die Überwindung natürlicher Gegensätze wie in Jes 11,6-9. Im jesajanischen Tierfrieden wird tatsächlich eine Welt imaginiert, die der realen Erfahrung von Gewalt in der Natur gegenübergestellt wird. Im messianischen Zeitalter würde Gott, so die Hoffnung in Jes 11, die Welt tatsächlich bis in ihre Naturordnungen hinein neu schaffen. Das ist in Ez 34 nicht der Fall. Hier geht es darum, dass Gott sein Volk in der ›realen‹ Welt mit all ihren Gefahren schützen würde. Die Erwähnung natürlicher Gefahr, wie sie von wilden Tieren ausgeht, ist dabei eine Facette, die dann auch symbolisch gewendet wird, denn ›gefräßiger‹ als wilde Tiere sind feindliche politische Mächte: »Und sie sollen nicht mehr den Völkern zum Raub werden, und kein wildes Tier im Lande soll sie mehr fressen, sondern sie sollen sicher wohnen, und niemand soll sie schrecken. Und ich will ihnen eine Pflanzung aufgehen lassen zum Ruhm, dass sie nicht mehr Hunger leiden sollen im Lande und die Schmähungen der Völker nicht mehr ertragen müssen« (V. 28f.).

Hierbei handelt es sich um erfahrungsgesättigte Sätze: Das biblische Israel war den längsten Teil seiner Geschichte ein Vasallenvolk, das einen nicht unerheblichen Teil seiner Ressourcen und seines wirtschaftlichen Ertrags anderen Mächten zu überlassen hatte (insbesondere den Assyrern und Babyloniern). Das war vor allem in Jahren ohne ausreichenden Regen ein Problem, denn die Höhe der Tributzahlungen blieb die gleiche, auch bei Ernteausfällen und Hungersnöten. Das führte in Extremfällen dazu, dass, wenn keine materiellen Tribute gezahlt werden konnten, Israeliten in die Sklaverei verkauft wurden, was in der Regel Militärdienst für fremde Könige bedeutete. Diese Erfahrungen schwingen im Hintergrund der prophetischen Vision von Ez 34,23–31 mit und finden in der Wendung der »gnädigen Regen« (wörtlich »Regen des Segens«) eine pointierte Perspektive der Hoffnung, denn diese Regen sollen Nahrung hervorbringen, die Israel nicht mehr an Andere würde abgeben müssen.

Insofern ist der »Friedensbund«, der in V. 25 den Leitbegriff alles Folgenden bildet, keine ›große‹ Vision für eine befriedete Welt. Dieser Friedensbund wird einem Volk zugesagt, das für sich in Frieden leben oder, anders gesagt, das von anderen Völkern in Ruhe gelassen werden will, jedenfalls was machtpolitisch motivierte Ansprüche anbelangt. Es geht um die ganz basalen Voraussetzungen von Sicherheit, Versorgung und Autonomie, ohne die es ein funktionierendes Sozialwesen nicht geben kann. Das aber sind in der Perspektive von Ez 34 insgesamt keine Selbstverständlichkeiten, sondern fragile, von innen wie von außen bedrohte Güter. Ez 34,23–31 ist ein Text, der elementare Hoffnungen zum Ausdruck bringt und insofern eine bescheidenere Perspektive entwirft als andere prophetische Texte, die die Rettung des Gottesvolkes in geradezu kosmische Dimensionen erheben (z. B. Jes 60–62). Der Friedensbund hat als negatives Gegenbild auch nicht Krieg und Gewalt zwischen Völkern, wie man dies in Jes 2,2–5 und Mi 4,1–5 findet. Vielmehr bleibt es dabei, dass die Welt ein gefährlicher Ort ist mit wilden Tieren und ›wilden Völkern‹. Der Friedensbund schafft keine abschließend befriedete Welt, wohl aber Sicherheit und Schutz vor Mechanismen des Fressens und Gefressen-Werdens, sei es in der natürlichen oder sozial-politischen Welt.

Das führt zu einer letzten Beobachtung, die man für alle drei Texte machen kann, die von einem Friedensbund sprechen (neben Ez 34,25 auch Ez 37,26 und Jes 54,10). Der Grund dafür, dass Friede sein kann, liegt daran, dass Gott »mit« und, genauer, »inmitten« seines Volks sein will. Die kurze Formel »ich bin bei ihnen« (V. 30a), die in ähnlicher Form das Ezechielbuch insgesamt abschließt (»Der Herr ist hier«, Ez 48,35) macht die Nähe Gottes zum eigentlichen Grund für Frieden. Dieses Mit-Sein ist nicht in einem abstrakten Sinn gedacht, sondern hat die Konnotation des »Wohnens« als Form unmittelbarer, nachbarschaftlicher Nähe. Martin Luther hat diese Vorstellung der Nähe Gottes vor allem in seiner Abendmahlstheologie zu entfalten versucht, indem er von der Gegenwart Christi »in, mit und unter« den Gaben von Brot und Wein spricht (Präpositionen, die, nebenbei bemerkt, allesamt der alttestamentlichen Tempeltheologie entstammen). Für Ezechiel und seine Zeit ist die Erfahrung der Nähe Gottes die Voraussetzung dafür, in einer als bedrohlich erlebten Welt wieder Fuß fassen zu können. Das ist noch kein abschließender ›Heilszustand‹, wie er in den prophetischen Texten des Alten Testaments in anderen Zusammenhängen zur Sprache kommt. Aber es ist ein erster Schritt auf dem Weg dahin, und gerade das dürfte eine Botschaft sein, die zum Christfest hinzugehört. (AS)

Bilder des Neuen

Predigerinnen und Prediger tun sich in der Regel schwer damit, in ihren Predigten Bilder und Geschichten für gutes, gelingendes, gesegnetes Leben zu finden. Während das Problematische unserer Lebenswirklichkeit narrativ eindrucksvoll und metaphorisch dicht zur Sprache gebracht wird, bleibt das Neue, Andere, Überraschende, heilsam Unterbrechende des Handelns Gottes und seines Heils oft merkwürdig blass (»Wir dürfen hoffen, Gottes Segen in unserem Alltag zu erfahren …«), begrifflich abstrakt (»Es geht um Freiheit, Zuversicht, Hoffnung, Gnade, Heil …«) oder abgedroschen klischeehaft.

In den Weihnachtsliedern aus dem Evangelischen Gesangbuch ist dies übrigens nicht viel anders. Es geht um weihnachtliche »Freude« und »Wonne« (immer wieder, vgl. aber vor allem EG 34; 35; 36,7; 40,5 etc.), um »Licht« und »Labsal« (EG 35,6 u. v. a.). Ja, Christenmenschen singen und springen »mit Herzenslust« (EG 24,14). Aber warum eigentlich? In den Liedern heißt es: Weil dieses Fest die Befreiung von Sünde und Tod bedeutet (vgl. EG 30,3; 35,3; 36,4 + 8; 37,5; 41,2;

eindrucksvoll in der Anrede an das Kind in EG 50) und die Entmachtung des Teufels (EG 25,4; 33,3; 39,2-5). Aus der Finsternis kommen die Feiernden ins Licht – so eine der zentralen Metaphern des Weihnachtsfestes (EG 23,4; 30,3; 37,3). Metaphorisch interessanter ist es zweifellos dort, wo Christenmenschen zu Erben im königlichen Saal (EG 23,5; 30,4) werden, das Leben im Himmelreich jetzt schon möglich ist (EG 24,4) und die »Tür zum schönen Paradeis« offensteht (EG 27,6).

Ez 34 bietet die Chance, *zu zeigen*,[73] warum die Weihnachtszeit eine »fröhliche«, »selige« und »gnadenbringende« ist (EG 44) – und dies nicht nur in den Formeln Finsternis/Licht, Sünde/Gnade, Tod/Leben eher abstrakt zu *behaupten*.[74] Was ist das *gute* Leben, das im Licht des göttlichen Kindes aufscheint und den Feiernden am Heiligen Abend zugesagt werden kann?

Mit dem neuen alttestamentlichen Text erhalten Predigende die Möglichkeit, die Bilder Ezechiels aufzunehmen und in der Gegenwart neu zu inszenieren. Gerade weil die Bilder nicht *die* ultimative Wende zum umfassenden Heil zum Ausdruck bringen, sondern zeigen, was sicheres Wohnen und auskömmliches Leben bedeutet, erscheinen sie anregend für eine Predigt, die weiß, dass sich auch in der Heiligen Nacht nicht die Welt verändert, aber gerade in dieser Nacht die Sehnsucht nach dem guten Leben größer ist als in allen anderen Nächten.

»Sicher wohnen« – gleich dreimal begegnet diese Wendung (V. 25.27.28) im Text der Lutherbibel. Martin Buber differenziert in seiner Übersetzung: in Sicherheit sitzen (V. 25), in Sicherheit sein (V. 27), in Sicherheit siedeln (V. 28). Immer aber geht es um *Sicherheit* (hebr. *bätach*). Der US-amerikanische Psychologe Abraham H. Maslow (1908-1970) entwickelte in seinem Werk die berühmt gewordene, viel diskutierte und auch teilweise modifizierte »Bedürfnispyramide«. Sie zeigt, dass das Bedürfnis nach *Sicherheit* gleich nach den physiologischen Bedürfnissen grundlegend für das Leben von Men-

---

[73] Der Unterschied zwischen telling und showing wird in Seminaren zum kreativen Schreiben vielfach verwendet. Eine Realität lässt sich behaupten oder so zeigen, dass Hörerinnen und Hörer inhaltlich und emotional in diese hineinfinden. In der Dramaturgischen Homiletik haben wir vergleichbar die Unterscheidung von RedenÜber und RedenIn eingeführt; vgl. MARTIN NICOL/ALEXANDER DEEG, Im Wechselschritt zur Kanzel. Praxisbuch Dramaturgische Homiletik, Göttingen ²2013, 15 f.

[74] Ständig zur weihnachtlichen Freude aufzurufen, ohne den Grund der Freude benennen zu können, ist vielleicht doch ein Problem, das nicht zuletzt dazu führt, die Freude eben doch lieber in der eigenen Inszenierung selbst in die Hand zu nehmen: Exzesse des Schenkens, des Essens und Trinkens können Hinweise dafür geben.

schen ist.[75] In Ez 34 ist es *Gott selbst*, der durch *sein* Handeln diese Sicherheit bewirkt. »Ich will …«, sagt Gott immer wieder, und die Erfahrung von Sicherheit wird zur Basis der Gotteserkenntnis: »Ich will … und [sie] sollen erfahren, dass ich der Herr bin« (V. 26 f.; vgl. V. 29 f.). Dies ist eine wesentliche theologische Pointe dieses Verheißungstextes. Gerade angesichts der Bedeutung, die das Bedürfnis nach Sicherheit für Menschen hat, besteht immer wieder die Gefahr, dass der Versuch, Sicherheit zu schaffen und zu bewahren, zu Abgrenzung und Abschottung, Mauerbau und Aufrüstung, Krieg und Gewalt führt.

Die Weihnachtsbotschaft und der Ezechieltext zeigen: Die Sicherheit kommt von Gott, der sich auf diese Welt einlässt und mit dieser Welt ist: im Immanuel von Bethlehem, in Gott, der seine Herde durch einen neuen David weidet. Die Sicherheit ist in dieser Hinsicht *extern* und nicht von Menschen gemacht, aber doch konkret erfahrbar. Martin Luther war überzeugt, dass nur diese Externität wirklich zur *Gewissheit* (*certitudo*) führen kann, wogegen die problematische selbstgeschaffene Sicherheit (*securitas*) immer wieder zu scheitern droht.[76]

Es lohnt sich, über das Bedürfnis nach Sicherheit und die göttliche Verheißung der Sicherheit zu predigen. Zweifellos ist der »Friede auf Erden«, den die Engel in der Christnacht verkündigen, durch kaum etwas intensiver bedroht als durch die Verunsicherungen, die Menschen empfinden, und paradoxerweise durch die hoch problematischen Sicherheitsarchitekturen, die dagegen ins Spiel gebracht werden. Gegenwärtige politische Auseinandersetzungen zeigen, dass Verunsicherung zu irrationalen Wahrnehmungen führt. Auf einmal erscheint es manchen, als würden fremde Völker Deutschlands Sicherheit bedrohen; als würde ›der‹ Islam das vermeintlich ›christliche‹ Abendland‹ gefährden. Aber auch jenseits dieser irrationalen Zuspitzungen aufgrund individuell empfundener Verunsicherung bewegt die Frage nach Sicherheit viele. Die globalen Risiken, wie sie sich im Klimawandel zeigen, stehen ebenso vor Augen wie die individuelle Zukunft. Menschen erleben andere in der eigenen Umgebung teilweise als Bedrohung. Schon Schülerin-

---

[75] Bei Maslow folgen auf die Sicherheitsbedürfnisse noch die sozialen Bedürfnisse, die Individualbedürfnisse und schließlich der Aspekt, den Maslow u. a. mit »Selbstverwirklichung« bezeichnet, wozu aber z. B. auch (religiöse) Sinndeutungen gehören. Vgl. Abraham H. Maslow, Motivation und Persönlichkeit, Reinbek bei Hamburg [12]1981.

[76] Vgl. dazu auch Wilhelm Stählin, Sicherheit oder Gewissheit?, Evangelischer Schriftendienst 6, Stuttgart 1949.

nen und Schüler berichten von der Erfahrung, im beständigen Konkurrenz-
kampf mit anderen und gegen andere zu leben.

Die Christnacht bietet die Gelegenheit, Gelassenheit angesichts der Gewissheit des göttlichen Handelns zuzusagen, Vertrauen angesichts der Dy-
namiken der Verunsicherung, Ruhe in der ›stillen Nacht‹ gegen die beständige
Akzeleration der eigenen Sicherheitsarchitekturen. Im Kind von Bethlehem
ist die Bestätigung der göttlichen Verheißung (Röm 15,8; 2Kor 1,20) auf die
Welt gekommen. *Das* ist Grund genug, zu singen und zu springen vor Freude
und Wonne.

In der Heiligen Nacht bietet der Gottesdienst Gelegenheit, diese Verheißung zu
genießen und das eigene Leben darin befreiend zu verorten! Freilich: Es besteht
die Gefahr, dass die Sehnsuchtsbilder des sicheren Wohnens doch nur romanti-
sche Sehnsüchte befriedigen, bürgerliche Schablonen abbilden oder den Eska-
pismus befördern, der die Welt mit ihren realen Problemen außen vor lässt. Die
Darstellungen von Martin Luther mit einer Laute unterm Weihnachtsbaum mit
seiner Familie im bürgerlichen Weihnachtszimmer aus dem 19. Jahrhundert können exemplarisch für die Herausforderung jeder Zeit stehen, das Neue nicht zu
schnell in die Schablonen des Alten zu pressen und die göttliche Verheißung so
zu veralltäglichen, dass am Ende doch wieder *wir* diejenigen sind, die die weihnachtliche Heimeligkeit realisieren müssen. Hans von Lehndorff hat schon recht:
»… denn wer sicher wohnt, vergisst, dass er auf dem Weg noch ist« (EG 428,5).
Wer sich aber nicht in den Mauern selbstgemachter Sicherheit einrichtet, sondern
auf Gottes Verheißung vertraut, macht sich auf den Weg – wie die Hirten zur
Krippe und von der Krippe zu den anderen. Wer aus und in den Bildern des
Neuen lebt, verschränkt nicht die Arme, sondern verändert die Welt. Aber jetzt
ist erst einmal Heilige Nacht – und die Worte brauchen Zeit und Ruhe, um ihre
Resonanz im Leben zu erzeugen.

In der Christnacht bietet es sich an, Bilder des Neuen entstehen zu lassen
und so viel Stille und Raum in der Predigt zu lassen, dass die Hörerinnen
und Hörer ihre eigenen Sehnsuchts- und Hoffnungsbilder mit den Bildern
der biblischen Verheißung verbinden können. Die Predigt könnte dann in ein
Gebet des Dankes und der Bitte münden, das diese Bilder erneut aufnimmt.
So würde in der Christnacht sicher nicht *die* Antwort auf die Frage gegeben
werden, die in EG 54 gestellt wird: »Hirten, warum wird gesungen? Sagt mir
doch eures Jubels Grund!« (EG 54,2), aber es könnten doch (so Gott will) Erfahrungen gemacht werden, die Menschen Raum gewähren in Gottes Verheißung: »Ihr werdet sicher wohnen!« (AD)

CHRISTFEST I (REIHE III): JES 52,7-10

DIE GUTE NACHRICHT

Es dürfte nicht vermessen sein zu vermuten, dass dieser Abschnitt aus dem sogenannten Deuterojesaja als Perikopentext gewählt wurde, weil er Worte und Bilder ›spendet‹, die seit jeher zur Weihnachtsbotschaft dazugehören: Die Freude der Tochter Zion, die Verkündigung der Friedensbotschaft und der Trost Gottes – all das ist fest mit Weihnachten verbunden – so fest, dass ohne Jesaja der Weihnachtsbotschaft ein wesentlicher Teil ihrer Sprache fehlen würde. Dabei ist es nicht selbstverständlich, dass Worte, die vielleicht ein halbes Jahrtausend vor der Geburt Jesu niedergeschrieben wurden, für dieses Ereignis überhaupt passen. Dazu hat sicher beigetragen, dass Deuterojesajas Botschaft zwar aus einem ganz bestimmten geschichtlichen Zusammenhang kommt, diesen aber zugleich transzendiert. Nur an vergleichsweise wenigen Stellen verweist der Text auf seinen Ursprung, viel ausgeprägter dagegen ist die Tendenz, das hier angekündigte Heil so darzustellen, dass es sich auch in wechselnden geschichtlichen Umfeldern immer wieder neu finden lässt. Im konkreten Fall von Jes 52,7–10 trägt auch der Zuschnitt zum Eindruck der Zeitlosigkeit bei, weil hier, im Unterschied zum literarischen Umfeld (V. 1–6), so gut wie keine historischen Anknüpfungen zu erkennen sind.

Fragt man aber zunächst doch historisch zurück, was ursprünglich der Grund der frohen Botschaft war, kommt das Ende des babylonischen Exils (539 v. Chr.) in den Blick. Gott hatte sein abtrünniges Volk unter die Mächte der Erde verstreut und »umsonst« verkauft (V. 3a). Nun aber endete diese Zeit, in der Gott sein Volk preisgegeben hatte, nun machte er sich auf, dieses Volk aus seinem eigenen freien Willen und »ohne Lösegeld« aus der Gefangenschaft nach Hause zu führen (V. 3b.4). Es geht also sowohl um die Befreiung aus Not und Bedrängnis als auch um die Versöhnung mit Gott.

Dem entspricht die Szenerie, die in Jes 40–52 fast durchweg den Hintergrund bildet. Da ist Zion, die verlassene Mutter, deren Kinder – Israel – ihr abhanden gekommen sind. Zion ist die klagende Frau, die ihr Schicksal beweint. Die Kinder Israel sind noch gar nicht selbst im Blick, denn noch weilen sie in der Ferne. Und so ist die eigentliche Heilsbotschaft gar nicht die vollendete Heimkehr, sondern die Rückkehr Gottes, der nach einer Zeit der Verborgenheit nun wieder selbst auf die Bühne des Geschehens tritt: »Hier bin ich« (V. 6).

Es ist hermeneutisch von einiger Bedeutung, dass mit der Sprach- und Bilderwelt Deuterojesajas – auch jenseits ihres geschichtlichen Ursprungs – die Vorstellungswelt der Vergebung von Schuld, Befreiung und Rückkehr aus der Fremde Eingang in die Weihnachtsbotschaft findet. So wie Jes 52 einen Schlusspunkt unter eine Geschichte von Schuld und Entfremdung setzt, so auch die Weihnachtsbotschaft. Zur Aufgabe der Predigt wird es dann zu bedenken, inwiefern dies auch eine heutige Geschichte – ›unsere‹ Geschichte – sein kann. Gerade weil sich Deuterojesajas Heilsprophetie gleichsam schwebend durch die Zeiten bewegt, ermöglicht – und verlangt – sie, in unterschiedlichen historischen Umfeldern zur Sprache gebracht zu werden.

Allerdings ist auch zu bedenken, dass die deuterojesajanische Weise, Weihnachten zu erzählen und zu deuten, keineswegs die einzige ist. Im Blick auf das Neue Testament selbst ist sie vielleicht auch gar nicht die dominante. Dort werden vorwiegend andere alttestamentliche Bezüge hergestellt. Zum einen betrifft dies das Motiv des Auftretens einer messianischen Gestalt im Angesicht äußerer Bedrohung. Die Immanuelweissagung (Jes 7,14-16) und auch die Ankündigung des auf dem Eselsfohlen reitenden Heilskönigs (Sach 9,9 f.) stellen die Unscheinbarkeit und Machtlosigkeit des erhofften Retters in den Vordergrund. Es ist eine kindliche Gestalt und kein Großkönig, von der die Heilswende ausgeht. So gelesen hat Weihnachten etwas mit der Neuausrichtung eingespielter Erwartungen zu tun. Nicht mehr die Großmächte bestimmen über Heil und Unheil der Welt, sondern diese unscheinbare, kindliche Gestalt. Dabei geht es allerdings nicht um Schuld, die nach Vergebung und Versöhnung mit Gott ruft. Anders als bei Deuterojesaja erlöst der kommende Messias die Seinen nicht von deren Sünden, sondern von äußeren Feinden, die das Gottesvolk unterdrücken und klein halten. Es geht um Schutz und Zuflucht in einer gefährlichen Welt. In eine ähnliche Richtung weist das Magnifikat der Maria (Lk 1,46-55). Hier ist es die Umwälzung der sozialen Verhältnisse, die sich schon mit der Ankündigung der Geburt Jesu vollzieht: Das Niedrige wird erhöht und die Herrscher der Welt werden erniedrigt. Nicht die Prophetie bildet in diesem Fall den Verstehenshintergrund, sondern die Tradition der Klage- und Lobpsalmen.

Die neutestamentlichen Zeugnisse wie auch die kirchliche Tradition weisen jeweils darauf hin, dass die Geburt Jesu ein Ereignis ist, das der Deutung bedarf. Warum hier etwas Heilvolles geschieht und was genau das ist, ergibt sich nicht aus dem Geschehen selbst, sondern erschließt sich, indem es im Zusammenhang von Schrift gedeutet wird. Das Alte Testament wird auf diese Weise zum Interpretationsraum, in den das Weihnachtsgeschehen eintritt. Das bedeutet freilich nicht, dass die Interpretation auf diese Weise eindeutig wird oder überhaupt vereindeutigt werden soll. Gleichwohl werden in den neutestamentlichen und kirchlichen Deutungen ganz bestimmte Resonanzen zwischen dem Geschehen an sich und dem Interpretationsraum der Schrift wahrgenommen. Für die kirchliche Tradition (mehr als für das Neue Testament selbst) ist bereits die Geburt Jesu (und nicht erst seine Passion) ein Vergebungsgeschehen, das einen Neubeginn ermöglicht. Das vor allem ist die »gute Nachricht« der »Freudenboten«, wenn man Weihnachten von Jes 52,7–10 her liest. (AS)

Das Wort hat Hand und Füsse

Jes 52,7–10 ist eigentlich kein *neuer* alttestamentlicher Text in der Perikopenordnung. Lediglich sein Ort hat sich verändert. Bisher standen die vier Verse aus Deuterojesaja als alttestamentliche Lesung am *4. Advent*; nun finden sie ihren Platz als alttestamentliche Lesung am *1. Weihnachtstag*. Augenscheinlich ist dieser Jesaja-Text nicht nur im Blick auf die historischen Konstellationen, in die hinein er spricht, variabel, sondern auch im Blick auf seinen liturgischen Ort. Im Advent hat er sich bewährt, nun tritt er in Beziehung zum johanneischen Weihnachtsevangelium (Joh 1,1–5.9–14[16–18]), das – und dies ist neu in der Perikopenrevision – den 1. Weihnachtstag prägt.[77] Der Text selbst kann beides – er kann vorausblicken auf das, was Gott tun wird, und er kann auf das zurückschauen, was der Herr bereits getan hat. Es ist ein Text, in dem Imperfekt- und Perfektformen wechseln – und die Zeiten an keiner Stelle klar fixiert sind.

So kann Jes 52 ins Weihnachtsfest den Ton des Advents tragen und Weihnachten vor jedem Triumphalismus bewahren, der sich leider in der christlichen Tradition immer wieder findet und sich in hermeneutischen Formeln wie »Verheißung und Erfüllung« zeigt – Formeln, die immer dann falsch werden, wenn sie *pauschal* auf das Verhältnis des Alten Testaments zum Neuen Testament angewandt werden wie etwa in EG 12,2: »Was der alten Väter Schar / höchster Wunsch und Sehnen war / und was sie geprophezeit / ist erfüllt in Herrlichkeit«. Mit Jes 52,7–10 wird es möglich, am Weihnachts-

---

[77] Dies bedeutet einerseits einen Anschluss an die Ökumene, wo ebenfalls Joh 1 am Christfest gelesen wird. Andererseits ermöglicht die Perikopenrevision, die drei Weihnachtstexte der Evangelien mit ihren spezifischen Akzenten an jeweils unterschiedlichen Tagen zu bedenken: Heiligabend: Lukas; Christfest I: Johannes; Christfest II: Matthäus.

fest hinzuhören auf das, was aussteht und doch fest zugesagt ist: Frieden, Gutes, Heil. Die Worte Deuterojesajas verbinden sich mit dem im Weihnachtsevangelium aus Lukas (Heiliger Abend) laut gewordenen Gloria der Engel: »… und Friede auf Erden bei den Menschen seines Wohlgefallens« (Lk 2,14).

Wenn die »frohe Botschaft« aus Jes 52 im Klangraum des 1. Weihnachtstags und von Joh 1 laut wird, lassen sich zahlreiche Resonanzen dieser beiden Texte wahrnehmen; vier dieser Resonanzen beleuchte ich knapp.

(1) Jes 52,7 blickt auf die »Füße des Freudenboten«. Die Verse aus Deuterojesaja bieten nicht nur den *Inhalt* einer Zusage, sondern auch deren *Form*; sie beschreiben eine Szene. Die Leserinnen und Leser sehen vor sich, wie die Wächter Ausschau halten und mit eigenen Augen sehen, was geschieht. Der erste Blick fällt dabei auf die »Füße« derer, die die gute Nachricht bringen und über die Berge eilen. Augenscheinlich sieht man diesen Füßen, sieht man dem Gang der Boten an, worum es geht. Und auch für die Völker ist das Heil zunächst ein Seh-Ereignis, kein Hör-Ereignis: »… vor den Augen der Völker, dass aller Welt Enden *sehen* das Heil unseres Gottes« (V. 10).

Das Wort der Zusage in Jes 52 ist ein leibliches Wort und verbindet sich so mit dem Wort, das im johanneischen Weihnachtsevangelium laut wird: »[…] und wir *sahen* seine Herrlichkeit« (Joh 1,14). Auch das Fleisch gewordene Wort (Joh 1,14) ist leibliches Wort – es hat Hände und Füße.[78] Mit EG 37,4 lohnt es sich, an der Krippe stehen zu bleiben und genau hinzusehen: »Ich sehe dich mit Freuden an / und kann mich nicht satt sehen …«.

(2) Die meisten Bibelübersetzungen geben das griechische Verb *eskénōsen* in Joh 1,14 mit »wohnen« wieder: »Das Wort ward Fleisch und *wohnte* unter uns …«. Wörtlicher könnte man hier auch »*zeltete* unter uns« übersetzen – und die Exegeten sind sich einig, dass damit auf die Tradition der Stiftshütte und auf die Wüstenwanderung des Volkes angespielt wird. Das Wort, das in Jesus Fleisch wird, wird *jüdisches* Fleisch und führt alle, »die an seinen Namen glauben« (Joh 1,12), hinein in die Geschichte der Hoffnung und Verheißung Israels. Freilich zeigt sich an dieser Stelle auch ein deutlicher Unterschied zu Jes 52,7–10, denn dort ist die Hoffnung klar auf Jerusalem bezogen. Mit dem Rückgriff auf die Wüstentradition geht Johannes einen deutlichen Schritt zurück.

---

[78] Es ist gut, dass die Lutherbibel – wie die meisten anderen Übersetzungen – *sarx* mit Fleisch wiedergibt; vgl. demgegenüber die beinahe ›aseptische‹ Übersetzung in der »Bibel in gerechter Sprache«: »Die Weisheit wurde Materie …«.

Es wäre freilich falsch, nun einen vermeintlichen jüdischen Partikularismus gegen einen christlichen Universalismus auszuspielen. Jes 52,7–10 macht in V. 10 deutlich, dass die auf Jerusalem bezogene Hoffnung zu einer Hoffnung für alle Völker werden wird. Ebenso falsch wäre es aber, den Unterschied zu überspielen. In Jes 52 richtet sich die Hoffnung auf die Wiederherstellung der Trümmer Jerusalems, in Joh 1 auf das Licht, das durch das Fleisch gewordene Wort in die Welt kommt. Dies bekräftigt auch die Epistel des 1. Weihnachtstags: »... damit wir, durch dessen [Christi] Gnade gerecht geworden, Erben seien nach der Hoffnung auf ewiges Leben« (Tit 3,4–7, hier: V. 7).

(3) Erst die Lutherbibel 2017 hat einen doch überraschenden Übersetzungsfehler korrigiert, der mehr als 450 Jahre lang die Lutherübersetzung von Jes 52,7 prägte: Luther übersetzte »der Freudenboten« (Plural), wo auf der Grundlage des hebräischen Wortes »des Freudenboten« (Singular) stehen müsste. Die falsche Pluralform, die jedem Prüfling im Hebraicum hätte angestrichen werden müssen, erweist sich freilich *theologisch* als durchaus berechtigt. Es waren (und sind!) *viele* Freudenboten, die in der Geschichte ihren Weg über die Berge nahmen und nehmen, um Frieden, Gutes und Heil zu verkündigen. Die unwahrscheinliche und eben gerade deshalb frohe Botschaft wurde nicht nur einmal hörbar. In den im Perikopenzuschnitt des Evangeliums ausgesparten Versen 6–8 wird auf Johannes verwiesen, der »zum Zeugnis« kam und selbst nicht »das Licht« war. Auch er ist einer dieser Freudenboten – und wenn es gut geht, wird jede Predigerin und jeder Prediger am Weihnachtsfest zu einem solchen Boten in einer langen Kette der Zeuginnen und Zeugen.

(4) Die frohe Botschaft aus Jes 52 wird über den Trümmern Jerusalems laut. Ja, noch mehr: In kühnem Anthropomorphismus werden die »Trümmer Jerusalems« zum Jubel aufgefordert, weil sich ihr Schicksal wendet. In Joh 1 wird die Weihnachtsbotschaft als Botschaft vom Licht vor dem Hintergrund der Finsternis laut, in der Menschen leben. Frohe Botschaft wird nur dann nicht zur klebrig-süßen Oberflächlichkeit, wenn sie die Trümmer und die Finsternis nicht aus dem Blick verliert, sondern eben diese Trümmer zum Lob und Jubel auffordert. In seinem Text »Johnny Shines oder Die Wiedererweckung der Toten. Seelenrede« schreibt Patrick Roth, die Menschen trügen »Hoffnungsmale«, die das immer fragmentarische Leben überstiegen. Diese Male seien nicht abwaschbar; sie würden sie niemals los.[79] *Diesen* Men-

---

[79] Patrick Roth, Johnny Shines oder Die Wiedererweckung der Toten. Seelenrede, in:

schen gilt die frohe Botschaft Jesajas und die Weihnachtsbotschaft des Johannes.

Dagmar Nicks (geb. 1926) Gedicht »Über den Trümmern« malt die Bombennächte des Krieges vor Augen und zeigt die Zerstörung. Vor diesem Hintergrund erscheint dann der ganz und gar unwahrscheinliche Satz: »Aber die Engel blieben ...«:[80]

Aber die Engel blieben. Im Heulen
stürzender Nächte noch ragten sie stolz
über der Stadt, die im Feuer zerschmolz,
hoch am Gesimse schwankender Säulen.

Sterbende Städte, seht: auf den Plätzen
steht noch am Brunnen der Heiligen Mal,
warnt die in Flammen versteinerte Qual
blicklosen Doms vor neuem Entsetzen.

Laßt euch nicht los in Haß, denn wir trieben
nur in den Untergang tiefer hinein.
Mahnender klagt das geborstne Gestein.

Aber die Engel sind uns geblieben.

Liedvorschläge: Legt die Predigt den Schwerpunkt auf die Leiblichkeit der Freudenbotschaft, so könnte sich, wie bereits angedeutet, aus dem Kanon der Weihnachtslieder des EG in besonderer Weise EG 37 (Ich steh an deiner Krippen hier) als Lied nach der Predigt eignen. Gerhard Tersteegens »Jauchzet ihr Himmel« (EG 41) nimmt in V. 4 die johanneische Weihnachtstheologie auf und die Singenden mit in den Jubel hinein. – Mit Jes 52 als Predigttext bieten sich aber auch Adventslieder als Predigtlieder an – etwa EG 19: »O komm, o komm, du Morgenstern«. (AD)

DERS., Die Christus-Trilogie. Kommentierte Ausgabe, hg. und kommentiert v. MICHAELA KOPP-MARX, Göttingen 2017, 69–177, 124.

[80] DAGMAR NICK, Fluchtlinien. Gedichte seit 1945, München 1978, 10.

Christfest I (Reihe VI): Ex 2,1–10

Ein Kind wird geboren – und gerettet

Die ersten beiden Kapitel des Exodusbuches erzählen eine spannungsvolle Geschichte von kleinen Kindern und mächtigen Herrschern. Israel befindet sich als Volk von Gefangenen in Ägypten. Das überrascht ein wenig, weil noch am Ende des Buches Genesis von einer friedlichen und prosperierenden Koexistenz der Jakobsippe unter der Führung Josephs in Ägypten die Rede war. Nun aber wird von einem neuen Pharao berichtet, der Joseph nicht mehr kannte und der Israel versklavt (Ex 1,8–11). Diesen Pharao, der keinen Namen erhält, treibt die Sorge um, dass dieses Israel zu stark werden und den Ägyptern im eigenen Land zur Bedrohung werden könnte. Heute würde man das vermutlich ›Angst vor Überfremdung‹ nennen. Anders als heute implementiert der Pharao allerdings keine Obergrenze, sondern greift zu einer besonders perfiden Form der ›Geburtenkontrolle‹. Er befiehlt, die männlichen Kinder der Hebräer zu töten – wohl weil er von künftigen Männern die größte Bedrohung für seinen Thron befürchtet, was sich in Gestalt des Mose dann tatsächlich auch so ereignet.

Was die Ereignisse ins Rollen bringt, sind also die aus Angst vor Machtverlust geborenen Pläne des mächtigsten Manns der Zeit. Pharao und Ägypten beherrschen die Welt der Genesis- und Exoduserzählungen – zum Teil wohlwollend wie in der Josephsgeschichte, aber auch unberechenbar und jederzeit bereit, diese Macht mit allen Mitteln zu verteidigen, wie in der vorliegenden Perikope. Wie viele Imperatoren der Vergangenheit (und der Gegenwart) hat der Pharao ein untrügliches Gespür dafür, wann und wie seine Herrschaft in Gefahr geraten könnte. Gleichzeitig gehört es zur tragischen Ironie der Geschichte, dass selbst ein solches Gespür den Lauf der Dinge nicht aufhalten kann. So auch hier. Seine Versuche, der Lage Herr zu werden, gelingen zwar vordergründig. Er unterjocht die Hebräer und macht sie zu Zwangsarbeitern – mit Erfolg. Gleichzeit jedoch wächst – unter seinen Augen, aber ohne sein Wissen – der Mann heran, der ihn zwar nicht vom Thron stürzen, seiner Macht aber eine Grenze setzen wird (Ex 2,10).

In der Erzählung von der Geburt des Mose als Auftakt des Exodus schwingt insofern von Anfang an ein subversives Element mit. Wer nur die ersten beiden Kapitel des Exodusbuches liest, kennt bereits die Dynamik, die dieses Buch insgesamt bestimmen wird. Es erzählt von Menschen, die ihre eigenen Ziele verfolgen und in der Regel nicht bereit sind, davon abzuweichen. Das gilt nicht nur für den Pharao, sondern kaum weniger für die Hebräer selbst, die sich beharrlich gegen den Willen Gottes auflehnen. Starrsinn und Unverstand begegnen auf allen Ebenen des Geschehens. Es ist bemerkenswert, wie wenig die Exodusgeschichte der Versuchung zur Heroisierung oder Dämonisierung erliegt. Pharao und Israel verkörpern in unterschiedlichen Facetten die menschliche Unfähigkeit zu Wandel und Neubesinnung, was einerseits durch das verstockte Herz des Pharaos zum Ausdruck kommt (Ex 4,21; 7,3.13; 8,11.15.28; 14,8) und andererseits durch das »Murren« der Israeliten (Ex 14,11f.; 15,24; 16,2f.; 17,2). Pharao und Israel, obgleich an unterschiedlichen Enden des Machtspektrums angesiedelt, können sich im Grunde nicht vorstellen, dass es zu ihrer Weltwahrnehmung und Wirklichkeitsauffassung eine Alternative gibt. Aber genau das ist der Fall. Der Pharao unterliegt einem Volk, das ihm eigentlich unterlegen ist, und für Israel beginnt eine Geschichte, die es nie für sich gewählt hat und in die es sich im Grunde nie wirklich einfindet.

Das Subversive der Geburtsgeschichte des Mose besteht nun darin, dass sie nicht einfach ein israelitisches Nationalepos eröffnet, in dem die Rollen von Helden und Antihelden klar verteilt sind, vielmehr ist es eine Geschichte, die mehrere Rollen und Selbstbilder in Frage stellt. Das geschieht zunächst dadurch, dass die Erzählung in eine ganz eigene Welt versetzt wird – weg vom Pharao und vom Staub der Sklavenarbeit der Hebräer an die Ufer des Nils. Was sich allerdings fortsetzt, ist die Bedeutung der weiblichen Charaktere. Nachdem schon den beiden hebräischen Hebammen, Schifra und Pua, die Rolle der Retterinnen zugekommen war (Ex 1,15–19), sind es nun Moses Mutter und Schwester auf der einen und die Tochter des Pharaos und ihre Dienerinnen auf der anderen Seite, die für Moses Überleben sorgen. Keine der Frauen hat zu diesem Zeitpunkt einen Namen, und nur Moses Schwester taucht außerhalb dieser Erzählung noch einmal als handelnder Charakter auf und wird Mirjam genannt (Ex 15,20). Der Name der Mutter (und des Vaters) wird erst über die Geschlechterliste in Ex 6,20 nachgetragen: Jochebed (und Amram). Die Aussetzung des Mose in einem Schilfkörbchen folgt einer im Vorderen Orient verbreiteten Motivik, die auch zu den Geburtsgeschichten großer Könige gehört: Sargon von Akkad (um 2300 v. Chr.), aber auch der biblisch bedeutsame Kyros d. Gr. (Jes 44,28; 45,1; vgl. auch Jes 41,2) sind auf solche Weise gerettete Kinder. Die Aneignung dieses Motivs in Ex 2 setzt aber ganz eigene Pointen. Jochebed überlässt ihren Sohn keineswegs einem blinden Schicksal, denn allem Anschein nach setzt sie das Schilfkörbchen an einer Stelle unweit des Königshofs ins Wasser. Auch die Tatsache, dass Mirjam die Fahrt des Körbchens mitverfolgen kann, suggeriert räumliche Nähe. Jochebed vertraut die Rettung ihres Sohnes also gerade den Ägyptern als den vermeintlichen Feinden an. Aber es ist nicht der Pharao selbst oder einer seiner Untergebenen, die Mose finden – was zweifelsohne zu dessen Ermordung geführt hätte –, sondern dessen Tochter. Diese nimmt Mose auf, obwohl sie weiß, dass sie mit der Rettung eines Hebräerkindes den Willen ihres Vaters unterläuft. Das tut sie aus dem denkbar einfachsten Grund: Das Kind weint, und so hat sie Mitleid und Erbarmen. Und sie tut noch mehr, indem sie das hebräische Baby einer hebräischen Amme überlässt, die ihr – eigentümlicherweise – durch Mirjam vermittelt wird, ganz so als wäre Moses Schwester eine ihrer Dienerinnen. Es wird so nicht gesagt, aber man kann sich des Eindrucks nicht erwehren, dass die ägyptische Prinzessin vielleicht nicht ganz unwissentlich Mutter und Sohn wieder vereint.

Auf diese Weise überkreuzen sich die Erzählfäden: Eine Hebräerin vertraut die Rettung ihres Sohnes einer Ägypterin an, und die Ägypterin überlässt ihren Adoptivsohn der hebräischen Mutter. Damit entstehen Verbindungen, die die von Feindschaft und Gewalt bestimmte Logik der Haupthandlung der Exoduserzählung unterminieren. Und so ist Ex 2,1–10 auch nicht nur die Geburts- und Errettungsgeschichte eines künftigen ›Helden‹. Es ist eine Geschichte von Vertrauen, Erbarmen und elementarer Menschlichkeit, die allerdings eingebettet ist in eine Gesamterzählung, die all dies wieder destruiert.

Insofern stellt sich die Frage, was Ex 2,1–10 als Predigttext zum Christfest austrägt. Dies beantwortet sich noch nicht aufgrund der Motivparallele zur Rettung Jesu vor Herodes (Mt 2,13–15). Die Querverbindungen zwischen den beiden Texten sind offensichtlich und dürften von den neutestamentlichen Autoren ganz gezielt gesucht worden sein. Dabei kommt es zu midraschartigen Ausgestaltungen: Anders als der Pharao, dessen Plan zum Kindermord scheitert, führt Herodes sein Vorhaben aus. Und die Rettung des einen Kindes ereignet sich nicht durch das Handeln der Mutter, sondern auf Anweisung eines Engels. Die Errettung wird hier ganz der Regie Gottes unterstellt, der in Ex 2 dagegen keine Rolle spielt. Die Moses-Jesus-Typologie wurde, wie auch sonst im Matthäusevangelium, vermutlich geschaffen, um Jesus zur Figur eines neuen Aufbruchs zu machen, aus dem schließlich auch ein neues oder zumindest erneuertes Gottesvolk hervorgehen würde – ein ›jesuanisches Israel‹. Aber solche innerbiblischen Vernetzungen, wichtig und relevant, wie sie für die Exegese sind, begründen noch keine Predigtrelevanz. Überdies hat Mt 2,13–15 als Predigttext für den 1. Sonntag nach dem Christfest seinen eigenen Ort im liturgischen Kalender. So dürfte es etwas anderes sein, das Ex 2,1–10 zu einem Weihnachtstext macht: Es ist das Motiv, dass sich um die Geburt eines Kindes soziale Verhältnisse und Hierarchien neu ordnen oder ganz außer Kraft gesetzt werden. Es ist das Element des Subversiven und Widerständigen an der Geburt und Rettung des Mose, das ein Licht auch auf die Geburtsgeschichte Jesu wirft. Es sind ›schwache‹ Gestalten – Hebammen, Frauen und Kinder –, durch deren Verhalten, jenseits aller konventionellen Erwartungen, Rettung statt Vernichtung, Leben statt Tod geschieht. Auch im Stall von Bethlehem versammeln sich ›schwache‹ Gestalten, an erster Stelle das Jesuskind selbst, denen keine Machtmittel zur Verfügung stehen, Geschichte zu verändern. Und doch tun sie genau dies. (AS)

MOSE ZU WEIHNACHTEN

Es war eine der durchaus umstrittenen Entscheidungen der Perikopenrevision, die Geburt des Mose als Predigttext auf das Hochfest der Geburt Jesu Christi zu legen. Freilich wussten die Kritiker um die lange Tradition typologischer Auslegung, die Mose und Christus in teils antithetische, teils analoge Entsprechung brachte. Und natürlich war auch die bereits im Neuen Testament begegnende Verbindung von Mose und Jesus bekannt. In der Verklärungsgeschichte (Mt 17,1–9 parr) erscheint Jesus neben Mose und Elia. Im Johannesprolog wird Mose mit dem »Gesetz« verbunden, Christus mit »Gnade und Wahrheit« (Joh 1,17), was – wie etwa Joh 5,46 zeigt – keineswegs antithetisch ausgelegt werden muss: »Wenn ihr Mose glaubtet, so glaubtet ihr auch mir, denn er hat von mir geschrieben.« Hinzu kommt die matthäische Geburtsgeschichte, durch die Jesus in die Geschichte des Mose eingeschrieben bzw. anders formuliert: die Mose-Geschichte in der Jesus-Geschichte in spezifischer Weise wieder-holt wird.[81] Mose ist ein wesentlicher Bezugspunkt, wenn es darum geht zu sagen, wer Jesus Christus ist. Anders gesagt: Mose und Christus kommen in der christlichen Tradition nicht voneinander los.[82]

---

[81]   Vgl. zum Kierkegaardschen Begriff der »Wiederholung« in seiner hermeneutischen Bedeutung für das Verhältnis von Altem und Neuem Testament die Einleitung von Andreas Schüle in diesem Band.

[82]   Dies zeigt sich etwa auch in Lucas Cranachs berühmter Darstellung »Gesetz und Gnade«. Das Gesetz des Mose erscheint auf der linken Seite, der Seite des »Gesetzes«, das den Menschen im Bild unmittelbar in die Hölle treibt. Auf der rechten Seite, in der der

Mose zu Weihnachten – das bedeutet alle sechs Jahre die Chance, die Christusgeschichte auch heute einzuzeichnen in die Geschichte Israels, in der sie von Anfang an verortet wurde und in der allein sie sich als sinnvoll erweist. Dabei hat die Geburtsgeschichte des Mose den Reiz, dass sie (1) einerseits weit ausgreift und – in den Begriffen christlicher Dogmatik – Protologie und Soteriologie miteinander verbindet, und (2) andererseits aber auch eine auf das Handeln Einzelner konzentrierte subversive theologische, ethische und politische Erzählung ist.

(1) Liest man Ex 2 mit den Augen jüdisch-rabbinischer Auslegung, dann verortet sich die bescheiden erzählte Mose-Geburt in dem großen Szenario von Schöpfung und Erlösung. Man kann die Aussage der Mutter des Mose in Ex 2,2 leicht überlesen: »Und als sie sah, dass es ein feines Kind war …« Es ist nicht ganz klar, was genau Mose zu einem *feinen* Kind gemacht habe und warum er als *feines* Kind in besonderer Weise verborgen werden musste (bedroht war er ja wie alle anderen neugeborenen Söhne!). Im Hebräischen stehen an dieser Stelle die Worte *ki tov hu*, die wörtlich nur bedeuten: »dass er *gut* war« und die bereits die rabbinischen Ausleger beschäftigt haben. Im Midrasch Exodus-Rabba[83] findet sich dazu u. a. folgende Interpretation:

> »Die Rabbinen sagen: Als Mose geboren wurde, war das ganze Haus voller Licht. Und woher wird das gefolgert? Hier heißt es: ›Und als sie sah, dass er gut war …‹ Und bei der Erschaffung der Welt (Gen 1,4): ›Und Gott sah das Licht, dass es gut war …‹ Folglich ist auch hier unter ›tov‹ nichts anderes zu verstehen als Licht.«

Die Rabbinen erklären die etwas merkwürdigen Worte, indem sie sie intertextuell mit dem Schöpfungsbericht aus Gen 1 verbinden und so das protologische Geschehen (das Geschehen *am Anfang*) mit dem soteriologischen Geschehen – der mit Mose beginnenden Rettungsgeschichte aus Ägypten – verbinden. Was am Ufer des Nils geschieht, kann erzählt werden im Kontext

---

Mensch auf den gekreuzigten, auferstandenen und zum Himmel fahrenden Christus verwiesen wird, erscheint Mose ebenfalls: nun in der Erzählung von der ehernen Schlange (Num 21,4-9). Die Christusgeschichte ist in ihrem theologischen Kern mit der Mose-Geschichte verbunden (vgl. die gemeinfreie Abbildung nach Wikicommons: https://commons.wikimedia.org/wiki/File:1529_Cranach_Allegorie_auf_Gesetz_und_Gnade_anagoria.JPG [Zugriff vom 22. 1. 2018]).

[83]   Exodus-Rabba ist in seinem ersten Teil ein exegetischer Midrasch, der Vers für Vers dem Buch Exodus nachgeht und dieses auslegt. Er wurde in seiner Endgestalt wohl erst im 10. Jh. fertiggestellt, nimmt aber vielfach älteres Material auf.

des Schöpfungsgeschehens, das von einer wüsten, leeren und finsteren Erde ausgeht, in die durch das göttliche Wort Licht fällt. Man kann die drei Worte *ki tov hu* so lesen, dass durch sie deutlich wird, wie sich der Schöpfergott selbst in die in Ex 2,1–10 erzählte Geburtsgeschichte einmischt, obwohl von ihm explizit an keiner Stelle die Rede ist. Im Kontext des 1. Weihnachtstags verbindet sich Ex 2,1–10 im ›Licht‹ dieser Auslegung mit dem Johannesprolog (Joh 1,1–18), der als Evangelium gelesen wird und die Fleischwerdung des göttlichen Wortes ebenfalls mit dem, was »im Anfang« (Joh 1,1) geschah, verbindet und von dem »Licht« erzählt, das »in der Finsternis« scheint (Joh 1,5).

Noch eine weitere Spur weist von Ex 2 in die Urgeschichte. Gerettet wird Mose, indem er in eine Kiste (die Lutherbibel übersetzt: in ein »Kästlein«) gepackt wird. An dieser Stelle findet sich das hebräische Wort *teva*, das in der Sintflutgeschichte die Arche bezeichnet, die Noah baut. Schöpfung, Unheil und Errettung – das sind die Themen, die sich in der rabbinischen Auslegung mit der Mose-Geburt verbinden und die am 1. Weihnachtstag auch die auf den ersten Blick nicht minder bescheidene Geburtsgeschichte von Bethlehem prägen.[84]

(2) Folgt man der lukanischen Weihnachtsgeschichte, dann wird die Geburt Jesu Christi bewusst in der politischen Machtsphäre verortet (Lk 2,1). Bei Matthäus findet die Bedrohung des Kindes durch den Machthaber Herodes narrative Gestalt und führt dazu, dass Jesus nur durch die Flucht nach Ägypten gerettet werden kann. Auch die Mose-Geburt geschieht in einer bedrohlichen politischen Situation. Es zeigt sich bei der Geburt Jesu und bei der Geburt des Mose die Paradoxie, dass ein mächtiger Herrscher Angst vor einem neugeborenen Kind hat und dass ein Geschehen am Rande der Macht (in Bethlehem bzw. unter dem unterdrückten Volk am Ufer des Nils) zur Gefahr für das Zentrum der Macht wird. Die Exodus-Geschichte nimmt so von Anfang an die Frage auf, wer eigentlich die Macht hat: der nicht namentlich genannte Pharao oder Gott? Auch die Jesusgeschichte stellt die Machtfrage: Liegt sie in den Händen des Herodes oder des neugeborenen Kindes? Johanneisch gewendet: Wird die Finsternis siegen oder das Licht? Weihnachtspredigt ist notwendig *politische Predigt*, was mit Parteipolitik freilich nichts zu tun hat. Es geht um die Frage nach der Macht, und Ex 2 zeigt wie die Weih-

---

[84] Im Neuen Testament übrigens wird auf die bisher nur als Marginaltext in der Perikopenordnung begegnende Mose-Geburt Ex 2,1–10 gleich zweimal direkt Bezug genommen: Apg 7,20–22 und Hebr 11,23.

nachtsgeschichte, dass es die ›schwachen‹ Gestalten sind, die subversiv die Geschicke der Welt verändern.

Vielleicht gelingt es, in der weihnachtlichen Relektüre von Ex 2, die in Zeiten historisch-kritischer Dominanz viel geschmähte typologische Auslegung in nach-aufklärerischer Situation wieder neu zu würdigen. Eine gelingende Typologie bedeutet ja nicht die Langeweile einer Auslegung, die einfach nur sagt: So ähnlich wie es damals bei Mose war, so ist es nun bei Jesus wieder. Und sie bedeutet erst recht nicht, dass ein christlicher Triumphalismus einziehen und meinen würde: Die Geburt Jesu überbietet die Geburt des Mose bei weitem. Eine gelingende Typologie vernetzt die Geschichte von Bethlehem mit dem Handeln Gottes, das aus der Finsternis ins Licht führt. Gott erlöst, indem er auf neue Weise schöpferisch handelt. Was »am Anfang« (Gen 1,1) war, verbindet sich mit dem, was »im Anfang« (Joh 1,1) geschieht. Gelingende Typologie bleibt daher nicht in der Vergangenheit, sondern lässt Gottes schöpferisches und erlösendes Handeln *heute* neu erwarten, so dass sich – so Gott will – jetzt ereignet, was »am Anfang« und »im Anfang« geschah.

Es fällt nicht ganz leicht, ein weihnachtliches Predigtlied zu finden, das die Spuren von Ex 2 aufnimmt. Interessant erscheinen mir die selten gesungenen Strophen von »Vom Himmel hoch« (EG 24,9-15). Sie verbinden den »Schöpfer aller Ding« mit dem Kind, das »auf dürrem Gras« liegt, und besingen die befreiende Umwertung aller Werte in der Geburt des göttlichen Kindes. Wenn die Lichtmetaphorik eine wichtige Rolle für die Predigt spielt, bietet sich z. B. auch EG 33 (Brich an, du schönes Morgenlicht) an. (AD)

1. Sonntag nach dem Christfest (Reihe II): Hi 42,1-6

Vom Hörensagen und Schauen

Hiob spricht hier zum letzten Mal, und einmal mehr nehmen seine Worte eine so nicht erwartete Wendung. Der Hiob des Prologs unterwirft sich bedingungslos dem, was sein Gott ihm an Leid zustoßen lässt. Das Gute wie das Schlechte soll der Mensch aus Gottes Hand annehmen, und das kann Hiob in einer fast unwirklich wirkenden Gelassenheit sagen: »Der Herr hat's gegeben, der Herr hat's genommen, der Name des Herrn sei gelobt« (Hi 1,21; vgl. 2,10). Ganz anders der Hiob des dichterischen Mittelteils des Buchs, der Gott herausfordert und ihm sogar unterstellt, Menschen zum Spielball seines Zorns zu machen (Hi 10,13-17). In Hi 42,1-6 erhält Hiobs Reden über Gott eine nochmals andere Facette. Diese Passage folgt direkt auf die berühmten Gottesreden aus dem Sturmwind (Hi 38-41) und nimmt deren Anfang noch einmal auf: »Wer ist's, der den Ratschluss verdunkelt mit Worten ohne Verstand?« (Hi 38,2; 42,3). Endlich hat sich Gott gezeigt und, wenngleich in anderer Weise, als Hiob dies erwartet hatte, erklärt. Damit kehren sich die Verhältnisse um: Bislang war es Gott, der von Hiob in die Defensive gedrängt worden war, nun aber muss Hiob reagieren.

Zunächst scheint es so, als würde Hiob sich bedingungslos fügen. Er hat geredet, ohne zu verstehen und die »Wunder« Gottes begreifen zu können.[85] Mit diesen »Wundern« dürfte gemeint sein, was Gott über seine Macht als Schöpfer in den Reden aus dem Sturmwind gesagt hatte: Gott kennt alle Geheimnisse des Kosmos, die der menschlichen Wahrnehmung verborgen sind (Hi 38); Gott vermag alle Geschöpfe mit dem für sie Notwendigen zu versorgen (Hi 39); und Gott kann Freude auch und gerade an den Wesen haben, die Menschen als Bedrohung empfinden: Behemoth und Leviathan (Hi 40f.). Erst in diesen drei Erstreckungen erweist sich Gottes Gerechtigkeit als Schöpfer und Erhalter in ihrer vollen Gestalt. Hiob dagegen hatte sein eigenes Ergehen zum alleinigen Maßstab erhoben, an dem sich Gottes Gerechtigkeit hätte erweisen sollen. Die Kleinräumigkeit seines Verstehens räumt er nun vor Gott ein.

---

[85] In der Lutherübersetzung (2017) wird der hebräische Begriff der »Wunder« etwas unglücklich umschrieben: »was mir zu hoch ist«.

Dieses Eingeständnis wird in der Hiobauslegung häufig als Widerruf gewertet, so als ob Hiob nun alles, was er bis zu diesem Punkt gesagt hatte (abzüglich der frommen Sätze in 1,21 und 2,10), für nichtig und falsch erklärt, um sich von nun an dem Gott zu unterwerfen, den er zwar immer noch nicht wirklich versteht, dessen Souveränität er aber nunmehr anerkennt. Dieser Annahme folgt in der Regel auch die Übersetzung des diesbezüglich entscheidenden, philologisch aber alles andere als eindeutigen V. 6: »Darum verwerfe ich mein Geschwätz und bereue in Asche und Staub« (Elberfelder); »Darum gebe ich auf und bereue in Staub und Asche« (Luther 2017).

Zum Bild eines bedingungslos kapitulierenden Hiob passt allerdings nicht, was Hiob zuvor sagt. Das Gespräch mit Gott ist für Hiob auch nach den großen Reden gerade nicht beendet, vielmehr möchte er mehr von Gott wissen und gerade nicht beim Nicht-Verstehen stehenbleiben: »Höre zu und ich will reden! Ich werde dich fragen und du sollst mich lehren (wörtl.: »wissen lassen«).«[86] (V. 4). So spricht keiner, der kapituliert hat, sondern jemand, der sich durch das, was Gott gesagt hat, ermutigt fühlt, weiter zu fragen. Hiob hat verstanden, dass er unverständig geredet hat, aber das nimmt er zum Anlass, noch mehr von Gott zu erfragen. Denn so weitreichend die Reden aus dem Sturmwind auch sind, die Frage nach dem Sinn menschlichen Lebens und Leidens beantworten sie nicht. Hiob versteht, dass er Teil eines größeren Ganzen ist, aber welchen Platz er darin einnimmt, hatte Gott ihm trotzdem nicht gesagt. Hiobs Forderung an Gott »Ich werde dich fragen und du sollst mich lehren« hat also immer noch ihre Berechtigung.

Wenn es aber nicht einfach darum geht, Hiob in Staub und Asche zurückzuwerfen, dann stellt sich noch einmal die Frage nach der Bedeutung von V. 6 als Schlüsselstelle dieser Perikope. Philologisch fallen die beiden Verben (hebr. *ma'as* und *nicham*, ni.) auf, die hier ohne konkreten Bezug stehen: »Ich verachte/verwerfe/schätze gering und bereue.« Was Hiob damit meint, was also Gegenstand des Geringschätzens und Bereuens ist, bleibt offen. Allerdings erscheint einigermaßen unwahrscheinlich, dass Hiob damit alles, was er zwischen Kapitel 3 und 31 gesagt hatte, für falsch oder unwirksam erklärt. Das würde überdies nicht zu Gottes eigenem Urteil passen, wonach Hiob - im Unterschied zu seinen Freunden - recht von Gott geredet hat (42,7). Auch fällt auf, dass im hebräischen Text nicht »*in* Asche und Staub«

---

[86] Eigene Übersetzung. Im Unterschied zur Lutherübersetzung fasse ich, wie auch andere Hiobkommentatoren, V. 4 nicht als Rede Gottes auf, die hier als Zitat (aus 40,7) eingeschoben wird; vielmehr eignet sich Hiob diese Worte nunmehr selbst an.

steht, sondern »über« oder »gegen«. Eine andere in der Exegese vertretene Interpretation geht entsprechend dahin, dass Hiob nun – nachdem Gott gesprochen hat – Asche und Staub als den Ort der Klage hinter sich lässt (und in diesem Sinne »gering schätzt« und »bereut«), um Gott noch einmal und auf andere Weise kennenzulernen. Das nimmt der Klage Hiobs nicht ihr Recht und ihre theologische Bedeutung. Ein Mensch in Hiobs Situation kann im Grunde gar nicht anders als an Gottes Gerechtigkeit zu zweifeln. Oder anders gesagt: Für das Alte Testament ist die Klage – nicht nur das Lob – ein legitimer Ausgangspunkt theologischen Nachdenkens. Für die Hiobfigur nach den Gottesreden ist allerdings auch klar geworden, dass dieses Nachdenken noch nicht zu Ende ist und, nach allem, was Gott über sich gesagt hat, auch nicht zu Ende sein kann.

Dass Hiobs »Reue« nicht rückgewandt, sondern als Bewegung nach vorne zu verstehen ist, legt sich auch noch anderweitig nahe. In V. 5 konstatiert Hiob, dass er Gott bislang nur vom Hörensagen kannte, während er ihn nun mit eigenen Augen geschaut hat. Das »Sehen Gottes« markiert an prominenten Stellen des Alten Testaments einen Wendepunkt des Geschehens. Am Sinai sieht Israel seinen Gott zum ersten (und einzigen) Mal, wenn auch verhüllt in Feuer und Rauch (Dtn 4,9–12); von Mose wird gesagt, dass er Gott sogar von Angesicht zu Angesicht sieht (Ex 33,11). Am Sinai zeigt sich Gott und offenbart Israel sein Wesen und seinen Willen. Im *corpus propheticum* sind es Jesaja und Elia, die Gott in je unterschiedlicher Weise sehen und aus dieser Begegnung heraus ihren Auftrag erhalten (Jes 6,5–10; 1Kön 19,15–18). Wenn nun auch für Hiob gesagt wird, dass er Gott gesehen habe, ist dies sicherlich im Kontext dieser anderen Beispiele zu lesen und suggeriert, dass auch für Hiob die Begegnung mit Gott eine Schwellenerfahrung ist. Allerdings bleibt offen, wie die Geschichte Hiobs mit Gott nun hätte weitergehen können. Die Theologie nach den Gottesreden ist noch nicht geschrieben, aber das Hiobbuch suggeriert, dass eine solche Theologie noch zu schreiben ist.

Das führt zu einer letzten Überlegung: Was genau meint Hiob damit, dass er von Gott bislang nur vom »Hörensagen« etwas wusste (V. 5)? Geht es dabei um unbestimmte Vermutungen und Mutmaßungen über Gott? Oder ist damit so etwas wie ›Tradition‹ und ›Überlieferung‹ gemeint – also die in einer Gemeinschaft anerkannten und wirksamen Annahmen über Gott? Für Letzteres spricht, dass Hiob in Gestalt der drei Freunde Vertreter dessen gegenüberstehen, was Walter Brueggemann einmal als »common theology« bezeichnet hat – eine Theologie des angestammten und aus Gewohnheit akzeptierten Wissens um Gott. Eine solche Theologie trägt allerdings nur so lange, wie sie nicht durch ein Geschick herausgefordert wird, wie es Hiob widerfährt. Tradition ist im besten Sinne »Hörensagen«, das aber immer wieder durch konkretes Erleben, insbesondere durch Leid aufgebrochen wird.

Es dürfte dieser Gegensatz von Hörensagen und eigenem Schauen sein, der Hi 42,1–6 zum Predigttext für den 1. Sonntag nach dem Christfest hat werden lassen. Denn das Motiv des Sehens Gottes wird durch das Evangelium dieses Sonntags mit dem »Lobgesang des Simeon« (Lk 2,29f.) unterstrichen. Allerdings gibt es einen wichtigen Unterschied: Für Simeon ist die Schau des Heilands die Erfüllung eines lebenslangen Wartens und Sehnens, nach dem es nichts Größeres mehr zu sehen gibt. Für Hiob dagegen ist das Sehen der Ausgangspunkt eines veränderten Gottesverständnisses, das erst noch zu einem neuen Begreifen führen muss. (AS)

Der fremde Gast an der Krippe oder: Was es von Gott zu sehen gibt

»… und wir *sahen* seine Herrlichkeit …« (Joh 1,14; Wochenspruch). *Sehen* ist ein, wenn nicht sogar *das* Leitmotiv, das die Texte des 1. Sonntags nach dem Christfest verbindet. Simeon sieht das etwa sechs Wochen alte Jesus-Kind; und so sieht er noch vor dem Tod den »Christus des Herrn« (Lk 2,26) und seinen Heiland (V. 30). In der Epistellesung aus 1Joh 1,1–4 wird betont, dass ›wir‹ (die Autoren des Briefes) gehört und gesehen und betastet haben – und diese Erfahrung nun verkündigend weitergeben. In dem Predigttext aus Joh 12,44–50 sagt Jesus: »Wer mich *sieht*, der sieht den, der mich gesandt hat« (V. 45). Schon bisher stand das Sehen im Mittelpunkt dieses Sonntags nach dem Weihnachtsfest. Nun kommt mit Hiob ein weiterer ›Zeuge‹ hinzu, der nicht nur vom ›Hörensagen‹ von Gott vernommen, sondern ihn mit seinem Auge »gesehen« hat (Hi 42,5). Etwas überspitzt formuliert: Hiob tritt in den Kreis der Krippenfiguren, die sich um das Kind scharen – und spielt dort eine etwas eigentümliche und widerständige Rolle. Hiob inmitten der Hirten und Magier aus dem Osten!? Hiob an Weihnachten?

Zweifellos ist Weihnachten ein Fest der Sinne. Die Frage, was es Weihnachten zu essen geben soll, wird in manchen Familien wochenlang diskutiert, in anderen niemals thematisiert, weil es sich traditionell von selbst versteht. An Weihnachten erklingen Lieder, die sonst das ganze Jahr nicht gesungen werden, aber an diesem Fest ihren Ort haben (wobei einschränkend gilt, dass sie heute zu jedem Weihnachtsmarkt gehören und nicht wenige an Weihnachten endgültig genug von ihnen haben). Und es gibt zu sehen an Weihnachten. In manchen Familien wird das geschmückte Weihnachtszimmer für die Augen der Kinder erst am 24.12. nachmittags geöffnet. Die Wohnung sieht dann aufregend anders aus.

Folgt man der Logik vieler Weihnachtslieder, dann beschreiben auch sie das *sinnliche* Weihnachtsgeschehen, in dem das *Sehen* eine ganz besondere Rolle spielt. »*Sehet*, was hat Gott gegeben, seinen Sohn zum ew'gen Leben«, dichtet Paul Gerhardt (EG 39,3). Die Kinderlein sollen kommen, um zu *sehen* (vgl. EG 43,1+2), und natürlich auch die Hirten (vgl. EG 48,2). In der Identifikation mit diesen stehen wir in Martin Luthers »Vom Himmel hoch« (EG 24,6+7) an der Krippe; und ebenso bei Paul Gerhardt: »Ich sehe dich mit Freuden an / und kann mich nicht satt sehen; / und weil ich nun nichts weiter kann, / bleib ich anbetend stehen. / O dass mein Sinn ein Abgrund wär' / und meine Seel' ein weites Meer, / dass ich dich möchte fassen« (EG 37,4).

Beinahe könnte man sagen: Ein wenig hinterhältig ist dieses dauernde Reden vom *Sehen* durchaus. Das beginnt bereits im ersten Johannesbrief: »Was von Anfang an war, was wir gehört haben, was wir gesehen haben mit unsern Augen, was wir betrachtet haben und unsre Hände betastet haben, vom Wort des Lebens …, das verkündigen wir auch euch, damit auch ihr mit uns Gemeinschaft habt … Und dies schreiben wir, damit unsere Freude vollkommen sei.«

Dass es aber nicht so einfach ist mit der »Gemeinschaft«, wenn die *einen* gesehen haben und die *anderen* nicht, zeigen unsere Erfahrung und das Neue Testament eindrucksvoll anhand der Figur des Jüngers Thomas (Joh 20,24–29). Es braucht schon eine neuerliche Erscheinung des Auferstandenen, damit auch Thomas glauben kann. Und umso mehr gilt: »Selig sind, die nicht sehen und doch glauben!« (V. 29).

Hiobs Satz aus 42,5 ist erstaunlich. Er meint, sein Auge habe gesehen. Folgt man aber der Logik des Hiob-Buches, dann hat er *gehört*, was Gott »aus dem Sturm« (Hi 38,1; 40,6) geredet hat. Die ›Bilder‹, die er ›sah‹, waren bestenfalls die vielen Sprachbilder, die Gott in seiner Rede vor die inneren Augen Hiobs gemalt hat: Sterne und Hagel, Schnee und Wildesel, Behemoth und Leviathan … *Diese* Bilder jedenfalls ›sehen‹ auch die, die das Hiob-Buch heute ›lesen‹. Und generell gilt: Von Gott reden lässt sich eben nur angesichts der Bilder, die wir (ganz irdisch) vor Augen haben.

Was also gibt es an Weihnachten für uns zu ›sehen‹? Gottes Wort wurde Mensch in einer bestimmten Zeit und an einem bestimmten Ort. Anders als bei Wildesel und Leviathan der Gottesreden des Hiob-Buches wird Gott nicht *im Verhältnis zu* diesen als der ungleich Mächtigere und ganz und gar Andere erkannt, sondern identifiziert sich *mit diesem* Menschenleben und wird auf radikale Weise zum »Immanuel«, »Gott mit uns« (Mt 1,23). Dieses Geschehen entfernt sich jedes Jahr um ein weiteres auf der historischen Zeitachse. Die theologische Pointe aber ist: In Christus, dem Auferstandenen, bleibt Gottes Wort gegenwärtig und wiederholt sich das Ereignis von Bethlehem immer neu.[87] Darauf legen die Weihnachtslieder alles Gewicht: »Ich steh an deiner Krippen hier ... und sehe dich mit Freuden an« (EG 37,1+4).

Was gibt es an Weihnachten zu sehen? Jede Zeit und jede Kultur hat Babys gemalt und geschnitzt und in die Krippe gelegt, die mehr oder weniger so aussahen wie die eigenen Babys, wie die Kinder oder Enkel. Das Weihnachtsfest weist alle, die es feiern, zurück in die eigene Kindheit und evoziert aufs Neue Gefühle, die damals da waren und seither das Leben begleiten. Matthias Morgenroth hat den Charakter der »Heiligabend-Religion« und des neuzeitlichen »Weihnachts-Christentums« beschrieben.[88] Lasse sich für gewisse Zeiten des evangelischen Christentums von einem thanatologisch geprägten Religionskonzept sprechen, das den Fokus auf das Kreuz legt, so bedeutet die seit dem 19. Jahrhundert wahrnehmbare Verschiebung hin zum natologischen Religionskonzept des Weihnachtschristentums, dass nun ein Kind in der Krippe für viele zur leitenden Ikone wird. Damit gewinnt das Menschenleben neue Aufmerksamkeit; das Irdische und Diesseitige wird auch religiös neu gewürdigt; und nicht zuletzt werden narzisstische Potentiale, die in jedem und jeder ruhen, für ein paar Festtage lang auf legitime Weise in den Mittelpunkt gestellt: Im angebeteten Kind findet auch die eigene Sehnsucht, wichtig und gewürdigt zu sein, ein Bild. Das alles gilt es theologisch wahrzunehmen und zu würdigen, wie es Matthias Morgenroth in seinen Büchern tut. Gleichzeitig freilich lässt sich die Gefahr erkennen, die die Heiligabend-Religion auch bedeutet: Der Mensch wird groß und Gott wird klein; im Bild des Kindes in der Krippe zerbrechen Gottesbilder von einem mächtigen und starken Gott, ja; aber zugleich wird Gott vielleicht allzu sehr reduziert auf neuzeitliche Stereotypen: der liebe und irgendwie allseits zugewandte, menschenfreundliche und immer gute Gott.

---

[87]   Der Begriff der »Wiederholung« ist hier im Kierkegaard'schen Sinn gemeint; vgl. Sören Kierkegaard, Die Wiederholung, in: ders., Die Krankheit zum Tode. Furcht und Zittern. Die Wiederholung. Der Begriff der Angst, München ³2010, 327–440. Für Kierkegaard ist »Wiederholung« »Erinnerung in der Richtung nach vorn« (a. a. O., 329).

[88]   Vgl. Matthias Morgenroth, Heiligabend-Religion. Von unserer Sehnsucht nach Weihnachten, München 2003; ders., Weihnachts-Christentum. Moderner Religiosität auf der Spur, Gütersloh ²2003.

Meines Erachtens ist dies der Punkt, an dem Hiob als fremder Gast aus dem Lande Uz (Hi 1,1) an der Krippe einen Gegenakzent setzen kann. Von dem ausgehend, was er erlebt und im Wort aus dem Sturm von Gott gehört hat, wird er ein anderes Gottesbild in Anschlag bringen und von dem Gott Zeugnis geben, der sich gerade in seiner Offenbarung jeder Verstehbarkeit entzieht. Vielleicht gelingt es durch Hi 42, die Dialektik ins Gottesbild zurückzubringen, die gerade an Weihnachten allzu leicht verloren geht. Gott bleibt auch als Kind in der Krippe der »Allmächtige, der Schöpfer des Himmels und der Erde«. Gott bleibt bei aller Nähe auch der Ferne, bei aller Zugewandtheit auch der Entzogene. Das Kind in der Krippe *und* der Gott, der mit dem Leviathan spielt: das eine gibt es nicht ohne das andere!

Liedvorschläge: Viele Weihnachtslieder, die das *Sehen* betonen, wurden oben bereits erwähnt und seien hier nur nochmals summarisch genannt: EG 24 (6+7); 37 (4+5); 39 (3); 40; 41 (1+3+4); 42 (8); 43 (1+2); 45 (1); 47 (2); 48 (2); 52 (1+3); 53 (3); 56 (3). (AD)

ALTJAHRSABEND (REIHE I): JES 51,4-6

EINE TORA FÜR DIE VÖLKER

Dieser Predigttext reiht sich ein in die Texte der neuen Perikopenordnung, die die prophetische Ansage einer Völkertora zum Gegenstand haben. Jes 51,4-6 gehört zu dem Teil des Jesajabuches (Deuterojesaja), der üblicherweise ans Ende des babylonischen Exils (oder kurz danach) datiert wird – in eine Zeit also, in der die Völkerwelt in Bewegung geraten war. Es war die Zeit, in der ein neues Reich, die Perser, und ein neuer Großkönig, Kyros d. Gr., die Welt des alten Vorderen Orients aufrüttelten und in gewisser Weise vom Kopf auf die Füße stellten. Im Gegensatz zu seinen babylonischen Vorgängern deportierte Kyros andere Völkergruppen nicht als Strafmaßnahme oder nahm deren Götter gleichsam gefangen und verschleppte sie nach Babylon. Kyros tat das Umgekehrte. Er erließ bei seinem Machtantritt eine Amnestie für exilierte Bevölkerungsgruppen, die nunmehr in ihre Herkunftsländer zurückkehren konnten. Das galt in gewisser Weise auch für deren Götter. Die Tatsache, dass es in Jerusalem nach dem zerstörten ›Salomonischen Tempel‹ einen neuen Tempel gab, in dem der JHWH-Kult wiederaufgenommen wurde, ist wesentlich eine Folge der Religionspolitik des Kyros. Entsprechend wird er bei Deuterojesaja auch erwähnt (Jes 44,28; 45,1). Er wird als der Erwählte präsentiert, der im Auftrag JHWHs und als dessen »Messias« die Welt wieder so ordnet, wie sie eigentlich schon immer hätte sein sollen.

Zu dieser Neuordnung bzw. Wiederherstellung der Welt, um die es bei Deuterojesaja wesentlich geht, gehört – gleichsam als Schlussstein – die Einsetzung einer Völkertora (V. 4). Die Lutherübersetzung übersetzt an dieser Stelle den hebräischen Begriff *torah* mit »Weisung«. Gleichwohl bleibt die Frage, was damit gemeint ist und was es also besagt, dass JHWH »Tora« nicht nur für sein eigenes Volk, sondern für alle Welt erlässt. Ein solcher Heilsuniversalismus ist, zumal aus heutiger Perspektive, freilich nicht unbedingt eine gute Nachricht. Wird hier nicht am Ende ein Hegemonialismus betrieben, mit dem das biblische Israel sich und seinen Gott über alle anderen Völker erhebt? Wird hier nicht einfach das Modell des »Weltreiches«, das Assyrer, Babylonier und Perser in unterschiedlicher Weise zur Realität machten, nun auf JHWHs Herrschaft übertragen, sodass nun nicht ein Großkönig, sondern der Gott auf dem Zion die Welt regiert?

Es lohnt sich, die Heilsbotschaft von Jes 51,4-6 zunächst einmal mit einem kritischen Vorbehalt zu lesen, weil sich erst dann die durchaus hintergründige Botschaft dieses Texts erschließt. Dabei stellt sich zum einen die Frage, was es mit dieser Tora auf sich hat, die Gott nun erlässt. Ist dies dieselbe Tora, die Israel am Sinai empfangen hat und die nun auf alle Welt ausgeweitet werden soll? Wenn ja, wäre der Text primär als zeitgeschichtliche Reaktion des biblischen Israel verständlich. Man war lange genug dem Gesetz anderer Mächte unterworfen, und genau das sollte nun umgekehrt werden. So besehen wäre dies aber kein Text, der über sich und seine Zeit hinaus spricht (oder sprechen sollte).

Allerdings gibt es Hinweise, dass Jes 51,4-6 eben doch hintergründiger ist und sich einer solchen ›Vergeltungslogik‹ entzieht. Diesbezüglich ist vor allem die genaue Wortwahl von V. 4b von Bedeutung: »Denn Tora/Weisung – von *mir* wird sie ausgehen, und mein Recht – als ein Licht der Völker – werde ich plötzlich hervorbringen« (eigene Übersetzung). Notierenswert ist zunächst, dass die Autorenschaft betont wird: »von mir«. Die Weisung/Tora und das Recht, von denen hier gesprochen wird, sind also nicht das Gesetz eines weltlichen Reiches, das im Namen JHWHs verkündet wird. Auch die Tatsache, dass Kyros und die Perser als Werkzeuge Gottes verstanden werden, ändert daran nichts. Gott spricht davon, dass *seine* Gerechtigkeit und *seine* Rettung nicht schon mit den Persern angekommen sind, sondern jetzt erst anbrechen werden. Die Formulierungen sind so gewählt, dass einer Verwechslung vorgebeugt wird. Genauso wenig rückt allerdings die Sinaitora in die Rolle eines universalen Gesetzes ein. So ist eben nicht von »der« Tora (*hat-to-rah*) die Rede (so die Regel, wenn vom mosaischen Gesetz die Rede ist), sondern von »einer« Tora/Weisung.

Die Erwartung ist demnach, dass JHWH nun – an einem Wendepunkt der Geschichte – ein neues Gesetz erlassen würde, das im eigentlichen Sinne eine Tora für alle Völker sein würde. Worin diese besteht, bleibt allerdings ungesagt. Es sind andere Texte, auf die sich Jes 51,4-6 beziehen mag, wie z. B. die Friedenstora von Jes 2,1-4 und Mi 4,1-5, wo der Sinn göttlicher Weisung darin besteht, das Kriegshandwerk zu verlernen und die Realität des Blutvergießens für immer aus der Welt zu schaffen. Wenn auch Jes 51,4-6 entlang dieser Linie zu verstehen ist, geht es um ein Gesetz, das nicht ›alles‹ regelt, sondern eine ganz bestimmte Aufgabe hat, nämlich das friedliche und gedeihliche Nebeneinander der Völker zu gewährleisten. Das lässt Raum für unterschiedliche religiöse, kulturelle und nationale Identitäten. Die Völkertora ist kein Mittel der Gleichmachung oder Gleichschaltung, sondern bewirkt, dass diese unterschiedlichen Identitäten aggressions- und gewaltfrei koexistieren können. Um es noch einmal historisch rückzubinden: In gewisser Weise war dies auch eine Idee des persischen Reiches, das unter seinem Mantel die lokalen Kulte und partikularen Gesetze seiner Vasallen existieren ließ. Allerdings regierten die Perser, wie jedes andere Großreich, mit Repressalien wie Steuer- und Abgabenpflicht und forderten Loyalität zum persischen Großkönig. Demgegenüber ist die jesajanische Friedenstora kein Gesetz, das die Völker einmal mehr zu Vasallen einer Zentralinstanz macht, sondern das sich ganz auf deren Zusammenleben richtet.

Der abschließende V. 6, der Jes 51,4–6 seinen Ort am Altjahrsabend gegeben haben dürfte, ist zugleich der rätselhafteste. Hier wird ein Bild einerseits von Vergänglichkeit und andererseits von Ewigkeit gezeichnet. Die Angesprochenen sollen ihren Blick von der Erde auf den Himmel droben und dann vom Himmel herab auf die Erde richten. Was sich ihnen bietet, ist Wandel und Vergänglichkeit. Es gibt nichts Beständiges und nichts Bleibendes – weder da noch dort. Das könnte bedeuten, dass sowohl die natürliche wie auch die politische Welt beständigem Wandel, beständigem Kommen und Gehen ausgesetzt ist. Auch das Perserreich, mochte man es nun mögen oder nicht, würde nicht das Ende der Wege Gottes bleiben. Aber was bleibt, was allem Wandel überlegen ist, sind Gottes »Gerechtigkeit« und »Rettung«. Diese beiden Begriffe aus V. 5 werden noch einmal aufgenommen und mit dem Zusatz »auf ewig« versehen. Dass Gott gerecht ist und rettet, diese wesentlichen beiden Elemente der Völkertora, bilden so etwas wie das innere Gerüst, das sich nicht mehr verändern soll, egal welche politische Welt sich darum herum aufbaut. (AS)

Was bleibt im Lauf der Jahre?

Und wieder ist ein Jahr zu Ende, und ein neues steht vor der Tür! Das Vergehen der Zeit wird individuell anlässlich eigener Geburtstage und kollektiv an Silvester und Neujahr bewusst. Und nicht selten hört man dann auch die Aussage, dass die Zeit doch immer schneller vergehe – eine Aussage, die angesichts der ebenfalls bisweilen ins Bewusstsein drängenden Gewissheit der eigenen Endlichkeit durchaus ungute Gefühle auslösen kann.

> Warum eigentlich vergeht die Zeit umso schneller, je älter man wird? Und ist es überhaupt so? Teils, teils, meint der Psychologe Marc Wittmann in seinem Buch »Gefühlte Zeit«.[89] Für die Gruppe der etwa 20- bis 59-Jährigen konnte Wittmann

diese Erfahrung in seinen Untersuchungen prinzipiell bestätigen. In der Tat haben Menschen in diesem vielfach von Zeitdruck, von familiärer und beruflicher Belastung geprägten Alter das Gefühl einer immer schneller verstreichenden Zeit. Jüngere und ältere Menschen hingegen würden – den Studien des Psychologen zufolge – nicht so empfinden. Wittmann versucht dieses Phänomen zu erklären und meint: Wenn viel Neues, Aufregendes erlebt werde, blieben viele Erinnerungen. Die gewöhnlich und alltäglich verstreichende Zeit hingegen hinterlasse kaum Erinnerungen. Entdeckungen der Kindheit, ein erster Kuss als Jugendliche(r) – dies werde auf jeden Fall im Gedächtnis bewahrt. Jeden Tag derselbe Weg ins Büro, die Stunden vor dem Bildschirm oder mit den immer gleichen Kollegen und Kolleginnen, die Abende vor dem Fernseher hingegen würden weit weniger memoriert. Je mehr emotional prägende Momente die Zeit habe, desto langsamer vergehe sie. Daher rase die Zeit bei heftiger Beanspruchung ohne emotional herausragende Erlebnisse; und daher verlangsame sich die gefühlte Zeit mit dem Eintritt in den Ruhestand wieder. Denn dann bestehe die Möglichkeit, die Zeit wieder sehr viel umfangreicher selbst zu gestalten.

Ob die Stimmung am Altjahrsabend eher von einem wehmütig-resignativen »unser Leben … fähret schnell dahin, als flögen wir davon« (Ps 90,10) oder von einem zuversichtlich-wohlgelaunten »Nun aufwärts froh den Blick gewandt und vorwärts fest den Schritt …« (EG 394,1) gekennzeichnet ist, ist zweifellos von Person zu Person verschieden. Doch die Frage, was bleibt »im Fluge unsrer Zeiten« (EG 64,6), können die einen und die anderen stellen.

Jes 51,6[90] leitet zu einer ›Körperübung‹ zur Beantwortung dieser Frage am Altjahrsabend an. Sie ist ebenso einfach wie radikal: Blick nach oben heben; Blick nach unten richten, Himmel und Erde wahrnehmen. Aber es geht nicht darum, die Weite des Himmels zu genießen und die Festigkeit der Erde unter den Füßen zu spüren; es geht nicht darum, himmelweite Perspektiven für das neue Jahr zu erahnen und erdennah neue Wege zu entdecken, auf denen die Füße gehen können. Es geht lediglich darum, eine ernüchternde Botschaft zu hören: Himmel und Erde vergehen wie ein Rauch, wie ein Kleid. Und es wird noch radikaler: Die Menschen sterben dahin wie Mücken, so die Lutherbibel (Fliegen sind es in der Einheitsübersetzung; in jedem Fall Tiere,

---

[89]   Vgl. MARC WITTMANN, Gefühlte Zeit. Kleine Psychologie des Zeitempfindens, München ⁴2016.

[90]   In der Erprobung der Perikopenrevision war die Perikope als Jes 51,(1–5)6 angegeben. Der Fokus liegt zweifellos auch jetzt noch auf V. 6; die Verse 4f. aber betten den Vers wenigstens ansatzweise in seinen Kontext ein.

die nicht sonderlich langlebig sind; Mückenweibchen haben eine Lebenserwartung von ca. sechs Wochen, Männchen weit weniger; und viele Menschen würden ihnen zweifellos gerne ein noch weitaus kürzeres Leben wünschen![91]).

Ist das Bild einmal so illusionslos gezeichnet, kann Jesaja Gottes »Aber«
entgegensetzen: »Aber mein Heil bleibt ewiglich, und meine Gerechtigkeit
wird nicht zerbrechen.«

Angesichts der radikalen Vergänglichkeit bindet Gott das, was bleibt, unmittelbar an sich selbst. Es geht nicht um *die* Gerechtigkeit oder *das* Heil;
beides ist vielmehr mit einem Personalsuffix der ersten Person Singular mit
JHWH verbunden.

Wenn Menschen am Wechsel des Jahres und im Fluge ihrer Zeiten nach
dem suchen, was bleibt, gilt es – paradoxerweise – loszulassen. Das, was
bleibt, haben ›wir‹ nicht und schaffen ›wir‹ nicht. Es wird erfahrbar, wo Menschen angesichts von Gottes »Ich« der Verheißung lernen, »Du« zu sagen, wo
sie sich im Gebet an Gott wenden und so schon jetzt teilhaben an dem, was
bleibt.

Diese Bewegung hin zum »Du« Gottes findet Ausdruck in Jochen Kleppers
Lied »Der du die Zeit in Händen hast« (EG 64[92]). Klepper lebte in Berlin, als
dieses Lied 1937 entstand.[93] Seine Heirat mit der dreizehn Jahre älteren Jüdin
Johanna Stein, geborene Gerstel, im Jahr 1931 führte in der Zeit der nationalsozialistischen Diktatur zu zunehmenden Repressionen. Im Frühjahr 1937
wurde Klepper aus der Reichsschrifttumskammer ausgeschlossen, und nur
durch eine Sondergenehmigung vom September 1937 war ihm die schrift-
stellerische Tätigkeit unter zahlreichen Auflagen wieder erlaubt. Allerdings
musste er jeden einzelnen Text vorlegen und genehmigen lassen. Sein »Neu-
jahrslied« reichte er als einen der ersten Texte im Oktober 1937 ein; erst am
30. Dezember wurde eine Veröffentlichung erlaubt – gerade noch rechtzeitig
für einen Abdruck in der Neujahrsausgabe der »Deutschen Allgemeinen
Zeitung«. Ein Gutachten, das Klepper nicht kannte, hatte zu dem Gedicht

---

[91] In der Bibel hat die Mücke keine große Karriere gemacht. Mücken begegnen als dritte
ägyptische Plage (Ex 8,12–15) und erscheinen im Neuen Testament als kleines Tier im
Unterschied zu großen Kamelen in Mt 23,24. Als Symbole für Vergänglichkeit begegnen
sie nur hier.

[92] Das Lied ist zugleich eines der Lieder des Tages am Neujahrstag.

[93] Vgl. zu den Informationen im Folgenden: Jürgen Henkys, Der du die Zeit in Händen
hast, in: Gerhard Hahn / ders. (Hg.), Liederkunde zum Evangelischen Gesangbuch, Heft
1, Göttingen 2000, 81–84.

geschrieben: »Dieses Gedicht [...] ist eine lyrische Paraphrase über den 102. Psalm und vertritt eine Gesinnung, die absolut *jüdisch* genannt werden muss.« Von deutschen Neujahrsliedern erwartete der Gutachter einen »anderen, positiveren Ton«.[94]

Es besteht die wunderbare Chance, mit Jochen Klepper und mit Jes 51 einen *jüdischen Ton* in die christliche Feier des Altjahrsabends zu bringen. Hält man sich den historischen Kontext von Jes 51 vor Augen, so haben Gottes Zusagen von Heil und Gerechtigkeit konkrete politische Kontur. Wer im Gebet »Du« sagt zu dem Gott, der Heil und Gerechtigkeit verheißt, begibt sich bereits auf den Weg zu einem neuen und anderen Miteinander im Licht der Tora für die Völker und geht »an deiner Hand« (EG 64,6) Gottes Gerechtigkeit entgegen.

Weitere Liedvorschläge: Neben EG 64 eigenen sich aus der Reihe der Lieder zur Jahreswende insbesondere auch EG 63 (Das Jahr geht still zu Ende) und EG 65 (Von guten Mächten treu und still umgeben), um im Klangraum von Jes 51 gesungen zu werden. (AD)

---

[94]   Zitiert bei HENKYS, a. a. O., 82.

Altjahrsabend (Reihe VI): Pred 3,1–15

›Jedes Ding hat seine Zeit‹ – ein Grund zur Hoffnung?

Das große Gedicht auf die Zeit (Pred 3,1–8), die allen Dingen eigen ist, gehört gewiss zu den sehr bekannten alttestamentlichen Texten, auch wenn vielen Zeitgenossen gar nicht unbedingt geläufig ist, dass es sich dabei um einen biblischen Text handelt. In der Tat ist es philosophische Poesie oder poetische Philosophie, die der Prediger Salomo hier vorträgt. Ob dieser Passus aus seiner eigenen Feder stammt oder ob er hier einen damals bekannten Text übernahm, ist nicht mit Gewissheit zu sagen. Vor allem ist dies ein Text, der erstaunlich ›untheologisch‹ über die Ordnung der Welt nachdenkt, jedenfalls gemessen an anderen alttestamentlichen Texten. Schwergewichtige Themen wie Geschichte, Bund, Zion, Messianität etc. fehlen hier vollständig – und trotzdem ist dies ein Text, der die natürlichen und kulturellen Rhythmen auf eine ganz eigene Art als Gottes Werk beschreibt. Norbert Lohfink hat diese für uns eigenwillig anmutende Denkweise des Predigers einmal sehr pointiert zusammengefasst: »Es gibt heute Christen, für die ist Koh die verrucht-geliebte Hintertür, durch die sie jene skeptisch-melancholischen Empfindungen ins Bewußtsein einlassen können, denen am Haupteingang, wo Tugendpreis und Jenseitsglaube auf dem Namensschild stehen, der Zugang nicht gestattet würde.«[95]

Pred 3,1–15 bietet so etwas wie eine Summe des Predigers. Die Reflexion über die Zeit enthält seine Vorstellung von einer geordneten Welt, die Gott (laut V. 12) »schön« gemacht hat. Dabei sind es nicht nur schöne Dinge, die das Gedicht aufführt. Das zeigt sich besonders in den Eckversen (V. 1.8): Auch das Sterben und der Krieg haben ihre Zeit. Die Ambivalenz zwischen den für menschliches Dasein guten und bedrohlichen Aspekten kommt auch im Mittelvers prägnant zum Ausdruck: Es gibt eine Zeit, Steine zu werfen, und eine Zeit, Steine zu sammeln. Bauen und Zerstören gehen Hand in Hand – ein Erfahrungswert, den der Prediger konstitutiv in sein Weltbild einbezieht.

Innerhalb der hellenistisch geprägten Welt, aus der der Prediger vermutlich spricht, hätte man all dies als die Macht eines allwirksamen Schicksals

---

[95]   Norbert Lohfink, Kohelet, Würzburg ⁴1993, 5.

verstehen können, dem das Leben unterworfen ist und dem sich entsprechend auch die Existenz eines einzelnen Menschen einzuordnen hat. Das aber gerade will der Prediger nicht gelten lassen. Nein, die Welt in ihren Ordnungen und Rhythmen ist Ausdruck des souveränen Willens Gottes. Von »Schöpfung« ist dabei nicht die Rede. Im Unterschied etwa zu Gen 1-3 oder Ps 104 nimmt uns der Prediger nicht hinein in eine Erzählung darüber, wie Gott einstmals die Welt schuf. Auch bekommen wir die Welt nicht mit Gottes Augen zu sehen wie in Hi 38-41. Der Prediger beschreibt die Welt als Ort menschlicher Erfahrung. Hier wird kein objektiver, universalistischer oder anderweitig generalisierter theologischer Anspruch erhoben. Es geht darum, wie Menschen mit den ihnen von Gott gegebenen Mitteln Welt erleben können.

Gleichwohl bleibt die Frage: Gibt die Tatsache, dass alles seine Zeit hat und damit menschlichem Einfluss entzogen ist, nicht vor allem Grund zu Melancholie und Pessimismus? Ist es also der Sinn von Schöpfungstheologie, den Menschen in sehr eng gezogene Grenzen einzuweisen? Tatsächlich beginnen für den Prediger Selbst- und Welterkenntnis – gerade auch im Rahmen einer Theologie – mit der Einsicht in die Limitierungen, denen endliche Wesen unterworfen sind. Dabei spricht er von der »Arbeit« »Mühe« und »Plage«, die dem Menschen auferlegt sind (V. 9 f.), und hier fühlt man sich an das Leben erinnert, das Gott dem Menschen jenseits von Eden auferlegt hat. Allerdings sind diese Limitierungen nicht nur negativ besetzt, sondern bilden überhaupt die Bedingung der Möglichkeit gelingenden Lebens. Wer sät oder ernten will, wenn die Zeit dafür nicht da ist, wird am Leben scheitern.

Und doch ist die Einsicht in die zeitliche Bedingtheit von Erleben und Handeln nur ein erster Schritt auf dem Weg zur Erkenntnis des Sinns menschlicher Existenz. Das entscheidende Stichwort diesbezüglich fällt in V. 9, wo der Prediger die Frage anklingen lässt, welchen »Überschuss« menschliches Leben birgt. Das wird in den Bibelübersetzungen (auch in Luther 2017) etwas verzeichnet, wenn dort von »Gewinn« die Rede ist, denn es geht nicht um »Profit« o. ä., sondern um das, was über die Grenzen hinausgeht, die allem endlichen Leben gesetzt sind. Oder wie wir heute vielleicht sagen würden: Ist alles Leben nur ein Einfinden in unvermeidliche Gegebenheiten oder gibt es einen ›Mehrwert‹? Gibt es einen Gestaltungsspielraum, der nicht dadurch bedingt ist, dass es für jedes Ding unter der Sonne eine Zeit gibt?

Wäre das nicht so, würde sich menschliches nicht von tierischem Leben unterscheiden. Das ist für den Prediger auch gar nicht von vornherein ausgeschlossen, denn in der Tat sind für ihn Tiere und Menschen in gleicher Weise endliche Wesen, die kommen und gehen, leben und sterben (Pred 3,20 f.). Allerdings gibt es doch einen entscheidenden Unterschied: Gott hat dem Menschen die Ewigkeit ins Herz gelegt. D. h. der Mensch weiß, dass es nicht nur ein ›Hier und Jetzt‹ gibt, in dem es sich einzurichten gilt, sondern dass jedes ›Hier und Jetzt‹ eingebettet ist in »das Werk, das Gott tut« (V. 11). Der Mensch, als das endliche Wesen, das er ist, weiß um Gottes Ewigkeit. Auch darin schwingt zunächst ein melancholisches Element mit, weil der Mensch eben trotzdem nicht wie Gott sein kann. Wiederum wird ein Motiv aus der Garten-Eden-Erzählung von Gen 3 aufgegriffen: Der Mensch besitzt Weisheit und damit durchaus etwas Göttliches, aber er ist nicht unsterblich wie Gott. Anders gesagt: Auch sein Erkenntnisvermögen entgrenzt den Menschen nicht. Und doch kann der endliche Mensch, dem Gott die Ewigkeit ins Herz gelegt hat, etwas tun – nämlich Freude haben und glücklich sein in der Zeit, die Gott ihm gegeben hat (V. 12 f.). Das Vermögen, Glück und Freude zu empfinden, versteht der Prediger tatsächlich als etwas, das dem Menschen möglich ist, weil er die Zeit und ihre Rhythmen nicht nur hinnehmen muss, sondern ›füllen‹ kann.

Man hat den Prediger gelegentlich mit einem dekadenten ›Hedonismus‹ in Verbindung gebracht, der aus Sätzen wie V. 14 spräche: »Denn ein jeder Mensch, der da isst und trinkt und hat guten Mut bei all seinen Mühen, das ist eine Gabe Gottes.« Demnach ginge es um so etwas wie die Maximierung von Vergnügen und Annehmlichkeit – solange man dazu die Zeit hat. Von Genuss um seiner selbst willen ist beim Prediger allerdings nie die Rede. Wenn dieser von Essen und Trinken und gutem Mut spricht, dann beschreibt er damit *das Leben, das man mit anderen teilt.* Das gute und glückliche Leben als ein Geschenk Gottes (V. 13b) ist ein Leben in Solidarität, Freundschaft und Liebe. Dazu lohnt der Blick auf zwei weitere anthropologische Grundtexte, die zusammen mit Pred 3 so etwas wie eine innere Achse des Predigerbuches bilden: »So geh hin und iss dein Brot mit Freuden, trink deinen Wein mit gutem Mut; denn dein Tun hat Gott schon längst gefallen. Lass deine Kleider immer weiß sein und lass deinem Haupte Salbe nicht mangeln. Genieße das Leben mit der Frau, die du lieb hast, solange du das eitle Leben hast, das dir Gott unter der Sonne gegeben hat …« (Pred 9,7–9). Die weißen Kleider und das gesalbte Haupt sind keine Statussymbole, sondern gehören zu den Vorbereitungen auf ein Fest. Es geht um die Geselligkeit und – bis in die Erotik hinein – um die Freude, die man nur zusammen mit anderen erleben kann. In existenzieller Zuspitzung begegnet derselbe Gedanke in Pred 4,9-12: »So ist's ja besser zu zweien als allein; denn sie haben guten Lohn für ihre Mühe. Fällt einer von ihnen, so hilft ihm sein Gesell auf. Weh dem, der allein ist, wenn er fällt! Dann ist kein anderer da, der ihm aufhilft. Auch, wenn zwei beieinanderliegen, wärmen sie sich; wie kann ein Einzelner warm werden?

Einer mag überwältigt werden, aber zwei können widerstehen, und eine drei-
fache Schnur reißt nicht leicht entzwei.« Dieses Bild von der dreifachen
Schnur hat den Exegeten viele Rätsel aufgegeben. Allerdings erschließt es
sich aus dem Kontext: Wenn zwei beieinander sind, ist dies mehr als die
Summe aus eins plus eins; ihre Gemeinschaft ist ein Drittes, das der Schnur
erst ihre Festigkeit gibt.

Das führt noch einmal zurück auf das Gedicht von Pred 3,1-8. Jedes Ding
hat seine Zeit – das gilt aber nun gerade nicht für Solidarität, Freundschaft
und Liebe. Dabei handelt es sich um ›überzeitliche‹ Qualitäten, um Spuren
der Ewigkeit, die Gott dem Menschen ins Herz gegeben hat und die darum
den Überschuss bilden, auf den sich menschliches Leben ausrichten soll –
und kann. (AS)

IN DEN AMBIVALENZEN GETRAGEN

»Meine Zeit steht in deinen Händen« (Ps 31,16a) – das ist der neue
Spruch des Tages für den Altjahrsabend. Mit drei neuen Texten gehört
dieses Proprium zu jenen, die deutliche Veränderungen durch die Revision
erfahren haben, und zu den wenigen, denen auch eine neue Evangelienlesung zugewiesen wurde. Bisher stand dort die Mahnung Jesu zum Warten auf das Kommen des Herrn und zur ständigen Bereitschaft, da »der
Menschensohn kommt zu einer Stunde, da ihr's nicht meint« (Lk 12,35-40,
V. 40). Zweifellos hat diese eschatologische Mahnung an einem Tag ihre
Berechtigung, an dem die Frage nach unserer Zeit und ihrem Vergehen und
Neuwerden eine zentrale Rolle spielt. Andererseits prägt die Botschaft von
der Wachsamkeit die Sonntage am Ende des Kirchenjahres sowie den 2. und
3. Advent und wirkt an dieser Stelle ein wenig redundant und auch im Blick
auf die Stimmung der Abendgottesdienste, die an »Silvester« gefeiert werden, eher deplatziert. In den Rückmeldungen zur Perikopenrevision hat
sich gezeigt, dass sich allerdings auch das neue Evangelium Mt 13,24-30
nicht unbedingt allen sofort erschließt. Das Gleichnis vom »Unkraut unter dem Weizen«, das der matthäische Jesus einige Verse später deutet
(V. 36-43), bezieht sich als Gleichnis von der Ernte auf das Gericht am
Ende der Welt. Aber es blickt vor allem auf das, was vorher geschieht. Und
da wächst auf dem Acker der Welt das Unkraut unter dem Weizen. Die
Knechte des Hausherrn schlagen vor, hier für Ordnung zu sorgen und das
Unkraut auszujäten. Der Hausherr widerspricht: »Nein, auf dass ihr nicht zu-
gleich den Weizen mit ausrauft …« (V. 29). Es wird ein Gericht am Ende der

Tage geben, aber es wäre fatal, dieses schon jetzt in die eigenen Hände zu nehmen. Der Rigorismus, mit dem auch christliche Gruppen immer wieder einmal versuchten, die perfekte Gesellschaft auf Erden abzubilden (sei es in Genf, in Münster oder anderswo), ist gefährlich – und in der Konsequenz tödlich. Am Altjahrsabend werden Menschen dieses Evangelium sicher vor allem auf ihr eigenes Leben beziehen, in dem offene Fragen, ungelöste Probleme, Erfahrungen von Schuld und Scham am Ende eines Jahres in besonderer Weise bewusst werden. Aber auch hier gilt: Es ist der Richter, der dies zurechtbringt, und es sind nicht wir, die schon jetzt eine *vita perfecta* vorlegen könnten.

Die alte und neue Epistel aus Röm 8,31b–39 vergewissert gerade angesichts der Bedrohung und Verurteilung, der Ängste und der Trübsal, des Hungers und der Verfolgung darin, dass die Auserwählten Gottes nichts und niemand von der Liebe Gottes trennen kann.

Vor diesem Hintergrund begegnet Pred 3 als neue alttestamentliche Lesung. Diese poetische Philosophie oder philosophische Poesie von Weltrang dürfte der Stimmung von Menschen, die sich zum Gottesdienst an diesem Abend einfinden, gut entsprechen. Sie sind gekommen, um in den letzten Stunden des Jahres zur Ruhe zu kommen, über das vergangene Jahr nachzudenken und Worte der Vergewisserung auf der Schwelle zum neuen Jahr zu hören. Die Gedanken wandern zurück und voraus. Eine Gemengelage aus Dankbarkeit und Enttäuschung, Vorfreude und Ungewissheit prägt diesen Gottesdienst.

Pred 3 spricht zunächst einmal aus, was ist. Und sagt sein Wort gegen die Idee, es müsste ein einliniges, perfektes, klares Leben geben! Es gibt unterschiedliche Zeiten – und zu jedem Jahr gehören Lieben und Hassen, Streit und Friede und all das Weitere, das Pred 3 benennt und in das Menschen am Altjahrsabend ihre Erfahrungen im zu Ende gehenden Jahr einzeichnen können. Getragen sind die fallenden Zeiten des individuellen Lebens von Gottes Ewigkeit, die nach Pred 3,11 kein abstrakter theologischer Begriff, sondern etwas ist, was Gott in das »Herz« der Menschen gelegt hat. Gottes Ewigkeit ist Menschen näher, als es in den verschiedenen Zeiten des Lebens erscheinen mag. Die Folge könnte *Gelassenheit* sein.

Dieser Begriff ist zu einem Modewort geworden. Keine Anleitung zur Achtsamkeit und zu innerem Frieden kommt ohne Gelassenheit aus. Aber auch in der theologischen Wahrnehmung wurde Gelassenheit in den vergangenen Jahrzehnten neu entdeckt und in ihrer Wurzel bei Meister Eckhart (um 1260–1328) erschlossen. Für ihn war *gelâzenheit* ein Grundmoment der Jesusnachfolge (der seinen Jüngern befahl, alles hinter sich *zu lassen* und ihm zu folgen) und der entscheidende Schritt auf dem Weg zur Erfahrung der *unio mystica*. Es geht um Loslassen, das nun bei Eckhart freilich auch zu einem Hinter-sich-Lassen der Welt führt. – Anders bei Pred 3, wo die Einsicht in Gottes Ewigkeit angesichts der fallenden Zeiten des Lebens zu einer umso entschiedeneren Rückkehr in die Welt führt: »fröhlich sein und sich gütlich tun in seinem Leben« (V. 12). Aber auch hier gilt: Man muss das eine nicht gegen das andere ausspielen, sondern kann erkennen, dass beides zu einem Leben auf dieser Erde – getragen von Gottes Ewigkeit – gehört.

Im Zyklus »Zauber« des Leipziger Dichters Georg Maurer (1907–1971) findet sich ein Gedicht mit dem Titel »Schwärmen«, das Spuren aus Pred 3 aufnimmt und zunächst ein heftiges Hin- und Hergerissen-Sein in der Erfahrung schlafloser Nacht sprachlich inszeniert:[96]

> Verbrennt, was ihr angebetet habt, betet an,
> was ihr verbranntet! Wieder verbrennt es
> und betet's an wieder!
> Alles hat seine Zeit,
> und alles kehrt wieder. Nach der Kindheit,
> die ihr zurückstießt, sehnt euch zurück.
> Verdammt das Leben – und hängt an ihm!
> Trinkt – und nehmt euch vor, nie wieder zu trinken,
> und trinkt darauf! Denn so spricht der Mythos:
> Es ist Tag und es ist Nacht. Es ist Morgen
> und es ist Abend. Da ist nichts zu machen. –
> Der Mensch windet sich auf seinem Lager
> und schreit: Das aber ist alles gemacht –
> und warum ist nichts zu machen? Und ein Zauber berührt ihn.

In dem Gedicht folgt an dieser Stelle die ›Begegnung‹ mit einem Nachtfalter und die Wahrnehmung seiner Schönheit. Die Gedanken der Nacht, die den sich auf seinem Lager windenden Menschen nicht schlafen lassen, kommen für einen Moment zur Ruhe. Der Blick auf die permanenten Ambivalenzen ist für einen Moment des Zaubers getragen von einer Erfahrung, die ins Leben zurückkehren lässt: Ein Kleid, so schön, wie es der Nachtfalter hat, soll die Geliebte auch haben.

---

[96]   GEORG MAURER, Werke in zwei Bänden. Bd. 2, hg. v. WALFRIED HARTINGER / CHRISTEL HARTINGER u. EVA MAURER, Halle/Leipzig 1987, 82f.

Ob es im Gottesdienst am Altjahrsabend zu einer analogen Erfahrung kommt? Das große Ganze der beständigen Ambivalenzen wird für einen Moment als getragen erlebt. »Meine Zeit steht in deinen Händen …«

Liedvorschläge: Paul Gerhardts »Sollt ich meinem Gott nicht singen« (EG 325) mündet in jeder Strophe in den von Pred 3 inspirierten Satz: »Alles Ding währt seine Zeit, Gottes Lieb in Ewigkeit« und bietet sich als Predigtlied an. Von den Liedern aus der Rubrik »Jahreswende« eignet sich am ehesten EG 64 (Der du die Zeit in Händen hast). (AD)

Epiphanias (Reihe VI): 1Kön 10,1–13

Von monarchischer Propaganda zu messianischem Zeugnis

Die Erzählung vom Besuch der Königin von Saba bei König Salomo gehört gewiss zu den eher ›barocken‹ Texten der alttestamentlichen Geschichtswerke – von allem gibt es ein bisschen zu viel. Die Erzählung ist sichtlich davon getragen, Salomo als so unermesslich reich und weise darzustellen, dass sogar eine Königin von den Rändern der bekannten Erde anreist, um sich mit eigenen Augen von seiner Pracht zu überzeugen. Und so ist der Sinn ihres Erscheinens an der Erzähloberfläche, eine Ruhmesrede auf Salomo zu halten (V. 6–9). Sie preist seinen Reichtum, seinen Sinn für Gerechtigkeit und seine Weisheit. Danach reist sie auch schnell wieder ab. Entgegen der Wirkungsgeschichte dieser Erzählung in der Kunst und auch in modernen Spielfilmformaten wird Salomo allerdings keine Affäre mit dieser Königin angedichtet, was fast ein wenig erstaunt, zumal im Anschluss an diese Perikope von Salomos Anfälligkeit für die Avancen fremdländischer Frauen gesprochen wird (1Kön 11,1f.). Hier dagegen wird Salomo als wahrhaft königlicher Mensch gezeichnet, der über jeden moralischen Zweifel erhaben ist.

Ob diese Erzählung einen historischen Kern hat, ist umstritten, wobei die Mehrzahl der Bibelwissenschaftler davon ausgeht, dass es sich eher um eine Imagination aus sehr viel späterer Zeit handelt als aus der vermeintlichen Lebenszeit Salomos im 10. Jh. v. Chr. Klar ist auch nicht, ob man Saba mit dem Gebiet der Sabäer im Südwesten der arabischen Halbinsel (heutiger Jemen) in Verbindung bringen soll oder eher, auf der anderen Seite des Roten Meeres, mit Äthiopien, für das Handelsbeziehungen mit Israel plausibler erscheinen. Vermutlich spielen solche Details aber keine Rolle im Blick auf die Funktion dieser Erzählung, die sichtlich von dem Bemühen getragen ist, Salomo als makellosen König zu zeichnen. Hier wird geradezu eine Ikone entworfen, die Salomo über die Sphäre des Normalmenschlichen hinaus leuchten lässt. Einigermaßen deutlich ist, dass wir es hier bereits mit dem Salomobild zu tun haben, das die Wirkungsgeschichte des legendären Königs bestimmt. Er ist der gerechte Richter, Weise, Poet und nicht zuletzt der Tempelherr. All dies steht im Hintergrund der ihm geltenden Zuschreibungen ganzer biblischer Bücher innerhalb und außerhalb des hebräischen Kanons (Hoheslied, Sprüchebuch, Prediger Salomo, Weisheit Salomos).

Diese recht deutliche Ideologisierung dürfte auch den Zweck verfolgen, das andere Bild Salomos als eines leicht verführbaren Mannes auszugleichen. Denn der ›Sonnenkönig‹ Salomo kommt unmittelbar nach dem Besuch der Königin von Saba – als Höhepunkt seiner Machtentfaltung – sehr schnell zu Fall. Sogar die Einheit des Reiches zerbricht an seiner moralischen Labilität (1Kön 11,14–40), und so erscheint Salomo dann auch gar nicht mehr als der Ausnahmeherrscher, sondern tritt in die Linie der Monarchen ein, mit denen sich die Geschichte des alten Israel Stück für Stück auf ihr Ende zubewegt.

Für sich genommen ist die Geschichte vom Besuch der namenlosen Königin aus Saba ein Farbtupfer, aber keine große Erzählung. Dazu fehlt die narrative Mehrschichtigkeit. Es geht darum, den Weg für Salomos Wirkungsgeschichte innerhalb und außerhalb des Alten Testaments zu ebnen. Und so ist es vermutlich weniger diese Erzählung an sich, sondern ihre Erwähnung bei Matthäus (Mt 12,42) und Lukas (Lk 11,31), die sie zur Predigtperikope für das Epiphaniasfest gemacht hat. In den beiden Evangelien, die an dieser Stelle auf die Logienquelle zurückgreifen, wird die Königin von Saba zu einer eschatologischen Gestalt, die im Jüngsten Gericht noch einmal auftreten wird und zwar als Zeugin gegen diejenigen, die Jesus nicht geglaubt haben. Sie, eine fremdländische Frau, die schon um Salomos willen aus einem fernen Land angereist war, hätte begehrt, Jesus zu sehen, und sie hätte seine Hoheit erkannt. So wird sie zu einer Zeugin für Jesus und gegen die, die ihn ablehnen. Das wird noch gesteigert, weil die Königin damals ja tatsächlich ›nur‹ Salomo vor Augen hatte und noch nicht denjenigen, der mehr sein würde als Salomo.

Freilich ist es gerade die Wendung »mehr als Salomo«, die fragen lässt, woran die Königin denn eigentlich die besondere Rolle Jesu erkannt hätte, dem die Insignien der Macht ebenso fehlen wie der Reichtum und ein großer Hofstaat. Im Gegenteil, an diesen Aspekten gemessen ist Jesus gegenüber Salomo ein recht armseliger König. Liest man von Mt 12 und Lk 11 her zurück, dann ist es ein anderes Element der Lobesrede für Salomo, das nun in besonderer Weise hervortritt, nämlich die Doxologie am Ende (V. 9): »Gelobt sei der Herr, dein Gott, der an dir Wohlgefallen hat, sodass er dich auf den Thron deines Volkes gesetzt hat! Weil der Herr Israel lieb hat ewiglich, hat er dich zum König gesetzt, dass du *Recht und Gerechtigkeit* übst.« Durch die neutestamentliche Anspielung erhält dieser deskriptive Satz eine messianische Färbung. Wenn sie wieder auftreten wird im Jüngsten Gericht, wird sie Jesus als denjenigen erkennen und bezeugen, an dem Gott Wohlgefallen hat und der als wahrer König das Gottesvolk mit Recht und Gerechtigkeit regiert – auch wenn dies ein König von ganz anderer Gestalt sein wird als der goldglänzende Salomo.

Man kann fragen, was diese messianische Rezeption der Rede der Königin von Saba ausgelöst haben mag. Dies dürfte weitläufig damit zusammenhängen, dass Salomo auch noch an anderer Stelle im Blickfeld der Jesusüberlieferung erscheint (vgl. Mt 6,28 f.). Wichtiger allerdings ist diesbezüglich die Wendung »Recht und Gerechtigkeit«. Diese begegnet im Alten Testament vor allem in den Psalmen und in den Propheten als Ausdruck von Erwartung und Hoffnung. Die Aufrichtung von Recht und Gerechtigkeit erscheint als eschatologischer Imperativ, häufiger aber noch zur Ankündigung des unmittelbar bevorstehenden Handelns Gottes oder seines Gesalbten. Man denke nur an die messianische Verheißung in Jes 9,6 (vgl. Jes 1,21), die mit dieser Terminologie operiert. Es ist möglich, dass bereits die Autoren von 1Kön 10 auf diese prophetisch-eschatologische Diktion zurückgriffen, um Salomo (wie auch seinen Vater David) mit messianischen Erwartungen zu assoziieren. In jedem Fall aber verstärken die neutestamentlichen Erwähnungen die inneralttestamentlichen Resonanzen der Rede von Recht und Gerechtigkeit, indem sie diese nun in der Erscheinung Jesu bündeln.

Insofern belegt die Erzählung von 1Kön 10,1–13 und deren neutestamentliche Rezeption eine wichtige Form innerbiblischer Hermeneutik. Die Erwähnung der Königin von Saba im Zusammenhang des Auftretens Jesu nimmt eine messianische Spur auf, die in den wechselseitigen Verweisungen alttestamentlicher Texte bereits angelegt ist. Der Rückgriff auf alttestamentliche Texte hat also nicht nur illustrative Bedeutung. Es geht nur oberflächlich darum, Jesus als Überhöhung oder Überbietung des sagenumwobenen Salomo darzustellen. Unter dieser Oberfläche artikuliert sich die Erwartung, dass mit Jesus das zum Durchbruch gelangt, was sich in Salomos Herrschaft schon einmal – wenngleich temporär und verbunden mit einer am Ende tragischen Gestalt – abgezeichnet hatte, nämlich ein Reich von Recht und Gerechtigkeit. (AS)

»Mache dich auf!« oder: Den Messias nicht alleine lassen

Die Erzählung vom Besuch der Königin von Saba war bislang (in der Abgrenzung 1Kön 10,1–9) einer der Marginaltexte am Epiphanias-Tag. Im Kontext der Perikopenrevision war die Aufnahme dieser Erzählung in die Reihe der Predigttexte an Epiphanias von Anfang an in der Diskussion; dennoch kam die Perikope erst in der letzten Bearbeitung hinzu. Dabei wird der Text bereits in der altkirchlichen typologischen Auslegung und in der Kunst des Mittelalters vielfach als Präfiguration der Anbetung Christi durch die Könige/Weisen aus dem Morgenland verstanden,[97] aber auch als Typus für die Kirche, zu der die Heidenvölker hinzuströmen. In der Malerei hat die Szene vor allem im Barock die Künstler inspiriert; seit Georg Friedrich Händels Oratorium »Solomon« (1749; HWV 67) hat die Königin von Saba auch in die Musik Einzug gehalten.[98] Was läge also näher, als diesen in der Wirkungsgeschichte so bedeutsamen Text in die Perikopenordnung aufzunehmen?

Die Bedenken entstanden vor allem aus der Verbindung mit dem Proprium des Epiphanias-Tages. An Epiphanias kommt keine Predigt darum herum, das Erscheinen Christi und die Anbetung durch die Weisen (Evangelium: Mt 2,1–12) zu bedenken. Was geschieht nun aber, wenn die Königin von Saba und ihre Huldigung vor Salomo mit der Anbetung des neugeborenen Jesus im selben Textraum erscheint? Die Gefahr besteht in einer antithetischen Bezugnahme: Einst sei, so könnte man dann sagen, das davidische Königtum durch Reichtum, Weisheit und Macht gekennzeichnet gewesen – so sehr, dass eine Königin aus fernen Landen kommt, um diesem König ihre Huld und ihre Geschenke darzubringen. Nun aber sei in Christus, der aus dem Haus Davids stammt (vgl. Mt 1,1–17), das wahre Königtum sichtbar geworden: geboren in einem Stall bei Bethlehem, nicht aber im Palast in Jerusalem, mitten hinein in Armut und Machtlosigkeit, zuerst angebetet von Hirten, erst dann von den verwunderten drei Weisen/Königen. Würde man die Texte so aufeinander beziehen, wäre die Königin von Saba in ihrer Begegnung mit Salomo nichts anderes als eine dunkle Folie, auf der das Licht der Erscheinung Christi umso heller leuchten würde.

Eine andere Auslegung wird möglich, wenn man der im ersten Teil dieser Betrachtung aufgezeigten messianischen Spur folgt, die in 1Kön 10 bereits angedeutet ist. Die Spur der Erwartung von Recht und Gerechtigkeit zieht

---

[97]   Vgl. nur das Westportal der Kathedrale von Amiens, wo die Königin von Saba als Statue neben den Heiligen Drei Königen erscheint; im Internet als Abbildung vielfach greifbar.

[98]   Der gesamte dritte Akt des Oratoriums ist dem Besuch der Königin von Saba gewidmet, die den Reichtum und die Pracht Salomos bestaunt, seine Weisheit erkennt, aber in besonderer Weise von dem Tempel angezogen ist: »Yet of ev'ry object I behold, / Amid the glare of gems and gold, / The temple most attracts my eye, / Where, with unwearied zeal, you serve the Lord on high« (51; Rezitativ der Königin von Saba). Bevor ein Schlusschor der Israeliten das Oratorium beendet, findet sich ein Duett von König Salomo mit der Königin von Saba, in dem sich die beiden gute Wünsche und Gottes Segen zusingen.

sich durch Altes und Neues Testament – und findet durch die Zeiten immer neuen Ausdruck und immer neue Bestätigung. Es gibt einen heilsgeschichtlichen Zusammenhang, der 1Kön 10 und Mt 2 nicht antithetisch aufeinander bezieht, sondern in *einer* Linie der Erwartung verortet, und der gegenwärtige Gottesdienstfeiernde einbezieht.

Freilich bleibt auch dann ein Problem von 1Kön 10 bestehen: Die Erzählung an sich ist in narrativer Hinsicht eine Enttäuschung. Sie illustriert die Bedeutung Salomos, bleibt erzählerisch oberflächlich und zeichnet sprachlich vor allem ein Bild des großen Königs. Im Targum Sheni zum Buch Ester – ein schwer datierbarer rabbinischer Text, für dessen Entstehung in der Geschichte der Forschung ganz unterschiedliche Zeiten zwischen dem vierten und dem elften Jahrhundert genannt wurden – findet sich eine ausführliche midraschische Erweiterung der Erzählung vom Besuch der Königin von Saba.[99] Narrative Leerstellen der Erzählung werden sehr phantasievoll gefüllt.

Zunächst unterstreicht der Midrasch die Macht Salomos. Salomo versammelt alle Könige aus dem Osten und Westen zu sich, die ihm völlig ergeben sind. Im Rahmen des Festes, das er mit ihnen feiert, befiehlt er nach einer Weile, dass alle Völker des Himmels, aber auch alle Wildtiere, alle Dämonen und Geister ebenfalls hinzukommen und vor dem König tanzen mögen. Das geschieht, und die Tiere erscheinen allesamt – bis auf einen: den Wiedehopf. Der König wird zornig, doch schließlich kommt auch der Wiedehopf hinzu und entschuldigt seine Verspätung damit, dass er sich überall umgesehen habe, ob es nicht doch noch irgendwo ein Reich gebe, das sich der Vorherrschaft Salomos nicht unterworfen habe. Er sei lange durch die Gegend geflogen – und habe schließlich ein solches Reich gefunden: die Stadt Kitor und das Land Saba. Der Wiedehopf berichtet vom unglaublichen Reichtum, der dort herrsche – und natürlich sendet König Salomo den Wiedehopf samt einem Gefolge an Flugtieren mit einem Brief zu der Königin dieses Landes. Dieser Brief erreicht die Adressatin auf recht eindrucksvolle Weise: Beim morgendlichen Sonnengruß verdunkeln die aus Israel mitgereisten Vögel die Sonne vollständig. Die Königin ist beeindruckt, liest den Brief und macht sich mit großen Schätzen auf den Weg zu Salomo. Sie prüft ihn mit drei Rätseln und stellt ihm zwei Aufgaben, die Salomo bravourös löst und meistert. So mündet die Erzählung in 1Kön 10,7f.

---

[99]   Vgl. Hayim Nahman Bialik / Yehoshua Hana Ravnitzky (Hg.), The Book of Legends. Sefer Ha-Aggadah. Legends from Talmud and Midrash, New York 1992, 127–129.

Der Midrasch lässt mit seiner Nacherzählung ein noch weitergehendes, sich von jeder potentiellen ›historischen‹ Bezugnahme endgültig lösendes Bild von König Salomo entstehen, das die Grenzenlosigkeit des messianischen Friedensreiches unterstreicht. Freilich wird aber auch in diesem Midrasch die narrative Grenze klar: Sonderlich spannend ist auch diese Geschichte nicht; und sonderlich einladend erscheint ein Reich, in dem sich alle und alles um einen sich im Glanz der eigenen Weisheit und Macht sonnenden König versammeln, wohl ebenfalls nur bedingt. Wie also kann 1Kön 10 so gepredigt werden, dass der Text nicht antithetisch als dunkle Folie verbraucht, aber auch nicht einfach nur *ad maiorem gloriam Salomonis* nacherzählt wird? Zwei Anregungen seien weitergegeben:

(1) Eine spannende narrative Predigt könnte entstehen, wenn man die Königin von Saba in einem kühnen geschichtlichen Sprung einfach nochmals auftauchen und gemeinsam mit den drei Königen / Weisen aus dem Morgenland an der Krippe stehen lässt. Vielleicht treten auch ›wir‹ mit hinzu (vgl. EG 37) und erkennen, wie sich die Erwartung des Messias und seines Reiches durch die Zeiten zieht und nun erneut und gebrochen in der Erscheinung des Fleisch gewordenen Gotteswortes sichtbar wird: »Ach Heu und Stroh ist viel zu schlecht, / Samt, Seide, Purpur wären recht, / dies Kindlein drauf zu legen!« (EG 37,6).

(2) Peter Horst Neumann inszeniert in seinem Gedicht »Die Reise nach Jerusalem (Ein Quodlibet)«[100] die Einsamkeit des großen Königs Salomo. Dazu bringt er »das schöne oft gespielte Spiel« der Reise nach Jerusalem mit dem Besuch der Königin aus 1Kön 10 in Verbindung. Das Ziel des Spielers war es, »dir […] / nahe sein; mit dir, vielleicht, / zuletzt auf einem Stuhl.« Doch genau dies geschieht in der Logik des Spiels nicht: »[…] nun sitz ich hier / allein auf König Saloms Thron / und suche dich, Prinzessin«. Doch der König bleibt allein: »Nach Saba sind noch Boten / unterwegs, und alle Wege / enden an der Klagemauer.« Dass der Messias, der »Morgenstern« (EG 69/EG 70), nicht allein bleibe, sondern die finde, die ihn erkennen, ihn loben und mit ihm das Licht in die Welt tragen – das kann zu einer lohnenden Richtung der Predigt von 1Kön 10 werden. Wie bereits in der altkirchlichen Auslegung stünde die Königin von Saba dann für all jene, die im Lauf der Geschichte hinzutreten zu der messianischen Hoffnung und an ihr mitbauen – ganz im Sinne der alttestamentlichen Lesung an Epiphanias: »Mache dich auf, werde licht; denn

---

[100] Peter Horst Neumann, Die Erfindung der Schere. Gedichte, Bargfeld 1999, 67.

dein Licht kommt, und die Herrlichkeit des HERRN geht auf über dir!« (Jes 60,1–6, hier: V. 1).

Liedvorschläge: EG 70 (Wie schön leuchtet der Morgenstern) nimmt in V. 1 mit hinein in die heilsgeschichtliche Weite der Erscheinung Christi:»Du Sohn Davids aus Jakobs Stamm, mein König und mein Bräutigam …«. Auch sonst wird in diesem Lied die Anbetung des Königs in den Vordergrund gerückt. In eine ähnliche Richtung weist auch EG 71 (O König aller Ehren), wobei sich hier in V. 3 auch eine antithetische Bezugnahme auf idealisierte Königsbilder zeigt. Den Aufbruch und Weg hin zum Licht besingt in besonderer Weise EG 73 (Auf, Seele, auf und säume nicht). (AD)

1. Sonntag nach Epiphanias (Reihe I): Jos 3,5–11.17

Das verschobene Wunder

Josua 3,1–17 ist in gewisser Weise die Wiederauflage einer bekannten Geschichte. Wieder einmal steht das aus Ägypten ausgewanderte, auf dem Weg ins verheißene Land befindliche Israel an einem Gewässer, das es zu durchqueren gilt. In Ex 14,21 ist es das Rote Meer, das geteilt wird, in Jos 3,17 der Jordan. Jeweils geht es um einen Machterweis Gottes, der Israel zu Glauben und Vertrauen führen soll, denn noch bis zur Landnahme schwingt in den Erzählungen immer noch die Wahrnehmung mit, dass Gott und Volk sich fremd sind, dass es noch nicht zu der ›Symbiose‹ gekommen ist, die die sogenannte Bundesformel anvisiert: »[Ich] will euer Gott sein, und ihr sollt mein Volk sein« (Lev 26,12; Dtn 26,16–19). Erst wenn Israel in seinem Land angekommen sein wird, so die Erwartung, wird es im Rückblick endlich erkennen, dass alle Ankündigungen und Verheißungen Gottes von Anfang an wahr gewesen waren. In der Zwischenzeit aber bedarf es – gleichsam als vertrauensbildende Maßnahme – immer wieder der sinnfälligen Wunder, die Gott in der Wüste tut: Manna, Wachteln, Wasser aus dem Fels. So auch hier. Diesmal handelt es sich allerdings nicht um ein Rettungswunder wie noch in Ex 14, wo die Ägypter Israel nachstellen und nichts anderes als ein massives Eingreifen Gottes den Untergang Israels abwenden kann. Diesmal ist Israel unbedroht und ungefährdet. Es steht am Jordan, den es überqueren soll. Dazu braucht man kein Wunder. Allerdings gab es Zeiten, zu denen eine solche Überquerung leichter oder schwerer möglich war. V. 15 erwähnt eigens, dass zur Erntezeit der Wasserstand des Jordan besonders hoch gewesen sei, Israel für die Überquerung also vermutlich günstigere Verhältnisse hätte abwarten müssen. Angesichts dieses natürlichen Hindernisses kommt es erneut zu einem Wasserwunder. Diesmal ist es aber nicht Mose – oder nunmehr dessen Nachfolger Josua –, der die Arme ausbreitet und so das Auseinandertreten des Wassers bewirkt. Was nun vor Israel hergeht, ist die Bundeslade mit den Priestern als Trägern. Es sei angemerkt, dass die Texte durchaus eine gewisse Konkurrenz durchscheinen lassen, wer die Wunder Gottes vollbringen bzw. initiieren darf. Hier sind es die Priester, während Josua ›nur‹ die Regieanweisungen ausgibt (V. 5 f.).[101] Allerdings folgt in Jos 10 dann doch noch ein veritables Wunder

Josuas, der selbstmächtig der Sonne gebietet, über Jericho stillzustehen. Gott lässt dies dann tatsächlich geschehen, was dem Erzähler die Notiz wert ist, dass nur dieses eine Mal überhaupt Gott der Stimme eines Menschen gehorcht habe (Jos 10,14).

Die narrative Pointe der Erzählung liegt nun darin, dass zwischen den Anweisungen Josuas und dem tatsächlichen Geschehen eine Diskrepanz besteht, die durch den Zuschnitt der Predigtperikope (ohne V. 12–16) allerdings etwas untergeht. Zunächst gebietet Gott dem Josua, dass die Priester die Bundeslade in den Jordan tragen und dort dann stillstehen sollen (V. 8). Wie weit sie in den Fluss steigen sollen – ob bis zu den Knöcheln oder bis zum Hals – und was dann geschehen wird, sagt Gott nicht. Daraufhin geht Josua zu den Priestern und gibt ihnen deutlich elaboriertere Anweisungen: Aus jedem der Stämme Israels soll ein Mann genommen werden, die zusammen mit den Priestern die Spitze des Zuges bilden sollen. So wird Israel gleichsam im Kleinen abgebildet, das gesamte Volk soll dann erst mit etwas Abstand nachfolgen. Weiterhin erklärt Josua, was sich dann zutragen wird: Sobald die Fußsohlen der Priester die Wasseroberfläche berühren, würde sich das Wasser teilen, und zwar so, dass sich das Wasser aus dem See Genezareth staut und zu einer großen Wand auftürmt, während auf der anderen Seite das Wasser Richtung Totes Meer abfließt und auf diese Weise ein trockener Pfad entsteht.[102] Offenbar stellt sich Josua diese Wasserwand tatsächlich als ein spektakuläres Geschehen vor: Gott würde eine große ›Show‹ inszenieren, und genau daran würde Israel (endlich) erkennen, dass ein lebendiger Gott unter ihnen ist (V. 10). Ganz so kommt es aber gerade nicht. Die Priester steigen zwar in den Jordan, aber ein plötzliches Auseinanderbersten des Wassers findet nicht statt. Angesichts des hohen Wasserstandes (V. 15) erscheint das ganze Unternehmen sogar einigermaßen riskant. Dann geschieht zwar das Wunder, aber weit außerhalb der Sichtweite der Israeliten. Das Wasser des Jordan staut sich tatsächlich, aber in der Höhe eines Ortes namens Adam, der mit dem besser bekannten Zarthan in Verbindung gebracht wird, etwa 60 Kilometer entfernt von der Stelle, an der die Israeliten den Jordan über-

---

[101]   Es dürfte dann eher ein späterer Redaktor gewesen sein, der V. 7 nachgetragen hat, wo es darum geht, dass Josua sich nun, mit göttlicher Unterstützung, als würdiger Nachfolger des Mose erweist.

[102]   Dieses Szenario der »Wasserwand« ist in Bibelverfilmungen immer wieder aufgegriffen und in die Exoduserzählung hineinkopiert worden, wo eine solche Wand allerdings nicht erwähnt wird. Eher ist dort daran gedacht, dass ein Wind die Wasser des Roten Meers gleichsam auseinanderschiebt, sodass in der Mitte eine Furt sichtbar wird.

queren. Nicht nur findet das Wunder also ganz woanders statt, auch dessen Wirkung stellt sich aus so weiter Distanz erst mit Verzögerung ein. Was die Israeliten erleben, ist der Logik der geschilderten Umstände zufolge ein langsames Abfließen des Jordan. Die Priester, die im Fluss stehen, werden also geradezu zu Wasserstandsanzeigern, an denen Israel sehen kann, wie der Jordanpegel allmählich sinkt, sodass schließlich das gesamte Volk hindurchziehen kann.

Demnach ist die eigentümliche Brechung zwischen dem Wunder, das Josua ankündigt, und der Art und Weise, wie Gott dieses tatsächlich durchführt, die eigentliche Pointe an dieser Stelle. Und damit fällt die Jordanteilung tatsächlich auch aus dem normalen Raster der Spontanwunder heraus. Israel soll seinen Gott kennenlernen, das ist jedenfalls Josuas Absicht. Aber das geschieht anders, indirekter und im wörtlichen Sinne ›entfernter‹, als er sich das vorstellt. Josua wie auch das gesamte Israel haben also noch einiges darüber zu lernen, wer eigentlich der Gott ist, mit dem sie es zu tun haben.

Jos 3 ist nunmehr eine der Predigtperikopen für den Sonntag der Erinnerung an die Taufe Jesu. Das wirft die Frage nach der Schnittstelle zwischen Jos 3 und dem Evangelientext Mt 3,13–17 auf. Jos 3 ist natürlich keine Taufgeschichte, es geht weder realiter noch symbolisch um ein Untertauchen/Heraussteigen – ganz im Gegenteil! Umgekehrt ist aber die Johannestaufe, der sich Jesus unterzieht, ein Geschehen am Jordan, das auf den Auszug aus Ägypten und den Einzug ins verheißene Land als ›Schwellenereignisse‹ anzuspielen scheint. Jeweils geht es um den Übergang in eine andere, bislang unbekannte und im wörtlichen Sinne unabsehbare Existenz. In Mt 3 wird, im Gefolge von Jos 3, dieser Übergang zu einem Ereignis von Gotteserkenntnis. Israel soll am Jordan (endlich) seinen lebendigen Gott erkennen. In Mt 3 wird diese Erkenntnis erreicht, indem Jesus als Gottessohn identifiziert wird. Auch darin liegt etwas Unerwartetes, so nicht Vorhersehbares, jedenfalls was die Hoffnung auf ein Heilsereignis angeht. Und so mag die Pointe von Jos 3 – und schließlich auch Mt 3 – sein, dass Gott seine Wunder anders als erwartet vollbringt und damit gerade auch ›religiöse‹ Erwartung irritiert. (AS)

Im Jordan oder: Zeichen von Gottes Gegenwart

Aus der ersten Hälfte des 13. Jahrhunderts stammt das bronzene Taufbecken im Dom zu Hildesheim, auf dem Jesu Taufe im Jordan und gleich daneben der Durchzug der Israeliten durch den Jordan dargestellt sind.[103]

Die beiden Ereignisse im Jordan wurden in der typologischen Auslegung durch die Jahrhunderte immer wieder miteinander verbunden.[104] Die beiden Männer, die denselben Namen tragen (*Jehoschua/Jesus*) erleben den Jordan auf unterschiedliche Weise als Ort der erfahrbaren Gegenwart Gottes, wobei in beiden Fällen Gott selbst die Art und Weise seiner Gegenwart bestimmt. Es ist keineswegs der Fluss an sich, der etwas Besonderes wäre – ganz im Gegenteil. Bereits der syrische Feldhauptmann Naaman erkennt, dass der Jordan ein ganz und gar gewöhnlicher Fluss ist: »Sind nicht die Flüsse von Damaskus ... besser als alle Wasser in Israel?« (2Kön 5,12). (Es sei nur angemerkt, dass es durchaus befremdlich ist, wenn christliche Israeltouristen hochpreisiges Jordanwasser – abgefüllt an einer der vermeintlichen Taufstellen Jesu – mit nach Hause nehmen, um es z. B. für die Taufe von [Paten-]Kindern oder Enkeln zu verwenden oder für alle möglichen anderen Heilbehandlungen zu gebrauchen.)

Es ist *Gottes* Handeln, das diesen Fluss immer wieder zu etwas Besonderem macht. In Jos 3 ›inszeniert‹ Gott den Durchzug so, dass er zu einem *Zeichen* wird, das an das vergangene Handeln Gottes erinnert – und so auf das neu zu erwartende Handeln Gottes verweist. In der Taufe Jesu setzt zunächst Jesus selbst ein Zeichen, indem er sich von Johannes taufen lässt, obwohl dieser erkennt, dass es eigentlich umgekehrt sinnvoll und stimmig wäre. Dann ist es Gott selbst, der ein Zeichen gibt, wobei in Mt 3 offen bleibt, wer dieses Zeichen wahrnehmen kann. Es heißt, *ihm*, Jesus, habe sich der Himmel aufgetan und *er* habe den Geist Gottes gesehen.[105] Auch das Geschehen am Jordan, in dem sich Gottes Gegenwart für sein Volk erweist, ist keineswegs eine mächtige Demonstration vor aller Augen und für alle Ohren, sondern verweist für die durch den Jordan Ziehenden zurück in die Geschichte Gottes mit seinem Volk.

---

[103]   Siehe hierzu die Aufnahmen von Wolfgang Gülcker auf: http://guelcker.de/2077/hildesheim-dom-taufbecken/ [Zugriff vom 26.1.2018].

[104]   Hinzu kommen dann noch die Erzählungen vom Durchzug durch das Rote Meer sowie von der Heilung Naamans im Wasser des Jordan (2Kön 5).

[105]   Das Pronomen erinnert an Gen 32,32: Nach dem Kampf Jakobs am Jabbok »ging *ihm* die Sonne auf«.

Die Chance einer christlichen Predigt zu Jos 3 liegt darin, dass sich auch die christliche Gemeinde am 1. Sonntag nach Epiphanias neu in diese Geschichte hineinerzählt. Die eigene Taufe, die Christinnen und Christen mit Jesus verbindet (bei Paulus findet sich die körperliche Metapher, wonach die Getauften »zusammengewachsen sind« mit Christus, Röm 6,5), führt zugleich *an und in den Jordan,* erinnert an Jesu Taufe und diese wiederum an den Durchzug des anderen *Jesus/Josua* mit seinem Volk durch den Jordan, und dieser wiederum an den Durchzug durch das Schilfmeer und dieser daran, dass Gott ein Rettender und Befreiender ist, mächtiger als der Pharao in Ägypten. Die Typologie ermöglicht es, bewusst in die Geschichte einzutauchen, die dieser Taufe vorausgeht und (wie bei der Predigt von Ex 2 am 1. Weihnachtstag) zu zeigen, dass die Christusgeschichte und die Geschichte heutiger Christinnen und Christen nicht in der Luft hängt, sondern in die Geschichte des Gottesvolkes Israel gehört und diese auf ihre Weise wieder-holt.

Der 1. Sonntag nach Epiphanias ist vom Evangelium der Taufe Jesu geprägt. Anders als am 6. Sonntag nach Trinitatis steht hier nicht primär das Gedenken an die Taufe der Gemeindeglieder im Mittelpunkt, sondern die christologische Pointe der Taufe Jesu durch Johannes. Freilich aber ist ›unsere‹ Taufe mit der Taufe Jesu verbunden. Die eigene Präfation, die der 1. Sonntag nach Epiphanias im Evangelischen Gottesdienstbuch hat, drückt diese Verbindung aus:

> »In seiner [Jesu] Taufe ist er zu uns getreten als Bruder, uns vom ewigen Tod zu erlösen. In unserer Taufe haben wir ein unauslöschliches Siegel empfangen, das uns Anteil verbürgt an seinem göttlichen Licht und ewigen Leben.«[106]

Epiphanias – das Fest der Erscheinung des Herrn – lässt die Frage aufkommen, wo und wie Gott erscheint. Jos 3 gibt dazu – mit Mt 3 – eine interessante Antwort: an Übergängen. Keineswegs so ›offensichtlich‹, dass Gottes Begleitung zu einer greifbaren Evidenz würde, und doch so, dass Josuas Zusage erfahrbar wird: »Daran sollt ihr merken, dass ein lebendiger Gott unter euch ist …« (V. 10).

Es kann und soll nicht verschwiegen werden: Mit V. 10 führt Jos 3 auch in die Darstellung der Eroberungsgeschichte des Landes Israel hinein – eine Geschichte, die *gegen* die »Kanaaniter, Hetiter, Hiwiter, Perisiter, Girgaschiter, Amoriter und Jebusiter« gerichtet ist, die von Gott vertrieben werden sollen.

---

[106] EGb, 622.

Bis heute wird diese Geschichte politisch instrumentalisiert und funktionalisiert – von so genannten »Christlichen Zionisten« ebenso wie von Politikerinnen und Politikern in Israel, die ihre eigene jüdische religiöse Tradition als Legitimation für Siedlungsbau in den besetzten Gebieten, Mauerbau quer durch das ›Heilige Land‹, Reisebeschränkungen, ungerechte Ressourcenverteilungen etc. missbrauchen. Im Blick auf Jos 3 sollten vier Aspekte beachtet werden: (1) Auf der Textebene gilt: Es sind *Josuas*, nicht *Gottes* Worte, die die Vertreibung der Völker in V. 10 ankündigen. Wie gezeigt fällt bereits das Zeichen anders aus, als Josua dies erwartete, und es lässt sich im Text selbst eine Kritik an Josuas Ankündigung lesen (V. 16: »sehr fern«!). So kann auch das Josua-Buch insgesamt als eine Infragestellung jedes eigenmächtigen politischen Handelns gelesen werden; die dargestellten Kriege sind als Kriege des HERRN dem Volk entzogen! (2) In der Forschung gibt es keine Einigkeit, wann die Texte des Buches Josua entstanden und redigiert wurden. Vieles aber spricht m. E. dafür, dass das Buch keineswegs bestehende Ansprüche legitimieren, sondern in bedrängter Situation Hoffnung wecken will. (3) Freilich zeigt der Text aber auch, wie sich ein ›Gott mit uns‹ allzu leicht in ein ›Wir mit Gott gegen die anderen‹ verwandeln kann. Die Geschichte, die mit dem Jordan verbunden ist, bleibt eine uneindeutige politische Geschichte. Alle Versuche, sie zu schnell zu vereindeutigen und so auf die Gegenwart zu übertragen, erweisen sich als problematisch. (4) Nicht vergessen werden sollte schließlich, was in Jos 3 bildlich in den Mittelpunkt gerückt wird: Es ist *die Bundeslade*, die durch den Jordan getragen wird[107] und als Zeichen in der Mitte des Jordan stehen bleibt. Sie ist nicht leer, sondern enthält die Gebote Gottes: »Du sollst nicht töten.«

Darüber hinaus gilt grundlegend: Die Taufe Jesu führt nicht in ein herrlich-heiles Leben des Gottessohnes auf Erden (in der Darstellung der Synoptiker schließt sich die Versuchungserzählung unmittelbar an!), und der Durchzug durch den Jordan führt nicht in die konfliktfrei-fröhliche Existenz des Volkes Israel im Land. Mit Paulus gesprochen führt die Taufe Christenmenschen in ein merkwürdiges ›Dazwischen‹: nicht mehr die Alten, noch nicht die Neuen. Der ›Tod‹ liegt hinter den Getauften, so sehr der physische Tod als unausweichliche Gewissheit zeitlich noch vor jedem und jeder einzelnen liegt

---

[107] In dem Gedicht »Chassidische Schriften« lässt Nelly Sachs die Bundeslade sogar zum eigentlichen Subjekt des Durchzugs werden: »Und die Bundeslade zog ihre Träger / über den Jordan, denn die Elemente trieben / geschwisterhaft die Segnung der Schrift« (NELLY SACHS, Fahrt ins Staublose. Gedichte, Frankfurt a. M. 1988, 141 f.).

(Röm 6,3 f.). Der Durchzug durch den Jordan führt in das ›Gelobte Land‹, die politische Lage aber lässt Gottes Verheißung für das Leben im Land weiter für die Zukunft erwarten. In dieser Zeit des Dazwischen ist das Leben getragen von der Zusage des Mit-Seins Gottes, für die der Jordan zum erfahrbaren und erinnerbaren Zeichen wird.

Martin Luthers »Christ, unser Herr, zum Jordan kam« (EG 202) nimmt weniger die christologische Pointe der Jesustaufe auf als vielmehr die Taufe des einzelnen in den Blick. Interessant ist aber V. 7, der im Kontext von Jos 3 die Alltäglichkeit und Niedrigkeit des Jordan anklingen lässt und Gottes verwandelnde Geistkraft besingt: »Das Aug' allein das Wasser sieht, / wie Menschen Wasser gießen; / der Glaub im Geist die Kraft versteht / des Blutes Jesu Christi …« Wenn in der Predigt vor allem die Zusage der Gegenwart Gottes in den Übergängen des Lebens bedacht wird, eignet sich z. B.: EG 374 »Ich steh' in meines Herren Hand« als Predigtlied. Geht es vor allem um die Verbindung der christlichen Gemeinde mit der Israel-Geschichte, kann z. B. EG 279 »Jauchzt, alle Lande, Gott zu Ehren« gesungen werden (vgl. vor allem V. 3: »Ins Trockne wandelt er die Meere …«). (AD)

2. Sonntag nach Epiphanias (Reihe II): Jer 14,1(2)3-4(5-6)7-9

Muss Gott gnädig sein?

Dieser Perikopentext versetzt seine Leserschaft in eine geradezu klassische Situation alttestamentlicher Prophetie: Das Land leidet Not. Es sind bewegende und verstörende Bilder, die die Ernsthaftigkeit und Ausweglosigkeit der Situation darstellen. Der ausbleibende Regen und die anhaltende Dürre haben Mensch und Tier an die Schwelle des nackten Überlebens gebracht. Die Zisternen sind trocken, der Schöpfeimer kommt leer zurück (V. 3). Die Hirschkühe sind an dem Punkt angekommen, wo sie etwas tun, das ihrem Mutterinstinkt ganz und gar widerstrebt: Sie lassen ihre sterbenden Kälber zurück in der vagen Hoffnung, vielleicht selber noch zu überleben (V. 5). Warum das so ist, wird in V. 7-9 durch eine Anrufung Gottes deutlich: Es sind die Sünden der Menschen von Juda, die Gottes Zorn entfesselt haben und ihn davon abhalten, sich um sein Land zu kümmern. Gott erscheint hier in der Rolle des Versorgers und Beschützers, ohne dessen Segen das Land verendet.

Was zu diesem Unheil geführt hat, erfährt man, wenn man weiterliest: Es sind die Propheten, die das Volk in falscher Sicherheit wiegen (V. 13f.), Gott würde immer auf der Seite seines Volkes sein, auch wenn es sich gerade nicht an Gottes Willen und dem Ruf nach Gerechtigkeit orientiert.

Hier klingt ein Thema an, das leitmotivisch das gesamte Jeremiabuch durchzieht, nämlich das einer fatalen religiösen Selbstsicherheit und Gottesgewissheit. Der Gott, der auf dem Zionsberg wohnt, würde, um seiner selbst willen, diesen Ort niemals preisgeben – so die Logik der Lügenpropheten. Gott wäre so fest an diesen Ort und seine Bewohner gebunden, dass er sich dieser Bindung (selbst wenn er es wollte) nicht entwinden könnte. Diese falsche Gewissheit prangert das Jeremiabuch vor allem in der ersten, programmatischen Tempelrede an: »Hier ist des Herrn Tempel!« (Jer 7,4), werden die Vertreter einer strikten Zionstheologie zitiert, für die es offenbar undenkbar war, dass Gott sich gegen diejenigen kehren würde, die seinen heiligen Ort bewohnen.

Die Perikope endet mit der Reaktion der darbenden Judäer, die nun schließlich doch ihre Verfehlungen erkennen und gleichzeitig darauf insistieren, dass Gott nicht der bleiben könne als der er sich darstellt – ein »Fremdling im Lande und ein Wanderer, der nur eine Nacht bleibt« (V. 8).

Diese Bilder suggerieren Indifferenz, so als ob Gott das Schicksal seines Volkes nichts anginge. Bringt man es auf einen Nenner, so erinnert Israel seinen Gott daran, dass es eine gewachsene Beziehung gibt, von der auch Gott sich nicht einfach dispensieren kann. Gottes eigener Name steht dabei auf dem Spiel, oder anders gesagt: seine Glaubwürdigkeit als der »Trost Israels« (V. 8).

Die Frage, die sich daraufhin natürlich stellt, die aber erst außerhalb des Perikopentexts beantwortet wird (V. 10-16), lautet, ob Gott sich auf diese Argumentation einlässt, ob er sich also Israels Klage zu Herzen nimmt. Als »Tröster« angesprochen werde Gott, so könnte man denken, so reagieren, wie er es in einem anderen berühmten Textzusammenhang tut: Jes 40 beginnt bekanntlich mit dem Aufruf »Tröstet, tröstet mein Volk«. Jes 49,13 holt diesen Aufruf nun ab und spricht davon, dass Gott sein Volk wirklich getröstet habe. Wer allerdings meint, dass es immer so ausgehen müsse, wird vom Jeremiabuch enttäuscht. Denn hier reagiert Gott überhaupt nicht gnädig, sondern gibt seinem Unmut über Israels Sünden freien Lauf. Nicht einmal darf der Prophet als Fürbitter auftreten, was doch eigentlich seine Aufgabe gewesen wäre (V. 11).

Was hier dargestellt wird, ist der auf Israels Sünden antwortende Zorn Gottes. Allerdings ist dieser Zorn nicht einfach Ausdruck einer Emotion, sondern des passionierten Gerechtigkeitswillens Gottes. Israel steht in einem Bundesverhältnis, das es gebrochen hat. Damit ist das Thema der Gerechtigkeit aufgerufen. Es geht nicht um einen launischen Gott, der im Jähzorn um sich schlägt, sondern um einen Gott, der die Gerechtigkeit einfordert, die Israel als Bundespartner hätte erbringen sollen. Auch das Argument der Verführbarkeit lässt er nicht gelten (V. 15 f.). Die Tatsache, dass falsche Propheten das Volk in Sicherheit wiegten, bringt keine mildernden Umstände mit sich. Hier legt sich der Seitenblick auf Ez 3,17-19 nahe, wo das Wächteramt der Propheten wie folgt definiert wird: »Wenn ich dem Gottlosen sage: Du musst des Todes sterben!, und du warnst ihn nicht und sagst es ihm nicht, um den Gottlosen vor seinem gottlosen Weg zu warnen, damit er am Leben bleibe, so wird der Gottlose um seiner Sünde willen sterben, aber sein Blut will ich von deiner Hand fordern« (V. 18).

Liest man dann noch weiter (V. 17-22), stellt man fest, dass selbst mit dieser niederschmetternden Antwort das Gespräch zwischen Gott, Prophet und Volk noch nicht zu Ende ist. Trotz des Verbots zur Fürbitte setzt die Stimme Jeremias noch einmal an und beklagt das Bild von Zerstörung und Vernichtung in den Toren Jerusalems. Und noch einmal, wie schon in V. 7-9, bekennt das Volk seine Verfehlungen und bittet Gott darum, seinen Bund mit Israel trotz allem nicht aufhören zu lassen (V. 21). Das klingt zunächst wie eine reine Wiederholung, der wenig Aussicht auf Erfolg beschieden sein dürfte. Allerdings ist es der allerletzte Satz, mit dem ein neues Argument ins Feld geführt wird: »Denn Du hast das alles gemacht« (V. 22). Hier wird Gott nicht mehr auf seine Gerechtigkeit hin angesprochen, sondern auf seine Rolle als Schöpfer. Gott hat Israel, den Zion und den Tempel »gemacht«. Indem er das Werk seiner Hände nun der Dürre und feindlichen Völkern überlässt, zerstört er etwas von sich selbst – so die Einwendung des Propheten. Das erinnert an den Schluss des Jonabuches (vgl. die Auslegung zum Perikopentext Jona 4), wo Gott sich der Niniviten erbarmt, weil auch sie ein Volk sind, das er in langer und mühevoller Arbeit erschaffen hat und nun nicht einfach preisgibt. Ganz ähnlich argumentiert Jeremia: Auch wenn es keinen objektiven Grund gibt und auch wenn Israel nach allen Maßstäben von Recht und Gerechtigkeit keine Gnade verdient hat, so ist es doch Gottes Barmherzigkeit mit dem, was er gemacht hat, die das letzte Wort behalten sollte. Wer diesen Diskurs in Jer 15 bis zu dessen Ende verfolgt, stellt allerdings fest, dass – anders als im Jonabuch – auch die thematische Verschiebung auf Gottes Rolle als Schöpfer nicht die erhoffte Wende bringt. Gott ›bleibt hart‹, daran könnten selbst Mose und Samuel – die großen Fürbittergestalten – nichts mehr ändern (15,1).

Was den Perikopentext als Teil eines dramatischen, dialogischen Geschehens (Jer 14 f.) eindrücklich und gleichzeitig abgründig macht, ist das fehlende ›Happy End‹. Gebet und Fürbitte führen nicht zwingend und schon gar nicht automatisch zu einer Wende. Gott ist nicht derjenige, der berechenbar einlenkt, wenn nur die richtigen Mechanismen in Bewegung gesetzt werden. Was Jer 14 f. allerdings trotzdem deutlich werden lässt: Selbst das nicht erhörte Gebet ist kein Grund aufzugeben. Gebet und Fürbitte sind Formen des ›Dranbleibens‹ an Gott, auch und gerade, wenn keine Aussicht darauf besteht, dass sich dies ›auszahlt‹. Im Gegenteil, ob die Einsicht in die eigene Schuld vor Gott, um die es hier geht, Teil einer profunden Selbsterkenntnis ist, erweist sich daran, dass sie nicht von vornherein auf eine Gnade schielt, die doch irgendwie immer am Ende eines Weges mit Gott stehen müsste. (AS)

Fremdling und vorbeiziehender Wanderer oder: Gegen den billigen Gott

»Jesus ist kommen« (EG 66) – Epiphanias feiert die Erscheinung Jesu, des starken Erlösers (EG 66,3) und der »Quelle der Gnaden« (EG 66,7) auf dieser Erde. Die Epiphaniaszeit bleibt an dieser Quelle, feiert und bedenkt, was das Erscheinen Christi bedeutet: »Komme, wen dürstet, und trinke, wer will!« (EG 66,7).

Keine Frage – wenigstens auf den ersten Blick setzt Jer 14 einen kräftigen Gegenakzent zum Evangelium des 2. Sonntags nach Epiphanias. Bei der Hochzeit zu Kana macht Jesus das Wasser aus sechs Krügen zu bestem Wein – und die Feier kann fortgesetzt werden (Joh 2,1-11). In Jer 14 hingegen herrscht Dürre – ganz konkret in Juda und Jerusalem und metaphorisch in der Beziehung Gottes zu seinem Volk.

Es wäre leicht, nun eine dualisierende Hermeneutik anzuwenden und zu sagen: Im Alten Testament entzieht sich Gott und lässt die Menschen seines Volkes in der Dürre, im Neuen Testament wendet sich Gott in Jesus Christus zu und schenkt die Fülle des Lebens. Der bisherige Wochenspruch am 2. Sonntag nach Epiphanias lautete: »Denn das Gesetz ist durch Mose gegeben; die Gnade und Wahrheit ist durch Jesus Christus geworden« (Joh 1,17). Auch dieser konnte in einer Hermeneutik der Antithese gelesen werden, die Mose und Jesus, Gesetz und Wahrheit so einander gegenüberstellt, dass Mose und das Gesetz bestenfalls als negative Folie des Christusgeschehens erscheinen. In der Perikopenrevision wurde Joh 1,16 zum neuen Spruch der Woche: »Von seiner Fülle haben wir alle genommen Gnade um Gnade.« Diese Veränderung des Spruchs ist ein Beitrag zur Überwindung des problematischen Dualismus. Eine antithetische Hermeneutik ist nicht nur biblisch-theologisch falsch, sondern auch meilenweit von menschlichen Erfahrungen entfernt. Auch nach Epiphanias ist Jesus nicht einfach ›da‹; und Gottes Gegenwart ist für Christinnen und Christen nicht leichter zu erfahren als für Jüdinnen und Juden, auch wenn triumphalistische Hermeneutiken dies über Jahrhunderte behaupteten.

Bereits das Evangelium des 2. Sonntags nach Epiphanias bleibt eigentümlich. Das »erste Zeichen, das Jesus tat«, und mit dem er seine »Herrlichkeit« »offenbarte« (2,11), verhilft zwar der verwunderten Hochzeitsgesellschaft zu exzellentem Weingenuss, wird aber bestenfalls von den Dienern, den Jüngern und der Mutter Jesu als solches erkannt. Auch in Kana bleibt das fleischgewordene Wort inmitten der Offenbarung eigentümlich verborgen.

Dem entspricht das im Kreuz und so »im Geheimnis« verborgene Wort der »Weisheit Gottes« (1Kor 2,1–10, hier V. 7), von dem Paulus in 1Kor 2,1–10 redet und das sich in der Gestalt seiner Verkündigung spiegelt, die »in Schwachheit und in Furcht und mit großem Zittern« (V. 3) geschah (Epistellesung).

Der 2. Sonntag nach Epiphanias ist der Sonntag des in seiner Offenbarung verborgenen Gottes – in den neu- und alttestamentlichen Texten. Auch die alttestamentliche Lesung aus Ex 33,18–23 zeigt Gott so: Nicht einmal Mose, der exemplarische Mann Gottes, von dem es in Dtn 34,10 heißt, ihn habe der HERR erkannt »von Angesicht zu Angesicht«, darf Gott direkt sehen. Auch Mose bleibt nur Gottes Spur und auch er hat bestenfalls das ›Nach-Sehen‹.

Gott ist gegenwärtig *und* entzogen – und beides bleibt nur dann wahr, wenn es dialektisch aufeinander bezogen bleibt. Es ist billig und traurig, auf der einen Seite der Dialektik abzustürzen und Gott aus dieser Welt zu verabschieden, wie es in manchen Spielarten aufklärerischer Theologie geschah. Es ist vermessen und anmaßend, auf der anderen Seite der Dialektik abzustürzen und Gott haben und greifen zu wollen. Eine Theologie, die das versucht, hat Martin Luther in der Heidelberger Disputation als *theologia gloriae* bezeichnet.[108] Es gibt sie in unterschiedlichster Gestalt: Im Jeremiabuch wird eine ›*theologia gloriae* des Zion‹ kritisiert, bei Paulus eine ›*theologia gloriae* der menschlichen Weisheit‹. Gott haben zu wollen, ist der sicherste Weg ihn zu verlieren. Das gilt für die Erkenntnis, die ihn ›hat‹ (die große Gefahr jeder Theologie!), das gilt aber auch für Rituale und Frömmigkeitspraktiken, die Gott ganz selbstverständlich auf ihrer Seite wissen und so vereinnahmen.

In den wenigen und aus dem Kontext gerissenen Versen der Predigtperikope in Jer 14,1–9 deutet sich ein Weg an, der aus dieser falschen Theologie und Frömmigkeit führt. Er beginnt mit einer schonungslosen und ausführlichen Wahrnehmung der Situation (V. 1–6). Es folgt ein Bekenntnis der Sünden des Volkes, verbunden mit einer Bitte um Gottes Hilfe (V. 7), ein Bekenntnis zu Gott in der Anrede an ihn (V. 8a), eine Reihe von Fragen, die notwendig auf das Bekenntnis folgen (V. 8b–9a), ein erneuertes Bekenntnis zu Gottes

---

[108] Martin Luther kritisiert den »theologus gloriae« (These XXI) und schreibt: »Nicht der wird mit Recht ein Theologe genannt, der das unsichtbare [Wesen] Gottes erblickt, das durch das erkannt wird, was gemacht ist« (These XIX). »Sondern wer das Sichtbare und die dem Menschen zugewandte Rückseite Gottes erkennt, die durch Leiden und Kreuz erblickt wird« (These XX), zit. nach: Martin Luther, Lateinisch-Deutsche Studienausgabe, Bd. 1: Der Mensch vor Gott, Leipzig ²2016, 53.

Mitsein entgegen allem Augenschein und schließlich eine in ihrer Knappheit eindringliche Bitte: »Verlass uns nicht!« (V. 9b). Die Verse 7-9 reden Gott an (»Ach, Herr …«, V. 7) und zeigen in ihrem Wechsel der Sprachformen, wie sich Menschen angesichts des erfahrenen Abbruchs der Gottesbeziehung neuerlich einen Weg zu ihm suchen.

Auch wenn die Situation in Juda, in die Jer 14 spricht, weit weg von der im gegenwärtigen Mitteleuropa ist, verbinden sich doch die Erfahrungen, die hinter diesem Text stehen, mit gegenwärtigen Erfahrungen. Gott ist keine App, die ich mir auf mein Smartphone ziehe und die mit hoher Verlässlichkeit tut, wofür sie programmiert wurde. Er ist - wie die starken Metaphern von Jer 14 sagen - ein »Fremdling im Lande«, »ein Wanderer, der nur über Nacht bleibt« (V. 8), ein »Held, der nicht helfen kann« (V. 9). Es gibt keine auf Dauer gestellte Evidenz dieses Gottes in der persönlichen Erfahrung von Menschen.

Dietrich Bonhoeffer sprach in seinem Buch »Nachfolge« (1937) bekanntlich von *billiger Gnade* - und meinte damit eine Gnade, die belanglos wird, weil sie das Leben nicht verändert. Bonhoeffer schreibt:

> »Billige Gnade ist der Todfeind unserer Kirche. […] Billige Gnade heißt Gnade als Schleuderware. […] Billige Gnade heißt Gnade als Lehre, als Prinzip, als System; heißt Sündenvergebung als allgemeine Wahrheit, heißt Liebe Gottes als christliche Gottesidee. […] Billige Gnade heißt Rechtfertigung der Sünde und nicht des Sünders. Weil Gnade doch alles allein tut, darum kann alles beim alten bleiben.«[109]

Analog ließe sich vom *billigen Gott* reden - von Gottesbildern also, die der Todfeind unserer Kirche sind, weil sie ihn zu einseitig darstellen, aus ihm ein Prinzip des Guten oder der Gnade bzw. Liebe machen und weil sie nichts verändern. Teure Gottesbilder bietet Jer 14; sie sind zweifellos anstrengender und anspruchsvoller als die billigen, aber auch realistischer. Vor allem zerbrechen sie nicht angesichts der Erfahrungen des Lebens und führen in eine Frömmigkeit, der das »Ach« (V. 7) nicht fremd ist und die *trotz allem* an Gott festhält.

So (und nur so!) lässt sich dann auch eine andere Geschichte erzählen. Im Wochenpsalm (Ps 105,1-8) wird sie exemplarisch hörbar. Ps 105 lobt Gott für seine Heilstaten - und steht (wie das Fest von Kana!) dafür, dass die Gotteserfahrung am 2. Sonntag nach Epiphanias nicht neuerlich einseitig wird: »… es freue sich das Herz derer, die den Herrn suchen« (V. 3).

---

[109]   Dietrich Bonhoeffer, Nachfolge, München ⁴1952, 1.

Liedvorschläge: Von den Epiphaniasliedern im EG eignet sich besonders Elisabeth Crucigers (1500-1535) »Herr Christ, der einig Gotts Sohn« (EG 67) – ein Lied, das die Ambivalenz der Gotteserfahrung deutlich zum Ausdruck bringt: »... dass wir hier mögen schmecken / dein Süßigkeit im Herzen / und dürsten stets nach dir« (V. 2). – Eine interessante Spannung ergibt sich zwischen EG 70,5 (»Herr Gott Vater, mein starker Held«) bzw. EG 73,1 (»... der Held sei vor der Tür«) und Jer 14,9: »ein Held, der nicht helfen kann«. – Das Abendlied »Bleib bei mir, Herr! Der Abend bricht herein« (EG 488) hält angesichts der erfahrenen »Finsternis« an der Bitte fest. (AD)

Der Beginn einer neuen Erzelterngeschichte

Das Buch Rut ist, im besten Sinne des Wortes, ein literarisches Artefakt. Es situiert sich in der Zeit der Richter, weshalb es in der Lutherbibel (der Septuaginta folgend) auch in Fortsetzung zum Richterbuch steht. Dass es allerdings nicht in der gleichen Weise Geschichtsdarstellung sein will wie die Bücher Josua bis 2. Könige, ergibt sich aus den vielen narrativen Ornamenten, die diesem Buch novellistischen Charakter verleihen. Ein illustratives Beispiel sind die Namen der Söhne von Noomi und Elimelech: Kiljon und Machlon. Übersetzt bedeuten diese Namen in etwa ›der Beendete‹ und ›der Dahinsiechende‹. So ist bereits deutlich, dass es sich um literarische Charaktere mit kurzer Verweildauer handelt.

Aber auch über die sprechenden Namen hinaus erinnert vieles in den Eröffnungsversen des Buches Rut an Motive, die man insbesondere aus den Erzelternerzählungen kennt. Das beginnt mit der Erwähnung einer Hungersnot, die die Familie von Noomi und Elimelech in Bewegung versetzt und nach Moab führt. Das mag die ursprüngliche Leserschaft noch etwas mehr verwundert haben als die heutige, denn das Land, das in Zeiten von Hungersnöten über Ressourcen verfügte, war natürlich Ägypten (vgl. Gen 12,10–20). Moab dagegen, das man an einem klaren Tag vom judäischen Bergland aus auf der anderen Jordanseite sehen kann, war traditionell gewiss kein ›Auffangland‹. Was es mit dieser merkwürdigen Lokalisierung auf sich hat, wird erst im Lauf der Erzählung insgesamt deutlich.

Ein weiteres vertrautes und doch in dieser Gestalt neues Motiv ist die ›Verheiratung außerhalb des Landes‹. Das erinnert daran, dass auch Isaak und Jakob reisen müssen, um Frauen zu finden (Gen 24; 29). Allerdings stellt die Ruterzählung dieses Motiv auf den Kopf. Die Erzväter verlassen das verheißene Land, weil sie keine Frauen der Kanaanäer heiraten wollen bzw. dürfen. Kiljon und Machlon dagegen bringen keine israelitischen Frauen mit, sondern heiraten außerhalb des verheißenen Landes ausgerechnet zwei Moabiterinnen. Und noch ein weiteres vertrautes Element findet eine seltsame Umkehrung: In den Genesis- und Exoduserzählungen sind es die Israeliten, die sich notgedrungen den Gefahren der Fremde aussetzen müssen. Hier sind es zwei moabitische Frauen, die ihre Heimat verlassen und sich im Gebiet Israels als Fremde vorfinden.

Diese virtuosen Umkehrungen vertrauter Erzählmotive bilden den Hintergrund, vor dem das Buch Rut insgesamt gelesen werden will. Es geht nicht darum, wie die Väter und Mütter Israels auf dem Boden des verheißenen Landes heimisch werden, sondern wie dies einer moabitischen Frau gelingt, die schließlich sogar die Ahnfrau König Davids wird (4,17.22). Gleichwohl ist sie zunächst in doppelter Weise ›belastet‹ – zum einen durch ihren Status als Ausländerin und zum anderen dadurch, dass sie als Frau auf einen männlichen Rechtsvertreter angewiesen ist. Dieser doppelte ›Makel‹ setzt die gesamte Erzählung auf eine Spur, die aller Erwartung nach zu einem traurigen Ende führen muss. Dass dies im Fall von Rut und ihrer Schwiegermutter Noomi nicht der Fall ist, weiß jeder, der am Ende des Büchleins angekommen ist. Rut wird abermals die Frau eines Israeliten, und die Umstände dieser Ehe sind deutlich glücklicher als im Fall ihrer ersten Ehe. Rut und Boas sind eines der ›Traumpaare‹ der Bibel, nicht zuletzt, weil sie (im hebräischen Kanon) in literarischer Nähe zum Sprüchebuch und dem »Lob der tüchtigen Hausfrau« (Spr 31) das Exempel einer idealen Partnerschaft verkörpern.

Nun steht all das allerdings im diametralen Gegensatz zur Gesetzesethik der Bücher Esra und Nehemia mit dem Verbot von Mischehen (Esr 10; Neh 13). Dabei werden explizit auch Moabiterinnen erwähnt, von denen sich die Söhne Israels trennen sollen (Esr 9,1; Neh 13,23). Die Argumentationslogik ist, dass sich der »heilige Same« Israels nicht mit anderen Völkern vermischen soll (Esr 9,2). Das Buch Esra endet sogar mit einer langen Liste der Männer Israels, bei denen fremde Frauen gefunden wurden, die dann – samt ihrer Kinder – weggeschickt werden (Esr 10,18–44).

Die Rut-Erzählung präsentiert sich daran gemessen ganz als Gegenentwurf einer ›Erzelternerzählung‹, indem hier eine Ausländerin zur Ahnfrau wird.[110] Dieser Eindruck des gezielt Subversiven setzt sich fort, wenn man in die Beziehungsgeflechte eindringt, die in Kapitel 1 im Vordergrund stehen. Hier wird eine Dilemma-Situation erzeugt, die sich nicht mit starren Regeln auflösen lässt: Zuerst stirbt der Patriarch Elimelech, dann seine beiden Söhne. Auf diese Weise bleiben die israelitische *mater familias* und ihre beiden moabitischen Schwiegertöchter übrig. Diese einigermaßen absurd wirkende Situation wird nun zum Hintergrund, vor dem sich profunde zwischenmenschliche Bindungen entwickeln. Noomi entbindet ihre beiden Schwiegertöchter

---

[110]   Der Vergleich von Rut mit den Ahnfrauen der Genesis wird in Rut 4,11 explizit hergestellt: »Der Herr mache die Frau, die in dein Haus kommt, wie Rahel und Lea, die beide das Haus Israel gebaut haben.«

von jeder moralischen Gefolgschaftspflicht (1,12 f.). Da sie selbst keine weiteren Söhne hat (und auch keine mehr gebären kann), entfällt das Mittel der
sogenannten Leviratsehe, also die Verheiratung von Frauen mit einem Bruder des gestorbenen Ehemannes (vgl. Dtn 25,5–10). Diese heute eher skur-
ril anmutende Praxis war als Mittel der Rechtssicherheit gedacht, um Witwen nicht ohne rechtliche und soziale Anbindung zurück zu lassen. Da
selbst eine solche Absicherung im Fall von Rut und Orpa nicht möglich ist,
eröffnet Noomi ihren Schwiegertöchtern die Möglichkeit, sich in ihrer Heimat
– Moab – neu zu verheiraten. Nach anfänglichem Zögern tut Orpa das, was
vernünftig und verständlich ist, und kehrt dorthin zurück. Rut dagegen bleibt
ihrer Schwiegermutter treu, obwohl auch deren Schicksal alles andere als
absehbar ist.

Es ist sicher kein Zufall, dass die Rede der Rut mit ihrem Spitzensatz
»Wo du hingehst, da will ich auch hingehen; wo du bleibst, da bleibe ich
auch« (1,16) heute für Trauungen verwendet wird: immerhin kommt hier die
Bindung eines Menschen an einen anderen zur Sprache, wie man sie eigentlich bei Ehepartnern oder zwischen Eltern und den (eigenen) Kindern suchen würde. Und in der Tat muss die Beziehung von Rut und Noomi ja die
Art der Sicherheit und Fürsorge ersetzen, die die beiden Witwen von niemand anderem mehr bekommen können. Und gerade das scheint hier die
Pointe zu sein, dass sich – unter der Oberfläche aller sozialen und rechtlichen Mechanismen, die im Fall der beiden Frauen nicht mehr greifen – etwas zutiefst Menschliches abspielt. Eine Israelitin und eine Moabiterin
binden, irgendwo im Niemandsland zwischen ihren beiden Heimaten, ihr
Schicksal aneinander. An dieser Erzählung gemessen wird deutlich, dass
dogmatische Setzungen – wie eben die Reinerhaltung der eigenen Identität
durch ein Mischehenverbot – an der Realität vorbeigehen und im Grunde
unmenschlich sind. Selbst das gut gemeinte Instrument der Leviratsehe wird
hier als letztlich hinderlich erachtet: Die Liebesheirat zwischen Rut und
Boas wird am Ende nur möglich, weil dieser Mittel und Wege findet, den
letzten männlichen Verwandten aus Ruts israelitischer Familie abzufinden
(4,1–10).

Insofern ist das Buch Rut eine Hommage an die Humanität. Dazu werden
Personen zu Heldinnen, denen diese Rolle ›normalerweise‹ nicht zukommen
würde: zwei Witwen, deren Existenz am seidenen Faden hängt. Das erinnert
an andere Erzählungen mit einem ähnlich kontraintuitiven, ja subversiven
Unterton. Auch die Geburtsgeschichte des Mose (ebenfalls ein neuer Perikopentext) gehört zu diesem Genre (Ex 2,1–10). Das Mose-Baby überlebt, weil
eine israelitische Frau ihren Sohn einer Ägypterin, also einer Feindin, in die

Arme treiben lässt, und weil diese nicht tut, was sie nach dem Willen ihres Vaters und Pharaos eigentlich hätte tun sollen, nämlich das Kind umbringen. Das Humane erweist sich also gerade dann, wenn Menschen aus ihren Rollen herausfallen und eingespielte Erwartungsmuster ›enttäuschen‹. Ein weiteres Beispiel ist die David-Jonathan Geschichte, die angesichts der Feindschaft zwischen David und Saul ebenfalls ein unterminierendes Element in den Gang der Handlung einflicht. Auch dort begegnen Wendungen, die nahezu intim wirken (»er liebte ihn wie seine eigene Seele«; 1Sam 20,17[111]), die aber keineswegs – genauso wenig wie in Rut 1 – erotisch konnotiert sind. Vielmehr vermittelt die vermeintlich übertriebene Sprache einen Sinn für die im wahrsten Sinne des Wortes ungewöhnliche Zwischenmenschlichkeit, die hier gegen alle Erwartungen entsteht. (AS)

Mehr als ein Trauspruch oder: Drei Soldaten, zwei Frauen – und alles Ausländer!

Rut 1,17 hat einen festen Platz in den Trauliturgien der Kirchen (»… bis dass der Tod euch scheidet«; »… nur der Tod wird mich und dich scheiden«) – und so verwundert es nicht, dass auch Rut 1,16 eine gewisse Karriere als Trauspruch gemacht hat: »Wo du hingehst, da will ich auch hingehen; wo du bleibst, da bleibe ich auch.« Als Trauspruch funktioniert der Vers freilich umso besser, je weniger sein Kontext in der Rut-Erzählung bekannt ist. Denn wenn man als Pfarrerin oder Pfarrer erzählt, dass diese Worte von einer Frau zu deren Schwiegermutter gesagt werden, nachdem deren Ehemänner verstorben sind, treten die romantischen Assoziationen in den Hintergrund – und mit ihnen der Wunsch, mit diesem Vers die kirchliche Trauung zu gestalten.[112]

In jedem Fall lädt die Bekanntheit von Rut 1,16 zur Reflexion über das zwischenmenschliche Miteinander (nicht nur in der Ehe) ein – und zur Va-

---

[111] Die Lutherbibel 2017 übersetzt »wie sein eigenes Leben«.

[112] Im Webauftritt der EKD (evangelisch.de) wird der Spruch für konfessionsverschiedene Ehen empfohlen; eine Warnung findet sich hier aber auch. »Bei Ehen, in denen nicht beide derselben Religion angehören, oder in denen ein Teil vielleicht aus einem anderen Land stammt, sollte das Paar sich fragen, ob die Bedingungslosigkeit des Spruchs ihren Vorstellungen der gemeinsamen Ehe entspricht« (https://www.evangelisch.de/sprueche/1308/wo-du-hingehst-da-will-ich-auch-hingehen-wo-du-bleibst-da-bleibe-ich-auch-dein-volk; Zugriff vom 4.4.2018).

riation. So endet Ulla Hahns Gedicht »Willentlich« überraschenderweise mit der Negation des Verses:[113]

Was du nicht willst
das will auch ich nicht tun
Wenn du geruhst
dann will ich bei dir ruhn

Was du nicht siehst
das will auch ich nicht sehn
wo du hingehst
da will ich nicht hingehn

Erst in der Perikopenrevision 2017 hat es das Buch Rut, die ›Festrolle‹ (*m^{e}gillah*) am jüdischen Wochenfest, in die Reihe der Predigttexte geschafft. Die Erzählung von der Moabiterin Rut trägt nun zum Charakter des 3. Sonntags nach Epiphanias bei – einem Sonntag, in dem deutlich wird, dass das Licht von Epiphanias auch den Heiden, den Völkern scheint.

Das Figurenensemble, das sich im Textraum dieses Sonntags versammelt, ist beeindruckend: Im Evangelium Mt 8,5–13 wird Jesus vom Glauben des römischen Hauptmanns von Kapernaum überrascht. Der syrische Feldhauptmann Naaman macht sich in 2Kön 5 (alttestamentliche Lesung) auf den Weg zu Elisa, dem »Prophet[en] in Israel« (V. 8), und erfährt Heilung durch das Bad im Jordan. In den weiteren Predigttexten treten die Samariterin am Jakobsbrunnen (Joh 4,5–14) und der in Cäsarea stationierte Hauptmann Kornelius, ein weiterer römischer Soldat, hinzu. Ab 2018 betritt eine weitere Frau diesen Textraum: die Moabiterin Rut. In der Epistellesung begegnet Röm 1,13–17, einer der Grundtexte der lutherischen Reformation, dessen Akzent nun nicht nur auf der rechtfertigungstheologischen Pointe von V. 17 liegt, sondern durch die beiden ausländischen Frauen und die drei ausländischen Soldaten auf der Weite, der das Evangelium gilt: Juden und Griechen (V. 16), »Griechen und Nichtgriechen, Weisen und Nichtweisen« (V. 14).

Zwei Akzente zur Predigt von Rut 1 legen sich im Textraum des 3. Sonntags nach Epiphanias nahe, die sich keineswegs ausschließen: ein sozialethischer und einer, der die Theologie des Verhältnisses von Israel zu den Völkern in besonderer Weise betont.

---

[113]   Ulla Hahn, Spielende. Gedichte, Stuttgart 1983, 32.

(1) Das Buch Rut erzählt im ersten Kapitel die Geschichte von Wirtschaftsflüchtlingen, deren Flucht ins Land Moab kein gutes Ende nahm. Die Frau, die die Flucht gemeinsam mit ihrem Ehemann antrat, kehrt zurück – ohne ihren Mann, ohne Kinder: »Voll zog ich aus, aber leer hat mich der HERR wieder heimgebracht« (1,21). Dafür bringt sie mit ihrer Schwiegertochter Rut eine weitere Ausländerin mit, und die folgenden Kapitel des Buches Rut erzählen die Geschichte einer überaus gelungenen Integration. Das Buch Rut ist so narrativ vorgebrachte Kritik an dem radikalen Mischehenverbot der Bücher Esra und Nehemia – und ebenso Kritik an manch gegenwärtigem Umgang mit Fremden und Flüchtlingen. Durch die Lektüre dieses Buches wird deutlich, dass ethisch verantwortlich nur geredet werden kann, wenn die Geschichte *einzelner* in den Blick genommen wird. Die nicht nur in Deutschland seit 2016 immer wieder begegnende Rede von einer ›illegalen Masseneinwanderung‹ ist schon deshalb ethisch problematisch, weil nicht ›Massen‹ einwandern, sondern ›Menschen‹.

(2) So wichtig diese ethische Botschaft ist, geht es am 3. Sonntag nach Epiphanias doch darum, mit ihr auch die *theologische* Pointe im Blick zu behalten. Ja, es geht an diesem Sonntag um die *Universalität* des Handelns des Gottes Israels und des Evangeliums von Jesus Christus. Aber es wäre grundlegend falsch, diese als eine Art weiterer Stufe in der Entwicklung der israelitischen Religion zu verstehen, wie dies etwa Schleiermacher Anfang des 19. Jahrhunderts prominent behauptete. Vielmehr zeigen *alle* Texte dieses Sonntags das Miteinander von konkreter Bindung des Handelns Gottes an sein Volk Israel und an seine Geschichte mit ihm (Partikularität) *und* universaler Weite. Die Naaman-Erzählung etwa tut dies in herausragenden narrativen Details: Da murrt der aussätzige Naaman, der aufgefordert wurde, im Jordan zu baden, dass die Flüsse Israels gegenüber den Flüssen Syriens wohl eher mickrig daherkommen (V. 12), bittet aber am Ende sogar darum, ein wenig Erde des Landes Israel mit nach Syrien nehmen zu dürfen (V. 17). In Mt 8,5–13 kommen die vielen »von Osten und von Westen«, um »*mit Abraham und Isaak und Jakob* im Himmelreich zu Tisch zu sitzen« (V. 11). In Joh 4 ist schon durch die Ortsangabe *Jakobs*brunnen die Geschichte Israels im Spiel. Leider bereits jenseits der Perikopengrenzen wird in V. 22 betont, dass das Heil bleibend von den Juden kommt – eine Aussage, die auch und gerade angesichts der universalen und Jerusalem in seiner Bedeutung relativierenden weiteren Aussagen des johanneischen Jesus in Joh 4 entscheidend ist. Auch im Buch Rut ist das Universale in das Partikulare integriert: Die Moabiterin wird Stammmutter Davids.

Insgesamt zeigt sich an diesem Sonntag: Ein Universalismus, der die Bindung Gottes an Israel aus dem Blick verliert, wird ebenso falsch, wie es ein Partikularismus wäre, der nicht erkennt, dass Gott der Herr der ganzen Welt und aller Völker ist (so auch im Psalm des Sonntags: »Alle Völker, die du gemacht hast, werden kommen und vor dir anbeten, Herr, und deinen Namen ehren …«, Ps 86,9).

So gehört Rut, die Moabiterin, hinein in Israels Geschichte, die der Schriftsteller Matthias Hermann in seinem Gedicht »Rut« in ihrer Ambivalenz auslotet:[114]

Israel, vergib mir!
Nicht mein Herz,
Der Hunger trieb
Mich in dein Honigreich.

Boas, vergib mir!
Nicht dein Traubenzweig,
Das Ährenfeld labte mich.

Saul, vergib mir!
Meinem Schoß entsprossen
Herzlose Honighungrige.
Israel, vergib mir diese Könige.

Liedvorschläge: Das Wochenlied EG 293 (Lobt Gott den Herrn, ihr Heiden all) ist eines der wenigen Gesangbuchlieder, das die Dialektik von Partikularität und Universalität besingt. Die Dimension der »Völker« wird auch in dem Kanon »Lobet und preiset, ihr Völker, den Herrn« (EG 337) sowie in dem bekannten Taizé-Lied »Laudate omnes gentes« (EG 181.6) deutlich. EG 426,1 nimmt darüber hinaus das Bild von den Völkern, die »von Ost, West, Süd und Nord« kommen, auf.

Lieder, die auf das Miteinander mit den Fremden, auf Flucht oder Migration eingehen, fehlen im Gesangbuch, wurden aber in den vergangenen Jahren neu getextet und komponiert, vgl. z. B. das 2015 entstandene Lied »Ich bin auf der Flucht« (freiTöne 174). (AD)

---

[114]   Matthias Hermann, 72 Buchstaben. Gedichte, Frankfurt a. M. 1989, 4.

Letzter Sonntag nach Epiphanias (Reihe IV): Ex 34,29–35

Gottes Wort und Gottes Herrlichkeit

Über diese Perikope war bereits in der alttestamentlichen Einleitung zu diesem Band die Rede. Insofern soll an dieser Stelle vor allem auf einen Begriff eingegangen werden, der für die Theologie des Alten Testaments von zentraler Bedeutung ist, nämlich die ›Herrlichkeit Gottes‹. Hebräisch wird diese von dem Begriff *kabed* »schwer sein« abgeleitet und dürfte daher in ihrer basalen Bedeutung tatsächlich auch so viel wie »Schwere«, »Gewichtigkeit«, »Würde« bedeuten. Darüber hinaus bezeichnet die Herrlichkeit vor allem in der Tora und im Jesajabuch etwas, das man als Aura bezeichnen kann – eine Aura, die das göttliche Wesen umgibt und zugleich einhüllt. Eine gewisse Uneinheitlichkeit besteht im Alten Testament hinsichtlich der Frage, ob man als Mensch diese Herrlichkeit sehen kann und inwieweit es möglich ist, sich ihr zu nähern.

Innerhalb der hinteren Sinaiperikope (Ex 32–34) wird die Frage der Nahbarkeit vor allem an der Person des Mose thematisiert. Zunächst scheint es so, dass die Begegnung mit Gott gar keine besonderen Fragen aufwirft. Mose steigt zu Gott hinauf auf den Sinai, um dort die Gebote zu empfangen. Wie dies geschieht und wie man sich die Begegnung Gottes mit Mose vorzustellen hat, wird nicht eigens thematisiert. In Ex 19 wird der Sinai als Ort der Begegnung ausgegeben: Mose steigt hinauf (19,3) und Gott steigt vom Himmel herab (19,20). Dass der Berg zugleich eine Tabuzone für den Rest Israels darstellt, wird deutlich gesagt, allerdings nicht eigens begründet. In Ex 24,9 steigen dann Mose und Aaron, Nadab und Abihu, sowie siebzig der Ältesten Israels auf den Berg hinauf und sehen dort das Angesicht Gottes. Das wird in V. 11 kommentiert mit dem Hinweis darauf, dass Gott dies geschehen lässt, ohne seine Hand gegen diejenigen auszustrecken, die vor ihm stehen. Hier wird antizipiert, was in Ex 33,20 dann eigens zum Thema wird, dass nämlich stirbt, wer Gottes Angesicht sieht. In Ex 33,18 richtet Mose die im Zusammenhang recht unvermittelte Bitte an Gott, dessen Herrlichkeit sehen zu dürfen. Das passt in die fortlaufende Erzählung freilich nicht ganz hinein, da er laut 24,9 ja schon Gottes Angesicht gesehen hat. Auch Gottes Weigerung, dies zuzulassen, ist im Gesamtbild nicht ganz so selbstverständlich, wie sie scheinen mag, denn immerhin wird in Dtn 34,10 festgestellt, dass Gott mit Mose »von Angesicht zu Angesicht« redet.

Innerhalb der historisch-kritischen Bibelwissenschaft werden diese divergierenden Aussagen als Hinweis auf unterschiedliche Überlieferungsstränge gewertet, die im Rahmen der Tora zusammengeführt wurden. Und in der Tat ist kaum anzunehmen, dass die hier versammelten Aussagen alle ›aus einer Hand‹ stammen. Die Tatsache, dass es aber offenbar keine Anstrengung gab, diese unterschiedlichen Sichtweisen abzugleichen oder nur eine davon im Endtext zuzulassen, zeigt, dass es hier nicht nur um Antworten, sondern auch um das Ringen mit der Frage geht, wie weit man Gott nahekommen kann.

Ex 33 ist im Blick auf den Predigttext dieses Sonntags eine wichtige ›Schaltstelle‹, weil sie das Thema der Sichtbarkeit Gottes mit der Nähe von Gottes Herrlichkeit in Verbindung bringt. Es geht also allenfalls sekundär um die Frage, wie Gott ›aussieht‹, und primär darum, wie nahe man ihm als Geschöpf sein kann. Das wird nicht abstrakt erklärt, sondern in einem Bild mit physikalischen Räumen dargestellt: Gott stellt Mose in eine Felsspalte und geht an ihm vorüber, sodass dieser ihn schließlich nur von hinten sehen kann. Hier wird die Herrlichkeit demnach als Glanz oder Aura verstanden, die von Gottes Angesicht ausgeht, die aber für einen Menschen bedrohlich ist. Anders gesagt ist die Herrlichkeit mehr, als der Mensch ertragen kann. Im Bild des Vorübergehens und der Rückansicht artikuliert der Text gleichwohl die Möglichkeit, dieser Herrlichkeit nahe zu sein.

Allerdings bleibt die Frage, ob diese besondere Nähe und Nahbarkeit Gottes nur dem Ausnahmemenschen Mose vorbehalten ist oder ob damit der Ort des Menschen bei Gott bestimmt wird. Diese Frage steht im Hintergrund des Predigttexts. Hier nun kehrt Mose vom Sinai zurück ins Lager der Israeliten. Die Zeit mit Gott auf dem Sinai hat ihn aber in einer Weise verändert, die ihm selbst gar nicht bewusst zu sein scheint. Auch sein eigenes Angesicht »leuchtet« nun, offenbar ganz so wie das Angesicht Gottes. Mose hat also nicht einfach noch den Lichtstaub der Sinaitheophanie an sich, vielmehr wird ihm mit dem strahlenden Angesicht ein – bleibendes – Merkmal des Göttlichen beigelegt. Obwohl dies nicht erzählt wird, hat während der Zeit auf dem Sinai offenbar eine Verwandlung stattgefunden, die den Menschen Mose ein Stück weit Gott ›ähnlich‹ gemacht hat. An keiner anderen Stelle des Alten Testaments wird Mose selbst oder ein anderer Mensch so nahe an Gott herangerückt.

Allerdings ist die Pointe nicht etwa die Vergöttlichung des Menschen Mose. Und es wird auch nicht suggeriert, dass man es Mose nun nachtun solle. Wichtig ist vielmehr die gesamte Szenerie der Rückkehr des Mose. Von ihm wird ja nicht nur gesagt, dass die Herrlichkeit Gottes nun auch von ihm ausgeht, sondern dass er mit den Gebotstafeln vom Sinai herabsteigt. Was Mose ins Lager der Israeliten zurückbringt, sind also beide Aspekte des göttlichen Wesens: Gottes Herrlichkeit und Gottes Wort. Das eine gehört zum anderen. Ohne die Herrlichkeit als Form der physischen Präsenz Gottes stünde das geschriebene Wort in der Gefahr, starr oder gar ›gesetzlich‹ zu sein, wie dies polemisch immer wieder gegen das Judentum behauptet wurde; und ohne das Wort wäre die Herrlichkeit Gottes zwar ein grandioses, aber eben auch ›leeres‹ Spektakel. Vom Sinai hinunter kommt zu Israel beides. Die Person des Mose ist nicht weniger, aber eben auch nicht mehr als deren Medium. Dazu passt, dass auch der von Herrlichkeit strahlende Mose weder hier noch an anderer Stelle heroisiert wird. Es kommt nicht auf ihn an. Die Israeliten bauen ihm keinen Schrein oder ähnliches, vielmehr wird das ›Problem‹ des strahlenden Mose denkbar prosaisch mit einem Schleier gelöst, den er sich aufs Gesicht legt, während er sich im Lager Israels aufhält.[115]

Die Zusammengehörigkeit von Wort und Herrlichkeit ist ein Motiv, das sich ausgehend von Ex 34 bis zum Bau des salomonischen Tempels durchhält. Die Gebotstafeln werden in der Bundeslade untergebracht (so schon in Ex 25,21; vgl. 1Kön 8,9), die schließlich im Allerheiligsten des Tempels aufgestellt wird – dort also, wo Gott auf Erden wohnt (1Kön 8,6). Die Lade und der Tempel sind jeweils Orte, die in besonderer Weise mit der Gegenwart seiner Herrlichkeit in Verbindung gebracht werden. Es geht um eine Theologie der Nähe, die Gottes Wesen und Willen gleichermaßen einschließt, und die auch in unseren Gottesdiensten zumindest angedeutet wird, wenn Schriftlesungen mit dem Ruf »Wort des lebendigen Gottes« abgeschlossen werden. (AS)

Zu viel Gott? Zu viel Herrlichkeit?

»Über dir geht auf der Herr, und seine Herrlichkeit erscheint über dir« (Jes 60,2) – das ist die Verheißung für Zion, die zugleich Wochenspruch für den letzten Sonntag nach Epiphanias ist. Nicht nur der neue Predigttext aus Ex 34 handelt von Gottes Herrlichkeit und dem Umgang mit ihr; es geht zum Abschluss der Epiphaniaszeit insgesamt darum, wie Gottes Herrlichkeit mit

---

[115] Die Abwehr eines Heldenkultes wird in Dtn 34,1–8 (Predigttext am Totensonntag) eigens zum Thema, wo gesagt wird, dass niemand das Grab des Mose kennt – außer Gott, der ihn selbst begräbt. Auch in dieser Szene wird noch einmal das Besondere des Mose herausgehoben, ohne es in irgendeiner Weise zu überzeichnen.

dieser Welt, mit Gottes Volk Israel, mit Christinnen und Christen in Berührung kommt. Alle Texte dieses Sonntags ›beleuchten‹ diese Gott-menschliche, himmlisch-irdische Interaktion: Im Evangelium (Mt 17,1–9) wird von Jesu strahlender Verklärung erzählt, die ihn wie die Sonne leuchtend neben Mose und Elia erscheinen lässt – und davon, wie der Plan der verwirrten Jünger Petrus, Jakobus und Johannes, diese Herrlichkeit in drei Hütten festzuhalten, scheitern muss. Der Weg des Gottessohnes (V. 5) und Menschensohnes (V. 9) führt vom Berg hinunter.

›Unten‹, mitten in der Wüste, erscheint Gott auch dem Mose in einem brennenden Dornbusch (Ex 3; alttestamentliche Lesung). Und Paulus meint, ›unten‹, inmitten von Verfolgung und Bedrängnis, scheine das göttliche Licht in menschlichen Herzen und daher in »irdenen Gefäßen« (Epistel; 2Kor 4,6–10; V. 7).

Gottes Herrlichkeit erscheint in der Welt und bleibt in ihr fremd. Manchmal erfahren Menschen etwas von dieser Herrlichkeit. Wann immer dies geschieht, ist es keineswegs nur erfreulich oder gar begeisternd; es ist mindestens verwirrend, vielleicht auch beängstigend und verstörend, wie die Reaktion der Jünger auf dem Berg der Verklärung zeigt. Es gibt ein Zuviel an göttlicher Herrlichkeit.

Im rabbinischen Midrasch findet sich eine Diskussion unter den Rabbinen zu der Frage, was als angemessenes menschliches Verhalten gegenüber der göttlichen Herrlichkeit angesehen werden kann. Dazu blicken die Rabbinen auf die wechselvolle Gotteserfahrung des Mose und verbinden die beiden alttestamentlichen Texte des letzten Sonntags nach Epiphanias, Ex 3 und Ex 34, sowie Ex 33 miteinander:[116]

> »Und Mose verhüllte sein Angesicht …« (Ex 3,6). R. Joshua ben Korhah sagte: Mose handelte nicht recht, als er sein Gesicht verhüllte; wenn er das nämlich nicht getan hätte, hätte der Heilige ihm offenbart, was oben und unten ist, was war und was geschehen wird. Daher, als Mose später sehen wollte und sagte: »Zeig mir deine Herrlichkeit« (Ex 33,18), kritisierte ihn der Heilige und sprach: Als ich kam, um dir mein Gesicht zu zeigen, verbargst du deines. Nun sage ich dir, dass kein Mensch leben wird, der mich sieht. Als ich wollte, dass du mich siehst, wolltest du nicht; jetzt, da du mich sehen willst, will ich nicht.
> Aber R. Hoshaia Rabbah widersprach: Mose handelte recht, als er sein Gesicht verbarg. Der Heilige sagte zu Mose: Da du mir Respekt erwiesen hast, indem du dein Gesicht verbargst, als ich mich dir zeigte, wirst du mich vierzig Tage und vierzig Nächte auf dem Berg sehen. Du wirst nicht essen noch trinken, aber im

---

[116]   Midrasch Exodus Rabba zu Ex 3,6; eigene Übertragung.

Glanz der [göttlichen] Gegenwart fasten, wie es heißt: »Mose wusste nicht, dass die Haut seines Angesichts glänzte« (Ex 34,29).

Nach Rabbi Hoshaia gibt es auch für Mose eine menschliche Grenze, die er einhält und von sich aus nicht durchbrechen kann; Gott aber kann Mose so in Seine Nähe holen, dass das Irdische seine Bedeutung verliert und er körperlich verändert aus der Gottesbegegnung hervorgeht. Ex 34,29-35 setzt an dieser Stelle ein und blickt nun auf das Volk Israel, das die von Mose ausgehende Herrlichkeit nicht erträgt. Mose selbst benutzt daher eine Decke als ›Herrlichkeitsschutzvorrichtung‹.

In der christlichen Wirkungsgeschichte ist aus dieser freilich etwas ganz anderes geworden: Sie verwandelte sich in eine verbergende Decke, die Jüdinnen und Juden vom eigentlichen Sehen, Erkennen und Verstehen abhalten würde. Verantwortlich dafür ist Paulus, der das Bild der Decke des Mose in 2Kor 3 wieder aufgreift – zunächst in einem Schluss vom Geringeren auf das Größere (*a minori ad maius*): »Wenn aber der Dienst, der den Tod bringt und der mit Buchstaben in Stein gehauen war, Herrlichkeit hatte, sodass die Israeliten das Angesicht des Mose nicht ansehen konnten wegen der Herrlichkeit auf seinem Angesicht, die doch aufhörte, wie sollte nicht der Dienst, der den Geist gibt, viel mehr Herrlichkeit haben?« (2Kor 3,7 f.). Hintergrund dieser Ausführungen ist die Unterscheidung von »Buchstabe« und »Geist«, die Paulus hier vorbereitet. Das Gesetz Israels wird als »Buchstabe« verstanden, dessen eigentlicher, geistlicher Sinn erst durch Christus erschlossen werde. Paulus wendet das Bild so in die Gegenwart und meint, »diese Decke« liege »bis auf den heutigen Tag ... über dem alten Bund ...«, weil sie in Christus abgetan wird« (3,15). Aus der hilfreichen Herrlichkeitsreduktionsdecke wird die problematische Offenbarungsverhinderungsdecke. Die Übertragung des biblischen Bildes auf eine hermeneutische Diskursebene führt dazu, dass Paulus für einen Moment erstaunlich undialektisch von Gottes Herrlichkeit und ihrer Offenbarung redet (vgl. v. a. 3,18), obgleich er im folgenden Kapitel von der Gebrochenheit der Herrlichkeit in den menschlich-irdenen Gefäßen sprechen kann (vgl. die Epistellesung).

Gegenüber dieser Lesart ginge es am letzten Sonntag nach Epiphanias darum, so von Mose zu reden, dass er nicht gegen Christus ausgespielt wird, sondern wie im Evangelium des Sonntags *neben* Christus zu stehen kommt. Und es ginge darum, so von Gottes Herrlichkeit zu reden, dass die Ambivalenz im Umgang mit ihr im Blick bleibt. Auch ›in Christus‹ gibt es für Christenmenschen ein Zuviel an Gott; es bleibt eine Fremdheit, die sich nicht ›nostrifizieren‹ lässt. Gott ist in seiner Zugewandtheit heilsam *und* unerträglich.

In Gesprächen über die neue Leipziger Universitätskirche St. Pauli mit Studierenden, die sich dezidiert als »nicht-religiös« bezeichnen, ist immer wieder Erstaunliches zu hören. In die Kirche wurde eine Acrylwand eingebaut, die den Altarbereich von dem Langhaus der Kirche trennt und für Veranstaltungen geöffnet werden kann. Sie befindet sich dort, weil die aus der 1968 gesprengten Universitätskirche geretteten Kunstgegenstände, die Epitaphien und der Paulineraltar, ein möglichst optimales Raumklima erhalten sollen. In der Sprache vieler trennt diese Wand allerdings den »Andachtsraum« von der »Aula«; man könnte auch sagen: das »Heilige« vom »Profanen«. Einmal meinte eine Studentin: »Es ist schon gut, dass die Wand da ist; man weiß ja nie, was sonst geschieht …«

Diese Ambivalenz und die aus ihr resultierende Scheu entspricht dem Umgang mit dem heiligen Gott weit mehr als die kumpelhaft inszenierte Nähe, die manche (evangelische) Christenmenschen an den Tag legen – und damit das Heilige zielsicher eliminieren und die Transzendenz zum Verschwinden bringen. Gottes Herrlichkeit ist auf dieser Erde nicht zu ›haben‹ und bleibt auch nach dem Zeugnis des Neuen Testaments dem menschlichen Zugriff entzogen (»*dein* ist die Herrlichkeit …«; Mt 6,13) und mit der Erwartung der göttlichen Zukunft verbunden (vgl. Röm 5,2; 8,17; 1Petr 5,4 u. ö.; vgl. auch die Erwartung des Kommens Jesu in »Herrlichkeit«, Mt 19,28; 24,30 u. ö.).[117]

In der Wüste waren es die göttlichen Gebote, die Mose vom Sinai mitbrachte, die dem Volk ein Leben in der Gottesnähe ermöglichen und die bis heute Gottes Willen offenbaren. Für die lutherische Reformation war klar, dass Gott heutigen Menschen nicht ›direkt‹ begegnet, sondern vermittelt: in seinem Wort, in Taufe und Abendmahl. Gottes Herrlichkeit bindet sich merkwürdiger- und wunderbarerweise an überaus Irdisches: menschliche Worte, Wasser, Brot und Wein. Die Offenbarung der Herrlichkeit, in, mit und unter diesen Gaben zu feiern, ist die Verheißung eines jeden Gottesdienstes – und ganz besonders eines Gottesdienstes am letzten Sonntag nach Epiphanias.

Liedvorschläge: Von den Epiphaniasliedern eignen sich besonders EG 73 (Auf, Seele, auf und säume nicht; vgl. bes. V. 6!) und EG 74 (Du Morgenstern, du Licht vom Licht). Darüber hinaus könnte selbstverständlich auch EG 165 (Gott ist gegenwärtig) als Predigtlied gesungen werden (vgl. bes. V. 6). (AD)

---

[117] Eine präsentische Konzeption von »Herrlichkeit«, die mit der Offenbarung Jesu verbunden ist, vertritt demgegenüber am ehesten das Johannesevangelium (vgl. Joh 1,14; 2,11; 17,22.24), wobei auch hier die »Herrlichkeit« an die Erscheinung Christi gebunden bleibt.

4. Sonntag vor der Passionszeit (Reihe III): Jes 51,9-16

Jes 51,9-16 ist für den 4. Sonntag vor der Passionszeit kein ›neuer‹ Text, wird aber im Rahmen der Ausführungen zum 24. Sonntag nach Trinitatis mit besprochen.

3. Sonntag vor der Passionszeit: Septuagesimae (Reihe I): Pred 7,15-18

Gottesfurcht und Lebensfreude

Das Büchlein, das der Prediger Salomo, ein Weisheitslehrer des frühen Judentums, verfasste, ist gewiss nicht einfach zu predigen, weil es Texte enthält, die eher zum Nachdenken und Diskutieren einladen als nach Verkündigung zu rufen. Dieser Prediger ist ein religiöser Philosoph (oder ein philosophierender Religiöser), dessen Texte vielleicht einmal in einer Gelehrtenschule gelesen und dabei kritisch ›auseinandergenommen‹ wurden. Er fragt nach Wahrheit im Wissen und im Glauben, aber mindestens genauso sehr interessiert ihn der Weg dorthin. Wie können wir überhaupt *wissen* und *glauben* – als die endlichen und vergänglichen Wesen, die wir sind, angesichts einer Weltordnung und eines Schöpfergottes, die eben nicht endlich, sondern ewig sind? Ein anderer neuer Perikopentext aus diesem Buch ist Pred 3,1–8, der so etwas wie die Essenz des Denkens des Predigers Salomo enthält, indem er danach fragt, ob es in der ewigen Wiederkehr der Dinge für den vergänglichen Menschen so etwas wie Glück geben kann. Die Antwort darauf ist durchaus optimistisch und bejahend, obwohl der Prediger akzeptiert, dass es darauf keinen Anspruch gibt. Auch ist er nicht der Ansicht, dass es überhaupt Gottes primäre Aufgabe wäre, dafür zu sorgen, dass jedem Menschen das gleiche Maß an Glück beschieden ist. Das Leben ist in hohem Maße kontingent und Faktoren unterworfen, die der Einzelne nicht für sich bestimmt. Oder anders gesagt: Leben ist ein riskantes Unterfangen mit der sehr realen Möglichkeit des Scheiterns. Und dennoch ist das Buch des Predigers trotz seines nachdenklichen und bisweilen skeptischen Untertons ein lebensbejahendes Buch. Gott hat den Menschen geschaffen (Pred 12,1), und allein diese Tatsache ist Grund genug für den Menschen, sein Leben anzunehmen.

Der Perikopentext enthält einen knappen und keinesfalls leicht zu durchdringenden Gedanken, dessen Verständnis – wie häufig beim Prediger Salomo – von der Übersetzung abhängt. Hier eine Übersetzung, die dem hebräischen Original m. E. näher kommt als die der Lutherbibel 2017:

> (15) Beides sah ich in meinen flüchtigen Tagen: Da ist ein Gerechter, der zugrunde geht in seiner Gerechtigkeit, und da ist ein Ungerechter, der lange lebt in seiner Bosheit. (16) Sei nicht übergerecht, und gib dich nicht gar zu weise. Warum willst

du überrascht werden? (17) Sei nicht zu oft ungerecht, und sei kein Tor. Warum willst du sterben vor deiner Zeit? (18) Gut ist es, wenn du an jenem festhältst, doch auch von diesem lasse nicht ab. Wer Gott fürchtet, wird beidem gerecht.[118]

Zunächst setzt sich der Prediger mit einer in seiner Zeit gängigen Vorstellung auseinander, die in der Bibelwissenschaft gerne als ›Tun-Ergehen-Zusammenhang‹ bezeichnet wird. Häufig wird dieser Zusammenhang auf die knappe Formel gebracht: Jeder bekommt, was er verdient, im Guten wie im Schlechten. Dahinter steht allerdings eine durchaus komplexe Vorstellung: Für die traditionelle Weisheit im alten Israel gibt es eine moralische Weltordnung. Die Welt ist so gemacht, dass sie gutes Handeln mit positiven Wirkungen versieht. Menschen sollen nach dem Guten streben, denn solches Tun erzeugt das größte Maß an Resonanz. Böses Handeln dagegen hat keine solche Wirkung, sondern fällt auf den Täter zurück. Das bedeutet nicht, dass gutes Handeln immer und automatisch belohnt würde. Vor allem die weisheitlichen Lehrerzählungen im Alten Testament wie die Hiob-Rahmenhandlung oder die Josephsnovelle berichten davon, dass auch guten (oder zumindest: nicht bösen) Menschen Schlechtes widerfährt. Aber, und das ist die Hoffnung der traditionellen Weisheit, die Welt ist so gebaut, dass sie, wenngleich mit Verzögerung und auf Umwegen, dem Guten zur Durchsetzung verhilft.

An dieser Stelle ›hakt‹ der Prediger ein und stellt die Gültigkeit oder gar die Existenz einer solchen moralischen Weltordnung in Frage, der man sich überlassen könnte. Es gibt Menschen, die trotz oder gerade wegen ihrer Ungerechtigkeit gut durchs Leben kommen. Und umgekehrt scheitern auch Gerechte (V. 15). Das Leben belohnt und bestraft gerade nicht nach wirklich erkennbaren Regeln. Das ist die skeptische Summe, die der Prediger gegenüber der älteren Weisheit zieht. Wenn das aber so ist, wie soll man sich dann verhalten? Von der Skepsis des Predigers ist es nur ein kurzer Schritt zum Opportunismus als Lebensprinzip. Genau das möchte er allerdings vermeiden und argumentiert vehement dagegen: Denn auch wenn die Welt für den Menschen nicht immer durchschaubare oder günstige Verhältnisse bietet, ist sie trotzdem Gottes Schöpfung. Das bedeutet für den Prediger, dass ein Mensch nicht nur sich selbst gegenüber verantwortlich ist, sondern in der Welt immer auch vor Gott steht (Pred 12,14).

Wie aber sieht die konkrete Empfehlung des Predigers aus? Diese findet sich in den Versen 16–18. Wie angedeutet bestehen hier nicht ganz unerheb-

---

[118]   Thomas Krüger, Kohelet (Prediger), BK.AT 19, Neukirchen-Vluyn 2000, 255.

liche Verstehensprobleme. Fast provokativ wirkt die Aufforderung, nicht allzu gerecht zu sein. Gibt es denn wirklich ein ›zu viel‹ an Gerechtigkeit? Das dürfte davon abhängen, ob Gerechtigkeit als Maxime eines Lebens gemeint ist (dann sicherlich nicht!) oder eher als Handlungsnorm im Einzelfall. Möglich ist auch, dass der Prediger an das Tun der Gerechtigkeit nach Maßgabe der Tora denkt. Wenn Letzteres, ginge es darum, einem starren Gebotsgehorsam zu wehren, der sich nicht mehr auf die Erfordernisse des Moments einzulassen vermag. Oder etwas salopper gesagt: Wer mit religiösen Scheuklappen durchs Leben geht, läuft Gefahr, vom Leben überrollt oder, wie der Prediger sagt, »überrascht« zu werden. Entsprechend soll man aber auch nicht »zu oft ungerecht sein«. Auch das ordnet sich vermutlich am besten ein, wenn man dabei an den Maßstab der Tora denkt. Hier lauert eine noch größere Gefahr, denn (zu viel) Ungerechtigkeit führt zum Tod. Der Mensch braucht Orientierung für sein Denken und Handeln, braucht eine Gerechtigkeit, die er nicht aus sich selbst heraus generieren kann. Entsprechend ist der Erwerb von Weisheit (zu der die Tora für den Prediger auch, wenngleich nicht exklusiv, hinzugehört) eine elementare Lebensaufgabe, denn das einzige, was man wirklich gar nicht sein soll, ist ein törichter Mensch (V. 17).

Nun fehlt allerdings noch eine weitere Größe, die der Prediger an dieser Stelle ins Spiel bringt: die Gottesfurcht. Interessanterweise versteht er darunter offenbar genau diesen Mittelweg zwischen zu gerecht und zu ungerecht. Gott fürchten ist also nicht zu verwechseln mit statischer religiöser Observanz (oder, in negativer Hinsicht, mit der ›Angst‹, daran zu scheitern), es ist aber freilich auch nicht der Verzicht auf verbindliche Normen. Gottesfurcht ist insofern das Ideal aller Lebenspraxis (und vielleicht dürfte man auch sagen: von Lebens*kunst*), weil sie das, was Gott will, mit dem zusammenbringt, was dem Leben dient. Das erfordert ein hohes Maß an Sensibilität, Aufmerksamkeit, religiöser Verpflichtung und sozialer Kompetenz oder, in den Worten des Predigers, es erfordert *Weisheit*. Die Welt, in der der Prediger sich und seine Zeitgenossen wahrnimmt, ist in vieler Hinsicht determiniert und unveränderbar. Gottesfurcht sollte, durch ›zu viel Gerechtigkeit‹, die Welt also nicht starrer machen als sie ohnehin ist, sondern ihre Gestaltungsspielräume ausfüllen. Was er mit Gottesfurcht meint, illustriert der Prediger anhand seiner Anweisungen für junge Menschen: »Freue dich, junger Mann, in deiner Jugend und lass dein Herz guter Dinge sein in deinen jungen Tagen, und geh auf den Wegen deines Herzens und dem nach, was deine Augen sehen. Aber wisse (auch), dass dich im Blick auf all das Gott ins Gericht führen wird« (Pred 11,9; eigene Übersetzung). Wenn der Prediger sagt, dass man seinem Herz folgen soll, bedeutet dies (anders als für uns heute) nicht etwa, dass man seinem Begehren freien Lauf lassen sollte. Das Herz ist für ihn Ort der Neugier und insofern auch der Lebensfreude, die zur Entfaltung kommen dürfen. Dass Lebensfreude aber eben auch Gottesfurcht sein soll, bringt er damit ins Spiel, dass der Mensch, der seinem Herzen folgt, darin auch der Mensch ist, der vor Gott steht. (AS)

Weisheitliches Plädoyer für gemässigt-volkskirchliche Normalfrömmigkeit?

Der 3. Sonntag vor der Passionszeit trägt den lateinischen Namen *Septuagesimae*: Noch rund 70 Tage, zehn Wochen, sind es von nun an bis Ostern. In der Zeit der Alten Kirche wurden an diesem Sonntag diejenigen dem Bischof vorgestellt, die in der Osternacht getauft werden sollten. Für sie begann die letzte Etappe des teilweise dreijährigen Katechumenats. Bis heute lautet die Frage dieses Sonntags: Was heißt es, als Christenmensch zu leben – in meinem Bezug zu Gott, aber auch in meinen Beziehungen zu den Menschen um mich herum? Und vor allem so, dass klar wird, wie beides miteinander zu tun hat.

Das Evangelium des Sonntags Mt 20,1-16 erzählt von Arbeitern, die von einem Weinbergbesitzer zu unterschiedlichen Zeiten des Tages als Tagelöhner angestellt werden – und die am Ende des Tages alle exakt denselben Lohn, einen Silbergroschen, erhalten. »So werden die Letzten die Ersten und die Ersten die Letzten sein« (V. 16) – mit dieser frohen Botschaft für die Letzten und schwer zu ertragenden Botschaft für die Ersten endet das Gleichnis. An einem Sonntag, an dem früher die neuen Taufbewerber vorgestellt wurden, bedeutet es auch für gegenwärtige Gemeinden eine wichtige Erinnerung: Neu Hinzukommende sind vor Gott nicht weniger wert als die, die schon Jahre dabei sind. Geistlicher Hochmut der ›Alten‹ hat gegenüber den ›Kindern‹ im Glauben keinen Platz – angesichts des Reiches Gottes, in dem *alle täglich neu* Anfänger sind.

Auch ein weiterer Predigttext aus dem Matthäus-Evangelium (Mt 9,9-13, Reihe V) verstärkt diese Pointe. In ihm wird in einer der kürzesten Erzählungen der Bibel zunächst von der Berufung des Zöllners Matthäus berichtet. Sie geschieht plötzlich und ohne jede ›fromme‹ Vorleistung des Zöllners. Die Berufung und die anschließende Mahlzeit Jesu mit »Zöllnern und Sündern« (V. 11) erregt die Pharisäer, die hier für all jene stehen, die es mit ihrer Frömmigkeit ernst meinen und beständig nach der Lebenspraxis des Glaubens fragen.

Im Reich Gottes gibt es kein Bonus-System für verdiente und altbewährte Club-Mitglieder. Vor diesem Hintergrund lässt sich auch der neu als Text der Epistellesung vorgeschlagene Abschnitt aus Phil 2,12 f. lesen. *Allen* ist hier gesagt: »Schafft, dass ihr selig werdet, mit Furcht und Zittern« (V. 12) – und *allen* ist in V. 13 verheißen, dass Gott das Entscheidende tut und »das Wollen und das Vollbringen« wirkt.

Auch die beiden alttestamentlichen Texte des Sonntags fügen sich in diesen Klangraum und bieten weisheitliche Ermahnungen zum guten Leben vor Gott in dieser Welt. Die alttestamentliche Lesung (Jer 9,22 f.) spricht sich *nicht* gegen Weisheit, Stärke und Reichtum aus, wohl aber gegen den darauf begründeten Selbstruhm, der sich in jeder Beziehung nur zerstörerisch auswirken kann. Daher gilt: »… wer sich rühmen will, der rühme sich dessen, dass er klug sei und mich kenne …« (V. 23).

Der neue Predigttext aus dem Buch des Predigers (Pred 7,15–18) zeigt, wie durch Gottesfurcht die Abstürze zu vermeiden sind, die zwischen allzu großer Gerechtigkeit und Weisheit einerseits, allzu großer Gottlosigkeit und Torheit andererseits lauern.

Das Wort des Predigers von einst kann sich für die Predigenden von heute wie ein – angesichts zunehmender Radikalisierung Glaubender in vielen Teilen der Welt – wohltuend anti-fundamentalistisches Manifest anhören oder wie ein engagiertes Plädoyer für eine wohltemperiert-gemäßigte mitteleuropäisch-volkskirchliche Normalfrömmigkeit, wie sie in vielen Kirchengemeinden (jedenfalls noch!) anzutreffen ist und wie sie viele Pfarrerinnen und Pfarrer, Prädikantinnen und Prädikanten (jedenfalls noch!) prägen dürfte.

Neuere religionssoziologische Wahrnehmungen zeigen, dass die ›Mitte‹ eher abnimmt und die ›Ränder‹ stärker werden. Als die ersten Ergebnisse der fünften Kirchenmitgliedschaftsuntersuchung 2014 publiziert wurden, geschah dies unter der Überschrift: »Engagement und Indifferenz«. Die Überschrift brachte zum Ausdruck: Die Gruppe derer, die engagiert in ihrer Gemeinde leben und z. B. häufig die Gottesdienste besuchen, hat gegenüber der letzten EKD-Mitgliedschaftsuntersuchung vor zehn Jahren (leicht) zugenommen. Deutlicher ist die Gruppe derer gewachsen, die sich von Glaube und Kirche distanziert hat und beidem indifferent gegenübersteht. Es gebe eine »Polarisierung der Menschen im Blick auf ihre Kirchenverbundenheit«:

>»Diese Polarisierung zeigt sich durchgehend in den verschiedenen Einzelergebnissen. Während die Gruppe mittlerer kirchlicher Verbundenheit eher abnimmt, wachsen die Gruppe der engagierten Hochverbundenen in bescheidenem Maße und deutlicher die Gruppe der religiös Indifferenten.«[119]

Der offizielle Band zur Publikation der Ergebnisse der Studie, der ein Jahr später erschien, trägt den weit weniger aussagekräftigen Titel »Vernetzte Vielfalt« – auch weil ein Streit um die Deutung der Zahlen und Erhebungen ausbrach.[120]

Allerdings wäre es ein hermeneutischer Kurzschluss, Engagement und Indifferenz als die beiden Abstürze verstehen zu wollen, die der Prediger der Bibel vor Augen hatte. Er würde gegenwärtig sicher nicht vor zunehmendem gemeindlichen Engagement warnen, wenn er allzu große Gerechtigkeit und Weisheit problematisiert. Vielmehr geht es ihm um eine Gestalt der Frömmigkeit, die auf paradoxe Weise das verliert, was Frömmigkeit eigentlich ausmacht: den kommunikativen Austausch mit Gott, der immer neu und überraschend handelt und sich nicht in die eigenen Wertesysteme und Ordnungen einfügen lässt. Echte Frömmigkeit wäre in der Lage, sich mit dem zu freuen, der für eine Stunde Arbeit einen ganzen Silbergroschen erhielte. Sie könnte mit zu Tisch sitzen, wenn Jesus, die Zöllner und die Sünder Mahl halten. Wer allzu gerecht und allzu weise ist, meint am Ende – entgegen der eigenen Intention – wohl eher sich selbst als Gott und landet bei einer selbstgebauten Gerechtigkeit eines stabilen individuellen Wertesystems. Im schlimmsten Fall ist solche Frömmigkeit nichts anderes als eine gesteigerte Form der Selbstliebe, die Gott verloren hat.[121] Auf der anderen Seite freilich steht für den Prediger die Gottlosigkeit, die das Fragen nach Gott angesichts der Erfahrungen des Lebens aufgegeben hat.

Jenseits dieser Abstürze liegt für den Prediger der Weg eines Lebens in Gottesfurcht. Es ist ein Leben, das sich des Gegenübers Gottes bewusst ist, der Menschen von sich selbst befreit und in die Verantwortung ruft – und jedem Arbeiter im Weinberg den Silbergroschen gibt. In zahlreichen Synagogen findet sich über dem Toraschrein die Inschrift: *Da lifne mi attah omed* – Wisse, vor wem du stehst![122] Auch dieser Imperativ wäre eine gute Zusammenfassung weisheitlicher Lebenskunst.

---

[119] Die Erstveröffentlichung ist im Internet greifbar unter: https://www.ekd.de/ekd_de/ ds_doc/ekd_v_kmu2014.pdf [Zugriff vom 09. 04. 2018], hier aus dem Vorwort, 2.

[120] Heinrich Bedford-Strohm/Volker Jung (Hg.), Vernetzte Vielfalt. Kirche angesichts von Individualisierung und Säkularisierung. Die fünfte EKD-Erhebung zur Kirchenmitgliedschaft, Gütersloh 2015.

[121] Beispiele für eine Frömmigkeit, die sich aus lauter gutem Willen in sich selbst verliert, gibt es viele. Bedrückend erscheint mir etwa die Unbarmherzigkeit und rigorose Schärfe, mit der in manchen kirchlichen Kreisen homosexuell Liebende verurteilt werden.

[122] Vgl. Ps 16,8: »Ich habe den Herrn allezeit vor Augen …«.

Liedvorschläge: Paul Gerhardts »Gib dich zufrieden und sei stille« (EG 371), das Strophe für Strophe mit den Worten »Gib dich zufrieden!« endet, bietet gerade in den seltener gesungenen Strophen (z. B. 7 + 8; 12 + 13) reichlich Hinweise auf weisheitliche Lebenskunst. Wer das vertrauensvolle Sich-Hineinbegeben in Gottes Handeln besingen will, kann dies mit EG 380 (Ja, ich will euch tragen), EG 382 (Ich steh vor dir mit leeren Händen, Herr) oder EG 368 (In allen meinen Taten) tun. (AD)

2. Sonntag vor der Passionszeit: Sexagesimae (Reihe II): Ez 2,1-5(6f.)8-10; 3,1-3

Nur dass ihr es wisst ...

Propheten waren, nach allem, was wir wissen, zuerst und vor allem Berater der Könige Israels und Judas. Das ist nicht außergewöhnlich, vielmehr findet man Propheten in zahlreichen Dokumenten des Alten Orients in dieser Funktion belegt. Sie waren dafür ausgebildet, die Kommunikation zwischen einer Gottheit und deren irdischem König zu vermitteln. Dies bedurfte nicht nur einer visionären oder charismatischen Begabung, sondern auch einer grundständigen Schulausbildung. Propheten mussten Literaten sein und vermutlich auch eine breite politische und kulturelle Bildung besitzen, zumal ihre Beratertätigkeit am Königshof gerade in Fragen internationaler Politik und dabei vor allem in Kriegsangelegenheiten verlangt war.

Im Alten Testament werden diese Hofpropheten in der Regel sehr kritisch beurteilt, weil man ihnen unterstellte, dass ihr Abhängigkeitsverhältnis gegenüber dem König und vielleicht auch den höheren Priesterschichten zu ›gefälliger‹ Prophetie führte. In welchem Ausmaß dies tatsächlich so war, lässt sich heute kaum noch einschätzen. Eine interessante Gestalt in dieser Hinsicht ist Jesaja, der eindeutig als ein solcher Hofprophet zur Zeit der judäischen Könige in der zweiten Hälfte des 8. Jh. v. Chr. begegnet, der aber offenbar doch als soweit eigenständig und unabhängig bewertet wurde, dass man ihn – anders als etwa ein Jahrhundert später den Propheten Hananja[123] – zu den ›wahren‹ Propheten zählte.

Die alttestamentlichen Schriftpropheten werden, ausgehend von Elia, an den sich allerdings keine Buchtradition angeschlossen hat, als oppositionelle Gestalten dargestellt. Das wird auch daran deutlich, dass im Fall von Jeremia und Ezechiel eigens ausführliche Berufungsberichte an den Anfang der Buchkompositionen gestellt wurden. Höchstwahrscheinlich gab es solche Berufungsberichte auch für die ›traditionellen‹ Propheten. Man kann dabei z. B.

---

[123] Hananja wird als Gegenspieler Jeremias dargestellt (Jer 28) und damit auch als eindeutig ›falscher‹ Prophet. Das ist deswegen erstaunlich, weil Hananjas Botschaft sich von der eines Jesaja nicht unterscheidet. Beide sind Verfechter einer Zionstheologie, innerhalb derer es undenkbar war, dass JHWH seinen Tempel jemals den Feinden preisgeben würde. Allem Anschein nach war dies erst zur Zeit Jeremias und Ezechiels denkbar geworden.

an Samuels Initiation (1 Sam 3[124]) denken oder eben auch an Jesajas Berufungsvision (Jes 6). Der Unterschied zu Jeremia und Ezechiel besteht vor allem darin, dass in deren Berufungen nichts erwähnt wird, was sie mit dem königlichen Hof, mit dem Tempelbetrieb oder anderen Institutionen der Zeit in Verbindung bringt. Diese Berufungen wirken eigentümlich unangebunden und darin beinahe surreal. Es wird nur gesagt, dass JHWHs Wort ›zu ihnen geschieht‹ (Jer 1,4; Ez 2,3). Gott spricht zu demjenigen, den er sich als Propheten ausersehen hat. Aber mehr geschieht nicht. Auf diese Weise wird mit einfachsten sprachlichen Mitteln gesagt, dass allein JHWH der Auftraggeber dieser Propheten ist. Nur sein Wort und nicht menschliche Bedürfnisse bestimmen deren Botschaft, und nur ihm gegenüber besteht ihr Loyalitäts- und Verpflichtungsverhältnis.

Dieser exklusiven Verpflichtung entspricht der eigentümliche Sinn der Prophetenberufung. Hier gehen Jeremia und Ezechiel unterschiedliche Wege. Jeremia wird berufen, um etwas zu bewirken. Er soll »ausreißen und einreißen«, aber ebenso »bauen und pflanzen«, er soll also als Werkzeug das Gericht Gottes an »Völkern und Königreichen« vollziehen (Jer 1,10).[125] Die prophetische Botschaft wird sehr reale und spürbare Auswirkungen haben. Davon geht das Jeremiabuch in seiner Gesamtheit aus: »Ist mein Wort nicht wie ein Feuer, spricht der HERR, und wie ein Hammer, der Felsen zerschmeißt?« (Jer 23,29).

Bei Ezechiel ist das anders. Man hat fast den Eindruck, dass die großen Erwartungen an die Wirksamkeit von Gottes Wort als Botschaft an Israel und die Völker einer melancholisch-skeptischen Haltung gewichen sind. Ezechiel soll eigentlich schon gar nichts mehr bewirken, jedenfalls wird das gerade nicht mehr als Ziel seiner Berufung erwähnt: »Und die Kinder, zu denen ich dich sende, haben harte Köpfe und verstockte Herzen. Zu denen sollst du sagen: ›So spricht Gott der HERR!‹ Sie gehorchen oder lassen es – denn sie sind ein Haus des Widerspruchs –, dennoch sollen sie wissen, dass ein Prophet unter ihnen gewesen ist« (V. 4 f.). In dieser gebrochenen Erwartung, die letztlich ins Eingeständnis der ausbleibenden Wirkung des göttlichen Wortes mündet, bildet sich eine Grundstimmung ab, die den gesamten ersten Teil Ezechiels (Ez 1–11) bestimmt. So verlässt die Herrlichkeit Gottes den Tempel und lässt sich unweit davon auf der anderen Talseite – auf dem Ölberg – nie-

---

[124]   Neuer Perikopentext für den Sonntag Exaudi.

[125]   Tatsächlich werden die gleichen Termini für Gottes eigenes Handeln an den Völkern in Jer 18,7–10 verwendet.

der (Ez 11,23), so als würde Gott nun zusehen, wie die Feinde den Tempel und die Stadt Jerusalem einnehmen.

Die Dinge nehmen ihren unheilvollen und unumkehrbar gewordenen Verlauf. Der ›point of no return‹ ist für das Ezechielbuch überschritten. Und trotzdem spricht Gott weiter, und sein Prophet hört nicht auf zu verkündigen. Das Ezechielbuch dokumentiert seinem eigenen Selbstverständnis nach Worte, die die eigentlichen Adressaten schon nicht mehr verstehen – zumindest nicht jetzt, nicht in der Gegenwart. Prophetie hat demnach eine doppelte Aufgabe: Für ihre Zeitgenossen ist sie ein Attest von deren Unwilligkeit (oder Unfähigkeit), das Wort Gottes zu hören. Gleichzeitig soll sie das Wort Gottes für diejenigen bewahren, die es irgendwann einmal werden verstehen können. Ezechiel ist gerade darin ein Prophet, dass sich für ihn das Wort Gottes nicht in einer Zeit und an einem Ort erschöpft – und dann wieder verpufft und verschwindet. Oder etwas anders gesagt: Für Ezechiel ist es nicht nur möglich, sondern geradezu wesentlich, dass das Wort Gottes in der Rückschau gedeutet und erst dann verstanden wird. Während Prophetie im Alten Orient und wohl auch im Alten Israel vor allem für die Gegenwart zuständig war, öffnet Ezechiel ihr einen Zukunftshorizont.

Das zeigt sich auch an der eigentümlichen Art und Weise, in der Ezechiel das Wort Gottes empfängt. Bei Jeremia legt Gott dieses Wort noch in den Mund seines Propheten, was vermutlich der ›klassischen‹ Berufungsliturgie entspricht und auch in Jesaja 6 ein Echo hat (in Gestalt des Reinigens der Lippen). Ezechiel dagegen soll eine beidseitig beschriebene Buchrolle essen. Dieser Gestaltwandel dürfte darauf hindeuten, dass das Wort nunmehr von Anfang an in einer Form festgehalten wird, die die Gegenwart überdauert. Und auch hier zeigt sich, dass diese Texte ihrem eigenen Anspruch nach nicht nur religionsgeschichtliche Dokumente ihrer Zeit sein wollen, sondern Leserschaften jenseits ihrer eigenen Erfahrungswelt adressieren. Das prophetische Wort will weiterwirken.

Es bleibt für Ezechiel am Ende seines Berufungserlebnisses eine eigentümliche Diskrepanz zwischen dem Inhalt der Worte und deren ›Geschmack‹. Das geschriebene Wort ist Gottes »Weh und Ach« (2,10) über sein Volk, und doch schmecken diese Worte in Ezechiels Mund »süß wie Honig« (3,3). Egal in welcher Gestalt und welchen Inhalts ist dieses Wort die Lebenssubstanz des wahren Propheten. Ähnlich formuliert findet sich die gleiche Überzeugung wiederum bei Jeremia, genauer in den Konfessionen Jeremias: »Fanden sich deine Worte, so aß ich sie, und es geschah, dass deine Worte zum Jubel und zur Freude meines Herzens wurden; denn dein Name ist über mir genannt, JHWH, Gott Zebaoth« (Jer 15,16, eigene Übersetzung). Diese Berufungsgeschichten sind ein Stück weit Liebeserklärungen an das Wort Gottes, trotz der Last, die es mit sich brachte. Insofern sind diese Berufungserzählungen beides: initiales Geschehen, aber ebenso die Summe prophetischen Lebens. (AS)

Schmecket und sehet, wie süss Gottes Wort ist

»Wenn die Propheten einbrächen
durch Türen der Nacht
mit ihren Worten Wunden reißend
in die Felder der Gewohnheit,
ein weit Entlegenes hereinholend
für den Tagelöhner

der längst nicht mehr wartet am Abend –«[126]

»Heute, wenn ihr seine Stimme hören werdet, so verstockt eure Herzen nicht« (Hebr 3,15). Der Wochenspruch für den Sonntag Sexagesimae, den zweiten Sonntag vor der Passionszeit, fasst die grundlegende Bewegung dieses Sonntags in Worte: Gott redet – und die Frage ist, ob und wie ›wir‹ hören. Im Evangelium Lk 8,4-8(9-15) beschreibt Jesus verschiedene Weisen des Umgangs mit dem Wort: Es kann auf den Weg fallen oder auf den Fels, unter die Dornen oder auf gutes Land. Entscheidend bleibt der Imperativ, mit dem das Gleichnis »Vom Sämann« schließt: »Wer Ohren hat zu hören, der höre!« (V. 8). Die alttestamentliche Lesung wirkt insgesamt zuversichtlicher: »… das Wort, das aus meinem Munde geht …, wird nicht wieder leer zu mir zurückkommen« (Jes 55,11; alttestamentliche Lesung: Jes 55,[6f.]8-12a). Die Wirksamkeit des göttlichen Wortes steht in Jes 55 außer Frage.[127] Mit Hebr 4,12f., der alten und neuen Epistellesung dieses Sonntags, wird die ambivalente Wirk-

---

[126] Nelly Sachs, Wenn die Propheten, in: dies., Fahrt ins Staublose. Gedichte, Frankfurt a. M. 1988, 92-94.

[127] Eine Geschichte von der Wirkung des gepredigten Wortes ist mit Apg 16,9-15 in der Endfassung der Perikopenrevision im Klangraum des Sonntags Sexagesimae verblieben (Predigttext in Reihe I), nachdem der Revisionsentwurf diese Perikope nur noch als ›weiteren Text‹ eingeordnet hatte. Die Bekehrung der Lydia in Philippi wird als eine Folge göttlichen Wirkens interpretiert: »… der tat der Herr das Herz auf« (V. 14).

samkeit des Wortes Gottes beschrieben. Wie das Messer eines Operateurs schneidet es scharf, legt offen und erweist sich so als richtend. Zu dieser Stimmung passt der neue Predigttext von der Berufung Ezechiels zum Prophetenamt.

Die Auswahl der Verse aus Ez 2f. ist so gestaltet, dass die *Aktion* im Mittelpunkt steht: Gott gibt dem Propheten eine mit »Klage, Ach und Weh« beschriebene Schriftrolle (2,10) – nicht zu lesen (!), sondern zu essen. Und er isst sie – »und sie war in meinem Munde so süß wie Honig« (3,3). Im Munde des Propheten verwandelt sich die Klage in etwas, das wohlschmeckend ist. Das Unverdauliche erweist sich als geschmacklich angenehm.

Jürgen Ebach brachte das Geschehen in Ez 2f. mit einem Wortspiel auf die Formel: »Ezechiel isst ein Buch« und »Ezechiel ist ein Buch«.[128] Die Buch-Werdung des göttlichen Wortes führt dazu, dass andere es lesen und Spätere entdecken können, wie aus Klage, Ach und Weh frohe Botschaft wird – auch wenn die unmittelbaren Adressaten verstockt sind und nicht hören wollen und können.

Am Sonntag Sexagesimae geht es um die Frage, wie wir das biblische Wort ›konsumieren‹ und ob und inwiefern wir es so hören, dass es für uns zum göttlichen und vielleicht sogar honigsüßen Wort wird (was – wie das Ezechielbuch zeigt – gerade nicht bedeutet, dass die Botschaft, um die es geht, glatt und unanstößig, bequem und billig wäre; gerade die unterbrechende und insofern herausfordernde Botschaft ist ›süß‹ und eben nicht schal, wie es eine billige Gnade zweifellos wäre!).

Im Blick auf die Psalmen zeigt Dorothee Sölle, wie sie die Worte wie Nahrung zu sich nimmt:

> »[Sie] sind für mich eines der wichtigsten Lebensmittel. Ich esse sie, ich trinke sie, ich kaue auf ihnen herum, manchmal spucke ich sie aus, und manchmal wiederhole ich mir einen mitten in der Nacht. Sie sind für mich Brot.«[129]

Es wäre am Sonntag Sexagesimae zu erproben, ob und inwiefern das auch mit den Worten des Propheten möglich ist.

---

[128] Jürgen Ebach, Ezechiel isst ein Buch – Ezechiel ist ein Buch, in: ders., »Iss dieses Buch!«, Theologische Reden 8, Knesebeck 2008, 11–24.

[129] Luise Schottroff/Dorothee Sölle, Den Himmel erden, München 1996, 31. – Den Hinweis auf diese Spur verdanke ich Friedemann Sommer, vgl. http://www.stichwortp.de/ index.php?state=stichworte&action=predigttopdf&predigtID=28 [Zugriff vom 12.05.2018].

Im Judentum hat sich in rabbinischer Zeit eine Weise des Umgangs mit dem biblischen Wort herausgebildet, die dieses als ›heilige Schrift‹ *und* als kritisch zu befragenden Text zugleich betrachtet. Ein immer neues, genaues Lesen, ein schmeckendes Erkunden jedes einzelnen Buchstabens gehört dazu und wird – nachweisbar seit dem Mittelalter – auch rituell inszeniert. Im Alter von drei bis sechs Jahren (unterschiedlich je nach lokalem Brauch) wurden die Knaben an das Lesen herangeführt, wobei man mit den Büchern der Tora als Lesestoff begann, genauer mit dem Buch Leviticus. Das Lernen sollte am Shavuot-Fest beginnen, dem Wochenfest fünfzig Tage nach Pessach, an dem – nach jüdischer Tradition – die Tora vom Sinai gegeben wurde. Die Gabe der Tora wird dort aktualisiert, wo Juden heute das Lesen lernen. In der ersten Unterrichtsstunde wurden die ersten und letzten vier Buchstaben des hebräischen Alefbets gelernt. Diese schrieb der Lehrer auf einer Tafel auf, las sie vor – und bestrich sie mit etwas Honig, den der Knabe dann mit seiner Zunge von den Buchstaben lecken durfte. Ein Leben lang sollte sich der Umgang mit den Buchstaben mit dem süßen Geschmack des Honigs verbinden. In anderen Traditionen wurden und werden Buchstaben aus Honigkuchen gebacken; auch dies eine Erinnerung an und Reinszenierung von Ez 2f. – und vielleicht sogar eine Gestaltungsidee für einen Gottesdienst am Sonntag Sexagesimae!?

Liedvorschläge: Als Lied nach der Predigt könnte sich ein Choral aus dem Bereich der Lieder zum »Wort Gottes« (EG 193–199) eignen, etwa Zinzendorfs »Herr, dein Wort, die edle Gabe« (EG 198). Ein auf die ›Schrift‹ als Süßigkeit bezogenes Lied ist mir leider nicht bekannt; vgl. aber die Verbindung der geschmeckten »Süßigkeit« mit dem erschienenen Christus in EG 67,3. (AD)

Aschermittwoch (Reihe III): Ps 51,1-14(15-21)

Der unvollkommene und der unfertige Mensch

Aus altkirchlicher Zeit stammt die Tradition der sieben Bußpsalmen (Ps 6; 32; 38; 51; 102; 130; 143). Die Wahrnehmung dieser Psalmen als thematisch zusammengehörig verleiht dem Psalter insgesamt eine innere Gliederungsstruktur. Dreh- und Angelpunkt dieser Gruppe ist Ps 51, der als Perikope für den Aschermittwoch als kirchlicher Bußtag und Beginn der Fastenzeit ausgewählt wurde.

Exegetisch betrachtet ist der Anlass dieses Psalms nicht ganz eindeutig. Teilweise wird er als Klagepsalm eines kranken Menschen interpretiert (V. 9 f.), teilweise als Schuldbekenntnis. Wie häufig im Psalter liegen diese Elemente allerdings sehr nahe beieinander. Was den Psalm insgesamt metaphorisch und sachlich durchzieht, ist ein Unbehagen und stellenweise Ekel des Beters in seiner eigenen Haut. Dem korreliert das Bedürfnis nach einer Erlösung ›von sich selbst‹. Tatsächlich ist in Psalm 51 nirgends von äußeren Bedrängnissen und Anfeindungen die Rede. Auch findet man hier, anders als in den meisten Klagepsalmen, kein Ringen mit Gott (allenfalls in V. 10b). Feinde sind ebenso wenig für die Not des Beters verantwortlich wie das Handeln Gottes. Alles konzentriert sich darauf, dass der Beter sich nicht selbst aus den Verstrickungen in Sünde und Schuld befreien kann, die ihn festhalten und ›kontaminieren‹.

Im Blick auf die Struktur des Psalms fallen vor allem zwei Blöcke auf. Nach der Überschrift und narrativen Einbettung in das Leben Davids (V. 1 f.) folgt als erster Hauptteil V. 3-11. Dieser wird eröffnet durch die Anrufung Gottes und die Bitte, die Sünden des Beters zu »tilgen« (V. 3b). Das gleiche Verb begegnet rahmend dann noch einmal in V. 11. Der zweite Hauptteil (V. 12-19) verschiebt das Begriffsregister von der *Reinigung* hin zur *Erneuerung*, deren Ziel nicht nur in der Veränderung der Befindlichkeit des Beters besteht, sondern in der Befähigung zum Gotteslob (V. 16b.17). Die beiden abschließenden Verse (V. 21 f.) werden in der Regel als nachträgliche Erweiterung gesehen, zumal der Aufruf zum kultischen Opfer in einer gewissen Spannung zu dessen Kritik in V. 18 steht.

Für das Verhältnis der beiden Hauptteile wurde verschiedentlich vorgeschlagen, V. 3-11 als gegenwärtige Erlösung, V. 12-19 als eschatologische

Erneuerung zu betrachten. Diese Sichtweise legt sich vor allem dann nahe, wenn man die (in der Lutherbibel hervorgehobenen) Verse 12–14 analog zu den prophetischen Verheißungen eines neuen Herzens und eines neuen Geistes versteht (Ez 11,19f.; 36,26f.; Jer 31,31–33). Allerdings ist in Ps 51 gerade keine zeitliche Staffelung zwischen den beiden Hauptteilen und insofern auch keine Eschatologisierung des neuen Herzens und neuen Geistes erkennbar. Eher scheint der Unterschied zwischen den beiden Hauptteilen zu sein, dass der erste den Menschen von *außen*, der zweite dagegen von *innen* her betrachtet.

Tatsächlich geht es zunächst darum, dass Gott die Sünde vom Menschen abwäscht. Ohne dass der Begriff »Haut« dabei ein einziges Mal fällt, geht es um Handlungen, die damit assoziiert sind. Das wird in Übersetzungen häufig nicht deutlich. So steht hinter dem »tilgen« (V. 3.11) das hebräische Verb *machah*, das so viel wie »abwischen«, »wegscheuern« oder auch »abkratzen« meint. Es geht um eine ganz handfeste Tätigkeit, durch die der Mensch weiß werden soll wie Schnee (V. 9b). Dabei legt sich die Assoziation mit einer verschmutzten oder überkrusteten Oberfläche, wie eben der Haut eines Menschen, nahe, die auf diese Weise gereinigt und in ihrer eigentlichen Gestalt wieder sichtbar wird. Ergänzt wird das Bild durch die Behandlung mit Ysop (V. 9a), einer staudenförmigen Pflanze, deren ätherische Öle desinfizierende und heilende Wirkung hatten. Das Reinigen oder Einreiben mit Ysop (evtl. wurden damit auch Verbände hergestellt) passt insofern als beruhigende und lindernde Maßnahme zum »Abwischen« bzw. »Abkratzen«. Mit andern Worten: Gottes Rolle ist hier die eines Arztes, und die Vorstellung von »Entsündigung« (V. 9) folgt dem Prozess von Behandlung und Heilung.[130]

Zumal im Zusammenhang christlicher Dogmatik ist V. 7 von Belang, der schon das Geborenwerden als etwas schildert, dem ein Makel anhaftet: »Siehe, in (oder: mit) Schuld wurde ich entbunden und (schon) in Sünde empfing mich meine Mutter« (eigene Übersetzung). Sollte man hier also von so etwas wie ›Erbsünde‹ reden? Sicherlich nicht in einem wie auch immer ›genetischen‹ Sinne. Es ist nicht davon die Rede, dass die Mutter (oder die Eltern) einen bereits ihnen selbst eigenen Defekt auf den Beter übertragen. Eher scheint es so zu sein, dass auch die Empfängnis und Geburt eines Kindes Teil der unvollkommenen und ›kontaminierten‹ Verhältnisse menschlicher Existenz sind.

Mit V. 12 wendet sich der Psalm der Innenseite des Menschen zu. Hier

---

[130] Ein mögliches Argument dafür, dass der Psalm zumindest auch im Kontext von Krankheit zu interpretieren ist.

ändert sich die Begriffswelt, insofern nicht mehr von Heiligung, sondern von *Neuschaffung* die Rede ist. Auch hier lohnt eine etwas wörtlichere Übersetzung: »Ein reines Herz schaffe in mir, Gott, und einen verständigen Geist mache neu in meinem Inneren.« Dieser Vers ist durch eine chiastische Figur mit dem Terminus »Gott« im Zentrum planvoll aufgebaut. Die Verben »schaffen« (*bara'*) und »neu machen« (*chadasch*) lassen keinen Zweifel daran, dass hier nicht etwas Bestehendes verändert werden, sondern der Mensch etwas erhalten soll, das er zuvor noch nicht hatte. Während V. 3–11 vom *unvollkommenen* Menschen reden, geht es in V. 12 also vor allem um den *unfertigen* Menschen. Dass hier zwei parallel geführte Sichtweisen vorliegen, zeigt sich auch an den von Gott erhofften Reaktionen: Im Blick auf den unvollkommenen Menschen wird Gott darum gebeten, sein Angesicht *von dessen Sünden* abzuwenden (V. 11). In V. 13 wird diese Bitte aufgenommen und darum ergänzt, dass Gott *den Beter selbst* nicht von seinem Angesicht verstoßen und seinen »heiligen Geist« nicht von ihm nehmen möge.

Die Rede vom »heiligen Geist« verdient freilich eigenes Augenmerk. Diese Wendung begegnet neben Ps 51 noch in Jes 63,10. Von der Heiligkeit Gottes ist im Alten Testament häufig die Rede und ebenso vom Geist Gottes, aber die Verbindung beider Attribute beschränkt sich auf diese beiden Stellen. In Ps 51 dürfte sie vor allem als Kontrast gewählt sein, denn weder ist der vor Gott stehende Mensch heilig, noch hat er bereits selbst einen Geist, der vor Gott bestehen könnte. Und dennoch soll Gott an dem ihm so ungleichen Menschen festhalten. Im Gegenteil scheint die Möglichkeit sowohl der Heilung wie auch der Neuschaffung daran zu hängen, dass dieser heilige Geist am und im Menschen wirksam ist.

Hält man an dieser Stelle ein und betrachtet den Psalm insgesamt, fällt die extrem negative Sicht auf den Menschen auf. Dieser ist ein in jeder nur möglichen Hinsicht defizitäres Wesen. Genau genommen müsste man aufgrund dessen, was diesem Menschen fehlt und was Gott an ihm tun soll, folgern, dass er nicht nur lebensunfähig, sondern eigentlich tot ist. Es gibt nichts Brauchbares, nichts Taugliches an ihm. Entsprechend unternimmt der Beter hier, im Unterschied zu anderen Klagepsalmen, auch gar nicht den Versuch, gegen Gott aufzubegehren, sondern verhält sich gänzlich passiv. Und das mag gerade die Pointe sein: Der Psalm unternimmt nichts, um irgendwelche Kontinuitäten zwischen der Faktizität und Normalität menschlichen Daseins einerseits und göttlichem Handeln andererseits herzustellen. Es gibt keinen Kompromiss, keine Schnittmenge, keinen kleinsten gemeinsamen Nenner. Begrifflichkeiten wie Verbesserung, Vervollkommnung oder, neudeutsch, ›Optimierung‹ haben hier keinen Ort. Insofern eröffnet der Psalm allerdings eine provozierende und vielleicht auch heilsame Perspektive für Menschen, die sich normalerweise mit genau diesem Begriffsregister beschreiben. (AS)

ASCHENKREUZ UND NEUSCHÖPFUNG

In der Zeit der Alten Kirche gab es den Ritus der öffentlichen Buße. Wer sich als Glied der Gemeinde einer schweren Sünde schuldig gemacht hatte, erhielt die Möglichkeit, in der Zeit vor Ostern Buße zu tun und diese in der Osternacht mit der vollständigen Wiederaufnahme in die Gemeinde zu beenden. Aus der Kirche Galliens ist eine dramatische liturgische Gestaltung des Beginns dieser Bußzeit überliefert. Die Büßer wurden aus der Kirche vertrieben – in Anspielung auf die Vertreibung von Adam und Eva aus dem Paradies. »Sie legten dabei ein Bußgewand an und wurden mit Asche bestreut.«[131] Anfangs geschah dies am Montag nach dem ersten Fastensonntag, dann am Mittwoch vor diesem. In Solidarität mit den Büßern und in Erkenntnis der eigenen Sünde ließen sich zunehmend auch weitere Glieder der Gemeinde an diesem Tag mit Asche bestreuen. Als der Ritus der öffentlichen Buße im Hochmittelalter verlorenging, blieb diese gemeinschaftliche Handlung erhalten und wurde im 11. und 12. Jahrhundert liturgisch weiter ausgestaltet. Die Bezeichnung *Aschermittwoch* legte sich aufgrund des Ascheritus nahe. Mit der VELKD-Agende »Passion und Ostern« (2011) wurde erstmals auch für die lutherischen Kirchen in Deutschland zum Aschermittwoch eine Liturgie mit einem möglichen Ascheritus vorgeschlagen. Darin werden die Feiernden eingeladen, sich mit dem Aschenkreuz segnen zu lassen: »Kommt, lasst euch zeichnen mit dem Aschenkreuz zum Zeichen der Umkehr und des Segens.«[132]

Die evangelische Wiederentdeckung des Ascheritus passt in eine Zeit, in der evangelische Christenmenschen die Bedeutung von Ritualen neu erkennen. Auf diesem Hintergrund ist es freilich bedeutsam, dass einige biblische Perikopen, die den Textraum des Aschermittwochs bereits bisher prägen, vor der Gefahr jedes Rituals warnen, hier also: vor einer rein äußerlichen Fastenpraxis. So fordert die alttestamentliche Lesung Joel 2,12-19: »Zerreißt eure Herzen und nicht eure Kleider und kehrt um zu dem HERRN, eurem Gott!« (V. 13). Im

---

[131] RUPERT BERGER, Art.: Aschermittwoch, in: Pastoralliturgisches Handlexikon, Freiburg/Basel/Wien ³2005, 38f., 38.

[132] Passion und Ostern. Agende für evangelisch-lutherische Kirchen und Gemeinden, Bd. II, Teilband 1, hg. von der Kirchenleitung der VELKD, Hannover 2011, 25.

Evangelium (Mt 6,16–21) stellt Jesus, der Bergprediger, die rechte Fastenpraxis vor Augen, die auf keinen Fall zur bloßen Performance für die Außenstehenden werden darf. Das Fasten wäre geradezu in sein ›perverses‹ Gegenteil verkehrt, wenn es dazu diente, den Fastenden und seine Frömmigkeit groß zu machen.

Mit dem vierten Bußpsalm tritt nun ein Text zum Aschermittwochsproprium hinzu, der die innere Dynamik von Sünde und Schuld, Buße und Vergebung zur Sprache bringt. Schonungslos beschreibt er die Situation des Sünders und bringt sie vor Gott. Die narrative Verortung durch Ps 51,1f. in der Daviderzählung ist insofern von Bedeutung, als sie klar macht: Die *erfahrene* Sünde ist der Ausgangspunkt des Psalms – und es wird nicht etwa einem Menschen, der sich eigentlich ganz gut fühlt, eingeredet, dass er doch im Kern ein Sünder sei. In 2Sam 12 kann David nicht anders als zu sagen: »Ich habe gesündigt gegen den HERRN« (2Sam 12,13). In dieser Erfahrung wendet sich Ps 51 an Gott und erwartet, dass dieser heilend und erneuernd auftreten kann. Nur mit dieser Erwartung führt die schonungslose Selbstanklage nicht in die Selbstzerstörung, sondern markiert den Moment des Neuen und des Aufbruchs. Das Bekenntnis der Schuld ist möglich, weil es getragen ist von der Hoffnung auf einen Gott, der die Sünde tilgt und sein Angesicht von den *Sünden* abwendet (V. 11), aber nicht vom *Sünder* (V. 13). (Vor diesem Hintergrund fragt Ps 51 mindestens auch danach, wie in unseren Kontexten mit Schuld umgegangen wird. Wenn Menschen befürchten müssen, durch das Eingeständnis von Fehlern und Versagen ihr ›Ansehen‹ zu verlieren, wird ein Bekennen fast unmöglich. Wo Menschen umgekehrt die Chance eines Neuanfangs gewährt wird, können Übernahme von Verantwortung und befreiendes Bekennen geschehen!)

Der Beter des *Miserere* (so wird Ps 51 wegen seines lateinischen Anfangs in der Liturgie kurz genannt[133]) versucht nicht, sich zu entschuldigen. Vor allem dies beeindruckt auch Martin Luther in seiner Auslegung zu Ps 51 aus dem Jahr 1517. Seine Schrift »Die sieben Bußpsalmen«[134] war die erste, die der Reformator selbst in den Druck gab. Sie war ein großer Erfolg – wohl vor allem deshalb, weil Luther auf alle Verkünstelungen spätmittelalterlicher Exegese verzichtete und den Existenzerfahrungen nachging, von denen diese Psalmen sprechen. In Ps 51 entdeckt Luther die gesamte Dynamik der Beziehung zwischen Gott und Mensch. Die Sünde stellt sich dieser Beziehung entgegen: »Eyn krummer geyst ist des fleysches und Adams geist, der yn allen

---

[133] Miserere mei, Deus, secundum magnam misericordiam tuam.
[134] WA 1, 154–220.

dingen sich ynn sich selb boget, das seyne suchet, der ist uns angeboren.«[135] Der »Adamssinn« (vgl. EG 381,1; 404,3) macht Menschen selbstbezüglich (Luther spricht an anderer Stelle von der *incurvatio in se ipsum*, dem Eingeschlossensein in sich selbst). Gott gegenüber bauen sie auf ihre eigene Gerechtigkeit und geben so Gott gerade nicht recht (vgl. V. 6). Der Versuch, sich selbst aus dieser Sünde zu befreien, führt – so Luthers Erkenntnis – nur immer tiefer in die Sünde hinein. Einzig Gott kann befreien, »[d]ann auß mir byn ich vordorben«[136] – und nur Gott selbst kann ein reines Herz *schaffen* (V. 12): »[…] aber ein reines hertz […], das ist des schepfers unnd gotlicher gewalt werck.«[137] Auch in Luthers Auslegung gibt es keine Chance zur menschlichen Selbstoptimierung; aber gleichzeitig kommt es auch nicht zur Selbstzerstörung, da ein grundlegendes Neuwerden erwartet wird.

Freilich liest Luther den Psalm nicht nur in seinem alttestamentlichen Kontext, sondern von dem her, was Christus getan hat. So interpretiert er auch Einzelzüge des Psalms christologisch. Das Bild des Ysop z. B. (V. 9), durch den Entsündigung geschieht, verbindet Luther nicht mit der Passahnacht (vgl. Ex 12,22) und nicht mit dem Opfer im Tempel (vgl. Lev 14,6 u. ö.), sondern mit Christus am Kreuz (vgl. Joh 19,29 f.). In ihm und mit ihm ist für Luther das neue Leben möglich. Für eine gegenwärtige Hermeneutik des Alten Testaments ist es m. E. entscheidend, den in christlicher Auslegung selbstverständlichen Christus-Kontext nicht *exklusiv* zu behaupten oder gar gegen die Gotteserfahrung Israels auszuspielen, sondern zu erkennen, dass Christen und Juden auch im Herzstück evangelischer Lehre, der Lehre von Sünde, Buße und Vergebung, auf der Basis von biblischen Texten wie Ps 51 verbunden sind und bleiben. ›Rechtfertigung‹ ist keine christliche Erfindung, sondern ebenso Existenzerfahrung gläubiger Jüdinnen und Juden.

Liedvorschläge: EG 230 (Schaffe in mir, Gott, ein reines Herze) nimmt Ps 51,12 f. unmittelbar auf und könnte in der Predigt auch als strukturierender Kehrvers Verwendung finden. Weiterhin geeignet sind z. B. EG 233 (Ach Gott und Herr, wie groß und schwer) und EG 235 (O Herr, nimm unsre Schuld). Zu der musikalischen Wirkungsgeschichte des Miserere gehört z. B. Brahms' Motette »Schaffe in mir, Gott« (op. 29/2) sowie Bachs Vertonung des Psalms (Tilge, Höchster, meine Sünden; BWV 1083). (AD)

---

[135] A. a. O., 191.
[136] Ebd.
[137] A. a. O., 190.

1. Sonntag der Passionszeit: Invokavit (Reihe V): Hiob 2,1–13

Leiden ohne Grund

Die Rahmenerzählung des Hiobbuches ist nicht erst durch Goethes Faust in den Rang von Weltliteratur aufgestiegen. Die Erzählung von der ›Wette‹ Gottes mit Satan im Himmel, von der der Betroffene unten auf der Erde nichts weiß, die Schicksalsschläge und schließlich Hiobs fast übermenschliche Reaktion – all das hat große dramatische Qualität. Aber anders als beispielsweise in den Dramen des Euripides und Sophokles erklärt sich die Erzählung nicht aus ihrer eigenen Dynamik. Was die handelnden Charaktere antreibt, warum sie tun, was sie tun, bleibt offen. In den griechischen Dramen erfahren die Leser (bzw. Zuschauer), was die einzelnen Personen motiviert, wovor sie Angst haben, von welchen Überzeugungen sie geleitet werden und welche Ziele sie erreichen wollen. Dabei zeigt sich in der Regel, dass jede Person in sich stimmig und moralisch integer agiert. Das Drama wird zur Tragödie, nicht weil Menschen sich absichtlich Böses antun, sondern weil sie dem nicht entkommen können, was sie sind, auch wenn dies zu Konflikten und in deren Folge zu Leid führt.

Erich Auerbach hat in seinem berühmten Aufsatz, »Die Narbe des Odysseus«, darauf hingewiesen, dass die großen griechischen Epen ihren Charakteren auf den Grund gehen und dabei Empathie in der Leserschaft erwecken.[138] Man kann mit ihnen mitfühlen und sich in ihre Lage hineinversetzen, ohne sich notwendigerweise mit ihnen identifizieren zu müssen. Auerbach stellt dem die hebräische Erzählkultur gegenüber, die auf eine narrative Durchdringung ihrer Charaktere weitgehend verzichtet. In der Erzählung von Isaaks »Bindung« (Gen 22) verlangt Gott von Abraham – im wörtlichen Sinne ›aus heiterem Himmel‹ –, seinen Sohn zu opfern, und Abraham macht sich kommentarlos auf den Weg. Typisch für die Hebräische Bibel wird die Leserschaft in eine Situation hineingeworfen, in der sie sich erst einmal orientieren muss. Es gibt keine Verstehenshilfen, keine Hintergründe, sondern nur den erzählerischen Moment.

---

[138] Erich Auerbach, Die Narbe des Odysseus, in: ders., Mimesis. Dargestellte Wirklichkeit in der abendländischen Literatur, Tübingen/Basel ⁹1994, 5–27.

Das ist auch in der Hiob-Rahmenerzählung der Fall. Mit wenigen Feder-
strichen wird der Protagonist Hiob als ausnehmend frommer und reicher
Mensch vorgestellt (Hi 1,1–5). Bevor sich daraus irgendetwas entwickeln
kann, folgt bereits der ›Umschnitt‹ in den Himmel. Auf einmal findet man
sich im himmlischen Thronrat wieder, wo Gott sich gerade bei Satan nach
dem Geschick seines Dieners Hiob erkundigt (Hi 1,6–8). Und auch hier wird
die Erzählung auf ein Minimum reduziert: Satan zweifelt die Integrität Hiobs
an, woraufhin Gott – offenbar ohne Widerstand – verfügt, dass Hiob einem
Test unterzogen wird, in dem ihm alles genommen wird, was ihm wert und
wichtig ist: seine Kinder und sein gesamter Besitz (Hi 1,9–19). Fast gewinnt
man den Eindruck, dass die ganze Erzählung nur den Hintergrund bildet,
damit Hiob schließlich den Satz sagen kann, auf den alles zuzulaufen scheint:
»Da stand Hiob auf und zerriss sein Kleid und schor sein Haupt und fiel
auf die Erde und neigte sich tief und sprach: Ich bin nackt von meiner Mutter Leibe gekommen, nackt werde ich wieder dahinfahren. Der HERR hat's
gegeben, der HERR hat's genommen; der Name des HERRN sei gelobt!«
(Hi 1,20–21).

So wird Hiob geradezu überlebensgroß gezeichnet. Einen solchen Satz
könnte man sich am Ende eines langen Trauerprozesses vorstellen, aber
kaum als unmittelbare Reaktion auf die Art des Verlusts, der Hiob widerfahren ist. Gleichzeitig wirft die Erzählung eine Frage auf, die Hiob nicht nur als
extrem frommen Charakter ausweist, sondern auch als tragische Figur erscheinen lässt: Hätte er diesen Satz auch gesagt, wenn er gewusst hätte, was
im Himmel geschehen war und weshalb er also leidet? Ohne dass es darauf
eine Antwort gäbe, wirft die Erzählung die Frage nach dem Gottesbild auf,
das hinter dem Satz »Der HERR hat's gegeben, der HERR hat's genommen«
steht. Wäre Hiob auch dann noch ein gehorsamer Diener geblieben, wenn er
gewusst hätte, dass er zum Spielball zwischen Gott und Satan geworden war?

In Hi 2, der Perikope für den Sonntag Invokavit, wiederholt sich die Handlung noch einmal: Wieder tritt Satan vor Gott und wieder erhält er Macht
über Hiob, diesmal bis an die Grenze des nackten Lebens. An zwei Stellen
weicht die wiederholte Erzählung allerdings von ihrer Vorläuferin ab. Ganz
am Ende von Kapitel 1 wird Hiob bescheinigt, dass er sich in all dem nicht
versündigte und nichts »Törichtes« geredet hatte (Hi 1,22). Das Stichwort der
»Torheit« kehrt am Ende von Kapitel 2 wieder, denn hier bescheinigt Hiob
seiner eigenen Frau, dass sie »töricht« geredet habe (Hi 2,10a), indem sie
ihm – mit Worten, die denen Satans ähneln – zur Absage an Gott riet. Auch
hier bleibt eine gewisse Unschärfe: Soll Hiobs Frau damit tatsächlich zur
adiuvatrix diaboli gemacht werden? Oder ist sie diejenige, die – im Unter-

schied zu Hiob selbst – zumindest ahnt, dass Hiobs Leiden im Grunde eine Farce ist?

Das führt zum zweiten Unterschied zwischen Hi 1 und 2. In Hi 2 räumt Gott ein, dass er Satan etwas im Grunde Unmoralisches gestattet hat, nämlich Hiob »ohne Grund zu verderben« (Hi 2,3). »Ohne Grund«, im Hebräischen ein Wort (*chinam*), wird damit unvermittelt zum Schlüsselbegriff, der offenbart, warum Hiob leidet. Es ist nichts an Hiobs Verhalten, das rechtfertigt, was ihm widerfährt, und dieses Urteil ergeht aus Gottes eigenem Mund. Und trotzdem erlaubt Gott dem Satan einen zweiten Anschlag auf Hiob. So laufen die Ereignisse wieder ab wie schon in Kapitel 1 und münden erneut in eine Unterwerfung Hiobs unter Gottes souveräne Zuteilung von Gutem und Bösem: »Haben wir Gutes empfangen von Gott und sollten das Böse nicht auch annehmen?« (Hi 2,10).

Hiobs Treue wird so zur Konstante der Erzählung. Das eigentliche Problem ist Gott, der zweimal zulässt, dass Hiob eingestandenermaßen »ohne Grund« leidet. Das hat in der Auslegungsgeschichte zu zwei gegensätzlichen Interpretationen der Gottesfigur des Prologs geführt. Der einen zufolge erweist sich Gott gerade darin als souverän, dass er nicht den geringsten Zweifel an Hiobs Gerechtigkeit übriglässt. Hiob leidet ohne Grund. Das bedeutet in dieser Lesart, dass Hiobs Leben keinen Anlass bietet, sein Leid zu rechtfertigen. Gleichwohl hat dieses Leiden einen Sinn, nämlich den letzten Zweifel und den Argwohn zu überwinden, den der Satan streut. Die vielleicht berühmteste Auslegung dieser Art ist keine exegetische, sondern eine dogmatische und findet sich in Karl Barths Versöhnungslehre (KD IV/3). Für Barth ist Hiob ein «wahrhaftiger Zeuge« und Gott derjenige, der die Lüge Satans aus der Welt schafft. Grundlos wie Hiobs Leiden ist, erweist es sich doch als notwendig zum Erweis der Wahrheit Gottes.

Der anderen Deutung nach mögen Gott und Satan narrativ zwar zwei verschiedene Gestalten sein, und doch stehen sie auf derselben Seite: Gott lässt sich gegen Hiob »aufbringen« (Hi 2,5), was aber keine ihm wesensfremde Bewegung sein kann. Denn Satan hat keine eigene Macht und wird auch im Prolog nie anders denn als Diener gesehen, der im Auftrag Gottes handelt. Das gilt auch und gerade im Blick auf Hiob, auf den er Acht haben soll (Hi 1,8). Dem entspricht, dass der klagende Hiob im Mittelteil des Buches immer Gott selbst als den erlebt, der seine Hand gegen ihn ausstreckt (Hi 9,30–35; 10,16 f.; 16,9); für einen Gegenspieler ist dabei weder Platz noch Bedarf.

Die Tatsache, dass sich beide Deutungen auf textimmanente Signale berufen können, mag deutlich werden lassen, dass die Erzählung nicht auf letzte Klärung dringt. Ist Gott der Gegner unschuldigen Leids oder ist er dessen Verursacher? Wenn überhaupt, wird diese Frage, zumindest ansatzweise, in den Gottesreden aus dem Sturmwind einer Antwort zugeführt (s. die Auslegung zu Hi 42,1–6). Für das Hiobbuch insgesamt bleibt sie in der Schwebe, weil sie im Blick auf die Erfahrung menschlichen Lebens auch nicht abschließend beantwortbar ist. Insofern erscheint es angemessen und sinnvoll, das Nachdenken über Hi 2 an den Anfang der Passionszeit zu stellen und damit vorschnellen Antwortversuchen auf die Realität menschlichen Leidens vorzubauen. Auch im Neuen Testament bleibt die Frage nach dem Willen Gottes ja bis zuletzt offen – »nicht wie ich will, sondern wie Du willst«, betet Jesus im Garten Gethsemane (Mt 26,39). Die Worte sind andere als die Hiobs in Hi 1,21 und 2,10, aber ihr Sinn ist der gleiche. Gottes Wille geschehe, aber das bedeutet nicht, dass man wissen kann, was Gottes Wille ist – ob er gegen das Leid gerichtet ist und also in schärfstem Gegensatz dazu steht; oder ob das Leiden Hiobs, ebenso wie das Leiden Jesu, von Gott bejaht wird, ohne dass dieses Leiden eine Erklärung findet. (AS)

Hiob 2 am ›Versuchungssonntag‹

Es geht um ›Versuchung‹ am Sonntag Invokavit. Am Beginn der Passionszeit heißt das: Es geht zunächst um die Versuchung *Jesu*. Im Evangelium des Sonntags Mt 4,1–11 (und in der Lukas-Parallele Lk 4,1–13) erweist sich Jesus gerade so als »Gottes Sohn«, dass er die allzu direkt applikative ›Hermeneutik‹ des Teufels zurückweist, die Schriftzitate des Versuchers mit anderen Schriftzitaten kontert und die Unterscheidung zwischen ihm selbst und Gott, dem Herrn, aufrechterhält. Die Epistel aus dem Hebräerbrief (Hebr 4,14–16) macht deutlich, dass die Versuchungen Jesu auch ›unsere‹ Versuchungen sind: »… der versucht worden ist in allem wie wir, doch ohne Sünde« (V. 15).

Wenn die Bibel von Versuchung redet, geht es weder um Schokolade noch um Erotik, sondern weit grundlegender um die Gott-Mensch-Relation schlechthin. Gelingt es den Menschen, *unter* und so *mit* Gott zu leben? Der Hebräerbrief ist so realistisch zu wissen, dass ›wir‹ – anders als der Hohepriester Christus – der Versuchung *nicht* standhalten werden. Dafür spricht auch die alttestamentliche Lesung aus Gen 3,1–19(20–24), die Mann und Frau scheitern sieht, wenn es darum geht, die von Gott gesetzte Grenze zu akzeptieren.[139]

---

[139] Es ist schade, dass die Verse Gen 3,20–24 nur fakultativ zur alttestamentlichen

In diesem Textraum begegnet mit der Perikopenrevision nun auch Hiob[140] – und scheint auf mindestens ebenso souveräne Weise wie der Menschensohn in Mt 4 die Versuchung zurückzuweisen und dem Satan keine Chance zu lassen. Nach all den Hiobsbotschaften lobt er den Namen des Herrn, der's gegeben und genommen hat (Hi 1,21). Und auch als es ihm selbst ans Gebein und ans Fleisch geht (vgl. Hi 2,5), weigert er sich, Gott abzusagen: »Haben wir Gutes empfangen von Gott und sollten das Böse nicht auch annehmen?« (Hi 2,10). Hiob erscheint als ein weiterer, von dem der Hebräerbrief sagen könnte: »versucht … in allem wie wir, doch ohne Sünde«.[141]

Eine Figur wie diese, wie der Hiob der Rahmenerzählung kann unbarmherzig sein; ein Vorbild wie dieses bleibt wohl doch so unerreichbar wie das Vorbild Jesu. Und dennoch meine ich, dass der Text aus der Hiob-Rahmenerzählung am Sonntag Invokavit homiletische Chancen bietet.

(1) Es gibt eine Gestalt des christlichen Glaubens, die gegenwärtig an vielen Orten dieser Erde Karriere macht. Sie firmiert in ihrer problematischsten Version unter der Bezeichnung *prosperity gospel*[142] und funktioniert in einer einfachen Logik: Glaube lohnt sich und zahlt sich aus! Daher: »Glaube – und dir bzw. deiner Familie geht es (bald) spürbar und erfahrbar besser!« Jürgen Ebach nannte die daraus abgeleitete gläubige Lebenshaltung eine »Assekuranzfrömmigkeit«.[143] Gekennzeichnet ist sie durch die Linearität eines klassischen *Do ut des*: Ich glaube – und du, Gott, gibst.

Lesung gehören. In ihnen nämlich wird die Grenze zwischen »Gott« und »Mensch« thematisch (V. 22) und durch die Vertreibung aus dem Garten Eden (V. 23 f.) zur conditio humana.

[140]   Als weiterer neuer Text kommt Joh 13,21–30 hinzu: die Ankündigung des Verrats Jesu durch Judas. Dieser Text ist Teil einer Continua von Passionserzählungen vom Sonntag Invokavit bis zum Sonntag Judika. Besonders eindrucksvoll an dieser Fassung der Verratsankündigung ist zweifellos der Erzählzug vom Satan, der in Judas fährt (V. 27) und der damit in Hi 2, Mt 4 und in dieser Erzählung als ›Mitspieler‹ begegnet.

[141]   Explizit lobt der Jakobusbrief die »Geduld Hiobs« und stellt ihn als eine Art Held des Glaubens vor (vgl. Jak 5,11).

[142]   Vgl. dazu z. B. Andreas Heuser (Hg.), Pastures of Plenty. Tracing Religio-Scapes of Prosperity-Gospel in Africa and Beyond, Studien zur interkulturellen Geschichte des Christentums 161, Frankfurt a. M. 2015.

[143]   Jürgen Ebach, »Ist es ›umsonst‹, daß Hiob gottesfürchtig ist?« Lexikographische und methodologische Marginalien zu Ḥinam in Hi 1,9, in: Erhard Blum u. a. (Hg.), Die Hebräische Bibel und ihre zweifache Nachgeschichte, FS Rolf Rendtorff, Neukirchen-Vluyn 1990, 319–335, 321 f.

Es ist allerdings zu einfach, mit dem Finger auf diese Frömmigkeit zu zeigen, die gegenwärtig in vielen Kirchen des globalen Südens Karriere macht. Dabei wird allzu leicht vergessen, dass dieser Typ der Frömmigkeit keineswegs nur bei den Anderen begegnet. Auch ›wir‹ (wenn diese vereinnahmende erste Person Plural doch einmal gewagt werden kann!) beten besonders intensiv in Zeiten der Not, danken Gott für Gelingendes – und würden wohl nicht wie Hiob reagieren, wenn *alles* wegbricht, was dem Leben Sinn oder Erfüllung gibt. Die von Hiob als »töricht« gescholtene Frau (Hi 2,10) ist wohl weit eher Identifikationsfigur für ›uns‹ als Hiob mit seiner geradezu unglaublichen ›Geduld‹, vor der ich ebenso bewundernd wie befremdet stehe.

Freilich: Eine Assekuranzfrömmigkeit zerbricht, wenn die Versicherung, in die ich mit meinem ›Glauben‹ vermeintlich doch beständig eingezahlt habe, mir dann, wenn es darauf ankommt, nicht die entsprechende Leistung gewährt. – Kann man Hiobs Frömmigkeit also doch als Vorbild predigen?

Die andere Art der Gott-Mensch-Relation, die sich bei Hiob zeigt, wird in dem hebräischen Wort greifbar, das in Hiob 1f. zweimal begegnet: *chinam*, »umsonst« (Hi 1,9; 2,3). Zunächst geht der Satan davon aus, dass *niemand* Gott »umsonst« fürchtet – auch Hiob nicht (1,9). Und dann ist sich Gott der Tatsache bewusst, dass er Hiob »umsonst« verdorben habe. *Chinam* – umsonst: mit diesem Wort deutet sich eine Frömmigkeit an, die die unmittelbare Resonanz und Reziprozität zwischen Glaubendem und Gott durchbricht – von beiden Seiten! Von Hiob aus heißt das: »Der HERR hat's gegeben, der HERR hat's genommen, der Name des HERRN sei gelobt« (Hi 1,21). Von Gott her aber deutet sich die (abgründige!) Möglichkeit an, dass er sich anders erweist, als er es selbst eigentlich möchte. An einem solchen Gott festzuhalten, ist nach aller menschlichen Logik töricht!

Martin Luther hat fast unmittelbar nach den 95 Thesen die Thesen der Heidelberger Disputation verfasst, die im Mai 1518 diskutiert wurden.[144] Darin geht es immer wieder um den Bruch der menschlichen Logik angesichts von Gottes Handeln. Eine *theologia gloriae* wäre eine, in der alles ›aufgeht‹, Gott verständlich und berechenbar und gerade im Erfolg, in der Stärke und in der Macht anwesend wäre. Demgegenüber beschreibt Luther eine Gestalt der Frömmigkeit und Theologie, die diese Logik durchbricht, weil sie von Gott her durch das Kreuz sichtbar durchbrochen ist. Wenn Hiob am Beginn der Passionszeit und im Klangraum des Sonntagsevangeliums gepredigt wird,

---

[144]   MARTIN LUTHER, Disputatio Heidelbergae habita. 1518, in: MARTIN LUTHER, Lateinisch-Deutsche Studienausgabe, Bd. 1: Der Mensch vor Gott, Leipzig ²2016, 35–69.

scheint es mir möglich, ihn mit der Passion und dem Kreuz zu verbinden. Wichtig ist dann nur: Das Kreuz ist nicht einfach die Antwort auf das Hiob-Problem. Dies schlicht zu ›behaupten‹ würde die *theologia crucis* in eine *theologia gloriae* verwandeln – in die Theologie derer, die wissen, wie Gott recht und eigentlich zu denken und zu verstehen ist.

»Dazu ist erschienen der Sohn Gottes, dass er die Werke des Teufels zerstöre« (1Joh 3,8b), so lautet der Wochenspruch für den Sonntag Invokavit. Noch aber sind Glaubende von der Versuchung bedrängt; noch spielt die Geschichte auf zwei unterschiedlichen Ebenen (dem himmlischen Hofstaat und der irdischen Wirklichkeit), die nicht ineinanderfallen; noch bleiben die Fragen – und das Widerfahrnis des Leids findet jenseits des paradoxen Gotteslobs des Hiob keine logische Antwort.

(2) Allerdings zeigt sich: Auch Hiob ist kein Glaubensheld, der in stoischer Tapferkeit Gott bekennend auf den Trümmern seiner Existenz stehen würde. Im Gegenteil: Er sitzt schweigend »in der Asche« (V. 8; LXX und Vulgata haben hier: »im Misthaufen außerhalb der Stadt«), »auf der Erde« (V. 13), und ist angesichts des Leids für die drei anreisenden Freunde nicht mehr erkennbar (V. 12). In einigen Bildern ist der Moment der Ankunft der Freunde festgehalten – etwa in einer Miniatur Jean Fouquets aus dem Stundenbuch des Etienne Chevalier, 1450.[145] Dieses Bild zeigt Hiob im Misthaufen – jenseits des Palastes, jenseits des bürgerlich-gesellschaftlichen Lebens, das die Freunde durch ihre Kleidung ausdrücken. Diese Kleidung freilich zerreißen sie und verhalten sich sieben Tage lang als herausragende Seelsorger – eben weil sie *nichts* sagen und nur so die »Lügen der Tröster« (Henning Luther) vermeiden.[146] Das Leid wird nicht ›gedeutet‹, ›Sinn‹ wird nicht behauptet, ›Trost‹ wird nicht auf billige Weise vermittelt.

Noch schweigen die Freunde (Leserinnen und Leser des Hiob-Buches wissen, dass sie dies nur bis Kapitel 4 durchhalten[147]) – und können Predigerinnen und Prediger ermuntern, am Beginn der *Passionszeit* über den Umgang mit Leid und die Solidarität mit den Leidenden im Angesicht einer *offenen* Gottes*frage* nachzudenken.

---

[145] Das Bild kann im Internet eingesehen werden, vgl.: http://www.eule-der-minerva.de/museum2/hiob/kunst_hiob/hiob5.jpg.

[146] Vgl. Henning Luther, Die Lügen der Tröster. Das Beunruhigende des Glaubens als Herausforderung für die Seelsorge, in: PrTh 33 (1998), 163–176.

[147] Vgl. auch Hiobs Bitte an seine Freunde, schlicht seiner Klage zuzuhören (Hi 21,2).

Liedvorschläge: Die interessantesten Lieder zu Hi 2 finden sich unter der Rubrik »Angst und Vertrauen« (EG 361–383). Friedemann Gottschicks »Gott, mein Gott, warum hast du mich verlassen?« aus der Mitte der 1960er Jahre bleibt (als eines der wenigen Lieder in dieser Rubrik) sprachlich und melodisch in der nicht aufgelösten Frage und Klage. Lediglich am Ende mündet die Frage in die Bitte: »Gott, mein Gott, stärke meinen armen Glauben« (V. 4). Auch Lothar Zenettis in Anlehnung an Huub Oosterhuis gedichtetes Lied »Ich steh vor dir mit leeren Händen, Herr« (EG 382) stellt Gott Fragen angesichts der fremden Wege, die er den Mensch führt (V. 1), und angesichts der »Zweifel« (V. 2). Auch dieses Lied führt freilich bereits weiter, als Hiob in Hi 2 gelangt: zur Bitte an Gott, sein tröstendes Wort zu sprechen – und sogar zum Bekenntnis: »Du bist mein Atem, wenn ich zu dir bete« (V. 3). Die unmittelbarsten sprachlichen Aufnahmen der Hiob-Erzählung finden sich in Paul Gerhardts »Warum sollt ich mich denn grämen?« (V. 2 nimmt Hi 1,21 auf; V. 3 Hi 2,10). Freilich geht dieses Lied – wie alle anderen in dieser Rubrik (vgl. z. B. EG 367; 368; 378) – bereits den Weg aus Verzweiflung, Frage und Angst in das Bekenntnis des Vertrauens: »Herr, mein Hirt, Brunn aller Freuden, du bist mein, ich bin dein, niemand kann uns scheiden …« (V. 11). (AD)

2. Sonntag der Passionszeit: Reminiszere (Reihe VI): Num 21,4–9

Warum ausgerechnet Schlangen?

Man darf vermuten, dass diese kurze Episode aus dem Buch Numeri primär wegen ihrer typologisch-allegorischen Auslegung in Joh 3,14 zum Predigttext wurde. Der Evangelien- und der Predigttext greifen hier ineinander. Allerdings wird aus der Erzählung von Numeri 21 mit ihrer eigentümlichen Dynamik ein Bild (die ›erhöhte Schlange‹), das sich vom Zusammenhang dieser Erzählung weitgehend ablöst und für sich steht. So wie das Ansehen des Schlangenbildes in der Wüste einst rettete, so rettet nun der Blick auf das Kreuz. Aus Numeri 21,4–9 wird hier quellensprachlich das Verb »anschauen« übernommen. Von »erhöhen« ist dort allerdings nicht die Rede. Mose soll die Schlange lediglich um einen Stab wickeln – ein Bild, das in der Assoziation mit dem Kreuz dann offenbar den Gedanken an ›Erhöhung‹ einschloss.

Es sind demnach einzelne Strukturelemente, die aus Num 21 aufgegriffen und zu einem neuen Bild zusammengefügt werden. Die Pointe dürfte darin bestehen, dass das Kreuzesgeschehen trotz seiner erratischen Ereignishaftigkeit auf der Ebene der Sprache und der Bilder eben doch eine Analogie besitzt. Durch die allegorische Auslegung von Num 21 in Joh 3 wird also eine Typologie der Rettung erkennbar, die das für sich genommen unverständliche Kreuz soteriologisch einbindet.

Wie immer bei allegorischen Auslegungen dieser Art stellt sich aber die Frage, ob der sprach- und bildspendende Ausgangstext dabei so weit aufgelöst wird, dass sein historischer und literarischer Eigengehalt untergeht. Anders gefragt: Ist Num 21 für die Predigt auch dann noch ein interessanter und relevanter Text, wenn er ohne die Verbindung zu Joh 3 wahrgenommen wird?

Dazu ist zunächst zu sagen, dass auch im Zusammenhang des Numeribuches Herkunft und Bedeutung der Schlangenepisode nicht eindeutig sind. Freilich sind Schlangen, gerade in Verbindung mit einem Stab, aus der Exoduserzählung bekannt (Ex 7). Dort fehlt allerdings eine apotropäische Funktion der Schlange. Man kann andererseits fragen, ob Num 21 in einem Zusammenhang mit dem Asklepioskult aus dem griechischen Raum steht. Die um den Stab gewundene Schlange und deren heilende Kraft laden zu einem solchen Vergleich (›Äskulapstab‹) freilich ein. Asklepios wird bereits in der

Ilias des Homer erwähnt, die ihm zugeschriebene Heilkunst war vor allem im 7.–5. Jh. v. Chr. lebendig und wurde später auch von den Römern übernommen. Zeitlich und räumlich wäre ein Kulturkontakt also durchaus möglich. Die Pointe bestünde dann darin, dass innerhalb der hebräischen Epik Mose in eine dem Asklepios ähnliche Rolle schlüpft. Die zwar nur sporadische Episode in Num 21 wäre demnach ein Hinweis auf eine positive Wahrnehmung griechischer Kultur und Kulturgeschichte.

Ein weiterer Verstehenszugang ergibt sich, wenn man 2 Kön 18,4 mit einbezieht, wo auf die Tradition von Num 21 angespielt wird. Im Zusammenhang mit einer Kultreform habe König Hiskia das Bild der ehernen Schlange aus dem Jerusalemer Tempel beseitigt, das Mose einst angefertigt hatte und das seither dort verehrt worden war. Hier hat die Schlange sogar einen Namen, nämlich Nehuschtan. Gab es also tatsächlich einmal ein solches Kultbild im Tempel, das durch Num 21 einen ätiologischen Ort in den Geschichtsüberlieferungen Israels erhielt? Und lässt sich die Funktion und Symbolik dieses Bildes mit Asklepios vergleichen?

Auf diese Fragen gab es einmal Antworten. Wie häufig im Umgang mit alttestamentlichen Texten wird deutlich, dass hier Verstehensvoraussetzungen bestehen, die mit dem zeitlichen Abstand verlorengegangen sind und sich allenfalls durch weiteres Quellenmaterial wiedergewinnen ließen. Num 21 ist insofern ein gutes Beispiel dafür, dass zumindest ein Teil des Bedeutungsspektrums dieser Texte an ihrer heutigen Leserschaft vorbeigeht, dadurch aber andererseits Freiräume entstehen, die etwa durch allegorische Auslegung gefüllt werden.

Gleichwohl bezieht ein Text wie Num 21 seine Bedeutung nicht nur aus seiner geschichtlichen Herkunft oder allegorischen Re-Imagination, sondern auch aus seiner literarischen Einbettung. So gehört die Schlangenepisode trotz ihres erratisch wirkenden Inhalts literarisch in den Kontext der ›Murrgeschichten‹, die die Exodus- und Wanderungserzählungen durchziehen. Genau betrachtet bildet sie sogar deren dramatischen Abschluss (zwar fällt das entsprechende hebräische Verb in Num 21,4–9 nicht, dafür ist vom »Aufbegehren« die Rede, vgl. V. 5): Zum ersten Mal begehrt Israel unmittelbar nach dem Auszug aus Ägypten gegen Gott auf, weil es darum fürchtet, in der Wüste zu verdursten und zu verhungern (Ex 15,22–27; 16,1–21; 17,1–7), und zum letzten Mal geschieht dies in Num 21.

Dabei fällt auf, dass – auf dem Weg zum Sinai – Gott auf dieses Aufbegehren seines Volkes noch fürsorglich eingeht und Abhilfe schafft. Man hat geradezu den Eindruck, dass Gott Verständnis für die Ängstlichkeit und Ungläubigkeit der frisch befreiten Israeliten aufbringt. Das ändert sich allerdings, nachdem sich Gott und Volk am Sinai begegnet sind. Von diesem Zeitpunkt an, so die Erzähllogik, gibt es keinen Grund mehr für Israel, an JHWH zu zweifeln. Und so wendet sich Gottes Reaktion ins aggressiv Strafende. Zunächst schickt Gott die Pest, also eine natürliche Krankheit ins Lager der Israeliten (Num 14,1-37); in Num 21 sind es mit den feurigen Schlangen dann schon übernatürliche Wesen, die Israel zusetzen.

Dabei fällt auf, dass sich Gott nach dem Auszug aus Ägypten noch als der »Arzt« Israels bezeichnet hatte, der niemals die Plagen Ägyptens auch auf sein eigenes Volk legen würde (Ex 15,26). Aber genau das geschieht nun. Num 21 steht insofern am entgegensetzten Ende eines Erzählzusammenhangs. Aus Gott, dem Arzt, ist der Gott geworden, der sein Volk von Schlangen beißen lässt, auch wenn er auf die Bitte des Mose hin ein ›Antidot‹ gibt. Insofern steht Num 21 an einem Tiefpunkt der Beziehung zwischen Gott und Israel, und es ist für das Verständnis hebräischer Geschichtsschreibung wichtig, dass Israel eben genau davon erzählt. Die Vergangenheit wird als durch und durch ambivalente Zeit vergegenwärtigt. Nichts wird geschönt oder gar verherrlicht. Erinnert wird, dass das Verhältnis JHWHs zu dem von ihm erwählten Volk immer wieder durch Enttäuschung und Zerrüttung gekennzeichnet war und dass deswegen jede neue Generation dort neu anzusetzen hat, wo die Generation der Vorväter und -mütter scheiterte. Aber weil dies so ist, gewinnt die Tatsache an Gewicht, dass die Schlange sowohl Mittel von Strafe als auch Symbol von Rettung ist. Tod und Leben liegen hier bedrohlich, dann aber auch wieder verheißungsvoll nahe beieinander. Insofern ist es auf einer tieferen Ebene dann doch wieder stimmig, dass im Neuen Testament das Kreuz mit dem Schlangenstab in einen metaphorischen Zusammenhang gebracht wird. (AS)

»… und flehen um Begnadigung und aller Strafen Linderung« (EG 366,3) oder: Heilung durch Blickkontakt

Der Sonntag Reminiszere erhält seinen Namen aus Ps 25,6: »Gedenke, Herr …« (Vulgata: Ps 24,6: »… reminiscere miserationum tuarum Domine«). An diesem Sonntag wird Gott um sein Gedenken gebeten, und die Gemeinde gedenkt des Handelns Gottes. Der Wochenspruch konzentriert dieses Handeln auf Gottes Liebe, die sich darin erweist, »dass Christus für uns gestorben ist, als wir noch Sünder waren« (Röm 5,8). *Gottes Liebe* erscheint vor dem Hintergrund der Realität des menschlichen Lebens, die Paulus als eine Realität des Sünderseins bestimmt. Gott handelt für sein Volk Israel und für die Menschen dieser Erde, seine Geschöpfe, die sich allerdings abwenden vom Gott ihres Heils, die sich in ihre Sorgen verstricken, eigenmächtig ihre Wege gehen und vergessen, was Gott getan hat und tun wird. Die Geschichte Gottes mit dieser Welt ist keine allzeit harmonische, friedlich-fröhliche Liebesgeschichte, sondern hat mit Abwendung, Zurückweisung, ja, auch mit Gewalt zu tun.

Die alttestamentliche Lesung, das »Weinberglied« (Jes 5,1-7), kontrastiert Gottes liebevoll-fürsorgliches Handeln und das ›Handeln‹ des Weinbergs, der anstatt guter nur schlechte Trauben brachte. Die angedrohte Konsequenz ist die Preisgabe des Weinbergs zur Zerstörung. Das bisherige Evangelium Mk 12,1-12, das in der Lutherbibel die Überschrift »Von den bösen Weingärtnern« trägt, nimmt das Bild des Weinbergs auf. Nun geht es aber um den Anteil an der Ernte, den der Herr des Weinbergs einfordert, von den Pächtern aber nicht erhält. Diese schlagen die gesandten Knechte und töten sie und am Ende sogar den Sohn des Weinbergbesitzers. Die Folge wird drastisch angekündigt: »Was wird nun der Herr des Weinbergs tun? Er wird kommen und die Weingärtner umbringen und den Weinberg andern geben« (V. 9). Im narrativen Kontext des Markus-Evangeliums spricht Jesus mit den Hohenpriestern, Schriftgelehrten und Ältesten (11,27), den Repräsentanten des jüdischen Volkes. Über Jahrhunderte wurde das Gleichnis zur anti-jüdischen Polemik ge- und missbraucht. In der zweiten Hälfte des 20. Jahrhunderts haben sich zahlreiche Auslegerinnen und Ausleger um neue Zugänge zu diesem Gleichnis bemüht.[148] Die Problematik aber bleibt, dass es – ohne Auslegung gehört – leicht im Kontext einer heilsgeschichtlichen Substitution interpretiert werden kann: Erst war der Weinberg Israel gegeben, dann aber (nach der Kreuzigung Jesu und der Zerstörung des Tempels) wurde er anderen, den Völkern, übertragen. Es ist evident, dass Mk 12,1-12 nicht so gedeutet werden *muss*, dennoch entschloss sich die Perikopenrevision, dieses Gleichnis nicht mehr als Leseevangelium, sondern nur noch als Predigttext (Reihe V) im Textraum des Sonntags zu belassen. In jedem Fall macht auch das Gleichnis deutlich, dass von Gewalt zu reden ist, wenn von Gottes Heil gesprochen wird. Gottes Heil realisiert sich nicht *jenseits* der Gewaltgeschichte dieser Erde, sondern mitten in ihr. Dafür steht das Kreuz.

---

[148] Vgl. als einen der prominentesten Versuche Luise Schottroff, Die Gleichnisse Jesu, Gütersloh 2005, 27-43. Schottroff stellt den Text unter die Überschrift »Das Gleichnis von den Winzern und der Gewalt« und liest ihn so, dass er die Akzeleration von Gewalt im Kontext einer auf sozialer Ungerechtigkeit basierenden Gesellschaft kritisiert, deren dramatische Folgen zeigt und Gottes Gerechtigkeit und Treue als Gegenentwurf aufruft.

Das neue Leseevangelium des Sonntags ist Joh 3,14–21.[149] Mit diesem Zuschnitt wird leider nicht deutlich, dass diese Sätze Jesu in das Gespräch mit Nikodemus gehören, das bei Johannes ein eigentümlich offenes Ende hat. Der Hinweg des Nikodemus zu Jesus wird geschildert, dann aber kommt der Pharisäer Nikodemus in V. 9 ein letztes Mal zu Wort: »Wie mag das zugehen?« und verschwindet danach faktisch aus der Szene. Nikodemus wundert sich über die von Jesus geforderte Neugeburt aus »Wasser und Geist« (vgl. V. 5). Dem verdutzten Pharisäer gibt Jesus ein *Bild* aus seiner Tradition, aus der ihm vertrauten Erzählung der Tora. Der johanneische Jesus erinnert an die Geschichte von der »Ehernen Schlange« aus Num 21 und verortet sein eigenes Ergehen, die »Erhöhung« am Kreuz, im Kontext der in der Tora erzählten Geschichte.

Diese Typologie wird in der Ikonographie vor dem Hochmittelalter erstaunlicherweise nur selten dargestellt. »Erst die Vorliebe für typol[ogische] Gegenüberstellungen seit dem 12. Jh. u[nd] gesteigerte Kreuzverehrung führen zu häufiger Darst[ellung] der E[hernen Schlange] [...].«[150] Vor allem im Protestantismus macht die Eherne Schlange dann ab dem 16. Jahrhundert aber erneut Karriere. Einflussreich war hier sicher Philipp Melanchthon, dessen Wappen seit 1519 die Eherne Schlange zeigt.[151] In Cranachs Darstellung »Gesetz und Gnade« erscheint sie auf der Seite der Gnade im ›Hintergrund‹ des Kreuzesgeschehens.[152] In den Folgejahren begegnet sie vielfach auch auf Epitaphien. Die Eherne Schlange wird zum Symbol des göttlichen Heils, das aus Sünde und Tod befreit. Gott gibt ein Zeichen, in dem nicht die Bewahrung *vor* aller Sünde und allem Bösen ansichtig wird, sondern die Rettung *aus* Sünde, Tod und Gericht für die, die zu der erhöhten Schlange aufsehen.

Rose Ausländer (1901–1988) fragt in einem ihrer Gedichte kritisch, ob wir diese Sichtbarkeit des Schlangengottes wirklich brauchen:[153]

---

[149] In etwas anderer Perikopierung waren Verse aus diesem Zusammenhang bislang Predigttext zur Christvesper: Joh 3,16–21.

[150] Ursula Graepler-Diehl, Art. Eherne Schlange, in: LCI 1 (1968/1994), 583–586, 583.

[151] Zu finden unter anderem unter https://commons.wikimedia.org/wiki/File:Fotothek_df_tg_0004071_Wappen_%5E_Petschaft_%5E_Siegel_%5E_Schlange.jpg [Zugriff vom 29. 1. 2018].

[152] Zu finden unter anderem unter https://commons.wikimedia.org/wiki/File:1529_Cranach_Allegorie_auf_Gesetz_und_Gnade_anagoria.JPG [Zugriff vom 29. 1. 2018].

[153] Rose Ausländer, Gesammelte Werke in acht Bänden, Bd. 4: Im Aschenregen die Spur deines Namens, hg. v. Helmut Braun, Frankfurt a. M. 1984, 101.

Ich stehe ein

Mit meinem Volk in
die Wüste gegangen
ich bete nicht
zum Schlangen- und
Sandgott

Oasenglück
Manna und Moseswasser
einfache Wunder
gegessen und getrunken

Vielhundert Jahre gewandert
von Wort zu Wort

Ich bin nicht
ich werde und stehe ein
für das unverläßliche Leben

Reicht es nicht, »von Wort zu Wort« zu wandern? Augenscheinlich nicht. So gefährlich jedes Zeichen ist,[154] so notwendig erscheint es doch. Jenseits der Worte braucht es die Geschichten und die starken Symbole, damit sich Menschen inmitten der Unheils- und Gewaltzusammenhänge an Gottes Handeln erinnern und im Aufblick zu Schlange und Kreuz Heil erfahren.

Das bisherige Wochenlied EG 366 (»Wenn wir in höchsten Nöten sein«) eignet sich hervorragend als Predigtlied. (AD)

---

[154] Vgl. 2Kön 18,4 (Hiskia zerstört die »eherne Schlange«).

4. Sonntag der Passionszeit: Lätare (Reihe II): Jes 66,10-14

Ein Heilsorakel mit doppeltem Boden

Das Jesajabuch gehört seit jeher zu den Texten des Alten Testaments, die in der christlichen Predigt eine besondere Rolle spielen – nicht zuletzt, weil sie häufig im Neuen Testament zitiert werden. Vor allem sind die Bilderwelt und die Metaphorik der jesajanischen Heilsbotschaft in einer Weise offen, die deren Übertragung auf ganz verschiedene geschichtliche Umfelder und Ereignisse möglich macht. Weniger als andere prophetische Texte ›verraten‹ die des Jesajabuches (insbesondere in Jes 40-66) etwas über den historischen Ort, an dem sie entstanden sind. Das hat für die Jesajaforschung den Nachteil, dass die zeit- und religionsgeschichtliche Einbettung solcher Texte oft nicht möglich ist. Andererseits begünstigt diese ›Zeitlosigkeit‹ freilich die Übersetzbarkeit der Texte über ihren eigenen Horizont hinaus.

Jes 66,10-14 ist ein Heilsorakel für die »Knechte« JHWHs. Es steht in der Schlussrede Gottes, die das Jesajabuch insgesamt abschließt. Die Bezeichnung als »Knecht(e)« hat bei Jesaja eine besondere Bedeutung, nicht zuletzt wegen des leidenden Gottesknechts (Jes 52 f.). Neben dieser Sondergestalt ist die Rolle des Knechts in der Regel Jakob/Israel vorbehalten. Das aus dem Exil zurückkehrende Gottesvolk, der ›Rest‹ des Alten Israel, ist der Knecht, der treu zu JHWH steht. Bei Jesaja, wie auch bei Esra und Nehemia, findet man die Überzeugung, dass am Ende des Geschichtszyklus, der vom Sinai bis ins babylonische Exil reicht, das wahre Gottesvolk übrigbleiben würde, das sich nun auch für immer treu zu seinem Gott halten würde. Speziell in Jes 56-66 wird dieser Gedanke nochmals etwas modifiziert: Wer genau sich als dieses Gottesvolk erweisen würde, war nicht erblich vorgegeben, sondern wurde nun zu einer Frage der individuellen Entscheidung. Ob man zu diesem Gottesvolk gehörte, war nicht mit der Geburt bestimmt, sondern musste sich an der jeweiligen Glaubens- und Lebenspraxis erweisen.

Entsprechend gibt es in Jes 66 einen doppelten Ausgang: Untergang für die Abtrünnigen und Heil für die treuen Knechte. Von Letzteren handelt das Orakel in V. 10 14.

Das zentrale Bild an dieser Stelle ist das der Mutter Zion, die ihre Kinder nährt (V. 11). Es wird kombiniert mit der Sprache des Trostes, die bis zu diesem Punkt freilich schon immer wieder angeklungen war (vgl. Jes 40,1; 49,13;

52,9). Die Gottesknechte werden sich an den »Brüsten des Trostes« ihrer Mutter Zion satt saugen. Diese Metapher suggeriert allerdings weniger Innigkeit und Intimität zwischen Mutter und Kindern, sondern hat fast etwas rauschhaft Orgiastisches. Nach Zeiten der Not und Entbehrung folgen nun Fülle und Überfluss. Die trockenen Gebeine sollen wie frische Vegetation grünen (V. 14). Aus der klagenden Mutter Zion, die den Verlust ihrer Kinder beweint hatte, ist nun wieder die in Saft und Kraft stehende Ernährerin geworden.

Interessanterweise färbt die Muttermetaphorik auch auf das Gottesbild ab, denn nicht nur ist Zion die Mutter, vielmehr sagt Gott selbst von sich: »Ich will euch trösten, wie einen seine Mutter tröstet!« (V. 13). Dabei dürfte es sich um eine Wiederaufnahme aus Jes 49,15 handeln: »Kann auch eine Frau ihr Kindlein vergessen, dass sie sich nicht erbarme über den Sohn ihres Leibes? Und ob sie seiner vergäße, so will ich doch deiner nicht vergessen.« Selbst wenn – undenkbar wie dies an sich schon ist – die Mutter ihr Kind vergäße, könnte JHWH, in der Rolle der ›Über-Mutter‹, dies niemals tun.

Nun dürfte es vor allem der emphatisch wiederholte Imperativ »Freuet euch!« (V. 10) sein, der diesen Abschnitt zur Perikope für den Sonntag Lätare hat werden lassen. In der Tat liegt im Motiv der Freude eine Pointe, denn angesprochen ist hier nicht Zion selbst oder die Gottesknechte, sondern die nicht näher bezeichneten Umstehenden, die zu Zeugen des Heilsgeschehens werden. Was hier geschieht – der Trost für das Gottesvolk soll ein Hoffnungszeichen auch für andere sein. Wenn es so etwas gibt wie Erlösung und Heimkehr und wenn dies wie im Fall Zions exemplarisch anschaulich wird, bleibt Raum für die Erwartung, dass sich diese Heilswende auch an anderen Orten und für andere Menschen ereignet. Die Freude für Jerusalem ist nicht nur ein Mitfreuen, sondern auch ein Für-sich-selber-Hoffen.

Allerdings ist Jes 66 eine Perikope, deren Aufruf zum Jubel man nicht in jeder Hinsicht wird teilen wollen. Inwiefern das Bild der nährenden Mutter und der säugenden Kinder aus heutiger Wahrnehmung ›predigbar‹ ist, dürfte eine der hermeneutischen Fragen sein. Schwieriger noch ist die Definition von »Friede«, die hier vorausgesetzt wird: »Siehe, ich breite aus bei ihr den Frieden wie einen Strom und den Reichtum der Völker wie einen überströmenden Bach« (V. 12). Friede ist innerhalb altorientalischer Kulturen nicht nur ein Allgemeinbegriff, sondern bezeichnet auch konkret das Ende von Kriegen und (in diesem Zusammenhang) den erfolgreichen Beutezug. Letzteres schwingt in der Wendung »Reichtum der Völker« mit. Das Bild der nährenden Mutter Zion wird hier ins Politische überführt und damit angedeutet, woher Wohlstand und Überfluss kommen werden. Es sind die Völker der Welt, die zum Zion strömen und dort ihre Tribute abliefern. Mit dieser Heilswende am Ende der Zeit sollen sich also auch die politischen Verhältnisse umkehren. War Israel in der ›realen‹ Geschichte das Volk, das anderen Völkern und dabei vor allem den Großmächten (Ägypten, Assyrien, Babylon, Persien) Abgaben leisten musste, so würde Israel nun – endlich – selbst in die Rolle der Empfängerin eintreten. Elaborierter als in Jes 66,12 begegnet dieselbe Wunschvorstellung in Jes 60, auch dort in die Bildlichkeit des »Saugens« bzw. »Säugens« gekleidet: »Du sollst Milch von den Völkern saugen, und der Könige Brust soll dich säugen, auf dass du erfahrest, dass ich, der HERR, dein Heiland bin …« (Jes 60,16).

Vermutlich steckt hinter diesen Texten die konkrete Erfahrung von Tributzahlungen, die die Bevölkerung Judas in der Entstehungszeit dieses Textes (vermutlich in der Perserzeit) immer noch zu leisten hatte. Aus der persischen Hauptstadt Persepolis sind Wandreliefs erhalten, die zeigen, wie die Vasallenvölker in langen Schlangen zum persischen Großkönig ›pilgerten‹, um dort die ihnen auferlegten Steuern und Abgaben zu entrichten. Und solange sie das taten, herrschte in der Tat »Friede«.

Die zeitgeschichtlichen Umstände haben ganz unzweifelhaft ihre Spuren in der Freudenbotschaft von Jes 66,10–14 hinterlassen, die man – im Blick auf die anderen Völker – nicht ganz zu Unrecht als Schadenfreuden-Botschaft bezeichnen kann. Aber gerade weil man hier kritisch einzuhaken hat und über die textimmanenten Vergeltungssehnsüchte nicht einfach hinwegpredigen sollte, wirft die Friedensvorstellung dieser Perikope die ernsthafte Frage auf, ob es Frieden (und Freude) ohne Versöhnung gibt. Jes 66,10–14 bleibt – davon lässt sich nicht absehen – im Vergeltungsdenken hängen. Das ›wie du mir, so ich dir‹ dominiert hier eindeutig. Es sind andere Texte, die an dieser Stelle weiter gehen und eine deutlich inklusivere Tendenz erkennen lassen: Auch in Jes 2,1–5 kommen die Völker zum Zion, aber nicht um dort Tribute abzuliefern, sondern um Weisung/Tora zu empfangen, und zwar eine Tora, die die Völker (ebenso wie Israel) das Ende jeder Form von Vergeltung lehrt. Es gibt sie also durchaus: die Vision eines friedlichen und egalitären Nebeneinanders der Völker, aber Jes 66,10–14 zeigt auch, dass diese Vision nicht unter allen geschichtlichen Umständen gleichermaßen erschwinglich war. (AS)

Wie eine Mutter oder: Friede, Freude, Trost und Zorn

Der Sonntag Lätare trägt – wo sie denn vorhanden ist – die liturgische Farbe Rosa, die zwischen dem Violett der Passionszeit und dem Weiß der Christusfeste liegt.[155] Es ist in der Liturgiewissenschaft nicht ganz klar, woher der freudige Charakter dieses 4. Sonntags in der Passionszeit kommt – wahrscheinlich daher, dass »an ihm die Mitte der Fastenzeit erreicht ist (*Hebdomada mediana*).«[156]

Es ist ein Sonntag des *Dazwischen*: zwischen dem Ernst der Passion und der Vor-Freude auf Ostern, zwischen dem Tod des Weizenkorns und der Frucht, die aus diesem Tod erwächst (so der Wochenspruch aus Joh 12,24, der zugleich Teil der Evangeliumslesung Joh 12,20–24 ist), zwischen Bedrängnis und Trost (vgl. 2Kor 1,3–7, Epistellesung), zwischen Gottes Verborgenheit und seiner neuerlichen Zuwendung (vgl. Jes 54,7–10, alttestamentliche Lesung). »In dir ist Freude in allem Leide« (EG 398) – diese Zeile des Pfarrers und Dichters Cyriakus Schneegaß kann die Stimmung dieses Sonntags in der Mitte der Passion treffend zum Ausdruck bringen und zeigt, worum es in der Passionszeit grundlegend geht: um ein Wahrnehmen und Ernstnehmen des Leidens *und gleichzeitig* um ein Hoffen und Vertrauen auf den Gott, der im Leiden nah ist und der alles Leid überwindet.

Der Name des Sonntags *Lätare* leitet sich ab von der Antiphon des Psalmgebets (Ps 84,2–13): »Freuet euch mit Jerusalem [*laetamini cum Hierusalem*] und seid fröhlich alle, die ihr sie lieb habt. Siehe, ich breite aus bei ihr den Frieden wie einen Strom« (Jes 66,10.12). Durch die Perikopenrevision wird diese Antiphon nun in ihrem Zusammenhang als Predigttext in Reihe II wahrgenommen.

Für die, die Jes 66,10–14 in der Lutherbibel lesen, sticht ein fettgedruckter Satz ins Auge: »Ich will euch trösten, wie einen seine Mutter tröstet« (V. 13; zugleich Jahreslosung 2016). Die Trost-Botschaft Jesajas verbindet sich hier

---

[155]   Rosafarbene Messgewänder werden in der katholischen Kirche erstmals im 16. Jahrhundert erwähnt. Wo es – wie in den meisten evangelischen Gemeinden – keine rosafarbenen Paramente gibt, ist Violett die liturgische Farbe des Sonntags. Neben Lätare trägt nur noch der Sonntag »Gaudete« die liturgische Farbe Rosa. In der katholischen Kirche liegt dieser auf dem 3. Advent; in der evangelischen Kirche hat sich das Proprium faktisch auf den 4. Advent verschoben; allerdings wird das Rosa als liturgische Farbe im EGb für diesen Sonntag bislang nicht als Alternative zum Violett erwähnt.

[156]   Rupert Berger, Pastoralliturgisches Handlexikon, Freiburg/Basel/Wien ³2005, 295 f.

mit einem in der gesamten Bibel beinahe singulären Bild von Gott, der wie eine Mutter handelt (vgl. Ps 131,2; Jes 49,15). Im Kontext des Jesajabuches ist dieses Mutter-Bild besonders interessant. Das Volk nämlich ruft Gott in Jes 63,16 leidenschaftlich an und betet: »Du, HERR, bist unser Vater, ›Unser Erlöser‹, das ist von alters her dein Name.« Der so als *Vater* Angerufene, gibt sich dann drei Kapitel später als *Mutter* zu erkennen – eine Metapher, die vielfältigste Assoziationen und Gefühle auslöst. Eva Zellers Gedicht »Meiner Mutter« inszeniert den Trost und die Geborgenheit, die sich mit dem Bild der Mutter verbinden, eindrucksvoll:[157]

> Nun mein Herz nicht mehr
> weiß wie es schlagen soll
> kriech ich zurück in den
> Schoß der mich trug
> nabele mich wieder an da
> haben wir ich erinnere mich
> zwei Herzen eins horcht
> auf das andre zwei
> Lungen zum Atmen vier
> Hände zum Beten wenn auch
> meine noch schwach sind
> doppelten Mut und ich
> weiß es noch halb
> soviel Angst

Gott zeigt sich in seiner Rede an das Volk (Jes 65f.) noch einmal neu und anders. Die radikale Neuschöpfung, die er/sie verheißt (vgl. Jes 65,17), macht auch vor den Gottesbildern nicht Halt. Es besteht zu allen Zeiten die Gefahr, Gott einzufangen in die Bilder, die sich Menschen von ihm machen. Der israelisch-jüdische Schriftsteller Elazar Benyoëtz aber erkennt zurecht: »Vor Gott hast du deinen Stand, / aber keinen Standpunkt.«[158] Und so ist es zu allen Zeiten die Aufgabe der Propheten (und Predigenden!), diese Gottesbilder zu zerschlagen und neue Bilder zu finden.

Eine der berühmtesten jüdischen Predigten des 20. Jahrhunderts tut das

---

[157] Eva Zeller, Stellprobe. Gedichte, Stuttgart 1989, 26.
[158] Elazar Benyoëtz, Setze ich voraus, war ich nicht dabei, in: Magdalene L. Frettlöh/ Matthias Käser-Braun (Hg.), Zitat und Zeugenschaft. Eine Spurensuche im Werk von Elazar Benyoëtz, Israelitisch denken lernen 9, Uelzen 2017, 133–174, 162.

auf eindrucksvolle Weise. Die New Yorker Rabbinerin und Predigtlehrerin Margaret Moers Wenig hielt 1997 eine Predigt mit dem Titel: »God is a Woman and she is growing older«.[159] Dabei behauptet Moers Wenig nicht, dass Gott ›wirklich‹ eine älter und schwächer werdende, einsame Frau *sei*, sondern lädt zu einem Spiel der Imagination ein, das Neues entdecken lässt und in dem traditionelle Gottesattribute in einem neuen Kontext gehört werden. So beschreibt – um nur zwei Passagen zu zitieren – Moers Wenig die Sehnsucht der alten Dame Gott nach ihren Kindern und den Blick, den Gott auf unser Leben wirft:

> »Kommt nach Hause«, will sie zu uns sagen. »Kommt nach Hause«. Aber sie ruft uns nicht an. Denn sie hat Angst, dass wir »Nein« sagen werden. Sie kann sich die Unterhaltung schon vorstellen: »Wir haben so viel zu tun. Wir würden dich ja gerne sehen, aber wir können einfach nicht kommen. Viel zu viel zu tun.«

> Dann schiebt sie ihren Stuhl ein wenig zurück und sagt: »Lasst mich einen Blick auf Euch werfen.« Und sie sieht uns an. Und in einem einzigen Blick sieht uns Gott zugleich neugeboren und sterbend […]. In einem einzigen Blick sieht sie unsere Geburt und unseren Tod und all die Jahre dazwischen. Sie sieht uns in unserer Jugend, als wir sie wie ein Idol verehrten und ihr überallhin folgten; als unsere Kratzer und Beulen schnell verheilten […]. Sie sieht uns in unserer Jugend, als wir dachten, es gäbe nichts, was wir nicht könnten. Sie sieht uns in unseren mittleren Jahren, als unsere Energie unbegrenzt war. Als wir uns um das Haus kümmerten, kochten und putzten, die Kinder versorgten, arbeiteten und ehrenamtlich aktiv waren, als jeder uns brauchte und wir keine Zeit zum Schlafen hatten. Und Gott sieht uns in unseren späten Jahren: als wir uns nicht mehr so gebraucht fühlten; als unsere körperlichen Rhythmen, auf die wir uns verlassen hatten, chaotisch durcheinandergerieten. Sie sieht, wie wir allein in einem Zimmer schlafen, in dem sonst zwei schliefen [Übersetzung AD].

Jes 66 fordert Predigende dazu heraus, neu und anders von Gott zu reden, damit Predigt nicht nur *über* den Trost redet, sondern *tröstet*.[160]

Das Bild von Gott, der wie eine Mutter handelt, ist dazu sicherlich eine Einladung. Entscheidend wird es nun aber, dieses Gottesbild nicht einseitig

---

[159]   Greifbar unter: http://www.30goodminutes.org/index.php/archives/23-member-archives/518-margaret-moers-wenig-program-4025 [Zugriff vom 5.4.2018].

[160]   Vgl. Martin Nicol, Einander ins Bild setzen. Dramaturgische Homiletik, Göttingen ²2005, 55.

und harmlos werden zu lassen. Die Predigtperikope schließt mit den Worten: »… und den Zorn an seinen Feinden« (V. 14). Und würde man nur ein wenig weiterlesen, so würden heftige Gerichtsworte über die, die nicht nach dem Willen und Gebot Gottes leben, hörbar: »Denn der HERR wird durchs Feuer richten und durch sein Schwert alles Fleisch, und der vom HERRN Getöteten werden viele sein« (V. 16). Die sich mütterlich den Ihren Zuwendende, ist zornig gegen ihre Feinde. Gott ›ist‹ nicht der allzeit Tröstende, sondern handelt leidenschaftlich und auch zornig. Sie tritt ein für Recht und Gerechtigkeit und bringt zurecht, was ihrem Willen entgegensteht. Diese Botschaft ist keineswegs nur alttestamentlich (oder gar ›alttestamentarisch‹, wie dann häufig gesagt wird). Die Rede vom Zorn Gottes und seinem Recht schaffenden Gericht begegnet auch im Neuen Testament (vgl. nur Röm 2,5-10; Mt 25,31-46 u. ö.) – und ohne sie wäre die Botschaft von Gottes Zuwendung, seinem Trost und ihrer Barmherzigkeit die billige Gnade, vor der Dietrich Bonhoeffer warnte. Der Ruf zur Umkehr *und* die Zusage des mütterlichen Trostes – auch das ist ein Aspekt des *Dazwischen*, das am Sonntag Lätare gefeiert wird.

Liedvorschläge: Neben dem bereits erwähnten EG 398 (In dir ist Freude) könnten sich als Lieder nach der Predigt auch EG 243 (Lob Gott getrost mit Singen) oder EG 276 (Ich will, solang ich lebe) anbieten. EG 243 nimmt (meines Wissens als einziges Gesangbuchlied) in V. 3 das Bild von der Mutter auf (allerdings aus Jes 49,14-16!) und stimmt ansonsten ein Lob auf Gott an *im Angesicht* der gegenwärtigen »Widerwärtigkeit« (V. 1). Auch EG 276 ist ein Loblied und preist Gott, weil er »in Trübsal Trost und Freud« schenkt (V. 1), in Gefahr hilft (V. 2) und aus dem Leid in die Freude führt (V. 4). Aber auch das Gericht an denen, die ihn nicht fürchten, wird in dem Lied erwähnt (V. 3). (AD)

5. Sonntag der Passionszeit: Judika (Reihe III): Hi 19,19-27

Der neue Predigttext, Hi 19,19-27, setzt im Rahmen des Hiobbuches die Klage und ebenso die Hoffnungsperspektive aus Hi 14,1-17 fort. Letzterer Text war bereits in der früheren Perikopenordnung für den vorletzten Sonntag des Kirchenjahres vorgesehen, wird aber hier im Zusammenhang mit Hi 19 noch einmal eigens exegetisch bedacht.

Hi 14,1-17 »Die Hoffnung der Bäume«

Bei dieser Entgegnung Hiobs an seinen Freund Zophar handelt es sich um seine abschließende Antwort am Ende des ersten Redeganges (Hi 4-14). Dem entspricht der literarische Charakter dieser Schlussreflektion: Es geht zunächst gar nicht um Hiob persönlich oder um sein eigenes Ergehen, vielmehr findet man ihn hier als jemanden, der über das Schicksal nachdenkt, das jeden Menschen - so oder so - trifft. Die ersten Worte seiner Klage sind in der Kirchenmusik entsprechend häufig vertont worden: »Der Mensch, vom Weibe geboren, lebt kurze Zeit und ist voll Unruhe.« Ähnliche Worte finden sich auch an anderen Stellen des Alten Testaments und intonieren das Motiv des ›memento mori‹ (Ps 90,12). Die Klage über die Endlichkeit des Lebens besitzt hier eine besondere Intensität, weil es im Alten Testament - mit sehr wenigen Ausnahmen am Ende der Überlieferungsgeschichte der Texte (vor allem in Dan 12,1-3) - keine Erwartung eines Lebens jenseits der Todesgrenze gibt. Endlichkeit ist hier keine Vorläufigkeit, sondern eine unauflösliche Realität. Und so wird der Tod, wie in anderen Kulturkreisen auch, als Spiegelbild zu der Zeit vor der Geburt eines Menschen betrachtet.

Nun mag die Einsicht in die kurze Zeitspanne eines menschlichen Lebens der Anlass der Klage Hiobs an dieser Stelle sein, der eigentliche Grund dafür sitzt allerdings tiefer. Wenn es so ist, dass Menschen episodische Wesen und als solche ihrem Schöpfer unendlich unterlegen sind, dann ist es eigentlich ein Akt der Grausamkeit, wenn Gott sie vor sich stellt, ihre Taten bewertet und seinen Zorn über ihr Unvermögen ausschüttet (vgl. auch Ps 90,5-9). Besser - gnädiger - wäre es, wenn Gott den Menschen das kleine Glück genießen ließe, das ihm unter den Bedingungen von Endlichkeit möglich ist. Aber das tut Gott gerade nicht, so als hätte er es darauf abgesehen, den Menschen zum Spielball einer Machtdemonstration zu machen. Jedenfalls empfindet Hiob dies so. Was er von diesem Gott will, zumindest bis zu diesem Punkt seiner Argumentation, ist, unbeobachtet zu bleiben, ja vielleicht sogar vergessen zu werden. Denn die Aufmerksamkeit dieses übermächtigen Gottes auf sich zu ziehen, führt zu Verzweiflung und Leid.

Damit werden Gedanken aufgenommen und miteinander verknüpft, die sich auch in den vorgängigen Reden Hiobs finden. In Hi 3 war bereits davon die Rede, dass Gott den Menschen nicht in Ruhe lässt. Hiob verflucht den Tag seiner Geburt, der ihn ans Licht der Welt befördert hat, über die Gott herrscht (3,3–6). Demgegenüber wünscht er sich zurück an einen Ort in der vorweltlichen Dunkelheit, einen Bereich also, den Gott nicht geschaffen hat und der außerhalb göttlichen Wirkens liegt. Hiob kann sogar die Nacht verfluchen, die nicht ›Nacht genug‹ war, um seine Geburt zu verhindern (3,7–10). Aber für Hiob gibt es keinen Weg zurück. Gleichzeitig ist ihm auch der Weg ›nach vorn‹ aus dem Leben hinaus verwehrt: Hiobs Wunsch, in der Unterwelt als dem Ort, der alle Menschen gleich macht (3,13–19), Ruhe zu finden, wird nicht erfüllt. Der Hiob, der leben muss und nicht gehen darf, richtet seine Gedanken in Hi 9f. darauf, wer eigentlich der Gott ist, der ihn solchermaßen festhält. Und hier äußert Hiob den vielleicht abgründigsten Verdacht, der sich im Alten Testament findet: Gott bringt den endlichen und ihm unendlich unterlegenen Menschen als Spielball seiner Macht ins Leben. Menschen betreten eine Arena, in der Gott ihnen bereits auflauert und in der sie dessen Anschlägen wehrlos ausgeliefert sind (Hi 10,3–17).

All diese Motive kommen in Hi 14 zusammen und bilden den Hintergrund für die Frage danach, ob und, wenn ja, welche Hoffnung angesichts dieser hoffnungslos erscheinenden Selbstwahrnehmung Hiobs noch bestehen mag. Dabei ist wichtig zu erkennen, dass Hiob tatsächlich ganz aus einer Position des unmittelbaren Erlebens heraus argumentiert. Die Situation, wie sie sich ihm darstellt – aufgrund eigenen Erlebens wie auch im Blick auf die Endlichkeit allen Lebens –, lässt im Grunde nur den Schluss zu, dass menschliche Existenz durch Gottes Gegenwart nicht etwa behütet, sondern vielmehr bedroht wird. Welche Hoffnung also mag es trotzdem geben? Eine mögliche Sicht schließt Hiob zunächst aus. Bäume, so wird argumentiert, haben zwar so etwas wie Hoffnung, weil sich aus ihrem Wurzelbett immer wieder neues Leben generiert, auch wenn der Baum selbst abgestorben ist (14,7–9). Ein Menschenleben aber ist anders. Hierfür wird das Bild eines versiegenden

Stromes gewählt, der austrocknet und von dem nichts übrigbleibt als Staub und Erde (14,11f.).[161] So auch der Mensch.

Dann aber kommt in V. 14 die entscheidende Frage: »Meinst du, einer stirbt und kann wieder leben?« Eigentlich müsste, wie oben schon erwähnt, die Antwort darauf eindeutig ›nein‹ lauten. Das wird auch in der Bibelwissenschaft häufig so vorausgesetzt und führt zu der Schlussfolgerung, dass die Überlegung Hiobs an dieser Stelle rein hypothetischer, ja ironischer Art ist. Wenn Menschen wieder vom Tod aufstehen könnten, dann – aber nur dann – bestünde die Hoffnung, dass irgendwann einmal ein Neuanfang zwischen Gott und Mensch möglich wäre. Das Aufstehen vom Tod wäre wie die Geburt in ein anderes Leben mit anderen Regeln: »Dann würdest du rufen und ich dir antworten; es würde dich verlangen nach dem Werk deiner Hände« (V. 15). Gott würde den Menschen nicht mehr mit dem scharfen Blick des übermächtigen Richters ansehen, sondern mit den Augen der Vergebung: »Du würdest meine Übertretung in einem Bündlein versiegeln und meine Schuld übertünchen« (V. 17). Aber so ist es eben nicht, zumindest nicht in der Welt, die Hiob kennt. Nun endet die Predigtperikope an genau dieser Stelle, die einen solchen hoffnungsvollen Ausblick erlaubt, der Text selbst aber geht in V. 18 weiter und destruiert diesen Ausblick wieder: Selbst Berge und Felsen haben keinen Halt, auch sie vergehen und werden von Wind und Witterung abgetragen. Und wenn das schon für Steine gilt – so die Analogie –, wie viel mehr dann für den vergleichsweise kurzlebigen Menschen.

Allerdings bleibt in dieser Lesart die Frage, warum das Hiobbuch in V. 13–15 eine solche Utopie in den Imaginationsraum der Leser stellt. Dass Hiobs eigene Welt weder Grund noch Anlass für eine solche Hoffnung gibt, wird nirgends in Frage gestellt. Entsprechend sollte man auch in der heutigen Auslegung V. 13–15 nicht zum ›eigentlichen‹ Schlüssel des Gesamttexts machen. Egal wie hoffnungsvoll oder illusorisch Hiobs Überlegungen an dieser Stelle sind, sie machen deutlich, dass nichts Geringeres als eine radikale Veränderung, wenn nicht Umwälzung der Gesetze von Tod und Leben vonnöten wäre. Die Scheol, die Todeswelt, müsste zu einem Schutzraum oder zu einer Herberge werden für die Zeit des göttlichen Zorns, aus der Gott die Menschen einst wieder hervorholen würde. Aber selbst das wäre nicht genug, denn vor allem müsste aus dem übermächtigen Gott des Zorns ein Gott des Erbarmens werden: »Es würde dich verlangen nach dem Werk deiner Hände« (V. 15b).

---

[161] Interessanterweise wird dieses Bild nicht dahingehend erweitert, dass auch Flüsse im Wechsel der Jahreszeiten neu gefüllt und insofern regeneriert werden.

Gott müsste sich für das Wohl jedes einzelnen Menschen interessieren, ja den fragilen und schuldigen Menschen aufrichten, statt ihn mit seiner Gerechtigkeit zu überwältigen.

Die Herausforderung gerade für eine christliche Lektüre von Hi 14 besteht darin, die Perspektive dieses Textes nicht umzukehren. Gottes barmherzige Aufmerksamkeit ist, gemessen an menschlicher Erfahrung, keine selbstverständliche Annahme, sie ist nicht das Gegebene, sondern das Hypothetische. Oder anders gesagt: Hiob 14,13–15 wirft die Frage auf, ob, angesichts erfahrenen Leids, aus der Hypothese göttlichen Erbarmens eine glaubwürdige Hoffnung werden kann. Diese Frage wird in Hiob 19 – einem in die Perikopenordnung neu aufgenommenen Text – weitergeführt und findet ihre Kulmination in Hi 19,25: »Aber ich weiß, dass mein Erlöser lebt, und als der Letzte wird er über dem Staub sich erheben.« (AS)

Hi 19,19–27: Ein Text von Freundschaft und Erlösung

Die Frage, warum sich Hi 19 als christlicher Predigttext empfehlen mag, ist leicht beantwortet. Hier, in V. 25, fällt der berühmte und vielzitierte Satz: »Ich weiß, dass mein Erlöser lebt, und als der Letzte wird er über dem Staub sich erheben.« Ein Satz, der sich nahtlos in die Sprachlehre des christlichen Glaubens einzufügen scheint. Gleichzeitig wird Hiob damit vom Zweifelnden und Verzweifelnden zu einem Hoffenden, der sich jenseits seiner ausweglosen Situation auf einen Gott beruft, der ihn – gegen den Anschein des Augenblicks – letztlich doch erlösen wird.

Betrachtet man Hi 19 insgesamt, wirkt die Erlösungsaussage allerdings unvermittelt, ja sogar fehlplatziert, denn in Hi 19,1–22 wird zunächst einmal ein Thema weitergeführt, das auch in den vorausgehenden Reden Hiobs bereits breiten Raum eingenommen hatte: das Verhalten der Freunde angesichts von Hiobs Ergehen. Sein Vorwurf ist, dass die Freunde sich als Anwälte Gottes gebärden, statt sich auf die Seite des leidenden Hiob zu stellen: »Warum verfolgt ihr mich wie Gott und könnt nicht satt werden von meinem Fleisch?« (V. 22). Hiob geht es in diesem Zusammenhang nicht darum, ob Gott ihm zu Recht die Leiden auferlegt hat, die ihn getroffen haben, oder zu Unrecht. Wer im Streit zwischen Gott und Hiob Recht hat oder gerecht ist, steht hier nicht zur Entscheidung. Gott braucht niemanden, der seinen Ratschluss bestätigt. Hiob aber braucht jemanden, der sich seiner erbarmt: »Erbarmt euch über mich, erbarmt euch, ihr meine Freunde; denn die Hand Gottes hat mich getroffen!« (V. 21). Wenn jemand in dieser Weise von Gott angegangen wird und am Ende mit nichts als dem nackten Leben dasteht, dann tritt die Frage nach Schuld oder Unschuld in den Hintergrund. Es ist eine unmenschliche Solidarisierung mit Gott, die Hiob seinen Freunden und all denjenigen vorwirft, die ihm doch nahestehen sollten. Derjenige, den Gottes Hand getroffen hat, fällt auch durch alle sozialen Netze und schlägt hart auf. Wahre Freundschaft, so Hiobs Erwartung, sollte genau gegen eine solche Synchronisierung der Verachtung gerichtet sein.

So ist Hi 19,1–22 im Kern eine Darstellung des Verlustes von Hiobs Würde als Person. Zuerst und vor allem ist es Gott, der ihn solcher Würde beraubt, indem er ihm die Krone vom Haupt nimmt und die hoheitliche Kleidung auszieht (V. 9). Was mit diesem Bild gemeint sein mag und ob es sich dabei um mehr als eine Metapher handelt, ist nicht ganz deutlich. Ein König ist Hiob nicht – jedenfalls wenn man die Rahmenerzählung in Hi 1 f. voraussetzt. Ein etwas anderer Zugang ergibt sich, wenn man die Sprache vom ›königlichen Menschen‹ aus Ps 8 hinzuzieht. Dort ist die »Krönung« des Menschen ein Merkmal, das ihn über seine Mitgeschöpfe erhebt. Ihm diese Auszeichnung wegzunehmen, gleicht faktisch einer Erniedrigung auf die Ebene der Tierwelt. Die Anspielung auf einen König wird im nächsten Bild augenscheinlich aufgegriffen und variiert. Nun beschreibt sich Hiob als einen, der belagert wird: Gott ist mit seinen Heerscharen aufgebrochen, um Hiob einzuschließen (V. 12). Breit entfaltet wird daraufhin, wie der aller Würde beraubte Hiob auch im eigenen Haus verschmäht wird: Für Freunde und Verwandte ist er gleichermaßen eine unwürdige, ja abstoßende Gestalt geworden. Dies kulminiert darin, dass sich seine Frau vor seinem Atem ekelt und die Kinder auf der Straße sich über ihn lustig machen (19,17 f.). Der von Gott geschlagene ist auch der sozial verachtete Mensch.

Hiob hat also von niemandem Rettung oder Erlösung zu erwarten – nicht von seinen Mitmenschen, die sich noch am ehesten mit ihm solidarisieren sollten, und am allerwenigsten von Gott, der Hiob als Feind gegenübersteht. In der Tat geht Hiob auch gar nicht davon aus, dass sich sein Schicksal noch einmal wenden würde, sondern ist überzeugt, dass seine Geschichte die eines von Gott und der Welt verlassenen Menschen sein wird. Aber wenigstens diese Geschichte soll von ihm bleiben: »Ach dass meine Reden aufgeschrieben würden! Ach dass sie aufgezeichnet würden als Inschrift, mit einem eisernen Griffel und mit Blei für immer in einen Felsen gehauen!« (V. 23 f.). Im Grunde sind dies Schlusssätze, mit denen das Hiobbuch bereits enden könnte.

Es sollte bis hierher deutlich geworden sein, dass sich der nun folgende, berühmte Satz in V. 25 auf nichts von dem berufen kann, was Hiob bis zu diesem Punkt gesagt hatte. Und doch steht er da. Man kann darin, wie in der

Bibelwissenschaft immer wieder vorgeschlagen, eine nachträgliche Erweiterung sehen, die Hiob – ganz gegen die Tendenz von Hi 19 insgesamt – doch noch zu einem ›rechtschaffen gläubigen‹ Menschen macht. Ganz auszuschließen ist dies nicht. Blickt man allerdings zurück, dann steht Hi 19,25 doch nicht singulär da. In Hi 14,13–15[162] hatte sich schon einmal, wenngleich noch ganz im Modus des Hypothetischen, der Gedanke angedeutet, dass Gottes Zorn und Gottes Feindschaft nicht das letzte Wort über den Menschen sein würden. Dieser Gedanke wird über die Hypothese hinaus in 19,25 zu einer Gewissheit:»Ich *weiß*, dass mein Erlöser lebt.« Es gibt, neben dem dominanten Ton der Klage in den Hiobreden also zumindest so etwas wie eine Hoffnungsspur, unabhängig von der Frage, ob diese Spur literargeschichtlich mit dem Rest von Hi 19 aus einem Guss ist oder später eingetragen wurde. Die Parallele zu Hi 14,13–15 besteht genauer darin, dass Erlösung als ein zukünftiges, ja jenseitiges Ereignis erwartet wird. Der Erlöser, der in V. 26 mit Gott selbst identifiziert zu werden scheint, wird sich jenseits der Todesgrenze über dem Staub erheben. Dann – nicht jetzt – hofft Hiob Gott zu schauen, nicht mehr in einem Körper aus Fleisch, der Gott zu sehr unterlegen ist, aber doch mit so etwas wie Augen (V. 27). Artikuliert sich in diesen Versen also der für das Alte Testament sonst untypische Glaube an eine Fortexistenz nach dem Tod, wo sich dann auch das Enigma des dunklen Gottes aufhellen wird? Denn darum scheint es in Hi 14 und 19 gleichermaßen zu gehen: So unwiderlegbar und unhintergehbar die dunkle Seite Gottes ist, an der Hiob verzweifelt, so wenig soll der Gedanke daran das letzte Wort behalten. Allerdings wird dem faktischen Leid nicht einfach eine Heilsgewissheit entgegengesetzt. Nach diesem Gott, den Hiob schauen wird, sehnt sich das Herz in seiner Brust (V. 27b). Das Wissen um den Erlöser (V. 25) wird hier also noch einmal eigens als ein Begehren und Verlangen qualifiziert, das aus sich selbst leben muss, weil es in der Welt der Erfahrung keinen Anhalt hat.

Ein letzter Gedanke mag helfen, die eigenwillige Komposition von Hi 19 zu beleuchten. Der unvermittelte Kontrast zwischen Klage und Vertrauensbekundung erinnert an die ›Klagepsalmen des Einzelnen‹ (z. B. Ps 13; 22[163];

---

[162] Vgl. die Auslegung zu Hi 14 zum vorletzten Sonntag des Kirchenjahres.

[163] Sogar Ps 22 als der Klagepsalm, der im NT zu Worten Jesu am Kreuz wird (»Mein Gott, mein Gott, warum hast du mich verlassen?«, V. 2), mündet in die Aufforderung zum Lob genau *dieses* Gottes:»Ich will deinen Namen kundtun meinen Brüdern, ich will dich in der Gemeinde rühmen: Rühmet den Herrn, die ihr ihn fürchtet; ehrt ihn, all ihr Nachkommen Jakobs, und scheut euch vor ihm, all ihr Nachkommen Israels!« (V. 23 f.).

89). Auch dort fällt auf, dass der plötzliche Stimmungsumschwung im Grunde keiner Lebenswirklichkeit zu entsprechen scheint.[164] Vielmehr wird das Vertrauen auf Gott und das Lob Gottes als Möglichkeitshorizont der Klage entfaltet. Insofern ist der Satz »Ich weiß, dass mein Erlöser lebt« – ebenso wenig wie in den Klagepsalmen – als Überwindung oder gar Widerlegung realer Not betrachtet, wohl aber als Widerstand gegen die Letztgültigkeit von Leid. (AS)

In der Hoffnungsspur – Hiob 19 am Sonntag Judika

»Herr, stärke mich, dein Leiden zu bedenken …« (EG 91) – am Sonntag Judika blickt die Gemeinde dem Leid ins Auge, zunächst und vor allem dem Leid Jesu. Das Evangelium des Sonntags Mk 10,35-45 ist in der Lutherbibel mit den Worten »Vom Herrschen und Dienen« überschrieben. Es geht um die eigentümliche Bitte der Zebedaiden Jakobus und Johannes, in der kommenden Herrlichkeit zur Rechten und Linken Jesu zu sitzen. Jesus weist dieses Ansinnen zurück und wendet den Blick von der Herrlichkeit hin zum Leid – ganz ähnlich, wie es ein Kapitel vorher nach der Verklärung Jesu geschah. Die Idee des Petrus, drei Hütten zu bauen und den Berg der Verklärung zur dauerhaften Residenz zu machen, kommentiert der Evangelist mit den Worten: »Er wusste aber nicht, was er redete; denn sie waren verstört« (Mk 9,6). Der Weg führt nach unten, der »Menschensohn« muss »viel leiden und verachtet werden« (Mk 9,12). Und so kündigt Jesus auch im Evangelium des Sonntags Judika den Zebedaiden das eigene Leid und das kommende Leid der Jünger an: »Ihr werdet den Kelch trinken, den ich trinke, und getauft werden mit der Taufe, mit der auch ich getauft werde …« (V. 39). Jesus wehrt allem Triumphalismus und Enthusiasmus. Das Leiden kann nicht übersprungen werden, um gleich und unversehrt in die Herrlichkeit einzugehen oder sich auf dem Berg der Verklärung einzurichten. Gleichzeitig aber deutet Jesus eine Perspektive *durch das Leid hindurch* an, die das Leid nicht zum letzten Wort und nicht zur sinn- und aussichtslosen Sackgasse macht. Der Menschensohn beschreibt seine Sendung so, »dass er diene und gebe sein Leben als Lösegeld für viele« (Mk 10,45; in der Matthäusfassung Mt 20,28 ist dieser Vers zugleich der Wochenspruch des Sonntags Judika).

---

[164]   Mit der Ausnahme von Ps 88 als einzigem Psalm, der ganz in der Klage verbleibt und ähnlich wie Hi 9f. im Bild der »Dunkelheit« endet.

Strukturell entspricht dem auch die *Epistellesung* aus Hebr 5,7-9,[165] eine Kernstelle der Hohepriesterchristologie des Hebräerbriefs. Jesus wird eindrucksvoll als Leidender beschrieben (»Bitten«, »Flehen«, »Schreien«, »Tränen«),[166] der »erhört« wurde, »weil er Gott in Ehren hielt« (V. 7).

Neben den leidenden Jesus tritt mit der neuen Perikopenordnung nun auch der leidende Hiob – wie es bereits in der mittelalterlichen Typologie immer wieder geschah: Hiob auf dem Dunghaufen wurde hier zum Typos für den leidenden Christus, die Verhöhnung Hiobs durch seine Frau zum Typos für die Geißelung und Verspottung Jesu. Die Hiob-Perikope am Sonntag Judika lässt Predigende und Gemeinde auf das Leid blicken. Wenn sie nicht der Versuchung erliegen, zu schnell bei den in der Lutherbibel fett gedruckten Versen 25-27 zu landen, zeigt sich existentiell, was Leiden in seinen verschiedenen Dimensionen bedeuten kann. Hiob ist aus seinem intakten sozialen Leben gefallen und nun – inmitten seiner Freunde – einsam (V. 19). Hiob ist von Krankheit so geschlagen, dass nur noch das »nackte Leben« bleibt (V. 20). Hiob erfährt Gott als den, der ihn verfolgt – und die vermeintlichen Tröstungen der Freunde als Verstärkung des Drucks, der ohnehin auf ihm lastet. Nun soll der Leidende nicht nur sein Leid tragen, sondern auch noch einen ›Sinn‹ darin erkennen oder wenigstens seine Berechtigung zugestehen! Mit Hiob gelingt es vielleicht und hoffentlich, nicht nur allgemein und abstrakt vom ›Leiden‹ zu reden, sondern konkretes Leid in den Blick zu nehmen.

Umso deutlicher sticht dann die logisch nicht ableitbare Wende ins Auge, die mit V. 25 einsetzt. Die Hoffnung auf den Erlöser/Goël hat keinen Anhalt an dem, was ist, und entspricht gerade so dem Wesen von Hoffnung, denn wie kann man ›hoffen‹ auf das, was man ›sieht‹ (vgl. Röm 8,24 f.)?

Wenn Christinnen und Christen am Sonntag Judika die Worte aus Hi 19 lesen, steht Hiob neben den Leidenden unserer Tage, aber immer auch neben dem leidenden Christus, der zugleich der Grund christlicher Hoffnung ist. So ist es nicht verwunderlich, dass Christinnen und Christen in der Tradition der Auslegung nicht nur den leidenden Christus mit Hiob verbunden haben, sondern auch den in V. 25 gewiss erwarteten (Er-)Löser/Goël.

Die bekannteste Gestalt dieser Verbindung liegt in Georg Friedrich Händels »Messiah«/»Messias« (1742) vor. Dort eröffnet die Arie »I know that my

---

[165] Wenn dieser Text gepredigt wird, schlägt die Perikopenrevision vor, auch die Verse 1-6 und 10 mit hinzuzunehmen, nicht aber für die Lesung.

[166] Vgl. auch den weiteren Predigttext aus dem Hebräerbrief Hebr 13,12-14, der das Leiden Jesu »draußen vor dem Tor« benennt und die Leserinnen und Leser des Briefes auffordert, hinauszugehen, um mitzuleiden.

Redeemer liveth« den dritten Teil – *nachdem* der Tod am Kreuz vollbracht, die Heilsgeschichte bis zum Pfingstfest erzählt und das weltbekannte triumphale »Hallelujah« erklungen ist.

> »I know that my Redeemer liveth, and that He shall stand at the latter day upon the earth. And though worms destroy this body, yet in my flesh shall I see God. For now is Christ risen from the dead, the first fruits of them that sleep.«

Die Kombination aus Hi 19,25 f. und 1 Kor 15,20 bereitet im Oratorium den Weg hin zur persönlichen Applikation der gerade eindrucksvoll besungenen Heilsgeschichte. Nun geht es im Oratorium um den einzelnen und darum, dass Sünde und Tod durch den »Messias« überwunden sind. Schon diese Verortung verhindert eine triumphalistische christliche Wahrnehmung nach dem Motto: ›Hiob kannte Christus noch nicht, daher klagte er. Wir aber, die wir wissen, wonach sich Hiob eigentlich sehnte, haben dies hinter uns gelassen.‹ Gershom Scholem hat sich über solches christliche Denken geärgert. In einem Brief an Walter Benjamin vom 1. 8. 1931 schreibt er (auf das Buch Hiob bezogen):

> »Hier ist einmal die Welt zur Sprache gebracht, in der Erlösung nicht vorweggenommen werden kann – geh hin und mach das den Gojim [Heiden] klar!«[167]

Kein zu schneller Sprung zu V. 25! Auch Christinnen und Christen leben nicht in der *perfectio messianica*, sondern sind in der *praeparatio messianica* unterwegs (mit Jüdinnen und Juden!). In dieser Hinsicht unterscheidet uns nur eines vom leidenden Hiob: Er wusste, dass sein (Er-)Löser lebt; wir wissen das auch; nur nennen wir ihn bei dem Namen Jesus Christus. Dies aber negiert weder das Leid, noch bestreitet es das menschliche Recht auf Klage. Es addiert zur Komplexität des Gottesbildes lediglich einen weiteren Aspekt, weil der Leidende kein anderer ist als das inkarnierte Gotteswort selbst; in der Theologie des Hebräerbriefs: Der Hohepriester ist der, der selbst opfert und zum Opfer wird.

Auf dem Weg zur ›hohen Passionszeit‹ lenkt Hi 19 den Blick auf das Leid und legt gleichzeitig die Spur der Hoffnung. Wie gut, dass die leidenschaftliche Bitte des Hiob, seine Rede möge aufgeschrieben werden (Hi 19,23), in Erfüllung ging!

---

[167]   Zitiert nach: Gershom Scholem, Walter Benjamin – die Geschichte einer Freundschaft, Frankfurt a. M. 1975, 213.

Zur Liedauswahl: Die Gefahr jeder Auswahl eines Predigtliedes besteht darin, die Radikalität der Hiob-Erfahrungen durch Lieder zu entkräften, die vor allem das Vertrauen zu Gott/Jesus Christus besingen. Wenn die Predigt das Leid Jesu neben dem Leid Hiobs thematisiert, eignet sich das Passionslied der Böhmischen Brüder: »Jesu Kreuz, Leiden und Pein« (EG 78). Eindrucksvoll zeichnet es Jesu Leiden nach – und deutet dessen soteriologische Dimension in eher behutsamen, keineswegs triumphalistischen Worten an.

Wenn die Predigt vor allem die Hoffnungsspur im Leid groß macht, eignet sich ggf. auch »Von Gott will ich nicht lassen« (EG 361) oder Rudolf Alexander Schröders in der Nazi-Diktatur entstandenes »Es mag sein, dass alles fällt« (EG 378). (AD)

Ostersonntag (Reihe III): Ex 14,8-14.19-23.28-30a; 15,20f.

Rettung und Untergang, Untergang und Rettung

Der Durchzug durchs Rote Meer ist ein geradezu ikonischer Text des Alten Testaments, der in unzähligen Varianten bebildert, dargestellt und verfilmt wurde. Dieser Durchzug ist Rettungs- und Wundergeschichte zugleich, mit großem imaginativen Potenzial. Das Bild der rechts und links aufragenden Wasserwände, an deren Fuß Israel durch das trockene Flussbett seiner Rettung entgegengeht, ist an Einprägsamkeit und Dramatik kaum zu überbieten. Der Weg durch die bedrohlichen Wasserfluten hindurch ist eben auch ein Weg am Tod vorbei, bis das rettende Ufer schließlich erreicht ist. Und gerade in dieser Dynamik wurde die Erzählung christlicherseits im Kontext der Passions- und Osterzeit wahrgenommen. Der Durchzug durch das Meer mit allen seinen Gefahren ist ein Sinnbild für die drei Tage von Karfreitag bis Ostersonntag.

Vergleicht man diese Wirkung mit dem alttestamentlichen Ausgangstext, fällt allerdings auf, dass von Israel und dessen Befindlichkeit in Ex 14 kaum etwas erzählt wird. Hier besteht eine doch recht markante ›Lücke‹, die in heutigen Adaptionen dieses Stoffes freilich regelmäßig gefüllt wird. Wie sah das wohl aus, als die Israeliten, Alte und Junge, mit Eselskarren durch die Furt zogen, während Mose mit erhobener Hand und ausgestrecktem Stab die Wassermassen auseinanderhielt? Im Unterschied zur eigentlichen Auszugserzählung in Exodus 12 mit ihren zahlreichen Details gibt sich die Durchzugserzählung eher spröde und überlässt die Ausschmückung der Phantasie der Leserschaft.

Sehr viel eindeutiger und detaillierter wird allerdings vom Geschick der Ägypter erzählt. Im Ergebnis mag dies eine Rettungsgeschichte Israels sein; was die Dramaturgie angeht, ist es allerdings eine Untergangsgeschichte der Ägypter. Diese jagen auf Befehl des Pharaos den Israeliten nach, stellen sie am Ufer des Roten Meeres und holen schon zum vernichtenden Schlag aus (V. 10). Dann allerdings schiebt sich die Wolkensäule zwischen sie und das Lager Israels (V. 20). Als der Weg wieder frei ist, folgen sie den Israeliten und begeben sich nun ebenfalls in die Zone zwischen den aufgestauten Wassermassen. Dann greift Gott selber ein und schickt einen »Schrecken«, der die Ägypter, einschließlich ihrer Streitwagen erfasst und lähmt. An diesem Punkt kommt es nun zu einer Wende: Die Ägypter erkennen die Überlegenheit des Gottes Israel an und brechen die Verfolgung ab: »Wir wollen fliehen vor Israel, denn JHWH kämpft für sie in Ägypten« (V. 25b, eigene Übersetzung). Diese Einsicht kommt allerdings zu spät. Gott gebietet, dass Mose (nun offenbar vom anderen Ufer aus) noch einmal seine Hand erhebt, diesmal aber nicht, um das Meer zu teilen, sondern um es wieder zu verschließen und die Streitmacht Ägyptens zu ertränken.

An dieser Stelle kann man einhaken und fragen, warum es dieser Totalvernichtung bedurfte. Ganz unzweideutig betont das Ende der Erzählung, dass nicht ein einziger Ägypter mit dem Leben davonkommt (V. 28), und erspart dem Leser auch nicht das Bild der toten Ägypter, die ans Ufer gespült werden (V. 30). Warum aber diese letzte, unversöhnliche Härte? Diesbezüglich könnte ein kleines narratives Detail von Bedeutung sein, das man leicht überliest. In V. 27 wird gesagt, dass die Ägypter, als sich das Meer zu schließen beginnt, »ihm« (Mose) entgegen fliehen. Das dürfte besagen, dass die Ägypter nicht umkehrten, sondern, wie zuvor schon Israel, auf die andere Seite gelangen wollten. Wären die Ägypter im Erfolgsfall aber noch bei ihrer Kapitulation geblieben? Hätten sie – angesichts der eigenen Rettung – Israel diesmal wirklich ziehen lassen? Die Suggestion an dieser Stelle erscheint relativ eindeutig: Der Exodus ist eine Geschichte, die keinen versöhnlichen Ausgang haben, sondern nur in Rettung auf der einen und Untergang auf der anderen Seite enden kann – *tertium non datur*! Dabei wird klar gesagt, dass es JHWH ist, der dieses doppelt eindeutige Ende erzwingt. Kehrt man zum Beginn von Ex 14 zurück, ist es JHWH, der die gesamte Schilfmeerepisode von Anfang bis Ende selbst inszeniert. Er lenkt Israel so durch die Wüste, dass der Pharao annehmen soll, das Volk habe sich verlaufen und irre herrenlos umher (V. 1–3). Das gelingt auch: Der Pharao tut genau das, was er soll, und läuft letztlich in die Falle, die Gott ihm gestellt hat.

An dieser Stelle ist (wie auch in Ex 7–12 zuvor) von der »Verstockung« oder, wörtlicher, der »Verhärtung« des Herzens Pharaos die Rede. Das hat nichts mit ›Umprogrammierung‹ zu tun oder mit einem Zwang, gegen den eigenen Willen handeln zu müssen. Im Gegenteil: Verstockung bedeutet, dass Gott einen Menschen dazu zwingt, etwas ausleben zu müssen, was ohnehin in seinem Herzen ist. Der Pharao will den Untergang Israels, daran besteht kaum ein Zweifel. Er lässt Israel ziehen (Ex 12,31), weil er muss, nicht etwa, weil er will. Und er ergreift die sich ihm scheinbar bietende Chance, am Ende doch noch Sieger zu sein und dieses Israel in der Wüste auszulöschen. Dass er nur noch diesem Antrieb folgen kann, ist das Ergebnis eines verhärteten Herzens. Etwas moderner formuliert: Verstockung bewirkt, dass Menschen, gerade in ihren negativen Eigenschaften, vollkommen ›authentisch‹ sein müssen.

Was aber bedeutet all dies nun für die Wahrnehmung von Ex 14 als Ostergeschichte? Wie eingangs schon erwähnt, konzentriert sich die christliche Aneignung dieser Geschichte in der Regel auf das Motiv der Rettung. Der Anlass dafür und das Schicksal Ägyptens treten in den Hintergrund. Die Ostergemeinde sieht sich an der Stelle des biblischen Israel: von allen Seiten mit dem Tod bedroht und trotzdem ans rettende Ufer geführt. Könnte man die Geschichte aus heutiger Sicht umschreiben, würde man vielleicht sogar die Ägypter mit dem Leben davonkommen lassen, wenn auch bevorzugt auf der Israel gegenüberliegenden Seite des Roten Meeres. Die im Kontext der eigentlichen Exoduserzählung zwingende Konsequenz, dass Ägypten geschlagen wird, ist für Ex 14 als Ostertext nicht in gleicher Weise wesentlich.

Trotzdem bleibt die Frage, ob auch der Untergang Ägyptens einen Ort in der Ostergeschichte haben kann. Das wäre dann problematisch, wenn man sich fragte, wer eigentlich die Ägypter heute sind, wenn ›wir‹ doch die Rolle des geretteten Israel für uns in Anspruch nehmen. Aber wer sagt eigentlich, dass dieses Rollenarrangement überhaupt so stimmt? Ist es nicht gerade die Passions- und Osterzeit, die heutige Leser dazu anleitet, sich sowohl mit Israel *als auch mit Ägypten* zu identifizieren? Die Passionsgeschichte ist ihrerseits eine Verstockungsgeschichte, indem sie am Schicksal Jesu verdeutlicht, wie Menschen – die Römer, die jüdischen Autoritäten und auch das ganze Volk – irgendwann nicht mehr von ihrem einmal eingeschlagenen Weg abkommen, mit dem Unterschied allerdings, dass deren Verstockung nicht mit dem eigenen Tod, sondern dem eines anderen endet.

Im Roten Meer liegen Tod und Rettung nahe beieinander. Von Ostern her bedacht, liegt es nahe, diese beiden Schicksale nicht auf zwei Subjekte zu beziehen, sondern auf eines. Im Roten Meer stirbt tatsächlich etwas – muss etwas sterben –, nämlich die verstockte menschliche Existenz, die nicht anders kann als das Böse zu wollen. Die Hoffnung ist allerdings, dass dieselbe Existenz noch zu einer anderen Bestimmung fähig ist, die auf der anderen Seite des Roten Meeres wieder nach oben steigt und einen neuen Weg vor sich hat. (AS)

»Es war ein wunderlich Krieg ...« (EG 101,4) oder: Ostern ist nicht harmlos

Die Erzählung von Israels Durchzug durch das Schilfmeer aus Ex 14 (mit dem Siegeslied der Miriam aus Ex 15) ist eine der alttestamentlichen Lesungen in der Osternacht und hat dort ihren traditionellen Ort. Das Exsultet, das Osterlob der Kirche, dessen Ursprung auf das frühe Mittelalter zurückgeht, verbindet die Nacht des Auszugs aus Ägypten mit der Nacht der Auferstehung und der Nacht, in der die Glaubenden jetzt feiern:

> Dies ist die Nacht,
> in der du einst unsere Väter, die Söhne Israels,
> aus Ägypten herausgeführt
> und trockenen Fußes durch die Fluten des Roten Meeres geführt hast.

> Haec nox est,
> in qua primum patres nostros, filios Israel,
> eductos de Aegypto,
> Mare Rubrum sicco vestigio transire fecisti.

Da die Osternacht in den vergangenen Jahrzehnten im evangelischen Kontext immer größere Bedeutung erlangte, wurde sicher auch Ex 14 f. häufiger in evangelischen Ostergottesdiensten gelesen. Allerdings dürfte die Auszugserzählung bisher kaum gepredigt worden sein, da in der liturgischen Feier der Osternacht nicht unbedingt gepredigt werden muss und der Text zudem nicht zu den Predigttexten der Osternacht gehört.

Ostern ist mit dem Passafest verbunden, dem Gedenken an Gottes Befreiung aus Ägypten. Das gilt, wie die Terminangaben der Synoptiker einerseits, des Johannesevangeliums andererseits zeigen, terminlich,[168] aber selbstverständlich auch inhaltlich. An Ostern geht es um Befreiung und Rettung aus Sünde, Hölle und Tod: »Er hat zerstört der Höllen Pfort, / die Seinen all herausgeführt / und uns erlöst vom ewgen Tod« (EG 100,3).

---

[168] In der Alten Kirche wurde intensiv über den Ostertermin gestritten. Die sogenannten Quartodezimaner (von dem lateinischen Wort für »vierzehn«) feierten Ostern parallel mit dem jüdischen Passafest am 14. Nisan, während andere auf jeden Fall an einem Sonntag Ostern feiern wollten. Eine Regelung der Osterdatierung traf das Konzil von Nicäa 325 – und entschied gegen die Quartodezimaner für ein Osterfest am ersten Sonntag nach dem ersten Vollmond nach dem Frühlingsäquinoktium (21. März).

Problematisch wird die Verbindung von Ostern und Passa freilich dann, wenn sie als typologische Überbietung Gestalt gewinnt. Eines der frühesten Beispiele dafür bietet die Osterfestpredigt des Melito von Sardes: Im Alten Testament zeige sich lediglich das Modell (der Typos), in Christus gehe es dann um das Eigentliche, wodurch das bisherige Modell abgelöst werde.[169] Anstatt eine Kontinuität des Handelns Gottes zu sehen (an seinem Volk Israel sowie in und durch Jesus Christus) wird in dieser Hermeneutik ein heilsgeschichtliches Nacheinander postuliert, in dem das Neue das Alte entwertet. Demgegenüber geht es darum, Ostern in die Kontinuität des Handelns Gottes einzuzeichnen: »Dies ist die Nacht …« – wie an den Vätern in Ägypten, handelte Gott an Jesus Christus!

Problematisch ist freilich ein anderer Aspekt von Ex 14f.: der Tod der Ägypter! Sie werden von Gott planvoll in ihren eigenen Untergang geführt und in den Fluten begraben. Es ist richtig, wenn Tobias Götting darauf hinweist, dass es an Ostern anders ist: »Ostern stirbt nur einer: der Tod.«[170] Allerdings erscheint es mir wichtig, dass diese Wahrnehmung von Ostern im Klangraum von Ex 14f. nicht dazu führt, ein gewalttätiges Handeln Gottes im Alten Testament und ein vermeintlich friedlich-gewaltloses Handeln im Neuen Testament gegeneinander auszuspielen. Ostern ist nicht harmlos! Ostern kann nur erzählt werden vor dem Hintergrund des Todes Jesu am Kreuz, und Ostern bedeutet Gottes *Kampf* und Seinen Sieg (vgl. auch Ex 15,3, wo Gott als der rechte »Kriegsmann« bezeichnet wird):

> »Es war ein wunderlich Krieg,
> da Tod und Leben 'rungen;
> das Leben behielt den Sieg,
> es hat den Tod verschlungen.
> Die Schrift hat verkündet das,
> wie ein Tod den andern fraß,
> ein Spott aus dem Tod ist worden.
> Halleluja« (EG 101,4; Martin Luther).

Vielleicht kann Ex 14f. als Predigttext dazu verhelfen, die Harmlosigkeit einer Osterinterpretation zu überwinden, die aus Ostern ein sanftes Aufer-

---

[169] Vgl. MELITON VON SARDES, Vom Passa. Die älteste christliche Osterpredigt, übs., eingeleitet und kommentiert von JOSEF BLANK, Sophia 3, Freiburg i. Br. 1963.
[170] TOBIAS GÖTTING, Ex 14,1-31; 15,20f. »… und wenn's auch wär' der Tod«, greifbar unter: http://www.stichwortp.de/index.php?state=stichworte&action=predigttopdf&predigtID=50 [Zugriff vom 12.05.2018].

stehen des Gottessohnes aus dem Grab macht, das einem Aufstehen am Morgen und dem Wachsen der Blätter im Frühling gleicht. Die schreckliche Realität des Todes in dieser Welt steht Menschen vor Augen – und es lohnt sich, davon zu erzählen, wie Gott selbst dagegen kämpft, und als Prediger staunend darauf zu verweisen, dass der Sieg (trotz aller sichtbarer Macht des Todes in dieser Welt) errungen *ist*. Diese Botschaft ist wenig eingängig, vielleicht sogar beängstigend und verstörend. Am Ostersonntag wird Mk 16,1–8 gelesen – das Osterevangelium, das mit den Worten endet: »… denn sie fürchteten sich.« Schon früh hatten Leser dieses Evangeliums das Gefühl, so nicht enden zu wollen. Der sogenannte sekundäre Markusschluss ist die bis heute sichtbare Folge einer Unfähigkeit, ein Ende mit Furcht und Schrecken stehen lassen zu wollen. Ex 14f. als Predigttext könnte helfen, wieder vom Kampf zu erzählen, der zu Ostern gehört.

Zu beachten ist dabei freilich, dass die Frage, warum in Gottes Befreiungshandeln Menschen zu Tode kommen, nicht ausgeklammert werden darf. Es wäre in der Tat schön, wenn Gott den Ägyptern eine Lektion erteilt, ihnen dann aber die Möglichkeit gegeben hätte, wieder friedlich in ihre Heimat zurückzukehren. In der jüdischen Tradition wird erzählt, dass die Engel ein Freudenlied anstimmen wollten, als sie sahen, dass Israel gerettet und die Ägypter vernichtet wurden. Gott aber schreitet ein und bringt die Engel zum Schweigen: »Wie wagt ihr es, aus Freude zu singen, wenn meine Geschöpfe sterben?«[171] Freilich bleibt dann die Frage, warum Gott nicht auch einschritt, als Mose und die Israeliten und anschließend auch Miriam ihr Loblied anstimmten. Vielleicht macht Gott ganz bewusst einen Unterschied zwischen denen, die gerade der Lebensbedrohung entronnen sind, und den Engeln, die aus einer sicheren Distanz einem Kampf auf Leben und Tod zusahen.[172]

In der rabbinischen Tradition begegnet übrigens sogar eine Version der Geschichte, in der der Pharao *nicht* umkommt, sondern zurückkehrt und schließlich König von Ninive wurde. So erklärt der Midrasch, dass dieser sofort, als Jona der Prophet zu ihm kam, eine umfassende Buße ausrief, um sein Volk zu retten.[173]

---

[171]   bMeg 10b und bSanh 39b [eigene Übersetzung].

[172]   Die Ambivalenz angesichts der Vernichtung der Feinde wird u. a. auch im Buch der Sprüche sichtbar. Dort heißt es einerseits: »… wenn die Gottlosen umkommen, wird man froh« (Spr 11,10). Andererseits heißt es in Spr 24,17: »Freue dich nicht über den Fall deines Feindes …«.

[173]   Vgl. Pirke de Rabbi Elieser zu Ex 14,28.

Die Ambivalenz von Rettung und Zerstörung gehört zu Ostern (in dieser Hinsicht wäre es durchaus möglich, in Ex 14 auch die Verse 30b.31 noch mit zur Lesung hinzuzunehmen!). Der Sieg ist errungen, aber noch leben wir in der Zeit des Kampfes gegen den Tod. Der besiegte Feind macht noch immer Angst und verbreitet Schrecken – und eine Osterpredigt, die das ernst nimmt, kommt der Realität näher als eine, die um diese Realität einen Bogen macht.

Liedvorschläge: Der Auszug aus Ägypten wird in Gesangbuchliedern leider nicht allzu oft besungen. Eine Ausnahme bietet z. B. EG 279 (Jauchzt, alle Lande, Gott zu Ehren; vgl. hier bes. V. 3–4). EG 369 (Wer nur den lieben Gott lässt walten) lobt Gott, den »rechte[n] Wundermann, der bald erhöhn, bald stürzen kann« (V. 6). (AD)

Ostermontag/Osterwoche (Reihe IV): Jona 2,(1-2)3-10(11)

Ein Fisch als Rettungskapsel

Da das Jonabuch als fortlaufender Predigttext für die ersten drei Sonntage nach Trinitatis ausführlicher zur Sprache kommt, genügt hier ein kurzer Blick eigens auf den Psalm aus dem Bauch des Fisches. Ob die Jona*geschichte* zur Zeit ihrer Entstehung mit diesem Psalm erzählt wurde, ist eher fraglich. Im Jona*buch*, als planvolle literarische Komposition, bildet er allerdings die Mitte und den eigentlichen Wendepunkt. Aus dem renitenten Propheten, der vor Gottes Auftrag davonläuft, wird ein Eiferer für Gott, der am Ende sogar enttäuscht ist, dass Gott nicht das tut, was er durch Jona angedroht hatte. Die Wende im Erzählgeschehen wird eigens durch die Dynamik des Psalms unterlegt, der durch einen Umschwung von der Schilderung der Not (V. 3b-7a) zum Lobpreis (V. 7b-10) charakterisiert ist.

Seiner Form (oder Gattung) nach ist dieser Psalm ein Dankgebet des Einzelnen. Das wirkt anachronistisch, weil eigentlich ein Klagelied angesichts der Situation die naheliegende Wahl gewesen wäre. Gleichwohl kann Jona hier, am Tiefpunkt angekommen, bereits sagen: »Ich rief zu dem Herrn in meiner Angst, und er antwortete mir« (V. 2b). Der Rückblick auf die vergangene Not zeigt zwei Besonderheiten gegenüber dem ›Standardformular‹ eines solchen Psalms. Normalerweise (wie in Psalm 16[174]) ist die Klage dreigliedrig. Sie richtet sich auf den Betenden selbst (Ich-Klage), auf Gott (Gott-Klage) und auf die Umwelt (Feind-Klage). In Jona 2 wird die Klage demgegenüber ganz auf Gott und den Beter konzentriert. Es ist Gott selbst und niemand anderes, der den Beter von sich gestoßen hat. Das wird durch den Abstand zwischen dem Tempel (V. 5) als Ort des Lichts und der Gegenwart Gottes und den Tiefen des Meeres (V. 6) als Ort von Dunkelheit und Gottesferne verdeutlicht. Weiterhin fällt auf, dass die Schilderung der Bedrängnis ausschließlich über die Wassersymbolik erfolgt. Häufig wird diese gepaart mit der komplementären Vorstellung von Trockenheit und Wüste oder auch undurchdringlichem Dickicht, in dem wilde Tiere lauern.

Diese offenbar ganz bewusste Reduktion der Notschilderung deutet darauf

---

[174] Ein neuer alttestamentlicher Perikopentext für den 16. Sonntag nach Trinitatis.

hin, dass hier nicht ein schon existierender Psalm sekundär in das Jonabuch eingesetzt, sondern dieses Danklied für seinen jetzigen literarischen Ort geschaffen wurde. Der Beter ist also in der Tat kein anderer als Jona selbst. Das Danklied erzählt seine Geschichte weiter und stellt sie ganz unter das Vorzeichen von Rettung. Aus dem Bauch des Fisches dringt kein Klagelied, wie man hätte vermuten können, zumal ein Fisch von den Ausmaßen eines ›Menschenfressers‹ damals eher zu den Seeungeheuern gezählt wurde, die zu den ungeschaffenen Chaosmächten gehörten. Der »große Fisch«, den Gott »zuteilt« (V. 1), ist dagegen eine ›Rettungskapsel‹, die Jona vor den lebensfeindlichen Elementen um ihn herum schützt. Insofern ist es folgerichtig, dass Jona, anders etwa als in Ps 130, nicht (mehr) »aus tiefer Not«, sondern (schon) aus tiefer Dankbarkeit zu Gott ruft. Der dunkle Ort ist ein Ort der Rettung, auch wenn dies vordergründig gar nicht so aussehen mag.

Diese eigentümliche und in gewisser Weise überraschende Verschiebung von der eigentlich zu erwartenden Klage hin zum Dank dürfte ein wesentlicher Grund dafür sein, dass Jona 2 zu einer Deutefolie des Todes Jesu werden konnte. Die drei Tage von Karfreitag bis Ostersonntag sind, von Jona 2 her gelesen (vgl. Mt 12,40), weniger eine Zeit der Gottverlassenheit und Gottferne, sondern der – noch verborgenen – Rettung aus dem Tod. (AS)

Ostern gemäss der Schrift

Der Jona-Psalm hat seinen liturgischen Ort am Karsamstag. Dort war er schon in der bisherigen Perikopenordnung, dort findet er sich auch weiterhin. In Reihe I wäre er Predigttext – *wäre*: denn dass am Karsamstag irgendwo ein Gottesdienst mit Predigt gefeiert wird, ist äußerst unwahrscheinlich und wäre liturgisch nur mäßig sinnvoll: Der Karsamstag ist der Tag der Grabesruhe Jesu, ein stiller Tag des ›Dazwischen‹: nicht mehr Karfreitag, noch nicht Ostern. Schade ist es dennoch, dass die Karsamstagsstimmung ›auf der Schwelle zum Jubel‹ nicht zur Grundlage der Predigt wird. Der Jona-Psalm allerdings erhält nun seine homiletische Chance am Ostermontag.[175]

Neben den sechs Psalmen aus dem Psalter, die durch die Perikopenrevision neu zu Predigttexten wurden,[176] sowie dem Hiskia-Psalm (Jes 38; 19.

---

[175]   Ausdrücklich ist in der Rubrik zu den Proprien von Ostersonntag und Ostermontag vermerkt, dass diese auch untereinander getauscht werden können, so dass Jona 2 vielleicht auch am Ostersonntag zur Sprache kommt.

Sonntag nach Trinitatis), wird mit Jona 2 ein weiterer Psalm zum Predigttext. Das Ziel einer Predigt müsste es sein, die Erfahrungen, die sich in den Worten des Psalms ausdrücken, für die Hörerinnen und Hörer zu eröffnen und ein Mitsprechen zu ermöglichen: Die Predigt zu Jona 2 könnte in das gemeinsame Gebet des Psalms münden.

Evangelium im Ostermontagsproprium ist die Geschichte von den Emmausjüngern (Lk 24,13-35). In ihr wird der unerkannte Auferstandene zum Wegbegleiter der trauernd-verzweifelten Jünger. Er fragt:»Musste nicht der Christus dies erleiden und in seine Herrlichkeit eingehen? Und er fing an bei Mose und allen Propheten und legte ihnen aus, was in allen Schriften von ihm gesagt war« (V. 26f.). Die hermeneutische Richtung, die sich in dieser Erzählung andeutet, ist entscheidend: Es ist das Christusgeschehen, das zu einer Relektüre der Schriften herausfordert. Nur durch die Schriften ist es überhaupt möglich zu erahnen (›verstehen‹ wäre hier zu viel gesagt!), was es mit dem Leben, Leiden, Sterben und Auferstehen Jesu als des Christus/Messias auf sich hat. Nicht umgekehrt: Es ist nicht so, dass die Schriften des Alten Testaments linear auf Jesus hinlaufen und ›eigentlich‹ Jesus meinen würden. Sie lassen sich in ihrer Bedeutung nicht auf das Christusgeschehen verengen; aber das Christusgeschehen erfährt Bedeutung im Klangraum dieser Schriften. Lk 24,26f. könnte ein narrativer Ankerpunkt sein, um von Ostern her mit der Gemeinde in die »Schriften« zu blicken.»Hilfe ist bei dem HERRN« (Jona 2,10), der das »Leben aus dem Verderben« führt (V. 7). Diese Erfahrung ist Ostererfahrung.

Auch Paulus kann nur im Rückgriff auf die Schriften sagen, was Ostern ›meint‹:»Gott aber sei Dank, der uns den Sieg gibt durch unseren Herrn Jesus Christus« (1Kor 15,57; aus der Epistel 1Kor 15,50-58, die wiederum auf Jes 25,6-9 verweist – die alttestamentliche Lesung am Ostermontag).

Liedvorschläge: Von den Osterliedern erscheint besonders EG 108 (Mit Freuden zart zu dieser Fahrt) geeignet. Von EG 111 könnten gut die Strophen 11-15 gesungen werden, die die Wende von der Angst (vgl. V. 11), von »Kreuz, Trübsal oder Pein« (vgl. V. 12) zur Freude besingen. Aber auch EG 326 (Sei Lob und Ehr dem höchsten Gut; vgl. vor allem: V. 4.6, wo das Motiv der göttlichen Hilfe groß wird) oder EG 371 (Gib dich zufrieden und sei stille; vgl. bes. V. 10) könnten als Predigtlieder geeignet sein. (AD)

---

[176]   Ps 24 (1. Advent); Ps 51 (Aschermittwoch); Ps 16 (16. So. n. Trinitatis); Ps 85 (Drittletzter Sonntag im Kirchenjahr); Ps 126 (Ewigkeitssonntag); Ps 90 (Totensonntag).

I. Sonntag nach Ostern: Quasimodogeniti (Reihe V): Gen 32,23–32

Aus Jakob wird Israel – aus Israel wird Jakob

Die Geschichte von Jakobs Kampf mit dem Engel, die ›Jabbokerzählung‹, gehört zu den allgemein bekannteren und häufig bebilderten Geschichten der Bibel. Der Gedanke an einen Kampf mit dem Engel Gottes und damit in gewisser Weise mit Gott selbst, fasziniert und lädt zur Identifikation mit dem eigenen Lebensweg ein. Schaut man auf die Erzählungen des Buches Genesis, gehört Gen 32,23–32 zum Motivkreis der unerwarteten Gottesbegegnung. Dazu zählt u. a. auch die Rettung Hagars durch einen Engel in der Wüste (Gen 16; 21) oder der Besuch der drei Männer im Hain von Mamre (Gen 18). So unterschiedlich die Umstände und Auswirkungen jeweils auch sein mögen, in allen Fällen ereignet sich die Begegnung mit Gott unvermittelt und unvorhersehbar.

So erratisch diese Begegnungen sind, so wenig sind sie doch zufällig, sondern ereignen sich in Krisenmomenten der Lebensgeschichten, von denen die Genesis erzählt. Im Falle von Hagar (Gen 16,1–16 – ein weiterer neuer Perikopentext) geschieht die Rettung durch den Engel dort, wo sich menschliche Beziehungsgeflechte zerrüttet haben und lebensbedrohlich geworden sind. In Gen 32 steht die Krise im Zeichen des Bruderkonflikts zwischen Jakob und seinem älteren Zwillingsbruder Esau.

Dazu lohnt es, sich in Erinnerung zu rufen, dass Jakob – der Vater der zwölf Stämme Israels – jemand ist, der es sich mit so ziemlich allen seinen männlichen Verwandten gründlich verscherzt. Zuerst mit seinem Bruder Esau, dem er den Erstgeburtssegen abnimmt (Gen 35). Daraufhin flieht er zu seinem Onkel Laban, vor dem er ebenfalls in einer Nacht-und-Nebel-Aktion flieht – direkt in die Arme Esaus. Jakob wird als Getriebener dargestellt, dessen wirtschaftlicher Erfolg (immerhin kommt er von Laban als gemachter Mann zurück) beständig mit zerrütteten Familienverhältnissen einhergeht. Das gilt auch für den zweiten Teil der Jakobserzählungen und die Josefsgeschichte (Gen 33–50), wo sich Jakob als Vater erweist, der weder seine Tochter Dina schützen noch das Vergeltungsbedürfnis seiner Söhne unter Kontrolle bringen kann.

In Gen 32,1–22 bereitet sich Jakob auf die unvermeidliche Konfrontation mit Esau vor. Und einmal mehr beweist er dabei mehr strategisches Geschick als menschliche Größe. Er teilt seinen Besitz an Sklaven und Vieh in mehrere Lager auf (Gen 32,1-16), die er Esau als ›Puffer‹ entgegenziehen lässt. Er selbst bleibt zurück und eröffnet sich so einen Fluchtraum für den Fall, dass Esau sich nicht mit den ihm zugedachten ›Geschenken‹ abspeisen lassen würde. Schließlich schickt er seine Frauen und Kinder über den Jabbok und bleibt allein in letzter Linie zurück (Gen 32,22-24a). Insofern entbehrt es nicht einer gewissen Ironie, dass Jakob genau in dem Moment, in dem er sich sicher fühlt, von dem Engel attackiert wird (V. 32b). Gleichwohl vollzieht sich in diesem Kampf eine Wende. Irgendetwas geschieht mit Jakob, denn danach finden wir ihn auf einmal in vorderster Reihe als denjenigen, der seinem Bruder Esau entgegengeht. So wie es sein sollte, ist er nun derjenige, der sich schützend vor seine Familie und seine Besitztümer stellt (Gen 33,1-3).

Die Kernszene der Erzählung, der Dreh- und Angelpunkt, ist der Kampf mit dem ›Engel‹, dessen Identität nie ganz enthüllt wird. Zunächst wird er nur als »Mann« bezeichnet, der mit Jakob »ringt« (V. 25). Das hebräische Verb *'abaq* ist selten und in der Bedeutung eines physischen Vorgangs kommt es auch nur hier (und in V. 26) vor. Es hat eine lautliche Verwandtschaft mit *dabaq* »an etwas hängen, festkleben«. Man hat sich hier also keinen Kampf mit Waffen vorzustellen, sondern tatsächlich einen Ringkampf, bei dem Jakob und sein mysteriöser Gegner ineinander verschlungen sind. Weitere Details des Kampfes, der immerhin eine ganze Nacht lang zu dauern scheint, fehlen. Die Erzählung konzentriert sich ganz auf dessen Ende. Der mysteriöse Angreifer ahnt, dass der Morgen naht – allem Anschein nach ist er ein Wesen, das das Tageslicht meiden muss. An dieser Stelle kann man erkennen, dass die Jabbokerzählung auf eine Volkslegende zurückgeht, die möglicherweise von einem Wüsten- oder Flussdämon handelte, der Durchreisenden auflauerte. Aber dieses Motiv tritt weitgehend in den Hintergrund, denn in ihrer uns überlieferten Form will diese Erzählung darauf hinaus, dass Jakob mit Gott selbst ringt. Wie so häufig in den Genesiserzählungen zeigt sich Gott ›indirekt‹ (vgl. Gen 18f.), wenngleich die Leserschaft ahnt, dass die menschlichen oder angelischen Gestalten nur Medium und Maske sind. Die Jabbokerzählung geht über dieses übliche Schema allerdings einen Schritt hinaus, weil nirgends sonst im Alten Testament suggeriert wird, dass ein Mensch jemals physisch mit Gott gerungen hätte. Die Namensätiologie lässt keinen Zweifel daran aufkommen, dass es kein Geringerer als Gott selbst war, mit dem es Jakob zu tun hatte (V. 31). Und Jakob gewinnt diesen Kampf – zumindest beinahe. Der Angreifer verletzt ihn am Hüftgelenk und kann sich ihm nur durch dieses (unfaire?) Manöver entwinden.

Warum aber wird diese Begebenheit erzählt? Oder besser: Warum wird eine folkloristische Erzählung theologisch ganz beträchtlich ausgeweitet? Die eher ›technische‹ Antwort liegt in der Namensänderung: Jakob erhält einen neuen Namen, nämlich Israel, wenngleich dieser (anders als bei Abram/Abraham und Sarai/Sara) nicht gegen den alten ausgetauscht, sondern ›abwechselnd‹ mit Jakob verwendet wird. Die Namensänderung ist Teil eines Identitätswechsels, der sich einstellt, indem die Erzeltern zu Verheißungsträgern werden. Im Fall Jakobs ist der neue Name aber nicht nur ein veränderter Personenname: Jakob wird Israel, was im Umkehrschluss bedeutet, dass das Volk Israel in der Geschichte Jakobs ein Spiegelbild findet. Gerade das macht den im Kampf mit Gott errungenen Segen zum zentralen Thema dieser Erzählung.

Das Motiv des Ringens war schon einmal in der Geburtsgeschichte Jakobs und Esaus angeklungen (Gen 25,22–25). Im Mutterleib hält Jakob seinen Bruder an der Ferse fest, und auch dort wird dieses Ringen mit einer Namensätiologie verknüpft (›Jakob‹ klingt ähnlich wie das hebräische Wort für Ferse, 'aqeb). In der Jabbokerzählung kehrt dieses Motiv wieder. Diesmal geht es allerdings nicht um eine Bruderrivalität, sondern, sehr viel existenzieller, um Segen und Überleben. Bis zu diesem Zeitpunkt der Erzelternerzählungen war schon oft vom verheißenen Segen die Rede, aber nicht von einer tatsächlichen Segnung. Freilich ist die Nachkommenschaft Abrahams, Isaaks und Jakobs Zeichen von Segen, eine wirkliche Erfüllungsaussage fehlt dagegen. Diese erfolgt schließlich in Gen 35,9 und bildet dort den Höhepunkt und Abschluss der Erzelternerzählungen: Gott erscheint dem Jakob, segnet ihn und verleiht ihm seinen neuen Namen: Israel. All das geschieht völlig konfliktfrei. Die Jabbokerzählung zieht diesen Moment wiederholend vor und gibt ihm eine ganz eigene dramatische Geschichte. Jakob will seinen Gegner nur gehen lassen, wenn dieser ihn segnet. Die Tatsache, dass Jakob loslässt, suggeriert, dass er den Segen auch empfangen hat, ohne dass dies eigens gesagt wird. Insofern unterläuft Gen 32,27 die Erfüllungsaussage von 35,9 nicht, gibt ihr aber eine besondere Färbung: Den Gottessegen gibt es nicht ohne das Ringen, ohne den Gotteskampf. In Gestalt seines Vorvaters charakterisiert sich Israel als das Volk, das nicht von seinem Gott ablässt, bis es von ihm einen Segen erhalten hat – »ich lasse dich nicht, du segnest mich denn« (V. 27). Darin schwingt die Erfahrung mit, dass sich dieser Segen nicht ›einfach so‹ einstellt, sondern ein Stück weit erlitten werden muss. Das mag darauf hindeuten, dass die Jabbokgeschichte ein erfahrungsgesättigter Text ist, der auf die schmerzhaften Einschnitte der Geschichte Israels zurückblickt, wie den Untergang des Nordreiches (722 v. Chr.) und die Zerstörung Jerusalems und des

Tempels (586 v. Chr.). Auf diese Weise verknüpft sich Gen 32,23-32 auch mit der ›Bindung Isaaks‹ (Gen 22,1-19) oder dem Anschlag Gottes auf Mose (Ex 4,24-26) – Erzählungen, die je auf ihre Weise das Überleben mit dem gefährdeten und errungenen Segen in Verbindung bringen. (AS)

»… zu Gott verrenkt / wie du«[177]

Wie bei einer Geburt: hinaus aus dem Dunkel ans Licht! – »Wie die neugeborenen Kinder«, so bestimmt die Antiphon des Psalms dieses Sonntags die Existenz der Christenmenschen eine Woche nach Ostern: Quasimodogeniti (in Aufnahme von 1 Petr 2,2). Der Sonntag eine Woche nach Ostern wird auch »Weißer Sonntag« genannt, weil traditionell die an Ostern neu Getauften ihre weißen Taufkleider in diesem Gottesdienst ablegten. Der Weg der Getauften geht weiter, wird alltäglich. Quasimodogeniti ist ein Sonntag des Übergangs am Ende der Osteroktav.

Gen 32,23-32 ist eine Übergangsgeschichte; sie spielt in der Nacht vor dem Wiedereintritt des geflohenen Betrügers Jakob in seinen alten familiären Kontext, unmittelbar vor dem Wiedersehen mit seinem Bruder Esau (vgl. Gen 33,1). In der Nacht des Kampfes wird Jakob gesegnet und in seiner Identität neu bestimmt: »Israel« soll er von nun an heißen.

Es verwundert nicht, dass der Kampf Jakobs am Jabbok, der bisher in der Perikopenordnung nur als Marginaltext am 17. Sonntag nach Trinitatis begegnete, eine immense Wirkungsgeschichte aus sich herausgesetzt hat. Menschen fanden und finden sich im Motiv des nächtlichen Kampfes wieder. Schon allein die Erfahrung nächtlichen Wachseins ist eine Menschheitserfahrung: »Liegt man nachts wach, so ist das gar kein Wachsein, sondern zähes, verzehrendes Schleichen an Ort und Stelle. Man merkt dann, wie ungemütlich es mit nichts als mit sich selber ist«, schreibt Ernst Bloch.[178] Gen 32 wurde vielfältig psychologisch gedeutet,[179] und zahlreiche Künstlerinnen

---

[177] Nelly Sachs, Jakob, in: dies., Fahrt ins Staublose, Frankfurt a. M. 1988, 90 f. (zuerst erschienen 1949).

[178] Ernst Bloch, Spuren (Werkausgabe Bd. 1), Berlin [10]2015, 11.

[179] Carl Gustav Jung (1875-1961) sprach in seiner Psychologie vom »Schatten«, der jeden Menschen begleitet und in dem sich ungelebte Möglichkeiten, heimliche Wünsche oder Ängste, Triebe und Träume verbinden. Neurosen entstünden, wenn Menschen diesen Schatten permanent verdrängen oder vor ihm fliehen. Es gehe vielmehr darum, dem Schat-

und Künstler haben sich auf die Spur des nächtlichen Kampfes begeben. Besonders intensiv etwa der katholische Priester und Maler Herbert Falken, der in der Nacht vom 23. auf den 24. Juli 1983 einen Bilderzyklus schuf, der bis heute im großen Hörsaal des Fachbereichs Theologie in Erlangen zu sehen ist. Für Falken ist klar, »daß es zunächst einmal ganz schwarz werden muß, bevor man das Licht sehen kann«.[180] Dabei geht es für ihn um eine psychologische, aber gleichzeitig auch um eine religiöse Erfahrung. Man dürfe auch in der Kirche nicht zu schnell die Lösungen parat haben, sondern müsse die Wege des Kampfes, die zum Glauben gehören, wahrnehmen und würdigen. »Die Kirche hat die Auferstehung nicht wie einen deus ex machina in der Tasche …«[181]

Gen 32 verbindet zwei Dimensionen, die zusammengehalten werden müssen, wenn der Glaube nicht banal werden soll: die unheimliche, finstere *und* die bewahrende, segnende Macht Gottes. Es gab immer wieder Fluchtbewegungen in der Geschichte der Auslegung, die diese Ambiguität vereindeutigend auflösen wollten. Dazu konnte eine historisch-kritische Lektüre beitragen, die das Bedrohlich-Befremdliche auf eine vorisraelitische Erzählfassung vom Angriff eines Flussdämons abschob, die dann im Kontext des Glaubens Israels angeeignet und transformiert wurde. Dazu konnte der Versuch beitragen, den Angreifer nicht als Gott selbst zu deuten, sondern ›lediglich‹ als einen »Engel« (vgl. bereits Hos 12,5). Dazu konnten und können aber auch Lesarten führen, die zu schnell bei der aufgehenden Sonne und dem Segen landen. Der Reiz der Geschichte aber, ihre Attraktivität durch die Jahrhunderte liegt zweifellos in ihrer Ambiguität. Gott selbst greift an, und Gott selbst segnet. Rational geht das nicht zusammen. Aber in der Erfahrung von Glaubenden ist beides verbunden – man denke nur an die Gotteserfahrungen des Hiob[182] oder an das Leiden und Im-Glauben-Getragen-Werden, von dem Paulus im Blick auf sein Leben spricht (vgl. nur 2Kor 11,16–12,10). Menschen tragen

---

ten ›ins Auge‹ zu sehen, mit ihm zu kämpfen, um so eine Ich-Integration zu erreichen, die freilich (vgl. den *hinkenden* Jakob) keine heile Ganzheit bedeuten kann, sondern ein Leben mit Verwundungen und Narben. – Es liegt auf der Hand, dass sich diese Psychologie ganz unmittelbar mit dem Bildrepertoire von Gen 32 verbinden kann. Dabei wird häufig die Flucht vor dem Bruder Esau als entscheidendes Problem Jakobs gesehen. Nun aber flieht Jakob nicht mehr länger, sondern stellt sich dem Schatten in der Furt am Jabbok – und wird so frei für die Begegnung mit Esau.

[180] Herbert Falken, Jakobskampf, Erlangen 1987, 47.

[181] Ebd.

[182] Vgl. dazu die Auslegungen zu den neuen Hiob-Texten in diesem Band.

Spuren der Kämpfe mit Gott – und sind auch in dieser Hinsicht Gesegnete und Gezeichnete (vgl. die Doppelbedeutung von *signare*, dem lateinischen Ursprungswort des deutschen Wortes *segnen!*). Es wäre ein fataler Fehler, wenn man in einer christlichen Deutung von Gen 32 meinen würde, hier sei eben eine ›alttestamentliche‹ Gotteserfahrung dargestellt, die nun neutestamentlich ›in Christus‹ vereindeutigt würde. Eine solche Theologie würde den Gottes-, den Lebens- und den Glaubenswirklichkeiten nicht standhalten.

Wenn aber die beiden Dimensionen verbunden bleiben, ist Gen 32 anschlussfähig an die Nacht-Erfahrung von Menschen (gerade auch: von Menschen ›im Glauben‹) *und* entfaltet sein Hoffnungspotenzial. Auf bewegende Weise geschieht dies etwa in dem Gedicht »Jakob« von Nelly Sachs (1891–1970). Die jüdische Dichterin verbindet Jakob/Israel mit dem Geschick ihres Volkes und spricht in der ersten Person Plural: »[…] o die Wunde zwischen Nacht und Tag / die unser Wohnort ist!« Das metaphorisch gefüllte und viele Deutungen eröffnende Gedicht endet mit der Strophe:

»Seliger für uns,
die in Vergessenheit Verkauften,
ächzend im Treibeis
von Tod und Auferstehung
und vom schweren Engel über uns
zu Gott verrenkt
wie du!«[183]

Am Sonntag Quasimodogeniti begegnet Jakob, der nächtliche Gotteskämpfer, gemeinsam mit Thomas. Das Leseevangelium dieses Tages (Joh 20,19f. [21–23]24–29) spielt genau eine Woche nach Ostern (V. 26), hat aber eine einwöchige Vorgeschichte. Thomas kann nicht glauben, was die anderen Jünger ihm erzählen. Er will den Auferstandenen sehen und berühren. Genau eine Woche nach Ostern erscheint dieser, wendet sich Thomas zu und fordert zum Sehen und Berühren auf. Im Johannesevangelium bleibt offen, ob Thomas tatsächlich die Wunden Jesu berührt. Alles ist auf den Dialog zwischen Jesus und Thomas konzentriert. Thomas bekennt: »Mein Herr und mein Gott« (V. 28), und Jesus sagt: »Selig sind, die nicht sehen und doch glauben!« (V. 29).

Was eigentlich sieht Jakob? Einerseits ist es Nacht am Jabbok, andererseits aber sagt er: »… ich habe Gott von Angesicht gesehen, und doch wurde mein

---

[183] Nelly Sachs, a. a. O. (Anm. 177).

Leben gerettet« (V. 31). Wen berührt Jakob? Den nächtlichen Angreifer, den er nicht loslässt, dessen Namen er nicht kennt und nicht genannt bekommt – und von dem er doch gesegnet wird.

Thomas und Jakob machen Gotteserfahrungen: Eine Woche lang waren die Jünger froh – und Thomas zweifelte, blieb aber augenscheinlich dennoch bei den anderen. Dann erst begegnet auch er dem Auferstandenen. Eine Nacht lang dauert Jakobs Kampf. Dann geht er hinkend seinen Weg, gezeichnet von der Nacht am Jabbok, und die Sonne »ging *ihm* … auf« (V. 32). Die Geschichte geht danach für beide weiter. Jakob wird in der Nacht des Kampfes zu »Israel« (V. 29), begegnet Esau und wird zum Stammvater eines Volkes. Thomas ist dabei, als sich Jesus den Jüngern am See Genezareth erneut offenbart (Joh 21,1–14, vgl. V. 2), und hat danach noch einen weiten Weg vor sich – jedenfalls wenn man der seit dem dritten Jahrhundert belegten Tradition vertraut, die Thomas als Missionar in Indien verortet.[184]

In Joh 20,30 f. – unmittelbar nach der Thomas-Perikope – wendet sich der Autor des Johannesevangeliums an seine Leserinnen und Leser und erklärt, dass diese Zeichen aufgeschrieben wurden, »damit ihr glaubt« und »das Leben habt« (V. 31). Es geht um Jakob, Thomas – und am Sonntag Quasimodogeniti auch um ›unsere‹ Gotteserfahrungen.

In den »Musikalischen Exequien« vertont Heinrich Schütz (1585–1672) Worte, die Heinrich Posthumus Reuß von Gera, Schleiz und Lobenstein mit Plauen (1572–1635) noch zu seinen Lebzeiten für seinen eigenen Sarg zusammengestellt hat: Bibelworte und Verse von Kirchenliedern, in ihrem tröstlichen Charakter vom Fußende bis zum Kopf ansteigend. Die Worte »Ich lasse dich nicht, du segnest mich denn« finden sich ganz am Ende, gefolgt von der siebten Strophe von Luthers »Nun freut euch lieben Christen g'mein«. Im Angesicht des den Menschen bedrohenden Todes sagt Jesus Christus zu, er gebe sich »ganz für dich« und wolle »für dich ringen« (EG 341,7). Neben den kämpfenden Jakob tritt Christus, und Gen 32 wird unmittelbar in einen österlichen Kontext gesetzt. Auch die beiden für Quasimodogeniti neu ausgewählten Wochenlieder (EG 108; EG 117) eignen sich als Lieder nach der Predigt. (AD)

---

[184]   Zuerst belegt in der um 280 entstandenen »Didaskalia Apostolorum«; dann in den Thomasakten breit ausgestaltet.

2. Sonntag nach Ostern: Misericordias Domini (Reihe VI): Gen 16,1–16

Eine unerwartete Verheissung

Die Geschichte um Sara und Hagar schließt an einen berühmten Text an, der ebenfalls zu den neuen Perikopentexten zählt: Gen 15,1–6. Dort bekräftigt Gott sein Versprechen, dass er Abraham (hier eigentlich noch Abram) Nachkommen so zahlreich wie die Sterne am Himmel schenken würde. Das hatte Abraham zunächst nicht geglaubt, sondern vermutet, dass nicht ein eigener Sohn, sondern sein Diener Eliezer am Ende sein Erbe sein würde. Wer von dieser Geschichte in Gen 15 herkommt, erwartet im Grunde, dass Gott nun endlich seine Verheißung wahrmachen und Abraham und Sara den sehnlichst erhofften Nachkommen schenken würde. Aber einmal mehr verlaufen die Dinge anders. Sara bleibt unfruchtbar. Jedenfalls ist das ihre Selbstwahrnehmung. Für die damalige Zeit war ausbleibender Kindersegen immer ein Defizit, das man Frauen anheftete. Die Vorstellung war offenbar die, dass der Uterus eine Art Gebärkammer war, in dem sich aus dem männlichen Samen allmählich ein Kind formte. Wenn eine Frau nicht schwanger wurde, lag das der damaligen Meinung nach daran, dass – wie auch Sara von sich sagt – Gott diese Gebärkammer verschlossen hatte (V. 2). Es ist also nicht einfach das Schicksal, das Sara übel mitspielt, vielmehr versteht sie Gott als denjenigen, der es ihr verwehrt, Mutter zu werden. Man kann mit Händen greifen, welcher Unterschied zwischen Gottes Verhalten gegenüber Abraham auf der einen und Sara auf der anderen Seite liegt. Abraham erhält die Verheißung eines Nachkommen, während Sara nur konstatieren kann, dass sie offenbar nicht die Erfüllerin dieser Verheißung sein würde.

Und so greift sie zu einem drastischen Mittel: Sie wählt ihre Dienerin Hagar aus, die an ihrer Stelle Abrahams Kind empfangen und gebären soll. Das war alles andere als ein üblicher Vorgang, zumal der Text eigens betont, dass Hagar eine Ägypterin, also genau genommen eine fremde Frau ist. Dass das Kind aus einer solchen Beziehung den Status eines legitimen Erbens hätte haben können, erscheint zumindest fragwürdig. In jedem Fall ist klar, dass dies nicht der Erbe sein würde, den Gott verheißen hatte, aber das spielt für Sara augenscheinlich schon keine Rolle mehr, und so legt sie ihre Dienerin Hagar dem Abraham ins Bett (V. 3). Interessanterweise wird dieser weder gefragt noch protestiert er. Abraham bleibt eigentümlich stumm. Auf diese

Weise wird Gen 16,1–3 zum Spiegelbild der »Gefährdung der Ahnfrau« (Gen 12,10–20). Dort war es Sara, die schweigend einem Ägypter (dem Pharao) übergeben wurde, zwar nicht um einen Sohn mit ihm zu zeugen; aber hier wie dort greift ein Teil der Erzeltern eigenmächtig und unerwartet in den Lauf der Dinge ein und setzt die Verheißung des Nachkommen aufs Spiel.

Tatsächlich wird Hagar schwanger (V. 4), und damit beginnt der zweite Teil der Erzählung. Nun tritt auch Abraham aktiv als Schiedsinstanz zwischen den beiden Frauen auf. Sara, die zunächst die führende Rolle in der Erzählung spielte, wird nun zunächst einmal das Opfer ihres eigenen Handelns, insofern die schwangere Hagar ihr den Rang streitig macht. Dies korrigiert Abraham, indem er Sara die Vollmacht gibt, mit Hagar zu tun, was auch immer sie für richtig erachtet. Wie weit genau diese Vollmacht reicht, wird nicht eigens ausgeführt. Rechtlich gesehen hätte Sara ihre Nebenbuhlerin nun entlassen können, was sonst nur ihrem Mann zugestanden hätte. Das tut sie zwar nicht, gleichwohl »demütigt« sie Hagar so sehr, dass diese selbst die Flucht ergreift.

In der Exegese sind die Verhaltensweisen der drei Charaktere immer wieder kritisch betrachtet worden. Ist Abraham schuld an allem, weil er sich auf Saras eigenwilligen Plan einlässt? Interessanterweise ist Abraham nach Adam der zweite Mann, der auf die Stimme seiner Frau hört (V. 2) und dabei etwas zumindest Zweifelhaftes tut. Aber das entschuldigt ihn genauso wenig wie Adam in Gen 3,6. Schließlich ist er, als *pater familias*, derjenige, der die Rechtsgewalt hat. Oder ist Sara, die in Gen 12 noch das Opfer war, nun die Schuldige, weil sie nicht nur die Verheißung aufs Spiel setzt, sondern auch die soziale Ordnung in der Abrahamssippe? Oder ist es Hagar, die sich nicht in ihre Rolle als ›Hilfsmutter‹ einfügt, sondern anscheinend ganz an die Stelle Saras treten möchte? Man wird sich hier kaum entscheiden müssen, vielmehr ist es gerade die Pointe, dass sich die drei Charaktere so weit in eine ausweglose Situation manövrieren, dass die Erzählung mit V. 6 an ihrem Tiefpunkt ankommt: Saras Plan, Abraham auf Umwegen zu einem Erben zu verhelfen, ist gescheitert, und Hagar wird als alleinstehende, schwangere Frau ins Ungewisse entlassen – wodurch nicht nur ihre eigene Existenz, sondern auch die ihres Kindes auf dem Spiel steht.

Vor diesem Hintergrund erfährt die Erzählung eine Wendung, denn nunmehr bemächtigt sich Gott selbst der Szene und nimmt den Gang der Verheißungsgeschichte wieder selbst in die Hand: Ein Bote Gottes »findet« Hagar allein in der Wüste (V. 7). Dabei fühlt man sich ganz leise an 1Kön 19,1–8 erinnert, wo Elia – ebenfalls an einem Tiefpunkt angelangt – von einem Boten Gottes besucht wird. Hier wird die Typik der ›Rettungsgeschichte in der Wüste‹ kenntlich, die den Personen, die gerettet werden, einen neuen Status verleiht: Hagar wird zwar zu ihrer Herrin zurückgeschickt und insofern sozial wieder eingeordnet. Gleichzeitig wird aber sie selbst zur ›Ahnfrau‹ erhoben. Alles, was zu einer veritablen Nachkommensverheißung gehört, wird im Falle Hagars gleichsam nachgereicht: So wird ihr verkündet, dass sie schwanger ist (V. 11) – was zu diesem Zeitpunkt kaum mehr erwähnt werden müsste, was aber eben zum ›Verheißungsformular‹ dazugehört. Weiterhin soll ihre Nachkommenschaft so groß sein, dass man sie nicht wird zählen können (V. 10). Eine Ansage dieser Art wurde bis dahin nur dem männlichen Protagonisten, Abraham, zuteil (Gen 12,2; 15,5). Was als eigenmächtiger Versuch Saras begann, Abraham zu Kindern zu verhelfen, erhält eine ganz eigene Wendung, indem eine genealogische Linie aufgemacht wird, die ebenbürtig neben die Isaaks tritt. Hier begegnet das für viele Genesiserzählungen typische Motiv, dass Menschen für sich Situationen schaffen, die erst im Nachhinein durch göttliches Handeln ›eingeholt‹ und ›gelöst‹ werden.

Ein leicht zu übersehendes, aber gewichtiges Detail, das die Statuserhöhung Hagars unterstreicht, findet sich in V. 13. Hier ist (wenngleich philologisch kompliziert ausgedrückt) davon die Rede, dass Hagar in der Begegnung mit dem Boten Gott selbst im Vorübergehen, »von hinten«, gesehen hat. Dieses ›Sehen Gottes‹ wird als etwas gewundene Namensätiologie des Brunnens angegeben, der Hagar in der Wüste rettet: *Beer-Lahai-Roi* (»Brunnen des Lebendigen, der mich sieht«). Die inhaltliche Absicht dürfte tiefer gehen: Diese Terminologie begegnet sonst nur noch einmal an sehr prominenter Stelle. Auch dem Mose zeigt sich Gott in dieser Weise (Ex 33,23). Mose begehrt, Gottes Herrlichkeit zu schauen. Daraufhin stellt Gott ihn in eine Felsspalte und zieht an ihm vorüber, sodass Mose ihn schließlich »von hinten« sehen kann. Daran gemessen gewinnt man den Eindruck, dass die Erzählung alles dafür tut, Hagar und ihren Sohn Ismael als Träger einer Verheißung darzustellen, deren Dignität nicht geringer ist als im Fall des Sara-Sohnes Isaak.[185] Oder anders gesagt: Es gibt keine Verheißungen erster und zweiter Klasse.

Mit Gen 16 ist die Geschichte Hagars allerdings nicht beendet, vielmehr wiederholt sie sich in Gen 21 nach der Geburt Ismaels. Wieder regt sich in Sara Eifersucht, als sie ›ihren‹ Isaak mit dem älteren und wohl physisch überlegenen Ismael spielen sieht (Gen 21,9), und wieder endet das Geschehen

---

[185] Historisch gesehen könnte dies damit zu tun haben, dass – wie man heute in der Forschung verstärkt vermutet – die Trägerkreise des Buches Genesis vor allem in Ägypten zu suchen sind. Hagar als Ägypterin und Ismael, der wiederum eine Ägypterin heiratet (Gen 21,21), waren vor diesem Hintergrund besonders wichtige Identifikationsfiguren.

erst in der Vertreibung Hagars und dann in ihrer und Ismaels Rettung in der Wüste. Die betrübliche Einsicht dieser Wiederholung liegt darin, dass die menschlichen Akteure offenbar immer wieder in die gleichen Verhaltensmuster verfallen. Sie alle sind Trägerinnen und Träger großer Verheißungen. Das bedeutet allerdings nicht, dass sie auch moralisch überlegene Menschen wären, die nicht miteinander in Konflikt geraten könnten. Die großen Verheißungen und das Eingreifen Gottes dort, wo Beziehungsgeflechte auseinanderfallen, gilt Menschen, die so sind ›wie du und ich‹. Dass Gott aus dem Chaos menschlichen Handelns etwas Heilvolles schaffen kann, ist eine Botschaft, die am Sonntag Misericordias Domini in besonderer Weise gehört zu werden verdient. (AS)

Menschliche Katastrophen und göttliche Seelsorge oder: Am Brunnen in der Wüste

In den Bildern des ›Hirten-Sonntags‹ Misericordias Domini finden und fanden Christinnen und Christen durch die Jahrhunderte ihr Leben geborgen. Dass sich Gott als Hirte erweist, ist trotz aller Kritik am vermeintlichen 19. Jahrhundert-Kitsch eines bukolischen Hirtenbildes ein Bekenntnis- und ein Hoffnungssatz, mit dem sich leben und sterben lässt. Insbesondere Ps 23, der Psalm des Sonntags, trägt mit seinen Bildern.

In der Predigt besteht die Chance, das Hirtenbild aufzurauen, zu konkretisieren und vielschichtiger werden zu lassen. Was heißt es, dass Gott der gute Hirte ist? Bereits die bisherigen Texte des Sonntags bieten dazu interessante Perspektiven: Das Evangelium Joh 10,11-16(27-30) ist wenig idyllisch und spricht vom Tod des Hirten für seine Schafe; ähnliches findet sich auch in der Epistel 1Petr 2,21b-25. In der alttestamentlichen Lesung aus Ez 34 wird das Hirtenbild in einen politischen Kontext gesetzt. Der neue alttestamentliche Text aus Gen 16 bietet die erste *Geschichte* an diesem Sonntag. Sie erzählt von der komplexen Familiensituation bei Abram und Sarai, von dem Verhältnis Sarais zu der Magd/Sklavin Hagar, von der Flucht Hagars – und davon, wie Gott sich beim Umherirren in der Wüste als zugewandter Gott erweist.

Wollte man das Erzählte aus der Perspektive Hagars auf einen Satz reduzieren, so ließe sich sagen: Gott bewahrt nicht *vor* den Schwierigkeiten im Leben, ist aber da *in* den Schwierigkeiten des Lebens. Dieser Satz darf freilich nicht zum billigen Trostpflaster werden, kann aber Hoffnungsperspektive sein für all die, die sich in den Wüsten ihres Lebens befinden. Es sind ja bei weitem nicht nur die im Buch Genesis erzählten Lebensgeschichten einigermaßen komplex, sondern auch die Lebensgeschichten von Predigenden und Hörenden. Manch kirchenleitende Versuche, wenigstens in den Pfarrhäusern ein ›heiles‹ Leben jenseits von Brüchen und Narben vorzeigen zu wollen, erhöhen den Druck auf alle Beteiligten und können zu großer Unbarmherzigkeit führen.

Interessant ist in Gen 16, dass sich Gott komplett heraushält aus den in den Versen 1-6 zunehmend eskalierenden Beziehungskonstellationen im Hause Abram, die die Hebräische Bibel nur sehr dezent andeutet: »achtete sie [Hagar] ihre Herrin gering« (V. 4); »demütigte Sarai sie« (V. 6).[186] Es ist Sarais Entscheidung, der Abram gehorcht (V. 2). Das sich rapide verschlechternde Verhältnis der beiden Frauen, die Umkehrung der Verhältnisse von Überlegenheit und Unterlegenheit[187] hat dann Auswirkungen auf Abram, der – wie gezeigt – eine erstaunlich passive Rolle spielt.

Schließlich flieht Hagar. Es wird nicht berichtet, dass sie – die entflohene ägyptische Sklavin mit einem Kind von Abram im Bauch – nun in der Wüste zu Gott ruft. Aber Gott findet sie und greift in das Geschehen durch einen seelsorglich durchaus geschickt agierenden »Engel des Herrn« ein. Er eröffnet das Gespräch mit einer großen Frage: »… wo kommst du her und wo willst du hin?« (V. 8). Raschi erklärt hierzu: »Er wusste es; nur wollte er ihr eine Einleitung geben, um mit ihr ein Gespräch zu beginnen.«[188] Der Engel sagt dann, was konkret zu tun ist – und was Gott mit Hagar und ihren Nachkommen vorhat. So wird die Geschichte der geflohenen ägyptischen Magd im Kontext der Geschichte Gottes erzählt. Ob das für Hagar ›Sinnkonstitution‹ angesichts erfahrener Kontingenz bedeutet, wie manch neuere Seelsorgetheorie es als Ziel der Seelsorge benennt, kann auf der Erzählebene nicht entschieden werden. In jedem Fall wird es durch die Worte des Engels für Hagar möglich, das Erlebte und Erlittene auf einem tragenden Grund und in einem weiten Horizont verortet zu wissen. Entscheidend für Hagar ist die Gotteserfahrung. Hagar gibt Gott einen Namen, der zugleich Bekenntnis ist

---

[186] An dieser Stelle sagt selbst der rabbinische Midrasch wenig, der ansonsten gerne narrative Leerstellen ausfüllt. In Bereshit Rabba erfährt man zur Stelle nur, dass Sarai Hagar mit Strenge arbeiten ließ.

[187] Vgl. dazu ausführlich Ute Haizmann in ihrem unter http://www.stichwortp.de/index.php?state=stichworte&action=prodigten&predigt=54 [Zugriff vom 3. 2. 2018] greifbaren Beitrag zu Gen 16.

[188] Raschis Pentateuchkommentar, vollständig ins Deutsche übertragen und mit einer Einleitung versehen von Rabbiner Dr. Selig Bamberger, Basel ⁴1994, 44.

und die überraschende Wende der Geschichte zum Ausdruck bringt: »Du bist ein Gott, der mich sieht« (V. 13). Die ägyptische Sklavin Hagar erkennt in ihrer Benennung Gottes zugleich das, was dem großen Mose nach der Sinai-Theophanie erst erklärt werden muss (Ex 33,23).

Eine Geschichte göttlicher Seelsorge inmitten katastrophal-verwirrender und auswegloser Familiensituation wird in Gen 16 erzählt. Mit diesem Text kann die Hoffnung auch für heutige Hörerinnen und Hörer groß werden, dass die Wege katastrophalen Abbruchs und sinnloser Verstrickungen doch zu einem »Brunnen des Lebendigen, der mich sieht« führen, zu neuem Bekenntnis und zur Neuverortung der eigenen Lebensgeschichte in Gottes Geschichte mit dieser Welt: »Er … führet mich zum frischen Wasser« (Ps 23,2).

Als Lieder nach der Predigt eignen sich EG 378 (»Es mag sein, dass alles fällt«) oder EG 407 (»Stern, auf den ich schaue«). Spielt das Motiv des Brunnens eine besondere Rolle, könnte auch EG 399 (»O Lebensbrünnlein tief und groß«, bes. 1–3+7) passend sein. (AD)

3. Sonntag nach Ostern: Jubilate (Reihe I): Spr 8,22–36

Eine Einladung, zu sein wie Gott

Der erste Teil des Sprüchebuches (Spr 1–9) zeichnet sich vor allem dadurch aus, dass er nicht nur Weisheit lehrt und vor Torheit warnt, sondern diese beiden Eigenschaften eigens personifiziert. Mit Frau Weisheit und Frau Torheit treten zwei gleichermaßen beeindruckende weibliche Charaktere auf, die der Leserschaft plastisch vor Augen geführt werden. Aus heutiger Sicht mögen die Auftritte der beiden Frauen etwas klischeebeladen wirken: Frau Weisheit ist der mütterliche Typ, die in ihr gut bestelltes Haus einlädt. Zusammen mit der »tüchtigen Hausfrau« von Spr 31 gibt sie das Idealbild der klugen, tugendhaften und lebensfähigen Frau ab, bei der man gerne in die Lehre geht. Frau Torheit dagegen ist die Verführerin, die Femme fatale, deren einziges Ansinnen darin liegt, den Arglosen auf den Pfad in die Unterwelt zu führen. Es liegt nahe, dass es sich hierbei ursprünglich wohl um Schultexte für ein vorwiegend (wenn nicht ausschließlich) männlich besetztes Klassenzimmer handelte. Zumindest verkörpern die beiden Frauen idealtypisch das, wonach junge Männer streben und wovor sie sich hüten sollen.

So, wie die Perikope im jetzigen Text steht, schließt sie direkt an die Rede von Frau Weisheit in Spr 8,1–21 an und setzt diese fort.[189] Und doch ist ein gewisser Bruch im Übergang von V. 21 zu 22 kaum zu übersehen. In V. 1–21 präsentiert sich Frau Weisheit als jemand, dem man auf dem Marktplatz begegnen kann und zu der sich jeder verständige Mensch hingezogen fühlt. Durch sie und mit ihr regieren die Könige (V. 15). Wer sich ihrer bedient, darf nicht nur auf Einsicht hoffen, sondern auch auf ganz materielle Güter (V. 20 f.). Mit V. 22, dem Beginn des Predigtabschnitts, verlagert sich der Diskurs von Frau Weisheit allerdings auf eine ganz andere Ebene. Auf einmal ist es nicht mehr die Menschenwelt, in der wir sie finden, sondern die Zeit vor Anbeginn des Kosmos. Und so begründet sie bereits mit ihrem ersten Satz ihre ganz eigene und besondere Herkunft. Häufig wird V. 22 übersetzt und zitiert »Der HERR schuf mich am Anfang seiner Wege« (V. 22). Allerdings

---

[189] Literargeschichtlich dürfte Spr 8,22–36 allerdings auf einen ursprünglich eigenständigen Weisheitshymnus zurückgehen.

ist diese Übersetzung eher irreführend. Im Hebräischen ist weniger vom »Erschaffen« der Weisheit die Rede, vielmehr hat das Lexem *QNH* die Bedeutung von »erwerben« und, im Ergebnis, »besitzen«. Es geht also nicht darum, dass das hier sprechende ›Ich‹ Gottes erstes Geschöpf ist, sondern dass es schon bei Gott war, bevor dieser damit begann, die Welt zu schaffen (V. 23–27). So auch die Lutherbibel 2017: »Der HERR hatte mich schon gehabt im Anfang seiner Wege, ehe er etwas schuf, von Anbeginn her.«

Diese Selbstauskunft lässt fragen, in welchem Verhältnis zu Gott diese vor-anfängliche Weisheit steht. Wenn sie kein Geschöpf ist, ist sie dann so etwas wie die Partnerin an Gottes Seite? In der Bibelwissenschaft wurde viel darüber diskutiert, ob mit der Weisheit das Gottesbild weniger ein-personal und auch weniger nur-männlich werde, als dies über weite Strecken des Alten Testaments der Fall ist. Das ist durchaus bedenkenswert, weil die Autoren dieses Textes, die sich sicherlich einem monotheistischen Gottesglauben verpflichtet fühlten, dennoch von einer zweiten Präsenz ›bei Gott‹ ausgehen konnten. Solche Vorstellungen sind natürlich auch im Blick auf das christlich-trinitarische Gottesverständnis relevant.

Im Gegenüber zu Gott beschreibt sich die Weisheit als ʼamon. Das kann zweierlei bedeuten: »Werkmeister«, wonach die Weisheit tatsächlich die Schöpfungsmittlerin wäre, die Gottes Pläne ausführt. Was in Gen 1 als zwei Akte erscheint (Gott spricht und Gott schafft), wird hier auf Gott und seine Weisheit aufgeteilt. Andererseits kann ʼamon auch soviel wie »Spielkind« oder »Liebling« bedeuten. Dann läge der Akzent darauf, dass die Weisheit Gott bei der Schöpfung zuschaute und sich an Gottes Werken erfreute. Dafür spricht vor allem die Wortwahl von V. 30f.: »Da war ich … Tag für Tag seine Wonne und freute mich vor seinem Angesicht allezeit; ich freute mich auf seinem Erdkreis und hatte meine Wonne an den Menschenkindern.«[190] Möglicherweise ist der Unterschied zwischen den beiden Deutungen recht gering, denn es könnte sehr wohl auch um eine spielerisch-kindliche Schöpfungsmittlerschaft gehen.

Für das Verständnis von Spr 8,22–36 ist allerdings elementar wichtig, dass genau diese Weisheit, die Gott von Anfang an begleitet hat, auch bei den Menschen zuhause ist. Diese Weisheit kann man lernen, man kann sie ›haben‹, und genau darin besteht die Erfüllung eines gelingenden Lebens: »Wer mich findet, findet das Leben« (V. 35). Mittels der Weisheit wird die Grenze

---

[190] Zitiert nach der Schlachterbibel (2000). Die Lutherbibel (2017) umgeht das Problem, indem sie ʼamon adverbial als »beständig« übersetzt und das Lexem von der Wurzel ʼMN herleitet. Allerdings entspricht dies zumindest nicht der masoretischen Punktation.

zwischen Gott und Mensch gewiss nicht verwischt, aber doch ein Stück weit durchlässig. Man kann die Welt und sogar Gott selbst verstehen. Auch die Überzeugung, dass Einsicht, Erkennen und Verstehen Bindeglieder zwischen Gott und Mensch sind, hat wesentliche Auswirkungen auf die Entwicklung christlicher Lehre gehabt. Der Prolog des Johannesevangeliums wiederholt im Blick auf den Logos (das »Wort«) vieles von dem, was Spr 8 über die Weisheit sagt. Wählt man ein etwas anderes Begriffsregister, kann man auch von einer göttlichen Potenz sprechen, an der Menschen teilhaben können und sollen – denn wer sich dieser Potenz verweigert, wer nicht »hört«, »lernt« und »bewahrt« (V. 32 f.), der »liebt den Tod« (V. 36). In den Schlussversen findet die Rede der Weisheit eindrückliche Bilder für diejenigen, die sie missachten oder sich sogar an ihr »versündigen«. Die nämlich tun ihrer Seele »Gewalt« an (V. 36). Die Offerte der Weisheit, zu ihr zu kommen, ist demnach eine Einladung, die, wenn man ihr nicht nachkommt, im wörtlichen Sinne zur Selbstvergewaltigung führt.

Allerdings ist diese positive und einladende Charakterisierung der Weisheit alttestamentlich keineswegs unbestritten, wenn man parallele Texte mit hinzuzieht. Geradezu eine Entgegnung zu Spr 8 ist Hi 28. Dort spricht nicht die Weisheit und lädt zu sich ein; vielmehr spricht dort jemand, der die Weisheit sucht, sie aber nicht finden kann. Sie ist nicht im Meer und auch nicht tief drunten unter der Erde (Hi 28,14), selbst der »Abgrund« und der Tod haben nur ein Raunen von ihr vernommen (V. 22). Nur Gott allein kennt den Weg zu ihr (V. 23). Hi 28 bestreitet also, was Spr 8 so emphatisch behauptet, nämlich dass Menschen an Gottes Weisheit teilhaben können. Menschen sind nicht dafür bestimmt und auch nicht dafür gemacht, Gottes Gedanken und Pläne zu verstehen. Für Hi 28 und die daran sachlich anschließenden Gottesreden (Hi 38–41) ist klar, dass man Gott fürchten und seine Schöpfung bewundern soll; aber letztlich ist diese Erkenntnis zu hoch, als dass man sie begreifen könnte (Ps 139,6). Der Kontrast und der Dialog beider Texte ist wichtig, weil durch deren Nebeneinander Gottes Erreichbarkeit nicht nur einerseits behauptet und andererseits bezweifelt wird, sondern sich nun genau die *Frage* stellt, ob menschliches Erkennen zur Weisheit Gottes hinzugehört.

Damit ist man freilich bei einem anderen Text angelangt, der genau dieses Thema in Form einer mythischen Erzählung beleuchtet: Gen 2 f. stellt die Erkenntnis von Gut und Böse neben der Unsterblichkeit als göttliches Attribut dar, das den Menschen zwar ursprünglich nicht zugedacht war, das sie sich aber doch ›erworben‹ haben. In gewisser Weise handelt es sich dabei um eine Mittelposition zwischen Spr 8 und Hi 28. Dort wird zu bedenken gegeben, dass Weisheit für den Menschen eine durchaus zweischneidige Sache sein kann, weil es sich dabei immer um eine Erkenntnis des Guten *und* des Bösen handelt. Der Mensch »kennt« nun auch das Böse, das – in der Weltsicht von Gen 2–4 – Teil seiner Welt geworden ist. Wer weise ist, so ließe sich zusammenfassen, hat nicht nur das göttliche Potenzial, das zum guten Leben führt, sondern auch das zutiefst menschliche Potenzial der Sünde. Während Spr 8 einen rein positiv besetzten Weisheitsbegriff hat, leuchten die Edenerzählungen die Untiefen aus, die sich dem Menschen damit auftun. (AS)

Jubilate Deo oder: Mitspielen und tanzen

»Iubilate Deo omnis terra« – »Jauchzet Gott, alle Lande« (Ps 66,1). Dieser Leitvers des Wochenpsalms hat dem Sonntag Jubilate seinen Namen gegeben. Es ist Zeit zum Lob! Ps 66 begründet dieses Lob mit dem Hinweis auf die »Werke Gottes« (V. 5), an die sich die Betenden erinnern: Gott hat geschichtlich an seinem Volk gehandelt – vom Exodus bis in die Gegenwart: »… du hast uns herausgeführt und erquickt« (V. 12).

Am Sonntag Jubilate, einem Sonntag in Zeiten der erwachenden Natur, verbindet sich dieses Lob des Heilshandelns Gottes in der Geschichte mit dem Schöpfungslob. In theologischer Fachsprache ließe sich sagen: Protologie und Soteriologie bzw. Theologie und Ökonomie verschränken sich. Viel einfacher und nicht weniger wahr kann man auch formulieren: Das, was Gott am Anfang getan hat, ereignet sich wieder und ereignet sich neu! Das in manchen Teilen der Aufklärungstheologie vertretene, deistische Bild von einem Gott, der diese Welt einst schuf und sie seither sich selbst und den von ihm eingestifteten Regeln überlässt, ist jedenfalls kein biblisches Bild von Gott. Der Sonntag Jubilate macht dies in seinen Texten deutlich.

Als alttestamentliche Lesung begegnet der so genannte ›Erste Schöpfungsbericht‹, das priesterliche Schöpfungslied Gen 1,1–2,4a, das in die Sabbat-Ruhe Gottes mündet und so auf seine Weise das, was am Anfang geschah, mit dem, was Menschen *jetzt* erleben, verbindet: sechs Tage Arbeit, dann am Sabbat ruhen wie er.

In seiner Areopag-Predigt, die in der Perikopenrevision von einem Predigttext zur Epistellesung aufgestiegen ist (Apg 17,22–34), geht Paulus vom Schöpfergott aus, »der die Welt gemacht hat und alles, was darinnen ist« (V. 24). Augenscheinlich kann er hier auf allgemeine Zustimmung hoffen. Als er dies dann aber weiterführt und von dem »einen Mann« und der Auferweckung von den Toten spricht (V. 31), hört die allgemeine Zustimmung auf und nur sehr wenige zeigen sich überzeugt. Auch hier wird deutlich: So wenig suggestiv dies auch scheinen mag, aber von Schöpfung zu reden, ist nicht möglich, ohne von dem zu reden, was Gott in der Geschichte getan hat und gegenwärtig tut.

Der Sonntag Jubilate ist der Sonntag, an dem die Schöpfung am Anfang (Gen 1,1) und die Neuschöpfung (2Kor 5,17, Wochenspruch) miteinander verbunden werden. Einen einzigen neuen Text hat dieser Sonntag in der Perikopenrevision erhalten: Spr 8,22-36. Auch das Lied der Weisheit verbindet das Geschehen des Anfangs (V. 22-31) mit der Gegenwart (V. 32-36). Und auch hier zeigt sich: Wenn theologisch angemessen von ›Schöpfung‹ geredet werden soll, dann niemals als spekulative Frage nach dem, was vor einigen Jahrtausenden oder Jahrmillionen vielleicht geschah. Dies würde im Gegenteil bedeuten, nicht von Schöpfung, sondern von Kosmogonie zu reden und sich die Schöpfung vollständig vom eigenen Leib zu halten. Das lässt Frau Weisheit aus Spr 8 nicht zu: Wenn es um Schöpfung geht, dann geht es um den Weg des Lebens heute! Noch mehr: Dann geht es um die Frage, ob ihr, »liebe Söhne« (V. 32; und selbstverständlich: »liebe Töchter«!) jetzt und heute Teil des Geschehens der Schöpfung werdet und damit des Lebens – oder euch dagegen entscheidet, die Torheit wählt, nicht mitspielt und nicht mittanzt – und genauso das Leben zerstört und den Tod liebt (V. 36).[191]

Freilich: Spr 8 hat in der Geschichte der Auslegung die spekulative Lust beflügelt. Die tanzende Frau Weisheit, die *chochma* (Hebr.), die *sophia* (Griech.), die *sapientia* (Latein) wurde u. a. mit dem Wort, dem *logos*, mit Christus identifiziert. Spr 8 war eine Belegstelle für die Lehre von der Schöpfungsmittlerschaft Christi (vgl. Kol 1,15-17) – und selbstverständlich ist dieses Nachdenken und Weiterdenken nicht verboten. Aber es ist nicht die Bewegung des Textes, denn diese führt zu der Frage nach dem einzelnen Menschen und seinem Handeln (im Licht des Evangeliums des Sonntags formuliert: zur Frage danach, ob die Reben am Weinstock bleiben oder nicht; vgl. Joh 15,1-8).

---

[191] DIETRICH BONHOEFFER hat eindrucksvoll Dummheit und Bosheit voneinander unterschieden und auf die besondere Gefahr der Dummheit aufmerksam gemacht. »Dummheit ist ein gefährlicherer Feind des Guten als Bosheit. Gegen das Böse läßt sich protestieren, es läßt sich bloßstellen, es läßt sich notfalls mit Gewalt verhindern, das Böse trägt immer den Keim der Selbstzersetzung in sich […]. Gegen die Dummheit sind wir wohrlos« (DERS., Widerstand und Ergebung. Briefe und Aufzeichnungen aus der Haft, hg. v. EBERHARD BETHGE, DBW, München 1970, 16). Für Bonhoeffer gilt, »daß nicht ein Akt der Belehrung, sondern allein ein Akt der Befreiung die Dummheit überwinden könnte« (a. a. O., 18).

Im rabbinischen Denken verbindet sich die Weisheit, die am Anfang war, mit der Tora: Wie ein König aus Fleisch und Blut beim Bau eines Schlosses einen Architekten beauftragt und dieser einen Bauplan entwirft, so studierte der Heilige die Tora, als er die Welt schuf (Midrasch Genesis Rabba 1,1; mit Verweis auf Spr 8,30). Damit aber bedeutet die Tora die Möglichkeit für die heute Lebenden, sich wie Gott mit dem Bauplan der Welt zu beschäftigen. Und noch mehr: Wer jetzt nach der Tora lebt, baut gleichsam mit an Gottes Schöpfung.

Die Verbindung von Weisheit und Christus in der christlichen Theologie (vgl. Joh 1,1-14) kann spekulativ in die dünne Luft begrifflicher Abstraktion entschwinden – oder bedeuten, dass auch die Christenmenschen aus den Völkern mit hineingenommen sind in das Lied der spielenden Weisheit und mit angeredet sind, wenn dort die Söhne und Töchter ermahnt werden. Die Weisheit lässt mit ihrem Lied die Welt neu sehen: Quellen, Wasser und Meer, Berge, Hügel und Schollen des Erdbodens. Sie bringt spielerische Leichtigkeit in die Wahrnehmung der Schöpfung – und gleichzeitig den Ernst der Mahnung: Man kann das Leben verfehlen oder mittanzen mit Gottes Weisheit (trotz der Tatsache, dass wir diese in ihrem Spiel und Tanz ganz bestimmt nie völlig erfassen und begreifen!).

Welche Lebenshaltung folgt daraus? Hoffentlich zeigt ein Text wie Spr 8 am Sonntag Jubilate, dass christliche Frömmigkeit nicht in die Abgeschiedenheit eines Lebens hinter verschlossenen Gardinen führen und in der Abwendung von der Welt das eigentliche Ziel sehen darf. Es geht um eine Frömmigkeit, die mitten drin ist im Leben, in der Schöpfungsfülle (mit Joh 15 ließe sich sagen: ein Leben, das in Saft und Kraft steht, weil die Reben mit dem Weinstock verbunden sind!). In der christlichen Ikonographie hat man die Weisheit meist als reichbekleidete gekrönte Frau dargestellt, auf einen Thron gesetzt, in ihrer Bewegung arretiert und hat sie so zum Gegenüber der Anbetung werden lassen. Es ginge darum, eine tanzende Weisheit wiederzugewinnen und Frömmigkeit als Mitspielen und Tanzen mit Frau Weisheit zu denken. So kann eine Predigt am Sonntag Jubilate wohl nicht mehr und nichts Besseres tun als einzuführen in das, was der Sonntag sagt: »Iubilate Deo omnis terra.«

Liedvorschläge: Selbstverständlich kann die Predigt in Matthias Jorissens Nachdichtung von Ps 66 münden: EG 279 (Jauchzt, alle Lande, Gott zu Ehren). Ebenso bieten sich auch andere Loblieder als Lieder nach der Predigt an, z. B. EG 288 (Nun jauchzt dem Herren, alle Welt), EG 301 (Danket Gott, denn er ist gut), EG 305 (Singt das Lied der Freude über Gott), EG 319 (Die beste Zeit im Jahr ist mein), EG 324 (Ich singe dir mit Herz und Mund). (AD)

4. Sonntag nach Ostern: Kantate (Reihe II): 2Chr 5,2-5(6-9)10(11)12-14

Musik und Herrlichkeit Gottes

Dieser Text bietet die chronistische Version der Einweihung des salomonischen Tempels. Der literarisch vermutlich primäre Bericht findet sich in 1Kön 8,1-11. Der zentrale Akt des Geschehens ist die Überführung der Bundeslade in den Tempel und, genauer, in dessen Allerheiligstes. Das war ein abgetrennter Raum am hinteren Ende des Tempelgebäudes, den man über Stufen erreichte. Aus den Ritualtexten des Pentateuch geht hervor, dass das Allerheiligste durch einen Vorhang abgetrennt war (Ex 26,31-33; 40,31; Lev 16,15). Dieser wird in 1Kön 6; 8 und 2Chr 5 allerdings nicht erwähnt. Vielmehr wird hier gesagt, dass man von außen die Bundeslade sehen konnte, dass deren Tragestangen aber so lang waren, dass deren Enden rechts und links durch den verengten Übergang ins Allerheiligste abgeschnitten waren. Solche Details spielen eine Rolle, weil die Beschreibung des Heiligtums immer auch mit der Frage der Sichtbarkeit Gottes verbunden ist. Gott ist anwesend an diesem Ort, das wollen alle relevanten Texte sagen. Was man von Gott sehen kann, wie sich Gott zeigt und wie er sich gleichzeitig verhüllt, darüber gibt es allerdings unterschiedliche Vorstellungen bereits im Alten Testament selbst. So kann auch Jesaja in seiner Berufungsvision sagen, er habe Gott gesehen, auch hier steht das Allerheiligste offen, gleichzeitig aber ist Gott von Feuer und Rauch eingehüllt und so eigentlich unsichtbar (Jes 6,1-4).

Für den Tempelweihbericht von 1Kön 8 und 2Chr 5 ist zunächst die Bundeslade, einschließlich der darauf angebrachten Cheruben der zentrale Kultgegenstand.[192] Darin befinden sich die beiden Gebotstafeln, die Moses am Berg Sinai empfangen hatte. Betrachtet man zunächst einmal 1Kön 8 als den Ausgangstext, so gibt dieser die ›Regie‹ für die Durchführung der Prozession wieder, durch die die Bundeslade an ihren Bestimmungsort gelangt. Salomo und die Ältesten Israels versammeln sich, um die Lade, die bis dahin in einer ›Abstellkammer‹ des Königspalastes untergebracht war, zum Tempel hinauf

---

[192]   Von einem goldenen Deckel auf der Lade, der in Lev 16 den eigentlichen Ort der Begegnung zwischen Gott und Israel bildet, berichten die Texte der deuteronomisch-deuteronomistischen Traditionslinie nichts.

zu begleiten. Dabei wird auch die alte Stiftshütte, einschließlich der Kult-gegenstände mitgenommen. Es geht insofern um einen neuralgischen Über-gang: Die Stiftshütte als das portable Heiligtum, das Israel zur Zeit der Wüs-tenwanderung und der Landnahme begleitet hatte, wird nun außer Dienst gestellt, und der salomonische Tempel an deren Stelle eingesetzt. Aber auch dieser Tempel soll nichts anderes sein als das, was auch die Stiftshütte war, nämlich der Ort, an dem Israel seinem Gott begegnet. Erst damit ist der lange Weg vom Sinai zum Zion abgeschlossen.

Das letzte Stück Weges in den Tempel hinein ist den Priestern vorbehal-ten, die die Bundeslade im Allerheiligsten absetzen. Dann verlassen sie das Tempelinnere, woraufhin genau das geschieht, was auch die Stiftshütte der Wüstenzeit zum legitimen Heiligtum gemacht hatte: Die Herrlichkeit Gottes erfüllt den Tempel, nimmt also gleichsam von ihm Besitz. Während dieser Zeit der Einwohnung (hebr. *š^{e}chīnā*) können die Priester allerdings nicht ins Tempelinnere zurückkehren und ihren Dienst versehen (1Kön 8,10 vgl. 2Chr 5,14), so wie schon einst Mose draußen warten musste, bis Gott sich wieder vom irdischen in sein himmlisches Heiligtum erhob (Ex 40,35).

Betrachtet man im Vergleich dazu nun den Predigttext aus 2Chr 5, bedient sich dieser klar erkennbar der Grunderzählung von 1Kön 8, weitet sie aber aus. Dabei fällt zunächst auf, dass es nun zwei Gruppen von Tempelbediens-teten gibt: Neben die Priester treten die Leviten, die eine Art *clerus minor* bilden. Diesen werden zwei Aufgaben beigelegt: Zum einen tragen sie die Bundeslade zum Tempel (erst dort wird sie dann von den Priestern selbst übernommen und ins Allerheiligste gebracht). Man kann erkennen, dass die Autoren der Chronik diesen Leviten besonders nahestanden und vielleicht sogar selbst dieser Gruppe zugehörten. Die potenzielle Konkurrenz von Pries-tern und Leviten zeigt sich auch daran, dass die Priestergruppe als einiger-maßen ›ungeordneter Haufen‹ dargestellt wird (V. 11).

Die gegenüber 1Kön 8 neue ›Arbeitsteiligkeit‹ von Priestern und Leviten zeigt sich auch im Blick auf die Tempelweihe als ›Klangereignis‹. Davon war in 1Kön 8 gar nicht die Rede. 2Chr 5 geht nun aber eigens auf die audiblen Elemente der Tempelweihe ein. Den Priestern wird als Instrument der Schofar zugewiesen, ein aus dem Gehörn eines Widders gefertigtes Blasinstrument (V. 12b). Das erinnert an Ex 19,16.19, wo der Schofar die erste Gottesbegeg-nung Israels begleitete. Was Israel damals hörte, war der Klang dieses Horns und, gleichsam damit verwoben, die Stimme Gottes. Allerdings ist der Schofar eher als militärisches Instrument oder Signalhorn zu verstehen. Durch die Leviten wird dieser Klang nun ausgefüllt, denn unter ihnen sind Sänger und Musikanten, die Saiten- und Schlaginstrumente spielen (V. 12a).

Die eigentliche Pointe der chronistischen Tempelweiherzählung folgt in V. 13. Es wird geradezu als Wunder dargestellt, dass alle Instrumente und Gesänge zu *einem* Klang verschmelzen. In diesen Klang fließt überdies die Rezitation der sogenannten Gnadenformel ein: »Er ist gütig, und seine Barmherzigkeit währt ewig«. Instrumente, Gesang und artikuliertes Wort werden eins, und erst in dieser Einheit werden alle Elemente chronistischer Vorstellung nach zum wahren Gotteslob. Das könnte nun einfach bedeuten, dass hier eine gute ›Aufführung‹ gefordert wird, bei der alle Beteiligten mit vollem Herzen bei der Sache sind. Vielleicht wollen aber vor allem V. 13b.14 noch etwas mehr sagen. Hier kommt es auf sprachliche Details an. Die Lutherbibel 2017 übersetzt wie folgt: »Und als sich die Stimme der Trompeten, Zimbeln und Saitenspiele erhob …, *da wurde das Haus erfüllt* mit einer Wolke, als das Haus des Herrn.« Dieser Übersetzung nach bildet das Gotteslob – die eine Stimme aus Musik und Wort – das Vorspiel oder, wenn man so will, die Ouvertüre zum Hauptereignis, dem Einzug der Wolke der Herrlichkeit Gottes (V. 14b). Man kann aber auch etwas anders übersetzen: »Und als sich die Stimme der Trompeten, Zimbeln und Saitenspiele erhob …, *da war das Haus erfüllt von* einer Wolke, als das Haus des Herrn.« In diesem Fall wäre die eine Stimme aus Musik und Wort nicht mehr Vorspiel zum Erscheinen der Gegenwart Gottes, sondern gehörte bereits zu deren *Wirkung*. Die Vorstellung wäre dann die, dass in der Sphäre der Herrlichkeit Gottes der Kult und vor allem dessen musikalische Seite auf eine andere Ebene gehoben werden.

Unabhängig davon, wie man sich sprachlich an dieser Stelle entscheidet, stellt 2Chr 5 eine enge Verbindung zwischen Musik und Gottes Herrlichkeit her. Der Zusammenhang von Klang und Gottesgegenwart wurzelt, wie schon angedeutet, in der Sinaierzählung und wird hier in 2Chr 5 für die Weihung des Zionstempels erneut aufgegriffen und eigens ausgearbeitet. Dahinter mag die Hoffnung liegen, dass Musik nicht nur ein Ausdruck menschlichen Lobens und Dankens ist, sondern gleichzeitig ein Medium, in dem sich die Herrlichkeit Gottes vergegenwärtigt. Beides kommt hier zusammen, und gerade das könnte die Botschaft dieses Textes für den Sonntag Kantate sein. (AS)

»… etiam per musicam« – oder: Wenn Gottesdienst (zu) gut funktioniert

In seiner Einführung zum Sonntag Kantate im Evangelischen Gottesdienstbuch schreibt Karl-Heinrich Bieritz: »Der Brauch, die Sonntage nach den Anfangsworten des Leitverses zum Eingangspsalm zu benennen, hat sich zu *Kantate* als besonders folgenreich erwiesen; lag es doch nahe, daraus einen ›Sonntag der Kirchenmusik‹ zu machen.«[193]

In diese Richtung hat sich der Sonntag in den vergangenen Jahren zweifellos weiterentwickelt. Aus einem Sonntag in der Reihe der Sonntage nach Ostern ist ein ›Kasus‹ der Kirchenmusik geworden. Die Perikopenrevision geht auf diese Entwicklung ein – und gestaltet den Textraum dieses Sonntags gehörig um.

So gehört der Sonntag Kantate zu den wenigen, die ein neues Sonntagsevangelium erhalten. In einem etwas eigenwilligen Zuschnitt begegnen Verse, die die Markus-Vorlage des Einzugs in Jerusalem mit lukanischem Sondergut verbinden (Lk 19,37–40). Am Abhang des Ölbergs brechen die Jünger in ein Gotteslob »mit lauter Stimme« aus, nehmen Ps 118,26 und in interessanter Veränderung auch das Lied der himmlischen Heerscharen aus Lk 2,26 auf. Angesichts der Machttaten Jesu auf Erden geben die ›Irdischen‹ nun das bei der Geburt Jesu angestimmte himmlische Lob zurück.[194] Gleichzeitig erinnert die gesamte Szene am Ölberg an die in 1Kön 1 berichtete Salbung Salomos, der auf einem Maultier an den Abhang des Ölbergs geführt wird und dem »alles Volk« zuruft: »Es lebe der König Salomo« (1Kön 1,39). *Einigen* (nicht allen!) Pharisäern passt der Jubel der Jünger beim Einzug Jesu nicht. Jesus aber meint, dass das Gotteslob, wenn nicht von den Jüngern, dann von den Steinen kommen werde. Das göttliche Handeln kann nicht ohne irdische *Resonanz* bleiben – so ließe sich mit einem von Hartmut Rosa in die soziologische Diskussion gebrachten Begriff formulieren,[195] der für den Sonntag Kantate sicher in spezifischer Weise bedenkenswert ist.

Gotteslob – dies stimmen auch Paulus und Silas im Gefängnis an (Apg 16,23–34) und die, »die den Sieg behalten hatten« und nun im himmlischen Gottesdienst »das Lied des Mose … und das Lied des Lammes« singen (Offb 15,3; aus heutiger Perspektive gesagt: Das himmlische Gotteslob verbindet Altes und Neues Testament!). Diese beiden neutestamentlichen Texte

---

[193]   Evangelisches Gottesdienstbuch, 703.
[194]   Vgl. Michael Wolter, Das Lukasevangelium, HNT 5, Tübingen 2008, 630.
[195]   Vgl. Hartmut Rosa, Resonanz. Eine Soziologie der Weltbeziehung, Berlin 2016.

standen auch schon bislang im Textraum von Kantate, ebenso wie die Epistel aus Kol 3,12–17, die wegen des zweiten Teils von V. 16 hier ihren Ort fand: »[...] mit Psalmen, Lobgesängen und geistlichen Liedern singt Gott dankbar in euren Herzen.«

Neu kommen zwei alttestamentliche Erzähltexte hinzu: David als der ›Musiktherapeut Sauls‹ (1Sam 16,14–23) und die chronistische Fassung der Erzählung von der Tempelweihe aus 2Chr 5, in der das massenhafte Opfergeschehen im Tempel (V. 6) durch Saitenspiel, Trompetenklänge und Gesang nachhaltig unterbrochen und durch Gottes Gegenwart selbst unmöglich gemacht wird.

2Chr 5 kann am Sonntag Kantate zu der Frage führen, was den Gottesdienst eigentlich und grundlegend ausmacht. Immer wieder einmal wird als ein Problem (oder gar: als das große Problem!) des evangelischen Gottesdienstes seine Tendenz zur Didaktisierung und Pädagogisierung beschrieben, die einhergeht mit einer gewissen weitschweifigen Wortlastigkeit.[196] Die Faszination der Reformatoren für die Predigt hat zweifellos die problematische Kehrseite der Gefahr der ›Homiletisierung‹ des gesamten Gottesdienstes, in dem dann nicht nur zu lange gepredigt wird, sondern auch noch andere Sequenzen der Liturgie (die freie Begrüßung, das Fürbittgebet ...) in kleine Predigten verwandelt werden.

2Chr 5 kann evangelische Christenmenschen an das erinnern, was das Ziel jeder gemeinsamen Feier ist: *gemeinsames* Gotteslob in der Erwartung der Gegenwart Gottes – und nicht etwa langes Reden zur Erklärung der Bedeutung und gesellschaftlichen sowie individuellen Relevanz des Glaubens oder der Kirche.

2Chr 5 macht damit Ernst, was liturgietheologisch zwar immer wieder routiniert behauptet, aber kaum einmal in seiner Bedeutung wahrgenommen wird: Was wäre, wenn wir nicht nur von Gottes Nähe redeten, sondern sich diese so einstellte, dass sie uns und unserem Handeln und Planen in die Quere käme? Was wäre, wenn Gott nicht eine leicht beherrschbare Vokabel in unserer Sprache wäre, sondern uns so entgegenkäme, dass ein geregelter Gottesdienstablauf vielleicht nicht mehr möglich wäre? Was wäre, wenn Gott – wie in 2Chr 5 – unsere aufwändig inszenierten Religionsfeiern mit seiner Gegenwart unterbräche?

---

[196] Vgl. grundlegend Alexander Deeg, Das äußere Wort und seine liturgische Gestalt. Überlegungen zu einer evangelischen Fundamentalliturgik, APTLH 68, Göttingen 2011, bes. Kapitel 2.

Martin Luthers berühmte Worte anlässlich der Kirchweihe in Torgau am
5. Oktober 1544, die seit dem 19. Jahrhundert »Torgauer Formel« genannt
werden, werden oft zitiert, wenn es um die Frage geht, was im evangelischen
Gottesdienst geschehen kann und soll: nichts anderes »dann das unser lieber
Herr selbs mit uns rede durch sein heiliges Wort und wir widerumb mit jm
reden durch Gebet und Lobgesang.«[197] Der häufige Gebrauch dieser Formel
hat sie meiner Wahrnehmung nach so abgeschliffen, dass das Unerhörte
kaum noch wahrgenomen wird, das darin steckt. Im Gottesdienst geht es
zunächst darum, dass *Gott selbst redet*. Das, was kein Mensch ›machen‹ kann,
das, was Mose am brennenden Busch in der Wüste nachhaltig verstört, was
Maria und die Hirten auf dem Feld von Bethlehem zu großer Furcht führt,
das, was von der »großen Stimme« gesagt wird, von der die Offenbarung des
Johannes berichtet – das soll geschehen in der an und für sich gänzlich un-
spektakulären Versammlung einer Sonntagsgemeinde. Gott spricht sein Wort
– und betroffen von dieser Anrede antworten Menschen. Mit Hartmut Rosa
könnte man sagen: Es ist ein Phänomen vertikaler Resonanz, um das es im
evangelischen Gottesdienst geht. Aber wenn man so redete, hätte man das
Unerhörte dieser liturgischen Grundbestimmung vielleicht schon wieder eingeebnet in eine handhabbare Begrifflichkeit.

Der Text aus 2Chr 5 kann hingegen in seiner durchaus humorvollen,
kultkritischen Überspitzung helfen, auch die Pointe des evangelischen Gottesdienstes neu zu entdecken. 2Chr 5 schildert, wie die Lade des Bundes in
den Tempel gebracht wird – und das ist nichts anderes als ein Holzkasten, in
dem zwei Tafeln liegen, wie 2Chr 5,10 explizit betont: »Und es war nichts in
der Lade außer den zwei Tafeln, die Mose am Horeb hineingelegt hatte […]«.
Damit aber erinnert die Lade bei jeder Feier im Tempel an das Bundesge-
schehen am Horeb zurück und an den Inhalt des Bundes. Wobei ›erinnern‹
ein gefährlich blasses Wort ist. Liturgisch und liturgiewissenschaftlich spricht
man wohl besser von *Anamnese*, was eine Gestalt der Erinnerung bedeutet,
die klassische lineare Zeitstrukturen zusammenstürzen und die ›Vergangenheit‹ gegenwärtig werden lässt.

---

[197]   WA 49, 588, 15–18. – Luthers eher beiläufig geäußerter Satz zur Torgauer Kirchweihe
machte nicht nur in der Geschichte evangelischer Liturgik eine erstaunliche Karriere. Er
wurde auch zu einer der leitenden liturgischen Formeln des Zweiten Vatikanischen Konzils, so dass er inzwischen als ökumenischer Basissatz gelten kann: In SC 33 (4. Dezember
1963) wird formuliert: »[…] in der Liturgie spricht Gott zu seinem Volk; in ihr verkündet
Christus noch immer die frohe Botschaft. Das Volk aber antwortet in Gesang und Gebet.«

So ist es sicher kein Zufall, dass die »Herrlichkeit des Herrn« (V. 14) aus-gerechnet in einer »Wolke« (2Chr 5,13f.) erscheint: Die Wolke verbindet das Geschehen am Tempel mit dem Geschehen am Sinai (vgl. Ex 19,9.16 u. ö.), das sich neu ereignet, ›wiederholt‹. Dass dies dann freilich bedeutet, dass das organisierte Massenschlachten (2Chr 5,6) in den Hintergrund tritt und dass die Priester ihr geplantes Handeln nicht fortsetzen können (2Chr 5,14), ist die Pointe der chronistischen Fassung der Erzählung von der Tempelweihe.

Und was tun wir, evangelische Christenmenschen, am Sonntag Kantate? Die Priester blasen die Trompeten, die Leviten spielen die Saiteninstrumente und singen einen recht einfachen Text des Gotteslobs: *ki tov, ki lᵉolam chasdo* (V. 13; vgl. Ps 106,1). Musikalisches Gotteslob gehört hinein in die Wechsel-rede von Gott und Mensch, die keineswegs nur durch Worte geschieht, son-dern »etiam per musicam«,[198] auch und vielleicht in hervorgehobener Weise durch die Musik. Es wird wohl nicht oder nur sehr selten dazu kommen, dass Gottes Herrlichkeit in einer Wolke die Kirche so dicht erfüllt, dass eine Predigt nicht mehr möglich und sinnvoll scheint. Aber ein Hinweis könnte dieser Text aus der Chronik schon sein, dass vielleicht gar nicht allzu lange *über* 2Chr 5 gepredigt werden muss, sondern *mit* 2Chr 5 in das erwartungsvoll of-fene Lob der Gemeinde geführt werden kann.

Als Predigtlied zu 2Chr 5 eignet sich besonders EG 288 (»Nun jauchzt dem Herren alle Welt«) – ein Lied, in dem der Dienst an Gott und das göttliche Angesicht (V. 1), das Gotteslob und der Tempel (V. 4 + 5) in besonderer Weise eine Rolle spielen. (AD)

---

[198] Martin Luther: »Sic Deus praedicavit euangelium etiam per musicam«, WA.TR 2,11, Nr. 1258.

4. Sonntag nach Ostern: Kantate (Reihe V): 1Sam 16,14-23

Musik und die Selbstüberlistung Gottes

Diese Erzählung bildet eine der sogenannten ›Aufstiegsgeschichten‹ Davids. Das erste Samuelbuch kennt im Wesentlichen zwei Wege, wie sich David, der Hirtenjunge, die Aufmerksamkeit von König Saul verdient, als dessen Nachfolger er bereits bestimmt ist. Diese Wege zum Thron und zur Macht sind denkbar verschieden und sollen in ihrer Komplementarität vielleicht ganz gezielt den vielschichtigen Charakter Davids entfalten. Auf der einen Seite wird er als furchtloser, junger Krieger dargestellt (1Sam 17), der von seinem Vater Isai ins Heerlager Sauls geschickt wird, eigentlich nur um seine Brüder, die bereits mit Saul kämpfen, zu versorgen. Davids erste Tat besteht allerdings darin, den übermächtigen Philister Goliath zur Strecke zu bringen, vor dem sich alle anderen fürchten. David ist ein Krieger, Kämpfer und schließlich Heerführer, der in mancher Hinsicht an die Helden von Homers Ilias erinnert. Eine andere Geschichte stellt David dagegen als Höfling dar, der als Diener an Sauls Hof kommt (1Sam 16). Es war nicht unüblich, dass die jüngeren Söhne großer Familien nicht zu Hause blieben, wo es für sie unter Umständen keine Perspektive gab. So auch David als jüngster von acht Söhnen, dessen musikalische Begabung ihm den Weg zu Sauls Hof eröffnet (1Sam 16,18). Das wirft ein eher ›weiches‹ Licht auf ihn. Man stellt sich David hier als schmächtigen Schöngeist vor und nicht so sehr als Philistertöter. Sein großer Moment kommt, als Sauls Gemütszustand sich zu verdunkeln beginnt und seine Entourage beschließt, dass Davids Harfenspiel wieder etwas Freude ins Leben des von Depressionen[199] geplagten Königs bringen könne. Und so geschieht es dann auch: Immer, wenn der »böse Geist« Saul heimsucht, wird David herbeigeholt und spielt auf der Harfe.

An der Oberfläche betrachtet könnte man die Pointe dieser Erzählung, zumal im Blick auf den Sonntag Kantate, in der therapeutischen Funktion von Musik sehen. Das wäre gewiss nicht falsch, aber auch nicht weiter von Belang. In praktisch allen Kulturen der antiken Welt war die heilsame Wir-

---

[199] 1Sam 16,15 legt wegen der Erwähnung von »Unruhe« im Verhalten Sauls nahe, dass die Autoren an eine, modern gesprochen, manische (bipolare) Depression dachten.

kung von Musik bereits bekannt. Allerdings erklärte man sich die Wirkung von Musik anders als in der modernen Musiktherapie. Heute ist anerkannt, dass Musik zunächst im Hirnstamm verarbeitet wird, also noch unterhalb der Ebene des Bewusstseins. Erst danach kommt es zu einer differenzierteren und analytischen Wahrnehmung einzelner Klänge, Stimmen etc., die in beiden Hirnhälften geleistet wird und auch zu deren wechselseitiger Stärkung beiträgt. Musik vermag Emotionen zu aktivieren, die im Alltag im Hintergrund bleiben und die mit der Ausschüttung von Neuropeptiden und Hormonen verbunden sind. So kann Musik das Glücksempfinden fördern und das Schmerzempfinden unterdrücken.

Im Unterschied dazu führte die antike Welt vor allem psychische Erkrankungen auf die Besessenheit durch Dämonen oder böse Geister zurück – externe Mächte also, die ihr Opfer einnehmen und quälen, sei es durch physische Schmerzen, durch Wahnvorstellungen oder durch Lethargie. Die Wirkung von Musik wurde also nicht nur auf den leidenden Menschen direkt bezogen, sondern auch auf die Dämonen, die vor Musik fliehen. Möglicherweise stellte man sich dies so vor, dass das, was für Menschen harmonisch und schön klingt, für die Dämonen unausstehlich ist. Diese Auffassung war noch bis weit ins Mittelalter bekannt und findet sich an vielzitierter Stelle z. B. auch bei Martin Luther: »Denn wir wissen, dass die Musik auch den Teufeln zuwider und unerträglich sei. Und ich sage es gleich heraus und schäme mich nicht, zu behaupten, dass nach der Theologie keine Kunst sei, die mit der Musik könne verglichen werden, weil allein dieselbe nach der Theologie solches vermag, was nur die Theologie sonst verschafft, nämlich die Ruhe und ein fröhliches Gemüte.«[200]

So betrachtet wäre 1Sam 16,14–23, was die Bedeutung von Musik angeht, allerdings kaum mehr als eine Anekdote aus vergangener (vorwissenschaftlicher) Zeit, die in erster Linie dazu dient, Davids Aufstieg und Sauls allmählichen Untergang in Szene zu setzen. Allerdings gibt es, wie so häufig im Alten Testament, unterhalb der Erzähloberfläche noch eine eher indirekte und in gewisser Weise gegenläufige Bedeutungsebene. Dabei ist zunächst der einleitende V. 14 wichtig, der Gott – im wörtlichsten Sinne – mit Sauls ›Geisteszustand‹ in Verbindung bringt: Gottes eigener Geist weicht von Saul und dessen Stelle nimmt ein böser Geist ein, der ebenfalls von Gott selbst gesandt wird. So oder so ist Saul als gesalbter König (Messias) ein »Besesse-

---

[200]   Aus dem Brief an den Münchner Komponisten Ludwig Senfl von 1530 (WA Br 5, 635–640, Nr. 1727).

ner« – die Frage ist nur, von welchem Geist. Dies erinnert ein wenig an 1Kön 22, wo von einer himmlischen Ratsversammlung berichtet wird, in der Gott dekretiert, dass ein Lügengeist König Ahab benebeln und ihn dazu verleiten solle, eine Schlacht zu führen, die er nicht gewinnen würde (V. 20f.). Gott regiert demnach von seinem himmlischen Ort in die Welt hinein mittels solcher Geister, wobei unterschieden wird zwischen Gottes eigenem, guten Geist und den ihm ferneren Zwischenwesen, die gleichwohl seiner Befehlsgewalt unterliegen. Sauls Untergang ist bereits beschlossene Sache und wird sich schließlich auch erfüllen (vgl. 1Sam 31). Gleichwohl geschieht etwas Unerwartetes: David, dessen Aufstieg eigentlich Sauls Schicksal besiegeln soll, wird zu demjenigen, der die Wirkung des göttlichen Zorns von ihm abwendet – und zwar durch seine musikalische Begabung. Es ist fast so, als wäre die Macht der Musik, die den bösen Gottesgeist vertreibt, etwas, womit Gott nicht gerechnet hatte. Oder anders gesagt: Musik hat eine Eigenmächtigkeit, die die Geschichte zwischen Saul und David zumindest für einen Moment ihrer tragischen Unvermeidlichkeit beraubt und ins Humane wendet. Solange David für Saul spielt, sind sie nicht die Gegner, die sie eigentlich sein sollten. Musik ist insofern nicht nur therapeutisches Medium, sondern ein Raum, in dem sich Beziehungsgeflechte verändern. Und 1Sam 16 geht sogar so weit, dass Gott selbst davon ›betroffen‹ ist, insofern hier die Rollen des von ihm Erwählten und Verworfenen temporär dispensiert werden.

Die Saul-Geschichten sind in besonderer Weise der Ort, an dem die Wirkung von Musik zum Thema wird, denn Saul war schon einmal der eigentümlichen Macht der Musik ausgesetzt gewesen und zwar, komplementär zu seiner Verwerfung in 1Sam 16, bei seiner Berufung in 1Sam 10,5f.:

> »Danach wirst du nach Gibea Gottes kommen, wo die Wache der Philister ist; und wenn du dort in die Stadt kommst, wird dir eine Schar von Propheten begegnen, die von der Höhe herabkommen, und vor ihnen her Harfe und Pauke und Flöte und Zither, und sie werden in Verzückung sein. Und der Geist des Herrn wird über dich kommen, dass du mit ihnen in Verzückung gerätst; da wirst du umgewandelt und ein anderer Mensch werden.«

Hierbei handelt es sich um die Schilderung des Idealfalls: Musik und Geist Gottes, gleichsam im Gleichklang, machen Saul zu einem »anderen Menschen«. Hier wird eine Affinität zwischen Musik- und Geistwirkung beschrieben, die einen Person- und Statuswechsel mit sich bringt: Der gerade gesalbte König fällt aus seiner Rolle heraus und wird zum ekstatischen Propheten (1Sam 10,11f.).

Die Affinität zwischen Berufungs- und Verwerfungsgeschichte lädt zum Vergleich ein: Im einen Fall wird Saul der Geist Gottes gegeben, im anderen wird er ihm wieder genommen. Gemeinsam ist beiden aber die verwandelnde Kraft der Musik, denn selbst der verworfene Saul wird noch einmal zu einer anderen Person, indem der böse Geist von ihm ablässt. Es bleibt der Eindruck der transformierenden Eigenmächtigkeit von Musik, die zu bedenken vor allem die Aufgabe am Sonntag Kantate ist. (AS)

»Weicht, ihr Trauergeister …«

In manchen Kirchen ist König David nicht nur dann dabei, wenn ›seine‹ Psalmen gesungen oder gebetet werden, wenn – wie nun alle sechs Jahre am Sonntag Kantate – eine Episode aus seinem Leben gepredigt wird, sondern ständig und sichtbar gegenwärtig. Zahlreiche Orgelemporen zeigen den musikalischen König mit seiner Harfe.[201]

Dass David nun auch explizit im Textraum des Sonntags Kantate begegnet, ist auch in dieser Hinsicht nur konsequent.

Walter Dietrich schreibt über David: »Herrscher hat es viele gegeben, Musiker und Poeten ebenfalls, dass aber ein Herrscher zugleich Musiker und Poet ist: Das ist selten, in solch herausgehobener Weise sogar einmalig.«[202] Als den »Herrscher mit der Harfe« bezeichnet Dietrich ihn daher im Untertitel seines hervorragend lesbaren David-Buches und stellt 1Sam 16,14–23 unter die Überschrift »David als Musiktherapeut«.[203] Diese wenigen Verse im Kontext der Aufstiegserzählung haben zu einer immensen Wirkungsgeschichte geführt, spiegeln sie doch eine Erfahrung, in der sich Menschen durch die Zeiten hindurch wiederfinden konnten. In der zweiten Hälfte des 15. Jahrhunderts dichtete der Renaissance-Künstler und Geistliche Johannes Tinctoris:

»Rex David in Saule sedavit demonis iram
Ostendens cithara virtutem carmine miram.«

---

[201] Im Internet greifbar ist z. B. die Abbildung König Davids in einer Holzschnitzarbeit von Johann Baptist Moroder, Pfarrkirche St. Ulrich in Gröden; https://de.wikipedia.org/wiki/David#/media/File:Allegorie_Pfarrkirche_St._Ulrich.JPG [Zugriff vom 1. 1. 2018].

[202] Walter Dietrich, David. Der Herrscher mit der Harfe, Biblische Gestalten 14, Leipzig ²2016, 277.

[203] A. a. O., 283.

(»Der König David dämpfte in Saul des Dämons Wut.
Sein Lied erweist die Wunder, die eine Harfe tut.«)[204]

Angesichts der »Wunder, die eine Harfe tut«, ist es doch erstaunlich, wie
die Rolle gottesdienstlicher Musik manchmal beschrieben wird. Da wird
einem Organisten gedankt, weil er den Gottesdienst so schön ›ausgeschmückt‹
habe, oder dem Posaunenchor, weil er die Lieder wieder einmal so schwungvoll ›begleitet‹ habe. Das alles mag schon auch der Fall sein, aber mit dem
neuen alttestamentlichen Text aus 1Sam 16 wird erneut deutlich, dass Musik – nicht nur, aber auch im Gottesdienst – weit mehr ist als das Ornament
um die Worte und weit mehr als die willkommene Stütze beim Gemeindegesang. Sie hat eine »transformierende Eigenmächtigkeit«. Ob man nun in
Aufnahme biblischer Symbolwelten von der exorzistischen Kraft der Musik
spricht[205] oder die befreiende Wirkung der Musik physiologisch bzw. psychologisch erklärt oder etwa mit der Neuen Phänomenologie Musik als Atmosphäre bedenkt[206] – in jedem Fall ist die Musik im Leben und im Gottesdienst mehr als nur Untermalung, Ausschmückung oder Begleitung. Für das
Erleben des Gottesdienstes spielt die Musik eine entscheidende Rolle. Gottesdienste werden nicht in ›Strukturen‹ erlebt (so der seit den 1970er Jahren ge-
brauchte liturgiewissenschaftliche Grundbegriff), sondern primär als Klang-
gestalten.

Daran ist auch und gerade angesichts der ambivalenten evangelischen
Geschichte im Umgang mit Musik im Gottesdienst zu erinnern. Luthers Hoch-
schätzung der Musik zeigt sich auch in seiner Auslegung zu 1Sam 16: Der
Wittenberger Reformator erblickt in dieser Geschichte »die höchste Bewährung der Macht der Musik«.[207] Ganz anders Calvin, der die Reserve der
Schweizer Reformation gegen die Musik im Gottesdienst teilte und zu 1Sam
16 ausführte:

---

[204]   Zit. bei Dietrich, a. a. O., 284.

[205]   Recht martialisch tut dies Oskar Söhngen in seinem Text zu den »Theologische[n]
Grundlagen der Kirchenmusik«, in: Leiturgia IV: Die Musik des evangelischen Gottes-
dienstes, Kassel 1961, 1-266, 188: »[…] es gibt schon nach den Erfahrungen des Alten
Testamentes (1. Sam. 16!) Stellen an der Front Satans, an denen gerade der geistlichen
Musik Macht zum Durchstoß und Einbruch in sein Reich gegeben ist.«

[206]   Vgl. Hermann Schmitz, Intensität, Atmosphären und Musik, in: ders., Atmosphären,
Freiburg/München 2014, 78-91.

[207]   Vgl. Söhngen, a. a. O., 61.

»Wer würde [...] aufgrund dieses besonderen Vorganges, daß Sauls Wutanfall durch Davids Musik gebändigt wurde, zu dem Schluß kommen, daß Davids Zitherspiel Macht gehabt habe, den Anfall zu heilen? Sicherlich war die Macht des Zitherspiels oder des Gesanges oder anderer Musikinstrumente nicht so, daß sie die Teufel vertreiben und beschwören konnten, sondern Gottes Wille hat ihnen Macht gegeben, das auszurichten.«[208]

Es geht – so Calvin – nicht um die Macht der Musik, sondern um die Macht Gottes, der sich *auch* der Musik bedienen kann.

Dennoch aber geschah die Zurückweisung der Musik im Gottesdienst bei Teilen der Schweizer Reformation ja keineswegs, weil Musik ästhetisch abgelehnt wurde, sondern weil man eine tiefe Einsicht in die transformierende Macht der Musik hatte – und diese nicht gegen das ›Wort‹ in Anschlag bringen wollte. Die Psalmen öffneten dann bekanntlich die Tür für den Rückweg der Musik auch in den Gottesdienst der reformierten Kirchen. Ob auch reine Instrumentalmusik im Gottesdienst verwendet werden soll und kann, wurde in allen reformatorischen Kirchen immer wieder zum Gegenstand der Diskussion. Die funktionalistische Reduktion, durch die man Musik nur als ›Umrahmung‹ des Eigentlichen versteht, mag – eher unbewusst als bewusst – bis heute diese tendenzielle Zurückdrängung der Musik spiegeln. Mit der Musik kommt etwas Eigenes, schwer Kontrollierbares, in der Rezeption gegenüber dem Wort noch weit Offeneres, in der psychologischen Wirkung Intensiveres in den Gottesdienst. Damit besteht die Herausforderung, das Verhältnis von ästhetischem und religiösem Erleben zu bedenken.[209] Handelt es sich – wie etwa Wilhelm Gräb meint – beim religiösen Erleben ›nur‹ um eine spezifische Weise der Deutung ästhetischen Erlebens? Oder lässt sich von einem eigenen Phänomenbereich des Religiösen sprechen, zu dem die Musik einen Zugang eröffnen kann (»ubi et quando visum est Deo / wo und wann er [Gott] will«, Confessio Augustana V)?

All diese Fragen können durch 1Sam 16 am Sonntag Kantate[210] evoziert werden. Klar ist, dass Musik an diesem Sonntag ganz bestimmt nicht lediglich Ornament oder Begleitung sein kann, sondern in ihrer eigenen Bedeutung

---

[208]   Calvini opera, Bd. 30, 181f., hier zitiert nach Söhngen, a. a. O., 61.

[209]   Vgl. die anregende empirische Studie des Theologen und Kirchenmusikers Jochen Kaiser, Religiöses Erleben durch gottesdienstliche Musik. Eine empirisch-rekonstruktive Studie, Göttingen 2012.

[210]   Vgl. zum Textraum dieses Sonntags insgesamt die Ausführungen zu 2Chr 5.

für die gott-menschliche Wechselrede bedacht und entsprechend in den Gottesdienst aufgenommen werden muss. Eine Predigt, die bewusst als Wechselspiel von Sprache und Musik gestaltet wird und die so wenigstens ansatzweise erlebbar macht, wovon sie redet, bietet sich an (und kann von der wenig aufwendigen Form einer mehrfachen Unterbrechung der Predigt durch Gemeindegesang bis hin zur homiletisch-kirchenmusikalischen Improvisationskunst verschiedenste Formen annehmen).

Gerade angesichts von 1Sam 16 könnte es auch interessant sein, das Confiteor zu Beginn des Gottesdienstes oder ein ausführliches Sündenbekenntnis nach der Predigt/vor dem Abendmahl nicht primär mit Worten, sondern vor allem musikalisch zu gestalten, damit – mit Luther gesprochen – die »Teufel«, die die Musik als »unerträglich« empfinden, verschwinden und – mit Johann Franck gesagt – die »Trauergeister« weichen mögen (EG 396,6).[211] (AD)

---

[211] Sicherlich eignet sich EG 396 auch besonders als Predigtlied zu 1Sam 16.

5. Sonntag nach Ostern: Rogate (Reihe III): Sir 35,16–22a

Das Gebet und der Weg zu dem Gott im Himmel

Das Buch Jesus Sirach (oder Ben Sira) gehört zu den Büchern, die nicht im hebräischen Kanon des Alten Testaments enthalten sind, wohl aber in der sogenannten Septuaginta, die im hellenistischen Judentum weit verbreitet und auch für das frühe Christentum maßgeblich war. Die Septuaginta unterscheidet sich von der »Hebräischen Bibel« vor allem durch zahlreiche zusätzliche Geschichts- und Weisheitsbücher, zu denen auch Sirach gehört. Im Hintergrund dieses Buches steht das Interesse, das Gesetz Gottes (die Sinaitora), die sich speziell an Israel richtet, in harmonischer Einheit mit der Weisheit zu verbinden, die Gott allen Menschen gegeben hat. Sirach ist ein religiöses, aber – wenn man den Begriff verwenden will – auch ein zutiefst humanistisches Buch, weil es eine Art von Erkenntnis, Ethos und Praxis vertritt, die nicht nur einem religiösen, sondern jedem gebildeten und verständigen Menschen ›einleuchten‹ sollte. So bietet Sirach Empfehlungen für das Verhalten in nahezu allen Lebensbereichen und -situationen an, wenngleich die Themen verraten, dass sich das Buch an eine vorwiegend, wenn nicht ausschließlich, männliche Klientel richtet: Frauen und Kinder, Gesundheit und Krankheit, Armut und Reichtum, Torheit und Klugheit, und selbst an sehr praktischen Benimmregeln des alltäglichen Lebens fehlt es nicht. In diesen Zusammenhang gehören auch Sirachs Logien über das Gebet, von denen eines als Predigttext dem Sonntag »Rogate« zugeordnet ist (Sir 35,16–22a).[212]

Im Kontext von Sir 35 geht es zunächst um die richtige Gesinnung beim Darbringen eines Opfers: Man soll dabei nicht geizig sein, Gott nichts vorenthalten, und es geht auch darum, dabei als ein Mensch vor Gott zu treten, der Recht übt und nach Gerechtigkeit trachtet. In diesem Zusammenhang wendet sich Sirach dem Gebet zu und macht es auf diese Weise (neben dem Opfer) als die zweite Elementarform des Gottesdienstes kenntlich. Im Zentrum steht das Gebet der Armen und Unterdrückten, der Witwen und Waisen, also der

---

[212] Es sei darauf hingewiesen, dass aufgrund verschiedener Verszählungen dieser Abschnitt in der weithin gebräuchlichen Septuagintaausgabe von Alfred Rahlfs bereits in V. 13 beginnt.

personae miserae. Das Gebet kommt hier in einer sehr speziellen Perspektive in den Blick. Genau genommen handelt es sich gar nicht um das, was wir normalerweise als ›Gebet‹ – im Sinne einer regulären Frömmigkeitspraxis – bezeichnen würden. Etwas salopper gesagt: Gebet ist hier nicht dadurch gekennzeichnet, dass es mit einer Anrede an Gott beginnt, mit »Amen« endet und mit gefalteten oder erhobenen Händen gesprochen wird. Die Situation und der Gestus von Gebet werden hier ganz anders dargestellt: »Er verachtet das Flehen der Waisen nicht noch die Witwe, wenn sie ihre Klage erhebt. Laufen ihr nicht die Tränen die Wangen hinunter, und richtet sich ihr Schreien nicht gegen den, der die Tränen fließen lässt?« Es sind Leid, Aufschrei und Protest, die hier als Gebet verstanden werden. Dabei scheint gar nicht entscheidend zu sein, ob sie auch so *gemeint* sind. Im Griechischen steht für »Flehen« der Begriff ἱκετεία, der im weitesten Sinne einen Hilferuf bezeichnet, für den noch gar nicht klar ist, wer ihn hören und auf ihn reagieren wird. Die Pointe dieser Stelle liegt also darin, dass das Flehen der Notleidenden zum Gebet wird, weil Gott es zu sich dringen lässt.

Darin liegt eine erste interessante Einsicht: Gebet ist nicht dadurch definiert, dass es in bestimmter Weise intendiert ist. Zu einem Gebet wird es erst dann, wenn es Gott tatsächlich erreicht bzw. wenn Gott es als solches akzeptiert. Dabei kommt vor allem die Klage des leidenden Menschen in den Blick, dem sich Gott nicht verschließt. Darin wird eine Vorstellung von Gebet ansichtig, die angesichts des vielfältigen Leidens auch in unserer Welt aktuelle theologische Brisanz besitzt. Sei es das stumme Leiden von Hungernden, sei es der Schrei des Protests von Vertriebenen und Kriegsflüchtlingen – all das ist Gebet, insofern Gott es dazu macht.

Ähnliche Vorstellungen kann man auch an anderen Stellen des Alten Testaments finden. So sagt Gott in der Kain-und-Abel-Erzählung, dass das Blut des erschlagenen Abel zu ihm schreit (Gen 4,10; vgl. auch Ps 9,13), also für jemanden eintritt, der selbst keine Stimme mehr hat. Das zu Unrecht vergossene Blut übernimmt gleichsam stellvertretend den Aufschrei, den Gott hört. Aber auch der umgekehrte Fall des Nicht-Erhörens wird im Alten Testament bedacht. In den Klageliedern heißt es, dass Zion ihre Hände ausstreckt, aber niemand da ist, der sie tröstet (Klgl 1,17). Nicht alles wird zum Gebet, selbst wenn es so gemeint war – darin liegt eine der abgründigen Einsichten alttestamentlicher Klageliteratur.

Neben der Klage der Witwen und Waisen gibt Sir 35 noch ein zweites Beispiel der Wirkweise von Gebet. Hier geht es um den schutzlosen Menschen, dem Recht und Gerechtigkeit vorenthalten werden. Die Übersetzung dieser Stelle (V. 21) variiert in den unterschiedlichen Bibelausgaben im

Blick auf ein entscheidendes Detail. Möglichst wörtlich übersetzt lautet der Vers wie folgt: »Das Gebet des Gedemütigten dringt durch die Wolken, aber bis es ankommt, findet er keinen Trost. Aber es wird nicht ablassen, bis der Höchste darauf achtet. Er wird den Gerechten Recht verschaffen und das Gericht vollziehen.« Die Vorstellung ist die, dass das Gebet (ähnlich wie ein Opfer) zu Gott in den Himmel aufsteigt, aber erst dann wirksam wird, wenn es tatsächlich dort angekommen ist. Dabei schwingt die Ahnung mit, dass Gott so weit weg oder verborgen sein könnte, dass das Gebet nicht zu ihm durchdringt. Nun kommt es darauf an, ob man übersetzt »aber es [das Gebet] wird nicht ablassen ...« oder »aber er [der Beter] wird nicht ablassen ...«. Im ersten Fall wäre von der Eigenwirksamkeit des Gebets die Rede, das geradezu für den Beter einsteht und insistiert, bis es schließlich erhört wird. Im zweiten Fall ginge es darum, dass der Beter so lange zu Gott ruft, bis dieser endlich auf ihn achtet.[213] Im Gesamtduktus des Textes dürfte erstere Lösung die wahrscheinlichere sein, denn tatsächlich wird hier ja der lange Weg beschrieben, den das Gebet zwischen Menschenmund und Gottesohr zurücklegt. Diese Wegstrecke wird dann zum Bild der Dynamik und der Mächtigkeit des Gebets, das auf diese Weise fast hypostatische Gestalt annimmt.

Sir 35 ist sicher nicht als allgemeine Theorie des Gebets zu verstehen, sondern richtet sich speziell auf die Situation von Menschen in Not. Das schließt nicht aus, dass es auch in der Welt des Jesus Sirach daneben das Gebet als intimeres, nicht nur auf Krisenerfahrungen reagierendes »Reden des Herzens mit Gott« gab, wie es der Brenz'sche Katechismus formuliert. Gleichwohl geht das Sirachbuch von einem Abstand zwischen dem Gott im Himmel und dem Menschen auf Erden aus (vgl. auch Sir 36,19) und erinnert darin an eine Stelle des Predigers Salomo (5,1), die ebenfalls die Aufgabe von Gebet zum Gegenstand hat: »Sei nicht schnell mit deinem Munde und lass dein Herz nicht eilen, etwas zu reden vor Gott; denn Gott ist im Himmel und du auf Erden; darum lass deiner Worte wenig sein.« Für die Weisheitslehrer des Alten Testaments gehört das Wissen um diesen Abstand und als Folge daraus die Demut des Menschen »auf Erden« zu den Voraussetzungen von Gebet. Das Gebet wäre demnach falsch verstanden, wenn es den Zweck haben sollte, Gott dem Menschen näherzubringen. Eher umgekehrt geht die alttestamentliche Weisheit davon aus, dass das Gebet eine Weise der Anrede ist, die den Menschen Gott näherbringt. Und, wie eingangs gesehen, kann sich Gott auch

---

[213] So die Lutherbibel 2017.

dann angesprochen zeigen, wenn der Mensch dies selber vielleicht gar nicht erwartet oder geglaubt hätte. (AS)

Von der Leidenschaft des Gebets

Zum ersten Mal kommt in der neuen Perikopenordnung auch ein Text aus den sogenannten »Spätschriften« oder »Apokryphen« des Alten Testamentes als Predigttext vor – freilich nur so, dass neben diesem Text auch ein Text aus dem von Luther akzeptierten hebräischen Kanon des Alten Testaments angeboten wird. Am Sonntag Rogate steht für Predigende in Reihe III ein Sirach-Text neben Dan 9,4–5.16–19 (Verse aus Daniels Bußgebet) zur Auswahl.

Durch die Veränderung des Leseevangeliums ist der Sonntag Rogate nochmals eindeutiger auf das Thema »Gebet« konzentriert. Bisher stand mit Joh 16,23b–28(29–32)33 ein Text als Leseevangelium, in dem es zwar auch um die Bitte im Namen Jesu ging, dies aber verbunden war mit dem Glauben und dem Sein in der Welt – und dies alles im Angesicht des Abschieds Jesu. Nun ist mit Lk 11,(1–4)5–13 ein Teil der lukanischen Gebetsparänese Leseevangelium des Sonntags Rogate, womit nicht allgemein das Gebet thematisch intoniert ist, sondern vor allem das Bittgebet und seine Wirkung: »Bittet, so wird euch gegeben …« (Lk 11,9).

Was könnte Predigerinnen und Prediger dazu führen, sich am Sonntag Rogate für den Text aus Sir 35 zu entscheiden? Vielleicht zuerst: der Reiz des Neuen, bislang Ungepredigten. Dann: die starken Worte und Bilder, die dieser Text bietet: Flehen, Klage, Tränen, Wolken. Vielleicht aber auch die Perspektive, die der Text einnimmt. Sir 35 zeigt, was beim Gebet geschieht. Der Text sagt, was Gott tut und was das Gebet tut. Der Text ist nicht aus der eigenen Leidenschaft des Beters oder der Beterin geschrieben, sondern aus dem (allzu?) nüchternen Blick des Weisen, der Einsicht hat in das Geschehen – und damit eine deutlich andere Rolle einnimmt, als sie unserer Rolle entspricht. Wir werden auch nicht angeredet in dem Text, sondern gleichsam aus unseren vielfältigen Gebetserfahrungen herausgeholt. Der Text bietet also die Chance einer Distanzierung von mir und meinem mehr oder weniger intensiven Gebetsleben – und so vielleicht auch die Chance einer Neujustierung und Neuwahrnehmung.

Sir 35 redet, wie gezeigt, überraschend vom Gebet. Einerseits kann schon das Gebet sein, was formal gar nicht als solches erkennbar ist: Aufschrei und Tränen. Das erinnert an das Seufzen der Schöpfung (Röm 8,22) und die Aufnahme des Seufzens durch den Geist (Röm 8,26). Andererseits ist das Gebet selbst aktiv und dringt in den Himmel vor. Es geht um die Leidenschaft des Gebets – im *genetivus subjectivus*: Das Gebet ist leidenschaftlich und dringt jenseits der Worte, die Menschen machen, zu Gott vor und ist in der Lage, ihn zu bewegen.

Sind das Antworten auf Fragen, die heutige Beterinnen und Beter stellen? Blickt man in die jüngste, 2012 erhobene und 2015 publizierte Kirchenmit-gliedschaftsuntersuchung der evangelischen Kirchen,[214] so erfährt man, dass 32,8 % der Evangelischen (also: der Kirchenmitglieder einer evangelischen Landeskirche in Deutschland) auf die Frage »Wie oft beten Sie?« mit »nie« antworten. Rund ein Drittel der Evangelischen sind Menschen, die sich in formalem Sinn als Nichtbetende bezeichnen. Dem stehen dann aber 35,6 % gegenüber, die mindestens einmal in der Woche beten, darunter 16,9 %, die von sich sagen, sie würden täglich beten. Bei den Konfessionslosen ist das Ergebnis klar. Die Anzahl der Konfessionslosen, die häufig beten, geht gegen null, 91,2 % sagen, dass sie nie beten, 5,8 % seltener als mehrmals im Jahr.

Mit Sir 35 könnte eine überraschende Erkenntnis lauten: Vielleicht beten auch die Nichtbeter weit öfter, als sie das für möglich halten! Freilich: Eine solche Erkenntnis darf nicht triumphal verkauft werden – nach dem unsym-pathisch-apologetischen Motto: Ich als religiöser Mensch verstehe dich, der du dich als weniger oder gar nicht religiös bezeichnest, weit besser, als du dich selbst verstehst! Ich weiß nämlich, dass du betest – auch wenn du das gar nicht explizit tust!

Vielmehr könnte die Einsicht aus Sir 35 auch für die regelmäßig Betenden überraschend sein. Denn Gebet ist nach Jesus Sirach an weit mehr Orten zu finden, als ein verengtes Verständnis von Gebet dies suggeriert.

Die Zahlen der Mitgliedschaftsuntersuchung machen deutlich, dass für viele Menschen (auch für Menschen innerhalb der Kirchen!) im »immanenten Rahmen« der Neuzeit, von dem Charles Taylor spricht, die Möglichkeit, mit einem transzendent, personal und als Gegenüber gedachten Gott ›Kontakt‹ aufzunehmen, ein grundlegendes Problem des Denkens und der Erfahrung ist. Wer sich einrichtet oder eingerichtet hat in der Immanenz des Lebens, hat auch das Gebet verlernt – jedenfalls dann, wenn dieses mehr ist als die Selbstreflexion auf das eigene Wünschen im Angesicht eines imaginären und imaginierten Gegenübers. Wer weiß: Vielleicht überrascht auch Menschen

---

[214]   Vgl. Heinrich Bedford-Strohm / Volker Jung (Hg.), Vernetzte Vielfalt. Kirche ange-sichts von Individualisierung und Säkularisierung. Die fünfte EKD-Erhebung über Kir-chenmitgliedschaft, Gütersloh 2015, 496.

im immanenten Rahmen die Selbstverständlichkeit, mit der Jesus Sirach von einem Gott spricht und diesen jenseits der Wolken lokalisiert.

Für alle regelmäßigen Beterinnen und Beter stellt sich freilich eine Frage immer wieder bedrängend: Wo bleibt die Antwort? Wo bleibt der Trost? Warum fließen nur Tränen? Wo bleiben Recht und Gerechtigkeit?

Jesus Sirach ist sich sicher: Gott wird antworten. Der Text ist durchgängig im Indikativ formuliert: Er hilft, er erhört, er verachtet das Gebet nicht, auch wenn es sein kann, dass das Gebet bisweilen erst verzögert zu ihm dringt.

Allerdings gibt es eine weitere Antwort, die im Perikopenzuschnitt freilich so weit wie möglich unterdrückt wird: Gott antwortet nicht jedem, sondern dem, der ihm dient, dem Demütigen und dem Gerechten.

Sowohl die katholische (hier ist Sir 35,15b–17.20–22a alttestamentlicher Text am 30. Sonntag im Jahreskreis) als auch die evangelische Leseordnung lassen den Text mit V. 22a enden. Was danach in V. 22b–26 zu lesen wäre, soll hier nicht verschwiegen werden:

> »22b Der Herr wird nicht säumen noch Langmut zeigen, bis er den Unbarmherzigen die Lenden zerschmettert. 23 Auch an den Heiden wird er Vergeltung üben, bis er die Menge der Frevler vernichtet und die Zepter der Ungerechten zerbricht, 24 bis er dem Menschen nach seinen Taten vergilt und die Werke der Menschen nach ihren Plänen, 25 bis er seinem Volk Recht schafft und es erfreut mit seiner Barmherzigkeit. 26 Sein Erbarmen erquickt in der Zeit der Not wie Regenwolken in der Zeit der Dürre.«

Angesichts des Perikopenzuschnitts muss die Frage gestellt werden: Wieso trauen wir uns nicht, evangelischen Christenmenschen auch solche Passagen der Bibel zuzumuten? Wieso scheiden wir aus, was sich als widerständiges, unbequemes Wort der Bibel erweisen könnte?

Freilich: Kein Umgang mit dem Buch der Bibel, keine Hermeneutik ist davor gefeit, den Text so sprechen zu lassen, dass er am Ende doch ziemlich genau das sagt, was ich schon immer dachte und wusste und mich daher einmal wieder darin bestätigt, dass ich Recht habe und im Recht bin. Aber es würde ja doch schon helfen, wenn man das Wort der Bibel ausreden ließe – und ihm nicht vorschnell und durch zu eilige Versabgrenzungen und Verstümmelungen ins Wort fallen würde.

Für Jesus Sirach ist klar: Gott wird Gerechtigkeit schaffen. Aber das bedeutet, dass er »den Unbarmherzigen« »zerschmettert« und nach den Taten vergilt. Er wird eintreten für sein Volk – und das heißt »an den Heiden wird er Vergeltung üben«. Der Gebete erhörende Gott, der Gerechtigkeit schaffende Gott – er ist nicht harmlos!

Es ist interessant, dass Sir 35 in der katholischen Ordnung der Lesetexte mit Lk 18,9-14 als Evangelium verbunden wird, der Perikope vom Pharisäer und Zöllner. Das Gebet des Demütigen ist in Sir 35 angesprochen und ein solches Gebet wird im demütigen Zöllner exemplarisch sichtbar.

So stellt Sir 35 auch die unbequeme Frage nach dem eigenen Standpunkt. Stehe ich an der Seite der Armen, der *personae miserae,* oder ihnen gegenüber? Weine ich mit den Weinenden – oder bin ich die Ursache der Tränen, weil ich die Strukturen der Ungerechtigkeit für ein nicht veränderbares Privileg halte?

Wer weiß – vielleicht lässt sich alle sechs Jahre nicht nur die ›eine‹ Seite der Botschaft Jesus Sirachs zum Gebet predigen, die angenehme und entlastende, sondern auch die andere. Wenn die Predigt so neu zum Gebet führt – und sei es auch nur zu dem überaus kurzen Gebet aus Lk 18,13 –, so wäre das sicher nicht das Schlechteste: »Gott, sei mir Sünder gnädig.«

Wenn man ein eher ungewöhnliches Lied am Sonntag Rogate singen möchte, käme EG 7 in Frage: »O Heiland, reiß die Himmel auf«. Ein leidenschaftlicheres Gebet ist im EG kaum überliefert! Sollte die Predigt in die Bewegung der Buße münden, bieten sich die Lieder des EG aus diesem Zusammenhang an (EG 230-237). Nimmt eine Predigt die Bewegung des Gebets auf, so bietet sich EG 278 »Wie der Hirsch lechzt nach frischem Wasser« als ein Lied an, das in Aufnahme von Ps 42 zugleich leidenschaftliches Gebet ist. (AD)

5. Sonntag nach Ostern: Rogate (Reihe III): Dan 9,4–5.16–19

Reue statt Klage?

Zu den auffälligsten Gattungen der späten alttestamentlichen Literatur gehören die ›Bußgebete des Volkes‹, von denen es neben Dan 9 vor allem noch zwei weitere Beispiele gibt (Neh 9; Esr 9; formkritisch umstritten ist Jes 63f.). Es handelt sich um eine Gattung, von der man annimmt, dass sie sich in nachexilischer Zeit als Reflexion auf geschichtliche Erfahrung (vor allem das babylonische Exil) bildete. Im Rückblick betrachtet das biblische Israel seine Geschichte, die im Gesamtbild eine Geschichte von Schuld und Scheitern ist. Die Zerstörung Jerusalems und des Tempels im Jahr 586 v. Chr. wird in der Perspektive der Rückschau als Konsequenz des fortgesetzten Ungehorsams Israels erkennbar.

Das sowohl literarisch wie auch theologisch Interessante ist, dass diese Bußgebete die vielleicht frühesten Versuche des biblischen Israel sind, sich eine umfassende Deutung der eigenen Geschichte zu verschaffen – beginnend mit der Zeit der Gottesbegegnung am Sinai und endend in der Exilskatastrophe. Dies sind die beiden Eckpunkte, die darüber Auskunft geben, wer Israel ist – und wer es hätte sein sollen.

Man kann mit einigem Recht sogar sagen, dass sich in diesen Klageliedern eine Identität formt, die im Zentrum des sich langsam herausbildenden Judentums steht: Das Sinaiereignis macht Israel zum Gottesvolk, weil ihm dort Gottes Wesen und Gottes Wille offenbart wurde (V. 4). Davor liegt die Zeit der Väter und Mütter Israels, der Gefangenschaft in Ägypten und schließlich des Exodus als einer Zeit der Verheißung, die auf dieses Ereignis hinführt. Die Zeit danach, die bis in die Gegenwart hineinreicht, ist die Zeit der Bewährung und der Vergewisserung, das Volk zu sein, das Gott sich einstmals erwählte. Die biblisch erzählte Geschichte zwischen Ex 19 und 2Kön 25 ist diesbezüglich vor allem ein mahnendes Beispiel des Scheiterns: Gott hatte immer wieder seine Knechte, die Propheten, gesandt, um Israel auf den rechten Weg zurückzubringen, doch ohne Erfolg (V. 5–8). Und so traf Israel die Strafe, die Gott dafür angekündigt hatte. V. 13 verweist auf das, was geschrieben steht im »Gesetz des Mose«, und damit dürften hier ganz konkret die Fluchandrohungen von Dtn 27 gemeint sein: »Verflucht sei, wer nicht alle Worte dieses Gesetzes erfüllt, dass er danach tue! Und alles Volk soll sagen:

Amen« (Dtn 27,26). Und so wird die Katastrophe, die über Israel hereinbrach, auch als nichts anderes gesehen denn als Ausdruck der Gerechtigkeit Gottes: »Darum wachte der HERR über das Unglück und hat's über uns kommen lassen. Denn der HERR, unser Gott, ist gerecht in allen seinen Werken, die er tut; aber wir gehorchten seiner Stimme nicht« (V. 14).

Diese schonungslose Abrechnung mit der eigenen Geschichte ist gerade in ihrer Vorbehaltlosigkeit bemerkenswert und doch auch anstößig. Es wird nicht einmal der leiseste Versuch unternommen, Israel irgendwie zu entschuldigen. Es wird kein Bemühen oder guter Wille ins Feld geführt, sondern nur die Tatsache des Versagens. Das wirft die Frage auf, warum Israel überhaupt noch betet. Eigentlich gibt es ja gar nichts mehr zu sagen oder zu erbitten. Und doch ruft Israel seinen Gott als barmherzigen an. Allerdings gibt es auch hier sogleich eine Einschränkung: Gott soll nicht Israel wegen barmherzig und gnädig sein, sondern um seines heiligen Berges, Zion, willen und des Tempels, der dort in Trümmern liegt. Gott soll hinhören und hinsehen und so des Elends gewahr werden, das an dem Ort herrscht, den er sich einstmals erwählt hatte (V. 18). Wenn Israel also doch auf einen Neubeginn hofft, dann allenfalls indirekt. Es sind die Orte und die Erinnerungen, an denen Gottes Herrlichkeit noch immer haftet, und es ist die Tatsache, dass Gottes Name hier wohnte, die es im Grunde nicht zulassen, dass die Bundesgeschichte mit Israel gänzlich zu einem Ende kommt. Das ist in gewisser Weise so, als würde man Gott bitten, einem Kirchengebäude gnädig zu sein, damit diejenigen, die es eigentlich gar nicht verdienen, dort Unterschlupf finden können.

So unternimmt dieses Bußgebet alles, um jeden Gedanken an einen Anspruch auf Gottes Gnade bereits im Ansatz zu entkräften. Das bringt vor allem der Zielgedanke des Bußgebets auf den Punkt: »Wir liegen vor dir mit unserem Gebet und vertrauen nicht auf unsere Gerechtigkeit, sondern auf deine große Barmherzigkeit« (V. 18). Wie und in welchem Ausmaß auch immer Menschen gerecht sind (oder es zu sein meinen), dies macht sie eben nicht in der Weise gerecht, wie sie es vor Gott sein müssten. Von den alttestamentlichen Bußgebeten führt eine nicht zu übersehende Linie zur Theologie des Paulus und deren Rechtfertigungslehre (Röm 3,23 f.): »Alle ermangeln der Herrlichkeit, die sie vor Gott haben sollten«, nur dass Paulus dies nicht nur für Juden geltend macht, sondern auch für die ›Heiden‹.

Gleichwohl stehen diese Bußgebete neben einer anderen Form des kollektiven Gebets, die eine solche bedingungslose Unterwerfung nicht in gleicher Weise vollzieht. Dabei handelt es sich um die »Klage des Volkes«. So wie es Klagepsalmen des Einzelnen gibt, existieren, wenngleich in etwas geringerer Anzahl, auch Klagegebete, in denen (ähnlich wie in den Bußgebeten) ein ›Wir‹ spricht:

> »Wie lange, Herr, willst du immerfort zürnen? Wie lange wird dein Eifer brennen wie Feuer? Schütte deinen Grimm auf die Völker, die dich nicht kennen, und auf die Königreiche, die deinen Namen nicht anrufen. Denn sie haben Jakob gefressen und seine Stätte verwüstet. Rechne uns die Schuld der Väter nicht an, erbarme dich unser bald, denn wir sind sehr elend. Hilf du uns, Gott, unser Helfer, um deines Namens Ehre willen! Errette uns und vergib uns unsere Sünden um deines Namens willen! Warum lässt du die Heiden sagen: ›Wo ist nun ihr Gott?‹ Lass unter den Heiden vor unsern Augen kundwerden die Vergeltung für das Blut deiner Knechte, das vergossen ist« (Ps 79,5-10).

Auch hier reflektiert ein Kollektiv auf seine Schuld, die nach Vergebung ruft, aber dieses Kollektiv begehrt zugleich gegen Gott auf und klagt ihn an: »Wie lange?« und »Warum?« sind Fragen, mit denen Gottes Handeln als unverhältnismäßig und unverständlich ausgewiesen wird. So schwer die Schuld auch wiegen mag, sie rechtfertigt nicht das Ausmaß an Gewalt, das Gott als Strafe für sein Volk offenbar zulässt, und es rechtfertigt auch nicht, dass sich die Völker über den augenscheinlich ohnmächtigen Gott Israels lustig machen. Gott muss eingreifen – das ist hier keine Frage der Barmherzigkeit, sondern in der Tat der Gerechtigkeit Gottes. Anders als in den Bußgebeten mit ihrer so klaren Aufteilung, dass alle Sünde auf dem Volk lastet und alle Gerechtigkeit bei Gott liegt, sind die Dinge in den Volksklagen weniger eindeutig. Hier spricht ein Kollektiv, das sich seiner Verantwortung nicht entzieht, das aber gleichwohl auch Gott an seine Verantwortung erinnert. Trotz allem darf sich Gott nicht so verweigern, wie er dies zu tun scheint. Hier artikuliert sich ein Aufbegehren, das mit der bedingungslosen Unterwerfung der Bußgebete in Spannung steht.

Der Kontrast beider Formen kollektiven Betens, die im Alten Testament nebeneinander stehen, ist augenfällig und wirft die Frage nach deren Verhältnis zueinander auf. In der historischen Textforschung nimmt man an, dass diese beiden Formen verschiedenen Frömmigkeitsstilen zuzuordnen sind, die auf religiöse Unterschiede innerhalb des Frühjudentums hinweisen. Dabei könnte das vermehrte Aufkommen der Bußgebete darauf hindeuten, dass diese – zumindest im offiziellen Judentum – die Volksklage immer weiter zurückdrängten. Unabhängig davon bleibt für das Verständnis von Gebet die Frage, in welchem Verhältnis Unterwerfung und Aufbegehren zueinander stehen. Ist die einzig legitime Form des Betens, alles auf Gottes Barmherzigkeit und eben nicht die eigene Gerechtigkeit zu werfen? Oder gibt es ein Recht des Betenden vor Gott und einen Anspruch, der auch für Gott bindend sein sollte? (AS)

»Wir haben gesündigt ...« – Mit Daniel beten lernen

Für den Sonntag Rogate war es das Ziel der Perikopenrevision, das *Gebet* als grundlegende Praxis des Glaubens noch umfassender als bisher in seinen verschiedenen Dimensionen zu beleuchten. Mit dem neuen Evangelium Lk 11,(1–4)5–13 (bisher einer der Predigttexte des Sonntags) steht das Bittgebet im Fokus; in der Epistel (1Tim 2,1–6a) und in der alttestamentlichen Lesung (Ex 32,7–14) kommt vor allem die Fürbitte zur Sprache. Mit Dan 9 tritt ein anderer Ton in den Klangraum des Sonntags: Das Bittgebet verbindet sich mit der Buße des Volkes.

Im Danielbuch spielt das Gebet immer wieder eine Rolle, und Daniel selbst wird als exemplarischer Beter beschrieben. Schon deshalb ist ein Danieltext am Sonntag Rogate zweifellos geeignet. In Dan 3 weigern sich die jüdischen Männer Schadrach, Meschach und Abed-Nego vor dem Bild niederzufallen, das Nebukadnezar aufstellen ließ und dessen Anbetung er befahl. Sie werden in den glühenden Feuerofen geworfen – und darin bewahrt. In Dan 6,11 heißt es, dass Daniel dreimal täglich bei offenem Fenster gen Jerusalem betet.[215] Deswegen wird er verleumdet und schließlich in die Löwengrube geworfen, aus der er unversehrt hervorgeht. In Dan 9 erfahren die Leserinnen und Leser des Danielbuchs exemplarisch, wie Daniel gebetet hat.

Bedenkt man die Situation, in der das Danielbuch historisch zu verorten ist, so ist es kaum verwunderlich, dass das Festhalten am Gebet in diesem Buch eine so große Rolle spielt. Angesichts der Bedrückung durch die Feinde, der Eroberung des Landes und der Schändung des Tempels war es zweifellos für viele naheliegend, wie Hiobs Frau zu fragen: »Hältst du noch fest an deiner Frömmigkeit?« und die Konsequenz, die sie zieht, auch selbst zu vollziehen: »Sage Gott ab und stirb« (Hi 2,9). Daniel hingegen beschuldigt nicht Gott, sondern bekennt sich zur Verantwortung des Volkes für die gegenwärtige Lage: »Wir haben gesündigt ...« (Dan 9,5) – und sucht so nach einem Neuanfang der zerbrochenen Gottesbeziehung.

---

[215] Dabei handelt es sich um den ältesten Beleg für die bis heute übliche Praxis des dreimal täglichen Gebets in der Gebetsrichtung Jerusalem.

Er tut dies, indem er in der ersten Person Plural Schuld bekennt – zweifellos eine prekäre Sprachform, die mindestens zwei Probleme aufweist: (1) Die erste Person Plural lässt die Differenzierung vermissen, die im Rückblick auf die Geschichte und das Handeln von Menschen in ihr nötig ist. »Wir haben gesündigt ...« (V. 5) – ein Satz wie dieser unterscheidet nicht zwischen unterschiedlichen Graden der Verantwortung, zwischen Tätern und Mitläufern und Opfern. Es ist daher nicht verwunderlich, dass keineswegs alle bereit sind, in ein solches »Wir« einzustimmen. (2) Wo ein ›Wir‹ alle Verantwortung auf sich nimmt, wird Gott vielleicht zu schnell daraus entlassen und die Dimension der (An-)Klage tritt zu Unrecht in den Hintergrund.

Dennoch aber scheint es mir möglich und nötig, die Chancen eines gemeinsamen Schuldbekenntnisses zu bedenken und so die Daniel-Linie ernst zu nehmen. Dabei fällt zunächst auf, dass ausgerechnet Daniel es ist, der dieses Gebet formuliert und sich in die erste Person Plural mit einschließt. Wenn es *einen* gibt, der sich in geradezu herausragender Weise bewährt hat, dann ist es Daniel, der Beter, der Gott selbst dann die Treue hält, wenn ihn das in Lebensgefahr bringt. Aber auch er kann sagen: »Wir haben gesündigt, Unrecht getan, sind gottlos gewesen und abtrünnig geworden ...« (V. 5). Augenscheinlich gibt es eine Solidarität des Schuldigwerdens, eine Wahrnehmung der eigenen Existenz als Teil einer Schuldgeschichte und Schuldverstrickung – und gleichzeitig gerade so die Möglichkeit, stellvertretend für all jene Schuld zu bekennen, die dazu (noch) nicht in der Lage sind, und andere zu ermutigen, einzustimmen und so in den allgemeinen Worten des Bekenntnisses ihre eigene Rolle innerhalb der Schuldgeschichte zu erkennen.

Der Blick auf die deutsche Geschichte und den kirchlichen Umgang mit der Zeit der nationalsozialistischen Diktatur legt sich nahe. Es hat nach dem Zweiten Weltkrieg einige Jahre gedauert, bis ein Bekenntnis zur eigenen Schuld möglich war. Im Stuttgarter ›Schuldbekenntnis‹ wenige Monate nach Ende des Krieges war man dazu nur komparativ in der Lage (19. 10. 1945).[216] Erst am 27. April 1950 kam es in Berlin-Weißensee zu einer kirchlichen Erklärung, die in der ersten Person Plural Schuld bekennt. Darin heißt es u. a.:[217]

---

[216]   »[...] wir klagen uns an, daß wir nicht mutiger bekannt, nicht treuer gebetet, nicht fröhlicher geglaubt und nicht brennender geliebt haben« (zit. nach: Gerhard Besier / Gerhard Sauter, Wie Christen ihre Schuld bekennen, Göttingen 1985, 62).

[217]   Zitiert nach: Kirchliches Jahrbuch für die Evangelische Kirche in Deutschland 1950, Gütersloh 1951, 5 f.

»Wir sprechen es aus, dass wir durch Unterlassen und Schweigen vor dem Gott der Barmherzigkeit mitschuldig geworden sind an dem Frevel, der durch Menschen unseres Volkes an den Juden begangen worden ist.«

Dieser Schritt eröffnete nach und nach den Weg zu einem Neuanfang vor allem im christlichen Verhältnis zu Jüdinnen und Juden. Er machte ernst mit der Verantwortung, die nie nur ›die da oben‹ tragen, sondern jede und jeder einzelne.

Aber auch aus jüngerer Zeit sind Versuche bekannt, ein Bußwort in der ersten Plural zu formulieren. Am 20. Oktober 2017 veröffentlichte die Evangelische Kirche in Mitteldeutschland ein Schuldeingeständnis, das die Rolle der Kirche in der Zeit der sozialistischen Diktatur bedenkt.[218] Darin heißt es u. a.:

»Mit dem Eingeständnis unserer Schuld und der Bitte um Vergebung stellen wir uns unserer Verantwortung vor Gott und den Menschen. […] Umkehr macht frei, das Leben verantwortlich zu gestalten. Umkehr hilft uns, mit unserem Handeln in der Geschichte verantwortlich umzugehen. […] Wir haben staatlichem Druck zu oft nicht standgehalten. Wir haben Fürbitte und Fürsprache geleistet, Unrecht jedoch oft nicht deutlich genug widersprochen. […] Wir beklagen, dem SED-Staat nicht klarer und kompromissloser entgegen getreten zu sein.«

Die Synode der EKM betont in diesem Bußwort den Zusammenhang von Bußbereitschaft und Erneuerung, die sich auch in Dan 9 zeigt. Vier Aspekte aus diesem biblischen Text seien hervorgehoben, die in einer Predigt zu diesem Bußgebet des Volks eine Rolle spielen könnten.

(1) In der Lutherübersetzung der Perikope ist eine Kleinigkeit auffällig: Fünf Mal begegnet (bereits seit dem 16. Jahrhundert) in den wenigen Versen die Interjektion »Ach« (V. 4; V. 16; dreimal in V. 19) – einmal in Übersetzung des hebräischen *ana* (V. 4), vier Mal als eine vom Ausgangstext her nicht geforderte Ergänzung des Übersetzers. Die Bedeutung der Interjektion hängt ganz davon ab, wie sie ausgesprochen wird – und es erscheint reizvoll, unterschiedliche Haltungen des Bußgebets anhand unterschiedlicher Intonationen des »Ach« zu erproben.

---

[218] Im Internet greifbar unter https://www.ekmd.de/asset/9EnMrhNQRyuGc-88XiDXZQ/busswort-herbst-synode-2017.pdf [Zugriff vom 06.03.2018].

(2) Dan 9 zeigt, dass Buße den Weg zur Bitte ermöglicht. Die radikale Buße »Wir haben gesündigt ...« befreit von den Versuchen, sich selbst irgendwie doch als besser darzustellen, als man ist, und so auch im Gebet letztlich bei sich selbst stehenzubleiben. Entscheidend ist: Buße ist kein Selbstzweck, sondern nur ein (immer neuer) Anfang, der Betende befreit und in ein erneuertes Leben der Glaubenden mündet.[219]

(3) Dan 9 ringt um eine erneuerte Beziehung zu Gott. So behaftet das Gebet Gott bei dem, was er getan hat. Er hat seinen Namen verbunden mit seiner Stadt und mit seinem Volk! Gott wird erinnert und so um seiner selbst willen zum Handeln aufgefordert (V. 19).

(4) Das Ziel des Gebets, das Luther in V. 19 durch das eindringliche dreimalige »Ach« rhetorisch eindrucksvoll hervorhebt, liegt in einer neuen ›Sinnlichkeit‹ der Beziehung des Menschen / des Volkes zu Gott. Gott soll in seinem Antlitz neu erscheinen, seine Augen zuwenden, seine Ohren öffnen.

Liedvorschläge: Paul Gerhardts Psalmlied zu Ps 85 (EG 283, Herr, der du vormals hast dein Land) könnte sich als Lied nach der Predigt eignen. Unter den Liedern zur »Beichte« im EG gibt es ein einziges, das in der ersten Person Plural steht: EG 235 (O Herr, nimm unsre Schuld); sehr deutlich wird auch hier, dass die Buße weiterführt und in ein neues Leben mündet. (AD)

---

[219] So Martin Luther in der ersten seiner 95 Thesen.

Christi Himmelfahrt (Reihe IV):
Dan 7,1–3(4–8)9–14

Das letzte Reich

Daniel 7 darf mit Fug und Recht als einer der wichtigsten Texte der christlichen Bibel gelten, weil er eine Scharnierstelle zwischen Altem und Neuem Testament bildet. Formal gesehen ist es einer der relativ wenigen Texte des Alten Testaments, der der sogenannten Apokalyptik zugehört, also einer literarischen Richtung mit einer ganz eigenen Form- und Bildersprache, deren Thema das ›Ende der Zeit‹ ist. Apokalypsen zeichnen sich dadurch aus, dass sie auf die vergangene Geschichte zurück- und auf deren immanentes Ende vorausblicken. Anfang und Ende begegnen sich innerhalb eines Narrativs, und genau dies erfordert Sprache und Bilder, die nicht ›berichten‹ oder ›dokumentieren‹, sondern in hohem Maß imaginieren. Apokalypsen sind entsprechend keine Erzählungen, auch wenn sie in der Regel eine Handlung haben, sondern ereignen sich im Rahmen von Visionen, die den Visionär – in diesem Fall Daniel – in eine Vorstellungswelt außerhalb der ›wirklichen‹ Geschichte versetzen.

Daniels Vision beginnt mit dem Bild der Winde aus den vier Himmelsrichtungen, die den Urozean aufwühlen (V. 2). Wir befinden uns also in einer Welt, in der es nichts, oder zumindest noch nichts Geschaffenes gibt. In gewisser Weise fühlt man sich an Gen 1,1 f. erinnert: Es ist die Welt des Tohuwabohu, die da war, bevor Gott sprach: »Es werde Licht!« (Gen 1,3). Allerdings folgt in Dan 7 nun gerade nicht das ordnende Sprechen Gottes. Der erste Teil von Dan 7 malt vielmehr Bilder von vier monströsen Wesen, die nacheinander dem urzeitlichen Meer entsteigen. Das erste sieht seinen Schemen nach aus wie ein Löwe, das zweite wie ein Bär und das dritte wie ein Panther. Gleichzeitig handelt es sich um Mischwesen (der Löwe hat auch Adlerflügel, der Panther vier Köpfe) mit zum Teil menschlichen Erscheinungsformen (so wird dem ersten ein menschliches Herz gegeben). Ihnen allen ist gemeinsam, dass sie ihrer primordialen Abstammung nach zerstören und vernichten. Nichts Lebendiges könnte in ihrer Nähe bestehen.

Dann steht ein viertes Wesen auf, das nicht mehr mit einem bestimmten Tier verglichen wird und seine Vorgänger an Grässlichkeit noch übertrifft. Auch verändert sich seine Gestalt: Es werden ihm Hörner ausgerissen, an deren Stelle ein kleines Horn nachwächst, das menschliche Augen und ein

Maul hat, das große Dinge redet (V. 8). Man kann ahnen, dass mit diesem letzten Wesen das Ziel des ersten Teils dieser Vision erreicht ist, auch wenn man bis zu diesem Zeitpunkt noch gar nicht genau wissen kann, was es mit den vier Wesen auf sich hat. Einen Hinweis in Richtung einer Deutung gibt es in V. 6 und 12: Diesen Tieren wird für eine bestimmte Zeit »Gewalt« gegeben, um sich in der Welt auszubreiten. Von da aus erschließt sich, dass diese Monster für die Großmächte stehen, die die damalige Welt nacheinander beherrschten. Es ist nicht abschließend klar, für welches Reich ein jeweiliges Tier steht, vermutlich hat man an die Assyrer, Babylonier und Meder/Perser zu denken. Einigermaßen sicher allerdings ist, dass die Vision mit dem vierten Tier und dem großspurig redenden kleinen Horn auf einen ganz bestimmten König, den Seleukiden Antiochus IV. Epiphanes passt. Dieser hatte versucht, das Judentum seiner Zeit zu hellenisieren und JHWH in den Kult des Zeus Olympios zu überführen. Schließlich hatte er zur Finanzierung seiner Kriege auf den Tempelschatz zugegriffen und damit einen der größten Kriege der Zeit (den ›Makkabäeraufstand‹) heraufbeschworen (ca. 167–163 v. Chr.).

Insofern wissen wir etwas darüber, wie die Danielvision historisch einzuordnen ist. Aber das ist nicht das theologisch Bedeutsame an ihr. Vielmehr begegnet uns hier eine tiefgründige Reflexion auf das Phänomen ›Weltreich‹. Egal in welcher Version und Gestalt stehen Weltreiche und Großmächte für das Unmenschliche und Brutale. Deswegen werden sie auch im vorgeschöpflichen Raum angesiedelt als etwas, das Gott weder geschaffen noch überhaupt gewollt hat. Allerdings hat es die von Menschen gemachte Geschichte an sich, ein ums andere Mal solche Monstrositäten hervorzubringen. Die Geschichte verbessert sich nicht, sondern sie besteht lediglich in der Wiederholung ihrer Abgründigkeiten – so die schonungslose Zusammenfassung, die Dan 7 anhand der vier Monster gibt.

Im gezielten Kontrast dazu steht das endzeitliche Kommen einer neuen Herrschaft und einer anderen Symbolgestalt. Diese steigt nicht aus dem vorgeschöpflichen Ozean auf, sondern kommt vom Himmel her. Und was da »auf den Wolken des Himmels« kommt (V. 13), ist kein Mischwesen mehr, sondern eine ganz ›einfache‹ Gestalt – jemand, wörtlich übersetzt, »wie ein Mensch«. Im aramäischen Text steht an dieser Stelle *kebar œnāš*. Mit dem Vorsatz *bar*, wörtlich »Sohn«, drücken viele semitische Sprachen Zugehörigkeit aus. Hier geht es also um jemanden, der zur Gattung Mensch (*œnāš*) gehört. Und darauf kommt es für die Danielvision an: Dieses Reich am Ende der Zeit soll ein menschliches sein, und das bedeutet: ein Reich der Menschlichkeit – ohne Unterdrückung und Gewalt. Insofern ist es eine fast ›pazifistische‹ Hoffnung auf Menschlichkeit, die von Dan 7 ausgeht. Es ist aber auch deutlich: Mit dem Kommen dieses Reiches endet die menschliche Geschichte. Insofern gibt es in der Vision von Dan 7 auch keine Erwartung einer allmählichen Veränderung oder Verbesserung menschlicher Zivilisation. Es bedarf einer radikalen Zäsur, der alte Weltlauf muss zu einem definitiven Ende gelangen, die Reiche der Monster müssen verschwinden. Es gibt keinen Frieden mit der Welt, wie sie einmal war – darin sind sich die Apokalyptiker einig und darin liegt ihre aufrührende Botschaft auch für unsere heutige Welt, die an evolutionäre Prozesse auch in der sozialen und politischen Welt glaubt.

Aus der menschlichen Gestalt, die mit den Wolken des Himmels kommt, ist im antiken Judentum und vor allem im Christentum eine Heilsgestalt mit einem messianischen Titel geworden. Der »Menschensohn« ist – wie die neutestamentliche Wissenschaft annimmt – einer der wenigen, wenn nicht der einzige Titel, den Jesus von Nazareth für sich in Anspruch genommen hat. Dass er dabei konkret die Vision von Dan 7 vor Augen hatte, legt sich deswegen nahe, weil es nur noch wenige andere Belege für den Begriff »Menschensohn« gibt, die ihrerseits alle auf Dan 7 verweisen. Das mag ein Stück weit die eigentümliche Reich-Gottes-Erwartung Jesu erklären, die er mit seinem eigenen Auftreten in Verbindung brachte. Dies würde ein Reich nicht von dieser Welt sein (Joh 18,36), sondern in der Tat eines ›vom Himmel her‹. Es würde auch kein politisches Reich mehr sein, keine Großmacht wie alle seine Vorgänger, auch wenn es genau das war, was die Römer und zumindest Teile des militanten Judentums der Zeit Jesu befürchteten bzw. erhofften. Es würde aber ein Reich sein, mit dem die Geschichte an ihr Ende kommen würde, und mit ihm das Gericht mit offenen Büchern, denn im Himmel wird mitprotokolliert (Dan 7,10)!

Genau diese Erwartung des Endes der Geschichte dürfte es gewesen sein, die Jesus für die Mächtigen seiner Zeit verdächtig machte und schließlich zu seiner Eliminierung führte. Gleichzeitig waren die militanten Kreise, die tatsächlich auf einen neuen starken Mann hofften, von ihm enttäuscht, weil der Menschensohn eben kein Kriegsherr, sondern eine machtlose und menschliche Gestalt ist. Das war vielen vermutlich zu unkonkret und zu wenig. So zeigt sich gerade in ihrer Wirkung, dass die Vision von Dan 7 in kein ›gängiges‹ Muster von Erwartung und Hoffnung passt. Das dürfte auch für uns heute eine Herausforderung im Umgang mit diesem Text sein. Das, was wir diesem Text gerne ablauschen würden – die sukzessive Ausbreitung von Humanität und Menschlichkeit –, gibt er uns nicht; und das radikale Ende der Welt, wie wir sie kennen, wollen wir nicht. Im Gegenteil betrachten wir religiös motivierte Umsturzhoffnungen vermutlich genauso argwöhnisch wie die

Römer zur Zeit Jesu. Gerade weil uns die Vision von Dan 7 also keine ›passende‹ Antwort gibt, stellt sie uns vor die Frage, worauf wir als Menschen des 21. Jahrhunderts eigentlich warten und worauf wir hoffen. (AS)

Vom Himmel hoch – zum Himmel hoch:
Der »Menschensohn« und die politische Himmelfahrt

Der katholische Schriftsteller Arnold Stadler lässt sein Buch »Salvatore« an einem Himmelfahrtstag spielen.[220] Salvatore, Katholik mit abgebrochenem Theologiestudium, ist in vieler Hinsicht eine gescheiterte Existenz. Aber eines ist ihm geblieben: die Sehnsucht nach einem anderen Leben und nach dem ganz Anderen. Allerdings wird ihm deutlich, dass es für seine Sehnsucht nicht einmal in den Kirchen Raum gibt. Besonders spürt er dies am Himmelfahrtstag, an dem er einen katholischen Gottesdienst besucht, die Predigt von Pfarrer Müller hört und diesen armen Pfarrer bedauert:

> »Seine Theologen hatten […] aus allem ein Märchen gemacht, als wäre es für Kinder und die dummen Gläubigen, die so etwas für wahr halten wollten, nicht aber für aufgeklärte Theologen, die sich zu den Wissenschaftlern rechneten. […] Die Worte dieses armen Priesters waren ein Versuch, alles, die ganze peinliche Geschichte dieser Himmelfahrt, diesen Tag zu entschuldigen, das Peinlichste, was es gab […].«[221]

Und etwas später findet sich die folgende Reflexion:

> Himmelfahrt … »So hieß der Tag ja offiziell immer noch. Auch wenn sich vor allem die sogenannten Kirchen, die evangelische noch etwas mehr als die katholische, zu schämen schienen an diesem Tag, den sie auch noch feiern sollten. Warum wollten selbst die Kirchen den Menschen die schöne Vorstellung, dass ein Mensch in den Himmel gekommen war, wegnehmen und wegerklären, als wären sie der Aufklärung […] verpflichtet und den neuesten Forschungsergebnissen.«[222]

Himmelfahrt als eine Peinlichkeit! Das ist die Stimmung, die Stadlers Salvatore wahrnimmt und die ihn ärgert und frustriert. Für Salvatore ist die Sehn-

---

[220] Vgl. Arnold Stadler, Salvatore, Frankfurt a. M. 2008.
[221] A. a. O., 62 f.
[222] A. a. O., 64 f.

sucht keineswegs obsolet, im Himmel einen Ort zu haben und aufgehoben zu sein – eine Sehnsucht, wie sie etwa der Zusage Jesu im Spruch des Himmelfahrtstags entspricht: »Und ich, wenn ich erhöht werde von der Erde, so will ich alle zu mir ziehen« (Joh 12,32).

Mit Dan 7, dem einzigen neuen Text im Himmelfahrtsproprium, wird der Klang einer weiteren Sehnsucht im Raum der Himmelfahrt verstärkt. Es geht um die Sehnsucht danach, dass die Herrschaft der Despoten dieser Erde ein Ende nehmen wird; es geht um Politik und die Frage nach der Macht im Himmel und auf Erden.

Diese politische Perspektive steckt auch in dem lukanischen Himmelfahrtstext der Apostelgeschichte, der Epistel des Tages (Apg 1,3–11). »Herr, wirst du in dieser Zeit wieder aufrichten das Reich für Israel?«, so fragen die Jünger den Auferstandenen (Apg 1,6). Dieser antwortet: »Es gebührt euch nicht, Zeit oder Stunde zu wissen, die der Vater in seiner Macht bestimmt hat« (V. 7).[223] Jesus verneint die politische Erwartung der Jünger keineswegs, verweist aber auf das zukünftige Kommen des (hier nicht explizit so genannten; vgl. aber Lk 21,27 u. ö.) Menschensohns und auf den Heiligen Geist, der auf die Jünger kommen und diese zu Zeugen machen werde. Danach wird Jesus zusehends emporgehoben, die Jünger bleiben staunend den Himmel betrachtend zurück und werden von den Engeln umso dringlicher auf die Erde gesandt, wo es darum geht, sich in der Zeit, die bleibt, zu bewähren. Dan 7 schließt – in seiner christlichen Deutung (!) – genau an dieser Stelle an, denn er nimmt das Kommen des Menschensohnes in den Blick, das auch Jesus als sein Wiederkommen verheißt: »[…] und alsdann werden sie sehen den Menschensohn kommen in einer Wolke mit großer Kraft und Herrlichkeit« (Lk 21,27). Himmelfahrt bedeutet in dieser Perspektive keineswegs das Verschwinden Jesu von der Erde, sondern den Machtantritt des Menschensohns im Himmel und auf Erden, der sich dereinst für alle Welt und vor aller Welt erweisen wird.

Dan 7 als politischer Text verstärkt an Himmelfahrt die Linie, die vor allem in Eph 1,(15–20a)20b–23 (Predigttext in Reihe III) greifbar ist: Jesus ist von Gott eingesetzt zu »seiner Rechten im Himmel über alle Reiche, Gewalt, Macht, Herrschaft und alles, was sonst einen Namen hat, nicht allein in dieser Welt, sondern auch in der zukünftigen« (V. 21).

---

[223] Die Verse 5–7, die diese politische Dimension beinhalten, waren bislang geklammert, was bedeutet, dass sie üblicherweise nicht mit gelesen werden sollten. Diese Klammerung ist nun aufgehoben.

Diese politische Eschatologie, die Gegenwart und Zukunft verbindet, kann sich als dringlicher erweisen, als sich das auf den ersten Blick nahelegt, wenn man die politischen Situationen im zweiten Jahrhundert vor Christus und im 21. Jahrhundert nach Christus vergleicht. Barbara Hanusa schreibt angesichts von nicht endenden Kriegen und globaler Ungerechtigkeit: »Wie dringend bräuchte es den weisen, weiß gekleideten Uralten aus der Vision, der die Situation klärt, denn von räuberischen Bestien und gefährlichen Tieren sind wir umringt. Wie steht es mit der Macht unseres Gottes?«[224]

Eine Antwort auf diese Frage gibt Dan 7 und gibt auch das dem Himmelfahrtstag als Lied des Tages zugewiesene Lied »Jesus Christus herrscht als König« (EG 123) von Philipp Friedrich Hiller (1755/1757). Ursprünglich hatte es 26 Strophen und war noch nicht der Himmelfahrt zugeordnet, sondern trug den Titel: »Lied von dem großen Erlöser über Eph 1,21.22«. In der Rubrik »Himmelfahrt« erscheint es seit dem 19. Jahrhundert in vielen Gesangbüchern. Den Zustand auf Erden beschreibt Hiller als »irdische[s] Getümmel« (V. 2); aber dem steht die Herrschaft Jesu Christi gegenüber. Diese Herrschaft führt die christliche Gemeinde in Hillers Lied zum Ton der Gewissheit und Zuversicht, die eine heute nicht mehr im Gesangbuch enthaltene Strophe besonders deutlich zum Ausdruck bringt:[225]

Trachten irdische Monarchen
dieses Herdlein anzuschnarchen,
o mein Hirte lacht dazu;
er lässt diese kleinen Großen
sich die Köpfe blutig stoßen
und den Schafen gibt er Ruh.

Die Frage nach der *politischen Predigt* wird zurecht seit einigen Jahren neu gestellt. Das vielfach marginalisierte oder als Peinlichkeit wahrgenommene Himmelfahrtsfest bietet dazu eine herausragende Gelegenheit. Es geht um den Machtantritt Christi im Himmel und auf Erden und damit um die Bestätigung der Hoffnung, von der Daniels Vision spricht. Freilich sollte dies nicht

---

[224] Barbara Hanusa, in: dies./Torsten W. Wiegmann, Machtfragen, Predigtstudie zu Dan 7,1-3(4-8)9-14(15-28), greifbar unter: http://www.stichwortp.de/index.php?state=stichworte&action=predigttopdf&predigtID=63 [Zugriff vom 03.03.2018].

[225] Das gesamte Lied mit einer Einordnung in die Biographie Hillers findet sich unter: http://bitflow.dyndns.org/german/PhilippFriedrichHiller/Lied_Von_Dem_Grossen_Erloeser_Ueber_Epheser_1_21_22.html [Zugriff vom 03.03.2018].

zu pathetisch-vollmundigen, aber gerade so doch leeren Aussagesätzen über die Tatsache führen, dass Jesus Christus als der zum Himmel Gefahrene auf dem himmlischen Thron die Herrschaft angetreten habe. Es könnte vielmehr in homiletische Sprachversuche münden, die zwischen doxologischer Kühnheit (wie in Hillers Lied vom großen Erlöser), leidenschaftlicher Klage und Bitte um das Kommen des Menschensohns changieren, so die erfahrene und erlittene Weltwirklichkeit vor Gott bringen, die Sehnsucht stärken und zugleich der Hoffnung auf den (wieder-)kommenden Menschensohn Nahrung geben.

Liedvorschläge: EG 123 eignet sich – evtl. auch in den nicht mehr im EG vorhandenen, aber im Internet gut greifbaren ursprünglichen Strophen – nicht nur als Lied nach der Predigt, sondern auch als ein Lied, das die Predigt immer wieder unterbrechen und strukturieren kann. Von den weiteren Himmelfahrtsliedern des EG bieten sich EG 119 (Gen Himmel aufgefahren ist) und EG 121 (Wir danken dir, Herr Jesu Christ, dass du gen Himmel g'fahren bist) an. Aber auch EG 152 (Wir warten dein, o Gottes Sohn), das wie EG 123 von Philipp Friedrich Hiller stammt, eignet sich hervorragend als Predigtlied zu Dan 7 an Himmelfahrt. (AD)

6. Sonntag nach Ostern: Exaudi (Reihe V): 1Sam 3,1–10

Prophetie als Berufung – und Beruf

Diese Erzählung gehört zur Gattung der prophetischen Berufungsgeschichten. Vor allem die Bücher der drei ›großen Propheten‹ enthalten solche Berufungserzählungen (Jer 1,1–10; Ez 2f.; Jes 6) über ihre Protagonisten, vermutlich weil eine ›ordentliche‹ Berufung ein notwendiger Ausweis von Prophetie als Beruf war. Wir wissen nicht sehr viel darüber, wie man im alten Israel Prophet wurde, aber vieles spricht dafür, dass es dabei nicht nur um eine charismatische Begabung ging, sondern um einen Beruf, den man erlernen konnte – und musste. Jesaja, Jeremia und Ezechiel begegnen alle gleichermaßen im Umfeld von Tempel und Königshof, die mit Sicherheit auch Schul- und Bildungszentren waren. Propheten und Prophetinnen (hier waren nachweislich beide Geschlechter zugelassen) mussten nicht nur Lesen und Schreiben lernen, sondern dürften auch eine im weitesten Sinne humanistische Ausbildung genossen haben. Jedenfalls deutet die literarische Qualität der Prophetenbücher darauf hin, dass hier hohe Maßstäbe erfüllt werden mussten. Wer das Wort Gottes verkündigen wollte, musste auch mit menschlichen Worten umgehen können.

Die eigentliche Berufung, von der die Prophetenbücher und eben auch 1Sam 3 berichten, dürfte der finale Akt der Ausbildung gewesen sein, in der zum ersten Mal der Kontakt zwischen Gott und dem frisch ›ordinierten‹ Propheten entstand. So erstaunt es nicht, dass in den Berufungsgeschichten die Mitteilung des Wortes Gottes der zentrale Gegenstand ist. Ein einheitliches Ritual scheint es nicht gegeben zu haben, wobei hier auch lokale Unterschiede eine Rolle gespielt haben dürften. Jeremia wird das Wort in den Mund gelegt, Ezechiel muss gar eine Buchrolle essen. Jesajas Berufung wird innerhalb eines visionären Ereignisses geschildert. Jesaja sieht Gott »hoch und erhaben« auf seinem Thron im Allerheiligsten des Tempels sitzen. Die Schwelle, die der Prophet überwinden muss, ist die zwischen Gottes Reinheit und Heiligkeit und seiner eigenen Unvollkommenheit. Von Jesaja wird nicht gesagt, dass ihm Gottes (gesprochenes oder geschriebenes) Wort in den Mund gelegt wird, sondern dass seine Lippen zuallererst dafür vorbereitet werden müssen, dieses reine und heilige Wort aufnehmen zu können.

Gerade der Vergleich mit Jes 6 zeigt einige Charakteristika der Berufungserzählung in 1Sam 3. Wie bei Jesaja spielt sich die Berufung als erster Kontakt zwischen Gott und Prophet im Tempel ab. Anders als bei Jesaja ereignet sich dieser allerdings nicht in einer Vision, sondern dadurch, dass Gott den jungen Samuel ruft und ›aufweckt‹. Auffällig ist dabei, dass Samuel neben der Bundeslade schläft. Dies dürfte kaum sein reguläres Nachtlager gewesen sein. Wahrscheinlicher ist, dass die Prophetenschüler gegen Ende ihrer Ausbildung auch nachts in der Nähe des Allerheiligsten bleiben sollten (der sog. Tempelschlaf), um da zu sein, wenn Gott zu ihnen sprechen würde. Es ist also keineswegs unerwartet, dass genau dies nun geschieht, und doch zeigt der Text auf einfühlsame Weise und mit einem Schuss liebevoller Ironie, dass der junge Samuel noch nicht ganz in seine Rolle hineinpasst. Als Gott ihn ruft, verwechselt er dessen Stimme mit der seines Meisters Eli – und das gleich zweimal. Es ist natürlich sachlich interessant, dass eine solche Verwechslung überhaupt möglich war, Gottes Stimme hier also durchaus menschlichen Klang gehabt zu haben scheint. Jedenfalls versteht Samuel nicht, dass Gott – um den humoristischen Duktus des Textes aufzunehmen – am anderen Ende der Leitung ist. Auch der erfahrene Eli begreift nicht sofort, was geschehen war, schließlich aber doch. Und da gibt er seinem jungen Lehrling nun die letzte Anweisung, die dessen Ausbildung abschließt. Er lehrt ihn, was er sagen soll, wenn Gott ihn wieder ansprechen würde: »Rede, denn dein Knecht hört« (V. 10). Jesaja antwortet mit ganz ähnlichen Worten: »Hier bin ich, sende mich!« (Jes 6,8).

Mit dieser Berufungserzählung ›im Rücken‹ wird Samuel nun zu einer neuen Hoffnung für Israel nach dem Ende der Richterzeit, die vor allem im Blick auf den Schluss des Richterbuches (Ri 17–21) als episodisch und letztlich erfolglos dasteht: »Des Herrn Wort war selten, und es gab kaum noch Offenbarung«, so beginnt 1Sam 3 und damit wird auch das Versagen der vorigen Richter- und Rettergestalten konstatiert, die den Stämmen Israels weder innere Einheit noch äußeren Frieden, noch eine vertiefte Bundesbeziehung zu JHWH gebracht hatten. Auch Eli ist – im Kontrast zu dem aufsteigenden Samuel – eine Figur der Vergangenheit. Er wird als alternder Mann geschildert, dessen Priesterlinie schon der Untergang angesagt ist (1Sam 2,30–36). Anders gewendet: Die Berufung Samuels geschieht in einer Zeit, in der Gott nicht mehr viel sagte und in der es wenige Menschen gab, die sein Wort verstanden.

Das führt zu einer Kerneinsicht, die sich hinter der negativen Einschätzung von V. 1 versteckt, nämlich dass Gottes Wort nie unvermittelt geschieht, sondern menschlicher Worte bedarf, um Gehör zu finden. Das Wort Gottes kommt Menschen von außen zu und nicht etwa aus einer tiefen

Innerlichkeit. Es handelt sich um ein vermitteltes Sprachgeschehen und nicht etwa um die Stimme des Gewissens. Gottes Wort braucht also Prophetie. Entsprechend gibt es im Alten Testament auch durchaus unterschiedliche Vorstellungen davon, wie Prophetie geschieht und wer eigentlich ein Prophet ist. 1Sam 3 vertritt diesbezüglich eine klassisch kulttheologische Position. Propheten sind ausgebildete Spezialisten, derer sich Gott bedient. Diese Position begegnet, abgesehen von Jesaja, in abgewandelter Form auch bei Jeremia. Dieser beklagt sich bekanntlich, dass er für seinen Auftrag (noch) zu jung sei (Jer 1,6). Dabei handelt es sich möglicherweise gar nicht – wie man gelegentlich vermutet hat – um ein Ausweichmanöver oder um Kokettiererei mit Jeremias Jugend. Es ist durchaus möglich, dass Jeremias Ausbildung zum Propheten tatsächlich noch nicht abgeschlossen war und Gott ihn gleichsam vorzeitig von der Schulbank wegholte, weil es keine wahren Propheten mehr gab, derer er sich hätte bedienen können. Um eine überraschende Berufung handelt es sich in gewisser Weise auch bei Mose, der nicht nur die Voraussetzung der Sprachfähigkeit nicht mitbrachte (Ex 4,10), sondern der überhaupt kein ausgebildeter Prophet war (wenngleich ihm nachträglich der Titel des größten Propheten eingeräumt wird, vgl. Dtn 34,10).

Ein ganz anderes und gegenüber 1Sam 3 durchaus kritisches Prophetieverständnis findet sich im Amosbuch. Amos lehnt die Vorstellung ab, dass es nur besonderen Einzelnen vorbehalten wäre, Gottes Wort in Menschenworte zu kleiden (Amos 3,5–8):

> »Können etwa zwei miteinander wandern, sie hätten sich denn getroffen? Brüllt etwa ein Löwe im Walde, wenn er keinen Raub hat? Schreit etwa ein junger Löwe aus seiner Höhle, er habe denn etwas gefangen? Fällt etwa ein Vogel zur Erde, wenn kein Fangnetz da ist? Oder springt eine Falle auf von der Erde, sie habe denn etwas gefangen? Bläst man etwa das Horn in einer Stadt, und das Volk entsetzt sich nicht? Geschieht etwa ein Unglück in der Stadt, und der Herr hat es nicht getan? – Gott der Herr tut nichts, er offenbare denn seinen Ratschluss seinen Knechten, den Propheten. – Der Löwe brüllt, wer sollte sich nicht fürchten? Gott der Herr redet, wer sollte nicht Prophet werden?«

Gott redet nicht nur in besonderen Momenten zu eigens dafür bestimmten Menschen. Die Denkweise bei Amos ist genau umgekehrt: Gott redet in der Art und Weise, in der er geschichtlich handelt. Und wenn dies geschieht, wenn der Löwe brüllt, dann bleibt gar nichts anderes übrig, als dass die Zeugen dieses Geschehens zu Propheten werden. Prophetie ist hier wesentlich Deutung von etwas, das vor Augen steht, in der klassischen Prophetie dagegen ist sie Ankündigung verborgener bzw. ›unableitbarer‹ Dinge. Es lohnt, diese unterschiedlichen Perspektiven auf Prophetie zu bedenken, weil sich damit auch verschiedene Wahrnehmungen des Wortes Gottes verknüpfen. Dabei fällt, wie so häufig, auf, dass das Alte Testament beide Auffassungen nebeneinander stehenlässt. Es wird nicht der Versuch unternommen, ›das‹ Verständnis vom Wort Gottes und seiner prophetischen Gestalt festzulegen, vielmehr bleibt hier eine Breite, die nicht zuletzt die Predigt herausfordert, insofern man auch diese – zumindest zum Teil – als prophetisches Geschehen begreift. (AS)

GOTTES WORT IN ZEITEN DER GELÖSCHTEN KERZE

Der Sonntag Exaudi steht zwischen Himmelfahrt und Pfingsten. Es gibt Gemeinden, in denen die Osterkerze an diesem Sonntag nicht brennt. Am Himmelfahrtstag wurde sie im liturgischen Rahmen des Gottesdienstes gelöscht, denn Christus sei ja zum Himmel gefahren – und der Geist, der die Gegenwart des Erhöhten wie ein Brausen über die Jünger bringt, komme erst nächste Woche. Das ist zweifellos eine schräge Himmelfahrtstheologie, bedeutet das Fest doch den Herrschaftsantritt Christi im Himmel und auf Erden. Und es ist eine merkwürdige liturgische Re-Inszenierung der Ereignisse, die im Jahr der Kreuzigung und Auferweckung Jesu Christi stattfanden. Andererseits: Diese liturgische Repräsentation dessen, was ›damals‹ die Jünger erlebten, entspricht durchaus dem, was viele Gemeinden im Kontext des *triduum sacrum* praktizieren: Auch hier ›spielt‹ die liturgische Dramaturgie in den Tagen von Karfreitag bis Ostersonntag ›nach‹, was damals geschah, obgleich wir selbstverständlich in der Zeit nach Ostern leben.

Die Texte von Exaudi sind von dem beschriebenen Zwischenzustand geprägt. Das galt bereits für das bisherige Evangelium Joh 15,26–16,4, das nun nur noch als »Weiterer Text« an diesem Sonntag begegnet. Das gilt noch deutlicher für die neu ausgewählte Evangelienlesung Joh 16,5–15 – ebenfalls aus dem Kontext der Abschiedsreden Jesu und bisher einer der Predigttexte am Pfingstsonntag. Jesus kündigt seinen Weggang an – und das Herz der Jünger ist »voller Trauer« (V. 6). Der Abschied aber bereite, so der johanneische Jesus, den Weg für den kommenden Tröster (V. 7), der die Jünger »in aller Wahrheit leiten« wird (V. 12).

In diese Gemengelage aus Weggang und Verheißung des Kommenden tritt nun die Erzählung von der Berufung Samuels, die in einer Situation verortet wird, die strukturanaloge Entsprechungen zum Sonntag Exaudi aufweist: »… zu der Zeit … war des Herrn Wort selten, und es gab kaum noch Offenbarung« (1Sam 3,1).

In Karl Barths »Kirchlicher Dogmatik« begegnet 1Sam 3,1 im ersten Teilband, der Lehre vom Wort Gottes. Barth betont, dass dieses Wort zwar einerseits ein Wort inmitten unserer Wirklichkeit sei, andererseits aber jeder Logik dieser Wirklichkeit radikal entzogen bleibe. »Das Wort Gottes ist nicht so Wirklichkeit, wie ein erfahrbarer Tatbestand unter dem Vorbehalt der Angemessenheit unserer Sinneswahrnehmungen und unseres Verstandes Wirklichkeit hat« (KD I/1, 163). Es sei vielmehr Gottes »Entscheidung« und so allein *göttliche* Tat« (162). Und das heißt: »Nie und unter keinen Umständen allge-| mein, sondern immer und unter allen Umständen *suo modo, sua libertate, sua misericordia* ist das Wort Gottes Wirklichkeit in unserer Wirklichkeit und so und daraufhin und dadurch bedingt – wiederum *suo modo* – allein auch vorhanden und feststellbar« (163f.). Im folgenden petitgedruckten Absatz verweist Barth dazu auf 1Sam 3,1.

Was der Dogmatiker durchaus komplex formuliert, erzählt 1Sam 3 auf ironisch-humorvolle Weise und gibt so ein schönes Beispiel für narrative Theologie in der Hebräischen Bibel. Samuel hört eine Stimme, kann sie aber zunächst nur so zuordnen, wie es seiner üblichen Weltwahrnehmung entspricht (und das, obwohl er sich im Tempel des Herrn zu Silo niedergelegt hatte, »wo die Lade Gottes war«, und er umgeben ist von Zeichen der verborgenen Präsenz Gottes: »Die Lampe Gottes war noch nicht verloschen …«; V. 3): Der Ruf Gottes und das Missverständnis Samuels wiederholen sich wie in Märchen und Sagen dreimal. Nach dem zweiten Mal bereits interveniert der Erzähler und erläutert, dass Samuel den Herrn und die Offenbarung seines Wortes noch nicht kannte. Beim dritten Mal merkt der alt gewordene Eli, dass es Gott selbst ist, der sich an Samuel wendet. Eli gibt ihm daher wörtlich vor, was er antworten solle: »Rede, Herr, denn dein Knecht hört« (V. 9). Samuel tut dies, lässt aber interessanterweise die Anrede »Herr« weg: »Rede, denn dein Knecht hört« (V. 10).

Auf der Erzählebene des ersten Samuelbuchs geht es in 1Sam 3 um die Nachfolge Elis und den Übergang von Eli zu Samuel. Dies unterstreicht auch die rabbinische Auslegung: »Rabbi Chia bar Abba sagte im Namen von Rabbi Jochanan: Niemals stirbt ein gerechter Mann, bevor ein Mann, der gerecht ist wie er, auf die Welt kommt. ›Die Sonne geht auf und geht unter …‹ (Pred 1,5). Daher begann die Sonne Samuels zu scheinen, bereits bevor die Sonne Elis untergegangen war.«[226] Für eine Predigt am Sonntag Exaudi scheinen mir mindestens fünf Aspekte dieses Textes anregend:

(1) 1Sam 3,1 unternimmt eine theologische Zeitdiagnose, die erstaunlich aktuell erscheint. »Des HERRN Wort« war »selten«. Die narrative Dramaturgie des ersten Samuelbuchs aber sagt: So »selten« es auch sein mag – das Volk bleibt dennoch nie ohne dieses Wort. Es geht weiter und spricht die an, die lernen, es zu hören. Das Wort Gottes wird nicht traditionell oder institutionell weitergegeben, sondern geht eigene Wege. Nicht Elis Söhne werden die Nachfolger des Vaters, sondern der Sohn der einst unfruchtbaren Hanna.

(2) Die Stimme Gottes erscheint Samuel nicht kategorial anders als andere menschliche Stimmen. Sie ist zum Verwechseln ähnlich; es könnte Eli sein. Der Versuch in manch älteren Bibelverfilmungen, Gott mit donnernder Stimme, dröhnend oder bedrohlich, in jedem Fall aber unterscheidbar von anderen menschlichen Stimmen reden zu lassen, ist in gewisser Weise rührend, trifft aber das Phänomen des Wortes Gottes, wie es in 1Sam 3 geschildert wird, gerade nicht (obgleich die Bibel auch diese erschütternd laute Gottes-Stimme kennt – von dem Donnern und dem Ton der Posaune am Sinai, vgl. Ex 19,16–19, bis hin zur »großen Stimme« der Offenbarung des Johannes). Gottes Stimme erscheint hier zum Verwechseln ähnlich mit den Stimmen unserer Welt; dies entspricht der Theologie der lutherischen Reformation, die allen Wert darauf legt, dass Gottes Wort sich an menschlich-unscheinbare Medien gebunden hat: das ganz und gar menschliche Wort der Bibel, Brot und Wein, das Wasser der Taufe. Aus sich selbst heraus sind all diese Dinge nichts anderes als das, was wir kennen. Wo immer es aber Gott gefällt und er seinen Geist dazu gibt, wird daraus für den einzelnen Gottes Wort (vgl. Confessio Augustana V).

(3) Ohne Elis ›Nachhilfe‹ hätte Samuel in der nächtlichen Anrede niemals *Gott* gehört. Es braucht *die* anderen, die ›uns‹ auf *den* Anderen hinweisen. In den Worten des Soziologen Hartmut Rosa scheint es, als müsse Samuel erst lernen, dass es nicht nur eine *horizontale* (= zwischenmenschliche), sondern auch eine *vertikale* Resonanzachse geben kann. In Zeiten, in denen das Wort Gottes selten ist, sind Nachhilfelehrer von besonderer Bedeutung, die auch am Sonntag Exaudi, dem Sonntag der mancherorts erloschenen Osterkerze, die Erwartung von Pfingsten großmachen.

(4) Die gott-menschliche Kommunikation gelingt, indem Samuel auf Gottes Anrede antwortet. Der Exaudi-Psalm 27 mit seinem Leitvers »HERR, höre meine Stimme, wenn ich rufe …« (V. 7; Vulgata: Ps 26,7: »Exaudi Domine vo-

---

[226] bT Joma 38b [Übersetzung AD].

cem meam qua clamavi …«) setzt umgekehrt beim Ruf des Menschen an und übt in die Hoffnung auf Gottes Antwort ein: »Harre des Herrn!« (V. 14).

(5) 1Sam 3 erzählt humorvoll, wie ein Mensch Gottes Wort begegnet. So groß und schwer die Worte im Textraum des Sonntags Exaudi auch klingen mögen, eine Predigt zu diesem Text bleibt hoffentlich nicht ohne Humor, der sich notwendig dort einstellt, wo wir ›kleinen Menschen‹ der Inkommensurabilität Gottes begegnen.

Zweifellos nimmt Philipp Spittas »O komm, du Geist der Wahrheit« (EG 136) zahlreiche Motive aus dem Sonntagsevangelium auf und entwirft eine mit 1Sam 3,1 vergleichbare Zeitdiagnose: »… in dieser schlaffen und glaubensarmen Zeit« (V. 2). Allerdings ist die Gesamtstimmung des Liedes wohl doch zu triumphal für die humorvoll-stille Nachtgeschichte von 1Sam 3. Besser geeignet erscheinen EG 125 (»Komm, Heiliger Geist, Herre Gott«), in dem zahlreiche Motive aus 1Sam 3 begegnen (Licht/leuchten; Dienst …) oder EG 196 (»Herr, für dein Wort sei hoch gepreist«; am ehesten die Strophen 1+2+5+6). Soll der Aspekt der Nachfolge betont werden, so wäre z. B. auch EG 392 (»Gott rufet noch«) als Predigtlied denkbar. (AD)

Pfingstsonntag (Reihe III): Gen 11,1–9

Gegen Grossmacht und Einheitskultur:
Die Turmbauerzählung als Pfingsttext

Die Erzählung vom ›Turmbau zu Babel‹ steht recht eigenwillig in ihrem literarischen Zusammenhang. Eigentlich passt sie da gar nicht hinein. Wer die Urgeschichte sukzessive liest und am Ende von Gen 10 angekommen ist, weiß, dass aus Noah und seinen Söhnen eine ganze Völkerwelt geworden ist. Das jedenfalls ist das Ergebnis der sogenannten ›Völkertafel‹ (Gen 10). Die Welt wird bevölkert »in verschiedenen Ländern, durch verschiedene Sippen und Völkerschaften mit ihren jeweiligen Sprachen« – so besagt es die Formel, die die Völkertafel als Refrain durchzieht (vgl. Gen 10,5.20.31). Darin liegt die Erfüllung des anfänglichen Auftrags an die Menschheit »Seid fruchtbar und mehret euch und füllet die Erde und machet sie euch untertan!« (Gen 1,28), der nach der Flut gegenüber Noah eigens wiederholt wird (Gen 9,1). Eigentlich ist die Urzeit damit zu Ende und der Übergang in die Geschichte der Menschheit im Allgemeinen und der Geschichte der Väter und Mütter Israels im Besonderen geschaffen. Die Turmbauerzählung wirft die Leser aber noch einmal hinter diese Entwicklung zurück und berichtet von einer Zeit, in der die Menschheit immer noch an einem Ort wohnte. Das klingt so, als hätte die Menschheit gerade erst die Arche verlassen und suchte nun nach einem Platz in der Welt. Die Uhr wird also noch einmal zurückgedreht, um noch eine andere Geschichte über die Besiedelung der Welt zu erzählen – eine Geschichte, die nicht nur sagen möchte, was geschah, sondern die erklären möchte, warum es geschah.[227]

Ein solches bislang ›unerzähltes‹ Motiv ist die anfängliche Angst der Menschheit davor, über die Erde zerstreut zu werden (11,4). Es herrscht alles andere als Aufbruchsstimmung, sondern eher das Bedürfnis, beisammen zu bleiben und an einem Ort sicher zu sein. Dieses Bedürfnis ist das erste, was

---

[227] Diese kompositorische Technik des Noch-einmal-Zurückgehens erinnert freilich an Gen 2 f. gegenüber dem Schöpfungsbericht von Gen 1. In der Tat besteht in der historischen Bibelwissenschaft weitgehendes Einvernehmen darüber, dass die Eden- und die Turmbauerzählung zur gleichen Textschicht gehören, die (da endet der Konsens allerdings) vermutlich nachträglich in den Gesamtplan der Urgeschichte eingearbeitet wurde.

wir sozusagen über die innere Verfasstheit der nach-sintflutlichen Menschheit erfahren, und begründet den Plan, eine Stadt und in deren Mitte einen Turm zu bauen. Damit verbunden werden zwei weitere Absichten, die – zumindest innerhalb der christlichen Rezeption – die Turmbauerzählung zu einer ›Sündengeschichte‹ gemacht haben. So wollen die Menschen »sich einen Namen machen« und den Turm so hoch bauen, dass dessen Spitze bis in den Himmel reicht. Dies wurde vielfach interpretiert als Ausdruck des Begehrens, so sein zu wollen wie Gott. Demnach hätte die Menschheit von Anfang an auch einen Zug zum Größenwahn gehabt. Anstatt den Namen Gottes zu verehren, will sie sich einen eigenen Namen machen und in den Himmel als den Ort vordringen, der allein Gott vorbehalten ist. Zu einer solchen Interpretation gelangt man vor allem dann, wenn man Gottes Reaktion auf die menschlichen Pläne zum Schlüssel des Textverständnisses macht. Denn Gott fühlt sich in der Tat herausgefordert. In fast allzu menschlicher Manier steigt er vom Himmel herab, beäugt das entstehende Bauwerk (als hätte er es von seiner himmlischen Wohnung aus gar nicht sehen können) und beschließt, dass die Menschheit ihm über den Kopf wachsen könnte. Es handelt sich hier um eine alles andere als souveräne Gottesgestalt. Dieser Gott ist argwöhnisch und handelt nach dem Motto ›Wehret den Anfängen!‹, ganz ähnlich wie auch schon in Gen 3,22. Aus diesem Antrieb heraus ersinnt Gott die Maßnahme, die wir als die sprichwörtliche ›babylonische Sprachverwirrung‹ kennen. Die frühe Menschheit hat nur eine Sprache (Gen 11,1). Das ist die Grundlage ihrer Einheit. Genau hier greift Gott nun an und verwirrt (wörtlich ›verrührt‹) die Worte der Menschen, sodass niemand mehr den anderen verstehen kann (Gen 11,7). Es ist nicht ohne weiteres klar, was damit eigentlich gemeint ist. Ob es sich hier um die Geburtsstunde vieler Sprachen handeln soll, wie oft angenommen wurde, erscheint fraglich. Worauf es ankommt, ist nur, dass sich die Menschen nicht mehr verstehen, nicht mehr kommunizieren können und – als entscheidende Folge – auseinanderfallen. Ohne die Einheit stiftende Sprache geschieht genau das, wovor die Menschen Angst hatten, nämlich über die ganze Erde verstreut und das heißt vereinzelt zu werden. So betrachtet ist die Menschheit, wie sie seither existiert, ›gebrochen‹. Man kann vermuten, dass die Turmbauerzählung auf diese Weise auch erklären möchte, warum es in der Geschichte der Menschheit immer wieder zu Aggression und Krieg kommt – eben weil sich Menschen nicht ›verstehen‹ und weil Kommunikationsfähigkeit an Grenzen stößt.

Folgt man dieser Interpretationslinie, dann ist Pfingsten das Ereignis, das die babylonische Sprachverwirrung nicht beseitigt, deren Effekt allerdings aufhebt, insofern durch die Wirkung des Geistes Menschen unterschiedlicher Sprachen einander nun doch wieder verstehen können (Apg 2,6-12) und damit auch eine neue Grundlage der urzeitlich verlorenen Einheit gewonnen ist. Allerdings bleibt diese Rezeptionslinie auf die Perspektive der Gottesfigur beschränkt. Verschiebt man den Akzent ein wenig und betrachtet die Turmbauerzählung einmal aus der Perspektive der Menschheit, gestaltet sich ein anderes Bild: Angst wird nun zum entscheidenden Antrieb für den Bau von Stadt und Turm – Angst der Menschheit vor ihrer Zerstreuung. In der insgesamt knappen Erzählung wirkt dabei v. a. ein Detail auffällig betont: Sie verwenden Ziegel statt Steinen und Pech als Mörtel (Gen 11,3). So baute man in Babylonien die hohen Tempeltürme (Zikkurat), an die hier vermutlich gedacht ist. Im biblischen Text wird auf diesem Weg aber noch eine andere Referenz aufgerufen: Es sind Ziegel, die die Hebräer streichen müssen, um die Bauwerke eines anderen Großreiches, nämlich Ägypten, zu errichten (Ex 1,14). Insofern legen die Formulierungen nahe, dass die Form, in der sich die frühe Menschheit zusammenballt, die eines Großreichs ist, mit einer einzigen Sprache und einer einheitlichen Kultur. Aber genau dies erscheint – zumal im Kontext von Gen 1 und 10 – nicht als der Modus menschlicher Existenz, die Gott für die Menschheit haben will. Diesem Drang zum Großreich (oder sollte man sagen: zur Einheitsmacht?) haftet, wenn man den Exodus-Anklang ernst nimmt, sogar so etwas wie eine Selbstversklavung der frühen Menschen an. Was ihnen nun widerfährt, Sprachverwirrung und Zerstreuung, wirkt also genau dieser Selbstbestimmung der Menschen entgegen und ›zwingt‹ sie dazu, etwas anderes zu werden, als sie selbst sein wollten.

In dieser Perspektive ist die Turmbauerzählung ein politisch wie auch psychologisch hintergründiger Text. Politisch, weil er namentlich die Stadt Babylon – ›das‹ Symbol der Großmacht in der Antike – in die Reflexion auf die formative Phase der Menschheit einbezieht. Das Streben nach solcher Art von Größe steckt demnach in der menschlichen DNA. Psychologisch wird dies allerdings, anders als in der christlichen Rezeption, weniger als Hybris oder gar Blasphemie identifiziert. Der Grund für dieses Streben ist vielmehr Angst und Unsicherheit. Es ist die frühe, noch nicht ganz ›reife‹ Menschheit, die sich nach Derartigem ausstreckt. Positiv steht dem die Vision von Vielfalt und Partikularität gegenüber, wie sie die Völkertafel darstellt, denn dort fehlen gerade Namen wie Babylon und Ägypten und damit jede mögliche Assoziation mit einem Schöpfungsplan Gottes, der solche Großmächte vorgesehen hätte.

Von daher ergibt sich eine nochmals etwas veränderte Wahrnehmung von Gen 11,1-9 als Pfingsttext. Von der Turmbauerzählung und der Völkertafel her betrachtet, führt die Wirksamkeit des Geistes nicht zu Vereinheitlichung und Großmächtigkeit, sondern zu etwas, das man ›verständige Vielfalt‹ nennen könnte. Es ist ja bemerkenswert, dass Apg 2,9–11 litaneiartig die Völkergruppen aufzählt, die nunmehr die Worte der Apostel verstehen können: »Parther und Meder und Elamiter und die da wohnen in Mesopotamien, Judäa und Kappadozien, Pontus und der Provinz Asia, Phrygien und Pamphylien, Ägypten und der Gegend von Kyrene in Libyen und Römer, die bei uns wohnen, Juden und Proselyten, Kreter und Araber.« Im Zuge der Geistwirksamkeit wird so betrachtet also gerade das Partikulare betont, obwohl es hier andererseits natürlich auch um die Zielgebiete der universalen Mission geht, von der die Apostelgeschichte in ihrem Verlauf handelt. Eine kritische Hermeneutik der Pfingstgeschichte wird deren Potenzial zu einem ›christlichen Imperialismus‹ im Auge behalten müssen, und gerade dafür bieten Gen 10 und 11 einen kritischen Maßstab. Positiv gewendet wird vor dem Hintergrund von Gen 10 und 11 deutlich, was Pfingsten eben auch bedeuten könnte, nämlich dass das Christentum in eine Welt der »verschiedenen Länder, Sippen und Völkerschaften mit ihren jeweiligen Sprachen« (vgl. Gen 10,5.20.31) hineinwachsen soll, die in ihrer Vielfalt und Diversität dem Schöpferwillen Gottes entspricht. (AS)

Aufbruch in die Vielfalt

»Es herrscht alles andere als Aufbruchsstimmung« – das gilt ganz sicher auch für die Situation der Jünger in Jerusalem, die sieben Wochen nach dem Osterereignis und zehn Tage nach der Himmelfahrt Jesu noch immer zusammensitzen – im »Obergemach des Hauses, wo sie sich aufzuhalten pflegten« (Apg 1,13), »an *einem* Ort«, wie Apg 2,1 betont. In dieser Perspektive erscheint Apg 2 keineswegs einfach nur und einigermaßen banal als Gegenschichte zu Gen 11.

Diese (sicher nicht unbegründete!) hermeneutische Angst war in den Rückmeldungen zum Erprobungslektionar auf dem Weg zur Perikopenrevision deutlich zu greifen. Auch bisher gehörte Gen 11 zu den Texten am Pfingstfest, war allerdings alttestamentliche Lesung am Pfingstmontag und tauchte daher nicht im selben Textraum mit Apg 2 auf. Diese Verbindung bereitete zahlreichen Predigern Mühe und führte zu Fragen. Werde Gen 11 nicht automatisch so gepredigt, dass das Alte Testament das Problem erzählt (die Menschheit ist verwirrt und zerrissen in viele Sprachen!), das Neue Testament aber die Lösung bietet (der Geist ermöglicht das Verstehen der Vielen)? Hat Gen 11 eine echte hermeneutische Chance, seine Aussage zu entfalten, ohne einfach nur als Antitypos zur Pfingstgeschichte gebraucht zu werden – als ein Bericht von Ereignissen, die nun endgültig überwunden seien? Abgesehen davon, dass eine solche antithetische bzw. antitypische Hermeneutik im Blick auf die Lebenswirklichkeiten heutiger Hörerinnen und Hörer völlig unbedeutend bleibt (was bringt es *mir*, wenn Pfingsten irgendwie besser ist als das, was in Gen 11 erzählt wird?), zeigt eine genaue Lektüre von Gen 11, dass diese Hermeneutik die Geschichte eben nicht prägen muss.

Gegen die Tendenz zur menschlichen Verharrung an *einem* Ort, gegen die Gefahr der Vereinheitlichung der Menschheit unter einer Einheitsmacht, ist Aufbruch möglich – ein Aufbruch, der in die Vielfalt führt. In genau diese Vielfalt werden die Jünger in Jerusalem entlassen – und damit in die Mühe, aber auch die Verheißung der Kommunikation mit den Verschiedenen, die mal auf geradezu wundersame Weise gelingt, mal aber auch grandios scheitert (»Andere aber hatten ihren Spott und sprachen: Sie sind voll von süßem Wein«, Apg 2,12).

Für Kirchen und Gemeinden scheint diese Aufbruchsgeschichte immer wieder aktuell und herausfordernd. Die Gefahr, sich in einen Idiolekt zu begeben, an *einem* Ort zu verweilen und lieber dort einen Turm der eigenen Frömmigkeit zu errichten, anstatt einen Ort jenseits dieser »comfort zone« zu finden, besteht durch die Geschichte der Kirche hindurch. Drinnen prägen bestimmte Sprachspiele das Reden; draußen wundert man sich darüber oder belächelt sie.

Der damals knapp 30-jährige, katholische Politik- und Kommunikationsberater Erik Flügge hat mit seinem 2016 erschienenen Buch »Der Jargon der Betroffenheit. Wie die Kirche an ihrer Sprache verreckt« für einige Furore gesorgt.[228] Er würde sich ja gerne wieder der Kirche annähern, sagt er. Aber was ihn hindert, sei vor allem die Sprache, die ihm kirchlich begegnet: »[…] ich halte es nicht aus, wenn ihr sprecht.« In den 1980er Jahren stehen geblieben sei die kirchliche Sprache und gestorben »mit diesen Pullovern, die ihr noch heute tragt.« Wir lebten, so Flügge, in Zeiten der Mehrperspektivität, nicht der beschworenen »Ganzheitlichkeit«, in Zeiten der »subtilen Ironie«, die sich auf den Kanzeln nicht finde.[229] Verkündigung scheitere, so Flügge, vor allem an der Selbstreferentialität und Konventionalität, an der Bürgerlichkeit und langweiligen theologischen Stimmigkeit.[230] Leben wir in

---

[228]   München 2016.
[229]   Alle Zitate a. a. O., 9.
[230]   Vgl. a. a. O., 29 f.

einer Kirche, die Angst vor dem Aufbruch hat? Und daher lieber weiterbaut an ihrem Turm, anstatt den Weg an die Landstraßen und Zäune (vgl. Lk 14,23), auf die Dächer (vgl. Mt 10,27) zu gehen?

Diese ekklesiologische Lesart ist zweifellos eine am Pfingstfest mögliche. Daneben zeigt ein Blick in die Lyrik, wie vielfältig Gen 11 dort aufgenommen wird und wie die Bilder dieser Erzählung unterschiedliche Wirklichkeitsbereiche anziehen.

So beschreibt Jürg Federspiel in einem Gedicht den Aufstieg auf die Freiheitsstatue in New York und den Ausblick von dort. Man sieht »Meer, Meer und noch einmal mehr: / Das Meer und die babylonischen / Türme des Geld-Himalaya von Wallstreet, / wo man sagt, was Freiheit wirklich bedeutet.«[231]

Eva Zeller verbindet den Turmbau mit dem Ehrgeiz und der Tüchtigkeit in der Leistungsgesellschaft:[232]

Ein frommer Wunsch:
Neinsagenkönnen
Den Erfolg
an den Nagel hängen
Sich nicht entblöden
etwas weniger
tüchtig zu sein
Den Turm abtragen
ein Achtstundentag
Steinekarren
und dabei singen
in dieser Stadt
in der wir leben
in der keiner
des anderen
Sprache versteht

Bei Kurt Marti ist es – einer recht traditionellen Lesart von Gen 11 folgend – der »grenzenlose größenwahn«, in dem sich Menschen »zum himmel aufschwingen wollen«.[233]

---

[231] Aus dem Gedicht »Die Freiheitsstatue«, in: Jürg Federspiel, Mond ohne Zeiger. Gedichte und drei Geschichten, Frauenfeld ²2001, 18.

[232] Eva Zeller, Fliehkraft. Gedichte, Stuttgart 1975, 38.

[233] Kurt Marti, eine vision des leonardo da vinci, in: ders., zoé zebra. neue gedichte, München/Wien 2004, 61f.

In der Lyrik wird zudem der Zustand nach dem Ende des Projekts »Turmbau« immer wieder beschrieben – ein Zustand, in dem die Kommunikation scheitert, sich Menschen nicht mehr verstehen und daher zwar mit-, aber letztlich doch nur nebeneinander leben – so in Eva Zellers Gedicht »Lehmbrot«:

> Häuser zusammengerückt
> klettern übereinander
> die Luft kann nicht atmen
>
> Du mußt wissen
> wir wohnen in Babylon
> Worte auseinandergewachsen
>
> Unsere Stirnen übereinander
> klettern Falten in Zeichen
> wer deutet sie
>
> Steine kauen wir
> Wind legt sie uns
> in den Mund
>
> Wir bauen
> Lehmbrot[234]

Von allen Gedichten, in denen der Turm zu Babel als Spur vorkommt, ragt eines heraus: Peter Horst Neumanns (1936–2009) »Pfingsten in Babylon«.[235] Das Gedicht verbindet drei biblische Texte zu einem intertextuellen Gewebe: Neben die Erzählung vom Turmbau zu Babel und neben die Pfingstgeschichte tritt die Erzählung von Mose am Sinai, von den Tafeln mit den Geboten, dem goldenen Stier und dem Bruch der Tafeln (Ex 31,18–32,35). Aus dem größeren Zusammenhang dieses unbedingt lesenswerten Gedichts seien nur einige wenige Sätze wiedergegeben:

> Die Tafeln zerbrachen
> im Augenblick der Verkündung.
> Es gilt das gebrochene Wort. [...]

---

[234] Eva Zeller, Gesammelte Werke in acht Bänden, Bd. 3: Hügel aus Äther unwiderruflich, hg. v. Helmut Braun, Frankfurt a. M. 1984, 100.

[235] Peter Horst Neumann, Pfingsten in Babylon. Gedichte, Salzburg/Wien 1996, 59–61.

Es wäre der Grundstein
gewesen des Turms,

wir wären hinaufgelangt –
ein Gesetz, eine Sprache.

Die Gabe des Gebots erscheint bei Neumann als ein Versuch, die Sprache
neu zu erschaffen, die Himmel und Erde und die Menschen untereinander
verbindet. Doch »die Tafeln zerbrachen«. Das Gedicht schildert dann das
Pfingstereignis in Jerusalem:

Eine Stimme für alle, jeder
verstehbar jedem, auch dir,
wärst du dabei gewesen.

Und es schließt mit den Worten:

Verloren
im Sinaisand,
verloren
im Goldstaub
der heiligen Kälber.

Das Wunschfest
der einen Sprache,
das Esperanto
von Babel.

Gemeinsam zu schweigen,
hier, auf der Zinne
des Turms.

Interessant ist die Aufnahme der zerbrochenen Gebotstafeln auch deshalb,
weil das biblische Pfingstfest, zu dem die Jünger in Jerusalem mit dem Geist
Gottes begabt wurden, das jüdische Schavuotfest/Wochenfest war. Dieses
wird seit frühjüdischer Zeit nicht nur als Erntefest gefeiert, sondern mit der
Gabe der Tora am Sinai verbunden.[236]

---

[236] In Erinnerung an die Tora-Gabe wird das Fest seit dem 16. Jahrhundert vielerorts mit
langen Nächten des gemeinsamen Tora-Studiums« verbracht.

Mit Gen 11 Pfingsten feiern – dies bedeutet die Möglichkeit, die gottgewollte Vielfalt neu zu bedenken, die Fragmentarität bedeutet und manches Risiko fordert. In der Hoffnung auf Gottes Geist wird dieser Aufbruch in die Vielfalt aber zu manchem Verstehen führen und sich nicht nur als anstrengend, sondern als überraschend und auf vielfältige Weise heilsam erweisen.

Es eignen sich als Lieder zur Predigt beinahe alle Pfingstlieder im EG; Lieder, die den Aufbruch besonders betonen, sind »Schmücket das Fest mit Maien« (EG 135) sowie »O komm, du Geist der Wahrheit« (EG 136). (AD)

Pfingstsonntag (Reihe VI): Ez 37,1-14

Gottes Wort für ein Knochenfeld

Mehr als jedes andere prophetische Buch ist Ezechiel ein Buch von Visionen. Was geschehen wird, ›zeigt sich‹ dem Propheten und bildet insofern einen Kontrast zu der Welt, die man mit dem natürlichen Auge ›sieht‹. Visionen entwerfen Gegenwelten, die sich als positive oder negative Alternativen zu dem darstellen, was als Realität erfahren wird. Dies wird bei Ezechiel programmatisch durchgeführt, insofern das Buch von zwei großen Visionen gerahmt wird: in Ez 1-11 die berühmte Thronwagen(Merkaba-)Vision und in Ez 40-48 die Vision vom neuen Jerusalem, das sich vom Himmel auf die Erde herabsenkt. Diese beiden Visionen entwerfen kontrastierende Bilder: Am Anfang wird der Leserschaft Jerusalem als eine von Blut und Gewalt durchtränkte Stadt gezeigt, für die es keine Rettung mehr gibt und aus der sich Gott geradezu angeekelt mittels des wundersamen Gefährts aus Rädern und Cheruben entfernt. Dem gegenüber steht das neue Jerusalem, in das Gott einst wieder Einzug halten wird. Die geschichtliche Realität, in der sich das Ezechielbuch selbst verortet, das babylonische Exil, steht genau zwischen diesem visionären Anfang und Ende und erhält auf diese Weise einen interpretierenden Rahmen: Israel wird gezeigt, warum es Land und Tempel verloren hat, aber auch, warum es trotzdem noch Grund zu Erwartung und Hoffnung gibt. Ganz allgemein kann man sagen, dass es bei prophetischen Visionen darum geht, der Wahrnehmung der eigenen Situation eine Perspektive und eine Bewegungsrichtung zu geben.

Der Darstellung des neuen Jerusalem vorgeschaltet ist Ez 37,1-14: eine Vision, die weniger den Ort des zukünftigen Heils, als vielmehr das Volk Israel in den Blick nimmt. Dabei fällt zunächst auf, dass sich Ez 37,1-14 organisch in den kompositorischen Rahmen des Buches einfügt: Zeigt der Anfang das sterbende bzw. sich selbst zugrunde richtende Volk (Ez 4,12-20), setzt Ez 37 in Fortsetzung dessen mit der Schilderung eines Leichenfeldes ein. Es ist so, als kehrte Ez 37 an den Ausgangsort zurück, nur viele Jahre später: Was vom Gottesvolk noch übrig ist, sind Knochen; alles andere ist bereits verwest und verschwunden. Noch ›toter‹ kann man nicht sein. Nun ist die Pointe des Folgenden nicht nur, dass Gott aus diesem Knochenfeld Stück für Stück wieder etwas Lebendiges macht, sondern auch wie diese Wiederherstellung beginnt. Gott weist den Propheten an, zu dem Knochenfeld zu sprechen: »Ihr verdorrten Gebeine, höret des HERRN Wort!« (37,4). Selbst das tote Volk soll (und kann) Gottes Wort noch hören. Israel wird also nicht ins Leben zurückgebracht, damit es dieses Wort (wieder) hören kann; das genaue Gegenteil ist der Fall: Es ist dieses Wort, das am Anfang der Wiederherstellung steht. Darin liegt die erstaunliche Vorstellung, dass nichts Lebendes oder Totes dem *An-spruch* des Gotteswortes und seiner Wirksamkeit entzogen ist oder sich dem selbst entziehen kann. Auch das Ziel des göttlichen Sprechens und anschließenden Handelns ist nicht ganz das, was man zunächst vermuten könnte. Dass Israel wieder ins Leben zurückkehrt, ist gar nicht das Primäre, sondern dass es auf diese Weise »erfährt«, dass Gott der Herr ist (37,6). Die Terminologie an dieser Stelle ist von besonderer Bedeutung. Im Hebräischen steht hier die Wortwurzel *JD'*, die lexikalisch in der Regel mit »erkennen« und (als Ergebnis des Erkennens) mit »wissen« bestimmt wird. Demnach ginge es darum, dass Israel am Ende des gesamten Weges – von seinem selbst verursachten Untergang bis hin zu seiner Wiederkehr – zu einer Einsicht gelangt, die offenbar nur auf diesem schmerzlichen Weg möglich war. Die meisten Bibelausgaben außerhalb der Luthertradition übersetzen entsprechend: »Und ihr sollt erkennen, dass ich der Herr bin!« oder, in finalem Sinn, »damit ihr erkennt …«. Die Lutherausgaben setzen den Akzent etwas anders und übersetzen »und ihr sollt *erfahren*«. Aus seiner Wiederbelebung soll Israel demnach nicht nur bestimmte Erkenntnisse ziehen, vielmehr geht es darum, dass es den Machterweis Gottes am eigenen Leib ›erlebt‹.

Den Kern der Vision bildet die sukzessive Wiederherstellung und Belebung der eigentlich schon verschwundenen Körper: Wie durch ein Beben rücken die verstreuten Knochen wieder zusammen, die Skelette werden mit Blutgefäßen durchzogen, mit Sehnen und Muskeln stabilisiert und mit Haut überkleidet. Schließlich fehlt noch das, was in den meisten Übersetzungen als »Odem« oder »Lebensatem« wiedergegeben wird. Im Hebräischen steht hier der feminine Begriff *ru^ach*, der ein breites Bedeutungsspektrum von Wind oder Lebenssubstanz bis hin zu »Geist« (auch als »Geist Gottes«) umfasst. In dem sprachlich und sachlich erstaunlichen Vers 9 soll Ezechiel dieser *ru^ach* im Namen Gottes gebieten, dass sie komme und die Leiber mit Leben fülle.

Ab V. 11 wird die Vision dann in die Sphäre der realen Welt übertragen: So wird Gott an seinem – toten – Volk handeln und schließlich seine eigene *ru^ach* zum Lebensgeist Israels machen. Damit wird aber auch deutlich, dass es hier nicht nur um eine ›Reanimation‹ von etwas geht, das es schon einmal gab. Vielmehr ist diese Geistgabe etwas Neues und verspricht, ein anderes Leben zu eröffnen als das des ›alten‹ Israel. Die Vorstellung ist die, dass Israel erst dann wirklich Gottes Volk ist – oder sein kann –, wenn es auch von Gottes eigenem Geist erfüllt wird. Das bedeutet umgekehrt, dass das Volk bis dahin noch gar nicht wirklich fähig/imstande war, im Einklang mit dem Willen Gottes existieren zu können. Das bestätigt sich im Blick auf das Nachbarkapitel der Totenfeldvision. In Ez 36 wird angekündigt, dass Gott seinem Volk ein neues Herz und einen neuen Geist geben wird (Ez 36,26). Im Kontext gelesen, ist die Vision vom Knochenfeld die Fortsetzung oder vielleicht sogar die Einlösung dieser Ankündigung.

Im Gesamtbild gehört Ez 37 zu einer Gruppe prophetischer Texte, die man als eine ›Theologie des Neuen‹ bezeichnen könnte. Dazu zählen weiterhin Jer 31 (der »neue Bund«) und Jes 65f. (der »neue Himmel« und die »neue Erde«). Gemeinsam ist diesen Texten die Erwartung eines neuschaffenden Eingreifens Gottes in Situationen, die für sich genommen eine solche Erwartung nicht stützen würden. Diese Theologie des Neuen wurde wirkungsgeschichtlich zu einem wesentlichen Baustein auch des paulinischen Denkens, insofern Paulus die Gabe des Geistes als eine bis dahin nicht vorhandene Qualität und Intensität der Erfahrung mit Gott versteht, vgl. das ›Leben im Geist‹ (Röm 8) im Unterschied zum ›Leben im Fleisch‹ (Röm 7).

Inwiefern ist Ez 37 aber auch ein Text, der zu Pfingsten hinzugehört? Direkte, ›intertextuelle‹ Berührungspunkte gibt es zwischen Apg 1f. und Ez 37 im Grunde nicht. Der Geist, den der Auferstandene seiner Jüngerschaft verheißt (Apg 1) und der dann über sie kommt (Apg 2) und damit den Anstoß zur Ausbreitung des Evangeliums und zur Mission gibt, gehört zu einer anderen Vorstellungswelt als die ›Theologie des Neuen‹ in der alttestamentlichen Prophetie. Die Frage muss insofern umgekehrt lauten: Inwiefern geht es beim christlichen Pfingstfest auch, und vielleicht gerade, um die Themen, für die Ez 37 sensibilisiert? Dort steht die Geistgabe für Gottes Reaktion auf die am Volk Israel exemplifizierte Tendenz, sich selbst zugrunde zu richten. Die Belebung durch den Gottesgeist ist insofern ein Gegenbild zu einer Destruktivität, ja sogar Todverfallenheit, die Ezechiel mit dem Knochenfeld Israels symbolisiert und die sich auf die ein oder andere Weise offenbar – damals wie heute – Bahn bricht. Von Ez 37 ginge für Pfingsten dann als theologischer Impuls aus, dass es nicht ausreicht, sich Gott als Schöpfer und Erhalter vorzustellen, sondern auch als Kraft der neuschöpferischen Widerständigkeit. Das jedenfalls scheint Ezechiel zu meinen, wenn er davon spricht, dass der Geist das Knochenfeld »anhaucht« (V. 9), das Leblose also mit einer Vitalität erfüllt, die es bis dahin noch gar nicht kannte und noch gar nicht ›erfahren‹ hatte. (AS)

»ICH BIN NICHT MUTIG ...« – DIE WIEDERBELEBUNG DES TOTENFELDES UND DIE CHRISTLICHE GEMEINDE AN PFINGSTEN

Pfingsten – das Fest erzählt von der Weite, in die der Geist Gottes führt. Die Apostelgeschichte berichtet von dem Pfingstereignis so, als würden die Mauern plötzlich fallen. Die Jünger, die sich an *einem* Ort versammelt hatten, finden sich vom Geist Gottes begabt predigend inmitten der Menge der zum Schavuot-Fest (Wochenfest) nach Jerusalem gekommenen Festpilger. Die Predigt wird von den vielen aus unterschiedlichen Sprachen verstanden – auch wenn der Inhalt keineswegs nur zu Einverständnis führt. Als »Geburtstag der Kirche« wird Pfingsten immer wieder bezeichnet und als Fest einer neuen Universalität des Glaubens. Dabei gerät freilich aus dem Blick, dass die Jünger in keiner Weise an eine Kirchengründung dachten, dass die in der Predigt Angesprochenen Juden und Gottesfürchtige aus den Heiden (Menschen also, die sich in der Nähe der Synagoge aufhielten, aber den offiziellen Schritt des Wechsels zum Judentum noch nicht vollzogen hatten) waren und dass sich die erste Gemeinde der an den auferstandenen Jesus Glaubenden täglich ganz selbstverständlich im Tempel versammelte (Apg 2,46). Innerhalb des Judentums – so schildert es Lukas und so entspricht es der historischen Entwicklung – geschah etwas Neues.

Umso wichtiger erscheint es, dass in der Perikopenrevision 2018 ein weiterer alttestamentlicher Text am Pfingstfest zeigt, dass dieses Fest Israelkontur hat und behält. Der Geist Gottes ist zuerst in Israel wirksam, ist Erfahrung und Verheißung für Jüdinnen und Juden – und ist nur so auch der Geist Gottes, den Christinnen und Christen aus den Heidenvölkern erfahren. Es ist unmöglich, ›christliche Universalität‹ gegen eine vermeintliche ›jüdische Partikularität‹ auszuspielen und neutestamentliche Geisterfahrung als etwas ganz Neues zu behaupten. Der Geist Gottes schwebt »am Anfang« »auf dem Wasser« (Gen 1,1), ist mit Josef (Gen 41,38), mit Bezalel (dem Künstler der Stiftshütte; Ex 31,3), mit Bileam (Num 24,2), bewegt Richter und Könige und wird für die Zukunft erwartet. Im christlichen Glauben gehört die Erfahrung universaler Weite mit Gottes Selbstbindung an Israel zusammen. »Du Menschenkind, diese Gebeine sind das ganze Haus Israel. ... Und ich will meinen Odem/Geist in euch geben, dass ihr wieder leben sollt, und will euch in euer Land setzen ...« (Ez 37,11.14) – das ist die Verheißung an Israel aus dem Ezechielbuch, die nun auch alle sechs Jahre an Pfingsten gepredigt werden wird.

Im Judentum hat Ez 37,1–14 seinen Ort im Umkreis des Passa-Festes

(Chol ha-Moed[237]) – und wird dort als Haftara (Prophetenlesung) gehört. Was diese prophetische Vision mit der Erzählung vom Auszug aus Ägypten verbindet, ist die auf die konkrete geschichtliche Situation bezogene Perspektive der Hoffnung. An das befreiende Handeln Gottes wird erinnert (Gott führt aus der Gefangenschaft und Sklaverei heraus), das neue Handeln Gottes wird erwartet. Vor diesem Hintergrund ist wohl auch zu erklären, dass sich eine Darstellung von Ez 37 aus der Mitte des 3. Jh. in der antiken Synagoge von Dura Europos findet. Die Wandmalerei zeigt den Propheten Ezechiel dreimal in unterschiedlichen Phasen des in Kap. 37 geschilderten Geschehens. Der konkret eingreifende Geist Gottes wird durch die Hand symbolisiert.[238]

Wandmalerei in der Synagoge von Dura Europos, Mitte 3. Jh.

In christlichem Kontext hat Ez 37 seinen traditionellen Ort am Karsamstag bzw. in der Osternacht. Die Vision des Ezechiel wurde als Text gehört, in dem sich die Hoffnung auf das neue Leben im Angesicht des Todes artikuliert.

---

[237] Damit sind die Tage des Passa-Festes gemeint, die festlichen Charakter tragen, aber zwischen den ersten beiden und den letzten beiden Tagen dieses einwöchigen Festes liegen. Man könnte den Begriff *Chol ha-Moed* mit Halbfeiertag übersetzen.

[238] Gemeinfreie Darstellung nach wikivividly [https://wikivividly.com/wiki/File:Ezekiel_1.jpeg].

Freilich wurde er in diesem Zusammenhang bisher kaum gepredigt. Mit dem Bild der Auferweckung eines Feldes der Totengebeine bringt Ez 37 ein österliches Motiv in den Kontext des Pfingstfestes. Was Ostern und Pfingsten verbindet, ist Gottes Geist, der die trostlose Wirklichkeit verändert.[239]

Ez 37 könnte helfen, dem Geist, der es in christlichen Predigten nie leicht hat, weil er sich so wenig ›greifen‹ lässt, mit einem Bild zu verbinden, das stark ist und in jeder Hinsicht unglaublich. Es ist evident, dass Ez 37 in der darstellenden Kunst kaum eine Karriere gemacht hat. In der Dichtung aber begegnet die Vision durchaus.

Die Dichterin Marie Luise Kaschnitz (1901-1974) nimmt Bilder aus Ez 37 auf, stellt sie vor den Hintergrund unserer Lebenserfahrungen und Lebenswirklichkeiten und verortet sich selbst dazu.[240]

Nicht mutig

Die Mutigen wissen
Daß sie nicht auferstehen
Daß kein Fleisch um sie wächst
Am jüngsten Morgen
Daß sie nichts mehr erinnern
Niemandem wiederbegegnen
Daß nichts
ihrer wartet
Keine Seligkeit
Keine Folter
Ich
Bin nicht mutig.

Blickt man von diesem Gedicht ausgehend erneut auf den Wortwechsel zwischen Gott und dem Propheten in Ez 37,3, so zeigt sich, dass auch der Prophet »nicht mutig« ist - jedenfalls nicht in dem Sinn, den Kaschnitz hier ins Spiel bringt. Der Herr stellt dem Propheten eine Frage, die dieser völlig klar beantworten könnte: »Werden diese Gebeine leben?« - »Was für eine Frage! Natürlich nicht! Alles, was wir erfahren im Leben, alles, was wir kennen, alle

---

[239]   Der US-amerikanische Homiletiker Luke Powery entwickelt eine Homiletik der Hoffnung im Kontext des Black American Preaching vor dem Hintergrund von Ez 37: ders., Dem Dry Bones. Preaching, Death, and Hope, Lanham 2012.

[240]   Marie Luise Kaschnitz, Nicht mutig, in: dies., Kein Zauberspruch. Gedichte, Frankfurt a. M. 1972, 57.

Logik dieser Welt spricht dagegen. Toter kann nichts sein als dieses Feld der Totengebeine.« So könnte der Prophet antworten, tut es aber nicht. »Herr, mein Gott, du weißt es.« Das ist seine Antwort. Und das ist die Sprachform dessen, der damit rechnet, dass bei Gott augenscheinlich keine Sache unmöglich ist. Mit Kaschnitz gesprochen ist es die Sprache derer, die nicht »mutig« sind, sondern noch Hoffnung haben, dass das, was ist, nicht alles ist.

Für die Wiederbelebung des Totenfeldes erhält der Prophet dann eine konkrete Aufgabe: Er soll den verdorrten Gebeinen das Wort des Herrn ausrichten. Erneut könnte er sagen: »Ach, Herr, was könnte sinnloser sein, als einem Totenfeld zu predigen!?« So geschieht es nicht. »Und ich weissagte, wie mir befohlen war« (V. 7). Und die Gebeine rücken zusammen, Sehnen, Fleisch und Haut umgeben die Knochen. Aber noch fehlt der »Odem«, der »Geist«. Auf Befehl des Herrn predigt der Prophet auch diesem, ruft ihn von den vier Winden herbei, damit er die eigentümlich geist-losen Wesen, die nun das einstige Totenfeld bevölkern, lebendig macht.

So fern das alles wirkt, so schauerlich das Bild sich auch darstellt, die Sprachform erinnert an eine alte und völlig gebräuchliche liturgische Redeweise: die Epiklese. Im evangelischen Gottesdienst begegnet sie vor allem im Abendmahlsvollzug. Der Heilige Geist wird um sein Kommen angerufen, damit aus dem bloßen Brot und aus dem bloßen Wein für die, die dies empfangen, Leib und Blut Christi werden – eine radikale, nach allen Logiken dieser Welt völlig unerklärliche Verwandlung, die aber in der Erwartung jedes Abendmahlsvollzugs liegt. Nach lutherischer Abendmahlslehre bedeutet dies: Der Geist weckt den Glauben in denen, die die Gaben des Mahles empfangen – und macht so das »Dies *ist* mein Leib / dies *ist* das neue Testament in meinem Blut« wirklich. Aus dem ›toten‹ Unglauben wird der lebendige Glaube – *ubi et quando visum est Deo* und überall da, wo der göttliche Geist die ›Toten‹, die zum Mahl kommen, belebt. So geschieht auch hier – zugegeben: auf der visuellen Ebene etwas unspektakulärer als in Ez 37 – das Neue.

Als Lied bietet sich »Sonne der Gerechtigkeit« (EG 263) an, wenn die Perspektive auf die Kirche gelegt werden soll. Liegt der Akzent stärker auf dem »Neuen«, so bietet sich EG 429 an: »Lobt und preist die herrlichen Taten des Herrn«. Von den Pfingstliedern eignet sich m. E. besonders Paul Gerhardts »Zieh ein zu deinen Toren« (EG 133), das das Handeln des Geistes für das Individuum, für die Kirche und für die Welt erbittet – und auch den Tod in den Blick nimmt. (AD)

I. Sonntag nach Trinitatis (Reihe III): Jona 1,1–2,2(3–10)11

Ja kein Prophet sein! Jonas Flucht vor Gott

Jona ist kein typischer Prophet und das Jonabuch kein typisches Propheten-buch. Das einzig wirklich Prophetische ist die denkbar knappe Botschaft, die Jona den Bewohnern von Ninive, einer der Hauptstädte des Assyrerreiches, ausrichtet: »Noch vierzig Tage, und Ninive wird untergehen« (Jona 3,4). Abge-sehen davon ist dieses kleine Buch eine Novelle: Es konzentriert sich auf eine zentrale Gestalt und verfolgt einen Handlungsstrang ohne weitere Verzwei-gungen. Die Handlung beginnt damit, dass Gott einem seiner Propheten einen Auftrag erteilt – ›business as usual‹, würde man meinen. Aber Jona hat nichts Eiligeres zu tun, als davonzulaufen. Warum er das tut, sagt die Erzählung – zumindest an dieser Stelle – nicht. Es ist auch nicht klar, ob er vor dem Auf-trag oder eher vor dem Auftraggeber flieht. Für jemanden, der sich im Alten Testament nicht weiter auskennt und das Jonabuch primär als Erzählung auf sich wirken lässt, muss dies Erstaunen auslösen. Ein Prophet, der wegrennt, sobald er seinem Beruf (oder seiner Berufung) nachkommen soll, ist von An-fang an eine eher fragwürdige oder auch lächerliche Gestalt. Und tatsächlich wurde das Jonabuch immer auch als »Groteske« verstanden: Es geht darum, ob eine große Stadt umkommen oder sich doch noch wird retten können; es geht darum, ob Gott seine Drohung wahrmacht oder ob er sich doch noch umstimmen lässt – und derjenige, der sich all dem entgegenstellt, ist der Protagonist selbst.

Diese Lesart verkehrt sich allerdings in ihr Gegenteil, wenn man Jona in das Gesamtbild der Propheten und der Prophetie des Alten Testaments ein-bettet. Kaum einer dieser Propheten hat eine ›durchweg positive Erfahrung‹ mit Gott. Da ist der scheiternde Elia, der nach dem Gottesurteil am Karmel und dem anschließenden Massaker an den Baalspriestern nicht nur seinen prophetischen Auftrag, sondern sein Leben zurückgeben möchte (vgl. 1Kön 18f; vor allem 19,4). Da sind die extremen Zeichenhandlungen, die von einem Ezechiel gefordert werden, um Israel seine Sünden vorzuhalten. Und da ist Jeremia, der in vieler Hinsicht das prophetische Modell abgibt, nach dem auch die Figur des Jona gestaltet ist. Im Jeremiabuch, insbesondere in den sog. Konfessionen Jeremias, wird die Verlässlichkeit Gottes zutiefst in Zweifel gezogen. Jeremia lehnt sich gegen seinen Gott auf, der ihn ein ums andere

Mal im Stich lässt, der dem prophetischen Wort nicht die entsprechende Tat folgen lässt. Die von Jeremia her kommende Linie setzt sich in Gestalt des leidenden Gottesknechts bei Deuterojesaja fort, dem Gott die Sünden anderer auflädt (Jes 53,6).

Vor dem Hintergrund des Geschicks der Propheten und Gottesknechte als scheiternde Figuren wird Jonas Reaktion durchaus nachvollziehbar. Es ist fast so, als wisse Jona um das Ergehen seiner ›Vorgänger‹. Das vergleichsweise junge Jonabuch, das zu den späten Schriften des Alten Testaments gehört, blickt zurück und lässt seinen Protagonisten die Konsequenz aus der Leidensgeschichte der Propheten ziehen: Jona flieht ans andere Ende der Welt – oder versucht es zumindest. Allerdings exerziert das Jonabuch an seinem Protagonisten die Einsicht durch, die man auch in anderen Prophetenbüchern findet, nämlich dass Gott diejenigen, die er einmal in seinen Dienst gestellt hat, nicht einfach so ziehen lässt. Die Propheten und Gottesknechte des Alten Testaments müssen – mit oder gegen ihren Willen – ihren Auftrag zu Ende bringen. Das gilt auch für Jona, der bis zum Schluss am Sinn seines Auftrags zweifelt.

Dass der Fluchtplan von Anfang an zum Scheitern verurteilt war, ist das Thema der Meeresepisode. Auch hier wird deutlich, dass dieser Jona seinen Gott ganz genau kennt und weiß, warum der Sturm aufkommt und das Boot beinah kentert. Was Jona allerdings nicht weiß, ist, ob Gott darauf aus ist, den renitenten Propheten zu bestrafen und gar zu töten, oder ihn wider Willen dazu zu zwingen, seinen Auftrag doch noch auszuführen. Jedenfalls wehrt sich Jona nun nicht mehr, sondern ergibt sich seinem Schicksal und lässt sich ins Meer werfen.

Die Schiffsepisode verknüpft auf subtile Weise die Auseinandersetzung von Gott und Prophet mit dem Ergehen der Fremden, die in diese Auseinandersetzung hineingezogen werden. Die Rolle der Schiffsbesatzung wurde oft als die der ›frommen Heiden‹ beschrieben, die erkennen, dass der wahre Gott eben der Gott des Hebräers Jona ist. Allerdings handelt es sich hier nur bedingt um ein Gotteserkennen durch Nicht-Israeliten. Die Schiffsbesatzung deutet die Situation ja so, dass ein Menschenopfer für ihr eigenes Leben gefordert wird. Sie werfen das Los, das auf Jona fällt. Dieser bestätigt, dass sich der Sturm legen wird, nachdem er ins Meer geworfen wurde. Die Erzählung spielt hier mit dem antiken Motiv, dass Götter durch ein Opfer, in diesem Fall sogar ein Menschenopfer, befriedigt werden. Interessanterweise hat die Rezeption Jonas in der Kunst genau dieses Motiv immer wieder aufgegriffen und zeigt im Rahmen dieser Szene Meerjungfrauen und gelegentlich sogar Poseidon mit dem Dreizack. Auch das Wesen, das Jona verschlingt, ist nicht immer ein Fisch, sondern häufig ein Seemonster. Auf diesem Weg wird also ausgedrückt, was die Schiffsmannschaft zu denken scheint, nämlich dass im Gegenzug für eine sichere Heimkehr die Meeresgötter besänftigt werden müssen. Allerdings, und auch das ist ein hintergründiger Zug dieser knappen Erzählung, tun sie dies unfreiwillig. Zunächst weigern sie sich noch, »unschuldiges Blut« zu vergießen, und rudern erst einmal um ihr Leben. Erst als auch dies scheitert, geben sie nach. Auf diesem Weg wird anhand der Schiffsbesatzung also ein moralischer Konflikt zum Thema: Rechtfertigt die eigene Rettung die Opferung eines Unschuldigen? Allem Anschein nach betrachteten spätere Redaktoren des Jonabuches diesen Konflikt als moralisch so problematisch, dass sie ihn ein Stück weit entschärften. Der vermutlich sekundäre Vers 1,10b (»Denn sie wussten, dass er vor dem HERRN floh, denn er hatte es ihnen gesagt.«) schiebt als Erklärung nach, dass Jona die Schiffsbesatzung über alles eingeweiht hatte. Demnach wussten sie also von Anfang an, dass es in Wirklichkeit nicht um ein Opfer für ihr eigenes Leben gehen würde, sondern dass sie in den Konflikt zwischen Gott und seinem Propheten hineingeraten waren.

Im Bauch des Fisches ist Jona im wörtlichen Sinne am Tiefpunkt angekommen. Hier dürfte eine absichtsvolle Stufung vorliegen: Zunächst ist Jona an Land, dann schläft er im untersten Raum des Schiffes und schließlich verbringt er, noch eine Ebene tiefer, drei Tage im Bauch des Fisches. Diesem stufenweisen Abstieg entspricht ein, allerdings sehr beschleunigter, Aufstieg, insofern der Fisch Jona wieder auf das trockene Land ausspuckt. Der Tiefpunkt wird zu einem Wendepunkt des Geschehens, was das Jonabuch durch einen Klagepsalm als Gebet Jonas aus dem Bauch des Fisches betont. Die Gattung des Klagepsalms eignete sich an dieser Stelle in besonderer Weise, weil sie durch einen Stimmungsumschwung bestimmt ist: von der eigentlichen Klage und der Auswegloigkeit der Situation hin zu Vertrauen und Gotteslob (Jona 2,3):

> »Ich rief zu dem HERRN in meiner Angst, und er antwortete mir; ich schrie aus dem Bauch der Hölle, und du hörtest meine Stimme.«

Das passt nur bedingt zur folgenden Handlung, denn Jona geht keineswegs als ›geläuterter‹ Prophet aus dem Fischbauch hervor. Zwar erfüllt er diesmal seinen Auftrag, aber dennoch bleiben ihm Zweifel an Gottes Verlässlichkeit (Jona 4,1 f.). Gleichwohl wurde diese Bewegung Jonas in die Tiefe und wieder hinauf offenbar schon in der Entstehungsgeschichte des Jonabuches nicht nur als Etappe der Erzählung wahrgenommen, sondern, tiefergehend, als Sinnbild menschlicher Existenz. In Gestalt dieses Psalms verschafft sich das

Jonabuch in gewisser Weise seine eigene Allegorese, indem es das Schicksal Jonas im Medium der Psalmodie ins allgemein Menschliche überführt: Es geht um die Erfahrung von Not und Errettung und um den Weg vom Tod ins Leben, die im Bild von Jona im Bauch des Fisches eingefangen werden.

So fällt insgesamt auf, dass die Jonageschichte auf zwei Ebenen erzählt wird. Da ist die Erzähloberfläche mit einem humoresk-ironischen Ton – der Prophet, der flieht, und die ›heidnische‹ Schiffsbesatzung, die wie vom Donner gerührt zu Verehrern des ›richtigen‹ Gottes werden. Unter dieser Oberfläche berührt die Jonaerzählung aber einige der großen Themen alttestamentlicher Theologie – das Geschick der Diener Gottes, die Frage des Opfers, das Gott fordert, und schließlich die Errettung vom Tod. Insofern ist es nicht erstaunlich, sondern geradezu folgerichtig, dass das Jonabuch auch ins Neue Testament hinein gewirkt hat. Das »Zeichen des Jona« (Mt 12,38–41) bezieht sich im engeren Sinne auf die drei Tage Jonas im Bauch des Fisches als Bild für die drei Tage zwischen Tod und Auferstehung Jesu. Durch diesen expliziten Hinweis werden aber auch im weiteren Sinn die theologischen Themen des Jonabuchs zum Verstehenshintergrund des Jesusgeschehens. (AS)

Sympathische Mitarbeiterinnen und Mitarbeiter Gottes

Die Jona-Novelle mit ihrer riesigen Wirkungsgeschichte in Judentum, Christentum und Islam im weiten Feld von Kunst und Kindergottesdienst war auch bisher Bestandteil der Ordnung der Lese- und Predigttexte. Es gab eine Jona-Continua vom 1. bis zum 3. Sonntag nach Trinitatis – dies allerdings nur als Vorschlag über die sechs Predigttexte der vorgesehenen Reihen hinaus. Aus diesem Grund dürfte die Jona-Erzählung wohl leider nur sehr selten ihren Sprung in die Predigten im Sonntagsgottesdienst geschafft haben – ganz im Gegensatz zu ihrer Prominenz in Kinder- und Familiengottesdiensten. Nun wandert das Jona-Buch erstmals in die Liste der regelmäßigen Predigttexte ein. Wie aber kann man diese Novelle predigen?

Klaus-Peter Hertzsch machte die Jonageschichte zum Titel seines überaus einflussreichen Büchleins mit »Biblischen Balladen«: »Der ganze Fisch war voll Gesang«.[241] Er zeigt darin meisterhaft, wie sich Jona nachdichten und

---

[241] Vgl. Klaus-Peter Hertzsch, Der ganze Fisch war voll Gesang. Biblische Balladen zum Vorlesen, Stuttgart 1969 [bereits vorher erschien der Band in Berlin/Ost unter dem Titel »Wie schön war die Stadt Ninive«].

nacherzählen lässt. Die Herausforderung dabei dürfte – wie bei jeder Nacherzählung – darin liegen, dass die alte Geschichte erzählend neu wird und sich Hörerinnen und Hörer in ihr wiederfinden. Damit aber stellt sich die Frage: Wo ist ›unsere‹ Rolle in der Geschichte?

Grundlegend ist es immer problematisch, predigend in Schuhe schlüpfen zu wollen, die mehrere Nummern zu groß sind. Sind wir nicht alle wie Mose? Ergeht es uns nicht auch wie Petrus? Haben wir diese Erfahrung Jeremias nicht alle schon gemacht? Nein – haben wir nicht! Biblische Hauptfiguren bleiben nur dann bedeutend, wenn sie nicht eingeebnet werden in unsere Alltäglichkeit und wenn das, was Mose, Petrus oder Jeremia (vermeintlich) erlebt haben, nicht zum alltäglichen Erleben in bürgerlichen Existenzen Mitteleuropas wird.

Allerdings gilt diese scharfe Aussage nur dialektisch mit der anderen: Selbstverständlich bietet die Erzählung vom kleinen Propheten Raum für gegenwärtige Identifikation. Und so interessant es sein könnte, in einer Predigt z. B. auch die Perspektive der Seeleute, die diesen wunderlichen Propheten des Herrn kennenlernen, einzunehmen und mit ihnen zu staunen und zum Bekenntnis geführt zu werden, konzentriere ich mich im Folgenden auf den Propheten und seine Erfahrung.[242]

Der »große Fisch« erscheint als Gegenfigur des Jona. Er hört Gottes Wort – und tut genau das, was dieser von ihm will (vgl. vor allem Jona 2,11; aber auch Jona 2,1). Jona hingegen flieht vor dem Auftrag und nimmt die prophetische Rolle, die Gott ihm zudenkt, nicht an. Der Fisch wird zum *cooperator Dei*, zu Gottes Mitarbeiter.

Ein eigentümliches, aber eminent anregendes Buch über »Die Prophetie« hat der jüdische Religionsphilosoph Abraham Joshua Heschel in den 1930er Jahren geschrieben.[243] Auf knappem Raum versucht er, das Entscheidende zu erfassen, das Prophetie phänomenologisch auszeichnet. Heschel fand es in zwei Worten: Pathos und Sympathie. Gott ist in Heschels Beschreibung ein leidenschaftlicher Gott. Und Propheten sind jene, die sich von dieser Leidenschaft Gottes anstecken und in Beschlag nehmen lassen und die so sympathisch werden, mit Gott leiden oder klagen, sich mit Gott freuen oder jubeln.

---

[242] Vgl. dazu auch meine Predigt zu diesem Text, abgedruckt in: Katharina Bach-Fischer / Franziska Griesser Birnmeyer / Romina Rieder (Hg.), Einander ins Bild gesetzt, Göttingen 2018, 105–114.

[243] Vgl. Abraham Joshua Heschel, Die Prophetie, Polska Akademja Umiejętności; Prace Komisji Orjentalistycznej 22, Krakau 1936.

Oder sie verweigern diese Sym-pathie – wie Jona, der erst im Bauch des Fisches wieder in die Sprache der pathisch-sympathischen Gottesbeziehung zurückkehrt.

Dies geschieht, indem Jona betet, dazu Worte aufnimmt, die in den Psalmen so oder so ähnlich begegnen und auf diese Weise in eine Beziehung zu Gott zurückkehrt, die er vorher von seiner Seite aus aufkündigen wollte: »… um mit ihnen nach Tarsis zu fahren, weit weg vom Herrn« (Jona 1,3).

In der Ikonographie wird häufig gezeigt, wie Jona nackt und einigermaßen verdutzt wieder aus dem Fisch herauskommt. Die Nacktheit ist das Zeichen der neuen Geburt. Es kann noch einmal losgehen; Jona erhält eine weitere Chance, sym-pathisch zu sein und *cooperator Dei* zu werden. Gott findet augenscheinlich seine Wege, um auch renitente Geschöpfe zu seinen Mitarbeitern zu machen. Eine Predigt entlang der Jona-Figur könnte zeigen, dass dies nicht ohne Humor und nicht ohne manche groteske Wendung der Geschichte möglich zu sein scheint.

Die ersten beiden Kapitel des Jonabuches stehen liturgisch im Kontext des 1. Sonntags nach Trinitatis. Das Evangelium dieses Sonntags Lk 16,19–31 erzählt vom (anonymen) reichen Mann und vom armen Lazarus. Die Beispielgeschichte kann mit unterschiedlichem Fokus gelesen werden: als Mahnung zu barmherzigem Verhalten, das den Armen vor der Tür wahrnimmt; als Erzählung von Gottes Gerechtigkeit, die menschliche Ungerechtigkeit mindestens eschatologisch ausgleicht, als Hinweis auf »Mose und die Propheten« (Lk 16,29.31) – auf die Schriften, in denen Gottes Wille unzweideutig begegnet. Die Epistel aus dem ersten Johannesbrief (1Joh 4,[13–16a]16b–21) kann als verdichteter Grund-Text einer pathisch-sympathischen Relation des Menschen zu Gott gelesen werden: »Gott ist Liebe; und wer in der Liebe bleibt, der bleibt in Gott und Gott in ihm« (V. 16b). In den Zusammenhang dieser beiden Texte bringt die Jona-Novelle die Einsicht, dass es Gott selbst ist, dem es gelingen kann, Menschen, die sich der Sym-Pathie entziehen, neu auf den Weg zu bringen. Das ernsthaft-düstere Szenario von Lk 16,29–31, das die unüberwindbare Kluft zwischen Himmel und Erde und die Endgültigkeit der eschatologischen Scheidung aufzeigt, erhält so einen Riss. Gott selbst holt aus dem sicheren Tod und aus dem berechtigten Gericht heraus – wie er Jona vor dem sicheren Tod im Meer bewahrte.

Liedvorschlag: EG 365 »Von Gott will ich nicht lassen« – das neu vorgeschlagene Wochenlied stimmt sozusagen die Gegenbewegung zur Flucht des Jona an und kann auch als Predigtlied gesungen werden. (AD)

Gottesfurcht unter den ›Heiden‹?

Frisch ans Land gespuckt, macht sich Jona daran, nun endlich doch dem Auftrag nachzukommen, vor dem er eingangs geflohen war. Erzählerisch fällt zunächst die surreale Größe Ninives auf: Drei Tage dauere es, um die Stadt zu durchqueren. Und so kommt Jona denn auch erst nach einer guten Tagesreise in deren Mitte an. Um historisch verifizierbare Verhältnisse handelt es sich hierbei freilich nicht. Auch die größten Städte der Antike waren in ihren Ausmaßen durchaus überschaubar. Allerdings wird Ninive als Hauptstadt des Assyrerreiches auf diese Weise zum Koloss stilisiert. Es wird das Bild einer Metropole der alten Welt suggeriert mit ihren vielen Göttern, Kulten, Monumentalarchitektur, Wirtschaft und Militär. Und all dem sagt ein hebräischer Prophet im Auftrag seines Gottes den Untergang an. Der Kontrast könnte größer nicht sein. Diese Ansage geschieht in einem kurzen Satz: »Noch vierzig Tage, und Ninive wird untergehen« (Jona 3,4).

Das gesamte ›Setting‹ der Erzählung legt die Erwartung nahe, dass Jonas Ein-Satz-Unheilsansage im Trubel der großen Stadt untergeht, müde belächelt wird oder schlimmstenfalls damit endet, dass man sich dieses seltsamen Propheten entledigt. Aber das geschieht gerade nicht, und insofern wird hier die Leseerwartung irritiert. Traditionellerweise leben die Propheten Israels schon zuhause gefährlich – was also hat dann ein solcher Prophet zu erwarten, wenn er sich mit dem großen Assyrien anlegt? Insofern wirkt es beinahe surreal, dass Jonas Botschaft offenbar wie ein Lauffeuer durch die Stadt geht und auch gleich beim König ankommt. Und auch der denkt nicht zweimal nach, sondern wirft sich und seine Stadt in Sack und Asche.

Bis zu diesem Punkt ist die Erzählzeit extrem gerafft. Es gibt keinerlei narrative Ausgestaltung, nichts wird richtig plastisch oder hat eine emotionale Wirkung auf die Leserschaft. Vielmehr gewinnt man den Eindruck, dass das ganze Geschehen bis hierher nur dem Zweck dient, die Rede des Königs vorzubereiten, die nun breiten Raum einnimmt. Hier wird sehr detailliert die geradezu ›über-orthodoxe‹ Reaktion des assyrischen Königs geschildert, der seinem Land, inklusive der Tiere, eine radikale Buße auferlegt, die sich vor allem in einem kollektiven Fasten darstellt. Selbst die Tiere sollen nichts zu essen oder zu trinken bekommen – eine Ausdehnung des Fastenritus, die im Alten Testament sonst nicht belegt ist.

Nun waren Bußrituale in der antiken Welt, auch außerhalb des Alten Testaments, durchaus bekannt. Allerdings begründet der assyrische König seine Anordnungen mit einem Zitat aus dem Joelbuch: »Wer weiß? Es könnte Gott gereuen (vgl. Joel 2,14), und er könnte sich von seinem grimmigen Zorn abwenden, sodass wir nicht umkommen« (Jona 3,9). Diese fast überzogene Form der Frömmigkeit, die der fremde König hier an den Tag legt, wirft natürlich Fragen auf. Soll auf diese Weise vor allem gesagt werden, dass es auch außerhalb Israels Gottesfurcht gibt? Dann läge die Jonaerzählung auf einer theologischen Linie z. B. mit Gen 20,11. Dort begründet Abraham seine strategische Lüge, Sara sei seine Schwester, damit, dass er keine Gottesfurcht bei einem fremden Volk vermutet hätte. Demgegenüber zeigt die Erzählung von der »Gefährdung der Ahnfrau« und, in dieser Linie gelesen, auch Jona 3, dass diese Unterstellung eben falsch ist. Auch außerhalb des Gottesvolkes gibt es Gottesfurcht, Schuld- und Rechtsbewusstsein. Der assyrische König bereut ja nicht nur aus Furcht vor Strafe, sondern er erkennt auch die sachliche Notwendigkeit der Umkehr (Jona 3,8): »Jeder kehre um von seinem bösen Weg und den Gewalttaten seiner Hände.« Es ginge demnach um die Einsicht, die damals nicht weniger aktuell war als heute, dass Fremde keine moralisch inferioren Wesen sind.

Damit wird ein Motiv verstärkt, das bereits in Jona 1 begegnete. Dort war es die Schiffsbesatzung, die Jona (auf dessen eigenen Wunsch hin) erst ins Meer wirft, als alle anderen Rettungsmöglichkeiten gescheitert waren (Jona 1,13f.).

Dieser Gedanke wird aufgenommen und weitergeführt in der Antwort Gottes (Jona 3,10), in der davon die Rede ist, dass Gott, angesichts der Umkehr der Assyrer, sich des Unheils gereuen lässt, das er vorhatte, über sie zu bringen. Auch hier besteht eine inner-alttestamentliche Verbindung, nämlich zur Umkehrtheologie des Jeremiabuches. Im sog. »Töpfergleichnis« erklärt Gott die Logik seiner Reue (Jer 18,7–10):

»In einem Augenblick sage ich über ein Volk und Königreich, dass ich es ausrotten, zerbrechen und verderben will. Wenn es sich aber von seiner Bosheit abwendet, gegen die ich gesprochen habe, dann soll mich auch das Unglück reuen, das ich ihm antun wollte. Und im anderen Augenblick sage ich über ein Volk und Königreich, dass ich es bauen und pflanzen will. Wenn es aber Böses tut vor meinen Augen, indem es meiner Stimme nicht gehorcht, dann soll mich auch das Gute reuen, das ich ihm zu tun verheißen hatte (Übers. AS).«

Bei Jeremia geht es um Israel und Juda, also um das Gottesvolk im engeren Sinn, dem erklärt wird, dass Gott sich von seinen anfänglichen Plänen, seien sie heil- oder unheilvoll gewesen, abbringen lässt. Allerdings steht in Jer 18,7 »*ein* Volk und Königreich.« Es scheint so, als habe die Jonaerzählung dies sehr wörtlich genommen und auch auf *andere* Völker übertragen, selbst auf die gefürchteten und als besonders brutal verschrienen Assyrer. Diese werden also nach dem gleichen Maßstab gemessen, der auch für das Gottesvolk selbst gilt.

Bedeutet dies dann auch, dass die Jonaerzählung, wenngleich unterschwellig, den Universalanspruch des Gottes Israels über alle Völker postuliert? Etwas schärfer formuliert: Geht es hier ein Stück weit darum, die Fremdvölker dem Gesetz des Gottes Israels zu unterwerfen? Der Eindruck legt sich nahe, insofern durch das gesamte Jonabuch festgestellt wird, dass Fremdvölker dem Gott Israels gegenüber keinen Stand haben. Das wird an der Schiffsbesatzung und ebenso an den Niniviten dargestellt, die allesamt ›einbrechen‹, wenn sie mit dem Gott Israels konfrontiert werden. In etwas verwandelter Gestalt erscheint dieses Motiv noch einmal ganz am Ende des Buches. Dort wird als Grund des göttlichen Erbarmens erwähnt, dass es sich bei den Niniviten um Leute handelt, die rechts und links nicht voneinander unterscheiden können (Jona 4,11). Nicht-Israeliten werden zwar von dem Nimbus befreit, grundsätzlich böse Menschen zu sein. Dieses Klischee wird jedoch durch ein anderes ersetzt, wonach Nicht-Israeliten irgendwie naive Menschen sind.

Es dürfte gerade in der Predigt also wenig ratsam sein (wie dies allerdings in exegetischen Beiträgen gelegentlich zu lesen ist), aus den Fremdvölkern so etwas wie Vorbilder für Israel in Sachen Gottesfurcht und Buße zu machen. Dazu wissen sie zu wenig, was sie eigentlich tun. Jenseits aller Klischees, von denen die Erzählung sicher nicht frei ist, deutet sie allerdings doch ein universales Ethos an, wenn sie dem Assyrerkönig die Worte in den Mund legt, die Kern und Zentrum von Jona 3 sind: »Jeder kehre um von seinem bösen Weg und den Gewalttaten seiner Hände.« Das ist es, was von Menschen und Völkern gefordert ist und über ihr Schicksal entscheidet, egal wie sich dieser Imperativ religiös darstellt. Insofern ist das Jonabuch, wie oft erkannt wurde, nur zum Teil ein Prophetenbuch. Es ist in gleichem Maße ein weisheitliches Buch, weil es einen allgemeinen moralischen Anspruch vertritt, der gerade nicht durch ein spezifisches Offenbarungsereignis begründet wird, sondern der sich an ›alle‹ Menschen gleichermaßen richtet. (AS)

Weisheit und Ethos, Gottesfurcht und Busse

Der 2. Sonntag nach Trinitatis ist von der Metapher der Einladung geprägt – und der Verweigerung, dieser Einladung Folge zu leisten. Das Gleichnis vom »Großen Abendmahl« (Lk 14,16–24, Evangelium) erzählt vom Festmahl und von den vielfältigen Entschuldigungen, die Menschen haben, um nicht dorthin gehen zu müssen. Wobei sich diese Vielfalt bei genauerem Hinsehen doch schnell reduziert: Es gibt vor allem ökonomische Gründe (Acker, fünf Joch Ochsen), aber auch private (»Ich habe eine Frau geheiratet …«), die jeweils für sich genommen mehr als nur verständlich sind – und doch dazu führen, dass der Hausherr zornig wird. Er lässt andere einladen von den »Straßen und Gassen der Stadt« (V. 21), von den »Landstraßen« und Zäunen (V. 23), um mit den »Armen und Verkrüppelten und Blinden und Lahmen« (V. 21) zu feiern. Die ursprünglich Geladenen aber werden das Abendmahl *nicht* schmecken (V. 24). Mit diesem klaren Statement endet das Evangelium. Die Jona-novelle endet allerdings *nicht* so. Nach Jonas ebenso klarer wie kurzer Predigt wird eindrucksvoll vor Augen geführt, wie in der großen Stadt Ninive bei »Groß und Klein« (Jona 3,5), »Mensch und Vieh« (Jona 3,8) eine Bewegung der Buße einsetzt, die Gott zur Reue und die Geschichte zu einem anderen Ausgang führt (freilich zu einem, mit dem Jona bereits gerechnet hat, wie Jona 4,2 zeigen wird!). Menschliche Buße führt zu Gottes Reue – das ist im Kontext des 2. Sonntags nach Trinitatis so, als würde das Gleichnis des Evangeliums nochmal neu und anders erzählt. Da kommen die ursprünglich Geladenen doch noch zum Fest – und der frisch Verheiratete bringt seine Frau gleich mit. Da entschuldigen sie sich für ihre Absage – und das Fest findet doch noch statt.

Freilich: Lk 14,16–24 folgt einer anderen Logik. Das Gleichnis zeigt, wie die Zurückweisung der Einladung durch die zuerst Geladenen das Fest öffnet für die unwahrscheinlichen Gäste. Um diese Bewegung geht es auch in der Epistellesung dieses Sonntags: Eph 2,(11–16)17–22. Die in der Perikopen-revision neu hinzugekommenen und jetzt geklammerten Verse 11–16 machen den Kontext deutlich: Es geht um die *Heiden*, die »ausgeschlossen« waren »vom Bürgerrecht Israels« und fremd »den Bundesschlüssen der Verheißung« (V. 12). Sie waren daher »ohne Gott in der Welt« (V. 12). »Jetzt aber in Christus Jesus seid ihr, die ihr einst ferne wart, nahe geworden durch das Blut Christi« (V. 13). Aus den Fernen wurden »Mitbürger der Heiligen und Gottes Hausge-nossen« (V. 19).

Damit ist die Frage nach dem Verhältnis der ›Heiden‹, der Menschen und Völker jenseits des Bundes Gottes mit seinem Volk Israel, nicht nur in Jona 3 ein Thema, sondern ebenfalls im Textraum des Sonntags vorhanden.

Für die Predigt von Jona 3 an diesem Sonntag tun sich v. a. zwei mögliche Richtungen auf, die sich erneut (vgl. oben zu Jona 1 f.) an der Frage entscheiden, welche Identifikationsrichtung Predigende in dem Text suchen:

(1) *Jona als Identifikationsfigur:* Es ist möglich, die Jonaerzählung auch in Kapitel 3 aus der Perspektive des Propheten zu verfolgen. Das kann m. E. dann aber nicht bedeuten, die innerpsychischen Vorgänge auszuleuchten, die bei dem kleinen Propheten und dessen Betreten und Durchwandern der großen Stadt eine Rolle gespielt haben mögen. Erzählungen von zitternden Knien des Propheten, als er in der Mitte der Stadt Ninive stand, haben auf der Kanzel keinen Ort. Es lohnt sich vielmehr, der narrativen Dramaturgie zu folgen. Jona hält eine Predigt, wie sie kürzer und nach allen homiletischen Regeln schlechter nicht sein könnte. »Es sind noch vierzig Tage, so wird Ninive untergehen« (Jona 3,4). Im Hebräischen sind das gar nur fünf Worte. Keine Anrede, keine *captatio benevolentiae*,[244] keine wohlgesetzten, gar noch poetisch gestalteten oder in Moves und Structure sorgfältig gegliederten Worte. Und dennoch ist gerade diese Kurzpredigt eine der wirkungsvollsten, die je gehalten wurden.[245] Was auf die Predigt folgt, ist geradezu unglaublich: »… die Leute von Ninive« (also: alle!) glauben an Gott und fasten. Und dann stimmt sogar der König dem zu, was die Leute tun – und verschärft das Fasten durch seinen Befehl noch, indem er es auf groteske Weise auf das Vieh ausweitet, das sich ebenfalls »in den Sack hüllen … und heftig zu Gott rufen« (Jona 3,8) soll. Vielleicht braucht es manchmal eine extrem kurze Predigt – jenseits aller rhetorischen Form –, damit jene Unterbrechung geschehen kann, die in die Bewegung der Umkehr führt.

Jona stand wohl mit einigem Erstaunen daneben, als er sah, welche Bewegung er ausgelöst hatte. Und vielleicht hörte er dann auch die Worte des Königs der Assyrer: »Und ein jeder kehre um von seinem bösen Wege und vom Frevel seiner Hände!« (Jona 3,8) als für einen Heiden überraschende

---

[244] Wie sie etwa Paulus auf dem Areopag inmitten der großen Stadt Athen durchaus versuchte: »Ihr Männer von Athen, ich sehe, dass ihr die Götter in allen Stücken sehr verehrt …« (Apg 17,22).

[245] Auf eine andere biblische Kurzpredigt sei jedenfalls hingewiesen. Die erste von Jesus im Lukas-Evangelium überlieferte Predigt lautete: »Heute ist dieses Wort der Schrift erfüllt vor euren Ohren« (Lk 4,21). Diese ›Antrittspredigt Jesu‹ brachte dem Prediger trotz der weitaus erfreulicheren Botschaft weit weniger Erfolg, als ihn der Prediger Jona mit seiner kurzen Bußpredigt hatte.

Worte einer universalen Ethik – und erkannte, wie Gott selbst ausgreift und hinausgeht: auch zu denen an den Zäunen und Landstraßen.

(2) *Die Niniviten als Identifikationsfiguren*: Das Evangelium aus Lk 14 zeigt: Die Einladung ist ernst – und wird von den unwahrscheinlichen Gästen angenommen. Jona 3 erzählt, wie die unwahrscheinlichen Büßer, die Heiden, Buße tun (obwohl mindestens gefragt werden kann, ob sie irgendeine klare Gotteserkenntnis haben; auffälligerweise enthält Jonas Predigt in Ninive keinerlei Erwähnung des Gottesnamens, und in den Worten des Königs von Ninive ist nur von ›Gott‹ die Rede, ohne dass der tetragrammatische Gottesname verwendet würde).

Interessant ist dabei, dass *alle* Buße tun – und eine solch generelle Buße auch vom König angeordnet wird. Die Problematik vieler Bußpraktiken, dass die einen mit dem Finger auf die anderen zeigen, dass sich die einen für moralisch überlegen oder der Buße eigentlich nicht bedürftig erachten, die anderen aber umso mehr dafür halten, entfällt. Es geht nicht um Moral, die vielleicht aufrechtzuerhalten wäre, sondern um die Bußpredigt im Namen des Gottes Israels, die der König von Ninive selbst weiterführt und konkretisiert. In der Radikalität erinnert dieses Verständnis von Bosheit und Frevel an Ps 14,3: »Sie sind alle abgewichen und allesamt verdorben; da ist keiner, der Gutes tut, auch nicht einer.« Und es erinnert an Röm 1–3, den universalen Schuldaufweis des Paulus. Ninive inszeniert sich als eine Stadt in der Solidarität der Büßenden.

Je nach dem Akzent der Predigt bieten sich unterschiedliche Predigtlieder an: Ein Lied, das das Staunen über Gottes Wirken beschreibt, auch an den Heiden, kann sich eher an eine Predigt zur ersten Perspektive anschließen: »Singt, singt dem Herren neue Lieder« (EG 286): »… er selber offenbart den Heiden sein Recht und seine Herrlichkeit« (V. 1). Ein Bußlied wie »Ich ruf zu dir, Herr Jesu Christ« (EG 343) oder »Ach Gott und Herr, wie groß und schwer« (EG 233) kann sich hingegen an eine Predigt anschließen, die die Buße in den Mittelpunkt rückt – und Gottes Reue nicht aus dem Blick verliert. (AD)

3. Sonntag nach Trinitatis (Reihe II): Mi 7,18-20

Und schliesslich doch »Gefallen an der Gnade«?

Der Schluss des Michabuches mag, wie auch andere Passagen dieses Buches, beim Leser ein gewisses Déjà-vu auslösen. Tatsächlich handelt es sich hier im Kern um die sogenannte Gnadenformel[246], die in den Literaturen des Alten Testaments in verschiedenen Varianten begegnet. Zum Teil hat sie die Gestalt einer uneingeschränkten Gnadenzusage (Ps 86,15; 103,8; Joel 2,13; Jona 4,2), zum Teil schließt sie allerdings auch die Androhung von Strafe und richterlicher Vergeltung ein, so vor allem in ihrer ausführlichsten Form in Ex 34,6f. Hermann Spieckermann und, im Anschluss an ihn, Andreas Michel[247] gehen davon aus, dass diese Gnadenformel den kanonischen Ausgangspunkt einer Theologie des Alten Testaments bilden müsste, weil sie zwar nicht in allen, aber in sehr vielen Bereichen des Alten Testamentes zitiert, bearbeitet und interpretiert wird. So auch in Mi 7,18-20. Aufgrund des Kontextes liegt es nahe, dass sich Micha hier tatsächlich auf die Gnadenformel von Ex 34 bezieht, weil diese letzten Verse des Michabuches den Bogen zurück in die Zeit der Väter und Mütter Israels schlagen.

Nun ist Mi 7 nicht nur ein Buchende. Die prophetische Akklamation (»Wo ist solch ein Gott, wie du bist …?!«) markiert zugleich das Fazit eines langen geschichtlichen Weges. Micha (der Name bedeutet wörtlich übersetzt »Wer ist wie (Gott)?!«) blickt zurück und zieht Bilanz der Geschichte, die Israel mit seinem Gott erlebt hat. Die Erkenntnis, die sich dabei artikuliert, ist kein intellektuelles Ereignis, sondern das Ergebnis langzeitiger, vielschichtiger und ambivalenter Erfahrungen.

Zur Ambivalenz dieser Erfahrung gehört, dass am Ende dieses Wegs nicht mehr das ›ganze‹ Israel steht, das sich, angefangen mit den Nachkommen Jakobs, auf den Weg mit diesem Gott, JHWH, gemacht hatte. Viel war geschehen zwischen der Zeit des Anfangs und dem Ende, an dem sich Micha nun

---

[216] Eingeführt von Hermann Spieckermann, »Barmherzig und gnädig ist der Herr …«, in: ZAW 102 (1990), 1-18.

[247] Andreas Michel, Ist mit der »Gnadenformel« von Ex 34,6 (+7?) der Schlüssel zu einer Theologie des Alten Testaments gefunden?, in: BN 118 (2003), 110-123.

selber sieht. Übriggeblieben war ein »Rest« – ein Hinweis darauf, dass dies eben auch eine Geschichte des Scheiterns und des unwiederbringlichen Verlusts ist. Die Theologie des Rests, auf die Micha hier anspielt, findet sich ansonsten vor allem im Jesajabuch (Jes 7,3; 10,21). Die großen Krisenzeiten, durch die Israel hindurchging, wurden zugleich als Zeiten wahrgenommen, in denen sich das wahre Gottesvolk in dessen Reihen zeigen würde.

Die besondere Pointe des Michaschlusses wird deutlich, wenn man die Gnadenformel an dieser Stelle mit ihrer erzählgeschichtlichen Vorgängerin in Ex 34 vergleicht. Anders gesagt: Der Sinn der Geschichte, die sich zwischen den Anfängen Israels in Ägypten und dem Punkt aufspannt, an dem Micha steht, erschließt sich, wenn man vergleicht, was im einen und was im anderen Fall über die Gnade Gottes ausgesagt wird:

> »Herr, Herr, Gott, barmherzig und gnädig und geduldig und von großer Güte und Treue, der Tausenden Gnade bewahrt und vergibt Missetat, Übertretung und Sünde, aber er wird niemanden ungestraft lassen, sondern die Missetat der Väter an Kindern und Kindeskindern bis ins dritte und vierte Glied heimsuchen« (Ex 34,6f., Übers. AS).

Schon immer ist der vermeintliche Widerspruch zwischen der zunächst als überschwänglich geschilderten Gnade und der anschießend ebenso betonten Vergeltungsbereitschaft Gottes aufgefallen. Diesen kann man ein Stück weit durch die Unterscheidung zwischen Gottes eigentlichem Wesen und seiner Reaktion auf die menschliche Geschichte ›entschärfen‹. Gott ist gnädig, aber wenn dies keine ›billige Gnade‹ sein soll, dann braucht sie einen Maßstab von Recht und Gerechtigkeit. Möglicherweise ist Ex 34,6f. aber auch gar nicht daran interessiert, ein möglichst konsistentes Gottesbild zu zeichnen. Diese Gnadenformel ist vielmehr auch ein Spiegelbild der Erfahrungsgeschichte Israels. Dass ihr Gott gnädig war, stand für das Israel der Tora und der prophetischen Überlieferungen offenbar nie in Frage. Und dennoch fand dieses Israel mit der Zerstörung Jerusalems und des Tempels und mit dem babylonischen Exil ein vorläufiges Ende. Wenn in Ex 34,7 davon die Rede ist, dass JHWH die Sünden der Väter bis ins dritte und vierte Glied »heimsucht«, dann ist das in etwa auch die Zeitspanne des Exils.

Micha nun steht am Ende dieses Weges, an dessen Anfang Ex 34,6f. steht, und schreibt die Gnadenformel neu:

> »… der die Sünde vergibt und erlässt die Schuld denen, die geblieben sind als Rest seines Erbteils; der an seinem Zorn nicht ewig festhält, denn er hat Gefallen

an Gnade! Er wird sich unser wieder erbarmen, unsere Schuld unter die Füße treten und alle unsere Sünden in die Tiefen des Meeres werfen« (V. 18 f.).

Hier blickt die Gnadenformel nun voraus auf die erhoffte Zukunft des »Rests«. Der Ausgangspunkt ist das Eingeständnis eigener Schuld, die den Zorn Gottes auf sich gezogen hat, aber eben auch das Vertrauen darauf, dass jenseits dieses Zorns Gott an der Gnade Gefallen hat.

Die Gnadenformel ist also weniger eine Eigenschaftslehre Gottes, sondern sie erzählt und interpretiert in ihren verschiedenen Gestalten Israels Geschichte mit JHWH. Und darin liegt vielleicht auch ihre Bedeutung für die Predigt heute. Wie würde eine Gnadenformel für unsere eigene Zeit aussehen? Wie würde man heute zur Sprache bringen – und glaubhaft machen –, dass Gott »barmherzig und gnädig und geduldig« ist? (AS)

Konkret und überraschend – Gottes Gnade am 3. Sonntag nach Trinitatis

Dass Gott gnädig ist und vergibt, ist kirchlich konventionelle Rede, die niemanden überrascht. Augenscheinlich ist sie auch biblisch durch die Zeiten hindurch grundlegendes Bekenntnis. In Predigten wird leider immer wieder so von Gottes Gnade und Vergebung geredet, dass sie überzeitlich erscheint, jenseits der konkreten Situation verortet und daher konventionell und einigermaßen abstrakt. Der Schriftsteller, Verleger und Geschäftsführer des Deutschen Literaturinstituts in Leipzig Jörn Dege, der seit einigen Jahren auch in der Fortbildung von Pfarrerinnen und Pfarrern sowie Theologiestudierenden tätig ist, hat ein schlichtes Koordinatensystem kirchlicher Verkündigung entwickelt:

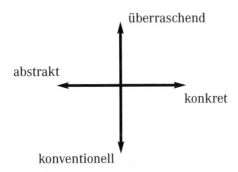

Trägt man Predigtsprache in dieses Koordinatensystem ein, so lassen sich bedauerlicherweise nicht wenige Aussagen, so Deges Erfahrung, im linken unteren Quadranten verorten. Es ist aber evident, dass insbesondere jene Sprache, die sich rechts oben einordnen lässt, aufhorchen lässt, zum Nachdenken oder emotionalen Mitgehen führt und in Erinnerung bleibt. Natürlich weiß auch Jörn Dege, dass nicht eine ganze Predigt oben rechts angesiedelt sein kann und dass auch die anderen Quadranten durchaus ihre (partielle) Berechtigung in der Predigtsprache haben können. Aber eine gute Predigt sollte mindestens auch Sätze enthalten, die sich rechts oben verorten.

Ordnet man nun den neuen Text aus dem Buch des Propheten Micha in dieses Koordinatensystem ein, so mag V. 18 trotz des gesteigerten Pathos (»Wo ist solch ein Gott, wie du bist ...?«) noch einigermaßen konventionell daherkommen. Das Besondere zeigt sich hier eher im Blick auf die Situation und auf den »Rest«, auf den diese Worte in dieser Situation der Geschichte Israels bezogen sind. Und spätestens mit V. 19 gelingt dem Propheten Micha dann auch sprachlich eine überraschende Rede: Gott tritt die Schuld »unter die Füße« und wirft »alle unsere Sünden in die Tiefen des Meeres«. Gott wird aktiv gegen die Sünde des Volkes – mit dieser Verheißung endet das Michabuch. Und wenn man möchte, dann sieht man Gott nun vor sich, wie er die Sünde zerstampft und in weitem Bogen ins Meer schleudert. Das ist nicht das Bild von einem Gott auf seinem Thron, der wie ein geistlicher Würdenträger die Absolution erteilt, sondern von einem Gott, der gegen die Sünde und gegen seinen eigenen Zorn kämpft.

So könnten diese Verse aus Micha 7 dazu führen, ein unter Umständen etwas ›behäbiges‹ Proprium am 3. Sonntag nach Trinitatis insgesamt in Schwung zu bringen. Mit Lk 15,1-3.11b-32, der Geschichte vom Verlorenen Sohn (oder: von der Güte des Vaters; oder: von den beiden Brüdern ...) ist eine der bekanntesten neutestamentlichen Geschichten Evangelium an diesem Sonntag. Für die meisten Feiernden dürfte dieser Text seit Kindertagen bekannt sein – wie auch das Bild von dem Vater, der den verlorenen Sohn in seine Arme schließt. Die Epistel 1 Tim 1,12-17 erzählt (aus pseudepigrapher Perspektive) vom Lebenswandel des Paulus – und beschreibt einen Christus, der »die Sünder selig« macht, »unter denen ich der erste bin« (V. 15).

Es geht am 3. Sonntag nach Trinitatis um die Beziehung zwischen Gott und Mensch, um Sünde und Neuanfang, um Gottes Zorn und Gottes Gnade. Gottes Zorn ist der Ausgangspunkt in Micha 7,18. In den vorausgehenden Kapiteln kritisiert der Prophet in Gottes Namen vor allem die materiellen Entwicklungen in Jerusalem und Umgebung, die durchaus an unsere Gegenwart erinnern: Die soziale Kluft wächst, die Armen werden ärmer, die Reichen reicher: »Sie begehren Äcker und nehmen sie weg, Häuser und reißen sie an sich. So treiben sie Gewalt mit eines jeden Hause …« (Micha 2,2). Der Zorn Gottes bleibt nicht sein letztes Wort, ist aber auch nicht so einfach aus der Welt zu schaffen. Auch deshalb ist Gottes Gnade niemals billig!

Dass Gott hier anders handelt als Menschen dies üblicherweise tun, unterstreicht die rabbinische Auslegung:[248]

> Es ist typisch für Menschen aus Fleisch und Blut, dass wenn jemand Schuldscheine in seinem Besitz hat und sieht, dass ein anderer ihm Geld schuldet, so wird er diese hervorholen und die Bezahlung einfordern; wenn er aber findet, dass er anderen Geld schuldet, so wird er sie unterdrücken/verschweigen. Aber der Heilige, gepriesen sei Er, handelt nicht so. Wenn er findet, dass wir uns schuldig gemacht haben, so unterdrückt er die Schuld, wie es heißt: »… er wird unsere Schuld unter die Füße treten« (Mi 7,19), aber wenn er ein Verdienst findet uns zugute, so bringt er es nach vorne, wie es heißt: »Der Herr hat unsere Gerechtigkeit ans Licht gebracht« (Jer 51,10).

Mit diesem Midrasch zeigt sich, dass zu der Frage »Wo ist solch ein Gott, wie du bist …?« spiegelbildlich auch die andere Frage gehört: »Wo ist ein Mensch, der handelt wie du?« Und auch hier kann es nicht um schnelle und billige ›Vergebung‹ gehen, sondern um das Zulassen und Überwinden von Zorn und einen Neuanfang, der das, was war, nicht einfach vergisst.

Liedvorschläge: In der Rubrik »Rechtfertigung und Zuversicht« (EG 341–360) finden sich zahlreiche Lieder, die als Predigtlieder geeignet sein könnten, z. B. EG 355 (Mir ist Erbarmung widerfahren). In mehreren Regionalteilen und neueren Liederbüchern findet sich das Lied »Vergiss nicht zu danken dem ewigen Herrn« (etwa EG.BT 602), in dem das Bild von Micha 7,19 aufgenommen wird: »Barmherzig, geduldig und gnädig ist er, viel mehr als ein Vater es kann. Er warf unsre Sünden ins äußerste Meer. Kommt, betet den Ewigen an.« (AD)

---

[248] Der zitierte Midrasch findet sich öfter in der rabbinischen Überlieferung, u.a. in Exodus Rabba 25,6 (im Folgenden in eigener Übersetzung und freier Wiedergabe).

3. Sonntag nach Trinitatis (Reihe V): Jona 4

Gott als Richter und Schöpfer

Mit Jona 3,10, Gottes Beschluss, Ninive zu verschonen, hätte die Jonaerzählung bereits zu Ende sein können – und vielleicht war sie das, literaturgeschichtlich betrachtet, auch einmal. Allerdings findet sie in Jona 4 doch eine Fortsetzung, die vor allem die Theologie des Buches noch einmal entscheidend prägt. Zunächst erfolgt in Jona 4,1–4 ein Brückenschlag zurück zum Anfang der Erzählung. Jona begründet seine Flucht damit, dass er schon damals um Gottes Barmherzigkeit und Reumütigkeit gewusst hätte. Hier wird die sogenannte ›Gnadenformel‹ zitiert, die an verschiedenen Stellen des Alten Testaments begegnet (vgl. Ex 35,6f.). Nicht deutlich wird an dieser Stelle, warum Jona eigentlich zornig ist. Er könnte ebenso zufrieden mit dem Gang der Dinge sein: Er hatte Ninive den Untergang angesagt, worauf dessen Einwohner sich von ihrer Boshaftigkeit abkehrten. Zwischen Unheilsansage und Strafe lässt Gott noch Zeit zur Umkehr. Mit der prophetischen Ansage beginnt die Phase, in der sich die Bedrohten eines Besseren besinnen können. Warum also Jonas Zorn? Warum sollte er etwas dagegen haben, dass seine Botschaft offensichtlich ihr Ziel erreicht hat, jedenfalls wenn man darunter versteht, dass es zum Schlimmsten eben doch nicht kommt? Will Jona etwa, dass die angedrohte Strafe dann auch eintrifft? Dass Jonas Reaktion im Grunde nicht richtig passen will, bringt auch die Reaktion Gottes zum Ausdruck: »Meinst du, dass dir Zorn zusteht?« (V. 4).

Wie in der Auslegung von Jona 1–2 schon erwähnt, gibt es im Alten Testament die Tradition des ›gewaltsamen Geschicks‹ der Propheten, die darauf reflektiert, dass Gottes Boten das Opfer der Botschaft werden, die sie auszurichten haben. Und man kann vor allem Jonas Flucht zu Beginn als Furcht davor lesen, dass ihm genau dies widerfahren würde. Aber nun, in Jona 4,4 angekommen, hat sich diese Befürchtung nicht erfüllt. Und insofern gibt es für Zorn – der, wenn überhaupt, ohnehin nur Gott zustünde – keinen Grund mehr. Nun geht es in Jona 4,1–4 auch darum, dass Nicht-Israeliten etwas zugebilligt wird, das es vorher nur für Israel gab. Selbst den Assyrern erweist sich Gott als gnädig, wenn sie sich denn als reumütig erweisen. Und in Jonas Reaktion auf Gottes Erbarmen könnte man auch ein Stück Enttäuschung über genau diese ›Ausweitung‹ lesen. Insofern wird der Prophet hier ein Stück weit zum Antihelden, der sich gegen Gottes Gnade auflehnt, wenn sie denen zuteil wird, denen sie der Prophet offenbar nicht gönnt.

Wiederum könnte das Jonabuch an dieser Stelle mit der Pointe schließen, dass Gottes Bereitschaft zu Gnade und Barmherzigkeit menschliches Ermessen übersteigt. Aber auch mit dieser Einsicht ist das Buch noch nicht ganz am Ende, vielmehr folgt ein Epilog, der noch einmal einen anderen theologischen Akzent setzt. Dafür wird eine Erzähltechnik angewandt, die man sonst eher aus Romanen und Filmen unserer Zeit kennt und die man als ›alternatives Ende‹ bezeichnen kann. Jona 4,5 versetzt die Leserschaft nämlich an einen früheren Punkt der Erzählung zurück: Jona verlässt die Stadt, um zu sehen, was geschehen wird. Das macht an *dieser* Stelle natürlich keinen Sinn, denn es gibt nichts mehr abzuwarten. Gott hat ja bereits entschieden, dass Ninive verschont wird. Es sei denn, man kehrt zu Jona 3,4 zurück. Dort war Jona in die Stadt gegangen und hatte gerade seine Unheilsandrohung ausgesprochen. Daraus ergibt sich zusammen mit 4,5 ein kohärenter Text, der die ganze Entwicklung von 3,5–4,4 gezielt ausklammert:

> 3,4: Und Jona ging zuerst eine Tagesreise weit in die Stadt hinein und predigte: »Es sind noch vierzig Tage, dann wird Ninive untergehen!«
> 4,5: »Jona ging zur Stadt hinaus, setzte sich ostwärts von der Stadt und baute sich dort ein Laubdach; darunter setzte er sich in den Schatten, um zu sehen, was mit der Stadt geschehen würde.«

Die Pointe dieser Rückversetzung besteht darin, dass in dieser ›Version‹ der Erzählung Ninive kurz vor dem Untergang steht und Jona das nun aus der Ferne mitansehen möchte. Bevor aber irgendetwas geschieht, erteilt Gott seinem Propheten, der offenbar darauf wartet, dass die Stadt nun wie Sodom und Gomorrha untergehen würde, eine Lektion: Gott »teilt«, wörtlich übersetzt, eine Rizinusstaude »zu«. Dasselbe hebräische Verb begegnet auch in 2,1 für die Sendung des Fisches, der Jona verschluckt. Diese Staude wächst schnell auf und spendet Jona angenehmen Schatten in der Hitze des Tages. Diese freudige Erfahrung beendet Gott allerdings damit, dass er danach auch einen Wurm »zuteilt«, der die Wurzel der Staude frisst und zu deren Verdorren führt. Daraufhin ist Jona so bekümmert, dass er sich sogar den Tod wünscht. Dann klärt ihn Gott über die Pointe dieses Experiments auf: Jona trauert um eine ganz gewöhnliche Pflanze, die über Nacht kommt und wieder verschwindet und die Jona nicht einmal selbst gepflanzt hat. Um wie viel mehr sollte Gott dann über den Untergang eines Volkes trauern, das ungleich mehr wert ist als eine Pflanze und das Gott vor allem selbst geschaffen hat.

Auf diese Weise definiert Gott seine Rolle gegenüber Jona 3,5–4,4 noch einmal anders. Er ist nicht nur der überweltliche Richter, der jedem das gibt, was er verdient (vgl. 3,10), auf dessen Gnadenwillen aber nicht nur sein eigenes Volk, sondern auch andere Völker hoffen dürfen, wenn sie sich denn bekehren (4,2). Gott ist darüber hinaus auch der, der nicht nur einzelne Menschen, sondern auch ganze Völker erschafft und als deren Schöpfer auch an diesen hängt. Auf der Ebene der Schöpfungstheologie ist das Verhältnis von Gott und Mensch mehr als das einer rechtlichen Verpflichtung, eines ›Bundes‹, mit Lohn und Strafe als möglichen Interventionen.

Wichtig an diesem alternativen Jonaschluss ist vor allem, dass sich dieses Experiment Gottes mit Jona und dessen Deutung ereignen, ohne dass schon klar ist, wie sich die Niniviten überhaupt entscheiden werden. Das lässt als Denkmöglichkeit offen, dass diese eben nicht von ihren bösen Wegen abgehen werden und dass Gott – als der Schöpfer – sie trotzdem verschonen wird. Der alternative Jonaschluss stellt die konventionelle Logik in Frage, nach der Gott, gleichsam automatisch, Gutes mit Gutem und Böses mit Bösem vergilt.[249] Diese Art von ›goldener Regel‹ mag für Verhältnisse menschlichen Rechts- und Sozialempfindens gelten, aber nicht für den Schöpfer. Auch verwendet der Jonaschluss die Rolle Gottes als Schöpfer (anders als z. B. Jer 18) nicht, um Gottes Allmacht zu manifestieren: Dass Gott alles gemacht hat, bedeutet bei Jona gerade nicht, dass er mit allem machen kann, was er will. Vielmehr wird Schöpfer hier eher als Elternrolle verstanden, die dem Handeln Gottes die Grenzen der Sorge, des Sich-Kümmerns und der emotionalen Bindung auferlegen – vor allem dann, wenn es um ›Problemkinder‹ geht.

Unter der Oberfläche einer schlichten, ja fast harmlos anmutenden Erzählung geht es im Jonabuch also um fundamentale theologische Fragen. Genauer: Welchen Unterschied macht es, Gott als Richter oder als Schöpfer zu denken? Sind diese beiden Rollen miteinander vereinbar oder weisen sie in gegensätzliche Richtungen des Gottesverständnisses? Es ist keineswegs so, dass das Jonabuch diesbezüglich zu einer eindeutigen Antwort gelangt. Die Tatsache, dass Gottes Selbstbeschränkung als Schöpfer den Schluss des Buches bildet, bedeutet nicht, dass damit auch die abschließende Antwort gegeben wäre. Im Gegenteil wird auch dieser Sichtweise eine kritische Perspektive zur Seite gestellt, die sich allerdings erst dann eröffnet, wenn man das Jonabuch in seinen kanonischen Kontext stellt.

---

[249]   Hier wird der sonst aus der Weisheit bekannte sog. ›Tun-Ergehens-Zusammenhang‹ demnach auf die Ebene der Geschichte angewandt und zugleich kritisiert.

Dabei spielt eine Rolle, dass die Assyrer diejenigen waren, die im Jahr 722 v. Chr. Israel (das »Nordreich«) auslöschten. In der Begegnung des hebräischen Propheten Jona mit den Bewohnern der Hauptstadt des Assyrerreiches ist also eine politisch brisante Konstellation gegeben. Das gilt umso mehr, wenn man davon ausgeht, dass die Geschichte des Jonabuches auf den Propheten Jona ben Amittai Bezug nimmt, der in 2Kön 14,25 mit wenigen Worten erwähnt wird. Eine Prophetie ist von ihm nicht überliefert, aber dieser Jona ben Amittai ist der letzte Prophet, der in Israel auftritt, bevor es von den Assyrern erobert und seine Bevölkerung deportiert wird (2Kön 15,29; 17,4-6). Legt man den alternativen Schluss des Jonabuches nun neben den Bericht aus dem zweiten Königebuch, legt sich genau das als faktisches Ende nahe, was im Jonabuch als Möglichkeit angedeutet wird: Die Assyrer bereuten gerade nicht und kamen dennoch ungeschoren davon. Ironischerweise sind die ersten, die das zu spüren bekommen, die Israeliten. Anders gesagt: Weil Gott als besorgter Schöpfer gerade nicht so handelt, wie ein Richter dies tun würde, werden die Assyrer zu dem gefürchteten Imperium, das andere Völker unterjocht und zerstört. Insofern klingt im Jonabuch ein Thema an, das es in die Nähe der kritischen Weisheit (Hiob und Kohelet) rückt: Gottes Gerechtigkeit und der Maßstab dieser Gerechtigkeit. (AS)

ALLZU GNÄDIG, ALLZU BARMHERZIG

Der 3. Sonntag nach Trinitatis ist geprägt vom Gleichnis vom »Verlorenen Sohn« bzw. vom »Barmherzigen Vater«. Gut ein Drittel dieser Erzählung widmet sich freilich dem *älteren Bruder*, der mit der Wiederaufnahme des jüngeren Sohnes und mit dem Freudenfest über dessen Rückkehr alles andere als einverstanden ist: »Nun aber, da dieser dein Sohn [NB: er spricht nicht von *seinem* Bruder, sondern weit distanzierter von *deinem* Sohn!] gekommen ist, der dein Hab und Gut mit Huren verprasst hat, hast du ihm das gemästete Kalb geschlachtet« (Lk 15,30). Ob die Antwort des Vaters überzeugt, lässt die Erzählung offen: »Mein Sohn, du bist allezeit bei mir, und alles, was mein ist, das ist dein. Du solltest aber fröhlich und guten Mutes sein, denn dieser dein Bruder [NB: der Vater erinnert an die Beziehung zwischen den beiden!] war tot und ist wieder lebendig geworden, er war verloren und ist wiedergefunden« (V. 31 f.). Mit diesem begründeten Imperativ endet die Gleichniserzählung, die als eines von drei Gleichnissen (neben dem verlorenen Schaf und dem verlorenen Groschen) vor allem an die murrenden Pharisäer und Schriftgelehrten adressiert wird (Lk 15,2).

Jesus wendet sich den Zöllnern und Sündern zu – und erregt den Unmut der Frommen seiner Tage. Der Vater feiert ein Fest mit dem reumütig zurückgekehrten jüngeren Sohn – und der ältere bleibt verärgert fern. Gott verhält sich gnädig zu den (büßenden?) Einwohnern der assyrischen Hauptstadt Ninive – und verärgert seinen Propheten Jona. Es scheint schwierig zu sein, wenn fromme Menschen die Gnade Gottes aushalten müssen und wenn ihr Gerechtigkeitsempfinden und das Handeln Gottes nicht konvergieren. Kann es wirklich sein, dass Gott keine Unterschiede macht? Dass er die fromme Lebensleistung völlig unberücksichtigt lässt? Dass es sich wirklich gar nicht lohnt, immer anständig und im Blick auf die Gebote gelebt zu haben? Es ist ja nicht so, dass ein Leben in tatsächlicher oder empfundener Frömmigkeit ein sonderlich leichtes Leben wäre! Das gilt sowohl für den moralisch-ethischen Imperativ, der mich dann begleitet, als auch für die Aufgabe, das, was im Leben geschieht, mit dem Wollen Gottes in Verbindung zu bringen. Religion ist – davon können fromme Menschen ein Lied singen – keineswegs die fröhliche Steigerung des ohnehin schon guten Lebens. Und dass ein Leben in Hörweite des Wortes Gottes überaus anstrengend sein kann, davon erzählt die Jonanovelle vom ersten Kapitel an auf ebenso hintergründige wie humorvolle Weise.

Die Ungeheuerlichkeit der Gnade Gottes leuchtet in Jona 4 ebenso auf wie in der Geschichte von den beiden Söhnen und ihrem gnädigen Vater. Könnte Gott nicht auch anders handeln? Die Guten wenigstens ein bisschen bevorzugen? Die Heiden nicht ganz ungeschoren davonkommen lassen?

Jona 4 ist zunächst die Geschichte von Gottes Gerechtigkeit und seiner Gnade – und davon, wie schwer diese beiden zu verbinden sind und wie eindeutig sie menschliche Logiken sprengen. Auch im rabbinischen Judentum finden sich Reflexionen zu dieser Frage. Gott wird vielfach als der beschrieben, dem zwei Eigenschaften (*middot*) zukommen: *middat ha-din* (die Eigenschaft des Rechts) und *middat ha-rachamim* (die Eigenschaft des Erbarmens). Mit Karl Erich Grözinger müsste statt von »Eigenschaft« besser von Beziehungsgrößen gesprochen werden. »Sie sind zwischen Personen oder Personengruppen stehende Verfahrensmöglichkeiten oder Handlungswege, mit deren Hilfe die Beziehungen untereinander geregelt werden können und sollen.«[250] Es geht um Gottes Verhalten, für das eine Erklärung gefunden werden

---

[250]   Karl Erich Grözinger, Middat ha-din und Middat ha-rahamim. Die sogenannten Gottesattribute ›Gerechtigkeit‹ und ›Barmherzigkeit‹ in der frühen rabbinischen Literatur, in: Frankfurter Judaistische Beiträge 8 (1980), 95–114, 112.

muss und soll. Ein Gott, der sich strikt an die juristisch definierte Relation des Rechts halten würde, steht einem Gott gegenüber, der sich barmherzig auf sein Volk und auf die Schöpfung bezieht. Und den einen Gott gibt es nicht ohne den anderen. Im Midrasch Bereshit Rabba wird dies im Blick auf die Schöpfung erklärt. Gott musste erkennen, dass die Welt mit keiner der beiden *middot* alleine Bestand haben könne; daher habe er beide genommen, vermischt und beide zur Grundlage der Schöpfung gemacht (vgl. BerR 12,15). Und in BerR 39,6 sagt Abraham zu Gott:

> »Wenn du die Welt willst, kannst du kein striktes Recht haben, wenn aber das strikte Recht, so keine Welt! Du hältst das Seil an beiden Enden – du willst die Welt und du willst das strikte Recht! – Wenn du aber nicht ein wenig loslässt, kann die Welt nicht bestehen.«

Auch mit diesen rabbinischen Überlegungen ist klar, dass Gottes Handeln anders ist als menschliches Gerechtigkeitsempfinden.

Vor diesem Hintergrund erscheint es nicht unproblematisch, dass evangelische Rechtfertigungslehre die Rechtfertigung *der anderen* weit weniger reflektiert als die *eigene*. Gottes rechtfertigendes Handeln kommt dem Sünder zugute. Solange *ich* dieser Sünder bin, mag mir das ja ganz recht sein! Aber es kommt eben auch den anderen zu, die ich am liebsten ganz wo anders sähe … Hier liegt wohl doch ein Problem der in anderer Hinsicht völlig berechtigten individuellen Zuspitzung der Soteriologie. Es geht um ›mich‹ und ›meine‹ Sünden, »dem Teufel *ich* gefangen lag, im Tod war *ich* verloren« (EG 341,2); »das leid ich alles *dir* zugut« (EG 341,8). Ähnlich erzählt auch der pseudepigraphe erste Timotheusbrief, die Epistelesung am 3. Sonntag nach Trinitatis, die Rechtfertigungserfahrung in der ersten Person Singular: »… aber mir ist Barmherzigkeit widerfahren« (V. 13).

Die Predigt von Jona 4 bietet die Chance, die Rechtfertigung *der anderen* neben der eigenen und mit der eigenen in den Blick zu nehmen. Wenn es gilt, auch hier als Mensch sym-pathisch zu werden mit Gottes Pathos (vgl. die Überlegungen zu Jona 1f. am 1. Sonntag nach Trinitatis), dann heißt es: einzustimmen in die göttliche Barmherzigkeit – und so am Fest teilzunehmen, das für den jüngeren Sohn bereitet wird. Das ist der schwierige Lernweg, den Jona 4 für den Propheten und den der 3. Sonntag nach Trinitatis für die Glaubenden vorsieht. Er hat freilich neben all der Schwierigkeit eine durchaus verheißungsvolle Pointe: Das Fest ist bereit – im Haus des Vaters in Lk 15, aber vielleicht ja auch in der assyrischen Hauptstadt Ninive, die dem berechtigten Zorn Gottes durch ihre Buße entging. Besonders die Strophen 5 und 6

von Christian Fürchtegott Gellerts Lied »So jemand spricht: Ich liebe Gott«
(EG 412) können musikalisch den Weg zur *gemeinsamen* Feier der göttlichen
Barmherzigkeit weisen.

Als Predigtlied könnte sich auch EG 284 eignen: »Das ist köstlich, dir zu
sagen Lob und Preis! Deine Güte, von der ich zu singen weiß …«. Es handelt
sich um die Nachdichtung eines Liedes des ungarischen Reformators Mihály
Sztáray aus dem 16. Jahrhundert, die der Berliner Pfarrer Günter Rutenborn
(1912–1976) erstellte. Besonders interessant scheint das Lied hier wegen der
vierten Strophe, die das singende Ich mit einem grünen Palmbaum und einer
Zeder auf der Höhe vergleicht:

> Wie ein Palmbaum grün und kräftig werd ich stehn,
> wachsen werd ich wie die Zeder auf den Höhn
> und dem Sturme trotzend leben in der Welt.
> Denk an Gott nur und vergiss nicht, wer dich hält!

(AD)

4. Sonntag nach Trinitatis (Reihe VI): 1Sam 24,2b–20

Ein Moment von Menschlichkeit

Mit dieser Erzählung befinden wir uns mitten in der ›Aufstiegsgeschichte Davids‹, die gleichzeitig eine ›Abstiegsgeschichte‹ Sauls ist. Das Eigentümliche daran ist, dass deren Ausgang schon von Anfang an (1Sam 15,11) klar ist: David wird König werden, Saul wird untergehen. Daran ist nichts zu ändern, der Gang der Ereignisse ist für keine Schicksalswende offen. Und Saul weiß, dass es nur eine Frage der Zeit ist, bis sein Königtum und damit vermutlich auch sein Leben enden wird. Das sagt er in den drei Versen (V. 21–24), die vom Perikopentext leider abgeschnitten wurden, die aber doch mitgelesen werden sollten, weil sie eine der Pointen dieser Erzählung bilden. Saul ist nominell noch König, begegnet David aber längst nicht mehr auf Augenhöhe. Diese Spannung und ihr unvermeidliches Ende bestimmen die gesamte zweite Hälfte des ersten Samuelbuches. Darin ähnelt die Dynamik des Geschehens dem einer griechischen Tragödie, in der die Charaktere ebenfalls unter dem Eindruck eines ihnen enthobenen Schicksals stehen und wo nicht mehr die Frage ist, ob sie es doch werden wenden können, sondern wie sie sich dazu verhalten.

Das ist nun im Besonderen auch das Thema von 1Sam 24: David bekommt durch einen glücklichen Zufall Sauls Leben in die Hände gespielt – er müsste nur mit dem Dolch zustoßen. Genau dazu wird er von seinen Gefährten ermutigt, und dies hätte durchaus der altorientalischen Praxis entsprochen, wie aufsteigende Thronprätendenten mit ihren Vorgängern umgingen. Interessanterweise hätte sich David sogar auf ein prophetisches Orakel berufen können, das in V. 5 zitiert wird: »Siehe, ich will deinen Feind in deine Hand geben, dass du mit ihm tust, was dir gefällt.« Leider wird nicht gesagt, wer die prophetischen Gestalten in Davids Umfeld waren, die ihm dies nahelegten. Jedenfalls entspricht ihr Rat nicht nur der Gunst der Stunde (David nähert sich Saul, als dieser in einer Höhle seine Notdurft verrichtet), sondern ja gerade auch dem Gang der Ereignisse, die auf Sauls Ende zulaufen. David allerdings gibt sich dieser Dynamik, die seinen Aufstieg beschleunigt hätte, nicht hin. Ganz im Gegenteil schafft er paradoxerweise eine Situation, die alles hätte auf den Kopf stellen können. Er liefert sich Saul aus und wirft sich vor ihm nieder (V. 9). In dieser Situation der Verwundbarkeit hätte Saul ›den

Spieß umdrehen‹ können. Aber auch dieser gibt nicht dem nach, was für ihn vielleicht die naheliegende Tat gewesen wäre. Und so kommt es zu einem Dialog zwischen den beiden Männern, in dem beide – jenseits der Rollen, die sie eigentlich hätten spielen sollen – menschliche Größe beweisen. Saul lässt sich davon überzeugen, dass es nicht David ist, der seinen Untergang betreibt, und er lässt sich auch nicht (wie z. B. Kain) von Neid übermannen, sondern segnet denjenigen, von dem er dennoch weiß, dass dessen Aufstieg sein Ende bringen wird: »Der HERR vergelte dir Gutes für das, was du heute an mir getan hast« (V. 20). Wie jeder weiß, der weiterliest, wird es nicht bei Sauls Haltung bleiben. Der Moment der Menschlichkeit vergeht, und Saul wird wieder versuchen, sich Davids zu entledigen, und noch einmal wird David die Möglichkeit zur Revanche verstreichen lassen (1Sam 26).

Davids Widerständigkeit, sich der Gunst der Stunde gemäß zu verhalten, wird eigens herausgearbeitet. Zur Maxime seines Vorgehens macht er nicht das ihm zugedachte prophetische Orakel, sondern einen Weisheitsspruch: »Von Frevlern kommt Frevel« (V. 14). Gewalt mag ›zielführend‹ sein, aber sie sagt eben auch etwas über den aus, der sich ihrer bedient. Jemand, der tötet, ist ein Mörder, und genau dieser dunklen Seite seines Aufstiegs will David sich nicht überlassen. An dieser Stelle bringt David Gott ins Spiel zwischenmenschlicher Grauzonen. Was auch immer Menschen übereinander sagen oder denken, die Vergeltungsinstanz für gutes wie böses Verhalten ist Gott selbst (V. 13). Diese Berufung auf Gott hat entlastende Funktion, weil sie den Charakteren, und hier besonders David, erlaubt, nicht das zu tun, was die Situation und die äußeren Erwartungen von ihnen fordern.

Parallelen solcher Momente, in denen sich die Protagonisten gleichsam aus dem Strom der Ereignisse und ihrer eigenen Involviertheit darin befreien, gibt es vor allem in der homerischen Dichtung. Auch dort geht es darum, dass sich in solchen Momenten menschliche Eigenschaften wie Respekt, Achtung und Barmherzigkeit einstellen. Im 24. Buch der Ilias kommt es zu einer Begegnung zwischen zwei Feinden: dem für die Griechen kämpfenden Achilles und Priamos, dem König von Troja. Achilles hatte Priamos' Sohn Hektor im Zweikampf aus Rache getötet, denn dieser hatte zuvor Patroklos, einen Waffengefährten des Achilles erschlagen. Der Zorn des Achilles ist mit dem Sieg über Hektor aber noch nicht gestillt. Um diesen bis in den Tod zu demütigen, verweigert Achilles die Freigabe des Leichnams und will diesen unbestattet verwesen lassen. In dieser Situation dringt Priamos unbemerkt nachts (mit Hilfe des Hermes) ins Lager der Griechen ein und überrascht Achilles, der sich gerade zur Ruhe gelegt hatte. Diesen Moment der Schwäche nutzt Priamos allerdings nicht seinerseits für Vergeltung, vielmehr gibt er die überlegene Position auf, wirft sich Achilles zu Füßen und küsst ihm die Hände. Zwischen den beiden entspinnt sich ein Dialog, in dem sie sich nicht mehr als Feinde und Rächer begegnen, sondern in zutiefst menschlichen Rollen: Priamos handelt als Vater, der seinen Sohn nach Hause bringt, und Achilles als Sohn, der selbst einen Vater hat, der um ihn trauern würde. Auch hier ist klar, dass dieser Moment der Menschlichkeit den vorgezeichneten Lauf der Dinge nicht umkehrt. Nach der Trauerzeit um Hektor geht der Krieg um Troja weiter und beide, Priamos und Achilles, werden darin umkommen. Gleichwohl hebt die homerische Dichtung diese Begegnung als retardierendes Element hervor. Zumindest für einen Moment gibt es Versöhnung, und diesen Moment dehnt Homer gleichsam, indem er hinzufügt, dass nach einem gemeinsamen Mahl Achilles und Priamos im gleichen Zelt die Nacht verbringen – und selbst die Götter begeben sich daraufhin zur Ruhe (24/675).

Wahre Menschlichkeit – das zeigen die Epen der antiken Welt, zu denen in gewisser Weise auch Stoffe wie die Davidsgeschichten gehören – impliziert Risiko und Vertrauen, ebenso wie den Willen, dem scheinbar vorgezeichneten Lauf der Dinge entgegenzuwirken. Davids positives Bild innerhalb der Samuelbücher – trotz aller Schwächen, die er hat und die auch schonungslos benannt werden – ergibt sich daraus, dass er in zwischenmenschlichen Beziehungen genau dies zu erbringen bereit ist. Das zeigt sich in seiner Beziehung zum Saul-Sohn Jonathan und auch in den Auseinandersetzungen mit seinen eigenen Söhnen, in denen er Vertrauen riskiert, das allerdings ein ums andere Mal enttäuscht wird. Die Davidsgeschichten suggerieren an keiner Stelle, dass Menschlichkeit sich immer durchsetzt. Aber die Suggestion geht doch dahin, dass sie – wie unvollkommen auch immer – nicht nur ein moralisches, sondern auch ein religiöses Ideal ist. Gerade dafür steht die Figur Davids. (AS)

Rache, Gewalt, Gott

Bereits sechs lange Kapitel hindurch (seit 1Sam 18) währt der Konflikt zwischen Saul und David, begründet allein in »Sauls Eifersucht auf David«, wie die Lutherbibel die Perikope 1Sam 18,5–16 überschreibt. David hat die Gunst des Volkes; König Saul ist nur noch die Nummer zwei. Das ist Grund genug für wiederholte Versuche Sauls, David endgültig loszuwerden, wobei es zweimal heißt, dass »der böse Geist von Gott« (vgl. 1Sam 18,10; 19,9) über Saul gekommen wäre und Saul daraufhin David töten wollte. Doch auch ohne die explizite Erwähnung dieses bösen Geistes von Gott ist Saul vor allem von einem Ziel getrieben: David »nach dem Leben zu trachten« (1Sam 23,15). Immer wieder bleibt David nur die Flucht vor Saul, die ihn dann auch nach En-Gedi führt. Dort ergibt sich *die* Gelegenheit, Sauls Nachstellungen ultimativ ein Ende zu setzen.

Saul steckt mitten drin in der Logik von Macht, Gewalt und Rache. Sein Weinen (V. 17) entspringt dem Moment der Einsicht in die ebenso ungewöhnliche wie befreiende andere Logik (V. 20). In zweifacher Hinsicht handelt David anders: (1) Er sieht Saul trotz allem augenscheinlich nicht zuerst als »Feind«, sondern spricht ihn an als »Herr und König« (V. 9) und »mein Vater« (V. 12; was ihm als Schwiegersohn durchaus zukommt). (2) In die Komplexität und Problematik der Relation der beiden Männer und Krieger spielt David die Gottesrelation ein: der Herr hat Saul in Davids Hand gegeben (V. 11) und vor allem: »Der Herr wird Richter sein zwischen mir und dir und mich an dir rächen …« (V. 13; vgl. ähnlich auch V. 16). Vor allem diese Verschiebung macht es möglich, abzulassen von dem Wunsch, Ausgleich, Gerechtigkeit und Vergeltung *selbst* herstellen zu müssen, *ohne aber* von der Erwartung der Gerechtigkeit und – ja auch – der Vergeltung/Rache absehen zu müssen. Diese Verschiebung der Perspektive ermöglicht David ein Handeln, das die alte Logik der Gewalt unterbricht, freilich aber (und dies ist das Problem!) Saul zweifellos erneut im Verhältnis zu David beschämt: »Du bist gerechter als ich …« (V. 18). Insofern ist es überaus verständlich, dass Saul in den Versen, die die Perikopenordnung leider nicht vorsieht (V. 21–23), einen Schwur einfordert, in dem es zentral um den »Namen« (die Ehre!) Sauls geht – und dass sich in 1Sam 26 die Erzählung in anderer Weise nochmals wiederholt.

1Sam 24 erzählt von dem Umgang mit (1) Rache und (2) Macht: (1) Der Psychoanalytiker und Schriftsteller Wolfgang Schmidbauer hat sich vielfach mit »Rache« beschäftigt,[251] die er im »Teufelskreis der narzisstischen Wut« verortet.[252] ›Ich‹ werde gekränkt, erniedrigt, beschämt und empfinde einen Fehler in der Wirklichkeit, mit dem das Weiterleben so nicht möglich erscheint. Ein Ausgleich muss geschaffen werden! In der narzisstischen Wut verschwindet die Möglichkeit, zu differenzieren und rational nach Wegen des

---

[251]   Vgl. Wolfgang Schmidbauer, Die Rache der Liebenden. Verletzte Gefühle und Wege aus der Hass-Falle, Reinbek b. Hamburg 2005; ders., Rache – im Internet veröffentlichter Vortrag: http://forum-seelsorge.de/downloads/Vortrag_Schmidbauer_RACHE.pdf [Zugriff vom 10. 2. 2018].

[252]   Schmidbauer, Rache [Vortrag], 2.

Umgangs mit der empfundenen Erniedrigung zu suchen. Alles oder nichts – das erscheint nun als die Devise.[253] Als Wege aus der Rache und ihren Kreisläufen der Gewalt erkennt Schmidbauer erstens die Stärkung der Gegenkräfte, vor allem der Empathie (vgl. auch den Wochenspruch aus Gal 6,2) und zweitens die Vermeidung der erneuten Kränkung des Gekränkten, »indem man ihm das Recht auf seine Gefühle abspricht«.[254] – Die Bedeutung der ›Delegation‹ der Rache an Gott, von dem Gerechtigkeit erwartet wird, erscheint auch vor diesem Hintergrund als entscheidende Spur in 1Sam 24.

(2) Birgit Mattausch hat eine eindrucksvolle, im Internet greifbare Predigt zu 1Sam 24 vorgelegt.[255] Darin nimmt sie Bezug auf eine Performance von Yoko Ono aus dem Jahr 1965. »Cut piece«, so lautete die Aufforderung an das ›Publikum‹. Yoko Ono saß in einem schwarzen Kleid auf der Bühne der ausverkauften Carnegie Hall; neben ihr lag eine Schere. »Nach und nach kommen Menschen aus dem Publikum auf die Bühne. Eine Frau trennt ein kleines Fetzchen Stoff vom Halsausschnitt des schwarzen Kleides ab. Ein Mann den halben Ärmel. Manche sind vorsichtig, andere scheinen ihre Machtposition zu genießen.« Am Ende durchtrennt ein Mann auch die Träger des BHs. Yoko Ono hält ihre Hände vor die nackten Brüste. Das auf Youtube greifbare Video der Performance endet hier. Der Blick auf die Performance macht es möglich, die Dynamik der Macht, die in Davids Handlung liegt, genauer wahrzunehmen. Wie reagieren Menschen/Männer, wenn ihnen für einen Moment Macht über andere Menschen/Frauen gegeben wird? Wie verführerisch ist es, die Ehre des/der anderen zu zerstören? Am Ende ihrer Predigt verweist Mattausch auf eine weitere Performance Yoko Onos: »Viel später wird Yoko Ono ihre Performance *Cut Piece* noch einmal aufführen. Diesmal in Paris. Es ist das Jahr 2003. Yoko Ono ist 70 Jahre alt. Diesmal sitzt sie nicht auf dem Boden, sondern auf einem Stuhl. Wie eine Königin. […] Auf dem Boden vor ihr die Schere. Dem Publikum hat sie eine andere Anweisung gegeben als 40 Jahre zuvor. Den abgeschnittenen Kleiderfetzen sollen die Beteiligten nun später einem geliebten Menschen schenken. Nach der Performance wird sie in einem Interview sagen: *Dieses Mal empfand ich ein unglaubliches Gefühl von Liebe für die Welt.*«

---

[253] Vgl. aber z. B. auch den hervorragenden und abgründigen Rache-Roman von Leo Perutz, Wohin rollst du, Äpfelchen …, hg. und mit einem Nachwort von Hans-Harald Müller, München [5]2016 [zuerst: 1928].

[254] Schmidbauer, Rache [Vortrag], 6.

[255] Birgit Mattausch, Cut piece, greifbar unter: http://www.stichwortp.de/index.php?state=stichworte&action=predigttopdf&predigtID=80 [Zugriff vom 3. 2. 2018].

Theologisch liegt die Pointe von 1Sam 24 nicht in einer allgemein-zwischenmenschlichen Ethik der Nächstenliebe, sondern in der Verschiebung der Perspektive, die dort entsteht, wo Gott als Richter und ›Rächer‹ in den Blick kommt und alle innerweltlichen, zwischenmenschlichen Rachephantasien durchstreicht, ohne aber die Opfer mit der Forderung, man müsse auf Recht und Gerechtigkeit verzichten und den Nächsten einfach nur ›lieben‹, noch zusätzlich zu belasten. Wie gut, dass Röm 12,17–21 als neuer Episteltext auf den 4. Sonntag nach Trinitatis gesetzt wurde. So kann niemand behaupten, die Idee, dass Gott leidenschaftlich und rächend für das Recht eintritt, sei eben ›typisch alttestamentlich‹ und im Neuen Testament überwunden. Bei Paulus findet sich dieselbe Verschiebung, die auch Davids Handeln prägt: »Rächt euch nicht selbst, meine Lieben, sondern gebt Raum dem Zorn Gottes« (V. 19; vgl. dann auch das Zitat aus Dtn 32,35!).

Als Lied nach der Predigt könnte sich EG 414 (»Lass mich, o Herr, in allen Dingen«) besonders eignen, da hier – wie in 1Sam 24 – die Aufforderung zur Nächstenliebe unmittelbar mit dem Blick auf Gottes Handeln, Wirken und Wollen verbunden wird. (AD)

7. Sonntag nach Trinitatis (Reihe III): 1Kön 17,1-16

Von merkwürdigen Versorgungswundern

Elia ist im Blick auf die Wirkungsgeschichte des Alten Testaments die integrale Figur der prophetischen Überlieferungen. Das zeigt sich etwa an der Verklärung Jesu (Mk 9,2-13; Lk 9,28-35; Mt 17,1-8), wo Mose und Elia neben ihm erscheinen, die hier für die Autorität der Schrift aus ›Gesetz und Propheten‹ stehen. Elia ist aufgrund seiner Entrückung in den Himmel auch eine der alttestamentlichen Figuren, deren Rückkehr am Ende der Zeit erwartet wird (Mal 3,23). An alledem gemessen fällt sein erster Auftritt, der Gegenstand dieser Perikope ist, denkbar nüchtern aus. Ohne große Einführung und lediglich mit der Nennung seiner Herkunft ist Elia auf einmal da und spricht auch gleich zu König Ahab und verkündet ihm den Beginn einer langen Trockenzeit (V. 1).

Elia wird in einen Erzählzusammenhang hineingeworfen, der bereits im vorigen Kapitel begann: Ahab war anstelle seines Vaters Omri König geworden. Seine Religionspolitik allerdings macht ihn zum Erzketzer. Er heiratet die phönizische Prinzessin Isebel und führt den ebenfalls aus Syrien stammenden Baalskult ein. Wenn man die Notiz aus 1Kön 16,32 historisch ernst nimmt, gab es zur Regierungszeit der Omriden in Samaria, der Hauptstadt des Nordreichs Israel, sowohl einen JHWH- wie auch einen Baaltempel. Damit ist bereits das große Thema eingeführt, das den ersten Eliazyklus (1Kön 17–19) bestimmt. Es geht um die Frage, wer der wahre Gott Israels ist. Die Ankündigung der Trockenzeit bildet den Auftakt der Auseinandersetzung zwischen zwei Gottheiten und ihrem irdischen Gefolge. Während aber mit dem Königshof und der Priesterschaft die Baalspartei die Oberhand hat, ist Elia allein übrig geblieben von den Propheten JHWHs (1Kön 18,22). Und so schickt, als Auftakt zu den Eliageschichten, JHWH seinen letzten verbliebenen Getreuen ins Feld. Dazu gehört, dass er ihn gleich nach dem kurzen, aber spektakulären Auftritt vor Ahab in Sicherheit bringt. Am Bach Krit soll Elia sich verstecken, der nach späterer Überlieferung im heutigen Wadi Qelt (und dem dortigen St.-Georgs-Kloster) zu finden ist. Das mag auch damit zu tun haben, dass das Wadi Qelt ganzjährig wasserführend ist – also auch während der Trockenperioden. Nur an Nahrung mangelt es, aber diese wird Elia von Raben gebracht. Hier also soll Elia warten, bis er einen neuen Auftrag erhält.

Allerdings versiegt schließlich auch das Wasser des Baches, wodurch die extreme und offenbar lang andauernde Dürrezeit unterstrichen wird. Daraufhin schickt Gott seinen Propheten weit weg, in einen Ort namens »Sarepta/Zarpat«, der mit der phönizischen Stadt Sidon in Verbindung gebracht wird (V. 9). Anders gesagt: Elia soll Israel verlassen und sich stattdessen bei den Phöniziern, also unter der Türschwelle Baals, verstecken. Ein gewagtes Manöver! Überraschenderweise herrscht aber sogar dort die Trockenheit – ein polemischer Hinweis der Erzähler, dass Baal offenbar sogar im eigenen Land machtlos war.

Die Episode, die nun folgt, ist in vielerlei Hinsicht seltsam. So wird Elia zu der Witwe geschickt, die Gott selbst beauftragt habe, sich um ihn zu kümmern (V. 9). Als Elia ankommt, scheint die Witwe zwar auch zu wissen, wessen Prophet er ist (V. 12), aber wie sie ihn versorgen soll, ist ihr offenbar nicht gesagt worden. Sie richtet sich vielmehr darauf ein, dass sie und ihr Sohn die Hungersnot nicht überstehen werden. Auch in sozialer Hinsicht ist die Konstellation brisant. Da kehrt ein fremder Mann bei einer Witwe und deren offenbar minderjährigem (also nicht rechtsfähigem) Sohn ein. Das wirft Fragen auf, etwa die, ob man als Leser annehmen soll, die Frau sei eine Prostituierte gewesen, zumal es nicht unüblich war, wenn Frauen ohne soziales Netz durch Beherbergung fremder Männer zu einem Einkommen und möglicherweise zu Schutz gelangten. Aber auch das tatsächliche Verhalten Elias gegenüber der Witwe erscheint schroff. Er gebietet ihr gleich bei seiner Ankunft, was sie für ihn tun soll. Das dann folgende Wunder hat primär den Zweck, Elias Versorgung sicherzustellen. Dass auf diese Weise auch die Witwe und ihr Sohn gerettet werden, erscheint fast als Nebeneffekt: Erst soll Elia versorgt werden und dann dürfen auch die Frau und ihr Kind essen (V. 13b).

Mit dem Eintreten des Wunders, dass das Mehl im Topf und das Öl im Krug nicht zur Neige gehen, lässt die Perikope die Erzählung enden. Allerdings ist dies im Erzählfluss nur eine Zäsur. Die Geschichte geht weiter und sollte auch so wahrgenommen werden. Es fällt ja auf, dass Elia selbst bis zu diesem Zeitpunkt noch gar nicht aus der Rolle des Flüchtigen herausgetreten ist. Sowohl die Rettung am Bach Krit wie auch die Aufnahme bei der Witwe sind Gotteswunder, derer Elia teilhaftig wird, bei denen er aber eigentümlich passiv bleibt. Das ändert sich mit der zweiten Hälfte der Erzählung (V. 17–24), die spiegelbildlich zur ersten angelegt ist. Was zunächst durch das ›Topf-und-Krug-Wunder‹ wie eine Rettung aussah, droht sich nun ins Gegenteil zu verkehren. Der Sohn der Witwe wird krank und stirbt, was diese mit der Anwesenheit des Gottesmannes in Verbindung bringt. Sie glaubt nun, dieser sei

nur zu ihr gekommen, um sie im Namen Gottes für ihre »Sünde« zu bestrafen
(V. 18). Was damit genau gemeint ist, wird nicht gesagt. Aber nachdem es
der Sohn ist, der stirbt, legt sich der ›Verdacht‹ nahe, dass diese Strafe etwas
mit seiner Geburt zu tun hat. Möglicherweise ist er ein uneheliches Kind,
wobei das eben nicht gesagt wird. Es ist erzählerisch meisterhaft, wie hier
mit doppelt unklaren Identitäten gespielt wird. Die Frau weiß nicht, wer
dieser Gottesmann ist und weshalb er wirklich zu ihr gekommen ist; und
auch die Frau selbst hütet offenbar ein Geheimnis, das aber nicht enthüllt
wird.

Aber nun, da der Tod nicht nur droht (wie in V. 1-16), sondern ein Kind
leblos vor ihm liegt, tritt Elia aus seiner Deckung hervor. Nun kehren sich
die Verhältnisse um. Es ist nicht mehr Gott, der um Elias willen Wunder vollbringt, sondern nun ist es Elia, der Gott darum bittet, durch ihn ein Wunder
für andere geschehen zu lassen. Er nimmt der Mutter das leblose Kind aus
dem Arm, trägt es in das Obergemach und bringt es ihr lebend zurück. Was
dazwischen geschieht, weiß sie nicht.[256] Aber in dem Moment, indem sie
ihren Sohn wiederhat, spricht sie: »Nun erkenne ich, dass du ein Mann Gottes
bist, und des Herrn Wort in deinem Munde ist Wahrheit« (V. 24). Aus dem
Mund der phönizischen Frau wird Elias Identität enthüllt, und erst damit ist
die Erzählung an ihrem Ziel angekommen. Erst jetzt löst sich der Spannungs-
bogen, der sich über 1Kön 17 aufgebaut hatte.

1Kön 17 ist ein Kapitel, das in seiner Gesamtheit illustriert, wer dieser
Elia eigentlich ist, der so unvermittelt die Bühne des Geschehens betritt. Er
ist ein Prophet, der JHWHs Strafhandeln über Israel ansagt. In seinem ›Elias‹
leiht sich F. Mendelssohn-Bartholdy ein Wort aus Jer 23,25, um Elias Prophetie zu kennzeichnen: »Ist nicht des Herrn Wort wie ein Feuer und wie ein
Hammer, der Felsen zerschlägt?« (op. 70, 17). In der Tat tritt die zerstörerische
Seite seines Auftrags immer wieder in den Vordergrund. Und so ist es kompositorisch sicher nicht zufällig, dass in Kapitel 18 mit dem Gottesurteil am
Karmel eine Episode folgt, die mit der Abschlachtung der Baalspriester endet
(ohne dass Gott dies angeordnet hatte!). Diese Härte und Kompromisslosigkeit
bricht sich allerdings ein Stück weit an Kapitel 17, wo Elia als jemand vorge-

---

[256] Die Leserschaft weiß allerdings noch mehr als die Mutter, weil sie vom ›allwissenden
Erzähler‹ mit in das Obergemach genommen wird (V. 19-22). Dort tritt Elia als Fürbitter
für die Mutter und zugleich für das Leben des Kindes auf. Dass sich Elia dreimal auf den
Körper des Jungen legt, mag aus heutiger Sicht seltsam, vielleicht sogar anstößig erscheinen. Allerdings scheint es so, dass – indem sich Elia passgenau auf den Jungen legt –
etwas von seiner eigenen Lebenssubstanz auf dessen Körper übergeht.

stellt wird, der Gott davon abhält, Sünde zu bestrafen und den Tod eines Unschuldigen zuzulassen.

Elia erweist sich als komplexe und ›intensive‹ Figur, die an keiner Stelle idealisiert und die auch nicht zur Vorbildfigur stilisiert wird. Später wird er sagen, er habe um JHWH willen »geeifert« (1Kön 19,10), und tatsächlich wird dieser Eifer in seiner ganzen Intensität durch die einzelnen Erzählungen hindurch verfolgt. (AS)

Wenn du denkst, es geht nicht mehr … oder: Vertrauen auf das Himmelsbrot

Die Epistel des 7. Sonntags nach Trinitatis (Apg 2,41–47) erzählt von der »erste[n] Gemeinde« (so die etwas anachronistische Überschrift in der Lutherbibel). In den sieben Versen ist zweimal vom Brotbrechen und einmal von gemeinsamen Mahlzeiten die Rede. Karl-Heinrich Bieritz hat zweifellos Recht, wenn er schreibt: »Das Christentum tritt als Ess- und Trinkgemeinschaft – als eine Mahlgemeinschaft – in die Geschichte ein, nicht zuerst als eine Lehrveranstaltung oder Diskussionsrunde.«[257] Der 7. Sonntag nach Trinitatis unterstreicht das soziale Miteinander, das die Voraussetzung für jedes gemeinsame Essen ist (vgl. auch den neuen Predigttext aus Hebr 13,1–3: »Gastfrei zu sein vergesst nicht …«, V. 2), vor allem aber zeigt der Brot- und Speisungssonntag im Kirchenjahr, was es heißt, dass Gott selbst es ist, der uns »unser tägliches Brot« »heute« gibt.

Das geschah bereits in der Wüste, als das Volk Israel 40 Jahre unterwegs nichts hatte als Gottes Verheißung und Brot vom Himmel (Ex 16,2f.11–18); das geschah am Ufer des Galiläischen Meeres, als es aussah, als gebe es nur »fünf Gerstenbrote und zwei Fische« (V. 9), aber 5000 Männer (und ganz sicher auch Frauen und Kinder) satt wurden (Joh 6,1–15; Evangelium). Und das geschieht nun auch in der ersten in der Bibel überlieferten Elia-Geschichte, die voller merkwürdiger Wendungen ist und so deutlich macht, als wie herausfordernd und wenig kalkulierbar sich Gottes *providentia* augenscheinlich erweisen kann. Dass Gott ankündigt, Elia ausgerechnet durch Raben zu speisen, gab es so in der Bibel noch nicht und wird es danach nicht mehr geben (man bedenke, dass die Raben nach Lev 11,15 zu den unreinen Vögeln gehören!). Der Prophet hat nichts außer Gottes Zusage – doch die

---

257   EGb, 709.

Speisung durch die Raben funktioniert kulinarisch gesehen sogar besser als die Speisung mit Manna in der Wüste: Bei Elia gibt's zweimal täglich Fleisch!

Dann trifft Elia seine eigene Dürreankündigung. Aber in dem Moment, in dem das Wasser im Bach versiegt, steht schon ein neues, allerdings nicht weniger merkwürdiges Wort des HERRN zur Verfügung. Elia soll ins Ausland gehen, nach Sidon (ausgerechnet er, der doch gegen König Ahab aufgetreten war, weil dieser allzu sehr mit Baal, dem Gott aus dieser Gegend, sympathisierte!) und dann auch noch zu einer Witwe.[258] »Brich dem Hungrigen dein Brot« (EG 418), so heißt es in einem der beiden neuen Wochenlieder dieses Sonntags. 1Kön 17 erzählt auf den ersten Blick das Umgekehrte: Fordere von dem Hungrigen dessen allerletztes Brot!

Das radikale Vertrauen, das Elia augenscheinlich zu seinem Gott hat, braucht nun auch die ausländische Witwe. Sie hat nichts als das Wort dieses merkwürdigen Gottesmannes. Er fordert sie auf: »… mache zuerst mir etwas Gebackenes davon und bringe mir's heraus« (V. 13). Sie tut es – »… und was er spricht, geschicht« (EG 302,4).

Ich habe 1Kön 17 überpointiert, vielleicht sogar karikierend nacherzählt. Weil es so einfach im Leben ja nicht ist! Da versiegen Quellen – aber das Gotteswort ist fern. Da wird das Mehl im Topf verzehrt – und nichts bleibt übrig. Kein Rabe weit und breit, und kein Gotteswort, das diesen verheißt. Und dann?

Wenn eine Geschichte wie die von Elia in 1Kön 17 nicht ›aufgeraut‹ und angefragt, nicht in den Kontext gegenwärtiger Erfahrungen gesetzt wird, kann sie zu einem Märchen über eine zauberhafte Gänseblümchenwelt verkommen. – Alternativ ließe sich eine solche Geschichte so erzählen, dass sie zur Hoffnungsgeschichte gegen allen Augenschein wird! Denn alles wäre zu erwarten, aber nicht, dass ein unreiner Vogel den Propheten Gottes versorgt! Alles wäre zu erwarten, aber nicht, dass der Kämpfer für den einen Gott JHWH ausgerechnet im Gebiet von Sidon einkehrt und Unterkunft findet! Alles wäre zu erwarten – aber Gott sprengt diese Erwartung auf mit seinen Wegen, die »höher« sind »als alle Vernunft« (Phil 4,7).

Ich weiß: Auch Sätze wie die eben geschriebenen können zur Vertröstung werden. »Wenn du denkst, es geht nicht mehr, kommt von irgendwo ein Licht-

---

[258] In seiner Predigt in Nazareth nimmt Jesus gerade diesen Aspekt der Merkwürdigkeit der Elia-Erzählung auf: »Aber wahrhaftig, ich sage euch: Es waren viele Witwen in Israel zur Zeit des Elia, als der Himmel verschlossen war drei Jahre und sechs Monate und eine große Hungersnot herrschte im ganzen Lande, und zu keiner von ihnen wurde Elia gesandt als allein nach Sarepta im Gebiet von Sidon zu einer Witwe« (Lk 4,25 f.).

lein her« – oft habe ich diesen Satz bei gemeindlichen Geburtstagsbesuchen an die Wand genagelt gesehen. Und mich immer ein wenig darüber geärgert. Man lernt doch schließlich im Seelsorgekurs, wie problematisch solche Aussagen sind. Aber: Augenscheinlich können sie sich mit Lebensgeschichten verbinden und dann ihre Kraft entfalten. Modern formuliert: Durch solche Sätze und Geschichten wie die von Elia kann etwas entstehen, was ich probeweise *Resilienz glaubender Erwartung* nennen würde, die stark macht angesichts einer Gegenwart, in der das einzig Realistische der nahe Tod ist (»… dass wir essen – und sterben«, V. 12). Und wenn du denkst, es geht nicht mehr, kommt von irgendwo Gottes Wort daher – und sei es in Gestalt eines merkwürdigen Ausländers, der von dem, was schon für uns nicht reicht, noch etwas abbekommen will …

Die letzte Strophe in Mascha Kalékos 1945 (!) zuerst veröffentlichtem Gedicht »An mein Kind« nimmt angesichts eines Volkes Israel, das seine Heimat nicht findet und keine Wurzeln schlägt, 1Kön 17 als Hoffnungstext auf. Ich lese diese Strophe als ein nicht vernünftig erklärbares Festhalten am Vertrauen und an der Erwartung.

> »Du bist, vergiß es nicht, von jenem Baume,
> Der ewig zweigte und nie Wurzel schlug.
> Der Freiheit Fackel leuchtet uns im Traume –
> Bewahr den Tropfen Öl im alten Krug!«[259]

EG 290 (Nun danket Gott, erhebt und preiset) lobt Gott für das, was er an Israel getan hat: »und speiste sie mit Himmelsbrot« (V. 5). Dieses Lob führt in die Erwartung des neuen Handelns Gottes: »… aus Angst und Not zur Ruhe führet« (V. 7); ähnlich auch EG 502 (Nun preiset alle Gottes Barmherzigkeit). – Es gibt nur ein Lied im Evangelischen Gesangbuch, in dem »Raben« vorkommen – und das sich auch sonst durchaus als Lied nach der Predigt eignen könnte: EG 304 (Lobet den Herren, denn er ist sehr freundlich).

Wenn Abendmahl gefeiert wird (was sich an diesem Sonntag zweifellos empfiehlt!), könnte Johann Francks »Schmücke dich, o liebe Seele« (EG 218) ein interessantes Lied sein. In der vierten Strophe heißt es: »Nein, Vernunft, die muss hier weichen, / kann dies Wunder nicht erreichen, / dass dies Brot nie wird verzehret, / ob es gleich viel Tausend nähret …«. (AD)

---

[259]   Mascha Kaléko, Mein Lied geht weiter. Hundert Gedichte, hg. v. Gisela Zoch-West-phal, München ⁸2009, 18.

9. Sonntag nach Trinitatis (Reihe V): 1Kön 3,5-15(16-28)

Der königliche Mensch zwischen Weisheit und Torheit

Die Geschichte um das ›salomonische Urteil‹ steht am Anfang des Erzählkomplexes über diesen in vieler Hinsicht sagenhaften König (1Kön [1+2]; 3-10). Salomo sind in der neuen Ordnung gleich zwei Perikopentexte gewidmet – neben dem salomonischen Urteil auch die Erzählung von der mythischen Königin aus Saba (1Kön 10,1-13). Der gesamten Komposition der Salomoerzählungen haftet der Charakter des Sagen- und Märchenhaften an, was vor allem den Protagonisten selbst zu einer äußert plastischen Figur macht. Man meint zu wissen, was Salomo bewegt und was ihn antreibt – und das ist pikanterweise zweierlei: seine Gottesfurcht und seine Liebe zu Frauen.

Gleich Salomos erste Begegnung mit Gott in einer nächtlichen Vision erinnert an moderne Märchen, denn Salomo hat einen Wunsch frei, was Gott ihm geben möge. Was er begehrt, ist, wörtlich übersetzt, ein »hörendes Herz« (V. 9). Und wie bei jedem Märchen sind freie Wünsche auch ein Charaktertest, den Salomo besteht. Er gibt sich nicht dem Wunsch nach Macht und Größe hin, sondern begehrt die Fähigkeit, ein gerechter König zu werden. Was aber genau ist mit dem »hörenden Herzen« gemeint? Die Lutherbibel 2017 übersetzt »gehorsames Herz« und suggeriert damit, dass die primäre Tugend eines Königs die Gottesfurcht ist. Dies findet Unterstützung durch das Königsgesetz von Dtn 17,20, wo dargelegt wird, wonach das Herz eines Königs trachten soll: »Sein Herz soll sich nicht erheben über seine Brüder und soll nicht weichen von dem Gebot, weder zur Rechten noch zur Linken, auf dass er verlängere die Tage seiner Herrschaft, er und seine Söhne, in Israel.« Der König ist demnach der Tora Gottes verpflichtet, und er ist, anders als sonst in der antiken Welt, kein gottähnlicher Herrscher, sondern *primus inter pares*.

Allerdings stellt 1Kön 3 die Metapher vom »hörenden Herzen« in einen anderen Zusammenhang als den von Demut und Gehorsam. Was Salomo will und was Gott ihm gewährt, ist die Erkenntnis von Gut und Böse. Nun ist jedem Bibelleser die Erkenntnis von Gut und Böse freilich aus einem anderen Textzusammenhang bekannt, nämlich der Edenerzählung von Gen 2 f. Dort wird diese Erkenntnis zusammen mit der Unsterblichkeit als eine von zwei Eigenschaften gesehen, die zunächst allein Gott besitzt und die der Mensch sich (als ein Akt des Ungehorsams) gegen Gottes Willen erwirbt. Eigentlich wollte Gott weder den erkennenden noch den unsterblichen Menschen, bis dieser sich eigenmächtig die Erkenntnis verschafft und damit zumindest in dieser Hinsicht wie Gott wird (Gen 3,22). Im Fall von Salomo wird der Wunsch, um das Gute und Böse zu wissen, dagegen von Gott für gut befunden (V. 10: »Das gefiel dem Herrn, dass Salomo darum bat«). Und so muss Salomo sich diese Erkenntnis nicht erschleichen wie Adam und Eva, sondern sie wird ihm tatsächlich von Gott selbst verliehen. Diese Erkenntnis bringt der normale Mensch demnach nicht von Natur aus mit, vielmehr ist dies eine Begabung, die besonderen Individuen, wie eben Salomo, zuteil wird. Diese Erkenntnis scheint auch über die allgemeine »Weisheit« hinauszugehen, wie sie etwa im Proverbienbuch dokumentiert ist. Weisheit im alten Israel war Gegenstand von Lehren und Lernen und gehörte entsprechend zur Ausbildung der gesellschaftlichen Eliten. Um eine außergewöhnliche ›Gottesgabe‹ handelte es sich dabei nicht. Das »hörende Herz«, um das Salomo bittet, ist demgegenüber etwas ›außer der Reihe‹, etwas, das ihn zu einem König macht, wie es keinen anderen vor oder nach ihm gab (V. 12).

In der Antwort Gottes erfolgt dann eine ausführliche Erklärung dessen, was sich Salomo gewünscht hat. In V. 11 wird »die Erkenntnis, (das) Recht zu hören« genannt. Auch hier begegnet also das Leitwort des ›Hörens‹. Dabei handelt es sich um Jurisprudenz. Der König hört, was vor ihn gebracht wird, und er hört mit dem Herzen, das Gutes und Böses unterscheiden kann. In V. 12 treten dem die Attribute »weise« und »klug« zur Seite. Der König soll also auch ein gelehrter und weiterhin ein besonders kluger oder vielleicht sollte man sagen ›cleverer‹ Mensch sein. Das Lexem *bīn* bezeichnet häufig ein durch Wachheit, Umsichtigkeit und Aufmerksamkeit charakterisiertes Verhalten.

Kurz: Das hörende Herz ist eine umfassende Beschreibung für jemanden, der das Recht kennt, der gelehrt und in besonderer Weise aufmerksam ist und der alle diese Fähigkeiten konzertiert nutzen kann. Dafür bietet die direkt anschließende Erzählung vom salomonischen Urteil die perfekte Illustration, denn tatsächlich wird der Fall der beiden Prostituierten so konstruiert, dass keine der drei genannten Eigenschaften allein zur Lösung geführt hätte.

Diese beiden Prostituierten erscheinen also vor dem König. Die Wahl gerade dieser Frauen und ihres Metiers dürfte damit zu tun haben, dass für sie als unverheiratete Frauen ohne feste soziale Anbindung der König der Rechtszuständige war. Sie sind beide stillende Mütter. Die erste der beiden behauptet, dass sie morgens mit einem toten Kind im Arm aufwachte, das nicht ihres war. Und sie folgert daraus, dass die andere Frau ihr eigenes Kind wohl im Schlaf erdrückt und daraufhin das tote Baby ihr in den Arm und gegen das lebendige ausgetauscht hatte (V. 19-21). Ihre Opponentin bestreitet dies. Sie erzählt gar keine eigene Geschichte, sondern behauptet gerade heraus: »Mein Sohn lebt, dein Sohn ist tot« (V. 22).

Rein rechtlich ist dieser Fall kaum zu entscheiden, weil es keine Zeugen gibt, die in einer Zeit ohne DNA-Analyse oder andere forensische Mittel das entscheidende Instrument der Rechtsfindung waren. Auch ist nicht ganz klar, wie in diesem Fall die Beweislast liegt. Es wäre denkbar, dass diese der richtigen Mutter zugefallen wäre, die dann freilich denkbar schlechte Karten gehabt hätte, zumal die Geschichte vom nächtlichen Austausch der Babys nicht ohne weiteres glaubwürdig erscheint. Salomo braucht also eine ›Idee‹, die in keinem Rechts- oder Philosophiebuch steht. Und in der Tat führt die Androhung, das Kind in zwei Hälften zu teilen, zum Ziel. Dieses salomonische Urteil (das – entgegen dem heutigen Sprachgebrauch – glücklicherweise nicht ausgeführt wird!) und seine eigentlich intendierte Wirkung illustrieren die besondere Klugheit von Salomos »hörendem Herzen«.

Allerdings liegt unter der Oberfläche dieser folkloristisch anmutenden Erzählung ein Subtext, den man leicht übersieht. Die richtige Mutter erweist sich daran, dass sie ihr Kind lieber lebendig einer anderen Frau überlässt, als es tot zu sehen. Aber wie ist die Reaktion der anderen Frau einzuschätzen? Bis zu ihrem entscheidenden Satz in V. 26b hätte man ihr Verhalten als in höchstem Maße unmoralisch, aber auch als verzweifelt bewerten können. Dann aber betreibt sie aktiv den Tod des Kindes. Ihr eigenes hat sie im Schlaf erdrückt, nun will sie auch das andere auslöschen. Das macht sie zu einer geradezu dämonischen Gestalt, die den Tod bringt, wo sie nur kann. Die beiden Mütter stehen auf diese Weise auch für den Weg zum Leben und den Weg zum Tod, die im Sprüchebuch durch Frau Weisheit und Frau Torheit abgebildet werden. Frau Weisheit finden heißt das Leben finden (Spr 8,35), während Frau Torheit ihre Opfer zu verführen sucht: »Denn zahlreich sind die Erschlagenen, die sie gefällt hat, und viele sind, die sie getötet hat. Ihr Haus ist der Weg ins Totenreich, da man hinunterfährt in des Todes Kammern« (Spr 7,26 f.). Die beiden Frauen in 1Kön 3 stellen Salomo also nicht nur vor ein juristisches Problem, das er mit ungewöhnlichen Mitteln löst, sie stellen ihn in tieferer Hinsicht auch vor die Wahl zwischen Weisheit und Torheit, Leben und Tod. Der konkrete Fall wird durch die ›schillernden‹ Frauengestalten transparent für die grundsätzliche Wahl zwischen zwei Wegen. Durch diese Öffnung ist 1Kön 3 nicht nur eine Anekdote aus dem Leben des sagenumwobenen Salomo, sondern wird zu einer weisheitlichen Lehrerzählung, die sich als Aufforderung zur Wahl der richtigen Seite an ihre Leserschaft wendet. (AS)

Priorität und Posterioritäten oder: Zuerst die Weisheit

Der Dichter Matthias Hermann hat ein überraschendes Gedicht mit dem Titel »Salomo« geschrieben, in dem er die sonst als exemplarisch gut bekannten (und so auch in vielen Darstellungen, etwa auf Gerichtsgebäuden, seit dem Mittelalter sichtbaren!) salomonischen Urteile problematisiert:[260]

> Um sattelfest zu
> Sitzen auf dem Dawidberg,
> Fällte ich 3 Todesurteile.
>
> Die fabelhaften Richtersprüche
> Werden von meinem
> Schmeichlervölkchen gepriesen,
> Um mich einzulullen,
> Auf daß ich nicht
> Weiter fälle
> Salomonische Urteile.

Hermann liest 1Kön 3 im Zusammenhang des unmittelbar vorangehenden Kapitels. Dort wird vom »Ende von Salomos Gegnern« (so die Überschrift der Lutherbibel) erzählt. Salomo gibt nacheinander die Aufträge zu drei Hinrichtungen, die allesamt von Benaja, dem Sohn Jojadas, ausgeführt werden, der bereits im Dienst Davids stand und nach der zweiten Hinrichtung zum Heerführer Salomos befördert wird.[261] Das *salomonische Urteil* aus 1Kön 3 hat demgegenüber einen völlig anderen Charakter und folgt einer grundlegend veränderten Logik. Der »Traum des Nachts« (1Kön 3,5) und der darin stattfindende Dialog mit Gott scheint Salomo verwandelt zu haben. Sein Handeln folgt nicht länger der Logik der Gewalt, sondern der des Lebens.

Liest man 1Kön 3 so, dann fügt sich der Text in den Duktus weiterer Texte des 9. Sonntags nach Trinitatis, in denen es, so Karl-Heinrich Bieritz, um die »Umwertung« von »Lebenswerte[n]« geht.[262] Dies wird besonders deutlich an der Epistellesung Phil 3,(4b–6)7–14, in der Paulus von der Wende schreibt, die er durch Christus erfahren hat. Sein vorhergehendes Leben

---

[260] Matthias Hermann, 72 Buchstaben. Gedichte, Frankfurt a. M. 1989, 47.

[261] Zuerst lässt Salomo Adonija töten (1Kön 2,23–25), dann Joab (1Kön 2,28–34) und schließlich Schimi (1Kön 2,39–46).

[262] Karl-Heinrich Bieritz, EGb, 710.

erscheint ihm als »Dreck« (V. 8), eine Wendung, die über Jahrhunderte antijüdisch ausgelegt wurde, für Paulus aber keinerlei Gegensatz zu seinem Jüdisch-Sein konstruiert, sondern ein radikales Neuverstehen seiner (selbstverständlich weiterhin jüdischen!) Existenz in und durch Christus bedeutet. Um eine Lebenswende geht es auch bei der Erzählung von der Berufung Jeremias (Jer 1,4–10; alttestamentliche Lesung). Jeremia widerspricht dem göttlichen Auftrag zur Verkündigung zunächst, da er sich »zu jung« (V. 6) und daher untauglich fühlt; er erhält dann aber die Zusage des Mitseins Gottes und widerspricht nicht nochmals. Die neue Evangelienlesung Mt 13,44–46[263], die die Gleichnisse vom Schatz im Acker und von der kostbaren Perle verbindet, vergleicht das »Himmelreich« mit einer entschiedenen menschlichen Handlung: Wer gefunden hat, »verkauft alles, was er hat«, und lässt sich radikal auf das Gefundene ein. Die bisherige Evangelienlesung Mt 25,14–30, die nun einer der weiteren Predigttexte geworden ist,[264] erzählt von den anvertrauten ›Zentnern‹/›Talenten‹ – und davon, wie Verlustangst und Zaghaftigkeit dazu führen, das Entscheidende zu verlieren.

Auch in 1Kön 3 geht es um eine Umwertung traditioneller und konventioneller Werte. Gott selbst lobt Salomo, der nicht um langes Leben, Reichtum oder Tod der Feinde bat, sondern um ein hörendes, gehorsames Herz. Salomo handelt so, wie es auch Jesus in der Bergpredigt fordert: »Trachtet zuerst nach dem Reich Gottes und nach seiner Gerechtigkeit, so wird euch das alles zufallen« (Mt 6,33).[265]

Im rabbinischen Midrasch findet sich zur Bitte Salomos um ein hörendes bzw. gehorsames Herz folgende Erläuterung:

»R. Simon sagte im Namen von R. Simeon ben Halafta: Salomo ähnelt einem Berater, der im Hof des Königs aufwuchs. Als der König zu ihm sagte: ›Bitte, was ich dir geben soll‹, sagte der Berater zu sich selbst: Wenn ich um Silber und Gold bitte, ist das bereits alles, was ich haben werde; um Edelsteine und Perlen, dann ist das bereits alles, was ich haben werde. So sagte er zu sich selbst: Ich

---

[263] Bisher waren diese Verse einer der weiteren Predigttexte am 9. Sonntag nach Trinitatis.

[264] Der Grund für diese Verschiebung liegt darin, dass die Verantwortlichen für die Perikopenrevision diesen Text als bloßen *Lesetext* für durchaus missverständlich hielten; wenn er im Gottesdienst am 9. Sonntag nach Trinitatis vorkommt, sollte über ihn auch gepredigt werden.

[265] Der Schluss der Bergpredigt Mt 7,24–27 (Das Gleichnis vom Hausbau) ist ebenfalls einer der Predigttexte am 9. Sonntag nach Trinitatis.

werde um die Tochter des Königs bitten; denn dies wird alles Weitere beinhalten.«[266]

Wer mit hörendem Herzen Gottes Gebot wahrnimmt, verzichtet – dieser rabbinischen Auslegung gemäß – nicht auf die Werte dieser Welt, sondern
schließt diese ein, wie sich bereits in der Gottesrede in 1Kön 3 und dann in
den folgenden Kapiteln des ersten Königsbuches zeigt. Gegenüber der radikalen Lebenswende, für die vor allem Paulus in der Epistellesung steht, erscheint das Gebet Salomos um ein hörendes Herz ›machbarer‹ und im Alltag
des Lebens realistischer.

Diese Einsicht darf freilich nicht die Einzigartigkeit Salomos, wie sie im
ersten Königsbuch beschrieben wird, verschleiern. Salomo ist es, der die
Wahrheit hervorbringt. Sein salomonisches Gericht bedeutet nicht Kompromiss und Ausgleich, sondern Gerechtigkeit aufgrund der Erkenntnis der
Wahrheit. Salomo löst einen auf den ersten Blick unentscheidbaren Rechtsfall
durch das Schwert – nun aber nicht länger so, wie Salomo in 1Kön 2 das
Schwert verwendete, sondern so, dass das Schwert in seiner tödlichen Logik
nicht zum Einsatz kommt.[267] Auch wenn ›wir alle‹ als Predigthörerinnen und
Predigthörer ganz bestimmt nicht Salomo sind und nicht zu Salomo werden,

---

[266] Midrasch Hoheslied Rabba 1:1, §9.

[267] In der Geschichte der Kirche wurde 1Kön 3 (Das Urteil Salomos) seit Augustins »De
civitate Dei / Vom Gottesstaat« typologisch mit dem Gericht Christi (Mt 25,31–44) verbunden. Salomo erschien so als Vorbild des Gerichts Christi. Der Dichter Martin Mosebach
bringt diese Verbindung gehörig durcheinander. In seinem Gedicht »Das Gericht des Salomo« malt er ein ironisches Bild vom richtenden Salomo, das er der Erzählung vom
Gericht Christi entnimmt. So erscheint – im bewusst verdrehten Spiegel des Richters Salomo – Christi Gericht in seiner Problematik. In Mt 25,31–44 nämlich stellt Christus die
›Guten‹ auf die eine Seite, die ›Bösen‹ aber werden in das ewige Feuer geworfen. Genauso
agiert Salomo *nicht.* Mosebach schreibt:»Wenn sein Gericht hielt Salomo / sprach er zum
frommen Kläger so: / Ich hab die Frommen gar so gern / wie einen Apfel ohne Kern, / wie
eine Locke ohne Laus, / wie ein Zwei-Drei-Familienhaus, / als wie ein Pfäfflein ohne
Tücke, / wie einen Blinden ohne Krücke. / Deshalb erhältst zum Lohn du gleich / zwei
Stück von meinem Königreich / und meine Frau und meine Schnecke / und setze dich in
diese Ecke! // Doch stand ein Schurk vor Salomo, / entgegnet ihm der König so: / Du
wagst es, jämmerlicher Schatten? / Erbärmlichster der Klammerlatten, / du trockne, saure
Sahnetorte, / du ungepflegte Höllenpforte, / den die Teufel erst solln packen, / dann mit
heißen Zangen zwacken, / dann mit einer Feder kitzeln, / dann mit roter Tinte spritzeln!
/ O verschone mich für heute! / Sieh, ich bitt dich, such das Weite!« (Martin Mosebach,
Das Kissenbuch. Gedichte und Zeichnungen, Frankfurt a. M. / Leipzig 2007, 85).

so kann die Predigt am 9. Sonntag nach Trinitatis dazu führen, einzustimmen in die Bitte des Salomo um ein hörendes Herz und um eine Umwandlung der Logik des eigenen Handelns in der Orientierung an Gottes Geboten.

Liedvorschläge: Das Predigtlied kann diese Bitte Gott gegenüber zum Ausdruck bringen. Dazu eignet sich etwa das Pfingstlied EG 134 (Komm, o komm, du Geist des Lebens), vor allem in V. 2, in dem Gott um »Weisheit, Rat, Verstand und Zucht« gebeten wird. EG 389 (Ein reines Herz, Herr, schaff in mir) stellt ebenfalls eine Bitte dar, die als strukturanalog zu der des Salomo bezeichnet werden kann, sich aber an Jesus und dessen guten Geist wendet. Auch EG 390 (Erneure mich, o ewigs Licht) kann die Gemeinde singend mit hineinnehmen in die Bitte um Erneuerung und Umkehr des Sinnes. Schließlich kann sich auch Paul Gerhardts »Ich weiß, mein Gott, dass all mein Tun« als Lied nach der Predigt eignen (hier besonders die Strophen 4–9; Strophe 3 nimmt explizit Mt 7,24–27 auf, einen der weiteren Predigttexte am 9. Sonntag nach Trinitatis). (AD)

10. Sonntag nach Trinitatis – Israelsonntag: »Kirche und Israel« – »Gedenktag der Zerstörung Jerusalems«

Auf dem Weg zum Israelsonntag – Zur Geschichte des 10. Sonntags nach Trinitatis

Der 10. Sonntag nach Trinitatis fällt im »Evangelischen Gottesdienstbuch« dadurch auf, dass ihm – als (beinahe) einzigem Sonn- oder Feiertag in der bis 2018 gültigen Perikopenordnung[268] – *zwei* Evangelientexte zugeordnet sind. Zuerst wird Lk 19,41–48 genannt – die Kombination der in der Luther-bibel mit »Jesus weint über Jerusalem« beschriebenen Perikope mit der luka-nischen Fassung der Tempelreinigung. Hinzu kommt seit der Einführung des Evangelischen Gottesdienstbuchs 1999 Mk 12,28–34, die »Frage nach dem Höchsten Gebot«. Dieselbe Perikope ist in der bislang gültigen Perikopenord-nung nur acht Wochen später am 18. Sonntag nach Trinitatis nochmals als Evangelientext ausgewiesen – eine singuläre Doppelung.

Die beiden Evangelientexte spiegeln die Besonderheit des 10. Sonntags nach Trinitatis und die Geschichte dieses Propriums.[269] Im 11. Jahrhundert wurde es üblich, die Sonntage in der sogenannten ›festlosen Zeit‹ als Sonntage »nach Pfingsten« bzw. nach der Pfingstoktav (später: Trinitatis) zu zählen; in dieser Zeit begegnet für den 11. Sonntag nach Pfingsten (den 10. Sonntag nach Trinitatis) Lk 19,41–47/48 als Evangelienperikope, die damit eine ca. 1000-jährige Geschichte aufweist, in den ältesten greifbaren Perikopenreihen aber noch nicht erhalten war.

Erst seit der Reformationszeit wird die Tradition eines Sonntags greifbar, der die Zerstörung des Tempels in Jerusalem im Jahr 70 n. Chr. und die An-kündigung des Schicksals Jerusalems in Lk 19,41–48 in besonderer Weise

---

[268] Auch das Erntedankfest hat zwei Evangelientexte: Lk 12,(13–14).15–21 und Mt 6,25–34, was der vielfachen Kritik an der Perikope vom »Reichen Kornbauern« ausgerechnet am Erntedankfest geschuldet ist.

[269] Vgl. dazu IRENE MILDENBERGER, Der Israelsonntag. Gedenktag der Zerstörung Jerusa-lems. Untersuchungen zu seiner homiletischen und liturgischen Gestaltung in der evan-gelischen Tradition, SKI 22, Berlin 2004; sowie EVELINA VOLKMANN, Vom Judensonntag zum Israelsonntag. Predigtarbeit im Horizont des christlich-jüdischen Gesprächs, Stuttgart 2002, bes. 20–95.

in den Mittelpunkt rückt. Dafür ist vor allem der 1534 von Johannes Bugen-
hagen erstellte Bericht von der Zerstörung Jerusalems entscheidend, der am
10. Sonntag nach Trinitatis in vielen Gemeinden verlesen wurde. Es ist in
der Forschung nicht klar, wie es zu dieser spezifisch evangelischen Prägung
des Sonntags kam. Irene Mildenberger vermutet, dass mehrere Gründe ineinander spielten: So konnte die Reformation als eine Zeit der besonderen
›Heimsuchung‹ Gottes (vgl. Lk 19,44) gesehen werden, durchaus vergleichbar
mit der Zeit des Wirkens Jesu auf Erden. Damit aber wurde auch die Gefahr
erkannt, die Herausforderung dieser Zeit nicht wahrzunehmen und so vor
Gott zu scheitern. Christinnen und Christen konnten sich mit Israel identifizieren und das Gericht, das man in der Zerstörung des Tempels erkannte, als
Warnung an sich selbst hören. Ein anderer Grund könnte in dem neuen Interesse am Judentum in der Zeit des Humanismus gesehen werden. Jüdische
Traditionen und Bräuche wurden wahrgenommen. Dies gilt auch für das jüdische Begehen des 9. Tags des Monats Av (Tish'a be'Av), dem jüdischen Gedenktag der Zerstörung des ersten und zweiten Tempels. Der etwa zeitgleiche
10. Sonntag nach Trinitatis könnte auch dadurch seine Prägung erhalten haben. In manchen Gemeinden haben sich im Lauf der Geschichte besondere
Gottesdienste zum 10. Sonntag nach Trinitatis entwickelt, wie etwa in der
mittelfränkischen Gemeinde Reichenschwand, die 1816 einen Bußgottes-
dienst in der Friedhofskapelle an diesem Tag einführte, der bis heute jährlich
begangen wird. Die Nähe zu jüdischen Gemeinden und die Wahrnehmung
der jüdischen Bräuche der Trauer und Klage könnten hierfür eine entscheidende Rolle gespielt haben.[270]

In Predigten zu diesem Sonntag begegnen auch antithetische Bezugnah-
men auf das Judentum – und der Tag wurde keineswegs nur in christlich-jü-
discher Solidarität der Trauer und Buße begangen, sondern auch als Tag
christlicher Polemik gegen das vermeintlich blinde und gescheiterte Gottesvolk Israel. In dieser Deutungslinie gilt »die Tempelzerstörung als sichtbarer
Beweis dafür, dass Gottes Erwählung mit diesem als göttliches Gericht ge-
deuteten Ereignis nun das Volk Israel verlassen habe und auf die Kirche über-
gegangen sei.«[271] Die Jesus-Worte über Jerusalem aus dem Lukas-Evangelium
konnten sich im Mund christlicher Prediger in Worte der Anklage des gegenwärtigen Judentums und der Drohung verwandeln: »Denn es wird eine Zeit

---

[270]   Vgl. dazu ALEXANDER DEEG, Gottesdienst in Israels Gegenwart. Liturgie als intertextu-
elles Phänomen, in: LJ 54 (2004), 34–52.

[271]   VOLKMANN, a. a. O. (Anm. 269), 2.

über dich kommen, da werden deine Feinde um dich einen Wall aufwerfen, dich belagern und von allen Seiten bedrängen und werden dich dem Erdboden gleichmachen samt deinen Kindern in dir und keinen Stein auf dem andern lassen in dir, weil du die Zeit nicht erkannt hast, in der du heimgesucht worden bist« (Lk 19,43 f.; Luther 1984).

Nach der Schoa waren es zunächst die wiedergegründeten Judenmissionsgesellschaften, die den 10. Sonntag nach Trinitatis, der seit den frühen 1960er Jahren explizit *Israelsonntag* genannt wurde, in besonderer Weise für sich und ihr Anliegen entdeckten. 1958 wurde »Aktion Sühnezeichen Friedensdienste« gegründet – eine Organisation, die bald anfing, Predigthilfen und Gottesdienstentwürfe zum 10. Sonntag nach Trinitatis bereitzustellen. Der Israelsonntag wurde in diesen Materialheften als Tag des bußfertigen Gedenkens an christliche Schuld gegenüber dem Judentum und als Tag der Betonung des Christen und Juden Verbindenden verstanden. Im christlich-jüdischen Dialog verstärkte sich diese Linie der Feier des 10. Sonntags nach Trinitatis und immer öfter wurde die Frage gestellt, ob Lk 19,41–48 wirklich eine geeignete Perikope für diesen Tag ist oder ob ein Evangelientext gefunden werden könnte, der die Verbindung des Christentums mit dem bleibend erwählten Judentum zum Ausdruck bringt. So wurde Mk 12,28–34 als Perikope vorgeschlagen – ein Text, in dem die Nähe des Juden Jesus zu einem der Schriftgelehrten deutlich wird. Auf die Frage nach dem höchsten Gebot zitiert Jesus die Gebote der Gottesliebe und der Nächstenliebe aus dem Alten / Ersten Testament (Dtn 6,4 f. und Lev 19,18), und der Schriftgelehrte antwortet: »Meister, du hast wahrhaftig recht geredet« (Mk 12,32).

In Aufnahme der Perikopengeschichte einerseits, der neuen Einsichten aus dem jüdisch-christlichen Gespräch andererseits ist 1999 ein Proprium mit einem zweifachen Evangelientext entstanden. Die Revision von 2018 nimmt diese beiden Ausrichtungen des Sonntags wieder auseinander und schafft einen *grünen* und einen *violetten* Israelsonntag. Der Israelsonntag mit der liturgischen Farbe *grün* soll in der Regel begangen werden und die bleibende Erwählung Israels sowie die untrennbare Zusammengehörigkeit von Christentum und Judentum entdecken und feiern helfen. Der Israelsonntag mit dem Schwerpunkt auf dem Gedenken an die Zerstörung Jerusalems hat die liturgische Farbe *violett* und ist schon dadurch als Bußtag gekennzeichnet. Verbindend in beiden Proprien ist der Wochenspruch Ps 33,12: »Wohl dem Volk, dessen Gott der Hᴇʀʀ ist, dem Volk, das er zum Erbe erwählt hat.«

Die folgende Übersicht zeigt das bisherige Proprium des 10. Sonntags nach Trinitatis und die beiden daraus neu geschaffenen Proprien. Die neu aufgenommenen biblischen Texte sind kursiviert:

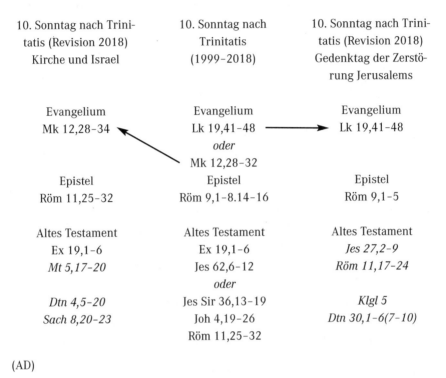

10. Sonntag nach Trinitatis (Revision 2018) Kirche und Israel	10. Sonntag nach Trinitatis (1999–2018)	10. Sonntag nach Trinitatis (Revision 2018) Gedenktag der Zerstörung Jerusalems
Evangelium Mk 12,28–34	Evangelium Lk 19,41–48 oder Mk 12,28–32	Evangelium Lk 19,41–48
Epistel Röm 11,25–32	Epistel Röm 9,1–8.14–16	Epistel Röm 9,1–5
Altes Testament Ex 19,1–6 *Mt 5,17–20* *Dtn 4,5–20* *Sach 8,20–23*	Altes Testament Ex 19,1–6 Jes 62,6–12 oder Jes Sir 36,13–19 Joh 4,19–26 Röm 11,25–32	Altes Testament *Jes 27,2–9* *Röm 11,17–24* *Klgl 5* *Dtn 30,1–6(7–10)*

(AD)

DTN 4,5–20 – ISRAELSONNTAG: KIRCHE UND ISRAEL (REIHE V): ISRAELS WEISHEIT, ISRAELS TORA

Dieser Abschnitt bildet zusammen mit Dtn 30 (aus dem ebenfalls zwei neue Perikopentexte entnommen sind[272]) einen Rahmen für das fünfte Buch Mose insgesamt. Mit diesem Rahmen wird eine theologische Grundlegung geschaffen, die einerseits für die Identität Israels maßgeblich ist und die andererseits zentrale Aussagen darüber macht, wie Gott sich diesem Volk gezeigt hat. Immer wieder verweisen diese Kapitel zurück auf die Zeit des Exodus, die Ereignisse am Horeb (im Deuteronomium, anstelle von »Sinai«, der Name für den Gottesberg) und die vierzigjährige Irrwanderung durch die Wüste. Das ist die für Israel formative Zeit seiner Geschichte. Wer Israel ist und was der

---

[272] Vgl. die Auslegungen zum 10. und 18. Sonntag nach Trinitatis.

Sinn seiner Existenz ist, speist sich aus der Erinnerung an diese Zeit. Dazu zählt in besonderer Weise die erste (und einzige!) unmittelbare Begegnung zwischen Gott und Volk, die sich am Horeb ereignet, und genau auf diesen Moment blickt Dtn 4 (besonders V. 9–12) zurück. Damit greift sich die deuteronomische Geschichtsdarstellung also genau die Szene heraus, die man innerhalb der ausführlichen Erzählung vom Auszug aus Ägypten auch in Ex 19 findet. Es lohnt sich, Ex 19 und Dtn 4 parallel zu lesen, weil aus der Begegnung am Horeb/Sinai jeweils unterschiedliche Theologien entwickelt werden.

Dtn 4 zufolge hat Israel seinen Gott sowohl gesehen als auch gehört, wenngleich in unterschiedlich ausgeprägter Form. Israel hat zum einen die Stimme Gottes gehört und dabei vor allem deren Klang. Tatsächlich wird der Klang der Stimme Gottes hier (wie auch später im rabbinischen Judentum) zum Merkmal der Vertrautheit mit Gott. Was artikulierte Worte angeht, hört Israel selbst nur die Zehn Gebote. Der deuteronomischen Horebtradition nach ist nur der Dekalog unmittelbar gegebenes Gesetz, während alle anderen Gebote dem Volk später, vor dem Übergang ins verheißene Land, durch Mose mitgeteilt werden. Der Dekalog wird damit in besonderer Weise als Essenz des Willens Gottes ausgezeichnet und von der übrigen Tora abgesetzt. Das wird auch kompositorisch deutlich: Im Unterschied zum Exodusbuch (Ex 20) steht der Dekalog in Dtn 5 für sich, das eigentliche Gesetzescorpus folgt davon abgesetzt in Dtn 12–26[273].

Über das Gesetz, die Tora, insgesamt wird nun eine erstaunliche Aussage gemacht: Diese Tora (wörtl. »Weisung«) ist von einer solchen Attraktivität, dass andere Völker Israel darum beneiden werden (V. 6). Die Tora ist nicht nur ein Rechtscorpus, das Gebote und Sanktionen implementiert, sondern auf einer sehr viel persönlicheren Ebene die Gabe, die Gott seinem Volk schenkt. Das – so zumindest die deuteronomische Selbsteinschätzung – ist einzigartig auf der Welt, wo es viele andere Völker und Götter gibt (V. 7).[274]

---

[273] Zwar besteht in der alttestamentlichen Literaturgeschichte weitgehend Einigkeit darüber, dass der Dekalog im Exodusbuch erst später eingefügt und mit dem Bundesbuch (Ex 20,22–23,33) verknüpft wurde. Gleichwohl wurde hier offenbar gezielt eine kompositorische Einheit geschaffen, während das Deuteronomium dem Dekalog einen eigenen Ort gibt.

[274] Es sei nur angemerkt, dass das Deuteronomium in Kap. 4, als vermutlich eher spätem Text, keinen strengen Monotheismus vertritt. JHWH ist für Israel der einzige Gott und er ist auch sonst der überlegene Gott. Aber eine Einzigkeit in einem neuzeitlich-philosophischen Sinn wird hier nicht vertreten.

Möglicherweise wurde das Judentum bereits sehr früh als eigentümliche, ja sonderbare Religion wahrgenommen, weil die Vorstellung eines Bundesverhältnisses, das in einem schriftlichen Text, eben der Tora, grundgelegt war, keine direkten Parallelen in dessen Umfeld hatte. Der Vorwurf der Gesetzlichkeit oder der Vergesetzlichung von Religion, den später vor allem das Christentum erhob, mag tatsächlich bereits älter sein. Jedenfalls ist Dtn 4 ein Text, der in programmatischer Absicht für die Tora und deren Weisheit wirbt.

Das führt zu dem zweiten Aspekt, den die Erinnerung an die Horeb-Ereignisse wach halten soll: Israel hat zwar Gottes Stimme gehört, aber es hat keine Gestalt gesehen (V. 15). Hier wird ein Thema aufgenommen, das auch im Exodusbuch die Begegnung Israels mit Gott durchzieht: Kann man Gott nicht nur hören, sondern auch sehen?[275] Es geht also ganz elementar darum, welche menschlichen Sinne in die Gottesoffenbarung einbezogen sind. Dabei fällt auf, dass sich Gott dem Hören erschließt, aber dem Sehen gegenüber verhüllt – eine ›Asymmetrie‹, die ebenfalls zu den Unterscheidungsmerkmalen des Judentums in seiner Umwelt gehörte. Es lohnt sich deutlich zu machen, dass mit dem Sehen eine Wahrnehmungsebene aus der Begegnung mit Gott herausgenommen wird, die für das menschliche Orientierungsvermögen allerdings konstitutiv ist. Während Gott mit seinen Worten, seiner Tora dem Hören Israels ganz nahe ist, gibt es keine Verbindung zu ihm auf dem Weg des Sehens.

Dtn 4 warnt nun davor, dass Israel früher oder später genau diese Asymmetrie nicht mehr aushalten und dann genau das tun würde, was auch seine Nachbarvölker taten, nämlich Gott eine sichtbare Gestalt geben. Für diese Warnung bedient sich Dtn 4,15–19 einer Sprache, die Leserinnen und Lesern des Alten Testaments aus anderem Zusammenhang vertraut ist: »So hütet euch um eures Lebens willen – denn ihr habt keine Gestalt gesehen an dem Tage, da der HERR mit euch redete aus dem Feuer auf dem Berge Horeb –, dass ihr euch nicht versündigt und euch irgendein Bildnis macht, das gleich sei einem Mann oder einer Frau, einem Tier auf dem Land oder Vogel unter dem Himmel, dem Gewürm auf der Erde oder einem Fisch im Wasser unter der Erde. Hebe auch nicht deine Augen auf zum Himmel, dass du die Sonne sehest und den Mond und die Sterne, das ganze Heer des Himmels, und

---

[275] Man denke an den Wunsch des Mose, Gottes Herrlichkeit zu sehen (Ex 33,18), woraufhin Gott an ihm vorübergeht, sodass Mose ihn zwar von hinten, nicht aber von Angesicht zu Angesicht sehen kann (eine Vorstellung, die ihrerseits aber in Spannung dazu steht, dass Mose, laut Ex 33,11, tatsächlich mit Gott »von Angesicht zu Angesicht« redet).

fallest ab und betest sie an und dienest denen, die der HERR, dein Gott, zugewiesen hat allen Völkern unter dem ganzen Himmel.« Die terminologischen
Überschneidungen mit dem Schöpfungsbericht von Gen 1 sind vermutlich
kein Zufall. Möglich wäre, dass Dtn 4 als kommentierende Erweiterung zu
Gen 1 gedacht ist (so die Mehrheitsmeinung in der Forschung): Was Gott geschaffen hat, lässt keinen Rückschluss auf die Gestalt des Schöpfers selbst
zu. Aber man kann auch umgekehrt argumentieren, dass Gen 1 das ›Programm‹ von Dtn 4 schöpfungstheologisch ausformuliert: Gott schafft das materielle Universum und alle Lebewesen, betrachtet und bewertet sie (»siehe,
es war sehr gut«). Auf diese Weise wird zugleich der Abstand zwischen Schöpfer und Geschöpf unterstrichen. Im einen wie im anderen Fall bleibt aber
eine Spannung zwischen beiden Texten bestehen: Während Dtn 4 betont,
dass auch Menschen – Mann und Frau – keinen Aufschluss über die Gestalt
Gottes geben, erhebt Gen 1,26–28 den Menschen, als Mann und Frau, in den
Status des »Bildes« und der »Ähnlichkeit« Gottes. Dieser Unterschied ist wichtig, weil er zwei unterschiedliche theologische Entwicklungen vorbereitet.
Auf der einen Seite entwickelt sich im Gefolge von Dtn 4 die konsequente
Unabbildbarkeitslehre, die für Judentum und Islam insgesamt charakteristisch ist. Gen 1 dagegen gibt dem Gedanken Raum, dass Gott zwar nicht selbst
gesehen werden kann, dass er aber doch ein sichtbares »Bild« hat. Abgesehen
von der Anthropologie ist dieser Gedanke auch für die Christologie schon im
Neuen Testament selbst von entscheidender Bedeutung, insofern Christus
als Bild des unsichtbaren Gottes bezeichnet wird (vgl. Kol 1,15). (AS)

Sach 8,20–23 – Israelsonntag: Kirche und Israel (Reihe VI): Der Zion als Heilsort der Völker – aber warum?

Dieser kurze Text enthält eine große Vision, für die sich in der Bibelwissenschaft der Titel der »Völkerwallfahrt zum Zion« eingebürgert hat. Dieser prophetischen Vision zufolge hat die Welt ein einziges, alles überragendes Zentrum – den Zionsberg. Was diesen Ort auszeichnet, ist der Jerusalemer
Tempel, Gottes erwählter Wohnort auf Erden. Dieser Ort ist sowohl in hori-
zontaler wie in vertikaler Erstreckung die *axis mundi*, das Zentrum der Welt:
Er ist die Mitte der Völkerwelt und gleichzeitig der Punkt, an dem sich Gottes
Herrlichkeit vom Himmel auf die Erde herabsenkt.

In der Geschichte Israels begegnet die prophetische Zionstheologie an
neuralgischen Stellen. Mehrmals war es dazu gekommen, dass das Gottesvolk
vertrieben, deportiert und unter die Völker der vorderorientalischen Welt

zerstreut wurde. In der Selbstwahrnehmung Israels war dies die Strafe Gottes für Israels Untreue. Die Zerstörung des Nordreiches im Jahr 722 v. Chr. durch die Assyrer markiert einen solchen Einschnitt und ebenso die Deportationen der judäischen Oberschicht nach Babel in den Jahren 597 und 586 v. Chr. Betrachtet man die Geschichte Israels historisch, kann man relativ leicht erkennen, dass diese untrennbar mit dem Kommen und Gehen der Weltmächte der damaligen Zeit verbunden war. Ägypten, Assur, Babylon und später dann auch Perser, Griechen und Römer setzten den Rahmen, innerhalb dessen sich diese Geschichte Israels abspielen konnte und musste. Damit war Israel keineswegs allein, sondern dieses Geschick teilte es mit vielen ›kleinen‹ Völkern der damaligen Zeit, für die es immer wieder auch eine Sache der politischen Strategie war, wie gut oder schlecht man sich als Untergebener mit den imperialen Verhältnissen der Zeit arrangieren konnte.

Die Selbstwahrnehmung bzw. die Selbstbeschreibung Israels war allerdings eine ganz andere. Die Tatsache, dass man immer wieder das verheißene Land verlor, dass das Gottesvolk am Ende seiner ›biblischen Geschichte‹ unter die Völker der Welt verstreut war, wurde weniger als geschichtliches Schicksal wahrgenommen, sondern als Konsequenz eigener Schuld. Es war das eigene Unvermögen, sich als erwähltes Volk zu bewähren, Gott treu zu sein und ein dem Willen Gottes gemäßes Leben zu führen, das die Strafe Gottes nach sich zog.

Waren Vertreibung und Zerstreuung also Auswirkungen des Zornes Gottes über sein Volk, so signalisierte die Möglichkeit der Heimkehr zum Zion, dem Berg Gottes und Mittelpunkt der Erde, dass sich Gott seinem Volk wieder gnädig zuwenden würde. Es ist für das Verständnis alttestamentlicher Texte von elementarer Bedeutung, dass die Ereignisgeschichte im Grunde nur als äußeres ›Kondensat‹ der inneren Beziehung zwischen Gott und seinem Volk in den Blick genommen wird.

Das gilt auch für Sach 8. Hier verheißt Gott Heil für den Zion. Der verlassene Ort soll sich wieder bevölkern: Alte Menschen werden wieder an den Straßenecken sitzen (V. 4), Kinder auf den Plätzen spielen (V. 5). Das sind Bilder für die Rückkehr des zerstreuten Volkes und einer heilvollen Zukunft, die Gott nunmehr ankündigt (V. 7 f.): »So spricht der Herr Zebaoth: Siehe, ich will mein Volk erlösen aus dem Lande gegen Aufgang und aus dem Lande gegen Niedergang der Sonne und will sie heimbringen, dass sie in Jerusalem wohnen. Und sie sollen mein Volk sein und ich will ihr Gott sein in Treue und Gerechtigkeit.« Damit verbunden ist die Hoffnung und Erwartung, dass dies nunmehr ein irreversibler Zustand sein wird, die Geschichte, wie man sie bis dahin kannte und verstand, also zu einem Abschluss kommt.

Bis zu diesem Punkt ist Sach 8 ein Kapitel, in dem es ausschließlich um das spannungsvolle Verhältnis zwischen Gott und Israel geht. Mit den letzten vier Versen weitet sich die Perspektive allerdings erheblich. Fast unvermittelt werden nun auch andere Völker in diese Rückkehr Israels mit einbezogen. Diese vier Verse bilden den Predigttext. Historisch-kritisch betrachtet spricht vieles dafür, dass es sich hier, ganz am Ende des Kapitels, um eine spätere Erweiterung handelt. Tatsächlich erfolgt der Übergang von V. 19 auf V. 20 etwas abrupt. Wie und warum nun auf einmal auch davon die Rede ist, dass fremde Völker zum Zion strömen, wird nicht ganz deutlich. Andererseits liegt die Frage auf der Hand: Wenn es denn so ist, dass der Zion und der Jerusalemer Tempel die *axis mundi* bilden, was bedeutet das dann für die Völker außerhalb Israels? Nicht nur hier, sondern im Alten Testament insgesamt kann man verfolgen, dass im Lauf von dessen Entstehungsgeschichte das Thema der ›anderen Völker‹ zunehmend vom Rand ins Zentrum des religiösen Bewusstseins tritt.

Der Gedanke der »Völkerwallfahrt zum Zion« begegnet an mehreren Stellen des Alten Testaments, vor allem im Jesajabuch (Jes 2,1–4; 49,8–26; 60,1–18). An jeder der Stellen wird eine etwas andere Begründung dafür gegeben, warum die Völker eigentlich zum Zion kommen sollen. In Jes 2 geschieht dies, um »Weisung« (wörtlich »Tora«) zu erhalten, wobei offen bleibt, ob es sich dabei um die Tora Israels handelt oder eine andere Tora, die diesmal nicht vom Sinai, sondern vom Zion ergeht und nicht nur für ein Volk, Israel, sondern für alle Völker gemacht ist. In Jes 49 und 60 ist die Vorstellung dagegen die, dass die Völker von den äußersten Ecken der Erde her ihren Reichtum nach Jerusalem bringen. Dahinter steht ein mehr oder weniger offensichtliches Verlangen nach Vergeltung: Nun endlich soll es nicht mehr Israel sein, das als Vasall den Großmächten Tribute und Abgaben entrichtet, sondern nun, so die Erwartung, würden sich die Verhältnisse umkehren. Daran wird deutlich, dass die Vorstellung der ›Völkerwallfahrt‹ einer kritischen Hermeneutik bedarf. Sie entspringt sehr spezifischen zeitgeschichtlichen Verhältnissen, die nicht ohne weiteres in theologische Aussagen übersetzt werden sollten. So sehr es historisch betrachtet verständlich ist, dass es in Israel zu dieser Vorstellung eines Zionszentralismus gekommen ist, so wenig ergibt sich daraus automatisch ein ›Modell‹ für gegenwärtige Überlegungen.

Wie aber steht es nun mit Sach 8? Welche Pointe hat hier die Völkerwallfahrt? Die Aussage ist hier weit weniger unmittelbar deutlich als in den Jesajapassagen. Auch philologisch bleiben Restunklarheiten. Das betrifft die in V. 22 f. begegnende Wurzel HLL, an der die Aussage wesentlich hängt. In der hier vorliegenden Stammform (pie'el) bedeutet sie so viel wie »schwächen, abschwächen«, was im übertragenen Sinn dann auch »besänftigen, gnädig stimmen« meinen kann. Die Völker kommen also zu dem Gott, der auf dem Zion thront, um ihn zu besänftigen (V. 22). Das setzt den Gedanken voraus, dass die Völker den Zorn Gottes als ihre eigene Realität verstehen. Es geht um ein Schuldbewusstsein, das nach Vergebung und gnädiger Zuwendung ruft. Es wird nicht gesagt, warum sich die Völker eigentlich dem Zorn *dieses* Gottes ausgesetzt sehen.

Welcher Sinn sich daraus ergibt, hängt entscheidend davon ab, in welchem Zusammenhang man Sach 8,20–23 wahrnimmt. Zieht man die parallelen Jesajastellen heran, legt sich als Antwort nahe: Die Völker kommen zum Zion wegen der Schuld, die sie auf sich geladen haben, als sie das Gottesvolk unterdrückten und verschleppten. Den Zorn Gottes über ihr Handeln können die Völker nur abwenden, indem sie sich an Israels Rockzipfel hängen und zum Zion gehen (V. 23). Israel kommt auf diese Weise die Rolle der Vermittlerin oder Fürbitterin zu. Die Hoffnung ist jedenfalls, dass Gott sich befrieden lässt, wenn Israel sich gleichsam zwischen ihn und die Völker stellt. Das erinnert ein wenig an die Sinaigeschichten, nur war es damals Israel selbst, das in Gestalt des Mose einen Fürbitter hatte, um nicht dem Zorn Gottes ausgesetzt zu sein. Diese Vorstellung wird in der Zionstheologie von Sach 8,20–23 dergestalt aufgenommen, dass nun Israel zu einem Mose für die Völker wird. Das partikulare Geschehen, von dem der Pentateuch erzählt, wird universalgeschichtlich erweitert. Kritisch ist dabei zu notieren, dass – so benevolent diese Vision auch gedacht sein mag – sie die Völker in ein Abhängigkeitsverhältnis stellt: ohne den Zion und ohne Israel keine Rettung für die Völker.

Wenn man die hier für die Predigt ausgewählten Verse 20–23 jedoch im Kontext des gesamten Kapitels (Sach 8) wahrnimmt, ergibt sich noch eine andere Deutungsvariante: Wie erwähnt zieht Sach 8 die Bilanz der Geschichte Israels, die da lautet, dass Israel es nie vermocht hat, sich als würdiges Gottesvolk zu erweisen, und dass die Rückkehr zum Zion sich einzig und allein Gottes Willen zu einem Neubeginn verdankt. Israel kann zurückkehren, weil Gott Schuld vergibt und das gebrochene Bundesverhältnis neu aufrichtet. Vor diesem Hintergrund wird das, was Israel zuerst geschehen ist, nun auch den Völkern zuteil. Israel wird zum Erstling eines Versöhnungsgeschehens, das letztlich allen Völkern zugedacht ist. Der Zion ist nicht exklusiv der Heilsberg Israels, sondern der Ort, an dem Gott suchen und finden kann (V. 21), wer dies tatsächlich begehrt. Der Unterschied zwischen Israel und den Völkern besteht darin, dass dies für Israel eine Rückkehr ist, für alle anderen dagegen das erste Mal, dass sie sich dorthin aufmachen. Anders gesagt: Israel kennt diesen Weg schon und ist darum das Volk, dem sich andere auschließen können.

Auch für die christliche Theologie und Predigt ergibt sich aus den verschiedenen Versionen der ›Völkerwallfahrt‹ die Frage des ›Heilszentralismus‹.
Ist es für eine Glaubensgemeinschaft (oder ›Religion‹) legitim und, wenn ja,
in welchem Rahmen, sich einen privilegierten Ort vor anderen Glaubensge-
meinschaften/Religionen einzuräumen? Die Texte des Jesajabuches wie auch
Sach 8 illustrieren je auf ihre Weise die Potenziale und Probleme eines solchen Ansatzes, wobei Sach 8 eine gegenüber den ›berühmteren‹ Jesajatexten
wieder neu zu entdeckende Stimme sein dürfte. (AS)

Die neuen Texte am ›grünen Israelsonntag‹:
Das Proprium »Kirche und Israel«

Die neuen Texte im *grünen* Proprium »Kirche und Israel« unterstreichen zunächst die Bedeutung des Gebotes / der Gesetze / der Tora für Israel (Dtn
4,5-20) und für Jesus selbst (Mt 5,17-20) und fordern so eine christliche,
vor allem lutherische Deutungslinie heraus, die das »Gesetz« entweder als
Negativfolie zum Evangelium interpretiert und die ›Freiheit des Evangeliums‹
der ›Knechtschaft unter dem Gesetz‹ gegenüber stellt, oder das Gesetz im
Sinne eines *usus elenchticus* versteht und so immerhin noch heilsgeschichtlich
positiv einordnen kann: Das Gesetz ist danach nur insofern bedeutsam, weil
es unerfüllbar ist und so jeder und jedem einzelnen das Scheitern am Gesetz
vor Augen führt. Das so verstandene Gesetz würde dann in die Arme des
Evangeliums treiben (vgl. ähnlich Gal 3). Eine positive Bedeutung des Gesetzes als Ausdruck des bleibenden Willens Gottes für das Handeln auf Erden
ist in diesen beiden Lesarten nicht wahrzunehmen, wird aber in der Tradition
der evangelischen Lehre als *tertius usus legis* diskutiert und durch die neu
ausgewählten Texte in den Mittelpunkt gerückt.

Mt 5,17-20 verstärkt und akzentuiert die Evangelienlesung aus Mk 12,28-
32, indem die Nähe zwischen dem Schriftgelehrten und Jesus und die Bindung Jesu an die Schriften deutlich wird. Bisher war Mt 5,17-20 lediglich als
Marginaltext für den 18. Sonntag nach Trinitatis vorgesehen (in der Abgrenzung Mt 5,17-22) - einem Sonntag, der den Dekalog als alttestamentliche
Lesung kennt und dessen Evangelienlesung nun Mk 10,17-27 (Reichtum
und Nachfolge; Der reiche Jüngling) ist. Noch vor den häufig leider sogenannten »Antithesen« der Bergpredigt warnt Jesus in Mt 5,17-20 davor, »eines
von diesen kleinsten Geboten« (V. 19) des Gesetzes aufzulösen, denn: »Bis
Himmel und Erde vergehen, wird nicht vergehen der kleinste Buchstabe noch

ein Tüpfelchen vom Gesetz, bis es alles geschieht« (V. 18). Klaus Wengst schreibt:

> »Das griechische Jota und das hebräische Jud sind jeweils in ihrem Alphabet der kleinste Buchstabe. Nicht der kleinste Buchstabe in der Tora wird angerührt. Aber auch ›kein einziges Strichlein‹ von der Tora vergeht. Dieses ›Strichlein‹ lässt sich dann verstehen, wenn es die Zierstriche bezeichnen soll, die in Torarollen seit der Antike bis heute an bestimmten Buchstaben angebracht werden und für das Lesen ohne jede Funktion sind.«[276]

Wengst geht davon aus, dass mit dem »Strichlein« die mündliche Tora, die Auslegung der Tora durch die rabbinischen Weisen der Zeit Jesu, gemeint ist, und folgert, »dass die mündliche Tora als verbindlich für die matthäische Gemeinde erklärt wird.«[277]

Es geht nicht um Ablösung des »Gesetzes« oder der »Propheten« (V. 17) durch Christus oder um die Auflösung des Gesetzes in eine abstrakte und universale Lehre allgemeiner Liebe oder Tugendhaftigkeit, es geht auch nicht um die Ablösung oder generelle Infragestellung der jüdischen Toraauslegung zur Zeit Jesu, sondern um die ›Erfüllung‹ des Gesetzes, was hier – im Gegensatz zur Annullierung – die Bekräftigung bzw. Bestätigung meint.[278] Für die Predigt bietet Mt 5,17–20 die Möglichkeit, die »Freude am Gesetz«, die etwa Ps 119 besingt und die im Judentum im Fest der Torafreude (*Simchat Tora*) Ausdruck findet, zu betonen und das Gesetz als Möglichkeit zu erkunden, den Willen Gottes für unser konkretes Handeln wahrzunehmen. Über Jahrhunderte wurde die *Halacha*, die jüdische Gesetzesauslegung und Gesetzesdiskussion, als Beispiel für ›typisch jüdische Gesetzlichkeit‹, für ein Sich-Verlieren in die Kleinigkeiten der Kasuistik, missbraucht und gerade so die vermeintliche evangelische Freiheit vom Gesetz auf dem Rücken des Judentums profiliert. Erst in jüngerer Zeit haben christliche Theologinnen und

---

[276] Klaus Wengst, Mirjams Sohn – Gottes Gesalbter. Mit den vier Evangelisten Jesus entdecken, Gütersloh 2016, 106.

[277] Wengst, a.a.O., 106f.

[278] Diese Pointe ist sicherlich im Matthäusevangelium am deutlichsten zu greifen, findet sich aber auch in den anderen Evangelien – wenn etwa im Lukasevangelium Abraham zu dem in der Hölle schmorenden reichen Mann sagt: »Sie haben Mose und die Propheten, die sollen sie hören« (Lk 16,29). Und selbst der johanneische Jesus verweist auf die Bedeutung der »Schriften« (Joh 5,39) und sagt: »Wenn ihr Mose glaubet, so glaubet ihr auch mir« (V. 46).

Theologen begonnen, die Halacha in ihrer philosophischen und theologischen Bedeutung neu zu würdigen.

So entwickelt der 2002 verstorbene Berliner Systematische Theologe Friedrich-Wilhelm Marquardt seine christliche Eschatologie vor dem Hintergrund der Halacha und liest diese als Imagination eines Lebens nach dem Willen Gottes, einer ›idealen‹ Welt. Marquardt folgt dabei einer Spur, die auf jüdischer Seite bereits Jahrzehnte vorher Joseph B. Soloveitchik in seinem Buch »Halakhic Man« gelegt hat.[279] Axel Denecke würdigt in einem bereits 1972 erschienenen Buch die Kasuistik in ihrer Bedeutung für das ethische Urteil neu.[280] Ich selbst bin diesen Spuren gefolgt und habe die Akribie der Weltwahrnehmung und die Phantasie der Weltgestaltung als Ausgangspunkt für eine homiletische Wiederentdeckung der Halacha beschrieben.[281]

Dtn 4,5–20 bringt die deuteronomische Theologie des Gesetzes in den Klangraum des 10. Sonntags nach Trinitatis. Dabei blendet die neue Perikopenordnung Dtn 4,2 aus, obgleich dieser Vers mit Mt 5,17–20 hervorragend korrespondieren würde: »Ihr sollt nichts dazutun zu dem, was ich euch gebiete, und sollt auch nichts davontun, auf dass ihr bewahrt die Gebote des Herrn, eures Gottes, die ich euch gebiete.« Auch die Einleitung der Predigt des Mose an Israel in Dtn 4,1 fällt weg. Die Auswahl konzentriert sich auf die Bedeutung von Geboten und Rechten, Ordnungen und Gesetzen und auf die Erinnerung an die Gabe der Tora am Berg Horeb. Dtn 4 korrespondiert so vor allem mit der alttestamentlichen Lesung aus Ex 19,1–6. Nach Dtn 4 zeigte sich Gott am Horeb im »Klang der Worte«, aber nicht in einer »Gestalt«. Das *Hören* ist entscheidend, wie es sich auch in Dtn 4,1 (»Und nun *höre*, Israel ...«) und zwei Kapitel später im jüdisch-liturgischen Kernsatz »*Höre*, Israel« (Dtn 6,4) zeigt.

---

[279] Vgl. Friedrich-Wilhelm Marquardt, Was dürfen wir hoffen, wenn wir hoffen dürften? Eine Eschatologie, Bd. 1, Gütersloh 1993, und dazu Joseph B. Soloveitchik, Halakhic Man, aus dem Hebr. übs. v. Lawrence Kaplan, Philadelphia 1983 [hebr. Original: New York 1944].

[280] Vgl. Axel Denecke, Wahrhaftigkeit. Eine evangelische Kasuistik. Auf der Suche nach einer konkreten Ethik zwischen Existenzphilosophie und katholischer Moraltheologie, KiKonf 19, Göttingen 1972; ders., Als Christ in der Judenschule. Grundsätzliche und praktische Überlegungen zum christlich-jüdischen Gespräch und zur Rede von Gott, Schalom-Bücher 4, Hannover 1996.

[281] Vgl. Alexander Deeg, Phantasie und Akribie. Haggada und Halacha im Judentum und die christliche Predigt, in: PTh 96 (2007), 144–159.

Die Betonung des *Hörens* wird zum Hauptgrund für die Ablehnung jedes Gottesbildes – und viele Jahrhunderte später zum Kerngedanken der Theologie der Reformation. Die Reformatoren rücken das (immer neu) *gehörte* Gotteswort als befreiendes Wort der *promissio* in den Mittelpunkt. Gegenüber dem mittelalterlichen Gottesdienst ist es vor allem diese Verschiebung vom Sehen zum Hören, die die Liturgie der Reformation kennzeichnet.[282] Die Herausforderung für Predigende am 10. Sonntag nach Trinitatis kann darin liegen, diese reformatorische Pointe mit der Pointe des Deuteronomiums zu verbinden: Es geht im Deuteronomium um das Hören auf das *Gesetz*, auf den göttlichen Willen und die göttliche Weisung zum Leben. Zu erkunden, wie *dieses* Hören Christen und Juden neu verbindet, ist eine der Herausforderungen am 10. Sonntag nach Trinitatis.

Für beide Predigttexte – Mt 5,17–20 und Dtn 4,5–20 – eignet sich EG 295 (Wohl denen, die da wandeln) als Predigtlied.

Auch der neue Text aus *Sach 8* stellt eine traditionelle und bis heute weit verbreitete christliche Auffassung in Frage, die Idee nämlich einer zunehmenden Universalisierung des Gottesbildes in der Entwicklung vom Judentum zum Christentum. Vor allem im 19. Jahrhundert wurde dieses religionsgeschichtliche und religionstheologische Modell vielfach bemüht. So spricht etwa Schleiermacher von einer Entwicklung des Religiösen über den Fetischismus und Polytheismus hin zum Monotheismus, in dem er ebenfalls eine Entwicklung erkennt: Das Judentum stehe am Anfang und habe den Monotheismus an den Stamm Abrahams gebunden und so partikularisiert; erst im Christentum sei es zu einer universalen Weitung gekommen.

»Das Judenthum zeigt durch die Beschränkung der Liebe des Jehovah auf den Abrahamitischen Stamm noch eine Verwandtschaft mit dem Fetischismus, und die vielen Schwankungen nach der Seite des Gözendienstes hin beweisen, daß während der politischen Blüthe des Volkes der monotheistische Glaube noch nicht festgewurzelt war, und sich erst seit dem babylonischen Exil rein und vollständig entwikkelt hat. Der Islam auf der andern Seite verräth durch seinen leidenschaftlichen Charakter und den starken sinnlichen Gehalt seiner Vorstellungen ohnerachtet des streng gehaltenen Monotheismus doch einen starken Einfluß jener Gewalt des sinnlichen auf die Ausprägung der frommen Erregungen, welche

---

[282] Vgl. KARL-HEINRICH BIERITZ, Daß das Wort im Schwang gehe. Lutherischer Gottesdienst als Überlieferungs- und Zeichenprozeß, in: DERS., Zeichen setzen. Beiträge zu Gottesdienst und Predigt, Praktische Theologie heute 22, Stuttgart/Berlin/Köln 1995, 82–106.

sonst den Menschen auf der Stufe der Vielgötterei festhält. Das Christenthum stellt sich daher schon deshalb, weil es sich von beiden Abweichungen frei hält, über jene beiden Formen, und behauptet sich als die reinste in der Geschichte hervorgetretene Gestaltung des Monotheismus.«[283]

Auch wenn die religionsgeschichtliche Problematik dieser Linie Schleiermachers derzeit kaum noch vertreten wird, ist die zugrundeliegende Perspektive immer noch weit verbreitet. Das Judentum stelle eine problematisch partikulare Religionsform dar, wogegen das Christentum die Grundgestalt einer universalen Religion bedeute. Nicht selten wird diese Unterscheidung mit einer ethischen Argumentation verbunden: Angesichts der Problematik des Partikularismus, die mit Phänomenen wie Nationalismus, Ethnozentrismus oder Intoleranz verbunden wird, erscheint das Universale – etwa bei Klaus-Peter Jörns – als das ethisch und politisch einzig zu Rechtfertigende.[284] Gegen solche Überlegungen stehen die theologischen Einsichten in den Zusammenhang von partikularer Erwählung und universaler Weite des Handelns Gottes, die das biblische Reden von Anfang an und in *beiden* Testamenten bestimmen. Die Partikularität der Erwählung Abrams hebt die universale Weite nicht auf: »… in dir sollen gesegnet werden alle Geschlechter auf Erden« (Gen 12,3). Das partikulare Handeln Gottes in Jesus Christus hebt die Erwählung Israels nicht auf und bindet doch die Völker / die Heiden zugleich in dieses Handeln ein, wie Paulus in Röm 15 erkennt:

> »Denn ich sage: Christus ist ein Diener der Beschneidung geworden um der Wahrhaftigkeit Gottes willen, um die Verheißungen zu bestätigen, die den Vätern gegeben sind; die Heiden aber sollen Gott die Ehre geben um der Barmherzigkeit willen, wie geschrieben steht: ›Darum will ich dich loben unter den Heiden und deinem Namen singen.‹ (Ps 18,50) Und wiederum heißt es: ›Freut euch, ihr Heiden, mit seinem Volk!‹ (Dtn 32,43)« (Röm 15,8–10)

In diesen dialektischen Zusammenhang von Partikularität und Universalität fügt sich Sach 8,20–23. Der Text nimmt das Motiv der Völkerwallfahrt zum Zion auf und fordert am 10. Sonntag nach Trinitatis dazu heraus, Christinnen

---

[283] Friedrich Schleiermacher, Der christliche Glaube nach den Grundsätzen der evangelischen Kirche im Zusammenhange dargestellt. Zweite Auflage (1830/31), Erster und zweiter Band, hg. v. Rolf Schäfer, Berlin / New York 2008, 70.

[284] Vgl. Klaus-Peter Jörns, Notwendige Abschiede. Auf dem Weg zu einem glaubwürdigen Christentum, Gütersloh ³2006, 188–216 [Kap. 4: Abschied von Erwählungs- und Verwerfungsvorstellungen].

und Christen in dieser Bewegung auf Zion hin zu verorten. Die Verse haben im christlich-jüdischen Dialog einige Karriere gemacht.[285] So schreibt Friedrich-Wilhelm Marquardt: »Als gojische Kinder Abrahams stehen wir unter der Berufung, uns an jüdische Rockzipfel zu hängen (vgl. Sach 8,23) und Lehrlinge der Tora zu werden, die von Zion ausgeht.«[286] Manuel Goldmann unterstreicht in einer Predigt zu Sach 8: »[…] wenn wir Jesus von Nazareth nachfolgen, fassen wir […] einen jüdischen Mann am Zipfel seines Gewandes.«[287] Die Bindung an Jesus Christus führt, Goldmann zufolge, bereits jetzt – und nicht erst in eschatologischer Zukunft – in die Bewegung, die Sach 8 beschreibt.

Es gibt nicht viele Lieder im Gesangbuch, die das Miteinander der Heidenvölker mit dem bleibend erwählten Gottesvolk Israel thematisieren. (Und es wäre eine dringende Aufgabe, die Einsichten in ein erneuertes Verhältnis von Christen und Juden auch in das Herz von Gemeinden zu singen und neue Lieder zu dichten!) Eines der wenigen dieser Lieder stammt von Joachim Sartorius (1552–1600): »Lobt Gott, den Herrn, ihr Heiden all« (EG 293). Darin heißt es: »… dass er euch *auch* erwählet hat und mitgeteilet seine Gnad in Christus, seinem Sohne« (V. 1). Die Perspektive des *Mit*-Erwähltseins der Völker in Jesus Christus kommt in dieser pointierten Nachdichtung von Ps 117 durch das Wort »auch« zum Ausdruck.[288] (AD)

---

[285] Nur am Rande sei darauf hingewiesen, dass die Überschrift der berühmten jüdischen Stellungnahme zu Christen und Christentum »Dabru Emet« (Redet Wahrheit) vom 11.9.2000 aus Sach 8,16 stammt. Der Text dieser Erklärung ist vielfach im Internet greifbar; vgl. dazu auch Hubert Frankemölle (Hg.), Juden und Christen im Gespräch über »Dabru emet – redet Wahrheit«, Paderborn/Frankfurt a.M. 2005.

[286] Friedrich-Wilhelm Marquardt, Von Elend und Heimsuchung der Theologie. Prolegomena zur Dogmatik, München ²1992, 368; vgl. aber auch bereits die Aufnahme bei Karl Barth, KD IV/3, 63.

[287] Manuel Goldmann, in: http://www.stichwortp.de/index.php?state=stichworte&action=predigttopdf&predigtID-92 [Zugriff vom 7.9.2017].

[288] Vgl. Alexander Deeg/Irene Mildenberger (Hg.), »… dass er euch auch erwählet hat«. Liturgie feiern im Horizont des Judentums (Beiträge zu Liturgie und Spiritualität 16), Leipzig 2006.

JES 27,2–9 – ISRAELSONNTAG: GEDENKTAG DER ZERSTÖRUNG JERUSALEMS (REIHE III): VOM VERWORFENEN ACKER ZUM »WEINBERG DER LUST«

Wer vom Weinberglied redet, meint damit in der Regel den bekannten Text aus Jesaja 5,1–7. Hier bedient sich das prophetische Ich eines Gleichnisses in Gestalt eines Liedes, um seine Zuhörer zu einer bestimmten Selbsterkenntnis zu führen: Es geht um einen Weinberg, genauer eigentlich um einen Weingarten, den der Winzer mit größter Sorgfalt und Liebe baut und bestellt und der trotz allem nicht den erhofften Ertrag bringt. Was wird ein solcher Winzer tun? Ein ›wirklicher‹ Winzer würde vermutlich versuchen, etwas anderes anzupflanzen und seinem Grundstück trotzdem irgendwelchen Gewinn abzuringen. Der imaginäre Winzer des Gleichnisses reagiert allerdings mit Zorn und rächt sich geradezu an dem renitenten Weinberg, indem er ihn einreißt und den Vögeln und Feldtieren überlässt. Das ist gleichzeitig der Punkt, an dem sich das Gleichnis mit der Welt berührt, die es abbilden soll: Israel ist Gottes Weingarten, hat alle Liebe und Fürsorge von ihm empfangen und ist trotzdem missraten – nicht schicksalshaft oder wegen mangelnder natürlicher Anlagen (wie man das bei einem wirklichen Weinberg vermuten würde), sondern weil es sich willentlich und absichtlich weigert, Gottes Liebe zu erwidern. Entsprechend geht es Gott auch nicht um Schadensbegrenzung oder darum, seine Investition doch noch irgendwie zu retten. Gott als Weingärtner macht vielmehr das, was er geschaffen hat, wieder dem Erdboden gleich. Das Gleichnis stellt Gott als ein zutiefst verletzliches und verletztes Wesen dar, das sich von dem Geschehenen emotional nicht distanzieren will oder distanzieren kann.

Wie häufig im Jesajabuch sind die Gleichnisbilder natürlichen oder agrarischen Szenarien entnommen. Es geht um organische Prozesse des Wachsens und Vergehens, jedenfalls wenn sich die Dinge so entwickeln, wie sie sollen. Wenn Jesaja für den erwarteten Messias das Bild eines Blütensprosses wählt (Jes 11,1), dann liegt die Pointe darin, dass das Kommen dieses Messias etwas ist, das von allein und geradezu ›natürlich‹ geschieht wie eben das Wachsen eine Blütentriebs. Und genau so soll es auch mit dem Weinberg sein. Diese Gleichnisbilder sind in ihrer Natürlichkeit gleichzeitig Bilder von Frieden und Gewaltlosigkeit und entwickeln darin einen Gegenentwurf zur Welt von Waffen, Krieg und Entbehrung. Insofern ist es nicht nur eine schöne Metapher, sondern ein programmatischer Anspruch, wenn das Jesajabuch vom Umschmieden der Schwerter zu Pflugscharen spricht (Jes 2,4).

Die Einsicht, die das jesajanische Weinberglied vermittelt – dass Gott

pflanzt, aber ebenso bereit ist, das Gepflanzte wieder ein- oder auszurei-
ßen -, erinnert an ein zentrales Motiv auch des Jeremiabuches. Hier wird der
Prophet zu Beginn wie folgt beauftragt: »Siehe, ich setze dich heute über Völker und Königreiche, dass du ausreißen und einreißen, zerstören und verderben sollst und bauen und pflanzen« (Jer 1,10). Dass dies nicht nur ein
prophetischer Gestus ist, sondern der Art und Weise entspricht, in der Gott
selbst handelt, wird an späterer Stelle, im Töpfergleichnis, betont: »Bald rede
ich gegen ein Volk und Königreich, dass ich es ausreißen, einreißen und zerstören will; wenn sich aber das Volk, gegen das ich geredet habe, von seiner
Bosheit bekehrt, so reut mich auch das Unheil, das ich ihm gedachte zu tun.
Und bald rede ich über ein Volk und Königreich, dass ich es bauen und pflanzen will; wenn es aber tut, was mir missfällt, dass es meiner Stimme nicht
gehorcht, so reut mich auch das Gute, das ich ihm verheißen hatte zu tun«
(Jer 18,7–10). Die Beobachtung, dass wir es hier mit einem Thema zu tun haben, das sich über unterschiedliche prophetische Bücher hinweg fortsetzt,[289]
verdeutlicht dessen grundlegende theologische Bedeutung: Es geht um die
Reue Gottes angesichts menschlichen Handelns.

In Jes 27,2–9 gibt es nun ein weiteres Weinberglied, das – in der Regel –
als spätere Fortschreibung zu Jes 5,1–7 betrachtet wird. Die Geschichte des
Weinbergs ist also noch nicht zu Ende. Leider ist der Text sprachlich äußerst
schwierig und entsprechend unterschiedlich fallen die Übersetzungen in den
gängigen Bibelausgaben aus. So viel allerdings erscheint sicher: Aus dem
missratenen Weinberg von Jes 5 ist nun ein »Weinberg der Lust« geworden.[290]
Offenbar waren die Feinde gekommen, denen Gott in Jes 5 das Feld überlassen
hatte (V. 7), aber nun wendet sich Gott dem Weinberg wieder zu, behütet ihn
Tag und Nacht (V. 3), »bekämpft« (wörtl.) Dornen und Disteln (vgl. Jes 5,6),
wo auch immer sie hervortreten (V. 4). Der Weinberg ist zu einem fast paradiesischen Ort geworden, denn er bringt nicht nur Trauben hervor, sondern
allerlei Früchte, die so reich wachsen, dass sie den Erdkreis füllen (V. 6). Es
ist ein Ort des Friedens (*Schalom*) (V. 5) – auch dieses Element der jesajanischen Heilsprophetie klingt hier wieder an.

Was aber hat diesen Wandel der Verhältnisse bewirkt? Das Weinberglied
von Jes 5 eröffnet ja keinerlei Raum dafür, dass der Weinberg doch noch zu

---

[289] Als weiteres Beispiel, das auch in der Perikopenordnung verankert ist, wäre Jona 3
zu nennen.

[290] So die Übersetzung von Willem A. M. Beuken, Jesaja 13–27, HThKAT, Freiburg 2007,
394.

dem werden könnte, was Gott ursprünglich aus ihm hatte machen wollen. Wechselt man von der Bild- auf die Sachebene, dann lautet die Frage, warum Israel als das eigentlich schon verstoßene Volk doch wieder von Gott angenommen wird. Die Antwort wird nicht gleichnishaft gegeben, sondern sehr direkt. Allerdings ist auch hier die sprachliche Seite das größte Problem der Textauslegung. Für den entscheidenden V. 9 sei daher noch einmal die Übersetzung von W. Beuken erwähnt: »Fürwahr, die Schuld Jakobs wird dadurch gesühnt werden, und dies ist die ganze Frucht der Hinwegnahme seiner Sünde: Dass er alle Altarsteine zerschlagenen Kalksteinen gleichmachen wird. Ascherim und Kultpfähle werden sich nicht mehr erheben.«[291] Gemeint ist hier mit einiger Gewissheit, dass sich Israel, im Unterschied zu Jes 5, nun endlich doch dazu bewegen konnte, nur seinem Gott treu zu sein und eben nicht anderen Göttern nachzuhängen. Dies wird hier so ausgedrückt, dass Israel die steinernen Monumente dieser anderen Gottheiten aus seiner Mitte beseitigt. Darin dürfte noch einmal ein sublimer Rückgriff auf das erste Weinberglied bestehen: Dort hatte Gott seinen Weinberg von Steinen gesäubert (Jes 5,2). Nun ist es Israel, das die steinernen Symbole seiner Untreue zerstört und fortschafft. Das zweite Weinberglied ändert die Szenerie also charakteristisch ab: Israel hatte im Weinberg Gottes andere Götter aufgestellt, und eben das war ihm zum Verhängnis geworden.

Das bedeutet aber auch, dass das Bild des Weinbergs zu changieren beginnt: Er ist immer noch Symbol für Israel selbst, aber zugleich auch der Ort, an dem Gott sein Volk versorgt und schützt – mit der besonderen Pointe, dass aus der geheilten Beziehung zwischen Gott und Israel Frucht für die gesamte Erde entsteht. Damit wird es zur Aufgabe Israels, diesen Garten rein zu halten, ihn nicht zu kontaminieren oder ihn zu etwas zu machen, was er nie hätte sein sollen. An dieser Stelle öffnet sich das zweite Weinberglied der heutigen Deutung, insofern sich die Frage stellt, was eigentlich die Altäre und Götterbilder sind, die wir dort aufstellen, und inwiefern diese das Gesicht des »Weinbergs der Lust« entstellen. Neutestamentlich ist der vielleicht anschaulichste Vergleichstext die Tempelreinigung Jesu (Mt 21,12f.; Lk 19,45–48; Mk 11,15–18; Joh 2,13–16). Dort geht es nicht um einen imaginären Ort, sondern sehr konkret um den Jerusalemer Tempel, der überwuchert ist, mit Dingen, die dort nicht hingehören und die ihn in etwas verwandeln, das er nicht sein soll. (AS)

---

[291]   Ebd.

Klgl 5 – Israelsonntag: Gedenktag der Zerstörung Jerusalems (Reihe IV): Im Scherbenhaufen der Geschichte

Die Klagelieder Jeremias gehören innerhalb der Hebräischen Bibel zu den sog. Megillot, den Schriftrollen für besondere Feste im jüdischen Jahreskreis. Die Klagelieder sind dabei dem 9. Av zugeordnet, der der Erinnerung an die Katastrophenerfahrungen Israels gewidmet ist, insbesondere der beiden Tempelzerstörungen 586 v. Chr. durch die Babylonier und 70 n. Chr. durch die Römer. Historisch betrachtet reflektieren die Klagelieder die Ereignisse von 586 v. Chr. und das sich daran anschließende Exil, durch die zuerst und vor allem das religiöse Selbstverständnis Israels in Frage gestellt worden war. Hatte Gott sein Volk aufgegeben, oder war der Glaube Israels gar von je her eine falsche Ideologie gewesen? Was war angesichts des Verlusts von Land und Tempel noch übrig von der einstigen Überzeugung, dass Israel das erwählte Volk eines überlegenen Gottes war? Diese Fragen kulminieren im fünften und letzten Klagelied und erfahren an dessen Schluss ihre äußerste Zuspitzung. In der Lutherübersetzung von 2017 lautet dieser Schluss wie folgt: »Bringe uns, HERR, zu dir zurück, dass wir wieder heimkommen; erneure unsre Tage wie vor alters! Auch wenn du uns ganz verworfen hast und über uns so sehr erzürnt warst.« In dieser Lesart bittet Israel seinen Gott darum, dass er sich ihm erneut zuwende – auch wenn die tatsächliche Erfahrung dafür spricht, dass Gottes Zorn noch immer nicht abgeklungen ist. Anders gesagt: Israel ruft seinen Gott um Vergebung an und bittet um einen Neuanfang – trotz allem. Dies entspricht der Tradition, wie man sie auch aus den Klagepsalmen kennt, weil es im Grunde nicht vorstellbar ist, dass Gott sich nicht doch seines Volkes erbarmt.

Etwas wörtlicher übersetzt klingt der Schluss des fünften Klageliedes allerdings so: »Bringe uns, HERR, zu dir zurück, dann werden wir umkehren – es sei denn du hast uns ganz und gar verworfen und zürnst uns mehr denn je.« Neben die Anrufung Gottes und die Bitte um einen Neubeginn tritt die Einsicht, dass Gott genau das vielleicht nicht tun wird und nicht tun will. Hier, ganz am Ende der Klagelieder, wird dem Gedanken Raum gegeben, dass Gott mit seinem Volk abgeschlossen haben könnte – ›game over!‹, wenn man es im Jargon unserer Zeit ausdrücken will. So ernüchternd dieser Gedanke sein mag – er ist ein notwendiges Korrektiv zu der Vorstellung, dass Gott gar nicht anders kann, als der Behüter Israels (Ps 120,4) zu sein. Derselbe Gedanke, dass tatsächlich alles aus sein könnte – auch die Geschichte Israels mit seinem Gott –, hat eine direkte Parallele in Ps 88. Die Besonderheit dieses

Psalms besteht darin, dass er nicht die für die Klagepsalmen sonst typische Entwicklung von der eigentlichen Klage zu Vertrauensbekenntnis und Lobgelübde nimmt, sondern ganz in der Klage verharrt:

> »Dein Grimm geht über mich,
> deine Schrecken vernichten mich.
> Sie umgeben mich täglich wie Fluten
> und umringen mich allzumal.
> Meine Freunde und Nächsten hast du mir entfremdet,
> und mein Vertrauter ist die Finsternis« (Ps 88,17–19).

Ps 88 war möglicherweise einmal der Schlusspsalm einer frühen Form des Psalters und endet auf einer ähnlichen Note wie auch die Klagelieder. Das deutet darauf hin, dass die Entstehung des Alten Testaments durch Phasen hindurchging, in denen die endgültige Abkehr Gottes von seinem Volk denkbar geworden war. Gott ist im Himmel, seine Herrschaft über den Kosmos besteht ewig (Klgl 5,19), er braucht kein Volk, keinen Zion, keinen Tempel. Es gibt nichts, das Gott binden kann, es sei denn er selbst – das wird hier in aller Schonungslosigkeit zu Ende gedacht. Entsprechend wird auch nicht mehr, wie in anderen Texten, Gott bei seiner Ehre oder seinem Ehrgeiz gepackt, dass er sich doch unmöglich zum Gespött anderer Völker machen könne, sobald er sein eigenes Volk preisgibt (vgl. Ex 32,11–14). Solche Argumentationen haben in den Klageliedern ihre Plausibilität verloren, denn Gott ist in einer Weise erhaben, die ihn nicht an solche allzu menschlichen Vorstellungen bindet.

Innerhalb der Bibelwissenschaft wird diskutiert, ob die Klagelieder Dichtungen aus späterer Zeit sind, die die Erfahrung der Gottverlassenheit noch einmal literarisch einholen, oder ob diese Texte tatsächlich aus dem eigentlichen Erleben heraus, also angesichts von Zerstörung und Deportation, verfasst wurden. Denkbar ist natürlich auch, dass beides der Fall war und die Klagelieder über einen längeren Zeitraum entstanden, in dem sie immer wieder bearbeitet wurden – auch angesichts späterer Krisenerfahrungen. Betrachtet man den Inhalt, lassen sich zwei Themenbereiche unterscheiden. Zum einen werden Bilder von Eroberung gezeichnet, dazu gehören vor allem die Vergewaltigung von Frauen und das Erhängen der Anführer (V. 11 f.). Zum anderen stellt das Klagelied die Realität eines eroberten Volkes dar, das schutzlos daliegt: Nahrungsmittel werden nicht mehr selbst angebaut, sondern müssen den Eroberern abgekauft werden (V. 6), ebenso das Trinkwasser (V. 4); und wer dies nicht tut, läuft Gefahr, exekutiert zu werden (V. 9). Dazu kommt die Arbeit, die nun für andere getan werden muss (V. 13). In gewisser Weise steht hier zwischen den Zeilen, dass Israel wieder dort angekommen ist, woher es einmal hergekommen war: in der Sklaverei. Diese Rückkehr zum Anfang, zum Sklavenhaus der Großmächte (vgl. die Erwähnung von Ägypten parallel zu Assur in V. 6) wird als Schuld der Väter gesehen, die nun die Kinder tragen müssen (V. 7), aber dann auch als Ergebnis eigenen Versagens (V. 17b). Damit wird, ähnlich wie in den Geschichtsbüchern (Gen bis 2Kön), suggeriert, dass es keinen ›Punkt‹ in der Geschichte Israels gab, an dem das Volk jemals der Rolle entsprach, die ihm eigentlich zugedacht war.

Bleibt es also dabei, dass sich das Nachdenken über Gott am »Nullpunkt« befindet, ohne eine Perspektive darüber hinaus? Es lohnt die Erinnerung, dass das Christentum diese Vorstellung des Abbruchs (also nicht nur der Unterbrechung!) in Gestalt des Kreuzes und des Todes Jesu in sein eigenes Selbstverständnis übernommen hat. Hartmut Gese etwa hat eindrücklich gezeigt,[292] wie die alttestamentlichen Klagetraditionen in der Ausgestaltung der Passionserzählungen zur Anwendung kommen: »Mein Gott, mein Gott, warum hast du mich verlassen!« Hier wie dort wird ein Moment erreicht, der nicht über sich hinaus weist. Klgl 5 löst diese Nullpunktsituation nicht auf, verändert aber die Perspektive auf Gott. Gleich zu Beginn heißt es, dass Israel zur Waise geworden ist, die keinen Vater hat (V. 3). Gott wird nicht als Bundesgott, Schutzpatron und auch nicht als Völkersouverän angesprochen. Viele der traditionellen Gottesprädikate treten hier in den Hintergrund. Wenn Gott sich Israels noch einmal annehmen sollte, dann kann der Grund hierfür nur darin bestehen, dass er dies aus väterlicher Zuneigung tut. Die Vaterrolle Gottes, die – entgegen mancher Fehlwahrnehmung – nicht erst im Neuen Testament begegnet, bedeutet keine Verharmlosung der Situation. Vielmehr ist sie die einzige noch verbleibende Denkoption. Nach allem, was die Geschichte des ›Alten Israels‹ lehrt, ist die Treue und die Liebe Gottes zu seinem Volk – trotz allem – nur noch in diesem Rahmen vorstellbar. Insofern ist es auch kein Zufall, dass Gott im sog. ›Tritojesaja‹, der etwa zeitgleich mit den Klageliedern entstanden sein dürfte, so bezeichnet wird: »Bist du doch unser Vater; denn Abraham weiß von uns nichts, und Israel kennt uns nicht. Du, Herr, bist unser Vater; ›Unser Erlöser‹, das ist von alters her dein Name« (Jes 63,16). (AS)

---

[292] Hartmut Gese, Vom Sinai zum Zion. Alttestamentliche Beiträge zur biblischen Theologie, München 1990, 180–201.

Dtn 30,1–10 – Israelsonntag: Gedenktag der Zerstörung Jerusalems (Reihe VI): Was macht gerecht?

Das 5. Buch Mose ist seiner Form nach eine lange Abschiedsrede des Mose, in der er dem Volk Israel die Tora Gottes vorlegt. Dies geschieht im Land Moab, einem Höhenzug auf der jordanischen Seite des Jordantals. Bei gutem Wetter kann man von dort Jericho und dahinter die judäische Gebirgskette sehen. Nach dem Auszug aus Ägypten, gefolgt von einer vierzigjährigen Wüstenwanderung, ist Israel nun endlich an dem Punkt angekommen, an dem sich die Landgabe erfüllen soll. Und mit dem verheißenen Land im Blick wird das Volk nun auf die Gebote verpflichtet, die für das Leben dort die Richtschnur sein sollen. Insofern ist das Deuteronomium ebenso Predigt wie Verfassungsentwurf. Als alttestamentliches Buch dient es der Erinnerung späterer Generationen daran, wo sie herkamen, und zwar in einem doppelten Sinne: geschichtlich als Sklavenvolk, das eine Heimat bekam, und als erwähltes Volk, dem Gott seine Tora gab. Denn das Deuteronomium rechnet damit, dass Israel beides vergessen würde, wenn es erst einmal im Land angekommen war (Dtn 28,20; 31,16). Dort würde es sehr schnell die Annehmlichkeiten von Sesshaftigkeit und Kultur entdecken und sich der Religion anpassen, die auch seine Nachbarvölker hatten. Das Bild der Wüste und der Begegnung mit JHWH am Horeb würde schließlich verblassen und Israel seinen Gott vergessen.

Es ist nicht schwer, dem, wie sich das Deuteronomium selbst darstellt, zu entnehmen, dass es hier um eine Retrospektion geht. Die Verfasser schreiben in einer Zeit, in der sich erwiesen hatte, dass Israel nicht das Volk war, das es hätte sein sollen. Die Vertrautheit mit Gottes Wesen und Gottes Willen, die zur Zeit der Erzväter und -mütter, des Exodus und der Wüstenwanderung bestand, war verlorengegangen. Ja mehr noch, wie Dtn 30,1–10 zwischen den Zeilen verrät, schwingt in der Geschichte über die Frühzeit Israels eine ganz andere geschichtliche Erfahrung mit. In V. 3 ist davon die Rede, dass Gott die Israeliten aus den Völkern der Welt versammeln wird, unter die er sie zerstreut hatte. Auf einmal geht es also nicht um den Einzug ins *verheißene* Land, sondern um die Rückkehr in das *verlorene* Land. Das passt natürlich nicht zur ›Story‹, die das Deuteronomium eigentlich erzählt. Aber auf diese Weise werden die verschiedenen Exils- und Deportationserfahrungen, allen voran das babylonische Exil und die Zerstörung des Jerusalemer Tempels (586 v. Chr.), in das Gesamtbild eingefügt.

Hier wird also eine zutiefst ernüchternde Bilanz gezogen und die Geschichte von Israels Anfängen bis zu deren vorläufigem Ende als Geschichte des Scheiterns qualifiziert. Es lohnt der Hinweis, dass Dtn 30 so etwas wie der Schlüssel auch zum Gesamtverständnis des Deuteronomistischen Geschichtswerks (Jos bis 2Kön) in seiner Letztgestalt ist. Die negative Bewertung der allermeisten Könige (»N. N. tat, was böse war in den Augen des Herrn«), der Kampf der Propheten (allen voran Elia) gegen Israels Abfallen zu anderen Göttern – all das sind Illustrationen der Einsicht, dass Israel noch nie dem gerecht wurde, was Gott von ihm verlangte und wie Gott dieses – sein erwähltes – Volk haben wollte. Es ist bemerkenswert, dass diese Erkenntnis auch in aller Schonungslosigkeit und ohne apologetischen Gestus dargestellt wird.

War damit aber auch der End- und Schlusspunkt unter den Bund zwischen JHWH und Israel gesetzt? Dies wird als Denkmöglichkeit in einem anderen Perikopentext für den 10. Sonntag nach Trinitatis tatsächlich erwogen: Das fünfte und letzte der Klagelieder endet mit dem Gedanken, dass Gott sein Volk irreversibel verstoßen haben könnte (Klgl 5,22). Dtn 30 (und damit das Buch Deuteronomium insgesamt) artikuliert demgegenüber eine andere Erwartung, nämlich dass nach der Epoche des Scheiterns, trotz allem, ein Neubeginn möglich sein würde.

Eine solche Erwartung begegnet an mehreren Stellen des Alten Testaments mit unterschiedlicher theologischer Pointe. Entlang einer Traditionslinie wird Israel – durch die schmerzlichen Lektionen der Geschichte geläutert – selbst dazu aufgefordert, nun endlich nach Gottes Geboten zu leben (Ez 18,31). Es geht darum, aus Erfahrung weise zu werden und alte Fehler nicht noch einmal zu begehen. Dem steht allerdings – vor allem in Spättexten der Prophetie – die Einschätzung gegenüber, dass Israel niemals aus eigener Kraft in der Lage sein würde, die Rolle des Bundesvolkes Gottes einzunehmen. Aus diesem Grund kündigen die Propheten ein erneutes schöpferisches Eingreifen Gottes an: Gott wird Israel ein »neues Herz« gegeben (Jer 24,5–7; Ez 11,19; 36,26f.), eines, das die Tora erfüllen will und kann; oder aber Gott wird einen »neuen Bund« stiften, indem er die Tora direkt auf Israels Herz schreibt (Jer 31,31–34). Hier wird Israel nicht in erster Linie als sündiges, sondern als noch ›unfertiges‹ Volk betrachtet.

Dtn 30 nimmt nun eine eigentümliche Mittelposition ein. Einerseits begegnet auch hier der Imperativ, dass Israel umkehren möge. Das »wenn« in V. 1f. und 10 macht deutlich, dass die Heilsansage konditional gedacht ist: Erst wenn Israel auf die Stimme Gottes hören und seine Gebote achten wird, dann werden die Flüche, die im Gesetz aufgeschrieben sind, nicht mehr Israel selbst, sondern seine Bedränger treffen. Es lohnt sich darauf hinzuweisen, dass die Lutherübersetzungen erkennbar bemüht sind, den Gedanken des konditionierten Heils zumindest in V. 10a etwas abzuschwächen. Die Übersetzung der Lutherbibel 2017 lautet wie folgt:

> »(V. 9) Denn der HERR wird sich wieder über dich freuen, dir zugut, wie er sich über deine Väter gefreut hat, (10a) *weil* du der Stimme des HERRN, deines Gottes, gehorchst und hältst seine Gebote und Rechte, die geschrieben stehen im Buch dieses Gesetzes, (10b) wenn du dich bekehrst zu dem HERRN, deinem Gott, von ganzem Herzen und von ganzer Seele.«

Sieht man von diesem Sonderweg, für den philologisch wenig spricht,[293] einmal ab, begegnet in V. 6, also im Mittelstück dieser Passage, dann doch auch die andere Sichtweise, wonach es tatsächlich an Gott selbst liegt, Israel so zu erneuern, dass es seine Gebote wird halten können. In sachlicher Parallele zum neuen Herzen und zur Herzensinschrift begegnet hier die Metapher der »Herzensbeschneidung«[294] Diese nimmt das Bild der Beschneidung der Vorhaut auf, die Abraham und seinen Nachkommen als Bundeszeichen aufgetragen wird (Gen 17,11–14). In Dtn 30 ist es nun Gott selbst, der die Herzensbeschneidung durchführt, und zwar eben nicht nur als äußerlichen Akt, sondern als Veränderung des innersten Wesens seines Volkes.

Dtn 30 wie auch die knapp skizzierten Parallelstellen lassen zweierlei deutlich werden: Die negative geschichtliche Selbsterfahrung Israels führt theologisch zu der Frage, wie Gerechtigkeit und Heil eigentlich möglich sind. Was macht gerecht vor Gott? Kann oder muss man dazu, reformatorisch gesprochen, eigene »Werke« beitragen? Oder ist dies umgekehrt Gottes Werk, das man erwarten und erhoffen, aber eben nicht erwirken kann? Gerade Dtn 30 mit seiner Mittelposition verstärkt den Eindruck, dass es sich hierbei um einen Diskurs handelt, der offenbar mit unterschiedlichen Antworten und Ansichten geführt wurde, wobei sich die unterschiedlichen Positionen einer gemeinsamen Sprache und Metaphorik bedienen (die Rede vom »Herzen«). Für eine biblische Hermeneutik ist wichtig festzuhalten, dass dieser Diskurs um Gerechtigkeit und Rechtfertigung bereits innerhalb des Alten Testaments selbst stattfindet. Entgegen der häufig begegnenden Meinung, wonach die

---

[293] In V. 10a steht das von der Konjunktion *ki* abhängige Verb (»hören«) im Imperfekt, was, parallel zu V. 1 f. und 10b, ein konditionales Verständnis nahelegt: »… wenn du auf die Stimme JHWHs, deines Gottes, hören wirst, um zu halten seine Gebote und seine Satzungen, die in diesem Gesetzbuch aufgeschrieben sind«.

[294] Vgl. dazu auch Jer 4,4.

Vorstellung von einer ›Gerechtigkeit ohne Werke‹ und einer ›Rechtfertigung allein aus Gnade‹ ihren Haftpunkt im Neuen Testament, insbesondere in der Theologie des Paulus, habe, begegnet das Nachdenken über das Wie und Woher von Gerechtigkeit in all seinen Facetten bereits im Alten Testament. (AS)

Die neuen Texte am ›violetten Israelsonntag‹.
Der Gedenktag der Zerstörung Jerusalems

Das im Wesentlichen neue *violette* Proprium nimmt einerseits die Bewegung der Buße angesichts der erfahrenen Zerstörung auf (vor allem Klgl 5), führt andererseits aber die Hoffnung auf eine Restitution nach der Zerstörung in Worten und Bildern vor Augen (Jes 27,2–9; Dtn 30,1–6[7–10]). So wird durch die Textauswahl der Versuch unternommen, das traditionelle Evangelium dieses Sonntags Lk 19,41–48 in einen Kontext zu stellen, der antithetische Entgegensetzungen von christlicher Wahrheit und jüdischem Scheitern von vornherein ausschließt. Dazu gehört u.a. auch die Aufnahme des Bildes vom Ölbaum aus Röm 11,17–24, das bisher nicht in der Perikopenordnung vertreten war.

Das Buch der *Klagelieder* wurde bereits bisher als Marginaltext für den 10. Sonntag nach Trinitatis vorgeschlagen (Klgl 1–2). Einen festen Ort in der Perikopenordnung haben bislang aber nur einige Verse aus dem dritten Kapitel (Klgl 3,22–26.31–32), die für den 16. Sonntag nach Trinitatis vorgesehen sind und bei denen es sich um die einzigen durch Fettdruck als Kernstelle der Lutherbibel hervorgehobenen Verse aus dem Buch der Klagelieder handelt: »Die Güte des Herrn ist's, dass wir nicht gar aus sind …« Diese Verse sind nicht Worte der Klage, sondern Worte der Hoffnung.

Durch Klgl 5 kommen nun Verse radikaler Klage in die Perikopenordnung – und es ist beinahe schade, dass sich diese angesichts der Vorrangstellung des ›grünen Israelsonntags‹ nur an einem wohl relativ selten begangenen Proprium finden. Denn die Bedeutung der Klage wurde in den vergangenen Jahren in der Theologie – vor allem in der Seelsorge – neu entdeckt.[295] In einer Situation, in der die Gottesbeziehung radikal fraglich geworden ist, ermöglicht es die Klage, nicht tatenlos zu bleiben, sondern in einer paradoxen Intervention zu handeln: Die Klage redet den Gott an, der nicht (mehr) oder

---

[295] Vgl. nur exemplarisch Brigitte Enzner-Probst, Schreien lernen oder von der heilsamen Kraft des Klagens. Klageliturgien, in: PrTh 37 (2002), 188–195.

nur in seiner Verborgenheit erfahren werden kann. Sie kann sich mit dem Eingeständnis eigener Schuld verbinden oder/und mit dem trotzigen Festhalten an Gott und an seinen Verheißungen gegen alle Erfahrung. Wer klagt, ergibt sich nicht schweigend in sein Elend, wer klagt, verabschiedet sich nicht von Gott, wer klagt, hält die Erwartung an Gott aufrecht – und sei es, wie in Klgl 5, nur als Frage (vgl. V. 22).

> Klgl 5 ist aus zwei weiteren Gründen ein am Israelsonntag besonders bedeutsamer Text: Einerseits wird das Buch der Klagelieder in jüdischen Gemeinden am 9. Av gelesen. Andererseits ist Klgl 5,21 ein in der jüdischen Liturgie bedeutsamer Vers, der die Zeremonie des Einhebens der Tora-Rolle in den Toraschrein nach der Lesung aus der Tora (in den Morgengottesdiensten am Montag, Donnerstag und am Schabbat) abschließt. Die Tora wird gepriesen als Baum des Lebens für alle, die sich an ihr festmachen; daran schließen sich die Worte aus Klgl 5,21 an und beenden das Gebet: »Bringe uns, HERR, zu dir zurück, dass wir wieder heimkommen; erneure unsre Tage wie vor alters!« Die Buber-Übersetzung macht das Spiel mit dem hebräischen Wort *schuv* (umkehren, heimkehren) deutlich: »Umkehren (ha-*schiv*enu) mache, DU, uns zu dir, daß wir heimkehren (na*schuv*) können …«.

»Wenn nun dies alles über dich kommt, es sei der Segen oder der Fluch …« – mit diesen Worten beginnt die Perikope *Dtn 30,1-6(7-10)* und ruft dann knapp Erfahrungen des Lebens in der »Gefangenschaft«, unter den »Völkern« (V. 3), unter den »Heiden« (V. 1) auf. Über diese Worte kann man schnell hinweglesen – oder bei ihnen lange hängen bleiben, wie es etwa der 1913 in München geborene, 1935 nach Palästina emigrierte und 1999 in Jerusalem verstorbene Schalom Ben-Chorin in einem 1944 entstandenen Gedicht tut. Es trägt den Titel »Fluch-Gebet« und beschreibt die Perspektive des »Heimatlosen«, der sich von den »Bibel-Flüchen« existentiell betroffen fühlt und aus dieser Perspektive nicht einfach in die Erwartung des erneuten Segens-Handelns Gottes übergehen kann.

Fluch-Gebet[296]

> So sehr, mein Gott, hast du mich schon verstoßen,
> Daß deine Liebe mich nicht mehr erreicht,
> Du machtest mich zum gänzlich Heimatlosen,
> Der ziellos durch die Welten-Wüsten streicht.

---

[296] Schalom Ben-Chorin, Fluch-Gebet, in: Manfred Schlösser (Hg.), An den Wind geschrieben. Lyrik der Freiheit – Gedichte der Jahre 1933–1945, Darmstadt ⁴1983, 82.

Wo ist das Land, das meine Kindheit barg?
In argem Haß hat es mich weg gewiesen,
Und trug ich seinen Saft doch und sein Mark
In allen meinen dunklen Herz-Verliesen.

Aus meiner Sprache Klangkreis ausgespieen
Bin ich mit deinem Willen, dunkler Herr:
Die Nächte, die ich qualvoll durchgeschrieen
Mit ihnen, meinen Zeugen, tret ich her

Zum großen Rechten mit dem Herrn der Welt,
Der seine Bibel-Flüche an mir tat,
An dessen Wort mein dünnes Bein zerschellt,
Der ich ein Nichts bin, Hauch und taube Saat.

Kann es im Angesicht dieser Erfahrung einen Neuanfang geben? Mit Blick auf den 10. Sonntag nach Trinitatis gefragt: Kann es eine Zukunft in der Zerstörung und nach der Zerstörung geben? In Dtn 30 wird die Hoffnung auf die erneute Sammlung des Volkes im eigenen Land als Hoffnungsperspektive gezeichnet. Christliche Theologie ist durch diesen Zusammenhang von Volk und Land seit Jahrzehnten herausgefordert. Ist es möglich, »die fortdauernde Existenz des jüdischen Volkes, seine Heimkehr in das Land der Verheißung und auch die Errichtung des Staates Israel [als] Zeichen der Treue Gottes gegenüber seinem Volk« zu sehen, wie es der Rheinische Synodalbeschluss vom Januar 1980 formulierte? Im Jahr 2011 veröffentlichte die Evangelische Kirche im Rheinland einen Diskussionsimpuls, in dem sie den Beschluss von 1980 und die aktuelle politische Lage reflektierend formulierte:

»Je unstrittiger es dem Staat Israel gelingt, Frieden und Gerechtigkeit für seine Bürgerinnen und Bürger, aber auch für die Palästinserinnen und Palästinenser in den besetzten Gebieten zu verwirklichen, desto deutlicher wird der Staat Israel als Zeichen der Treue Gottes erkennbar. Verfehlt er hingegen diese Aufgabe, wird das Zeichen undeutlicher – bis hin zur Unkenntlichkeit. Wir sehen mit Sorge, dass die Umstände der Staatsgründung und etliche politische Entscheidungen der Regierungen des Staates Israel seit 1967 den Zeichen-Charakter des Staates Israel – in den Augen vieler Palästinenser wie auch in den Augen vieler Menschen hierzulande – verdunkeln. Allerdings wird Gottes Treue dadurch nicht hinfällig.«[297]

---

[297] Zitiert nach: http://www.ekir.de/www/downloads/EKiR_Diskussionsimpuls_Israel_Palaestina2011.pdf [Abruf vom 7. 9. 2017].

Dieser Diskussionsimpuls tritt zu schnellen und einseitigen Identifikationen von Gottes Handeln mit konkreten politischen Verhältnissen entgegen, wie sie etwa im Christlichen Zionismus begegnen. Er unterscheidet zwischen Gottes Treue und menschlichem Handeln auf eine Weise, die auch der Theologie von Dtn 30 entspricht und die die Hoffnungsperspektive mit dem Tun des Willens Gottes und dem Halten der Gebote verbindet.

Auch *Jes 27,2–9* nimmt Predigende und Hörende am 10. Sonntag nach Trinitatis mitten hinein in die Dynamik der Beziehung zwischen Gott und Israel. Es handelt sich um das ›zweite Weinberglied‹ des Propheten Jesaja, das weit weniger bekannt ist als das erste (Jes 5,1–7, alttestamentliche Lesung am 2. Sonntag der Passionszeit, Reminiscere). Das in Jes 5 angekündigte Gericht bleibt nicht das letzte Wort; das Weinberglied wird noch einmal neu und anders gesungen: »Zu der Zeit wird es heißen: Lieblicher Weinberg, singet von ihm!« (V. 2). Das neue Lied vom Weinberg mündet in V. 9 in eine ›Tempelreinigung‹, die Gott selbst vollzieht und die diese Perikope mit der Evangelienlesung aus Lk 19 verbindet.

Die Bilder des zweiten Weinbergliedes klingen in einem Gedicht des 1891 in Wien geborenen, 1934 nach Palästina emigrierten und 1947 in Haifa verstorbenen Dichters Simon Kronberg an. In dieser lyrischen Rezeption verwandeln sich diese Bilder erneut. Angesichts der Realität ›des Juden‹ (so der Titel des Gedichts), angesichts der bedrückenden geschichtlichen Situation kehrt Kronberg den Baum um: Er blüht und grünt (vgl. Jes 27,6) unter der Erde – und wurzelt im Himmel, im Paradies.

Der Jude[298]

Aus allen Wäldern dieser Welt ein Baum
trägt seine Krone erdwärts wie im Traum.
Das Blatt, die Blüte mit dem Grün, dem Duft
in Erde tief, verwehren Licht und Luft.
Die Wurzel, mächtig, greift im Himmel ein
genährt im Paradies mit Gottes Wein.
Der sickert tief im Stamm zu den Erstickten.
Im Grabe grünen, blühen die Erquickten.

---

[298]   SIMON KRONBERG, Werke, Bd. 1: Lyrik, Prosa, hg. v. ARMIN WALLAS, München 1993, 112.

Am Gedenktag der Zerstörung Jerusalems bieten sich Lieder der Buße an, besonders die als Wochenlied vorgeschlagenen EG 144 »Aus tiefer Not lasst uns zu Gott« und EG 237 »Und suchst du meine Sünde« (Text: Schalom Ben-Chorin!), aber auch EG 146 »Nimm von uns, Herr, du treuer Gott« und EG 230 »Schaffe in mir, Gott, ein reines Herze«. Die Bewegung der Klage und leidenschaftlichen Bitte findet sich auch in dem Paul-Gerhardt-Lied EG 283 »Herr, der du vormals hast dein Land«. (AD)

GOTTESANGST

Die Klagen Hiobs gehören zu den kühnsten und zugleich aufwühlendsten Texten im Alten Testament, weil sie die Abgründe menschlicher Erfahrung direkt und ›ungefiltert‹ zur Anklage gegen Gott machen. Hiob ist beileibe nicht der einzige Mensch im Alten Testament, der klagt oder gar anklagt. Allerdings tut er dies nicht in der Art und Weise, die das Alte Testament selbst dafür vorsieht. Es gibt den Weg der Klage, der eine ganz bestimmte Form hat und sich anhand der sogenannten »Klagelieder des Einzelnen« studieren lässt, die sich zahlreich im Psalter finden.[299] Diese Klagelieder sind typischerweise dreiteilig: Sie beginnen mit der eigentlichen Klage, in der die Situation des Beters vor Gott gebracht wird. Dabei ist wichtig, dass Klage keineswegs ein Unschuldsbekenntnis ist oder sein muss. Auch schuldige Menschen können darüber klagen, dass ihnen Unrecht widerfährt, vor allem dann, wenn die erlittene Not in keinem Verhältnis zum eigenen Tun steht. Jeder Mensch, egal wie ›gerecht‹ oder ›ungerecht‹ er oder sie ist, bedarf der Rettung Gottes als eines Wegs zurück ins Leben. Wie Claus Westermann gezeigt hat, findet sich das Klageformular auch in der Antwort Kains an Gott: Sogar der Brudermörder darf klagen und darauf hoffen, dass er nicht vollständig vom Leben abgeschnitten wird.

Auf die eigentliche Klage folgt in der Regel eine Vertrauensbekundung, die dann in ein Lobgelübde übergeht. Insgesamt beschreiben die Klagepsalmen damit einen Weg, der in die Rettung des Beters und in den Lobpreis Gottes mündet. Ps 50,15 bringt diesen ›Prozess‹ und den damit verbundenen Sinn der Klage auf eine prägnante Formel: »Rufe mich an in der Not, so will ich dich retten, und du sollst mich preisen!« Am Ende der Klage steht also die Wiederherstellung der physischen und sozialen Integrität des Beters, ebenso wie eine geheilte Gottesbeziehung.

Die Klagen Hiobs unterscheiden sich von diesem rituellen Klageprozess darin, dass der Schritt zu Vertrauensbekundung und Lobgelübde nicht vollzogen wird. Hiob bleibt bei der Klage und, genauer, bei der Anklage gegen

---

[299] Vgl. Ps 13 als »Musterpsalm« der Klage des Einzelnen.

Gott stehen. Auf den Rat seiner drei Freunde, den Weg des Klageritus zu gehen, der ihrer Meinung nach auch zu seiner Wiederherstellung führen würde, lässt er sich gerade nicht ein. Und dabei sind die Freunde weniger darauf aus, Hiob nachzuweisen, dass er ›verdient‹ hat, was ihm widerfahren ist. Vielmehr bezweifeln sie (wie vermutlich auch heutige Leserinnen und Leser) die geradezu übermenschliche Sündlosigkeit, die im Prolog des Buches von Hiob ausgesagt wird (Hi 1,1.8; 2,3) – jeder Mensch sündigt und wird auf die eine oder andere Weise schuldig. Aber gerade weil das so ist, ›verbaut‹ sich Hiob, in der Wahrnehmung seiner Freunde, durch sein prinzipielles Insistieren auf seiner Unschuld den Weg zu seiner Heilung. Etwas anders formuliert, fehlt es Hiob an der Demut und der Bereitschaft, sich dem Urteil Gottes zu unterwerfen. Genau diese Argumentation findet sich im Vorfeld von Hi 23 in der Rede des Eliphas, der seinen Freund Hiob mit ganz ähnlichen Worten ermahnt, wie man sie in Ps 50,15 findet: »Wenn du ihn bitten wirst, wird er dich hören, und du wirst deine Gelübde erfüllen. Was du dir vornimmst, lässt er dir gelingen, und das Licht wird auf deinen Wegen scheinen. Denn er erniedrigt die Hochmütigen; aber wer seine Augen niederschlägt, dem hilft er. Auch wer nicht unschuldig ist, wird errettet werden; er wird errettet um der Reinheit deiner Hände willen« (Hi 22,27–30).

Vermutlich ist es diese Perspektive der Freunde, die Hi 23 zum Predigttext für den 11. Sonntag nach Trinitatis gemacht hat, an dem es um Demut und Gottesfurcht geht. Und in der Tat ist die Kritik an Hiobs Verhalten ein Leitmotiv, das vor allem durch Hiobs Eingeständnis am Schluss des Buches validiert wird, wo er bereut und sich selbst der Torheit bezichtigt (Hi 42,1–5). Dort endlich tut Hiob schließlich das, was die Freunde die ganze Zeit über von ihm verlangt hatten, nämlich nicht auf der eigenen Gerechtigkeit zu insistieren, sondern sich dem Urteil und der Rettung Gottes zu unterwerfen.

Es gibt sie also durchaus, die – berechtigte – Kritik an Hiob. Allerdings ist dies nur eine Linie, entlang derer der Protagonist Hiob gesehen wird. Dagegen setzt das Hiobbuch eine andere Perspektive: nicht die des überheblichen, sondern des zutiefst verunsicherten Hiob.

Lässt man sich auf Hiobs eigene Sicht der Dinge ein, dann ist auch er – wie die Beter der Klagepsalmen – zunächst einmal ein klagender Mensch, der sich in existenzieller Not an Gott wendet. Was Hiob aber nicht (mehr) aufbringen kann, ist das Vertrauen in seinen Gott, wie es das Klageritual an dieser Stelle vorsieht bzw. fordert. Das war im Prolog noch anders. Der berühmte Satz »Der Herr hat's gegeben, der Herr hat's genommen; der Name des Herrn sei gelobt« (Hi 1,21; vgl. 2,10) ist nicht zuletzt ein Satz des Vertrauens, das der klagende Hiob nun nicht mehr aufzubringen vermag. Auf diese Weise verändert sich der Charakter von Hiobs Klage. Zunächst wird aus der rituellen Klage eine rechtliche Anklage. Hiob verlangt danach, mit Gott einen Rechtsstreit austragen zu können (Hi 23,4). Das sollte man nicht, wie es gelegentlich geschieht, vorschnell als Rechthaberei abtun. Vielmehr ermöglicht der Gedanke an das auch Gott verpflichtende Recht, dass Hiob trotzdem an Gott festhalten kann, auch wenn sein Vertrauen auf ihn brüchig geworden ist. Durch das gesamte Alte Testament hindurch wird Gott als ein Gott des Rechts dargestellt, der den Bund mit seinem Volk achtet und der gerade nicht Willkür walten lässt. An diese Traditionslinie knüpft Hiob an, wenn er danach verlangt, Gott im Gerichtssaal zu begegnen (23,1–7). Dabei wird nicht gesagt, dass Hiob dort tatsächlich Recht gegeben würde, aber Gott müsste sagen, müsste benennen, warum er Hiobs Elend verfügt hat.

Dazu kommt es jedoch nicht. In Hiobs Wahrnehmung verbirgt sich Gott vor ihm; und gerade weil er das tut, wird er für Hiob zu einem unberechenbaren Gegenüber (V. 8): »Aber gehe ich nach Osten, so ist er nicht da; gehe ich nach Westen, so spüre ich ihn nicht. Wirkt er im Norden, so schaue ich ihn nicht; verbirgt er sich im Süden, so sehe ich ihn nicht.« Das ist nicht nur eine implizite Widerlegung der Vorstellung von Ps 139, wonach Gott den Beter von allen Seiten schützend umgibt (Ps 139,1–10). Vielmehr entzieht sich Gott demjenigen, der nach ihm sucht. Auf imaginärem Weg begibt sich Hiob an die vier Enden der Erde, aber jedes Mal, wenn er dort angekommen ist, hat sich Gott schon wieder entfernt. Hiobs eigene Erfahrung stellt Ps 50,15 geradezu auf den Kopf: Wer Gott in der Not anruft, den rettet er nicht, im Gegenteil: Er lässt ihn im Stich. Oder etwas anders formuliert: Wem es nicht gut geht im Leben, der wird auch von Gott verlassen.

Auf diese Weise wird geradezu Gottes charakterliche Eignung angezweifelt, Gott zu sein. Diese äußerste Zuspitzung der Anklage führt zu den Schlussversen von Hi 23, die kaum eine Parallele im gesamten Alten Testament haben. Die Übersetzung von V. 15–17 ist leider alles andere als eindeutig, es lohnt sich also der Vergleich unterschiedlicher Übersetzungen. Aber hier sagt Hiob so deutlich wie vielleicht nirgends sonst, dass er Angst hat vor Gott: »Darum erschrecke ich vor seinem Angesicht, und wenn ich darüber nachdenke, so fürchte ich mich vor ihm. Gott ist's, der mein Herz mutlos gemacht, und der Allmächtige, der mich erschreckt hat; denn nicht der Finsternis wegen muss ich schweigen, und nicht, weil Dunkel mein Angesicht deckt.« Die Vision einer finalen Dunkelheit als das Ende aller Wege findet sich auch an anderen Stellen des Alten Testaments (vgl. Hi 10,22; Ps 88,19). Aber Hi 23,17 geht noch einen Schritt darüber hinaus: Schlimmer als alle Dunkelheit ist ein Gott, vor dem man Angst haben muss. Dem Ideal der Gottesfurcht, die überall im Alten Testament als Tugend des Glaubens bezeichnet wird, steht bei Hiob eine Gottesangst gegenüber, aus der ihn niemand befreit.

Insofern ist es nicht nur eine literarische Leistung, sondern ein theologisches Zeugnis ersten Ranges, wie in und mit der Figur Hiobs zwei konträre Gotteserfahrungen und -erwartungen miteinander verknüpft sind. Gottvertrauen und Gottesangst treten hier nebeneinander, ohne dass der Gegensatz je aufgelöst wird. Dieser vermittelt sich vielmehr als existenzielle Spannung weiter:»Wenn ich darüber nachdenke, so fürchte ich mich vor ihm« (Hi 23,15) und»Ich weiß, dass mein Erlöser lebt« (Hi 19,25) sind Sätze, die gleichermaßen zum Hiobbuch gehören und einen Raum eröffnen, in dem die Leserinnen und Leser ihren eigenen Glauben begreifen und beschreiben können. (AS)

Mehr als Demut oder Hochmut – oder: Jenseits der klaren Verhältnisse

Bisher schien am 11. Sonntag nach Trinitatis alles einigermaßen klar:»Gott widersteht den Hochmütigen, aber den Demütigen gibt er Gnade.«, heißt es im Wochenspruch aus 1Petr 5,5b und ganz ähnlich in der Beispielerzählung vom Pharisäer und Zöllner, deren Pointe der lukanische Jesus so formuliert: »Wer sich selbst erhöht, der wird erniedrigt werden; und wer sich selbst erniedrigt, der wird erhöht werden« (Lk 18,14). Also geht es, so ließe sich verkürzt sagen, am 11. Sonntag nach Trinitatis um Demut versus Hochmut!

> Interessant und erschreckend ist, dass sich in der Auslegungsgeschichte von Lk 18,9–14 nicht selten eine merkwürdige Verkehrung einstellte. Die ach so demütigen Christenmenschen zeigten mit dem Finger auf die vermeintlich hochmütigen und im ›Pharisäer‹ verkörperten Juden – und führten so vor Augen, wie schmal der Grat für ein Leben in Demut ist und wie schwer es fällt, gerade in Glaubensdingen die eigene Erfahrung und Praxis nicht als gegenüber anderen überlegen zu betrachten.

Die bisherigen Texte des 11. Sonntags nach Trinitatis verbinden die Frage nach dem Verhältnis zu Gott mit dem Verhältnis zum Nächsten. Der Hochmut Gott gegenüber zerstört das soziale Miteinander. So überführt der Prophet Nathan in 2Sam 12 König David seiner Sünde und macht ihm deutlich, dass der Missbrauch von Macht dem Willen Gottes widerspricht und zur Zerstörung von Leben führt. In Lk 7,36–50 vergibt Jesus der explizit als »Sünderin« eingeführten Frau ihre Sünde und überwindet so die gesellschaftliche Exklusion – wenngleich sein Handeln auf den Widerstand des ›Pharisäers‹ und der anderen zu Tisch Sitzenden stößt. In dem bisher im Textraum verorteten Gleichnis von den »ungleichen Söhnen« (Mt 21,28–32), das nun am 5. Sonntag vor der Passionszeit seinen Ort hat, entscheidet sich das Kommen ins Reich Gottes nicht an den sozialen Exklusionsstrategien einer Gesellschaft, sondern allein am Tun des Willens Gottes. Die beiden Episteltexte Eph 2,4–10 und Gal 2,16–21 betonen die göttliche Gnade jenseits aller menschlichen Werke, die jedes zwischenmenschliche »Rühmen« ausschließt.

So weisen die Texte auf die Menschen und ihr Problem mit der Demut, während Gott in allen bisherigen Texten klar in seinem Willen und darin auch deutlich erkennbar erscheint: Er belohnt die, die sich an seinen Willen halten; er vergibt allen, die ihre Sünde bekennen.

Aber nun tritt Hiob in den Textraum und stellt genau dieses Verhältnis infrage – zu predigen ist nicht die Rede des Hiob-Freundes Eliphas aus Kapitel 22, der Hiob empfiehlt, sich demütig Gott gegenüber zu verhalten und Gott neu um sein Erbarmen zu bitten (vgl. vor allem Hi 22,29), sondern Hi 23, was die Chance bietet, das Gottesverhältnis tiefer auszuloten, als dies mit der pauschalen Alternative »Hochmut« vs. »Demut« geschieht.

In Hi 23 ist nichts einfach so klar – nicht die Gefühlslage des Hiob, nicht das Bild Gottes, nicht der Gedankengang des Textes, ja nicht einmal die Text-überlieferung. So klar es etwa im Evangelium ist, wo Gott zu finden ist (im Tempel), so grundlegend fraglich ist dies hier: »Ach dass ich wüsste, wie ich ihn finden und zu seiner Stätte kommen könnte!« (Hi 23,3).

Hi 23 ist zweifellos ein verstörender Text. Als heilsam erweist sich diese Verstörung insofern, als sie die Realität des Lebens an und für sich und erst recht des Lebens mit Gott abbildet. In Situationen der Verzweiflung und der »Gottesfinsternis« (Martin Buber) helfen die klaren Dualismen (Gott ist gut, der Mensch ist Sünder; Menschen sind hochmütig oder demütig …) und die einfachen Ratschläge nicht.

Ist es üblicherweise in der Bibel und in der Frömmigkeit, im Liedgut und in Predigten so, dass Gott als der Treue und Beständige gezeichnet wird, dem gegenüber die Untreue seines Volkes und die Sünde der Einzelnen erkennbar wird, so ist es hier geradezu umgekehrt: Hiob sieht sich als den, der beständig ist auf seinem Weg und der im Einklang mit Gottes Gebot lebt. Und Gott erscheint in Hiobs Perspektive umgekehrt nicht nur als der Verborgene, sondern als der Unerklärliche, Unerkennbare, Unsichtbare, nicht Wahrnehmbare, Verschwundene – und deshalb in seiner Macht Unheimliche. Nein – es ist nicht so einfach. Gott ist nicht so einfach ›da‹ – und die Frage wäre dann nur, wie wir uns zu ihm verhalten: hochmütig oder demütig. Gott ist entzogen und gerade so bedrohlich.

1880 schuf der französische Maler Léon Bonnat (1833–1922) sein bekanntes Hiob-Gemälde.[300] Hatten zahlreiche traditionelle Darstellungen Hiob im Kontext seiner Freunde gezeichnet oder – wie Hans Leonhard Schäufeleins Renaissance-Bild aus dem Jahr 1510[301] – vom Teufel gequält, so ist bei Bonnat die Einsamkeit Hiobs augenfällig. Der nackte Hiob, dem das Leiden auch körperlich anzusehen ist, wendet sich mit Kopf und Händen nach oben. Aber da ist es finster! Der ›metaphysische Background‹, in den sich Hiob zwischen Gott und Satan einordnen lässt, scheint verschwunden …

Das gilt auch für das Gedicht von Robert Gernhardt (1937–2006) »Hiob im Diakonissenkrankenhaus«:[302]

Ihr habt mir tags von Gott erzählt,
nachts hat mich euer Gott gequält.

Ihr habt laut eures Gotts gedacht,
mich hat er stumm zur Sau gemacht.

Ihr habt gesagt, daß Gott mich braucht –
braucht Gott wen, den er nächtens schlaucht?

Ihr habt erklärt, daß Gott mich liebt –
liebt Gott den, dem er Saures gibt?

Die freundlich-seelsorglichen Gottesaussagen der Diakonissen werden Strophe für Strophe, Satz für Satz den Erfahrungen des lyrischen Ichs (in denen sich die Erfahrungen des Autors während langer Krankenhausaufenthalte im Jahr 1996 spiegeln) gegenübergestellt und durch die Schlichtheit des Reims ihrer Problematik entlarvt.

Mit Hi 23 wird eine Erfahrungsdimension in das Reden von Gott eingebracht, die homiletisch nicht wieder unter den Tisch gekehrt, sondern in Spannung gehalten werden sollte zu den anderen Aussagen (die deswegen ebenfalls nicht nivelliert werden müssen). Ja, die Diakonissen können von Gottes Liebe reden – und Eliphas von der Notwendigkeit der Demut. Aber Hiob kann mit seiner Gottverlassenheit und seiner Gottesangst neben ihnen stehen und hat genau dort sein Recht. Und es sollte nun keiner kommen, der

---

[300]   Das Bild ist im Internet vielfach zu greifen.
[301]   Auch diese Darstellung ist im Internet leicht zu finden.
[302]   Robert Gernhardt, Lichte Gedichte, Zürich ⁴1997, 57.

sich ihm gegenüber aufbaut und sagt: »Ich danke dir, Gott, dass ich nicht bin wie dieser« (vgl. Lk 18,11)!

Es gibt wohl (leider) keine Strophe im Evangelischen Gesangbuch, die die Gotteserfahrungen Hiobs in ein Lied fassen würde. Interessant erscheint Julie Hausmanns »So nimm denn meine Hände« (EG 376).[303] In der dritten Strophe heißt es: »Wenn ich auch gleich nichts fühle / von deiner Macht, / du führst mich doch zum Ziele / auch durch die Nacht …«. Motive aus Hiob 23 spiegeln sich in diesem Lied – und werden zugleich in ein Vertrauensmotiv verwandelt. Es könnte reizvoll sein, beim Singen dieses Liedes mit Strophe 3 zu beginnen und dann nochmals das ganze Lied in den Strophe 1 bis 3 zu singen.

Natürlich ist es auch möglich, der Gotteserfahrung des Hiob eine andere Erfahrung entgegenzusetzen, wie sie etwa in Jochen Kleppers »Gott wohnt in einem Lichte« aufscheint (EG 379): »Aus seinem Glanz und Lichte / tritt er in deine Nacht: / Und alles wird zunichte, / was dir so bange macht« (V. 4). (AD)

---

[303] Ob dieses Lied tatsächlich entstand, nachdem Julie Hausmann bei ihrer Ankunft auf der Missionsstation erfahren musste, dass der Verlobte, zu dem sie sich auf den Weg gemacht hatte, verstorben war, ist ungewiss. Als eine Legende, die sich um die Entstehung des Liedes rankt, hat diese Geschichte aber auch ohne historische Validierung eine große homiletische Karriere gemacht.

13. Sonntag nach Trinitatis (Reihe VI): Lev 19,1–3.13–18.33–34

Die Mitte der Tora: Liebe deinen Nächsten, er ist wie du!

Das Buch Leviticus ist das Herzstück der Tora. Es steht in deren Mitte und enthält das Gesetz, das Mose am Sinai von JHWH empfing. Die Bücher Genesis und Exodus erzählen von dem langen Weg, den die Väter und Mütter Israels zurücklegen mussten, bis sie schließlich am Gottesberg ankamen. Numeri und Deuteronomium sind andererseits die Bücher der Wüstenwanderung, die Israel bis an die Schwelle des versprochenen Landes führen. Man hat christlicherseits immer wieder vermutet, dass die Ursprungsgeschichte Israels die Sinaigebote noch gar nicht kannte, diese also erst sekundär in die Tora eingebettet wurden. Demnach wären die Erzelterngeschichten, der Exodus aus Ägypten und die Wanderung ins Land Kanaan – ohne die Gesetzesoffenbarung – der primäre ›Gründungsmythos‹ gewesen. Aber die Vorstellung, dass es Gottes Geschichte mit Israel auch einmal ohne die Sinaitora gegeben habe, dürfte eher mit den Vorbehalten mancher Bibelausleger gegenüber der Gesetzesüberlieferung zu tun haben als mit der tatsächlichen Entstehungsgeschichte der Texte.

Leviticus als Mitte der Tora enthält die Lebensordnungen Israels. Das schließt zwei Bereiche ein und verknüpft sie zugleich miteinander: Israels Leben untereinander und Israels Leben vor Gott. Das Eine stellt sich im Anderen dar. Eine Gottesbeziehung ohne soziale Welt wäre für die Tora nicht real, und soziale Beziehungen ohne Gott wären unerfüllt. Das kommt in Lev 19 gleich zu Beginn zum Ausdruck, wenn Israel dazu aufgefordert wird, heilig zu sein, so wie Gott selbst heilig ist. Das ist eine in jeder Hinsicht erstaunliche, vielleicht sogar Furcht einflößende Vorstellung. Immerhin wird in Offb 15,4 gesagt, was intuitiv viel naheliegender erscheint, dass nämlich Gott allein heilig ist. Um einen ›Tippfehler‹ handelt es sich in Lev 19,1 allerdings nicht, denn die gleiche Aufforderung bildet ein Leitmotiv, das noch an anderen Stellen des Buchs Leviticus anklingt (Lev 11,44 f.; 20,7).

Erstaunlich ist die Aufforderung zur Heiligkeit, weil damit gesagt wird, dass Menschen in gewisser Weise wie Gott sein können – und sollen. Das erinnert an Gen 3,5.22 und 11,1–9, wo es ebenfalls darum geht, ob und inwiefern Menschen wie Gott sein können. Dort wird dies problematisiert, weil die Menschen, um so sein zu können, eine Grenze überschreiten und sich über

Gottes Gebot hinwegsetzen. Das ist in Leviticus 19 anders und wirft die spanende Frage auf, inwiefern Heiligkeit eine göttliche *und* menschliche Eigenschaft sein kann. Dabei ist zunächst von Bedeutung, dass Heiligkeit und Heiligung (zumindest hier) nichts mit ›Sakralisierung‹ zu tun haben. Es geht nicht um Verhaltensweisen, die den Menschen in eine höhere Sphäre erheben, sondern, genau umgekehrt, ihn tief in seine eigene Welt hineinstoßen.

Das zeigen die Abschnitte, die für diese Perikope aus Lev 19 ausgewählt wurden. Es sei angemerkt, dass es exegetisch nicht unproblematisch ist, Einzelverse (1–3.13–18.33 f.) aus einem literarisch und theologisch komponierten Zusammenhang herauszulösen. Dabei gerät dann leicht aus dem Blick, dass Lev 19 insgesamt ein durchlaufendes Motiv hat, nämlich den Schutz der Schwächeren. Das beginnt bereits mit dem Gebot, die Eltern zu ehren (V. 3). Dabei geht es vermutlich weniger darum, allgemein ein gehorsamer Sohn oder eine gehorsame Tochter zu sein. Die Eltern »ehren« wird vielmehr dann zum Thema, wenn der erwachsene Mensch, der nicht mehr auf seine Eltern angewiesen ist, deren Versorgung übernehmen muss. Anders gesagt, hier dürfte es um die Fürsorge für alte Menschen gehen.

Ganz offensichtlich wird der Schutz von Schwächeren und Schutzbefohlenen, wenn es um das Verbot geht, Felder nicht gänzlich abzuernten, sondern so viel übrig zu lassen, dass auch die Armen noch zu essen bekommen (V. 9 f.). Ebenso soll man natürliche Einschränkungen wie Taubheit nicht ausnutzen und einen Mittellosen im Gericht nicht übervorteilen (V. 14).

Vor diesem Hintergrund stellt sich die Frage nach der Bedeutung des Gebots, den »Nächsten« zu lieben (V. 18 f.). Die Schwierigkeit besteht darin, dass nicht mehr eine relativ scharf umrissene Menschengruppe genannt wird, sondern die Bestimmung nun allgemeiner ausfällt. Zunächst einmal ist ein Nächster (hebr. *re^a'*) jemand, der/die zur eigenen Volksgruppe (Sippe oder Stamm) zählt. Es geht also um ›ethnische‹ Zugehörigkeit. Nicht jeder andere Mensch ist demnach auch ein Nächster, auf Fremde wird in V. 33 f. eigens eingegangen. Das Gebot, einen so verstandenen Nächsten zu lieben, überrascht also zunächst nicht, sondern entspringt dem Interesse an einem gedeihlichen Miteinander. Interessant wird das Liebesgebot allerdings wegen des Zusatzes, der in den meisten Bibelübersetzungen als »wie dich selbst« wiedergegeben wird. Was das bedeuten könnte, hat vielfältige, häufig psychologisierende Deutungen erfahren: Selbstliebe als Voraussetzung dafür, auch andere Menschen lieben zu können; man soll den Nächsten mindestens so sehr lieben wie man sich selbst liebt, etc. Die Frage ist allerdings, ob es hier überhaupt um Selbstliebe geht. Dagegen spricht, dass im Hebräischen an dieser Stelle kein Reflexivpronomen steht. Ganz wörtlich abgebildet lautet das Liebesgebot: »Und du sollst deinen Nächsten lieben – wie du«. Im rabbinischen Judentum wird dieses »wie du« nicht mit »wie dich selbst« (adverbial), sondern mit »(er ist) wie du« (adnominal) übersetzt: »Und du sollst deinen Nächsten lieben, er ist wie du«. Es geht also nicht darum, wie man lieben soll, sondern was den Nächsten überhaupt zum Nächsten macht. Im Kontext von Lev 19 ist die Antwort relativ eindeutig: Der Nächste ist ein Mensch mit Bedürfnissen, Nöten, Einschränkungen und Unzulänglichkeiten – ein Mensch also wie du und ich. Gerade weil es in Lev 19 durchweg um menschliche Bedürftigkeit geht, wird dies auch zur Definition eines ›Nächsten‹. Nächstenliebe heißt, dem Mitmenschen dort entgegenzukommen, wo er oder sie dies braucht – egal, ob im Fall der alternden Eltern, der körperlichen Versehrtheit oder des sozialen Status.

Arbeitet man mit dem Gedanken, dass Liebe etwas ist, das auf die Bedürftigkeit eines anderen reagiert, und dass sich in dieser Bedürftigkeit alle Menschen gleich sind, erschließt sich auch die Wiederholung des Liebesgebots in V. 33 f., wo nicht der Nächste allgemein, sondern der Fremde gemeint ist. Hier wird nun ganz explizit erklärt, warum man gerade diesen lieben soll, und das Argument ist die Gleichheit geschichtlicher Erfahrung: Auch die Israeliten waren einmal Fremde in Ägypten. Es ist nicht ganz klar, ob damit eine positive oder eine negative Erinnerung aufgerufen wird. Geht es um die Zeit, in der Josef und seine Brüder überlebten, weil die Ägypter sie in den eigenen Reihen akzeptierten? Oder ist hier die ägyptische Gefangenschaft gemeint? Aber wie auch immer die historische Referenz zu deuten ist, das Liebesgebot zielt darauf, im Fremdling das eigene Schicksal wiederzuerkennen.

Das erklärt, warum Liebe hier Gegenstand eines Gebots sein kann. Eine vor allem romantisch oder emotional verstandene Liebe könnte weder geboten noch verboten werden. Den Fremden zu lieben hat aber zuerst und vor allem etwas damit zu tun, dass man ihn in solidarischer Weise wahrnimmt. Anders gesagt: Menschliche Nähe oder Ferne, Vertrautheit und Fremdheit sind nicht einfach gegeben, sondern sie sind auch das Ergebnis von Willensentscheidungen. Man kann sich den Fremden fremd machen oder ihn sich nahe sein lassen. Und weil dies so ist, kann Nächstenliebe allgemein und Fremdenliebe im Besonderen geboten werden: »Liebe den Fremden, (denn) er ist wie du!«

Von daher lohnt es sich, nochmals darüber nachzudenken, was ›heilig sein‹ bedeutet. Offenbar geht es dabei nicht um Absonderung oder um die Demarkation eines heiligen Bereichs. Eher im Gegenteil hat Heiligung etwas damit zu tun, die Brüche innerhalb eines Gemeinwesens zu schließen. Das geschieht vor allem, indem man die Bedürftigkeit des Nächsten nicht ausnutzt, sondern dieser entspricht – und dies umgekehrt auch im eigenen Leben und der eigenen Bedürftigkeit erfahren darf. Heiligkeit schafft Formen von Nähe angesichts der sehr realen Möglichkeit von Entfremdung, und gerade deswegen ist es nur folgerichtig, wenn zu dem Imperativ »Ihr sollt heilig sein« das Gebot tritt »Du sollst deinen Nächsten lieben«. (AS)

Heiliges Leben – Entdeckungen in der Mitte der Tora

Ich glaube

Liebe deinen Nächsten
wie dich
selbst

Glaube ich

Rose Ausländer[304]

Der 13. Sonntag nach Trinitatis steht unter dem Thema »Nächstenliebe«. Sobald man dies aber so sagt, wird m. E. die Problematik deutlich, die mit der Angabe des »Themas« eines Sonn- oder Feiertags verbunden ist. Bei der bloßen Erwähnung des Wortes »Nächstenliebe« dürfte sich bei vielen das Gefühl von Redundanz und Langeweile einstellen: Unzählige Predigten und bischöfliche bzw. kirchenleitende Worte haben hinlänglich deutlich gemacht, dass Christenmenschen ihren Nächsten lieben sollen! Allerdings bieten die Texte des Sonntags weit mehr als den abstrakten Begriff der Nächstenliebe.

Da ist Jesu Umkehrung der Frage nach dem Nächsten im Gespräch mit dem Gesetzeslehrer im Evangelium des Sonntags (Lk 10,25–37): Aus »Wer ist mein Nächster?« (V. 29) wird die Frage: Wer wird dem Opfer »zum Nächsten« (vgl. V. 36)? Es geht nicht um ein starkes Subjekt, das sich zurechtlegt, wer denn nun der Nächste sei, sondern um den Menschen, den Gott in meinen Weg stellt. Die Epistel 1Joh 4,7–12 beschreibt einen ›circle of love‹ zwischen Gott, seinem Sohn und den Glaubenden. Der Wochenspruch Mt 25,40b aus Jesu Rede vom Weltgericht verstärkt die Identifikation von Christus mit dem (geringsten) Nächsten und stellt fest: »Was ihr getan habt einem von diesen

---

[304]   Rose Ausländer, Gesammelte Werke in acht Bänden, Bd. 7: Und preise die kühlende Liebe der Luft, hg. v. Helmut Braun, Frankfurt a. M. 1988, 69. Das Gedicht trägt den Titel »Idee«.

meinen geringsten Brüdern, das habt ihr mir getan.« Auch die Geschichte vom ersten Mord der Menschheitsgeschichte (Gen 4,1–16a) begegnet im Textraum des Sonntags; sie war bisher die alttestamentliche Lesung und zeigt, wie Menschen aus dem Kreislauf der Liebe und der Verantwortung herausfallen und den Nächsten verfehlen können: »Wo ist dein Bruder Abel?« (Gen 4,9). Zum 13. Sonntag nach Trinitatis gehören schließlich auch die Geschichten von Jesu wahren Verwandten (Mk 3,31–35: »… wer Gottes Willen tut, der ist mein Bruder und meine Schwester und meine Mutter«; V. 35) und von der Wahl der sieben Diakone (Apg 6,1–7).

Wenn nun Lev 19,1–3.13–18.33–34 als neue alttestamentliche Lesung in den Textraum tritt, wird die Gemeinde in die Lektürebewegung mitgenommen, die Jesus selbst im Gespräch mit dem Gesetzeslehrer anregt. Auf die Frage des Lehrers nach dem Erwerb des ewigen Lebens antwortet Jesus – gerade für lutherische Ohren zweifellos wichtig zu hören (!) – mit der Rückfrage: »Was steht im Gesetz geschrieben?« (Lk 10,26). Der Gesetzeslehrer zitiert daraufhin Dtn 6,5 und Lev 19,18 – und verbindet so Gottes- und Nächstenliebe.

Die Frage, ob mit dem Nächsten in Lev 19,18 nur der Nächste aus dem eigenen Volk gemeint ist oder auch der fremde Nächste, wird in der rabbinischen Literatur vielfältig diskutiert. Die meisten Ausleger verstehen den Nächsten als den Mitjuden; es finden sich aber auch explizite Erweiterungen. So zitiert Seder Eliyahu Rabbah (ein zwischen 500 und 800 entstandenes Werk) ein Wort des Propheten Elia, zu dem ein Kaufmann sagte: »Höre, Meister, was mir geschah. Ich habe einem Heiden vier *kor* Datteln verkauft, die ich in einem halbdunklen Raum maß. Der Heide, der nicht sah, was da gemessen wurde, sagte: ›Du und Gott im Himmel – ihr wisst, mit welchem Maß ihr mir messt.‹« Der jüdische Händler hatte die Chance genutzt und im Halbdunkel zu wenig gemessen. Von dem Gewinn seines unlauteren Handels kaufte er einen Krug Öl, den der da stehen ließ, wo er auch die Datteln ausgemessen hatte. Der Krug zerbrach, das Öl war verloren. »So sagte ich [Elia] zu dem Mann: ›Mein Sohn, gepriesen sei der, der überall ist, und in dessen Gegenwart es keine Bevorzugung gibt. Wenn es in der Schrift heißt: ›Du sollst deinen Nächsten nicht bedrücken noch berauben‹ (Lev 19,13), dann meint das, dass dein Nächster (sei er Jude oder Heide) so zu behandeln sei wie dein Bruder. Auch einen Heiden zu betrügen ist immer noch Betrug.‹«[305]

---

[305]   Zit. nach Hayim Nahman Bialik/Yehoshua Hana Ravnitzky, The Book of Legends. Sefer Ha-Aggadah. Legends from the Talmud and Midrash, New York 1992, 656.

Lev 19 als alttestamentliche Lesung und als Predigttext in Reihe VI ermöglicht es, der Frage Jesu zu folgen und genauer zu hören, was ›im Gesetz‹ geschrieben steht. Zwei Entdeckungszusammenhänge scheinen mir dabei für eine Predigt zu Lev 19 vor allem interessant: (1) Lev 19 zeichnet die zahlreichen in diesem Kapitel erwähnten Gebote ein in eine grundlegende Dynamik der Heiligung. (2) Lev 19 bietet christlichen Gemeinden die Chance, das Gebot als Gottes Verheißung für das Leben auf dieser Welt zu entdecken und so exemplarisch einzutauchen in die jüdische Gesetzeslehre, die Halacha.

(1) Es geht in Lev 19 um das Miteinander des heiligen Gottes und seines heiligen Volkes. Die Gebote dienen dazu, in die Dynamik der göttlichen Heiligkeit einzutreten und darin zu leben. Als der Tempel in Jerusalem im Jahr 70 der Zeitrechnung zerstört wurde und somit keine Opfer mehr möglich waren, diskutierten Rabbinen über die Frage, wie nun die ›Nahung‹ von Gott und Mensch,[306] die durch das Opfer immer neu dargestellt wurde, möglich wird. Bald kristallisierten sich drei Praktiken heraus, die als ›Ersatz‹ für die Opfer verstanden und in den Deutungsraum des Wortes *Qorban*/Opfer eingetragen wurden: das Gebet, das Studium der Tora und das Tun der guten Werke (hebr. *Mizwot*; Sg. *Mizwa*). Die 613 *Mizwot*, die das rabbinische Judentum in der Tora erkannte und erkennt, geben Weisung für das Leben, regeln das Essen und Trinken, die Gestaltung des Alltags und Festtags, den Umgang mit Menschen und Tieren. Abraham Joshua Heschel (1907–1972) übersetze *Mizwa* als ›heilige Handlung‹.[307] Der Raum des Heiligen findet sich durch das Tun der Mizwot mitten im Alltag. Rabbi Elasar und Rabbi Jochanan bringen dies dadurch pointiert zur Sprache, dass sie den Altar des Tempels und den Ess-Tisch des Wohnhauses miteinander in Beziehung setzen (bBer 55a). Und der jiddische Schriftsteller Isaac Bashevis Singer (1904–1991) erzählt von der Gegenwart des Tempels in einer Wohnung in der ersten Hälfte des 20. Jahrhunderts:

»Als ich ein Junge war, waren der Heilige Tempel und der Altar schon vor über zweitausend Jahren zerstört worden. Dennoch waren in unserer Wohnung in der

---

[306]   Das hebräische Wort *qorban*, das in der Priesterschrift zu einem grundlegenden Begriff für »Opfer« wurde, leitet sich von der Wurzel *qrb* ab, die ›(sich) nahen‹ bedeutet. In der Bibelübersetzung von Buber/Rosenzweig wurde *qorban* daher mit »Nahung« bzw. »Darnahung« übersetzt. Vgl. dazu und zum Folgenden Alexander Deeg, Opfer als ›Nahung‹. Ein jüdisch-christliches Gespräch zur Spiritualität des Opfers, in: Erlösung ohne Opfer?, hg. v. Werner H. Ritter, Göttingen 2003, 113–145.

[307]   Abraham Joshua Heschel, Der Mensch fragt nach Gott. Untersuchungen zum Gebet und zur Symbolik, Neukirchen-Vluyn 1982 (= Information Judentum 3), 48.

Korchmalnastraße 10 der Tempel, der Altar, die Priester und die Opfer gegenwärtiger als die Nachrichten in der täglichen jiddischen Zeitung.«[308]

Mizwot, Gottes Gebote, sind – wie die guten Werke in evangelischer Deutung (!) – nicht der (verzweifelt-angestrengte) Versuch *des Menschen*, sich einen gnädigen Gott zu schaffen. Sie sind – wie das Opfer – der von dem *gnädigen Gott* eingeräumte Raum der Heiligung des (alltäglichen) Lebens durch das Handeln des Menschen. Was die Epistel 1Joh 4 im Kontext der Liebe sagt, sagt Lev 19 im Kontext der Heiligkeit: Gott ist die Liebe und wirkt die Liebe zwischen den Menschen; Gott ist heilig – und wir sollen/werden heilig sein!

(2) Christliche Ethik leidet manchmal darunter, dass sie auf einer hohen Abstraktionsebene verbleibt. Es geht um Gerechtigkeit, Solidarität, Nächstenliebe etc. Jüdische Gesetzeslehre (Halacha) hat demgegenüber den Vorteil, dass sie sich in konkrete Fragen des Lebens verstrickt und dort nach dem Willen Gottes fragt. Eine Relektüre von Lev 19 bietet die Chance, wenigstens exemplarisch in die Halacha-Diskussion einzutauchen, wenn sie mehr als nur die Verse zur Nächstenliebe bedenkt. In Lev 19 begegnen Gebote zu den Feiertagen, zum sozialen Umgang in der Gesellschaft, zum Leben mit Fremden, aber auch solche, die vernünftig in keiner Weise begründbar sind, wie das Verbot aus V. 19, Kleidung zu tragen, die »aus zweierlei Faden gewebt ist«, oder das Gebot aus V. 27, das »Haar am Haupt nicht rundherum« abzuschneiden, die beide bis heute im orthodoxen Judentum Beachtung finden.

Der evangelische Theologe Johannes Wachowski hat in seiner Dissertation gezeigt, wie in der Geschichte der evangelischen Kirche ›die Leviten‹ gelesen wurden und welche Rolle dieses Buch auch im Protestantismus spielte.[309] Er empfiehlt dringend, das dritte Buch Mose neu wahrzunehmen und so das selbstverschuldete Toraschweigen der Kirche zu beenden. Das bedeutet auch, den jüdischen Halacha-Diskurs wahrzunehmen und evangelischerseits zu entdecken, wie biblische Gebote und Verbote konkret mit Fragen gegenwärtigen Lebens verbunden werden können.

---

[308] Isaac Bashevis Singer, Die Scheidung, in: Ein Tag des Glücks. Geschichten von der Liebe, Deutsch von Ellen Otten, München ³2000, 66–78, 66

[309] Vgl. Johannes Wachowski, »Die Leviten lesen«. Untersuchungen zur liturgischen Präsenz des Buches Leviticus im Judentum und Christentum. Erwägungen zu einem Torajahr der Kirche, APT 36, Leipzig 2008.

Liedvorschläge: EG 295 (Wohl denen, die da wandeln) eignet sich zweifellos, um die Dankbarkeit für Gottes Gebote und Weisung zu besingen. Die Häufigkeit allerdings, mit der dieses Lied meiner Wahrnehmung nach gewählt wird, zeigt, dass es eine Art hymnologisches Defizit im evangelischen Bereich an dieser Stelle gibt. Neuere Lieder, die Gottes Gebot rühmen und Menschen auf den Weg der Gebote führen, gibt es nur wenige. Im EG sind diese am ehesten unter der Rubrik »Nächsten- und Feindesliebe« (EG 412-420) zusammengefasst. Geeignet sind aber z. B. auch EG 318,1+7-9 (O gläubig Herz, gebenedei), EG 390 (Erneure mich, o ewigs Licht) oder EG 393 (Kommt, Kinder, lasst uns gehen). (AD)

15. Sonntag nach Trinitatis (Reihe V): Gen 15,1-6

Glaube als Gerechtigkeit

Wer die Abrahamerzählungen von Anfang (Gen 12) an liest und in Gen 15 angekommen ist, weiß vor allem zwei Dinge über Abraham (hier eigentlich noch »Abram«): zum einen, dass er in kurzer Zeit ein reicher Mann geworden ist. Sowohl die Zeit in Ägypten (Gen 12,10-20) wie auch die Koalition mit dem (Jerusalemer) König Melchisedek (Gen 14) haben den Emigranten aus Ur in Chaldäa wohlhabend werden lassen. Zum anderen: Abraham ist kein Mann, der über jeden charakterlichen Zweifel erhaben wäre. Er verlässt das ihm von Gott angewiesene Land wieder, ohne göttlichen Auftrag, und dort in der Fremde hält er sich schadlos, indem er seine Frau Sara als seine Schwester ausgibt. Auf diese Weise, so sein Kalkül, werden die Ägypter ihn nicht als Ehemann aus dem Weg räumen, um Sara in den Harem des Pharao überführen zu können. Freilich setzt Abraham so die Verheißung eines Sohnes für ihn aufs Spiel - weil dieser Sohn nun wohl eher ein Nachkomme des ägyptischen Königs sein würde. Was Gott verheißen hat, steht also noch nicht im Einklang mit dem, was Abraham aus dieser Verheißung macht. In jedem Fall wird Abraham keinesfalls idealisiert. Er erscheint als Mann mit Vorzügen - immerhin befolgt er die göttliche Weisung, aus Ur in das Land zu ziehen, das Gott ihm zeigen will -, aber auch mit menschlichen Schwächen. Beides zusammen macht ihn zu einem Protagonisten, der für die Leserschaft einiges an Identifikationsmöglichkeiten bietet. Abraham ist einer, dessen Schwächen man nur allzu gut versteht; aber gerade darum ist er auch einer, dessen Stärken zum eigenen Leitbild werden können.

In Gen 15 wird die Geschichte Abrahams zunächst einmal angehalten. Es beginnt kein neues ›Abenteuer‹, vielmehr kommt es jetzt - zum ersten Mal - zu einem Gespräch zwischen Gott und Abraham. Bislang hatte Gott nur *zu* Abraham gesprochen und dieser hatte sich zu diesem Angesprochensein - mal so, mal so - verhalten. Nun aber wird die Begegnung der beiden wechselseitig und damit intensiver. Gott erscheint Abraham in einer nächtlichen Vision und spricht: »Fürchte dich nicht!« So beginnt im Alten Testament häufig ein Heilsorakel, und diese Wendung steht freilich auch hinter dem Engelsgruß an Maria (Lk 1,30). Gott verspricht, für Abraham ein »Schild« zu sein, also Schutz vor Feinden, und »ein großer Lohn«.

Letzteres ist durchaus als materieller Reichtum aufzufassen, jedenfalls soll es Abraham neben äußerem Schutz demnach auch nicht an innerem Wohlstand fehlen.

Nun dürfte man erwarten, dass ein von Gott gegebenes Heilsorakel so etwas wie Freude, Dankbarkeit oder Erleichterung hervorruft. Aber dieses Orakel verpufft geradezu an Abrahams einigermaßen unwirscher Antwort. Sicherheit und Reichtum hat er ja schon, aber das Entscheidende fehlt noch: ein Nachkomme und Erbe. Dieser Vorstellung nach, die uns heute vielleicht ›altertümlich‹ anmuten mag, ist das Ziel des eigenen Lebens dessen Fortsetzung im Leben der eigenen Nachkommenschaft. Moderne Philosophen wie Alfred North Whitehead und Derek Parfit sprechen diesbezüglich von »objektiver Unsterblichkeit«. Es geht nicht darum, »subjektiv«, im Modus des eigenen Bewusstseins, fortzuleben. Entscheidend ist vielmehr, dass all das, wofür ein Mensch steht und was ihn ausgemacht und ausgezeichnet hat, ein Nachleben erfährt. Das ist Abraham bislang versagt geblieben, und so sieht er sein Lebensende als das eines reichen Mannes vor sich, der doch mit leeren Händen dasteht.

Auf diese Antwort hin folgt nun ein zweiter Gesprächsgang. Gott lässt sich auf Abrahams Einwand ein, und so ergibt sich zum ersten Mal ein Dialog, wie er für das Verhältnis der beiden in den folgenden Erzählungen immer wieder typisch sein wird: Gott antwortet nicht nur, vielmehr nimmt die Vision, die Abraham zuteil wird, eine intime Wendung. Da heißt es zunächst, dass Gott Abraham »hinausführte«. Die genaue Formulierung ist wichtig und gegenüber den Lutherübersetzungen festzuhalten, die an diese Stelle »er ließ ihn hinausgehen« setzen. Tatsächlich ist die Vorstellung die, dass sich Gott gleichsam selbst in diese Vision hineinbegibt, Abraham bei der Hand nimmt, ihn vor sein Zelt führt und ihm den nächtlichen Sternenhimmel zeigt. So zahlreich sollen seine Nachkommen werden. Der Inhalt der Verheißung ist gegenüber Gen 12,1-3 kaum variiert, verändert hat sich allerdings die Beziehung zwischen Gott und Abraham. Gott spricht nicht vom Himmel herab oder aus einem unbezeichneten »off«, vielmehr zeigt die Vision ein Bild, in dem Abraham Seite an Seite neben Gott steht, ihm auf Augenhöhe begegnet. Gott erscheint in der Rolle des Begleiters, des Vaters oder Freundes. Dass es sich hier um ein besonders inniges Verhältnis handelt, zeigt sich auch an anderer Stelle außerhalb der Genesis: bei Jesaja wird Abraham als einer bezeichnet, den Gott »liebt« (Jes 41,8); man könnte, mit den meisten Bibelausgaben, auch »Freund Gottes« übersetzen.

In dieses Bild hinein werden nun die Sätze gesagt, die für die Wirkung dieser Stelle von so großer Bedeutung waren: »Und er (Abraham) glaubte

JHWH, und er rechnete es ihm an als Gerechtigkeit« (Gen 15,6). Damit klingt ein neues Begriffsregister innerhalb der Genesiserzählungen an. Dies geschieht zunächst nur an dieser Stelle; das Motiv des Glaubens kehrt dann erst in der Exodusgeschichte wieder, wo die Hebräer aufgrund der von Gott getanen Zeichen »glauben« (Ex 4,31; 14,31). Im wörtlichen Sinne bedeutet »glauben« im Hebräischen »sich fest machen in« oder »sich verlassen auf« und gehört insofern ins Wortfeld des »Vertrauens« als einer existenziellen Entscheidung. Entsprechend bedeutet »glauben« auch, einer anderen Person entscheidenden Einfluss auf das eigene Leben einzuräumen. Das wird nun von Abraham im Bezug auf den Gott gesagt, der ihm einen Sternenhimmel an Nachkommen zusagt.

Auf der anderen Seite begegnet die Wendung des »Anrechnens zur Gerechtigkeit« als Gottes Erwiderung auf den Glauben Abrahams. Diese Wendung begegnet nur hier im Alten Testament und ist also keineswegs geprägte Sprache. Eher hat man den Eindruck, dass hier eine Formulierung geschaffen wird, um das besondere Verhältnis zwischen Gott und Abraham einzufangen. Das Interessante daran ist, dass Gerechtigkeit im Alten Testament meistens konkrete Formen des Handelns im kultischen wie ethischen Bereich bezeichnet. Es geht in der Regel nicht um die Gründe (die Absichten, Neigungen, Überzeugungen oder Hintergedanken), die zu Handlungen führen, sondern um das Ergebnis. Gerecht ist jemand, der gerecht *handelt* oder, anders gesagt, der durch sein Handeln anderen gerecht wird. Das ist in Gen 15,6 auffälligerweise anders: Abraham hat ja noch gar nicht gehandelt. Seinem Glauben entsprechen (mit Ausnahme von Gen 12,4) noch keine Taten, die das Siegel der Gerechtigkeit verdienen würden. Das Ungewöhnliche und in gewisser Weise Revolutionäre besteht nun gerade darin, dass der Glaube selbst ein Akt der Gerechtigkeit ist, noch bevor er sich in Taten oder, theologisch gesprochen, in »Werken« niederschlägt. Gott kann ja eigentlich noch gar nicht wissen, was Abraham am Ende tun und ob er sich bewähren würde. Das gilt freilich auch umgekehrt: Auch Abraham weiß noch nicht, ob er seinen Glauben zurecht auf diesen Gott setzt, der ihm bis zu diesem Punkt zwar Großartiges verheißen, aber nichts Greifbares gegeben hat. Es geht also um ein Glauben und Gerecht-sein-Lassen ohne Absicherung auf beiden Seiten. Gen 15,6 konzentriert sich auf den Moment, in dem eine tiefe Beziehung zwischen Gott und Abraham besteht, die fortan tragen soll. Und genau das dürfte auch die erzähltheologische Pointe sein: Noch ganz am Anfang der Tora, lange bevor es ein Volk »Israel« gibt, bevor es zum Exodus, der Sinai-Offenbarung, der Landgabe und all den »Wundern« kommt, die Gott tut und für die Israels Gehorsam gefordert wird – vor alledem wird anhand der Gestalt Abrahams ein Gottesverhältnis anvisiert, das auf einem gerecht machenden Glauben beruht.

Gen 15,6 hat für das Christentum freilich nicht isoliert Wirkung entfaltet, sondern durch dessen Rezeption an prominenter Stelle im Brief des Apostels Paulus an die Gemeinde in Rom (Röm 4,2–6). Dort argumentiert Paulus, dass der Glaube an Gott unabhängig vom Gesetz (der Tora) und dessen Befolgung möglich ist und dass Gottes Gnade entsprechend nicht durch die Erfüllung des Gesetzes bewirkt oder verdient werden kann. Damit trifft Paulus sicher eine der Bedeutungsebenen von Gen 15,1–6, insofern es sich bei der Beziehung zwischen Gott und Abraham um ein voraussetzungsloses Geschehen handelt. Allerdings denkt Paulus dieses Thema dann einen Schritt weiter: Wenn es denn so ist, dass der Glaube des Menschen und die Gerechtigkeit Gottes keine Vorbedingungen haben, was bedeutet dies dann für den Gehorsam, den die Tora vom Menschen gegenüber Gottes Gebot fordert? Und genau an dieser Stelle setzt Paulus einen scharfen Schnitt und spricht dem Gebotsgehorsam jegliche Heilsrelevanz ab.

Interessanterweise kommt der Jakobusbrief (Jak 2,21–23) ebenfalls unter Berufung auf Gen 15,1–6 zur genau entgegengesetzten Schlussfolgerung, wonach der Glaube Abrahams sich gerade im Gehorsam ausweist. Dafür verweist der Autor des Jakobusbriefes auf die Bindung Isaaks (Gen 22). Die Verbindung von Gen 15 und 22 ist in der Tat bedenkenswert, insofern auch die heutige, historische Bibelexegese davon ausgeht, dass diese beiden Texte vermutlich zur selben Textschicht der Genesis gehören.

Wenn man Gen 15,1–6 mit seinen beiden neutestamentlichen Auslegungen vergleicht, kann man dies vielleicht auf folgenden Nenner bringen: Für die Abrahamerzählung steht die Frage der Beziehung selbst im Vordergrund, die durch den Glauben und die zugerechnete Gerechtigkeit entsteht. Röm 4 und Jak 2 dagegen gehen einen Schritt weiter und fragen danach, wie und in welcher Gestalt sich diese Beziehung bewähren muss, wenn sie aus dem Raum der Vision in die Realität des gelebten Lebens eintritt. (AS)

Sorglosigkeit, Gerechtigkeit, Glaube – Abram am 15. Sonntag nach Trinitatis

Um die *Realität des gelebten Lebens* geht es durchaus am 15. Sonntag nach Trinitatis. Und obwohl die alttestamentliche Lesung (Gen 2,4b–9[10–14]15 [18–25]) das Paradies vor Augen malt, ist allen, die zum 15. Sonntag nach Trinitatis versammelt sind, klar, dass sie *jenseits von Eden* leben. Genau dort aber klingt vor allem ein Imperativ als Leitmotiv dieses Sonntags im Ohr: »Sorge dich nicht …«

»Sorge dich nicht …« – Ist dieser Imperativ überhaupt sinnvoll ist, weil erfüllbar? Oder gehört er nicht vielmehr in die Gruppe jener Imperative, die Paul Watzlawick in seiner »Anleitung zum Unglücklichsein« als Beispiel für *paradoxe Kommunikation* anführt? Wäre er paradoxe Kommunikation, stünde er auf einer Ebene mit: »Sei spontan!« Und die zwanghafte Aufforderung zur Ungezwungenheit jedenfalls muss kommunikativ scheitern.

Freilich, der Imperativ »Sorge dich nicht« hat Millionen Leserinnen und Leser von Dale Carnegies Bestseller »Sorge dich nicht – lebe!« erreicht und nicht wenige augenscheinlich glücklich gemacht (wenn man dem glaubt, was im Internet dazu zu lesen ist). In wenigen Tagen sei es möglich, so das Versprechen dieses Buches, Trübsinn zu heilen und zu einer Lebenseinstellung zu gelangen, die »Frieden und Glück« bringt.

Die Worte »Sorge dich nicht« stehen so ähnlich auch und gleich mehrfach im Weltbestseller Bibel – und werden am 15. Sonntag nach Trinitatis in der Evangelienlesung (Mt 6,25–34) aus dem Munde Jesu zugerufen: »Sorgt nicht um euer Leben, was ihr essen und trinken werdet … Und warum sorgt ihr euch um die Kleidung? … Sorgt nicht für morgen, denn der morgige Tag wird für das Seine sorgen« (V. 25.28.34). Begründend zeigt der Bergprediger auf die Vögel unter dem Himmel und die Lilien auf dem Felde. Noch viel mehr aber auf den »himmlischen Vater«, der »weiß, dass ihr all dessen bedürft« (V. 32).

Die Aufforderung Jesu zur Sorglosigkeit ist also doch etwas anderes als die selbst eingeredete oder schwungvoll herbeigesungene »Don't worry – be happy«-Mentalität (so psychologisch wirkungsvoll diese zweifellos auch sein kann!). Sie entspringt nicht einer letztlich doch nur angestrengten Selbstsuggestion und auch nicht einer Ausblendung der Realität, sondern einer einigermaßen radikalen Priorisierung des gesamten Lebensvollzugs: »Trachtet zuerst nach dem Reich Gottes und nach seiner Gerechtigkeit, so wird euch das alles zufallen« (V. 33). Jesuanische Sorglosigkeit – das ist die Sorglosigkeit derer, die als Gottes Kinder ihren Vater im Himmel anrufen: »Dein Reich komme. … Unser tägliches Brot gib uns heute« (Mt 6,10f.) – und wissen, dass der Vater »weiß, was ihr bedürft, bevor ihr ihn bittet« (V. 8).

Der Wochenspruch stammt aus der Epistel des Sonntags: »Alle eure Sorge werft auf ihn; denn er sorgt für euch« (1Petr 5,7; Epistel: 1Petr 5,5b–11). Gesagt ist das Menschen, die »jetzt eine kleine Zeit, wenn es sein soll, traurig« sind »in mancherlei Anfechtungen« (1Petr 1,6; vgl. 5,10), was noch harmlos klingt angesichts des Teufels, der umhergeht wie ein »brüllender Löwe und sucht, wen er verschlinge« (V. 8). Sorglosigkeit mag ja einigermaßen erschwinglich sein, wenn das Leben unaufgeregt in seinen Bahnen läuft und die Schöpfergüte Gottes hier und da erfahrbar ist – aber im Angesicht des brüllenden Löwen? – Doch, gerade dann, meint der unbekannte Verfasser des Ersten Petrusbriefs: Gerade dann »demütigt euch … unter die gewaltige Hand Gottes, damit er euch erhöhe zu seiner Zeit« (1 Petr 5,6).

Da ist sie wieder – die Bewegung dieses Sonntags: hin zu Gott, hin zum Vater – und so zur Sorglosigkeit. In diese Bewegung nimmt auch das Wochenlied von Georg Neumark (1621–1681) ganz unmittelbar mit: »Wer nur den lieben Gott lässt walten / und hoffet auf ihn allezeit, / den wird er wunderbar erhalten / in aller Not und Traurigkeit …« (EG 369,1). Daher: »Was helfen uns die schweren Sorgen?« (V. 2) »Man halte nur ein wenig stille …« (V. 3) »Denn welcher seine Zuversicht / auf Gott setzt, den verlässt er nicht« (V. 7). Gedichtet hat Neumark dieses Lied als »Trostlied« im Jahr 1641 – wohl zunächst für sich selbst. Neumark war damals in Kiel gelandet, wo er nie hinwollte, hatte er doch ein Jahr vorher in Königsberg hoffnungsfroh mit dem Studium begonnen. Als Hauslehrer musste er sich über Wasser halten – und sich selbst im Geiste eines barocken Neostoizismus zusingen: »Denk nicht in deiner Drangsalhitze, / dass du von Gott verlassen seist …« (V. 5).

In diesen Text- und Klangraum tritt nun im fünften Perikopenjahr Abram (mit einem Text, der bislang nur als Marginaltext am 19. Sonntag nach Trinitatis begegnete). Gen 15 bietet an diesem Sonntag vor allem drei Chancen:

(1) Mit Abram tritt eine potentielle Identifikationsfigur in den Raum der Texte. Ein makelloser Glaubensheld ist er jedenfalls nicht. Auch Abram nimmt sein Schicksal ganz gerne selbst in die Hand und handelt auf dem Weg nach Ägypten ganz entsprechend (Gen 12,10–20). Dass er damit die gerade noch frische Verheißung aufs Spiel setzt und seinen ganzen Aufbruch aus Ur in Chaldäa zu einer einigermaßen sinnlosen Aktion werden lässt, stört ihn hier wenig. Gleichzeitig ist Abram aber auch der, der aufbricht, sich neu auf Gottes Verheißung einlässt und in ihr festmacht.

(2) Gerechtigkeit ist in Gen 15 zunächst der Ausdruck für ein »besonderes Verhältnis zwischen Gott und Abram«, das sich nicht auf die Bewährung durch Werke *gründen* kann (vgl. auch Röm 4), wenngleich diese selbstverständlich aus diesem Verhältnis *folgen* (vgl. Jak 2). Luthers rechtfertigungstheologische Logik vom *prae* des Glaubens und der Folge der Werke, vom Baum und den guten Früchten, kann hier eingezeichnet werden. Entscheidend am 15. Sonntag nach Trinitatis dürfte aber vor allem sein, dass der Imperativ »Sorge dich nicht!« nicht in der Luft hängt, sondern in ein Gottesverhältnis eingezeichnet ist, in dem er nicht zur paradoxen Kommunikation wird, son-

dern zu einer ebenso selbstverständlichen wie immer wieder unwahrscheinlichen Sprachform. Glaube als sorgloses Trachten nach Gerechtigkeit – dies ist es, was diesen Sonntag prägt und das Leben der Glaubenden auch *jenseits von Eden* bestimmt. Freilich: Wahr ist dieser Satz nur, wenn auch klar ist, dass Zweifel, Widerstand und Sorge ebenfalls zu diesem Leben gehören. Abram ist ganz und gar nicht bereit, sich bereits mit den Worten Gottes in V. 1 zufrieden zu geben. Er hält ihm die Realität seines Lebens hin – und Gott erkennt, dass bloße Worte nicht weiterhelfen. Er führt Abram nach draußen, ändert die Blickrichtung und sagt dann seine Verheißung neu zu.

(3) Gott steht *neben* seinem Geliebten Abram – so das Bild in Gen 15. Er redet mit ihm, wird ihm zum Prediger und Seelsorger – und weiß, dass Menschen nicht nur gute Worte und große Verheißungen, sondern manchmal auch Bilder brauchen: »Sieh gen Himmel und zähle die Sterne …« (V. 5). Der gestirnte Himmel über Abram hat ihn zum Glauben geführt – und viel später sogar Immanuel Kant bewegt. Glaube ist kein angestrengtes Für-wahr-Halten einer unwahrscheinlichen und nach allen Regeln der Vernunft unglaubwürdigen Botschaft, sondern entsteht dort, wo der lebendige Gott nahekommt, seinen Geliebten begegnet, sie hinweist auf die Welt um sie herum (die Sterne, die Lilien, die Vögel) und die Verheißung erneuert. »… so kommt Gott, eh wir's uns versehn, / und lässet uns viel Guts geschehn« (EG 369,4).

Vorschläge für Predigtlieder: Neben den Wochenliedern EG 369 und EG 427 (Solang es Menschen gibt auf Erden) bieten sich u.a. an: EG 294 (Nun saget Dank und lobt den Herren), EG 371 (Gib dich zufrieden und sei stille), EG 372 (Was Gott tut, das ist wohlgetan), EG 376 (So nimm denn meine Hände). (AD)

16. Sonntag nach Trinitatis (Reihe VI):
Ps 16,(1–4)5–11

Schliesslich doch – Unsterblichkeit?

Für das Alte Testament gilt fast durchgängig, dass die Menschen, die hinter diesen Texten standen, keine ausgeprägte Erwartung an ein Leben nach dem Tod hatten. Es gibt nur wenige Texte, die eine Tür in diese Richtung öffnen. Allenfalls am (entstehungsgeschichtlich) äußersten Rand des alttestamentlichen Kanons begegnet eine solche Erwartung. Dazu zählt vor allem Dan 12,1b–3, ein neuer Perikopentext für den Totensonntag. Dort ist tatsächlich davon die Rede, dass die Toten zum Gericht auferstehen und dann entweder (als Lichtwesen) ewiges Leben oder aber ewige Verdammnis erfahren. Allerdings leitet dies keine allgemeine Entwicklung innerhalb des Frühjudentums ein, die dann in gerader Linie zum Neuen Testament verliefe. In zeitlicher Nähe zum Danielbuch vertritt der Prediger Salomo umgekehrt die Meinung, dass sowohl der physische Leib wie auch die Lebenskraft (»Geist« oder »Seele«) der Vergänglichkeit unterworfen sind und mit dem physischen Tod vergehen (Pred 9,3–6).

Psalm 16 ist in diesem Diskurs insofern ein theologisch interessanter und relevanter Text, weil er möglicherweise so etwas wie einen ›dritten Weg‹ eröffnet. Seiner Gattung nach vereint dieser Psalm Elemente der Vertrauensbekundung und des Lobs. An keiner einzigen Stelle mischen sich Spuren gegenwärtiger Anfechtung oder des Rückblicks auf vergangene Not in die Sprache des Beters. Dieser beschreibt sich vielmehr als ganz und gar in Gottes Obhut geborgen.

Im ersten Teil (V. 1–6) begegnet die auf den ersten Blick etwas eigentümliche Begrifflichkeit des »Erbteils« oder »Anteils« (V. 5 f.). Man könnte in heutiger Diktion auch sagen, dass den Beter ein glückliches Los getroffen hat, denn er befindet sich in der unmittelbaren Nähe Gottes (statt irgendwo ›draußen‹ in der Welt), und zwar so nahe, dass dieser ihm offenbar den Becher reichen kann (V. 6). Die Atmosphäre wirkt paradiesisch unbeschwert. Insofern liegt nahe, bei diesem Ort an den Tempel zu denken, der für jeden Menschen, der sich Gott anvertraut (und nicht etwa »anderen Göttern«, V. 4) zu einer Heimstatt wird (vgl. Ps 26).

Im zweiten Teil wird dieses Vertrauen auf die Nähe Gottes mit dem Gegenbild der Scheol, der ›Unterwelt‹, kontrastiert. Diese hat nichts mit einer

›Hölle‹ zu tun, sondern ist ein Ort außerhalb der lebensstiftenden Nähe Gottes und insofern Ort des Todes. Für den ›hebräischen Menschen‹ ist diese Scheol der Schlusspunkt, an dem jedes Leben naturgemäß ankommt. An dieser Erwartung gemessen fällt nun allerdings auf, dass der Beter sich vor diesem Ende geschützt fühlt. Recht wörtlich übersetzt lauten die Verse 9 und 10 wie folgt:

> Darum freut sich mein Herz[310] und es jubelt meine Leber[311], selbst mein Fleisch wohnt im Vertrauen. Denn nicht wirst du meine Seele[312] der Scheol überlassen. Nicht wirst du deinen Getreuen dahingeben, um Verderben zu sehen.

Dabei stellt sich nun die Frage, welche Hoffnung sich in dieser Vertrauensbekundung artikuliert. Geht es darum, dass Gott seinen Getreuen *niemals* (mehr) dem Tod übergeben wird? Oder geht es darum, dass Gott *jetzt*, und solange der Beter sich in Gottes Gegenwart befindet, ein Schutz und Schirm sein wird? Dann wäre es der kultische Moment, der sich im Erleben des Beters gleichsam zur Ewigkeit dehnt.

Geht man die Bibelübersetzungen von V. 10 durch, wird deutlich, dass an dieser Stelle häufig eine theologische Entscheidung getroffen wird. Auf der einen Seite stehen Übersetzungen, die davon ausgehen, dass Gott dem Beter tatsächlich die Erfahrung von Grab und Verwesung ersparen wird:

> »Denn du wirst meine Seele nicht dem Tode lassen und nicht zugeben, dass dein Heiliger die Grube sehe« (Luther 2017).

> »Denn du gibt mich nicht der Unterwelt preis, du läßt deinen Frommen das Grab nicht schauen« (Einheitsübersetzung).

Das sachliche Problem ist, dass diese Übersetzungen dem Text unterstellen müssen, dass er die Realität von Tod und Grab, die jeden Menschen unweigerlich erwartet, ignoriert oder zumindest poetisch ausblendet. Demgegenüber lässt die oben vorgeschlagene Übersetzung die Möglichkeit, dass Gott

---

[310] Hier vermutlich gemeint als Sitz des Verstandes.

[311] Der Begriff wird im masoretischen Text als *kabod* »Ehre, Herrlichkeit« vokalisiert. Im Kontext von Ps 16,9f. ist allerdings die Verbindung mit *kabed* »Leber« wahrscheinlicher, hier – in Ergänzung zum Herzen – als Sitz der Emotionen.

[312] Hebr. *nefesch*. Meist wird als Übersetzung heute »Lebenskraft« oder eine pronominale Bedeutung »ich (selbst)« angesetzt. Andererseits spricht für die Übersetzung »Seele«, dass hier und an anderen Stellen an ein Integral aller Aspekte menschlichen Lebens gedacht ist.

den Beter nicht *endgültig* der Todeswelt überlässt. So auch die New King James Bible:

> »For You will not leave my soul in Sheol, neither will You suffer Your Holy One to see corruption« (Du wirst meine Seele nicht in der Hölle lassen, noch wirst du es zulassen, dass dein Getreuer Schaden nimmt).

Es bleibt in dieser Auffassung Gott überlassen, wie er vom Tod errettet und was es bedeutet, wenn er dem Menschen den »Weg des Lebens« zeigt (V. 11). Vielleicht besteht darin gerade die wirklich tröstliche Einsicht dieses Psalms, dass es im Leben *und* im Tod eine Nähe zu Gott gibt, auch wenn gerade nicht ausgeführt wird, was eine solche Gottesnähe im Tod als Weg zum Leben bedeutet. Verglichen mit Daniel 12 und vielen Aussagen im Neuen Testament wird hier also wesentlich zurückhaltender mit allzu konkreten Vorstellungen von Auferstehung und Unsterblichkeit umgegangen. Andererseits schließt sich der Psalm auch nicht der positivistischen Sicht des Predigers Salomo an, dass sich mit dem physischen Tod nicht nur jede Sozialbeziehung, sondern auch jede Gottesnähe auflöst. In seiner metaphorischen Offenheit gibt Psalm 16 insofern auch dem heutigen denkenden Menschen – der sich vermutlich weder Daniel noch dem Prediger Salomo direkt anschließen wird – einen Zugang dazu, was es bedeuten könnte, dass Gott den Weg des Lebens weist. (AS)

Gottes Nähe und die Grube

> »Da kann man
> am End noch aus
> Grabschriften
> Geburtsanzeigen
> lesen.«[313]

»Lazarus, komm heraus!« Mit diesen Worten ruft Jesus den vor vier Tagen verstorbenen Bruder Marias in Betanien aus dem Grab (Joh 11,43). Mit der Lazaruserzählung, dem Evangelium des 16. Sonntags nach Trinitatis (Joh 11,1[2]3.17-27[28-38a]38b-45), ist die thematische Leitlinie dieses Tages gegeben, die sich auch im Wochenspruch ausdrückt: »Jesus Christus, der dem Tode die Macht genommen und das Leben und ein unvergängliches Wesen

---

[313] Eva Zeller, Ein Stein aus Davids Hirtentasche. Gedichte, Freiburg im Breisgau 1992, 58f., 59.

ans Licht gebracht hat durch das Evangelium« (2Tim 1,10b; zugleich Teil der Epistellesung 2Tim 1,7–10). Auf dem Weg in den Herbst feiert der 16. Sonntag nach Trinitatis noch einmal Ostern und erinnert an die Entmachtung des Todes. Mit der Erzählung vom Sohn der Witwe zu Nain (Lk 7,11–17) begegnet eine weitere neutestamentliche Totenerweckung im Textraum des Sonntags (Predigttext in Reihe IV). Im Erprobungslektionar war vorgeschlagen, auch eine alttestamentliche Totenerweckung zu predigen. 2Kön 4,18–37 erzählt davon, wie der Prophet Elisa das tote Kind der Schunemiterin erweckt. In den Rückmeldungen aber wurde heftige Kritik an diesem Text laut, die sich nicht auf das *Dass* der Totenerweckung durch Elisa bezog, sondern am *Wie* dieser Erweckung Anstoß nahm. Elisa verschließt die Tür hinter sich und ist allein mit dem verstorbenen Knaben. Er legt sich auf das tote Kind und berührt Mund, Augen und Hände. Als anstößig und belastend wurden diese Erzählzüge von vielen empfunden, die Erfahrungen mit Kindesmissbrauch gemacht oder in ihrem Umfeld erlebt haben. An die Stelle dieses Textes trat daher in der Revision 2018 Ps 16.[314]

Die Erzählungen von den Totenerweckungen am 16. Sonntag nach Trinitatis sind narrativ eindrucksvoll, führen aber zu Fragen. Ganz naiv vielleicht zu der: Was ist eigentlich aus Lazarus geworden? Im Johannesevangelium begegnet er nochmals in Joh 12 (vgl. Joh 12,2.9) – und verschwindet dann. Wohin?

»Wankt herein und nimmt / vorsichtig Platz. Vergessen / die große Begeisterung bei der Erweckung. / Daß eine neue Hoffnung / mit ihm sich erhob ebenfalls. // Jetzt hat er Zahnschmerzen / und verlangt nach der Tageszeitung […]« – so beginnt das Gedicht »Im Wartezimmer« von Günter Kunert.[315] Kunert verdichtet die Problematik, die mit der Lazarusgeschichte gegeben ist, in einer prägnanten Szene: Der aus dem Grab Erweckte landet im Wartezimmer eines Zahnarztes. Was hilft es, wenn einer aus dem Grab gerufen wurde? Die Tageszeitung, die Lazarus in die Hand nimmt, erinnert ihn an die Macht des Todes auf dieser Welt:

»Die Welt ist eine einzige Wunde.
Das tut meinem kranken Zahn gut.
Was geschähe wenn es auferstünde
im Fleische all das tote Fleisch
auf den Zeitungsbildern.«

---

[314] Bislang begegnet nur Ps 16,11 als Hallelujavers am Ewigkeitssonntag in der Perikopenordnung.

[315] Günter Kunert, Mein Golem. Gedichte, München/Wien 1996, 51.

In einer Welt, in der der Tod mächtig ist, ist einer wie Lazarus eine Sensation. Genauso wird auch im Johannesevangelium mit ihm umgegangen: »Da erfuhr eine große Menge der Juden, dass er [Jesus] dort war, und sie kamen nicht allein um Jesu willen, sondern um auch Lazarus zu sehen …« (Joh 12,9). Inzwischen ist Lazarus wohl ebenfalls verstorben; wie auch der Jüngling von Nain, der vielleicht seine Mutter noch überlebt hat, inzwischen aber ebenfalls im Grab liegt. Dass Jesus dem Tod die Macht genommen habe, ist zunächst nicht mehr als eine kühne Behauptung angesichts der Realität des Todes in der Welt.

Vor diesem Hintergrund ist der liturgische Ort interessant, den Ps 16 im Judentum hat. Dieser Psalm wird bei der Beerdigung gesprochen – und zwar in dem Moment, in dem der Leichnam ins Grab gesenkt und vollständig mit Erde bedeckt wurde. Ein paradoxerer Ort wäre kaum vorstellbar. In dem Moment, in dem der Heilige »die Grube« sieht, werden die Verse des Psalms laut: »… und nicht zugeben, dass dein Heiliger die Grube sehe« (V. 10). In dem Moment, in dem die Realität des Todes vor aller Augen steht, werden Worte gesprochen, die eine andere Realität vor Augen malen. Angesichts der Wirklichkeit des Todes wird die Wahrheit der fortdauernden Beziehung von Gott und Mensch ausgesagt und in Bildern vor das Auge gemalt: in Bildern des unverlierbaren Besitzes (Gut, Los und [Erb-]Teil) und in Bildern der erfahrbaren Nähe Gottes: den HERRN vor Augen, die Hände des HERRN, den HERRN zur Rechten. Die Stimmung, in die Ps 16 im Angesicht des Todes führt, wird im letzten Vers deutlich: Freude und Wonne (V. 11). Ist es angemessen, so könnte man die jüdische Liturgie kritisch befragen, am Grab einen Psalm zu sprechen, der so endet: »Vor dir ist Freude die Fülle und Wonne zu deiner Rechten ewiglich« (V. 11)?

Genau darum aber geht es: die Realität des Todes nicht zu verschweigen und nicht im Modus frommer Behauptung die Entmachtung des Todes als leeres Wort in den Raum zu stellen, sondern mit Worten und Bildern festzuhalten an dem Gott, der ›seine Heiligen‹ (V. 10) nicht loslässt – wenn sie auch in der Grube zerfallen und in den Öfen unserer Krematorien zu zwei bis höchstens vier Kilo Asche verbrannt werden.

Liedvorschläge: Besonders geeignet könnte als Predigtlied ein Lied aus dem Kontext der Abendlieder sein. So könnte EG 481,2–5 gesungen werden (ohne die auf das Ende des Tages bezogene erste Strophe): Gerhard Tersteegen gelingt es, das »Nahesein« Gottes mit einer Hoffnung zu verbinden, die über den Tod hinausweist und mit der Metapher des ›Heimes‹, das »nicht in dieser Zeit« ist (V. 5), an das schöne Erbteil von Ps 16 erinnert. Ähnlich böte sich auch EG 488,2–5 an (Bleib bei mir, Herr! Der Abend bricht herein). (AD)

17. Sonntag nach Trinitatis (Reihe I): Jos 2,1–21

Eine kanaanäische Frau als Heldin

Einmal mehr ist eine Prostituierte die Protagonistin einer alttestamentlichen Erzählung. Unter den neuen Perikopentexten ist parallel an die beiden Prostituierten des Salomonischen Urteils zu denken. Im Fall von Jos 2 erscheint der Sinn dieser Rollenzuweisung recht einfach. Prostituierte waren marginalisierte Mitglieder der Gesellschaft mit einem eher unklaren Rechtsstatus. Als unverheiratete Frauen hatten sie keinen männlichen Rechtsvertreter an ihrer Seite, insofern fehlte ihnen in der Regel die soziale Einbettung und – was für diese Perikope besonders wichtig ist – Schutz vor inneren wie äußeren Bedrohungen. Die Marginalisierung zeigt sich im Fall der Rahab symbolisch an ihrem Wohnort. Offenbar hat sie ein ganzes Haus für sich allein, was einen gewissen ökonomischen Wohlstand andeuten könnte, aber dieses Haus befindet sich ganz am Rande, direkt an der Stadtmauer bzw. ist mit dieser verwachsen (V. 15).

Einerseits handelt es sich bei Josua 2 um eine sehr ernste Geschichte, immerhin geht es um Leben und Tod: Die beiden Kundschafter, die in Josuas Auftrag die Stadt Jericho auskundschaften sollen, verlieren beinahe ihr Leben, und natürlich schwebt über alledem der Untergang Jerichos. An dieser Stadt – die erste Barriere bei der Eroberung des verheißenen Landes – wird schließlich exerziert werden, wie die Israeliten dieses Land von den kanaanäischen Vorbewohnern ›säubern‹ (Jos 6). Die sogenannten Landnahmeerzählungen, zu denen Jos 2,1–21 gehört, sind ideologisch hochgradig problematische Erzählungen, weil sie den sogenannten ›heiligen Krieg‹ propagieren, der zumindest als Erzähltopos mit der kompletten Auslöschung der Feinde endet.

Trotz alledem ist Jos 2 auch eine von Humor gesättigte Erzählung – eigentlich eine kleine Komödie –, die man mit einem gewissen Augenzwinkern lesen sollte. Das beginnt schon damit, dass die Kundschafter, die doch eigentlich die Stadt ausspionieren sollen, offenbar nicht weit kommen, sondern gleich einmal bei einer Prostituierten an der Stadtmauer einkehren. Das kann man als ›Undercover‹-Maßnahme verstehen, muss man aber nicht. Und auch die Art und Weise, wie Rahab die Kundschafter einerseits und die Soldaten des Königs von Jericho andererseits voreinander abschirmt und gegeneinander ›verschiebt‹, erinnert an das Genre von Schwank oder Klamauk. Als die

Soldaten Rahab auf die Männer ansprechen, die bei ihr eingekehrt waren, kontert diese gekonnt, dass natürlich Männer bei ihr aus- und eingehen! Und sie versichert glaubwürdig, dass diese Männer sich auch wieder ihres Wegs trollten, bevor man das Stadttor schloss – schließlich ist ihr Haus ein Bordell und kein Feriendomizil. Das Verwirrspiel gelingt, die Soldaten jagen den Kundschaftern auf der falschen Spur nach, die Rahab für sie gelegt hat.

Dann allerdings wechselt die Stimmung und die Erzählung nimmt mit V. 8 einen ernsteren Ton an. Denn nun wird klar, dass Rahabs Vorgehen weit mehr ist als ›Kundenprotektion‹. Man kann ja fragen, warum sie die Kundschafter nicht ausliefert, was zumindest für den Moment die klügere Wahl gewesen wäre. Aber Rahab, als Frau am Rand der Gesellschaft, weiß, dass sie für sich selber sorgen muss und dass sie vor allem sich selbst schützen muss, weil niemand sonst dies tun wird. Vor allem weiß sie, dass Jericho fallen wird und dass es, über den Moment hinaus, um ihr Überleben geht. Bevor sie also die Kundschafter in Sicherheit bringt, indem sie sie an einem Seil die Stadtmauer hinunterlässt, ringt sie ihnen das Versprechen ab, dass sie selbst und ihre Familie verschont bleiben sollen, wenn Jericho fallen wird.

Bei dieser Gelegenheit erfährt die Leserschaft noch etwas mehr über sie. Sie hat Eltern und Geschwister (V. 12 f.), die sie, wenn die Israeliten denn kommen werden, zu sich holen soll. Die Erwähnung von Familie hat Signalfunktion was den sozialen Hintergrund angeht. Wenn Geschwister in einem solchen Fall erwähnt werden, waren diese vermutlich noch minderjährig, was wiederum darauf hindeutet, dass Rahab selbst noch eine junge Frau ist. Wenngleich über die Eltern nichts gesagt wird, erscheint es so, dass Rahab die Versorgerin der Familie ist. Und genau aus diesem Impetus heraus denkt und handelt sie. Sie kümmert sich darum, dass ihre Familie überlebt. Das erinnert weitläufig an novellistische Texte wie die Josephserzählung oder Ester, wo dieses Motiv des Sorgens für die eigenen Leute ebenfalls im Zentrum steht nur in umgekehrter ›Besetzung‹: Dort sind es die Israeliten, die sich angesichts äußerer Bedrohung um ihre Familien und Sippen kümmern.

Die Parallele zu Erzählmotiven, die sonst eigentlich zur Rettung Israels gehören, zeigt sich auch an der Art und Weise wie die Rettung im Falle Rahabs geschehen wird. Sie soll das purpurrote Seil an ihrem Haus herunterhängen lassen, an dem sich die israelitischen Kundschafter herabgelassen hatten (V. 18). Was diese gerettet hat, wird dann auch sie retten. Das erinnert ein wenig an die Ermordung der Erstgeborenen in Ägypten, vor der Israel verschont bleibt, indem sie ihre Türrahmen mit Blut bestreichen (Ex 12,12 f.).

Rahab darf man wegen ihres Handelns zum Typ der ›weisen Frau‹ im Alten Testament zählen, weil sie die Zeichen der Zeit versteht und weil sie sich eben nicht nur für ihr eigenes Wohlergehen, sondern ebenso für das der ihr Anvertrauten einsetzt – und damit überlebt. Jos 6,17.25 bestätigt dies und schließt den Erzählkreis:»Rahab, ihre Familie und alles, was ihr gehörte, ließ Josua leben. Und sie wohnt inmitten Israels bis zum heutigen Tag, denn sie hatte die Kundschafter versteckt, die Josua gesandt hatte, um Jericho auszuspionieren« (V. 25, eigene Übersetzung).

Allerdings wird die Figur der Rahab von den Erzählern des Josuabuches auch für ›Propagandazwecke‹ eingesetzt. In V. 9–11 wird sie zur Zeugin der unaufhaltsamen Bewegung Israels ins verheißene Land und der Sinnlosigkeit, sich diesem Volk in den Weg zu stellen. Die Geschichten vom Durchzug durchs Rote Meer und von der Vernichtung von Sihon und Og erregen einen »Schrecken« (V. 9) unter denjenigen, die jetzt noch ›im Visier‹ Israels sind. Allerdings wird diese Überlegenheit nicht mit Israels eigener Stärke, sondern mit der Übermächtigkeit seines Gottes begründet. Rahab verweist ausdrücklich darauf, dass man von JHWHs Großtaten gehört habe, und sie fügt dem ein persönlich klingendes Bekenntnis an, das allerdings recht deutlich die Spuren deuteronomischer Bekenntnissprache trägt:»Denn JHWH, euer Gott, er ist Gott im Himmel oben und auf der Erde unten« (V. 11, eigene Übersetzung). JHWH ist nicht nur anderen Göttern überlegen, sondern er ist tatsächlich der einzige Gott im Himmel und auf Erden. Es ist also eine kanaanäische Frau, die dieses monotheistische Bekenntnis außerhalb der Tora zum ersten Mal spricht. Dieses Motiv des ›äußeren Zeugnisses‹ spielt neben dem deuteronomisch-deuteronomistischen Geschichtswerk auch im Neuen Testament eine Rolle, man denke an die Sohn-Gottes-Aussage des römischen Zenturios am Kreuz Jesu (Mk 15,39) oder auch an den Evangelientext, dem Jos 2 zugesellt ist, Mt 15,21–28: Die ›kanaanäische‹ Frau scheint Rahab in mancher Hinsicht nachgebildet zu sein, denn auch sie ist eine ›Versorgerin‹, die tut, was nötig ist, um ihr Kind zu retten.

Den propagandistischen Zug, den man im Bekenntnis der Rahab findet, sollte man auch in der Predigtvorbereitung nicht übergehen. Die amerikanische Alttestamentlerin Phyllis Trible hat in Bezug auf solche Texte einmal zurecht von »Texten des Terrors« gesprochen,[316] weil sie die propagierte Überlegenheit des Gottes Israels nicht etwa durch Taten der Liebe oder der Versöhnung untermauern, sondern durch Krieg und Zerstörung. Dass das kein alttestamentlicher Sonderweg ist, der christlicherseits überwunden wurde,

---

[316] Phyllis Trible, Texts of Terror: Literary-Feminist Readings of Biblical Narratives, Minneapolis 1984.

zeigt gerade der Vergleich mit dem Evangelientext, der Nicht-Israeliten immerhin auf den Status von »Hunden« reduziert (Mt 15,26f.). Gegenwärtig
wird, durch Beiträge des Ägyptologen Jan Assmann[317] angeregt, diskutiert,
warum in Grundtexten der drei monotheistischen Religionen – Judentum,
Christentum und Islam – die Sprache der Gewalt eine nicht unwesentliche
Rolle spielt. Diese Gewalt wurde in der dargestellten Form nie ausgeübt, Jericho beispielsweise wurde nachweislich nicht von israelitischen Stämmen zerstört. Aber warum meinte man dennoch, sich der *Sprache* der Gewalt bedienen
zu müssen? Hier bleiben kritische Anfragen, die auch einem Text wie Jos 2
nicht erspart werden können. Gleichwohl zeigt gerade dieser Text eine Gegenläufigkeit zur Sprache der Gewalt. Das Handeln Rahabs, ihr cleveres und
bisweilen sogar komödiantisches Verhalten, bewirkt, dass in *dieser* Geschichte
niemand stirbt, obwohl die ganze Situation danach schreit. Die Kundschafter
bleiben am Leben, es gibt auch keinen Schlagabtausch mit den Soldaten von
Jericho, und Rahab selbst vermag sich so aus der ›Schusslinie‹ zu nehmen,
dass sie nicht zum Opfer wird. So bietet sie, als kanaanäische Frau, umgeben
von der Gewalt der Landnahmeerzählungen, ein Beispiel für einen anderen
Weg. (AS)

GOTTES GESCHICHTE UND DIE PROSTITUIERTE VON JERICHO

Gottes Geschichte mit seinem Volk Israel und allen Völkern – diese ›große
Erzählung‹, die von der Schöpfung bis zur Neuschöpfung reicht – kann nur
in einer Folge von ›kleinen Geschichten‹ erzählt werden. Am 17. Sonntag
nach Trinitatis geht es zweifellos um das ganz Große: »Unser Glaube ist der
Sieg, der die Welt überwunden hat« (1Joh 5,4c), so der Wochenspruch. Und
gleichzeitig treten einzelne auf, die konkret werden lassen, was das bedeutet:
die kanaanäische Frau im Dialog mit Jesus (Evangelium: Mt 15,21–28), der
in seinem Glauben ungläubige und in seinem Unglauben glaubende Vater
des besessenen Knaben (Mk 9,17–27; Reihe V) und nun auch die Prostituierte
Rahab aus Jericho (Jos 2,1–21).

Der Glaube als Sieg, der die Welt überwunden hat, hat auch die Grenzen
überwunden, die Menschen ziehen. Das Evangelium des Sonntags erzählt
von der ›Bekehrung‹ Jesu durch eine kanaanäische Frau zu einer neuen Sicht
auf die Rolle der ›Heiden‹ in Gottes Geschichte. In der alttestamentlichen Le-

---

[317]   Jan Assmann, Monotheismus und die Sprache der Gewalt, Wien 2006.

sung geht es um das »Licht der Heiden« und das »Heil bis an die Enden der Erde« (Jes 49,1–6). Der neue Episteltext Gal 3,26–29 (Reihe VI) unterstreicht, wie durch die Taufe innerhalb der Gemeinde alle binären Differenzierungen und sozialen Dichotomien unbedeutend werden.[318] Der Glaube ist universal, überwindet alle Grenzen und bleibt doch gebunden an einzelne Menschen und deren unwahrscheinliche Geschichten. Eine kanaanäische Frau, der Vater eines kranken Kindes, eine kanaanäische Prostituierte – dies ist das Figurenensemble im Textraum des 17. Sonntags nach Trinitatis.

> Und erneut zeigt sich: Gottes Geschichte ist insofern universal und alle Grenzen transzendierend, als sie zugleich die Geschichte einzelner ist. Bis heute werden theologisch immer wieder Partikularismus und Universalismus als binäre Oppositionen gegeneinander ausgespielt, obwohl die Bibel im Alten und Neuen Testament zeigt, dass beides dialektisch zusammengehört. Abram wird erwählt, damit in und mit dieser Erwählung alle Völker der Erde gesegnet werden. Israel geht als Gottesknecht seinen Weg und wird zum »Licht der Völker« (Jes 49,6). Der Jude Jesus stirbt am Kreuz und wird aus dem Grab erweckt, damit die, die »ausgeschlossen« waren »vom Bürgerrecht Israels« (Eph 2,12) »in Christus Jesus … nahe« werden (Eph 2,13).

Die Prostituierte Rahab[319] ist eine der unwahrscheinlichen Heldinnen der Bibel. Die große (und problematische!) Geschichte der Eroberung des Landes durch den Helden Josua ist verbunden mit der kleinen Geschichte, die sich in einem Privatbordell am Rand der Stadt abspielt. Der König von Jericho ist die Randfigur; die Prostituierte steht im Zentrum. Sie redet in zehn von 21 Versen der Perikope, sie ist es, die die Handlung vorantreibt und die zeigt, was Solidarität in herausgeforderter Situation bedeutet. Sie rettet die beiden Spione und stellt sich gegen ihr eigenes Volk. Ausführlich begründet sie dies mit Verweis auf Gottes Handeln an und mit seinem Volk Israel, das sie wahrgenommen habe. Sich diesem Gott in den Weg zu stellen, wäre töricht, so ihre Erkenntnis. Sich mit ihrer Familie auf die Seite JHWHs und seines Volkes zu stellen, erscheint hingegen sinnvoll. Genau dieser Weg bewährt sich: Im Kontext der Eroberung Jerichos (Jos 6) heißt es von Rahab: »Und sie blieb in Israel wohnen bis auf diesen Tag …« (V. 25).

---

[318] In dieser Hinsicht entspricht der 17. Sonntag nach Trinitatis am ehesten dem 3. Sonntag nach Epiphanias (Evangelium: Mt 8,5–13: Der Hauptmann von Kapernaum).

[319] Es ist interessant und angesichts der klaren hebräischen Terminologie m. E. unverständlich, dass die »Bibel in gerechter Sprache« hier euphemistisch von »einer ungebundenen Frau« spricht.

Der rabbinische Midrasch,[320] der übrigens auch weiß, dass Rahab eine der vier schönsten Frauen war, die die Welt je gesehen hat (neben Sara, Abigail [vgl. 1Sam 25] und Ester), geht sogar noch einen Schritt weiter und erzählt, dass Rahab Josua geheiratet habe und zur bedeutenden Stammmutter zahlreicher Priester und Propheten geworden sei. Wie Jitro (vgl. Ex 18) und Naaman (vgl. 2Kön 5) gilt Rahab im Midrasch als eine Frau aus den Heidenvölkern, die zum Glauben Israels konvertiert. Im Midrasch wird sogar die Geschichte des Volkes Israel und die Lebensgeschichte der Prostituierten aus Jericho unmittelbar aufeinander bezogen: Zehn Jahre alt sei Rahab gewesen, als Israel aus Ägypten auszog. Während der vierzigjährigen Wüstenzeit sei Rahab als Prostituierte tätig gewesen; zum Zeitpunkt der Begebenheit, von der Jos 2 erzählt, sei sie 50 Jahre alt gewesen und habe sich dann dem Glauben Israels zugewandt.

Was Rahab an Gutem getan hat, wirkt sich – dem Midrasch zufolge – auch auf die Nachkommen aus, zu denen nach manchen Midraschim der Prophet Jeremia gehört: Die Frucht der guten Tat Rahabs habe Jeremia gerettet, als er in die Grube geworfen wurde (vgl. Jer 38). In der rabbinischen Erweiterung der biblischen Erzählung klagt Jeremia: »Ach, wenn ich doch nur eine Leiter hätte …«. Gott aber antwortet ihm: »Warum willst du eine Leiter? Deine Großmutter Rahab verwendete ein Seil – und auch du sollst durch ein Seil gerettet werden.« Und so zog man Jeremia an Seilen herauf (Jer 38,13).

Auch gesamtbiblisch wird Rahab zu einer bedeutsamen Figur. Sie ist eine der vier Frauen, die in Jesu Stammbaum erwähnt werden (Mt 1,1–17; V. 5; neben Tamar, Rut und Batseba) und ein Vorbild im Glauben: »Durch den Glauben kam die Hure *Rahab* nicht mit den Ungehorsamen um, weil sie die Kundschafter in Frieden aufgenommen hatte« (Hebr 11,31).

Freilich: Rahab ist zugleich ein Teil der Gewaltgeschichte, von der das Buch Josua erzählt. (Besonders palästinensische Christinnen und Christen haben mit diesem Buch der Bibel verständlicherweise größte Schwierigkeiten – nicht zuletzt, weil es von manchen nationalistischen jüdischen Kreisen in Israel bis heute zur Legitimation für ungerechte Landverteilung, benachteiligenden Umgang mit Ressourcen, Besatzung und Repression gebraucht wird.) Allerdings spricht vieles dafür, Jos 2 als eine später eingefügte kritische Reaktion auf die dominante Erzählung des Josuabuchs zu lesen.[321] Gegen die

---

[320]   Alle Angaben im Folgenden entstammen dem illustrativen Artikel zu ›Rahab‹ in der rabbinischen Tradition‹ im Jewish Women's Archive: https://jwa.org/encyclopedia/article/rahab-midrash-and-aggadah [Zugriff vom 26. 04. 2018].

[321]   Vgl. Joachim J. Krause, Exodus und Eisodus. Komposition und Theologie von Josua 1–5, Leiden u. a. 2014.

Geschichte der Gewalt deutet sich hier die Möglichkeit des solidarischen Miteinanders zwischen Israel und den Menschen aus den Völkern, auch den Kanaanäern, an. Folgt man dieser Linie, so zeigt sich: Der Glaube, der die Welt überwindet (Wochenspruch), ist auch der Glaube, der gesellschaftliche Barrikaden umstößt und sozial konstruierte sowie teilweise theologisch überhöhte Dichotomien überwindet. Der Glaube unterbricht die Spirale der Gewalt – dafür steht die ›kleine‹ Geschichte der Prostituierten Rahab inmitten der Eroberungsgeschichte des Buches Josua.[322]

Liedvorschläge: Soll die ethische Dimension betont werden, bietet sich z. B. EG 416 (O Herr, mach mich zu einem Werkzeug deines Friedens) als Lied nach der Predigt an. Interessant könnte auch das eher unbekanntere EG 287 sein (Singet dem Herrn ein neues Lied). Das Handeln Gottes ›im Großen‹ (»Er sieget mit seiner Rechten und mit seinem heiligen Arm …«, V. 1) verbindet sich in den Strophen 2–4 mit dem Blick auf das individuelle Leben und dessen Weg. (AD)

---

[322] Vgl. dazu auch das Gedicht »Rachab aus Jericho«: Matthias Hermann, 72 Buchstaben. Gedichte, Frankfurt a. M. 1989, 42.

18. Sonntag nach Trinitatis (Reihe II):
Dtn 30,11-14

Das nahe Wort

Dieser Text gehört zu den Schlussermahnungen des Deuteronomiums. Er steht in einer Reihe mit Dtn 30,1-10, einem der Perikopentexte für das ›violette‹ Proprium des 10. Sonntags nach Trinitatis (»Gedenktag der Zerstörung Jerusalems«), und führt den Gedanken der »Herzensnähe« weiter, der dort bereits angeklungen war. [323] Diese Vorstellung wird im Alten Testament in eine Reihe unterschiedlicher Bilder und Metaphern gekleidet. Dtn 30,11-14 hebt mit dem Mund und dem Herzen zwei Orte hervor, an denen das Wort Gottes dem Menschen nahe ist. Das Herz ist nach alttestamentlicher Vorstellung das rationale – weniger das emotionale – Zentrum menschlicher Existenz. Das hat vermutlich mit dem Rhythmus des Herzschlags als steter und ›geordneter‹ Bewegung zu tun und mit der Lage des Herzens ungefähr in der Körpermitte. In Teilen der antiken Welt stellte man sich die Magen- und Lendengegend als warme und erhitzbare Körperregion vor, das Gehirn dagegen als kühl, weswegen das Herz die Aufgabe des Ausgleichs hatte. Im Alten Testament ist das Herz die Instanz, die Gottes Wort empfängt, begreift und den Menschen zum Handeln bewegt. Die berühmteste Ausarbeitung dieser Vorstellung findet sich, wenngleich in negativer Abschattung, in der urgeschichtlichen Fluterzählung, die das Herz für das Böse verantwortlich macht, das die Welt in den Untergang treibt (Gen 6,5).

Allerdings führt der Weg zum Herzen normalerweise über das Ohr. So wiederholt sich im Deuteronomium leitmotivisch die an Israel gerichtete Aufforderung zum Hören (vgl. das Sch^{e}ma Jisrael, Dtn 6,4f.). Der Gehorsam, den Gott gegenüber der Tora einfordert, resultiert aus dem Hören der Verkündigung, die zuerst Mose am Berg Horeb zuteil wurde und die dieser nun, an der Grenze zum verheißenen Land, an das Volk Israel weitergibt. Dtn 30,14 dagegen betont die Nähe des Wortes Gottes zum menschlichen »Mund«. Man könnte daran denken, dass es sich hierbei sozusagen um den ›Rückweg‹ handelt: Was das Herz über das Hören verstanden hat, artikuliert es über die Sprache. Im Zusammenhang des Deuteronomiums liegt allerdings eine andere

---

[323] Vgl. dazu die Auslegung zu Dtn 30,1-10 (10. Sonntag nach Trinitatis).

Deutung näher: Neben dem Hören wird auch zum kontinuierlichen Wiederholen und Rezitieren der Tora aufgefordert. Die Worte der Tora sollen beständig zur Sprache kommen – auch das wird im *Sch^ema* grundgelegt (Dtn 6,7). Anders gesagt kann man vom wiederholten Sprechen der Worte als Memoriertechnik reden, die verhindern soll, dass man das einmal Gehörte je wieder vergisst. Es geht um eine Verinnerlichung, die immer wieder von neuem stattfinden muss.

Während es sich hierbei um allgemeine anthropologische Vorstellungen handelt, besteht die besondere Pointe von Dtn 30,11-14 in der Kontrastierung: Weil das Wort Gottes schon so nahe ist, bedarf es keiner ausschweifenden Suche mehr. Man muss nicht an die Ränder der Erde fahren, um es zu finden. Vor allem für eine Kultur wie das antike Israel, das trotz Zugang zum Mittelmeer offenbar nie Handelsschifffahrt betrieb, war es vermutlich eine beruhigende und tröstende Aussage, dass man für Gottes Wort nicht das Meer überqueren musste. Eher hypothetischer Art ist freilich die Aussage, dass man auch nicht in den Himmel hinauffahren muss, um das Wort – gleichsam direkt von Gott – ›abzuholen‹. Die Botschaft ist also recht deutlich: Es bedarf keiner Anstrengung, keiner wie auch immer vorzustellenden Strapaze, um mit dem Wort Gottes vertraut zu werden, vielmehr muss man es nur dort finden, wo es eigentlich schon angekommen ist, nämlich im eigenen Innersten. Das Wort Gottes gehört zu Israel – und umgekehrt –, und insofern wäre es fast widernatürlich, wenn Israel es nicht im eigenen Herzen suchte. Im Judentum wird seit dem Mittelalter am Ende der Feier des Laubhüttenfestes ein eigener Festtag begangen, der den Namen *Simchat Torah* trägt und nicht selten in zeitlicher Nähe zum 18. Sonntag nach Trinitatis gefeiert wird: »Freude an der Tora«, der die Stimmung zum Ausdruck bringt, die auch Texte wie Dtn 30,11-14 vermitteln wollen.

Nun wäre diese Passage, zu der sich zahlreiche Parallelen im Alten Testament finden lassen, vermutlich nicht in die Reihe der Predigttexte aufgenommen worden, wenn sie nicht auch die Grundlage einer zentralen Stelle im Römerbrief wäre. In Röm 10,6-8 spielt Paulus auf Dtn 30,11-14 an:

»Aber die Gerechtigkeit aus dem Glauben spricht so: ›Sprich nicht in deinem Herzen: Wer will hinauf gen Himmel fahren?‹ – nämlich um Christus herabzuholen; oder: ›Wer will hinab in die Tiefe fahren?‹ – nämlich um Christus von den Toten heraufzuholen. Aber was sagt sie? ›Das Wort ist dir nahe, in deinem Munde und in deinem Herzen.‹ Dies ist das Wort vom Glauben, das wir predigen.«

Auch bei Paulus geht es um etwas, das dem Mund und dem Herzen nahe ist. Für Paulus ist dies allerdings nicht die Tora, sondern das Wort vom gerecht machenden Glauben. Die Vorgehensweise des Paulus an dieser Stelle ist kühn, weil er in Gestalt von Dtn 30,11-14 die Tora zitiert, allerdings mit dem Ziel, sie damit gleichzeitig zu entkräften: Nicht das Gebot Gottes bewegt das menschliche Herz, sondern der Glaube an die Rechtfertigung ohne Werke. Auf diese Weise werden zwei Größen gegeneinandergestellt, die sich – jedenfalls in der Zuspitzung an dieser Stelle – wechselseitig ausschließen.

Allerdings zeigen sich bei genauerem Hinsehen wesentliche Parallelen zwischen dem Deuteronomium und Paulus. Wie in der Auslegung zu Dtn 30,1-10 deutlich wurde, dokumentieren das Deuteronomium und ebenso die prophetischen Überlieferungen einen theologischen Diskurs darüber, ob Israel die Tora aus eigener Kraft und eigenem Vermögen befolgen kann. Das wäre ja die Voraussetzung für den von Paulus erhobenen Vorwurf von ›Werkgerechtigkeit‹. Eine solche Position kann man finden, wo die Gesetzesüberlieferungen im Alten Testament zu Treue und Gehorsam aufrufen. Allerdings wurde diese Position schon im Entstehungsprozess des Alten Testaments zunehmend kritisch hinterfragt. Das Deuteronomium selbst wie auch die spätprophetischen Überlieferungen rechnen damit, dass es einer Erneuerung Israels bedarf, die allein Gottes Werk ist: durch ein neues Herz und einen neuen Geist (Jer 24,5-7; Ez 11,19; 36,26 f., vgl. auch Dtn 29,4) oder die Beschriftung (Jer 31,31-34) bzw. Beschneidung (Dtn 30,6) des (alten) Herzens. Diese Bilder und Metaphern zielen darauf, dass Israel erst dann, wenn es in dieser Weise neu geschaffen wurde, tatsächlich auch gerecht sein wird. Paulus bedient sich zum Teil eines anderen Begriffsregisters, das in der Sache aber zu einem ganz ähnlichen Ergebnis kommt. Für ihn ist der Glaube, der durch die Predigt und die Wirksamkeit des Geistes kommt (Gal 3,2), ebenfalls ein schöpferischer Akt Gottes, der zur Gerechtigkeit führt. Allerdings ist dies bei Paulus kein Automatismus: Nicht bei jedem, der die Predigt vom Glauben hört und den Geist empfängt, kommt dieser schöpferische Prozess auch zum Ziel – eine offensichtliche Tatsache angesichts von Misserfolgen der paulinischen Missionsarbeit. So bleibt auch bei Paulus (ähnlich wie in Dtn 30,1-10) ein konditionales Element übrig, das er »Bekenntnis« nennt (Röm 10,9 f.):

»Denn wenn du mit deinem Munde bekennst, dass Jesus der Herr ist, und glaubst in deinem Herzen, dass ihn Gott von den Toten auferweckt hat, so wirst du gerettet. Denn wer mit dem Herzen glaubt, wird gerecht; und wer mit dem Munde bekennt, wird selig.«

So sehr sich Paulus von der Tora abzusetzen versucht, so sehr bewegt er sich dabei im Rahmen der theologischen Argumentation, die die Tora selbst eröffnet. Das bedeutet, dass die Frage nach Gerechtigkeit und Rechtfertigung, ebenso wie die nach der Nähe des Wortes Gottes die beiden Testamente übergreift und nicht gegeneinander abschließt. Gottes Wort ist nah und Gott will Menschen in einer Weise erneuern, die zur Gerechtigkeit führt. Das ist eine Erkenntnis, die in ihrer vollen Gestalt nur gesamtbiblisch zu ermessen ist. (AS)

DER SONNTAG DES *TERTIUS USUS LEGIS* ODER: DAS GESETZ ALS EVANGELIUM

Ob man den 18. Sonntag nach Trinitatis kühn als den Sonntag des *tertius usus legis* bezeichnen könnte? Als den Sonntag, an dem es um das von Gott Gebotene geht – nun aber nicht im Sinne eines ›ersten, politischen Gebrauchs‹ des Gesetzes (*usus politicus*), der das bürgerliche Zusammenleben regelt und nach Überzeugung der Reformatoren mit der allgemeinen Vernunft erschließbar sei. Und erst recht nicht im Sinne eines ›zweiten Gebrauchs‹, der in der lutherischen Tradition als der *usus elenchticus legis*, als der den Sünder seiner Sünde überführende Gebrauch des Gesetzes bezeichnet wird. Sondern als der Sonntag des ›dritten Gebrauchs‹ des Gesetzes, um den seit dem 16. Jahrhundert innerhalb der evangelischen Kirchen immer wieder erbittert gestritten wurde. Philipp Melanchthon hatte die Lehre vom *tertius usus legis* seit 1535 entwickelt. Das Gesetz dient den Wiedergeborenen (daher auch die Bezeichnung *usus in renatis*) nach dieser Lehre dazu, ein Leben entsprechend dem Willen Gottes zu führen. Es ist »*hilfreiche Weisung* des Heiligen Geistes, der zugleich im Herzen für die Verwirklichung sorgt«.[324] Die Anklänge an Dtn 30, die sich in diesem Zitat des Kirchenhistorikers Wolf-Dieter Hauschild finden, weisen auf die Nähe, die die Lehre vom *tertius usus* zu dem für diesen Sonntag neu vorgeschlagenen Text aus Dtn 30 hat.

Der 18. Sonntag nach Trinitatis könnte zudem – nicht nur im Blick auf die Fortsetzung der Lesung aus Dtn 30 – als ›zweiter Israelsonntag im Kirchenjahr‹ bezeichnet werden. Er führt in seinen Texten und Liedern wie kein anderer die Verbindung von Christentum und Judentum an einem Punkt aus,

---

[324] Wolf-Dieter Hauschild, Lehrbuch der Kirchen- und Dogmengeschichte, Bd. 2: Reformation und Neuzeit, Gütersloh ²2001, 322 [Hervorhebung im Original]. Vgl. zu den nachfolgenden sogenannten antinomistischen Streitigkeiten 417 f.

der sonst eher als Punkt des Auseinandergehens der Wege gesehen wird: dem Umgang mit dem Gesetz.

Bislang waren die beiden Sonntage (10. und 18. Sonntag nach Trinitatis) auch dadurch eng verbunden, dass die Evangelienlesung aus Mk 12,28–34 identisch war (vgl. die obigen Bemerkungen zur Perikopengeschichte des 10. Sonntags nach Trinitatis). Inzwischen ist die Frage nach dem höchsten Gebot dem Israelsonntag im grünen Proprium vorbehalten und für den 18. Sonntag nach Trinitatis Mk 10,17–27 als Leseevangelium an seine Stelle getreten: die Perikope, die traditionell den Titel »Der reiche Jüngling« trägt. Auf die Frage eines jungen Mannes nach dem Weg zum ewigen Leben antwortet Jesus mit den Zehn Geboten, die in der Exodusfassung alttestamentliche Lesung an diesem Sonntag sind (Ex 20,1–17) – und beginnt mit deren Aufzählung beim fünften Gebot (nach lutherischer Zählung). Der junge Mann erklärt, diese Gebote der sogenannten ›zweiten Tafel‹ alle gehalten zu haben, was Jesus in keiner Weise in Abrede stellt. Das Problem des jungen Mannes liegt wohl eher in der ›ersten Tafel‹, in der ungeteilten Gottesliebe.[325] »Eines fehlt dir. Geh hin, verkaufe alles, was du hast …« (V. 21). Die scharfe Aussage Jesu, ein Kamel komme leichter durch ein Nadelöhr als ein Reicher ins Himmelreich (V. 25), führt zur intensiven Diskussion im Jüngerkreis, die gesamtbiblische Diskussionen um die Erfüllbarkeit der Gebote spiegelt. Die Antwort Jesu »Bei den Menschen ist's unmöglich, aber nicht bei Gott …« (V. 27) nimmt eine biblische Linie der Antwort auf diese Frage auf und verbindet Dtn 30 mit Mk 10.

Als neue Epistellesung ist diesem Evangelientext der bisherige Predigttext Eph 5,15–20 an die Seite gestellt, der konkrete Hinweise zum »Leben im Licht« weitergibt. Es ist dieselbe paränetische Diktion, die auch in dem ebenfalls neuen Predigttext 1Petr 4,7–11 hörbar wird. Er mündet in eine interessante Begründung des Handelns: dass »in allen Dingen Gott gepriesen werde durch Jesus Christus« (V. 11). Das Handeln führt zum Lobpreis, ja ist selbst eine Form des Lobpreises – ein Verständnis, das sich mit jüdischen Überlegungen zur Bedeutung der Gebote verbindet. Schließlich erscheint Jak 2,14–16 als weiterer Predigttext. Damit tritt eine polemische Gegenposition zu Paulus in die Reihe der Predigttexte, die in die Sentenz mündet: »So ist auch der Glaube, wenn er nicht Werke hat, tot in sich selber« (V. 16).

Der Wochenspruch aus 1Joh 4,21 unterstreicht die Verbindung von Gottes- und Nächstenliebe, und der Wochenpsalm Ps 1 besingt die »Lust am Ge-

---

[325] Für Martin Luther hingen bekanntlich alle Gebote des Dekalogs am ersten, wie er vor allem in seinen Auslegungen im Kleinen und Großen Katechismus hervorgehoben hat.

setz des Herrn« (V. 2) – und intoniert damit den *cantus firmus*, der die Texte dieses Sonntags verbindet.

In Dtn 30,11–14[326] wird, wie gezeigt, die Nähe des Wortes Gottes, des göttlichen Gebotes zu Herz und Mund des Menschen betont – eine Nähe, die in das eine hebräische Wort *la asoto* mündet, das die Folge dieser Nähe bezeichnet. Im Deutschen genügt ein Wort zur Übersetzung nicht. Der suffigierte hebräische Infinitiv wird in der Lutherbibel mit vier Worten wiedergegeben: »dass du es [das Wort] tust«. Das nahe Wort führt zum *Tun*, nicht etwa zu einer Erkenntnis der frommen Innerlichkeit oder einer Erbauung der menschlichen Seele.

Nähe des Wortes und menschliches Tun gehören zusammen. Immer wieder wurde in Christentum und Judentum, in Philosophie und Theologie über den Zusammenhang von *Tun* und *Hören*, *Tun* und *Verstehen* nachgedacht. Braucht es eine bestimmte innere Einsicht, eine Erkenntnis, die dann (sekundär) zum Tun führen würde? Oder ist von einem weit komplexeren In- und Miteinander von Hören und Tun, Tun und Verstehen auszugehen?

Im Judentum wird Ex 24,7 und die eigentümliche Umkehrung der üblichen Reihenfolge von Hören und Tun immer wieder zum Ausgangspunkt von Diskussionen zu dieser Frage: »Und er [Mose] nahm das Buch des Bundes und las es vor den Ohren des Volks. Und sie sprachen: Alles, was der Herr gesagt hat, wollen wir tun und darauf hören.« Dass das *Tun* hier vor dem *Hören* erwähnt wird, stellt jede logische Reihenfolge auf den Kopf, verweist aber gerade so auf einen Zusammenhang, den u. a. Abraham Joshua Heschel immer wieder hervorgehoben hat. Heschel kehrt eingefahrene Epistemologien um und schreibt: »Taten sind Lehrer.«[327] Mit dieser Einsicht stellt sich Heschel in eine lange Reihe jüdischer Überlegungen zur Bedeutung der Gebote. Er zitiert z. B. den einflussreichen hochmittelalterlichen Rabbi Aaron Halevi aus Barcelona (Ende des 13. Jh.), der sagte: »Der Mensch wird durch all seine Werke beeinflußt, sein Herz und all sein Denken folgen den Werken, die er tut, seien sie gut oder schlecht.«[328]

Heschel verweist darauf, dass Jüdinnen und Juden traditionell nicht nach dem »Sinn« der Gebote fragen, sondern nach dem *ta'am* der Mizwot / der Gebote. Diese hebräische Wendung bezeichnet wörtlich den »Geschmack« bzw.

---

[326] Die Lutherbibel 2017 hebt den gesamten Zusammenhang der Verse 11–14 durch Fettdruck als Kernstelle hervor; in der bisherigen Fassung der Lutherbibel war nur V. 14 fett gedruckt.

[327] Abraham Joshua Heschel, Gott sucht den Menschen. Eine Philosophie des Judentums, Neukirchen-Vluyn / Berlin ⁵2000, 266.

[328] Zitiert nach Heschel, ebd.

das »Aroma« der Mizwot. Heschel schreibt: »Den echten Sinn findet man nicht in einem starren Konzept, das ein für allemal feststeht. Das eigentliche ›Bedeutungsaroma‹ läßt sich nicht formulieren. Es wird im Akt der Erfüllung geboren, und unsere Einschätzung wächst mit unserer Erfahrung. Mizwot sind nicht Ausdrucksformen eines Sinnes, der ein für allemal feststünde, sondern Wege, ständig neuen Sinn zu erwecken.«[329]

In den vergangenen Jahrzehnten des christlich-jüdischen Dialogs haben christliche Theologinnen und Theologen die Frage gestellt, ob diese jüdischen Überlegungen zum Zusammenhang von Tun und Hören, Tun und Erkennen auch für christliche Theologie und christliche Spiritualität neu entdeckt werden können. Barbara Eberhardt beantwortet diese Frage mit einem entschiedenen »Ja« und formuliert vor diesem Hintergrund einen meditativen Text:[330]

> Ich glaube, doch mein Kopf beginnt zu zweifeln:
>> Wer bist du, Gott,
>> und warum verläßt du mich immer wieder,
>> und wie soll ich da glauben?
> Ich zweifle, doch meine Hände beginnen zu glauben:
>> Ich lege die Gedanken schlafen
>> und greife nach der Welt
>> und tue, was zu tun ist.
> Ich glaube, Gott, dein Wille soll geschehen.

Hervorragend eignet sich das neu vorgeschlagene Wochenlied EG 414 auch als Predigtlied für eine Predigt zu Dtn 30: »Lass mich, o Herr, in allen Dingen«. Gedichtet wurde es 1766 von Georg Joachim Zollikofer (1730–1788), der seit 1758 als Pfarrer und einflussreicher Prediger in der reformierten Gemeinde in Leipzig wirkte. Zollikofer zeigte sich aufgeschlossen für Gedanken der Aufklärung, der es zweifellos zu verdanken ist, den Sinn für das Gebot Gottes und für das Tun Seines Willens neu entdeckt zu haben. Zollikofer lenkt den Blick auf die Früchte des Glaubens (V. 2; vgl. nur Mt 7,12–23) und auf die Heiligung des menschlichen Lebens durch das Tun des Gebotenen.

Auch EG 176, der vertonte Bittruf aus Ps 119,18, eignet sich als Lied zu diesem Tag: »Öffne meine Augen, dass sie sehen die Wunder an deinem Gesetz«. (AD)

---

[329] A. a. O., 273.

[330] Barbara Eberhardt, 17. Sonntag nach Trinitatis: »Ich möchte Glauben haben …«, in: Alexander Deeg (Hg.), Der Gottesdienst im christlich-jüdischen Dialog. Liturgische Anregungen – Spannungsfelder – Stolpersteine, Gütersloh 2003, 195–197.

19. Sonntag nach Trinitatis (Reihe III): Jes 38,9–20

Todestwitter

Das Gebet des Königs Hiskia gehört zu einer Reihe von ›Psalmen außerhalb des Psalters‹, deren Funktion in der Regel darin besteht, die Handlung einer Erzählung zu unterbrechen. Das Gebet hält den Zeitfluss an und lässt den Protagonisten ebenso wie die Leserschaft im Moment verharren. Das gilt analog für den Psalm des Jona im Bauch des Fisches.[331] Tatsächlich lassen sich Jes 38 und Jona 2 gut miteinander vergleichen, weil sie neben dem retardierenden Element auch den Umstand teilen, dass sie beide an einem Tiefpunkt der Erzählung platziert sind. Im Fall Hiskias bettet sich der Psalm allerdings weniger harmonisch in den narrativen Zusammenhang ein als bei Jona. Eigentlich ist mit Jes 37 die Erzählung um Hiskia, Jesaja und die assyrische Bedrohung bereits abgeschlossen. Diese begann in Jes 36 mit der Belagerung Jerusalems durch Sanherib. Die Gefahr durch den übermächtigen Großkönig wird wie durch ein Wunder abgewehrt (Jes 37,36). Weitgehend gegen die historischen Tatsachen wird hier davon berichtet, dass der Engel Gottes des nachts durchs Lager der Assyrer zog und diese vollständig vernichtete. Gott hatte Zion, den Schemel seines Thrones, verteidigt, ganz so wie Jesaja dies angekündigt hatte.[332]

Mit Jes 38 fällt die Erzählung allerdings noch einmal zurück in die Situation der Bedrohung: Die Leserschaft wird noch einmal dorthin geführt, wo Hiskia am Tiefpunkt angekommen ist. Der assyrische Oberkommandant hatte vor den Toren Jerusalems die Bevölkerung dazu aufgefordert, Hiskia die Gefolgschaft aufzukündigen und sich Assur zu unterwerfen (Jes 36,14–20). Zweifellos ein bedenkenswertes Angebot angesichts der Situation! Allem Anschein nach darauf zurückblickend berichtet Jes 38 davon, dass Hiskia schwer krank wird. Augenscheinlich zerbricht er an der Hoffnungslosigkeit der Si-

---

[331] Jona 2 ist ein neuer Perikopentext für den Ostermontag und ebenfalls (zusammen mit Jona 1) für den 1. Sonntag nach Trinitatis.

[332] Geschichtlich wissen wir, dass Sanherib Jerusalem zwar tatsächlich nicht zerstörte. Allerdings ließ er sich die Gewährung von Frieden teuer bezahlen. Neben dem Umstand, dass Hiskia das gesamte Umland von Jerusalem verlor, wurden ihm drastische Tributzahlungen auferlegt.

tuation. Und was noch schlimmer ist: Gott scheint diesen Untergang zu besiegeln, indem er Hiskia den Tod ankündigt (Jes 38,1). Daraufhin betet Hiskia und wirft seine gesamte Frömmigkeit und Treue in die Waagschale. Das Gebet wird erhört und Hiskias Lebensfrist daraufhin verlängert.[333] Der nun folgende Psalm, so will es jedenfalls die Einleitung in V. 9, ist Hiskias Antwort auf diese Errettung.

Allerdings ist dieser Psalm eigentlich kein Dank- oder Loblied, das dieser Situation entsprochen hätte. Seiner Form nach gehört er zu den Klageliedern des Einzelnen. Er beginnt mit der Schilderung der Not angesichts eines unzeitigen Todes.[334] Das Schlimme am Tod ist nicht ein leidvolles Sterben oder die Furcht vor einer ›Hölle‹, sondern das Abgeschnittensein von der Welt der Lebenden. Der imaginäre Hiskia ist nicht alt und lebenssatt, sondern ein Mann in der Mitte seiner Jahre, der am Leben teilhaben will (V. 10f.). Nun ist aber Leben in der Vorstellungswelt der Psalmen nie nur eine natürliche oder soziale Vitalität, sondern meint das Dasein im Angesicht Gottes. Anders gesagt: Der Mensch lebt, weil und solange er von Gott beachtet wird. Von Gott angesehen und gehört zu werden, Gottes Aufmerksamkeit zu finden, sind die notwendigen Bedingungen allen Lebens. Das gilt innerhalb der Psalmen nicht nur für Menschen, sondern für alle Geschöpfe.

Dass diese Lebensspanne im Angesicht Gottes endlich ist, wird in den Klagepsalmen mit unterschiedlichen emotionalen Färbungen versehen. In Ps 104 wird der Wechsel von Leben und Sterben, Kommen und Gehen als Rhythmus der Schöpfung gepriesen (Ps 104, 29f.). In alledem ist Gott am Werk. Umgekehrt schwingt in Ps 90 eine unüberhörbare Melancholie darüber mit, dass der Mensch sterben und mit dem Wissen um den bevorstehenden Tod umgehen muss (Ps 90,12).[335] Auch für Jes 38 ist Endlichkeit nicht das eigentliche Problem, sondern der vorzeitige Tod, der nur bedeuten kann, dass ein Mensch nicht mehr von Gott beachtet oder, im schlimmsten Fall, sogar verstoßen wird.

Das Hiskiagebet findet unterschiedliche Bilder für dieses Verstoßenwerden: Gott schneidet dem Weber, der an seinem Werk sitzt, den Faden ab (V. 12b). Sehr viel aggressiver noch fällt das Bild des Löwen aus, der auf Raub lauert

---

[333] Wegen des thematischen Zusammenhangs von Bitte, Gebetserhörung und Psalmodie wäre Jes 38 auch eine veritable Alternative für den Sonntag Rogate.

[334] Gegen die Lutherbibel 2017, die V. 10b sachlogisch schwierig übersetzt: » … zu des Totenreichs Pforten bin ich befohlen für den Rest meiner Jahre.«

[335] Vgl. zu Ps 90 die Auslegung für den Totensonntag.

und seine Beute zerschmettert (V. 13). Diese Vorstellung von Gott als Feind rückt Jes 38 in eine gewisse Nähe zu den Klagen Hiobs. Und tatsächlich gibt es hier eine thematische Parallele, denn wie Hiob gilt auch Hiskia als exzeptioneller Gerechter, der nach allen Maßstäben der Gerechtigkeit nicht verdient, was ihm widerfährt. Im einen wie im andern Fall wird keinen Moment daran gezweifelt, dass Gott die Not nicht nur zulässt, sondern deren Urheber ist: »Gott hat es getan« (V. 15a). Gleichwohl kommt Hiskia, anders als Hiob in den dunkelsten Momenten seiner Klage, nicht an dem Punkt an, an dem er sich wünscht, von Gott in Ruhe gelassen sterben zu können. Der Todeswelt nahe, »zwitschert« er dennoch wie eine Schwalbe und »gurrt« wie eine Taube (V. 14a). Er schaut nach »oben« und sehnt sich nach Gott und dem Licht der Lebenden.

Charakteristisch für die Klagelieder des Einzelnen folgt ein abrupt wirkender ›Stimmungsumschwung‹ (V. 17–20). Gemessen an der offenbar sehr präsent erfahrenen Not kann der Beter nunmehr ganz unvermittelt sein Vertrauen in die behütende Nähe Gottes zum Ausdruck bringen. Die möglichen Hintergründe eines solchen Stimmungsumschwungs sind in der Bibelwissenschaft nach wie vor umstritten. Möglicherweise hat man daran zu denken, dass in der Lebenswelt dieser Texte die Klage einerseits und das Gotteslob andererseits zeitlich auseinanderlagen. Die Form der Klagepsalmen wäre dann eine poetische Verdichtung von Erfahrungen an unterschiedlichen Stellen des Lebensprozesses. Jes 38 löst diese Spannung anders, nämlich literarisch. Hiskia weiß ja (jedenfalls entlang des fortlaufend gelesenen Texts), dass er überleben würde. Insofern ist er bereits im Lob angekommen, und seine Klage ist Rückblick auf eine – gleichwohl immer noch sehr präsente – Erfahrung von Verzweiflung.

An dieser Stelle erlaubt die Textkomposition allerdings unterschiedliche Erzählweisen, die sich möglicherweise auch für die Predigt nutzen lassen. *Als Klage* erzählt der Psalm die Geschichte Hiskias am Tiefpunkt seines Lebens; *als Gotteslob* dagegen erzählt er eine Geschichte von Rettung. An diesen Eckpunkten begegnet der Psalm auch seiner heutigen Leserschaft. Allerdings wird es häufiger so sein, dass sich Menschen eher *zwischen* diesen Extremen finden. Klagepsalmen versetzen ihre Leserschaft gleichsam an den ›Punkt‹, an dem im Psalm selbst der Stimmungsumschwung steht. Denise Dombkowski Hopkins hat diese eigentümliche Spannung einmal sehr zutreffend als »life in the meanwhile« beschrieben.[336] Die Klagepsalmen versetzen ihre

---

[336] Denise Dombkowski Hopkins, Journey Through the Psalms, St. Louis: Chalice Press, 2002, 105–132.

Leserschaft tatsächlich in einen Zwischenraum oder, vielleicht besser, in eine Zwischenzeit, in der es darum geht, sowohl die Sprache der Klage wie auch die des Lobs zu lernen und einzuüben. (AS)

Heil *und* krank

Die Geschichten, die im Textraum des 19. Sonntags nach Trinitatis erzählt werden, gehen allesamt gut aus. Dem Gelähmten, der vor Jesu Füße gelegt wird, vergibt Jesus nicht nur seine Sünden; er befiehlt ihm zudem, aufzustehen, sein Bett zu nehmen und nach Hause zu gehen (Evangelium: Mk 2,1–12). Heil und Heilung, Sündenvergebung und körperliche Wiederherstellung verbinden sich – und bestimmen den Klang des 19. Sonntags nach Trinitatis. Konsonant fügt sich die Geschichte von der Heilung des Lahmen am Teich Betesda in den Klangraum ein (Joh 5,1–16; Reihe I), in der Jesus einen Gelähmten mit beinahe denselben Worten heilt wie im Sonntagsevangelium: »Steh auf, nimm dein Bett und geh hin!« (V. 8). Auch die alttestamentliche Lesung Ex 34,4–10 berichtet vom guten Ausgang einer Geschichte, die beinahe das Ende der Gottesbeziehung Israels bedeutet hätte: JHWH, dessen Zorn angesichts der Anbetung des Goldenen Kalbs durch das Volk Israel entflammt war, ist zu einem neuen Bundesschluss bereit und verheißt: »Vor deinem ganzen Volk will ich Wunder tun …« (V. 10). So erweist er sich als barmherziger, gnädiger, geduldiger und treuer Gott (vgl. V. 6). Die Epistellesung aus Jak 5,13–16 ruft zum Gebet für die Kranken und zur Krankensalbung auf, verheißt Gottes Hilfe und Vergebung und bekennt: »Des Gerechten Gebet vermag viel, wenn es ernstlich ist« (V. 16).[337] Mit Jes 38 (Reihe III) begegnet eine weitere Geschichte im Textraum, die gut ausgeht: Der todkranke König Hiskia betet und wird gesund![338]

Eine Bewegung mit der Gemeinde im Textraum dieses Sonntags kann erfrischend sein, Lebenskräfte auf dem Weg in die dunkle Jahreszeit wecken und die Hoffnung groß machen auf Gott, der sich »meiner Seele« annimmt, Sünden vergibt (Jes 38,17) und hilft. Mit einem Loblied auf den Lippen und

---

[337] Die bisherige Epistellesung Eph 4,22–32 ist nun einer der Predigttexte (Reihe II); sie ist weit weniger spezifisch auf Heil und Heilung bezogen, sondern spricht vom Leben des im Glauben neuen Menschen.

[338] Jes 38 war bisher einer der Marginaltexte am 16. Sonntag nach Trinitatis – einem Sonntag, an dem die Lazarus-Geschichte als Evangelium (Joh 11) den Ton vorgibt und es um den Weg aus dem Tod ins Leben geht.

erfüllt mit Hoffnung auf das immer neue Handeln des gnädigen und barmherzigen Gottes in den Herbst zu gehen – das ist die Chance dieses Sonntags.

Eine Bewegung im Textraum des 19. Sonntags nach Trinitatis kann aber auch zu problematischen Abstürzen führen und Gottesdienstfeiernde verunsichern und belasten. Zwei lineare Denkmuster drohen, die theologisch wie psychologisch gefährlich und destruktiv sind: (1) Weil Heil und Heilung zusammenhängen, bedeutet das: Wenn du nicht körperlich heil und gesund bist, stimmt auch mit deiner Gottesbeziehung etwas nicht. (2) Gott will das heile und gesunde Leben; und wer nur recht darum bittet und sich keiner Vergehen schuldig gemacht hat, dem wird er dies auch verleihen. Beide Denkmuster hängen unmittelbar miteinander zusammen – und können in einen veritablen Teufelskreis führen: Kranke Menschen müssen dann nicht nur ihr Leid tragen, sondern sich auch noch selbst dafür verantwortlich fühlen, weil augenscheinlich etwas mit ihrer Gottesbeziehung nicht stimmt – oder die Intensität des Gebets nicht ausreicht, um Heilung bei Gott zu erwirken.

Es gibt Gestalten der Frömmigkeit, die den Glauben in eine Logik des sichtbaren und spürbaren Erfolgs zwängen: Beten hilft, um gesund zu werden – so die einfache Logik (nicht wenige Studien, vor allem in den USA, versuchen dies immer wieder zu zeigen; mindestens ebenso viele Studien erkennen allerdings keinen signifikanten Zusammenhang zwischen Gebet und Heilungsprozess[339]). Das Menschenbild, das dahinter steht, sieht im Glaubenden jemanden, der/die ein ganzes und heiles Leben führt.

In der deutschsprachigen Theologie hat vor allem Henning Luther (1947–1991) diese Frömmigkeit radikal hinterfragt. Gott verheißt nicht ein heiles und ganzes Leben; und keineswegs ist krankes Leben unheiles Leben, ebensowenig wie Gesundheit ein Ausweis gelingender Gottesbeziehung ist. Im Gegenteil zeigen bereits die Frommen der Bibel, dass Gottes Verheißung zu immer neuen Aufbrüchen führt, zu einem Unterwegssein, zu dem enttäuschte Hoffnungen, Krankheit, Kreuz und der Tod auf dem Weg zum Ziel gehören (vgl. nur Jeremia und Paulus, Jesus und Mose!). Mit Gottes Verheißung zu leben bedeutet, als die ›Fragmente‹, die alle Menschen – Gesunde und Kranke – sind und bleiben, auf Gottes Vollendung hin unterwegs zu sein, die *immer* aussteht und vorausliegt.

---

[339] Vgl. Markus C. Schulte v. Drach, Vorsicht Gebet!, in: SZ vom 17.05.2010, greifbar unter: http://www.sueddeutsche.de/wissen/us-studie-vorsicht-gebet-1.615106 [Zugriff vom 02.05.2018].

Es kann und darf am 19. Sonntag nach Trinitatis daher nicht um die *Linie* gehen, die von Sünde und Krankheit zu Heil und Heilung führt. Vielmehr liegt die Chance des Sonntags darin, *beides* wahrzunehmen und *vor Gott* zur Sprache zu bringen. Genau dazu kann der Hiskia-Psalm Sprachhilfe bieten: Er zeigt in aller nicht beschönigenden Schärfe, was Todesnähe bedeutet: Trennung von Gott und den Menschen (V. 11), Abbruch alles dessen, was das Leben ausmacht (»... er schneidet mich ab vom Faden«; V. 12). Und er zeigt, wie Gott gelobt werden kann, der aus dem Tod ins Leben führt. Für unser »life in the meanwhile« bietet er Sprache für die Zwischenzeit. So führt hoffentlich auch die Predigt zu Jes 38 weg von Behauptungen linearer Zusammenhänge und hin zum Gebet: zur leidenschaftlichen Bitte an Gott, in dessen Hand Heil und Heilung liegen: »Heile du mich, Herr, so werde ich heil, hilf du mir, so ist mir geholfen« (Jer 17,14, Wochenspruch), und zum Lob Gottes (»... dass ich errettet gar fröhlich rühmen kann«, Ps 32,7 – Wochenpsalm).

In einem Punkt freilich kann Hiskias Gebet – Gott sei Dank – widersprochen werden. Hiskia meint: »... die Toten loben dich nicht« (V. 18; vgl. auch Ps 6,6; 115,17). Der Tod wird von ihm als Beziehungsabbruch auch zu Gott verstanden. In anderen und späteren Texten des Alten Testaments wird freilich deutlich: Die Beziehung, die Gott schafft, endet nicht mit dem Tod. Diese Einsicht findet sich in der Gewissheit der Auferweckung der Toten, die das Judentum durch die Jahrhunderte prägte und prägt, und die auch im Neuen Testament begegnet. Zugleich liegt im Bekenntnis zur Auferweckung Jesu die Gewissheit, dass die Toten nicht tot bleiben, sondern in ihm und mit ihm leben. Am kühnsten erzählt die Offenbarung des Johannes davon, wie die auf Erden Verstorbenen im Himmel Gott loben und das »Lied des Mose, des Knechtes Gottes, und das Lied des Lammes« singen (Offb 14,1–5; 15,1–4; 15,3).

Liedvorschläge: Paul Gerhardts »Nun danket all und bringet Ehr« (EG 322) nimmt zahlreiche Motive des Sonntags auf, preist Gott, der »frisch und gesund erhält« (V. 3), »die Straf erlässt, die Schuld vergibt« (V. 4), und wendet sich bittend an ihn. EG 530 »Kommt her zu mir, spricht Gottes Sohn« besingt ab V. 3 die Vergänglichkeit dieser Welt und unseres Lebens – und ruft zum Vertrauen auf das verlässliche Wort Gottes auf (V. 6 + 7). Aber auch die Dankbarkeit angesichts der Erfahrung von Heil und Heilung lässt sich besingen: EG 383 (Herr, du hast mich angerührt). (AD)

20. Sonntag nach Trinitatis (Reihe III): Pred 12,1-7

Gottesgedanken der Jugend

Gegenstand dieser Perikope ist die Schlussermahnung des Predigers Salomo. Sie richtet sich an diejenigen, die vermutlich einmal die primären Adressaten dieses Büchleins waren: junge Männer aus, in der Regel, höheren Familien, die eine, wie wir sagen würden, geisteswissenschaftliche Ausbildung genossen. Sehr viel wissen wir nicht über die schulische Ausbildung der damaligen Zeit,[340] aber das seleukidische Palästina erlebte eine kulturelle und wirtschaftliche Blüte, die auch auf ein entwickeltes Bildungssystem schließen lässt.

Genau genommen beginnt diese Schlussermahnung bereits in Pred 11,9, wo die ›Studenten‹ des Predigers im Blick auf ihre Jugend angesprochen werden. Sie sollen dem Weg folgen, den ihr Herz ihnen weist.[341] Ein Aufruf zur Lebensfreude also, die allerdings dadurch ihr Maß erhält, dass Gott - gleichsam als oberster Lehrer und Erzieher - Rechenschaft dafür fordern wird.

In 12,1 knüpft sich daran die Aufforderung, sich seines Schöpfers zu erinnern in den Tagen der Jugend. Besonders junge Menschen stehen demnach in der Gefahr, sich so sehr im ›Flow‹ des Lebens zu verlieren, dass sie gar nicht mehr daran denken, wem sie dieses Leben zu verdanken haben. Junge Menschen vor allem haben für den Prediger Grund, Gott dankbar zu sein, weil irgendwann die Beschwernis des Alters solche Dankbarkeit trüben wird. Es werden Tage kommen, an denen man sagt »sie gefallen mir nicht«.

Theologisch ist zunächst von Belang, dass der Prediger Gott als Schöpfer des einzelnen Menschen bezeichnet. Dass Gott ›alles‹ gemacht hat, vom Gewürm unter der Erde bis hin zu den Sternen des Himmels, wird im Alten Testament an vielen Stellen gesagt (man denke nur an Gen 1, Ps 104 oder Hi 38-41). Die Betonung des Einzelnen an dieser Stelle könnte damit zusammenhängen, dass unter dem Einfluss der aristotelischen Philosophie der Weltschöpfer vor allem mit der Entstehung von Gattungen in Verbindung gebracht

---

[340] Der Prediger Salomo wird in der Regel irgendwo ins 3. Jh. v. Chr. datiert, also in die hellenistische Phase der Geschichte Israels.

[341] Vgl. die Auslegung zu Pred 7,15-18 für den 3. Sonntag vor der Passionszeit.

wurde. Der Prediger betont demgegenüber, dass der einzelne Mensch (ob dies auch für Tiere gilt, bleibt bei ihm offen) nicht nur Manifestation eines Artmusters ist, sondern individuelles Geschöpf. Man mag an Ps 139 denken, der ausformuliert, wozu der Prediger in 12,1 seine Leserschaft auffordert:

> »Ich danke dir dafür, dass ich wunderbar gemacht bin; wunderbar sind deine Werke; das erkennt meine Seele. Es war dir mein Gebein nicht verborgen, da ich im Verborgenen gemacht wurde, da ich gebildet wurde unten in der Erde. Deine Augen sahen mich, da ich noch nicht bereitet war, und alle Tage waren in dein Buch geschrieben, die noch werden sollten und von denen keiner da war« (Ps 139,14–16).

Im Unterschied zu Ps 139 wäre der Prediger vermutlich nicht der Meinung gewesen, dass Gott den Menschen allezeit umgibt und beschirmt, dazu ist der Abstand zwischen Gott und Mensch beim Prediger zu groß (vgl. Pred 5,1). Aber im Blick auf seine Herkunft, sein Geschaffensein, ist jeder Mensch einzeln von Gott ›geplant‹ und ›gemacht‹.

Daran soll der junge Menschen denken, denn je weiter das Leben voranschreitet und sich dem Tod nähert, desto mehr verliert der Schöpfungsgedanke an Überzeugungskraft. Dass Menschen endliche Wesen sind und es über den Tod hinaus auch keine Hoffnung gibt, ist für den Prediger für sich genommen noch kein Grund, am Leben zu verzweifeln. Das Schlimme an Sterben und Tod und an der letzten Lebensphase, die dorthin führt, ist für den Prediger allerdings der Verlust an Individualität. Endlichkeit verwischt die Signatur des Individuellen und Persönlichen. Der Tod ist der große Gleichmacher. Von der Vielfalt des Lebens, das Gott geschaffen hat, bleibt nur eine graue Masse übrig – Staub und Schatten. Wenn Martin Heidegger in seiner berühmten Abhandlung »Sein und Zeit« das »Vorauslaufen zum Tod« als existenziellen Fluchtpunkt versteht, der dem Leben Halt gibt, wäre das für den Prediger ein unmöglicher Gedanke gewesen. Er argumentiert genau umgekehrt: Es ist die Phase der Entfaltung des Lebens, an der man sich festhalten soll – wenn die Konturen des eigenen Geschaffenseins noch am deutlichsten sind. Es ist nicht das Vorlaufen zum Ende,[342] sondern das Zurücklaufen zum Anfang, das so etwas wie existenzielle Gewissheit verschafft, gerade dann, wenn die unmittelbare Erfahrung dafür keinen Anhalt mehr bietet. Das bedeutet nicht, dass der Mensch nicht auch mit fortschreitendem Lebensalter

---

[342] Das Wissen um den eigenen Tod spielt allerdings auch beim Prediger eine produktive Rolle (Pred 7,1 f.), weil das Bewusstsein um den Tod den Sinn für das *carpe diem* schärft.

noch Freude haben könnte. Wer Glück hat und alt wird, erlebt eben auch mehr von den Lichtseiten des Lebens, aber es ist für den Prediger eine Tatsache, dass sich früher oder später darunter zunehmend die schlechten Tage mischen (Pred 11,7f.) und das Licht dem Dunkel weicht.

Das führt zu der Illustration, die der Prediger für diese schlechten Tage findet (V. 2–7). Jedes dieser Bilder ist für sich eindrücklich und erzeugt einen lyrischen Gesamtduktus, der an Rilkes »Herbsttag« erinnert:

> Herr: es ist Zeit. Der Sommer war sehr groß.
> Leg deinen Schatten auf die Sonnenuhren,
> und auf den Fluren laß die Winde los.
>
> Befiehl den letzten Früchten voll zu sein;
> gib ihnen noch zwei südlichere Tage,
> dränge sie zur Vollendung hin, und jage
> die letzte Süße in den schweren Wein.
>
> Wer jetzt kein Haus hat, baut sich keines mehr.
> Wer jetzt allein ist, wird es lange bleiben,
> wird wachen, lesen, lange Briefe schreiben
> und wird in den Alleen hin und her
> unruhig wandern, wenn die Blätter treiben.[343]

Es ist durchaus möglich, dass der Prediger vor allem eine bestimmte Stimmung in seiner Leserschaft erzeugen möchte. Gleichwohl fällt auf, dass die Bilder, die er wählt, (anders als bei Rilke) ganz unterschiedlicher Art sind. Auch hier gibt es eine Herbststimmung (das Geräusch der Mühle wird leise und das Zwitschern der Vögel verstummt, V. 4), aber dann auch ein fast apokalyptisches Szenario mit dem Verlöschen der himmlischen Lichter (V. 2a) und einer Angst, die nach äußerer Bedrohung durch Feinde – oder gar Dämonen? – klingt (V. 3a). Das Zerbrechen von Gefäßen deutet darauf hin, dass sich niemand mehr kümmert und ein Haus verlassen dasteht (V. 6), weil dessen Bewohner in sein »ewiges Haus« gegangen ist (V. 5b). Einigermaßen rätselhaft sind die zunächst eher lebendig anmutenden Bilder der Mandelblüte und des Aufreißens der Kapernfrüchte. Möglicherweise ist damit aber schon an eine Überreife gedacht. Ein Mandelbaum, der am Verblühen ist, sieht merkwürdig welk aus, weil die grünen Blätter erst später treiben. In Richtung

---

[343] Zitiert nach: Rainer Maria Rilke, Das Buch der Bilder, Berlin ⁴2016, 28.

von Morbidität weist jedenfalls auch der Grashüpfer, der sich nur noch voranschleppt (V. 5a).

Man hat in der Bibelwissenschaft immer wieder versucht, für V. 2–7 *einen* Interpretationsschlüssel zu finden. Dabei wurde auch erwogen, ob es sich hier durchweg um eine Allegorese für den menschlichen Alterungsprozess handeln könnte (die Verdunklung der Sterne für die trüb werdenden Augen, die leiser werdenden Geräusche der Mühle für das Versagen der Stimme usf.). Wahrscheinlicher ist, dass der Prediger hier bewusst auf ganz unterschiedlichen Ebenen ausmalt, wie Tage aussehen, von denen ein Mensch sagt »Sie gefallen mir nicht« (V. 1). Was sie alle gemeinsam haben, ist, dass keines dieser Bilder auf Gott hinweist. Genau diese Erinnerung an Gott als Schöpfer des Lebens, der jeden Einzelnen mit eigener Hand gemacht hat, muss der Mensch mitbringen, denn genau daran hängt seine Identität, wenn die bösen Tage kommen. (AS)

»… bis zum Alter hin« (EG 380,1)

Zwei neue alttestamentliche Texte begegnen am 20. Sonntag nach Trinitatis: neben Pred 12,1–7 auch eineinhalb Verse aus dem Hohenlied der Liebe (Hld 8,6b–7; Reihe IV). Der 20. Sonntag nach Trinitatis ist aufgrund des Evangeliums aus Mk 10 (Ehescheidung und Kindersegnung) teilweise als »der *Ehe- und Familiensonntag* des Kirchenjahres«[344] bezeichnet worden.

Die Verschiebungen der Versauswahl bei der Evangelienlesung veranschaulichen die Diskussionen, die um diesen Sonntag in den vergangenen Jahren geführt wurden. Im Revisionsvorschlag 2014 wurde als Evangelienlesung Mk 10,(2–12)13–16 angegeben, was bedeutet, dass die »Kindersegnung« (V. 13–16) in jedem Fall gelesen werden sollte; die Diskussion um die Ehescheidung (V. 2–9) mit Jesu klarer Aussage »Was nun Gott zusammengefügt hat, soll der Mensch nicht scheiden« (V. 9) sollte nur dann im Gottesdienst vorkommen, wenn dazu auch gepredigt wird. Damit kehrte sich im Vorschlag 2014 die Versauswahl gegenüber der Ordnung von 1978 um, die ihren Schwerpunkt auf die Verse 2–9 legte und die Kindersegnung (wie auch die Verse 10–12 – die Nachfrage der Jünger daheim – ausklammerte). In der Ordnung 2018 findet sich nun die Klammerung Mk 10,2–9(10–12)13–16. So kommt auf jeden Fall *beides* zur Sprache: die Frage nach der Ehescheidung

---

[344] Karl-Heinrich Bieritz, in: EGb, 715.

und die Segnung der Kinder. Angesichts einer Scheidungsrate, die in Deutschland bei ca. 40% liegt, erscheint es nicht unproblematisch, einen Text als Evangelium zu lesen (und d. h. in fünf von sechs Jahren ggf. unkommentiert stehen zu lassen!), in dem Jesus die Ehescheidung – jedenfalls auf den ersten Blick – kategorisch ausschließt. Andererseits wurde in den landeskirchlichen Rückmeldungen zum Entwurf der Perikopenrevision deutlich, dass die Frage nach Ehe und Ehescheidung als so bedeutend empfunden wurde, dass sie nicht ausgeklammert und die in den synoptischen Evangelien dazu überlieferte Position Jesu nicht gleichsam ›versteckt‹ werden sollte.

Damit aber kann es im Klangraum des 20. Sonntags nach Trinitatis zu durchaus problematischen Missklängen kommen – dann nämlich, wenn Ehe und Familie, Partnerschaft und Sexualität nicht zuerst in ihrer Schönheit und Verheißung erkannt, sondern im Blick auf ihre Normativität und ihre Bedrohungen wahrgenommen werden.[345] Die alttestamentliche Lesung aus Gen 8,18–22; 9,12–17 kann vor diesem Hintergrund ›ehetheologisch‹ verengt und als entweder ordnungstheologische oder bundestheologische Begründungsfigur für die Ehe gelesen werden: Der erste Teil Gen 8,18–22 galt vor allem in der lutherischen Dogmatik traditionell als eine der Belegstellen für die Existenz von ›Schöpfungsordnungen‹ (vgl. besonders V. 22: »Solange die Erde steht, soll nicht aufhören Saat und Ernte, Frost und Hitze, Sommer und Winter, Tag und Nacht«); in dem in der Perikopenrevision neu hinzugekommenen zweiten Teil aus Gen 9 findet sich eine Gottesrede, die den Regenbogen als Zeichen des Bundes bestimmt – ein klassischer Referenzpunkt für eine vor allem evangelisch-reformierte Bundestheologie. In Gen 8f. geht es in jedem Fall um mehr als die Frage nach dem Zusammenleben in der Ehe; es geht um Gottes Erhaltung seiner Schöpfung und darum, wie Menschen in dem von Gott (immer neu!) gegebenen Lebensraum ihr Leben vor Gott führen. Die neue Epistellesung 2Kor 3,3–6(7–9) trägt das Bild vom »Brief Christi« in den Textraum des Sonntags, mit dem die Gemeinde bezeichnet wird: Das Leben der Glaubenden ist ein sichtbares Zeichen für die anderen und leuchtet in die Welt.

Die neuen alttestamentlichen Texte tragen ebenfalls zur Weitung des Textraumes bei. Es geht nicht nur um Ehe und Familie, sondern um das Leben, das Menschen in dieser Welt miteinander und als Zeichen für die anderen vor Gott und mit ihm führen.

---

[345] Die bisherige Epistellesung aus 1Thess 4,1–8 konnte dies noch verstärken, da hier von der »gierige[n] Lust« (V. 5) die Rede war. Inzwischen sind diese Verse nur noch einer der »weiteren Texte« am 20. Sonntag nach Trinitatis.

Pred 12 spielt dabei ein Thema ein, das von eminenter gesellschaftlicher und kirchlicher Bedeutung ist, das aber bislang aufgrund der Lese- und Predigtperikopen kaum vorkommt: das Alter. Zum Stichtag 31.12.2016 lebten in Deutschland 16,12 Millionen Menschen im Alter bis 20 Jahre, 19,33 Millionen im Alter von 21 bis 39, 24,29 Millionen im Alter von 40 bis 59 und 22,79 Millionen, die älter sind als 60 Jahre. Dies hat die bekannten Verschiebungen der einstigen Alterspyramide zur Folge, die längst keine Pyramide mehr ist, sondern in den mittleren Jahrgängen ihre stärksten Ausbuchtungen zeigt und sich tendenziell hin zu einer umgekehrten Pyramide verschiebt (wobei alle Prognosen an dieser Stelle schwierig sind).

In den vergangenen Jahren wurde ein differenzierter Blick auf das Alter eingefordert und eingeübt, durch den Kirchen z.B. erkannt haben, dass sich keineswegs alle »Alten« mit Angeboten klassischer Seniorenarbeit (man denke an die vor zwanzig bis dreißig Jahren noch fast allein das Feld der kirchlichen ›Altenarbeit‹ bestimmenden Seniorennachmittage mit Kaffee, Kuchen und ggf. [Dia-]Vortrag) beglücken lassen – im Gegenteil. Die Weltgesundheitsorganisation (WHO) arbeitet gegenwärtig mit der Unterteilung in die Gruppe der »älteren Menschen« (61 bis 75 Jahre), der alten Menschen bzw. Hochbetagten (76 bis 90 Jahre) und der sehr alten bzw. höchstbetagten Menschen (ab 91 Jahre). Aber auch diese Einteilung ist bestenfalls eine Orientierung – und wohl jede/r kennt Menschen wie die 95-Jährige Dame im Altenheim, die sich standhaft weigert, zur Adventsfeier zu gehen, weil sie dort ja unter »all den Alten« sitzen müsste. Alter hat keineswegs nur mit Lebensjahren zu tun, sondern weit mehr mit dem eigenen Empfinden und mit gesellschaftlichen Zuschreibungen. Kirchen und Gemeinden haben dies erkannt – und gehen mit den jungen Alten so um, dass sie deren Potential für eine aktive Gestaltung des Gemeindelebens in vielfacher Hinsicht wahrnehmen.

Vor diesem Hintergrund ist es gut, dass Pred 12 das Thema »Alter« einspielt; es ist aber nicht unproblematisch, wie der Text dies tut. Die Tage und Jahre, »da du wirst sagen: ›Sie gefallen mir nicht‹« (V. 1), sind von vielen älteren Besucherinnen und Besuchern der Gottesdienste (hoffentlich) weit entfernt. Predigt muss sich vor einer einseitigen Defizitperspektive im Blick auf das Alter hüten, hat aber andererseits mit Pred 12 die Chance, Aspekte, die ebenfalls zum Alter gehören, realistisch wahrzunehmen: die Reduktion des Lebensradius und der Sozialkontakte, die zunehmenden körperlichen Einschränkungen und deren Auswirkungen auf das Gemüt. Nicht wenige der jüngeren Menschen und jungen Alten haben – offen eingestanden oder tief im Unterbewussten – genau davor Angst. Alle sechs Jahre hat die Predigt nun die Chance, diese Gemengelage der Gefühle realistisch und gerade so hoffnungsvoll zur Sprache zu bringen.

Dazu ist es möglich, die Bilder zu erklären, die Pred 12 bietet. Ebenso möglich ist es, sich von dem Text zu eigenen Bildern anregen zu lassen. Genau dies unternimmt Heinz Piontek (1925–2003) in seinem Gedicht »Der Prediger Salomo. Das 12. Kapitel«:[346]

Was wusst ich schon von all den bösen Tagen,
von all den Jahren, die man Alter nennt.
Nein, sie gefalln mir nicht, hör ich nun sagen –
obwohl und nach wie vor die Sonne brennt,

die Wolken weiß und klar am Himmel stehen,
und wie vorzeiten ziehn die Flüsse weit ...
Doch find ich bärtige Müller müßig gehen,
und rotgesichtige Maurer plagt die Zeit.

So werden finster hinter Fenstern Mienen
von Mann wie Frau und ihre Stimmen leis.
Sind die verhassten Kläger schon erschienen
und gehn umher in Gassen auf Geheiß?

Groß wird die Angst. Und Türen dichtzuhalten,
was nützt es denn? Selbst Hohe scheun die Stadt.
Dauert noch Schönes? Heimlich in Gestalten
von Vögeln, Mandelbäumen, Blatt um Blatt ...?

Der Müllerin Gesang verliert sich heiser;
ihr Wassereimer ist verbeult und schief.
Doch jemand wirft ins Feuer goldne Reiser.
Und der am Born Ermattete schläft tief.

Auch wenn es in Judentum und Christentum noch mehr und anderes über das Alter zu sagen gibt, als es der Prediger hier tut (man denke nur z. B. an die Rede des Paulus vom vergehenden und doch täglich erneuerten Menschen in 2Kor 4,16–18), lohnt es sich, der gedanklichen und emotionalen Bewegung des Predigers zu folgen und Identität im Blick zurück zu suchen. Dabei freilich ist es (hoffentlich) nicht nur die Wahrnehmung der einst ›besseren‹ Tage, die

---

[346] Heinz Piontek, Helldunkel. Gedichte, Freiburg/Basel/Wien 1987, 13.

trägt, sondern die Erkenntnis, dass Gottes Verheißung »Ja, ich will euch tragen bis zum Alter hin« (Jochen Klepper, EG 380) über dem Leben steht. Interessant ist, dass auch Klepper in diesem Lied zurückblickt (»Denkt der vor'gen Zeiten ...«, V. 5; »Denkt der frühern Jahre ...«, V. 6), um diese Einsicht festzuhalten, sich dann aber an Gottes Wort klammert, mit dem das Lied endet: »Ja, ich will euch tragen, wie ich immer trug« (V. 7).

Liedvorschläge: Neben EG 380 bietet sich auch Johann Heermanns »O Gott, du frommer Gott« (EG 495) an, das ein Leben vor Gott besingt und dabei auch das Alter in einer eigenen Strophe thematisiert (V. 6). (AD)

20. Sonntag nach Trinitatis (Reihe IV): Hld 8,6b–7

»Stark wie der Tod« – wirklich?!

Hierbei handelt es sich um den kürzesten der neuen alttestamentlichen Predigttexte, was nicht ganz unverdächtig erscheint. Denn kann man einen in sich kunstvoll und komplex angelegten poetischen Zusammenhang, wie er in Hld 8 zweifellos vorliegt, in dieser Weise beschneiden und die beiden fraglichen Verse zu einem Aphorismus machen? Gewiss steckt dahinter die Absicht, den einen Satz zum Leuchten zu bringen, der hier im Zentrum steht: »Stark wie der Tod ist die Liebe«. Tatsächlich könnte man diese Aussage völlig ohne Kontext in den Raum und zur Diskussion stellen. Warum sollte man die Stärke der Liebe ausgerechnet am Tod messen? Und was für eine Liebe ist damit eigentlich gemeint? Geht es um Eros oder Agape – oder noch um etwas ganz anderes? Und was hat es mit der Kraft auf sich, die man offenbar sowohl der Liebe als auch dem Tod beilegen kann? Es handelt es sich um einen Satz, der, für sich genommen, weder besonders religiös noch besonders säkular ist, sondern offenbar eine grundlegende Wahrheit über die Tiefenstruktur menschlicher Existenz aussagen will.

Lässt man sich auf diesen Satz als Teil der Poesie des Hohenliedes ein, will er zunächst einmal im Dialog zweier Liebender wahrgenommen werden, die sich suchen, begehren und finden, sich aber auch immer wieder zu verlieren scheinen. Das Hohelied besingt eine Liebe, die im Wachsen und Werden ist, ohne sich in einer Erfüllung zu erschöpfen. Die hoch erotisierende Sprache lebt ebenso vom Wunsch und von der Antizipation wie von der erfahrenen Begegnung: »Mein Freund ist mein und nach mir steht sein Verlangen. Komm, mein Freund, lass uns aufs Feld hinausgehen und unter Zyperblumen die Nacht verbringen, dass wir früh aufbrechen zu den Weinbergen … Da will ich dir meine Liebe schenken« (7,11–13).

Aber wo in der Welt kann diese Liebe überhaupt einen Ort finden? Eine Art und Weise, das Hohelied zu lesen, ist, auf die wechselnden Szenenbilder zu achten, in denen sich die Liebenden aufhalten, in denen sie sich zum Teil gestört oder reglementiert, dann aber eben auch frei fühlen. Da ist zunächst vom Haus die Rede, aus dem der Mann seine Geliebte herauslocken möchte, um ihr draußen in einer Frühlingslandschaft zu begegnen. Aber die Geliebte scheut sich, ihre sichere Umgebung zu verlassen (2,9).[347] Da ist eine letzte Unsicherheit (oder die Konvention des bürgerlichen Anstandes?), die dem Geliebten nur den Blick durch das Fenster erlaubt.

Dann aber wechselt die Szenerie: Die Geliebte wacht auf und findet ihren Partner nicht (mehr) neben sich auf ihrem Lager (2,16–3,1). So geht sie nach draußen auf die Straßen der Stadt, ohne ihn finden zu können (3,2f.). Irgendwann dann begegnen sie sich und finden im Haus ihrer Mutter eine Kammer (3,4). Daraufhin fällt zum ersten Mal der Satz, der das Hohelied einrahmt: »Ich beschwöre euch, ihr Töchter Jerusalems …, dass ihr die Liebe nicht aufweckt noch stört, bis es ihr selbst gefällt« (3,5; 8,4). Die Liebe erscheint hier in eigener Hypostase als das Band zwischen zwei Menschen. Sie ist eine schöpferische Kraft und zugleich eine zutiefst fragile Größe.

Dann wiederholt sich die Szenerie. Wiederum klopft der Mann bei seiner Geliebten an, aber sie will nicht nach draußen kommen, und als sie sich dann doch überwindet, ist er bereits fort. Und so treibt es sie einmal mehr hinaus auf die Straßen (5,1–6). Sie ruft nach ihm, aber er antwortet nicht, stattdessen kommen andere Männer und tun ihr Gewalt an (5,7). Noch zweimal wird danach das Bild der zärtlichen Vereinigung erweckt (6,13; 8,3), allerdings endet das Hohelied unter dem Vorzeichen des Verlusts: »Flieh, mein Freund! Sei wie eine Gazelle oder wie ein junger Hirsch auf den Balsambergen« (8,14). Die ganze Traurigkeit dieser Flucht (deren Grund unbenannt bleibt), wird deutlich, wenn man zu der freudigen Erwartung des Anfangs zurückkehrt: »Da ist die Stimme meines Freundes! Siehe, er kommt und hüpft über die Berge und springt über die Hügel. Mein Freund gleicht einer Gazelle oder einem jungen Hirsch« (2,8f.).

Das Hohelied endet also auf einer traurigen Note. Die Liebenden verlieren sich, möglicherweise für immer. Man hat dieses Ende immer wieder mit den großen Epen der altorientalischen Welt verglichen, in denen die Liebe zwischen zwei Gottheiten in Trennung und Tod mündet. Der berühmteste und recht früh auch in Palästina verbreitete Mythos ist der von Isis und Osiris. Osiris stirbt durch die Hand seines eifersüchtigen Bruders, und Isis reist bis an die Enden der Welt, um den Leichnam ihres Gemahls zu finden. Ebenso ist im Baal-Zyklus aus Ugarit davon die Rede, dass die Göttin Anat ihren ermordeten Mann Baal sucht und dabei bis in die Unterwelt vordringt. Aus Zorn schlachtet sie dabei sogar den Todesgott Mot, der Baal getötet hatte.

Dass auch das Hohelied in solchen mythischen Dimensionen denkt, legt sich nahe, weil an dessen Ende – im Bewusstsein von Trennung und Ver-

---

[347] Vgl. dazu die Auslegung zu Hld 2,8–13 als Perikope für den 2. Advent.

lust – auf die Stärke der Liebe gegenüber dem Tod reflektiert und mit der Leidenschaft parallelisiert wird, die ebenso »hart« ist wie die (Pforten der) Unterwelt. Es ist kein zartes Bild, das hier von Liebe und Leidenschaft gezeichnet wird, sondern eines von ›Feuer und Flamme‹ (V. 6b), Widerstand und Kampf. Der Tod mag eine unüberwindliche Realität sein, die ihr Recht fordert, aber das bedeutet nicht, dass der Tod auch die Liebe beenden kann. Darauf wird in V. 7a angespielt, wo selbst große Wasser, als die ungeschaffenen Chaosmächte, die Liebe nicht löschen können.

Das führt weiter zu dem eigentümlichen Bild des Siegels (V. 6a). Angesprochen wird hier der Mann von seiner Geliebten, der sie wie ein Siegel auf Herz und Arm legen soll. Damit ist wohl ein etwa münzgroßes Stempelsiegel gemeint. Diese wurden in der Tat auch als Schmuck (an einer Kette um den Hals oder als Armband) getragen und üblicherweise dem Träger oder der Trägerin als Grabbeigabe mitgegeben. Nur trugen, nach allem, was wir wissen, diese Siegel den Namen des Besitzers, während in Hld 8,6 der Name der Geliebten an diese Stelle tritt. Eine solche Praxis ist religionsgeschichtlich zumindest nicht bekannt, obwohl bei Grabbeigaben auch Siegel ohne Namen gefunden wurden, die also auch einer Person aus dem Umkreis des Verstorbenen hätten gehören können.

Daran knüpft sich die Frage, wie weit dieser zunächst romantisch-metaphorische Gestus reicht. Bewegen wir uns hier in einer poetischen Welt, die die physische Realität unterläuft – oder herausfordert? Oder steht hinter dem Satz »Stark wie der Tod ist die Liebe« eine ontologische Überzeugung? Geht es also darum, mit diesem Satz anzuzeigen, dass Menschen nicht nur in ihrem physischen Dasein leben, sondern ebenso in der Intensität und Qualität zwischenmenschlicher Beziehungen? Der Tod begrenzt und beendet den einzelnen, leiblichen Menschen und hat darin die ihm in 8,6 zugemessene »Stärke«. Aber der Mensch als Beziehungswesen hätte demnach eine andere ›Lebensdauer‹, deren Maß die Liebe ist.

So betrachtet steht das Hohelied nicht ganz so singulär im biblischen Kanon, wie man zunächst annehmen mag. Denn dass es ein ›In-der-Liebe-Sein‹ gibt, das nicht nur dem physischen Tod die Definitionshoheit über das Leben nimmt, sondern überhaupt eine ganz eigene Form des Daseins eröffnet, will im Neuen Testament vor allem das johanneische Schrifttum zum Ausdruck bringen (vgl. Joh 17,22–26; 1Joh 4,16–21). Zu einer Verbindung des Hohenliedes mit genau dieser christlichen Traditionslinie ist es im berühmten Kommentar des Origenes gekommen, der – für die christliche Mystik prägend – das Verhältnis der beiden Liebenden im Hohelied auf das Verhältnis des göttlichen Wortes zur menschlichen Seele und auf die Beziehung Christi zu seiner

Kirche deutet. Ohne dass dies hier eigens ausgeführt werden könnte, hat die christliche Auslegungsgeschichte das Hohelied von 8,6f. ausgehend gleichsam rückwärts gelesen: Weil der Tod durch Jesus Christus seine Letztgültigkeit verloren hat, tut sich der Garten auf, der - im Zentrum des Hohenliedes - den Liebenden einen geschützten Ort gibt (Hld 4,12–5,1). Über dieser Adaption sollte man allerdings nicht die dem Hohenlied eigene poetische Linie verlieren, die die Hoffnung auf die Stärke der Liebe gerade unter dem Vorzeichen des drohenden Verlusts und der fragilen und deshalb kostbaren Realität menschlicher Beziehungen betrachtet. Für das Hohelied bezeichnet 8,6f. einen Endpunkt, über den hinaus es gleichwohl eine mächtige, ja ›lodernde‹ Hoffnung gibt. (AS)

Die Macht der Liebe – zwischen Romantik und Politik

Im Evangelium vom 20. Sonntag nach Trinitatis geht es um Ehescheidung (Mk 10,2–9[10–12]13–16); bei dem neuen alttestamentlichen Text aus Hld 8 handelt es sich demgegenüber um einen überaus beliebten Trauspruch.[348] An diesem Sonntag kommt durch den neuen Text aus Hld 8 nicht nur die Problematik zerfallender Liebe oder die Frage nach der Normativität des jesuanischen Scheidungsverbots in den Blick, sondern nun wird auch die Macht der Liebe besungen und alle sechs Jahre in der Predigt bedacht.[349]

1750 dichtete Gerhard Tersteegen die Zeile: »Ich bete an die Macht der Liebe«, die aus der vierten Strophe eines ursprünglich achtstrophigen Gedichtes stammt:[350]

> »Ich bete an die Macht der Liebe,
> die sich in Jesus offenbart;
> ich geb mich hin dem freien Triebe,
> wodurch ich Wurm geliebet ward;
> ich will, anstatt an mich zu denken,
> ins Meer der Liebe mich versenken.«

---

[348] Empfohlen wird er etwa in der Liste, die unter www.trauspruch.de zu finden ist.

[349] Der Textraum des 20. Sonntags nach Trinitatis mit seinen charakteristischen Verschiebungen wird in den Ausführungen zu Pred 12,1–7 ausführlicher bedacht.

[350] Gerhard Tersteegen, Geistliches Blumen-Gärtlein inniger Seelen, Frankfurt/Leipzig ⁶1757, 417–419 [hier in der Rechtschreibung und Interpunktion modernisiert].

Berühmt wurde diese Strophe in der ersten Hälfte des 19. Jahrhunderts. Durch Friedrich Wilhelm III. entstand das militärische Ritual des »Großen Zapfenstreichs«, in das die Strophe Tersteegens mit einer Melodie von Dmitri Stepanowitsch Bortnjanski als musikalisches Gebet aufgenommen wurde und in dem sie bis heute ihren Ort hat. »Helm ab zum Gebet«, so lautet die Aufforderung an die Soldaten, bevor diese Strophe gesungen wird. Sie unterbricht das militärische Ritual und kann so an die höhere Macht der Liebe erinnern, der auch die Waffen und alle militärische Stärke unterlegen sind. Es kann aber im Vollzug und in der Wahrnehmung des Rituals freilich auch umgekehrt geschehen: Religion wird funktionalisiert und die Anbetung der »Macht der Liebe« missbraucht, um dem Militärischen und seiner Logik Legitimation und Würde zu verleihen. Die Geschichte des »Großen Zapfenstreichs« in der preußischen Armee, im Kaiserreich und vor allem im sogenannten ›Dritten Reich‹ und seine Wiedereinführung in der Bundeswehr und seit 1962 auch in der Nationalen Volksarmee der DDR ist ein Beleg für die Ambivalenz menschlichen Umgangs mit der »Macht der Liebe«. Es ist möglich, sie zu instrumentalisieren und anderen Logiken zu unterwerfen; es ist aber auch möglich, sie als Offenbarung des lebendigen Gottes und als Unterbrechung jeder anderen Logik zu erfahren.

Dass Liebe Logik unterbricht und ihre eigene Macht hat, erfahren Verliebte und ihre Umgebung. Die Weltwahrnehmung Liebender verschiebt sich, wovon die Metapher der rosaroten Brille Zeugnis gibt. Die Realität wird radikal anders wahrgenommen, und Verliebte unternehmen teilweise skurrile, amüsante, aber auch riskante Ausbrüche aus vermeintlicher gesellschaftlicher ›Normalität‹. V. 7b spielt exakt auf diese unterbrechende Macht der Liebe an: Würde man jemanden verachten, der alles Gut, allen Besitz um der Liebe willen hergeben würde? Die Frage ist rhetorisch: Natürlich würde man das tun! Die gesellschaftliche ›Normalität‹ reagiert mit Unverständnis auf die Unterbrechungen der Liebe.

Tersteegen bindet die Macht der Liebe an Jesus, der zuerst und in unermesslicher Fülle liebt (»Meer der Liebe«). In Hld 8 kann gefragt werden, ob und inwiefern die Liebe auch hier an Gott gebunden ist. In der bisherigen Lutherbibel hieß es: »Ihre Glut ist feurig und eine Flamme des Herrn« (V. 6). In der neuen Lutherbibel 2017 ist dieser Bezug auf Gott verschwunden und die Übersetzung lautet: »Ihre Glut ist feurig und eine gewaltige Flamme.« Es scheint mir interessant, bewusst *beide* Übersetzungen wahrzunehmen und gerade darin die Verheißung und die Herausforderung des Umgangs mit der Liebe zu erkennen. Liebe ist »gewaltig« und darin ambivalent: Sie kann in ihrer Macht befreien oder verzehren; sie kann die Welt auf wunderbare Weise eröffnen oder auf problematische Weise in der Logik des Eigenen vergessen lassen; sie kann den anderen meinen oder narzisstisch auf die eigene Person bezogen bleiben.

Die politisch-militärische Wirkungsgeschichte der »Macht der Liebe« seit dem 19. Jahrhundert kann helfen, am 20. Sonntag nach Trinitatis nicht in ein einseitiges Bild einer romantischen Candle-Light-Dinner-Stimmung der Liebe zu verfallen. Hld 8 bringt die Macht der Liebe im Kontext des Todes zur Sprache. In der Buber-Rosenzweig-Übersetzung wird die Drastik des Bildes noch deutlicher: »… denn gewaltsam wie der Tod ist die Liebe, / hart wie das Gruftreich das Eifern, / ihre Flitze Feuerflitze …« Auch der Dramatiker und Dichter Heiner Müller (1929–1995) verbindet Liebe und Tod in der ihm eigenen Lakonie:[351]

> »Meine Liebe ist stark,
> Wie das Feuer.
> Wie der Nebel der die Städte heimsucht die asphaltenen
> Wie die Sonne vor der die Landschaften nackt sind
> Wie der Mond rollend über den Plätzen
> Wie der Wind, der Trommler in den Bäumen
> Wie der Wald aus dem die Särge gemacht sind.«

Wenn Hld 8 nicht als Trauspruch, sondern als Predigtwort am 20. Sonntag nach Trinitatis verwendet wird, ist es möglich, die Ambivalenz der Macht der Liebe zu bedenken und dabei auch die politische Ebene nicht zu vergessen. Dazu lohnt ein Blick auf die inzwischen wohl berühmteste Predigt, die zu Hld 8 je gehalten wurde. Am 19. Mai 2018 predigte der US-amerikanische Bischof der Episkopalkirche Michael Curry anlässlich der kirchlichen Trauung von Prinz Harry und Meghan Markle.[352] In immer neuen Variationen spricht Curry von der »power of love« – insgesamt 20mal in der rund 14-minütigen Predigt. Er nennt sie eine Kraft der Transformation und der Veränderung und bleibt dabei nicht im Individuellen oder gar Innerlichen stehen. Im Gegenteil: Curry stellt die Macht der Liebe bereits mit seinem ersten Satz in einen politischen Kontext. Er zitiert Martin Luther King: »We must discover the power of love, the power, the redemptive power of love. And when we do that, we will make of this whole world a new world. But love, love is the only

---

[351] Heiner Müller, Werke, Bd. 1: Die Gedichte, hg. v. Frank Hörnigk, Frankfurt a. M. 1998, 106.

[352] Vgl. https://www.youtube.com/watch?v=5gonlKodrmk [Zugriff vom 31.05.2018].

way.« Für so viel Aufmerksamkeit hat die Predigt aber nicht nur wegen der Worte gesorgt, die Curry sprach, sondern vor allem dadurch, dass er die unterbrechende Macht der Liebe selbst ›inszenierte‹. Bei einer ansonsten traditionellen, britisch steifen Royal Wedding hat er vom Feuer der Liebe so leidenschaftlich gepredigt, dass die Flammen der beiden Kerzen am Ambo durch den gestikulierenden Prediger in heftige Bewegung gerieten und in vieler Hinsicht Konventionen und Erwartungen durchbrochen wurden. Die Predigt klopfte an die Mauer der Humorlosigkeit, mit der sich königliche Hoheiten sonst gerne umgeben und war so ein närrischer Einspruch der Liebe, die die Welt verändert.

Bei aller Ambivalenz menschlicher Liebe und angesichts ihrer fehlenden Beständigkeit bleibt die Verheißung der göttlichen Liebe. In der jüdisch-rabbinischen Auslegung wurde das Hohelied der Liebe als ein Lied zwischen Israel und Gott interpretiert. Im Babylonischen Talmud (bT Taanit 4a) heißt es mit Bezug auf Hld 8,6:[353]

> »Bei einer anderen Gelegenheit bat die Gemeinde Israels Gott um etwas nicht Passendes für sich, als sie zu ihm sagte: Herr der Welt, ›lege mich wie ein Siegel auf dein Herz, wie ein Siegel auf deinen Arm‹ (Hld 8,6). Der Heilige antwortete: Meine Tochter, du hast um etwas gebeten, das manchmal sichtbar ist und manchmal nicht [weil es von der Kleidung verhüllt wird!]. Aber ich werde etwas für dich tun, das alle Zeit gesehen werden wird: ›Siehe, in die Hände habe ich dich gezeichnet ...‹ (Jes 49,16).«

Angesichts der Wankelmütigkeit und Missbrauchbarkeit menschlicher Liebe ist die Verheißung der Beständigkeit göttlicher Liebe zu hören, die jenseits tödlicher Logiken ihre Kraft entfaltet.

Liedvorschläge: In manchen Regionalteilen findet sich Tersteegens Lied (etwa EG.RWL 661: »Für dich sei ganz mein Herz und Leben«). In den sieben Strophen von Johann Schefflers Lied »Liebe, die du mich zum Bilde« (EG 401) begegnet das Wort »Liebe« dreimal (!) in jeder Strophe, insgesamt also 21 mal, was dieses Lied ebenfalls als Predigtlied empfehlen könnte. (AD)

---

[353] Eigene Übersetzung.

21. Sonntag nach Trinitatis (Reihe V): Gen 13,1-12(13-18)

Das gezeigte Land

Wie die meisten der Erzelterngeschichten ist auch diese in spannungsvolle Beziehungsgeflechte eingebettet. Es ist ein stilistisches Charakteristikum des Buches Genesis, dass sich die Verheißungsgeschichte, die dieses Buch durchzieht, in menschlichen und manchmal allzu menschlichen Konflikten abspielt. Die soziale Welt der Väter und Mütter Israels sortiert sich nicht anders oder gar besser, nur weil sie unter dem besonderen Vorzeichen von Land- und Mehrungsverheißungen steht. Um Vorbildfamilien handelt es sich gewiss nicht. Und so beginnt Gen 13 als eine der ersten Erzählungen von Gen 12-50 gleich mit einem Konflikt. Die Hirten Abrahams und die Hirten Lots streiten sich um die Nutzung von Wasserstellen und Weideplätzen (V. 7). Beide Sippen sind offenbar so reich aus Ägypten zurückgekehrt, dass der Zeitpunkt gekommen ist, getrennte Wege zu gehen. Abraham ergreift daraufhin die Initiative und fordert Lot auf, sich von ihm zu trennen, und gibt ihm gleichzeitig den Vortritt. Lot darf entscheiden, wo er siedeln will, und Abraham (obgleich er der ältere der beiden ist) wird sich dem fügen.

Man könnte dies als Beispielgeschichte einer gelungenen Trennung lesen. Abrahams Vorgehen deeskaliert die Situation und vermeidet dauerhafte Entfremdung. Das zeigt sich in Gen 14,16, wo Abraham seinem Neffen zu Hilfe kommt. In gewisser Weise wird damit auch verdeutlicht, dass sich – gerade in Konfliktsituationen – Großzügigkeit auszahlt. Wie sich herausstellt, erwählt Lot für sich das schlechtere Teil. Er lässt sich in Sodom nieder (V. 10 f.), und bereits mit der Nennung dieses Namens weiß jeder Leser, dass Lots Geschichte kein gutes Ende nehmen wird. Allerdings setzt das Thema von Konflikt und Versöhnung nur den Auftakt zu dieser Erzählung, in deren Kern es um die Verheißung des Landes geht. Dass Abraham sich aus Ur in Chaldäa aufmachte, hatte ja den Sinn, in ein Land zu ziehen, das Gott ihm zeigen würde (Gen 12,1). Aber dieses verheißene Land bleibt in Gen 12 ein Numinosum. Seine Umrisse zeichnen sich noch nicht ab. Als Abraham dann in Sichem ankommt, sagt Gott, dass er ihm *dieses* Land geben werde (Gen 12,7). Wenn damit aber mehr gemeint sein soll als der Boden, auf dem Abraham gerade steht, bleibt die Frage des Landes auch hier weiterhin offen.

Dieser Unsicherheit über den Ort des verheißenen Landes entspricht

Abrahams beinahe leichtfertiger Umgang mit dieser Verheißung. Das zeigt sich zunächst daran, dass er wegen einer Hungersnot nach Ägypten zieht und dort auch gleich seine Frau an den Hof des Pharao verkauft (Gen 12,10–20). Interessanterweise wiederholt sich diese Verlagerung nach Ägypten im großen Stil in der Josephserzählung, wo dann tatsächlich gesagt wird, dass Israel *dort* zu einem großen Volk wurde (Gen 46,3; 47,27). Daraus kann man schließen, dass die Trägerkreise des Buches Genesis in seiner finalen Gestalt daran interessiert waren, auch Ägypten als verheißenes Land zu legitimieren (möglicherweise, weil sie selbst dort ansässig waren).

In Gen 13 zeigt sich Abraham, indem er Lot die Wahl überlässt, wiederum nicht besonders besorgt darum, ob er am Ende tatsächlich im versprochenen Land ankommen würde. Tatsächlich scheint es beinahe so, als würde ihm Lot zuvorkommen. Er und Abraham stehen zwischen Bet-El und Ai. Von dort aus schauen sie um sich und Lot darf entscheiden, wohin er gehen möchte. Dabei hilft ein Blick auf die Landkarte, denn in der Tat geht es hier auch um konkrete Geographie. Was Lot sehen kann, ist die weite Ebene des Jordantals (*hak-kikkar*, V. 10), die sich zum Becken des Toten Meers hin öffnet. Heute ist dies aufgrund des niederen Pegelstandes des Jordan eine Steppen- und Karglandschaft. Die biblischen Autoren dürften diese Gegend aber noch als blühende Oase gekannt haben, als eine Art Paradiesgarten, weswegen sich Lot entscheidet, dorthin zu ziehen. Aber, wie er und die Leserschaft der Genesis später erfahren werden, hinter der üppigen Fassade versteckt sich eine durch und durch böse Menschheit, unter der sich nicht einmal zehn Gerechte finden, die den Untergang von Sodom und Gomorra abwenden können (Gen 18,32). Lots Entscheidung wird auf diese Weise zumindest indirekt als töricht gekennzeichnet, weil sie dem vordergründigen Interesse nach möglichem Reichtum folgt.

Nachdem Lot die Bühne verlassen hat, geschieht nun, worauf man seit Gen 12,1 gewartet hatte: Gott zeigt Abraham schließlich das verheißene Land (V. 14 f.). Abraham soll – von dem Ort, an dem er steht – um sich schauen, und alles, was er sehen kann, wird das Land sein, das ihm und seinen Nachkommen gehören soll. Diese Anweisung mag für die Leserschaft (zumindest für die heutige) fast etwas frustrierend sein, weil man nicht weiß, was Abraham eigentlich in diesem Moment sehen konnte. Entsprechend hat sich die Bibelwissenschaft immer wieder mit dem Panorama befasst, das sich von der vermuteten Stelle, an der Abraham stand, auftut. Immerhin wird sehr präzise gesagt, wo er sich aufhielt, nämlich zwischen Bet-El und Ai, etwa 16 Kilometer nördlich von Jerusalem. Wenngleich eine ›randscharfe‹ Bestimmung kaum möglich und vielleicht auch nicht intendiert ist, kann man doch ungefähr ermessen, wie weit man in jede Himmelsrichtung sehen kann. Während dieses Land im Westen durch das Mittelmeer und im Osten durch die Jordansenke eingefasst wird, kann man von Bet-El aus an einem klaren Tag nördlich den Berg Garizim erkennen und südlich bis zum Ende der judäischen Bergkette blicken. Die Pointe daran ist, dass Abraham dieses Gebiet bereits durchwandert hat. Bei seiner ersten Ankunft aus Ur in Chaldäa lässt er sich kurzzeitig in Sichem (unweit des Garizim) nieder (Gen 12,7), und das judäische Bergland hatte er bei seiner Rückkehr aus Ägypten bereits durchstreift. In Sichem sowie in Bet-El hatte er bereits Altäre errichtet, um dort den Namen JHWHs anzurufen. Bevor Gott ihm das Land zeigt, hat Abraham es bereits ›abgesteckt‹. Das aber bedeutet, dass es dem biblischen Text an dieser Stelle gar nicht primär um feste Grenzen geht. Das verheißene Land ist vielmehr ein Ort, an dem Gott verehrt wird. Seine Erstreckung ist nicht einfach da, sondern stellt sich mit denen ein, die es als Verehrer JHWHs füllen.

Im gleichen Zusammenhang fällt auf, dass in Gen 12 f. mehrfach die Kanaanäer erwähnt werden (Gen 12,6; 13,7), die ebenfalls dort wohnten. Diese Feststellung mündet (im Unterschied zum Deuteronomium) allerdings nicht in die Anweisung, andere Völker zu vertreiben. Die Suggestion ist vielmehr, dass man auch an dem Ort, den JHWH »zeigt«, mit anderen Menschen zusammenleben kann.[354]

Dieser Unterschied wird deutlich, wenn man Gen 13 mit Dtn 34 vergleicht.[355] In Dtn 34,1–8 ist es Mose, dem – wie zuvor Abraham – das Land gezeigt wird, das er allerdings – im Unterschied zu Abraham – nie betreten wird. Dieses Land wird in alle vier Himmelsrichtungen klar abgegrenzt und dieses Land ist auch sehr viel größer als das von Gen 13,15. Es handelt sich um die maximalen Ausdehnungen, die Juda und Israel geschichtlich in jede Richtung erreichten, wenngleich nie zum selben Zeitpunkt. Dtn 34 spiegelt den Wunsch nach maximaler Größe und nach exklusiven Besitzrechten. Insofern kann man auch von einem ›Heilsterritorialismus‹ sprechen. Auch für Gen 13 steht fest, dass es für Abraham und seine Nachkommen ein Land geben muss, das sie ernährt und trägt. Das verheißene Land ist aber eben auch eines, wo Gott angerufen wird (Gen 12,8; 13,4). Anders gesagt: Die Gebete zu Gott sind gleichsam die Pflöcke, von denen aus sich das Land aufspannt, was gerade nicht im Einklang mit politischem Anspruch oder ökonomischem Vor-

---

[354] Auch das könnte ein Hinweis auf die Entstehung des Buches Genesis in einer Exils- oder Diasporasituation sein.

[355] Dtn 34,1–8 ist ein neuer Perikopentext für den Totensonntag.

teil stehen muss. Lot schaut bei seiner Wahl des Landes auf Letzteres, und tut damit in gewisser Weise, was der ›gesunde Menschenverstand‹ ihm sagt. Abraham dagegen ruft Gott an, baut Altäre und steckt, ohne dass er es weiß, so bereits das Land ab, das Gott ihm dann zeigen wird.

Abschließend sei noch darauf hingewiesen, dass Gen 13 möglicherweise sehr konkret auf die politischen Verhältnisse seiner Entstehungszeit reagiert. Wenngleich man nicht genau sagen kann, was Abraham von diesem Punkt zwischen Bet-El und Ai gesehen hat, handelt es sich dabei, *cum grano salis*, um ein Terrain, das in etwa den beiden Provinzen Juda und Samaria entsprach, die seit babylonischer Zeit nebeneinander existierten. Dabei handelt es sich also um politische und von fremden Mächten gezogene Grenzen. Aber, so die implizite Botschaft von Gen 13, auch in diesen Grenzen kann es das verheißene Land geben. Dieses Prädikat wird nicht obsolet, wenn es mit politischen Realitäten kollidiert, und gerade darin besteht seine ›Robustheit‹. (AS)

VON TRENNUNG UND SCHEIDUNG

Das Evangelium des 21. Sonntags nach Trinitatis (Mt 5,38-48) stellt denkbar große Imperative in den Textraum:»Liebt eure Feinde ...« (V. 44) und:»Darum sollt ihr vollkommen sein, wie euer himmlischer Vater vollkommen ist« (V. 48). Von *Liebe* ist in der Kirche ja viel die Rede, aber der Weg in *dieser* Liebe ist kein Spaziergang in einer gefühlsduselig harmonischen heilen Welt, sondern führt in die Auseinandersetzung, in den Kampf gegen die »Herren der Welt«, wie die Epistellesung (Eph 6,10-17, V. 12) betont, weswegen es darum geht, die »Waffenrüstung Gottes« (V. 11) und mit ihr die »Macht« der »Stärke« des Herrn anzulegen (V. 10). Nur fünf Kapitel nach der Bergpredigt erklärt Jesus, er sei nicht gekommen, »Frieden zu bringen, sondern das Schwert« (Mt 10,34; die Verse 34-39 sind Predigttext in Reihe III). Gegenüber diesem Szenario des Kampfes des Guten gegen das Böse, das den Sonntag prägt (vgl. den Wochenspruch Röm 12,21), erscheint der Brief Jeremias an die Weggeführten in Babel (alttestamentliche Lesung: Jer 29,1.4-7[8f.]10-14) pragmatischer und jedenfalls auf den ersten Blick machbarer: »Suchet der Stadt Bestes ... und betet für sie zum HERRN« (V. 7). Die Stadt freilich ist die Hauptstadt des Feindes, was die Aufforderung dann doch wieder in die Nähe des Imperativs des Bergpredigers rückt.

In diesen Textraum zieht - als einzige Neuerung an diesem Sonntag - Gen 13 ein, die Erzählung von der Trennung von Abram und Lot, von Onkel und Neffe, zwischen deren Hirten es zwar »Zank« gibt, die aber alles andere als ›Feinde‹ waren.[356] Gen 13 lässt sich als Konfliktlösungsgeschichte lesen. Die Stärke Abrams zeigt sich in der Schwäche, in die er sich mit seinem Lösungsangebot begibt. Er schlägt die Trennung vor und überlässt Lot die Wahl.[357] Dieser entscheidet sich für das auf den ersten Blick zweifellos Bessere, für das wasserreiche Jordantal. Gott selbst spielt in diesen Versen keine aktive Rolle.

Das ist im rabbinischen Midrasch zu der Geschichte anders. In Genesis Rabba[358] (41,5) werden narrative Leerstellen der Erzählung gefüllt, es wird der merkwürdige V. 7 erklärt (»Es wohnten auch zu der Zeit die Kanaaniter und Perisiter im Lande.«) und Gottes Verheißung als Hintergrundfolie der gesamten Erzählung eingespielt:

> »R. Berechia sagte im Namen von R. Judah bar R. Simon: Abrahams Vieh ging mit einem Maulkorb hinaus, aber Lots Vieh ging nicht mit einem Maulkorb hinaus. Als die Hirten Abrahams fragten: Seit wann ist Raub erlaubt?, antworteten die Hirten Lots: Ihr wisst, dass der Heilige zu Abraham gesagt hat: ›Dieses Land will ich deinen Nachkommen geben‹ (vgl. Gen 12,7; 24,7). Aber Abraham ist [wie] ein Maultier, das keine Kinder kriegen kann. Er wird bald sterben und Lot, sein Neffe, wird sein Erbe sein. Daher: Wenn dieses Vieh außerhalb von Lots Feldern frisst, dann fressen sie nur von ihrem Eigenen.
>
> Der Heilige sagte zu den Hirten von Lot: Ja, ich sagte zu Abraham: ›Dieses Land will ich deinen Nachkommen geben.‹ Wann? Nachdem die sieben Nationen aus ihm entfernt sind. Nun aber wohnen ›die Kanaaniter und Perisiter im Lande‹ (Gen 13,7). Bis jetzt war ihnen das Recht auf das Land gewährt.«

Der Midrasch zeigt, dass und wie Gott auch dort dabei ist, wo er im Bibeltext nicht explizit in Erscheinung tritt. Seine Verheißung begleitet das Geschehen (vgl. dann auch Gen 13,14–18), das auf der menschlichen Bühne nicht gerade linear und übersichtlich verläuft. Kann Abram so handeln, wie er es tut, weil ihn die göttliche Verheißung (Gen 12,7) auf gute Weise gelassen macht und er nach der Ägypten-Episode (Gen 12,10–20) gelernt hat, dass er diese Verheißung nicht in die eigenen Hände nehmen muss?

---

[356] Im Gegenteil dürfte sich der kinderlose Abram nach dem Tod von Haran, des Vaters Lots (vgl. Gen 11,27–32), eher wie ein ›Vater‹ um Lot gekümmert und wie ein ›Bruder‹ ihm gegenüber gefühlt haben (vgl. Gen 13,8).

[357] Freilich: Abram bringt Lot gerade dadurch in eine zweifellos nicht leichte Situation. Soll er das sichtbar bessere Land wählen oder Onkel Abram den Vortritt lassen?

[358] Genesis Rabba 41,5 [Übersetzung AD].

Wie kommen Menschen im 21. Jahrhundert, deren Hauptproblem nicht der Streit um Weideplätze für das Vieh ist, in diese Geschichte hinein? Natürlich ist es möglich, die Erzählung als ein Paradigma für friedliche Konfliktlösung zu lesen und auf gegenwärtige Konfliktsituationen zu beziehen. Seit einigen Jahrzehnten macht Gen 13 aber vor allem in der Seelsorge im Kontext von Scheidung sowie bei Scheidungsritualen und Scheidungsgottesdiensten Karriere.[359] Gen 13 ist hier – wenigstens im deutschsprachigen Bereich – einer der beliebtesten biblischen Texte. Die Botschaft des Textes lautet dann – stark verkürzt: Trennung kann gelingen. Und es ist gut – oder in jedem Fall besser –, friedlich auseinanderzugehen und sich gegenseitig Raum zu gewähren, anstatt ein problematisches und immer wieder zu »Zank« führendes Miteinander beständig zu ertragen.

Besonders brisant wird diese Verwendung von Gen 13 zweifellos vor dem Hintergrund des eine Woche vorher gefeierten 20. Sonntags nach Trinitatis. Im Evangelium dieses Sonntags Mk 10,2–9[10–12]13–16, das in derselben Reihe V gepredigt wird wie Gen 13, also eine Woche vorher Predigttext war, ist Jesus eindeutig, was die Unmöglichkeit der Scheidung angeht. Fettgedruckt hebt die Lutherbibel hervor: »Was nun Gott zusammengefügt hat, soll der Mensch nicht scheiden« (V. 9). Auch wenn Jesus damit nicht die bürgerliche Ehe der Gegenwart und auch nicht Lebensformen im 21. Jahrhundert im Blick hatte, ist es für viele kirchlich/religiös gebundene Menschen angesichts der Tatsache, dass in unseren Breiten mehr als ein Drittel der Ehen irgendwann geschieden werden (die Scheidungsrate beträgt gegenwärtig in Deutschland etwa 40%), eine große Belastung, solche Sätze zu hören. Das ohnehin empfundene Scheitern und die vielfach im Kontext der Scheidung wahrgenommene Schuld werden religiös verstärkt. Da kann es eine hilfreiche Entlastung sein, dass auch die Bibel Geschichten vom notwendigen und hilfreichen Auseinandergehen kennt.

Als 1986 ein erster Band mit siebzehn Scheidungspredigten erschien,[360] wandte sich der Erlanger Praktische Theologe Manfred Seitz in einer kritischen Wahrnehmung gegen dieses die Scheidung theologisch legitimierende Buch ganz allgemein, insbesondere aber auch gegen die Verwendung von Gen 13 als biblischem Bezugstext. Er betonte, dass »meines Wissens Abraham

---

[359] Vgl. dazu die umfassende Sammlung und Auswertung: Andrea Marco Bianca, Scheidungsrituale. Globale Bestandsaufnahme und Perspektiven für eine glaubwürdige Praxis in Kirche und Gesellschaft, Zürich 2015.
[360] Svende Merian, Scheidungspredigten, Darmstadt 1986.

und Lot gar nicht verheiratet waren«.[361] Die Polemik von Seitz hätte dann ihr Recht, wenn allzu naiv Abram und Lot mit heutigen Paaren parallelisiert würden. Aber sie läuft ins Leere, wenn Predigerinnen und Prediger Analogien zwischen heutigen Trennungsgeschichten und der ersten in der Bibel berichteten Trennung erkennen und mit Gen 13 Trennung als schmerz-, sinn- und (eingebunden in Gottes bleibende Verheißung hoffentlich) heilvollen Weg erkennen.

Liedvorschläge: EG 352 (Alles ist an Gottes Segen); EG 358 (Es kennt der Herr die Seinen); EG 360 (Die ganze Welt hast du uns überlassen). (AD)

---

[361] Zitiert bei Bianca (Anm. 359), 307.

22. Sonntag nach Trinitatis (Reihe III): Jes 44,21-23

Und Gott schuf sein Volk

Dieser kurze Abschnitt enthält gleichsam die Essenz der Theologie Deuterojesajas. In drei Versen wird zusammengefasst, was Israel über seinen Gott wissen und woran es sich erinnern soll. Und dieses ›Erinnern‹ hat interessanterweise Gottes ›Nicht-Vergessen‹ zum Gegenstand (V. 21): »Gedenke daran, Jakob, … ich vergesse dich nicht.« Dem unterliegt die Ahnung, dass Israel auf den Gedanken hätte kommen können, von Gott vergessen worden zu sein. Warum, wird in V. 22 angedeutet: Die Verfehlungen der Vergangenheit, die Israels Vertreibung aus dem verheißenen Land und die Zerstreuung unter die Völker der Welt zur Folge hatten, konnten doch eigentlich nur bedeuten, dass Gott sein Volk aufgegeben hatte. Mit dem Ende der davidischen Monarchie, der Eroberung Jerusalems und der Zerstörung des Tempels waren alle äußeren Anzeichen dafür gegeben, dass damit auch das Ende einer Beziehung, nämlich des Bundes zwischen Gott und Israel, gekommen war. Die Theologie Deuterojesajas ist im Kern der Versuch, genau diese mögliche Schlussfolgerung zu entkräften. Die Erfahrung des eigenen Scheiterns und Versagens mit allen spürbaren Konsequenzen (Deportation und Exil) war für Deuterojesaja zwar fraglos eine Nullpunkt-Situation, aber deswegen kein definitives Ende.

Dazu nimmt Deuterojesaja die Beziehung zwischen Gott und Israel aus dem Bezugsrahmen des Geschichtlichen heraus und überträgt sie in die Schöpfungstheologie. Anders als in der Tora erwählt sich Gott sein Volk nicht an einem bestimmten Punkt der Geschichte – zur Zeit der Erzeltern oder der Exodusgeneration –, sondern erschafft oder, genauer, »formt«/»bildet« es (V. 21). Anders als in der Tora ist nicht der ›Bund mit den Vätern‹ als Rechts- oder Vertragsform das Modell, sondern die Erschaffung Israels aus Gottes Hand. Die Frage ist allerdings, wann dies geschah – oder wann dies geschehen soll. Man könnte daran denken, dass dieser Schöpfungsakt schon lange zurückliegt und es nun darum geht, dass sich Israel endlich wieder daran erinnert und sich so auf seine wahre Identität und Herkunft besinnt. Das würde zu einem anderen, neuen Perikopentext, ebenfalls aus Jes 40-55, passen: In Jes 51,9-16 wird der Exodus als ein uranfängliches Rettungsereignis dargestellt, das zu den großen Taten JHWHs am Anfang der Zeit gehört. Die Erschaffung der Welt aus Unordnung und Chaos heraus wie auch die Errettung seines Volkes gehören zum uranfänglichen Chaoskampf, an dessen Ende eine geordnete Welt steht.

Die andere Deutungsmöglichkeit: Das Israel, um das es hier geht, entsteht erst jetzt. Erst am Nullpunkt der Geschichte erschafft sich Gott sein Volk in seiner eigentlichen Gestalt. Der erste Versuch mit dem mosaischen Israel war demnach fehlgegangen, und daran soll man sich auch nicht mehr erinnern (Jes 43,18 f.). Nun aber würde etwas Neues und im Grunde gänzlich Unerwartetes geschehen. So betrachtet erläutern die beiden folgenden Verse, wie sich diese Neuschöpfung Israels vollzieht: Gott entfernt Israels Sünden, die das Volk wie Wolken und Nebel eingehüllt haben. Nun, am Nullpunkt angekommen, erweist Gott seine gesamte Souveränität darin, dass die unheilvolle Vergangenheit keinen Einfluss mehr auf die Gegenwart hat. Gottes Herrlichkeit, die die gesamte Schöpfung preist (V. 23), zeigt sich in dieser Macht der Unterbrechung.

Im Hintergrund von Jes 44,21–23 steht die Frage, wie überhaupt etwas Neues entstehen kann, das den Regelkreisläufen des Alten nicht mehr unterworfen ist. Die Erschaffung Israels ist für Deuterojesaja ein Beispiel genau dafür. Der Gedanke der Schöpfung hat auch darin eine Pointe, dass das Erschaffene selbst keinen Anteil (und keinen Verdienst) an seiner Erschaffung hat. Schöpfung bedeutet höchste Aktivität auf der einen und vollständige Passivität auf der anderen Seite. Entsprechend kann Deuterojesaja sogar ganz gezielt religiöse Erwartung umkehren. In V. 22b heißt es: »Kehre doch um zu mir, weil ich dich erlöst habe« (eigene Übersetzung). Üblicherweise ist der Ruf zur Umkehr allerdings nicht die Folge, sondern die Voraussetzung von Erlösung (vgl. nur das Töpfergleichnis, Jer 18).

Die Erschaffung *dieses* Israels ist für Deuterojesaja der Beweis für Gottes Fähigkeit, etwas zu tun, das keine geschichtliche oder religiöse Logik besitzt – und eben auch gar nicht besitzen soll. Eigentlich hätte das Exil ein Endpunkt sein müssen. Dass es das doch nicht war, ist für Deuterojesaja ein Problem, für das es keine theologische Erklärung gibt. Aber gerade wegen dieser Gegenläufigkeit und Unableitbarkeit ist das neue Israel zugleich eine Realität, die ein Umdenken im Blick auf Gott und Theologie ermöglicht – und erfordert. (AS)

Vergebung – oder: Wie Gott und Mensch, Mensch und Mitmensch und die ganze Schöpfung neu zueinander finden

»Bei dir ist die Vergebung, dass man dich fürchte« (Ps 130,4). Der Wochenspruch nennt das Leitwort, um das die Perikopen des 22. Sonntags nach Trinitatis kreisen: *Vergebung* (im Hebräischen s*elicha*). Der kurze Vers des Wochenspruchs (im Hebräischen hat er nur fünf Wörter) eröffnet einen theologisch weiten Raum: Vor allem macht er klar, dass (1) die Vergebung ganz bei Gott liegt und (2) in eine neue Beziehung führt, die Ps 130,4 mit dem Begriff der (Gottes-)Furcht zum Ausdruck bringt.

In der Psychologie werden *Vergebung* und *Versöhnung* unterschieden. *Vergebung* ist, so die treffende Wikipedia-Definition, »der Verzicht einer Person, die sich als Opfer empfindet, auf den Schuldvorwurf«.[362] Ein erneuertes Miteinander mit dem ›Täter‹, eine *Versöhnung*, kann, muss aber keineswegs die Folge der Vergebung sein. Vergebung ist – psychologisch gesehen – auch möglich ohne jeden Kontakt des (gefühlten oder realen) Opfers mit dem Täter. Dies ist in Gottes Verhältnis zu seinem Volk Israel augenscheinlich anders.

Psychologisch interessieren vor allem die Wirkungen der Vergebung auf den Vergebenden: Vergebung ist eine »Copingstrategie, mit der eine Person in Opferposition die belastenden Folgen einer äußeren oder inneren Verletzung bewältigen kann.«[363] Vergeben bedeutet die Chance, den Kreislauf negativer Emotionen (Wut, Hass, Trauer) zu durchbrechen, was in der Regel zu positiven emotionalen und sogar körperlichen Reaktionen führt: Wiedergewinn von Lebensfreude, Beendigung einer depressiven Verstimmung, Senkung des Blutdrucks und der Herzfrequenz etc. Wichtig ist dabei, dass *Vergeben und Vergessen* – entgegen üblicher Redewendungen – nicht zusammengehören. Die *Tat* bleibt in ihrer Problematik bestehen und muss von dem Vergebenden keineswegs akzeptiert werden; der *Täter* aber kann neu wahrgenommen werden. »Wenn jemand eine Tat vergibt, dann beginnt man in einer Beziehung sozusagen von vorn – das Geschehene ist deswegen aber noch lange nicht vergessen.«[364]

Liest man Jes 44,21–23 vor diesem Hintergrund, lässt sich ein psycholo-

---

[362] https://de.wikipedia.org/wiki/Vergebung [Zugriff vom 07.04.2018]
[363] Ebd.
[364] Sonja Fücker (Soziologin an der Freien Universität Berlin), zitiert nach Fanny Jiménez, Vergeben und Vergessen, in: Die WELT vom 15.02.2012.

gisch formatierter Einblick in die Beziehungsgeschichte Gottes zu seinem Volk Israel gewinnen. Es ließe sich dann sogar sagen: Gott vergibt, tilgt die Missetat und die Sünden, erlöst sein Volk – und tut alles dies nicht nur um Israels willen, sondern auch um seiner selbst willen. Bei Gott geht es freilich nicht um Blutdrucksenkung, sondern entscheidend darum, wieder der sein zu können, zu dem er sich selbst bestimmt hat: Israels Gott. Deshalb ist das Beziehungsgeschehen von Gott und Israel, von dem hier die Rede ist, so umfassend, dass die Himmel und die Tiefen der Erde, die Berge, der Wald und alle Bäume in den Jubel einstimmen.

Bedeutet Gottes Neuanfang mit seinem Volk nun – anders als zwischenmenschliche Vergebung – ein *Vergeben und Vergessen*? Das Verb *machah*, das in V. 22 verwendet wird, meint *wegwischen, auslöschen, vertilgen*. Es klingt also in der Tat danach, dass »Missetat« und »Sünden« des Volkes verschwunden sein werden. Die Bilder, die dann als Vergleich verwendet werden (»wie eine Wolke … wie den Nebel«), sind hingegen bereits weniger eindeutig. Sie zeigen, dass Sünde und Missetat zwar nicht mehr sichtbar, aber zugleich nicht einfach verschwunden sein werden. Nebel entsteht durch Kondensation von Wassertropfen in Bodennähe; eine Wolke ist dasselbe Phänomen nur ohne Bodenkontakt. Löst sich Nebel auf, so ist das Wasser nicht einfach weg, sondern für das menschliche Auge nur nicht mehr sichtbar. Wahrscheinlich wäre es aber problematisch, das jesajanische Bild meteorologisch interpretieren zu wollen. Entscheidend ist: Sünde und Missetat stehen nicht mehr zwischen Gott und seinem Volk und belasten diese Beziehung nicht mehr. Die Sicht ist wieder frei, ein Blickwechsel zwischen Gott und Mensch möglich! Freilich: Es bleibt eine Paradoxie: Indem der Text davon spricht, dass Sünde und Missetat von Gott weggewischt werden, bleiben Sünde und Missetat auf der Ebene des Textes sprachlich vorhanden und werden so bei jeder Relektüre des Textes neu in Erinnerung gerufen. Auf der Textebene wischt das neue Handeln Gottes »deine Sünden« also keineswegs weg, sondern hält sie präsent und profiliert die neue Beziehung gerade vor dem Hintergrund des gescheiterten alten Miteinanders.[365]

Die weiteren Texte des 22. Sonntags nach Trinitatis beleuchten auf unterschiedliche Weise die Lebensgestalt derer, denen Gott vergibt. Das Evangelium (Mt 18,21-35) erzählt die Geschichte von dem seit Luthers Übersetzung so genannten »Schalksknecht«.[366] Obgleich ihm eine riesige Schuld

---

[365] Etwas *bewusst* vergessen zu wollen, ist in keinem Fall menschenmöglich – und entspricht strukturell der Aussage: »Stellen Sie sich jetzt bitte *keinen* rosa Elefanten vor!«

(zehntausend Silberzentner) von seinem Herrn erlassen wurde, lässt er einen seiner Mitknechte ins Gefängnis werfen, weil dieser ihm eine unglaublich viel geringere Schuld (hundert Silbergroschen) nicht zurückzahlen kann. Das Gleichnis bietet so eine narrative Veranschaulichung der Vaterunser-Bitte: »Und vergib uns unsere Schuld, wie auch wir vergeben unsern Schuldigern« (Mt 6,12) und zeigt die Konsequenzen, die göttliche Vergebung für das zwischenmenschliche Miteinander hat.

Die neue Epistellesung Röm 7,14–25a (bislang war dieser Text lediglich Predigttext) beschreibt das Leben in der Spannung zwischen dem Wollen des Guten und dem Tun des Bösen, zwischen der Erkenntnis des guten Gesetzes Gottes und der faktischen Herrschaft der Sünde. Exegetisch war und ist umstritten, ob hier das Leben des Menschen ›vor Christus‹ beschrieben wird – oder ob Paulus auch das Leben ›in Christus‹ durch diese Spannung gekennzeichnet sieht, sodass auch der Getaufte immer neu aus der Erkenntnis der Sünde hin zu Christus flieht (so die lutherische Deutung von Röm 7). In jedem Fall zeigt sich: Wenn es am 22. Sonntag nach Trinitatis um *Vergebung* geht, dann kommt das Ganze der Beziehung des Menschen zu Gott und der Beziehung der Menschen untereinander in den Blick.

Mit der neuen alttestamentlichen Lesung Jes 44,21–23 tritt einer der stärksten, theologisch und metaphorisch dichtesten Vergebungstexte aus dem Alten Testament hinzu. Eigentlich muss es nicht eigens betont werden: Keineswegs begegnet göttliche Vergebung erst im Neuen Testament – wie es in einer Israel-vergessenen Theologie, die eine heilsgeschichtliche Linie von der Schöpfung über den Sündenfall direkt zu Christus zieht, behauptet werden konnte. Das Alte Testament erzählt von Gottes Beziehungsgeschichte mit seinem Volk Israel, die von Anfang an auch im Blick auf die Völker gedacht wird. In Jesus Christus erkennen Christinnen und Christen, wie sie in diese Geschichte hineingehören. Auch sie können sich am 22. Sonntag nach Trinitatis in Jes 44,21–23 wiederfinden und erkennen, wie Gott von sich aus eine neue Beziehung eröffnet und so *Umkehr* ermöglicht (vgl. V. 22). Ebenso wird deutlich: Die ganze Schöpfung jubelt mit, wenn Sünden vergeben werden und Missetat getilgt wird. Es geht bei der menschlichen Sünde nicht nur um ›mich‹ und mein eigenes kleines Leben oder gar meine fromme Innerlichkeit; unter der menschlichen Sünde leidet die gesamte Schöpfung, so dass es kein

---

[366] Luther übersetzte V. 32: »Du Schalcksknecht / alle diese Schuld habe ich dir erlassen / dieweil du mich batest …« Die Übersetzung »Schalcksknecht« hat sich bis Luther 1912 erhalten.

Wunder ist, dass diese aufatmet, jauchzt und jubelt, wenn Sünde vergeben wird.

Liedvorschläge: Als Lied nach der Predigt könnte sich Philipp Friedrich Hillers »Mir ist Erbarmung widerfahren« (EG 355) gut eignen. Den Jubel der gesamten Schöpfung angesichts von Gottes Handeln besingt EG 286 (Singt, singt dem Herren neue Lieder, vgl. V. 4). (AD)

23. Sonntag nach Trinitatis (Reihe I): Am 7,10–17

Die Last und die Freiheit des Propheten

Wer Amos war, wissen wir nicht wirklich. Es gibt ein Buch, das nach ihm benannt ist, aber die Person verschwindet hinter der prophetischen Botschaft. Das ist nichts Ungewöhnliches, vor allem nicht für die zwölf kleinen Propheten, die z. T. überhaupt keinen Bezug zu einer historisch greifbaren Person aufweisen. Die Zusammenstellung der Prophetenbücher weist darauf hin, dass man den Worten, die im Namen Gottes gesprochen wurden, überzeitliche Gültigkeit beilegte. Der Sinn ihrer Überlieferung bestand darin, sie in jede neue Gegenwart – und Zukunft – hinein sprechen zu lassen. Die Propheten Israels waren dabei nur insofern von Belang, als sie diese Worte wie eine Hebamme in die Welt hineinbrachten, bevor sie dann eigene Wege gingen (vgl. Jes 55,9–11).

Am 7,10–17 ist neben dem Eingangsvers des Buches (Am 1,1) der einzige Fall einer sogenannten Prophetenerzählung, in der neben der Botschaft zumindest eine Episode aus dem Leben dieses Propheten bekannt wird. Die Leserschaft wird unversehens Zeuge eines Konflikts zwischen Amos und Amazja, dem Priester des Tempels von Bet-El, der eines der beiden Hauptheiligtümer des Nordreichs Israel war. Eigentlich war Amos aus dem Süden und hätte insofern, wenn man es etwas modern ausdrückt, zum Tempelbezirk Jerusalems gehört. Aber er hatte es offensichtlich als seine Aufgabe verstanden, anderswo zu wirken. Dazu muss man wissen, dass das Nordreich Israel zur Zeit des Amos politisch, wirtschaftlich und kulturell erkennbar fortschrittlicher war als das provinzielle Juda. Amos gehörte zu einer Reihe von Propheten, die den Aufschwung Israels offenbar mit Skepsis und Kritik begleiteten, weil dies – zumindest ihrer Wahrnehmung nach – zu einer Vertiefung des Grabens zwischen Arm und Reich führte. Es gab solche, die vom wirtschaftlichen Aufschwung profitierten, und solche, die darunter litten.

Offenbar war dies nicht nach dem Geschmack des Amazja, der dem Anschein nach nun eine Intrige schmiedet. Zum einen lässt er dem König (es regierte gerade Jerobeam II.) ausrichten, dass Amos dessen gewaltsamen Tod verkündet habe. Ob das so stimmt oder ob Amazja diese Todesdrohung nur erfand, um den Zorn des Königs zu schüren, wissen wir nicht genau. Allerdings darf man davon ausgehen, dass Jerobeam keines gewaltsamen Todes starb (vgl. 2 Kön 13,13). Auf der anderen Seite zitiert Amazja nun Amos zu sich und verweist ihn des Landes – oder meint zumindest, dies tun zu können. Er solle nach Juda gehen, wo er herkam, und dort »sein Brot essen«, nicht aber in Bet-El. Der für Amazjas Agieren begründende Satz ist eine – wenngleich aus dem Munde Amazjas negativ intendierte – Programmformel alttestamentlicher Prophetie: »Das Land vermag nicht zu ertragen alle seine Worte« (7,10). Das nicht Erträgliche ist die permanente und kompromisslose prophetische Ankündigung von Strafe und Untergang und, vielleicht noch entscheidender, die Konfrontation damit, dass Gott sich im Zorn abwendet. Was Amos zu sagen hat, stellt Gott als Gegner und Feind seines Volkes dar, nicht mehr als Versorger und Schutzpatron. In einer Welt, in der Atheismus keine Option ist und in der man Gott nicht ausweichen kann, ist die Konfrontation mit Gott als Feind in der Tat und im wörtlichen Sinne un-erträglich.

Es ist nun zwar recht naheliegend, der Suggestion des Textes zu folgen und die sozialpolitischen Verhältnisse, auf die Amos reagiert, als untragbar zu betrachten und den Propheten mit seiner harschen Kritik im Recht zu sehen, allerdings wissen wir von den tatsächlichen Verhältnissen der damaligen Zeit relativ wenig. Aus archäologischen Funden kann man schließen, dass es eine Zeit des Aufschwungs war, in der es zumindest einigen Bevölkerungsgruppen sehr gut ging. Aber das besagt wenig, denn wie sich der Wohlstand tatsächlich verteilte und welches soziale Klima herrschte, lässt sich nicht beurteilen. Auch können wir heute nicht mehr sagen, wer sich zur damaligen Zeit mit der Botschaft des Amos solidarisierte. War er tatsächlich die Stimme der Armen und Übervorteilten? Oder stand er eher für die alteingesessenen ›Landadeligen‹, die sich mit den neuen politischen Eliten des erstarkenden Königtums nicht anfreunden mochten? Oder aber war Amos eine einsame Stimme in der Wüste, der von den meisten seiner Zeitgenossen, quer durch die Gesellschaftsschichten, als ›schräger Vogel‹ betrachtet wurde? So ganz genau werden wir das vermutlich nie wissen. Allerdings besteht die Möglichkeit, dass wir es keineswegs mit durch und durch korrupten und zerrütteten Zuständen zu tun haben, sondern die Verhältnisse damals den unsrigen heute nicht unähnlich waren. Würde man ohne die Brille der prophetischen Kritik auf diese Zeit schauen, könnte man eine Gesellschaft sehen, die durchaus ›funktionierte‹ – mit allen realen Ungerechtigkeiten, die jedes Gemeinwesen erzeugt.

Abraham Heschel hat in seiner Einführung zu den Propheten sehr treffend formuliert, worin sich ›prophetische Sensibilität‹ von der Wahrnehmung durch den ›gesunden Menschenverstand‹ unterscheidet: »Indeed, the sort of crimes and even the amount of delinquency that fill the prophets of Israel with dismay do not go beyond that which we regard as normal, as typical ingredients of social dynamics. To us a single act of injustice – cheating in business, exploitation of the poor – is slight; to the prophets, a disaster.«[367] Für einen Amos gibt es also keine ›kleinen‹ Sünden und schon gar keine ›Kollateralschäden‹. Egal in welchem Ausmaß, wo und wann auch immer die Sphäre der Gerechtigkeit beschädigt wird, ruft sie die prophetische Kritik auf den Plan. Aber eben weil es sich hierbei um eine ›seismographische‹ Sensibilität handelt, die bereits bei kleinsten Erschütterungen anschlägt und sich nicht mit den ›realen Härten‹ der Alltagswelt abfindet, ist die Botschaft des Amos für pragmatisch denkende und handelnde Menschen wie Jerobeam und Amazja »unerträglich«.

Auf die versuchte ›Ausweisung‹ reagiert Amos mit einer Antwort, die ebenfalls für die prophetische Programmatik dieses Buches steht: »Ich bin kein Prophet noch ein Prophetenjünger, sondern ich bin ein Hirt, der Maulbeeren züchtet« (7,14). Die Pointe ist hier, dass Amos den Titel (oder die Amtsbezeichnung) »Prophet« ablehnt, weil es sich dabei im Kontext seiner Zeit um bezahlte Angestellte eines zentralen Heiligtums handelte, deren Aufgabe es war, den König und dessen Administration zu unterstützen. Amos dagegen versteht sich als unabhängige Stimme, deren Loyalität nicht käuflich ist. Seinem eigenen Anspruch nach ist er frei, das Wort Gottes unabhängig von allen politischen und strategischen Erwägungen so auszurichten, wie es gemeint ist – egal ob dieses Wort Heil oder eben Unheil verkündigt. Dies prophetische Selbstverständnis weist zurück auf Am 3, wo ebenfalls die Frage rechtmäßiger prophetischer Berufung und prophetischer Botschaft aufgeworfen wird:

»Brüllt etwa ein Löwe im Walde, wenn er keinen Raub hat? Schreit etwa ein junger Löwe aus seiner Höhle, er habe denn etwas gefangen? Fällt etwa ein Vogel zur Erde, wenn kein Fangnetz da ist? Oder springt eine Falle auf von der Erde, sie habe denn etwas gefangen?
Bläst man etwa das Horn in einer Stadt, und das Volk entsetzt sich nicht? Geschieht etwa ein Unglück in der Stadt, und der Herr hat es nicht getan? – Gott der Herr tut nichts, er offenbare denn seinen Ratschluss seinen Knechten, den Propheten. – Der Löwe brüllt, wer sollte sich nicht fürchten? Gott der Herr redet, wer sollte nicht Prophet werden?« (3,4-8)

---

[367]   Abraham Heschel, The Prophets. An Introduction (vol. I), New York 1962, 4.

Interessanterweise verwendet das Amosbuch an dieser Stelle dann doch den kritischen Begriff des »Propheten«, hier aber eben in einer umgeprägten und erweiterten Definition. »Prophet« ist nun kein Status oder Titel, verbunden mit bestimmten Privilegien. Prophet sein ist vielmehr die Aufgabe, sich dem Wort Gottes zu unterstellen und ihm zu dienen. Entsprechend begegnet hier auch der Begriff des »Knechts«, der weiterhin bei Jeremia und Jesaja die wahrhaft loyalen Diener Gottes bezeichnet. Es geht also darum, dass der Dienst gegenüber Gottes Wort eine Pflicht ist, die sich geradezu aufdrängt (»Der Löwe brüllt, wer sollte sich nicht fürchten?«), die aber nur aus innerer Freiheit und einer ihr entsprechenden äußeren Unabhängigkeit heraus erfüllt werden kann.

Von Belang ist dieses Thema insofern, als es auch an verschiedenen Stellen des Neuen Testaments behandelt wird. Dürfen oder sollen sich christliche Missionare materiell aushalten lassen? Darf oder soll es überhaupt eine Form des Dienstes an Gottes Wort geben, das zugleich ein Lebensunterhalt ist? Oder entstehen dadurch nicht unweigerlich die Abhängigkeiten, die das Amosbuch mit dem Auftreten des Priesters Amazja kritisiert? Die Antworten darauf sind nicht einheitlich. Paulus verweist z.B. darauf, dass er sich nicht von seinen Missionsgemeinden materiell versorgen lässt (1 Kor 9,1-14; 2 Kor 11,7-9), während 1 Tim 5,17 f. offenbar Kompensationen zumindest für bestimmte Dienste in der Gemeinde für rechtens erachtet. Vom Amosbuch her ergibt sich für diese Diskussion die Perspektive, dass sich die notwendige Unerträglichkeit des Wortes Gottes nicht mit Loyalitäten verträgt, die den sozialpolitischen, kulturellen oder eben auch ›kirchlichen‹ Status Quo stützen. (AS)

Religiöse Unterbrechungen des Politischen

Es ist bedauerlich, dass der 23. Sonntag nach Trinitatis so selten gefeiert wird. Thematisch geht es an diesem Sonntag in besonderer Weise um das Verhältnis von *Glaube, Kirche und Politik*. Nachdem es um diese Fragen im deutschsprachigen kirchlichen und theologischen Diskurs nach einer Hoch-Zeit der Diskussion politischer Theologie(n) recht ruhig geworden war, sind die Herausforderungen seit einigen Jahren wieder auf der Tagesordnung – und entsprechend hat sich auch die Beschäftigung mit der Frage nach Möglichkeiten und Grenzen politischer Liturgien und politischer Predigt intensiviert.[368]

---

[368] Vgl. nur die thematische Reihe im 72. Jahrgang der Göttinger Predigtmeditationen

Das Evangelium am 23. Sonntag nach Trinitatis, Mt 22,15-22, die sogenannte Frage nach dem Zinsgroschen, mündet in die Aussage Jesu: »So gebt
dem Kaiser, was des Kaisers ist, und Gott, was Gottes ist« (V. 21). Damit ist
das entscheidende Spannungsfeld bestimmt: Kaiser und Gott, und es deutet
sich eine Linie der Unterscheidung an, die freilich von einer Trennung der
beiden Bereiche weit entfernt ist – wie sich schnell zeigt, wenn man fragt,
was denn nun »Gottes« ist und kaum anders antworten kann als mit Worten
aus Ps 24,1: »Die Erde ist des Herrn und was darinnen ist, der Erdkreis und
die darauf wohnen ...«.

Mit einer politischen Metapher arbeitet Paulus in Phil 3,17-21, wenn er
christliche Existenz beschreibt. Das »Bürgerrecht« (*politeuma*) der an Christus
Glaubenden ist im Himmel, so dass der Streit zwischen der *irdischen* Gesinnung und der *himmlischen* Verortung die Existenz der Christenmenschen bestimmt.

Sicherlich heikel im Klangraum dieses Sonntags ist Röm 13,1-7: »Seid
untertan der Obrigkeit ...« Entfernt man diesen Text aus seinem Kontext,
kann er eine gefährlich einseitige Pointe erhalten und gelesen werden als ein
Text, der zum blinden Gehorsam gegenüber der staatlichen Gewalt auffordert.
Leider hat er genau diese Wirkungsgeschichte immer wieder aus sich herausgesetzt. Erst im Kontext von Röm 12,2 (»Und stellt euch nicht dieser Welt
gleich, sondern ändert euch durch Erneuerung eures Sinnes ...«) rückt auch
Röm 13 in die unlösbare Spannung zwischen irdischer Existenz und himmlischer Heimat.

Die mit der Revision 2018 neu hinzugekommenen Texte Ex 1,8-20 und
Am 7,10-17 setzen den Akzent nicht auf Unterordnung, sondern auf Widerstand. Ex 1,8-20 erzählt vom Ungehorsam der (hebräischen? ägyptischen?)
Hebammen, die sich dem Befehl des Pharao widersetzen und so das Leben
des Volkes Israel in Ägypten ermöglichen (Ex 1,8-20). Und Am 7,10-17 schildert einen Konflikt, in den Amos aufgrund seiner Prophetie geraten ist.

Die große Frage, die im Hintergrund dieser bescheidenen Erzählung mit ihrer
gewaltigen Unheilsankündigung steckt, ist die nach dem Verhältnis von Religion und Macht. Es gibt die Gefahr, dass Religion nur auf bestimmte Weise

---

sowie den einleitenden Artikel: Alexander Deeg, Das Politische und die Predigt, in:
GPM 72 (2017/18), 1-14; vgl. auch Helmut Schwier (Hg.), Ethische und politische Pre-
digt. Beiträge zu einer homiletischen Herausforderung, Leipzig 2015; Sonja Keller (Hg.),
Parteiische Predigt. Politik, Gesellschaft und Öffentlichkeit als Horizonte der Predigt,
Leipzig 2017.

überhöht, was der politische Diskurs vorgibt, was die Staatsideologie bestärkt und die Macht der Mächtigen erhöht. Die Beispiele durch die Geschichte hindurch und bis in die Gegenwart sind Legion – und in den Gedenkjahren der Reformation ist es zweifellos nötig, das im 16. Jahrhundert entstandene Bündnis von Thron und Altar, das die Reformation stabilisieren konnte, in seiner problematischen Wirkung kritisch zu hinterfragen. Es gibt aber freilich auch das andere: eine Religion, die sich so zurückzieht und aus der Welt heraushält, dass sie zwar intendiert, ein »ruhiges, stilles Leben« zu führen (1Tim 2,2), damit aber faktisch die Mächtigen der Zeit gewähren lässt und daher Ungerechtigkeiten unterstützt und perpetuiert.

Gerd Theißen spricht dagegen von dem »Positionswechselmotiv« als einem von vierzehn Grundmotiven der biblischen Botschaft: Die Reichen werden vom Thron gestürzt und die Armen erhöht; die Ersten werden die Letzten sein. Diese Bewegung durchzieht die biblische Botschaft und erweist sich als kritische Grenze gegen jede allzu schiedlich-friedliche Trennung von Religion und Politik und gegen jede Stabilisierung des Politischen durch seine religiöse Legitimierung, für die Amazja als angestellter Priester am Königsheiligtum stehen kann.

Amos hat ein Gotteswort, das er ausrichten muss – und das die politische Lage unterbricht und so die Verhältnisse herausfordert. Gottes Wort hat verstörendes Potential – und ist der Grund, warum sich Amos, der ganz sicher kein Experte für Politik, ja noch nicht einmal ein Experte für Religion ist, in diese Diskurse hineinbegibt: Er ›hat‹ »des Herrn Wort« (V. 16).

Wenn gegenwärtig jemand aufträte und von sich sagen würde, er ›habe‹ direkt und unmittelbar Gottes Wort gehört und dieses sage den Untergang voraus, so haben wir gut ausgestattete Kliniken, die sich liebevoll und professionell seiner annehmen würden.[369] Die Gefahr religiöser Fundamentalismen verschiedener Couleur ist damit freilich nicht gebannt, genauso wenig wie der Missbrauch von Religion zur Durchsetzung einer politischen Agenda. Und dabei fällt auf: Amos hat keine solche Agenda. Er unterbricht mit seinem Wort den Betrieb, aber setzt kein anderes politisches Programm an dessen Stelle.

---

[369] In den 1980er Jahren beschrieb der israelische Arzt Yair Bar El als erster das sogenannte »Jerusalem-Syndrom«, von dem jährlich ca. 100 Besucher bzw. Einwohner Jerusalems betroffen sind, die sich dann für Mose oder Jesus halten – und nicht selten auch ›direkte‹ göttliche Worte hören und weitergeben wollen. Es handelt sich um die Spezialform einer religiösen Psychose.

Die jüdisch-rabbinische Theologie ging davon aus, dass die Zeit der Prophetie zu Ende ging. Die direkte Gottesstimme spricht nicht mehr. Vielmehr gilt es nun, sich auf die Schriften zu beziehen, diese gemeinsam auszulegen und sich so in die Strittigkeit und Mehrdeutigkeit der Auslegung zu begeben.

Ein *locus classicus* für das Ende der Prophetie findet sich in Seder Olam Rabba. Dort heißt es in Auslegung von Dan 8,21 (»König von Griechenland«) und 11,3f. (»ein mächtiger König«): »Das ist Alexander der Makedonier, der zwölf Jahre herrschte. Bis hierher prophezeiten die Propheten im Heiligen Geist. Von da an neige dein Ohr und höre die Worte der Weisen.«[370]

Damit datiert diese frührabbinische Schrift das Ende der Prophetie auf die Zeit von Alexander dem Großen. Auch wenn Günter Stemberger zeigen kann, dass es sich bei der Aussage vom Ende der Prophetie um rabbinische Polemik gegen andere zeitgleiche Gruppen im Judentum handeln konnte, die das Ziel hatte, die rabbinische Richtung zu stabilisieren und gegen Kritik abzusichern, und auch wenn diese Argumentation auf christlicher Seite zur Polemik gegen das Judentum genutzt werden konnte (die Juden haben keine Prophetie mehr, bei uns aber lebt sie noch!), so scheint mir der dahinter liegende Gedanke doch auch für das Christentum bedeutsam: Gottes Wort wird hörbar, wo Menschen auf das *geschriebene* Gotteswort hören, dieses auslegen, indem sie es auf die Gegenwart beziehen und dort nach Orientierung suchen.[371]

Das führt zu einer echten Herausforderung, die als *die* grundlegende hermeneutische Herausforderung bezeichnet werden kann. Denn selbstverständlich kann es geschehen, dass Texte nur das sagen, was ich ohnehin schon weiß und mir auch selbst sagen könnte. Eine ›starke‹ Hermeneutik, die die Texte am Ende vielleicht sogar besser versteht, als sie sich selbst einmal verstanden, kann sich der Texte bemächtigen, sie instrumentalisieren und funktionalisieren. Es gilt demgegenüber, den Text immer wieder neu in Gemeinschaft zu lesen und immer neu als *Gegenüber* zu entdecken.

Amos 7 kann so zu einem Text werden, der uns in unseren kirchlichen Situationen zahlreiche kritische Fragen stellt. Wo stehen wir - Predigerinnen

---

[370] Zitiert nach Günter Stemberger, Judaica Minora I. Biblische Traditionen im rabbinischen Judentum, Texts and Studies in Ancient Judaism 133, Tübingen 2010, 185; vgl. insgesamt 176-202 [Propheten und Prophetie in der Tradition des nachbiblischen Judentums].

[371] Vgl. dazu auch Luthers Polemik gegen die sogenannten ›Schwärmer‹, den linken Flügel der Reformation, die u. a. an der Möglichkeit einer direkten, unvermittelten Offenbarung festhielten.

und Prediger – als bezahlte Verkündiger der frohen Botschaft? Wo steht die Kirche in dieser Gesellschaft? Wo lassen wir Unterbrechungen zu? Wo nutzen wir die Bibel und die christliche frohe Botschaft, um abgesicherte bürgerliche Existenzen mit einer Sahnehaube der Frömmigkeit zu krönen? Wo wiederholen wir nur die Worte des herrschenden politischen Diskurses, ohne etwas Neues, potentiell Anderes, Unterbrechendes zu sagen?

> Der Wiener Systematische Theologe Ulrich H. J. Körtner sieht das Evangelium im gegenwärtigen politischen Diskurs der Bundesrepublik Deutschland vor allem seit dem Herbst 2015 bedroht von Moralisierung. Kirche trete so auf, als wisse sie eindeutig, was in einer politischen Situation (Hintergrund ist natürlich die durch die zahlreichen Flüchtlinge im Herbst 2015 ausgelöste politische und gesellschaftliche ›Krise‹) richtig sei und schließe dies argumentativ kurz, so dass sich das Evangelium nicht mehr als potentiell unterbrechende Stimme erweise, sondern lediglich eine bestimmte moralische Position überhöhe.[372] Die »Heilsgewissheit des Glaubens« dürfe »nicht mit der Sicherheit und Eindeutigkeit ethischen Urteilens und moralischer Handlungsanweisungen verwechselt werden.«[373]

Mit der Bibel in der einen Hand und der Zeitung (in ihren zahlreichen medialen Varianten unserer Tage) in der anderen gilt es, zu streiten und zu diskutieren, Wirklichkeit wahrzunehmen und nach Lösungen zu suchen. Damit jedenfalls wäre gewährleistet, dass nicht die (vermeintlichen) Zwänge und Alternativlosigkeiten die politische Argumentation bestimmen, sondern sich das Neue und Herausfordernde der biblischen Botschaft Gehör verschaffen könnte. Damit wäre auch und zugleich gesetzt, dass die üblichen Logiken des politischen und gesellschaftlichen Diskurses durchbrochen und neue Perspektiven sichtbar werden – wenn auch zunächst nur als Verstörung.

Wo sich Religion demgegenüber priesterlich als Dienstleistung für das gefügige Funktionieren des Staates zur Verfügung stellt, hat sie ein Problem. Wo es Spitzenvertretern der Religion vor allem wichtig ist, mit Spitzenvertretern der Politik gemeinsam fotografiert zu werden und von diesen immer neu zu hören, wie sehr man als Kirche gebraucht werde, wäre ein kritisches Wort des Amos und derer, die ihn heute predigen, wohl nötig.

Als Predigtlieder könnten sich EG 428 (Komm in unsre stolze Welt) oder EG 412 (So jemand spricht: Ich liebe Gott) eignen. (AD)

---

[372] Vgl. Ulrich H. J. Körtner, Für die Vernunft. Wider Moralisierung und Emotionalisierung in Politik und Kirche, Leipzig 2017.
[373] A. a. O., 101.

23. Sonntag nach Trinitatis (Reihe IV): Ex 1,8-20

Zwei neue Ahnfrauen – Schifra und Pua[374]

Der Anfang des Buches Exodus markiert eine Zäsur und zugleich einen Übergang. V. 1–7 schließt die vorangehende Josephsnovelle ab, indem noch einmal zusammengefasst wird, wie aus den Israeliten in Ägypten ein großes Volk wurde. Dies wird in Gen 49f. wie auch zunächst noch in Ex 1 als friedliche Koexistenz mit der einheimischen Bevölkerung dargestellt. Aber dann kommt ein Pharao, der Joseph nicht mehr kannte (V. 8). Damit wird die Ära der Erzväter und -mütter abgeschlossen und in gewisser Weise auch verabschiedet. Die Erinnerung an die Vergangenheit und an Josephs Rettungstaten für die Ägypter – insbesondere für den königlichen Hof – verblassen. Auffälligerweise scheint sich aber auch Israel oder, wie es nun vor allem genannt wird, das Volk der ›Hebräer‹ nicht mehr an seine Herkunft zu erinnern. Die Tatsache, dass dieses Volk später wieder neu mit seinem Gott bekannt und vertraut gemacht werden muss, suggeriert jedenfalls ein tiefgreifendes Vergessen.[375]

Der Erzählfaden beginnt damit, dass der neue, aber namenlose Pharao die Ausbreitung der Hebräer als Gefahr für seine Herrschaft empfindet (V. 8f.). Darauf reagiert er zunächst mit Versklavung – wohl in der Hoffnung, dass sich dieses Volk unter der Last der Arbeit wieder dezimieren würde. Eine zweite Maßnahme, die das ›Übel‹ gleichsam bei der Wurzel packen soll, ist der Eingriff in die Fortpflanzungsfähigkeit der Hebräer. Dies soll mit der Ermordung der männlichen Babys erreicht werden. ›Biologisch‹ gesehen ist dies nicht unbedingt logisch, zumal mit den weiblichen Nachkommen im-

---

[374] Der Text begegnet in etwas anderer Versabgrenzung ebenfalls am 9. November (Gedenktag der Novemberpogrome), Predigtreihe VI: Ex 1,15–22.

[375] Innerhalb der historisch-kritischen Forschung wird dies z. T. damit begründet, dass Frühfassungen der Bücher Genesis und Exodus zunächst unabhängig voneinander existierten und auch zwei unterschiedliche Herkunftsmythen kultivierten – einerseits das Israel der Erzväter und -mütter, andererseits das Israel aus Ägypten. Insofern musste eigens eine Verknüpfung der beiden Traditionen geschaffen werden, die in Ex 1,1–7(8) vorliegt. Allerdings ist diese Verknüpfung nicht nur literargeschichtlich von Bedeutung. Offenbar wurde sie auch inhaltlich-theologisch sehr bewusst gestaltet, um das Motiv des Verlusts von Tradition und des Vergessens von Religion einzuspielen.

merhin die Gebärfähigkeit der Hebräer erhalten bleibt.[376] Allerdings dürfte es hier vor allem um die Kriegs- und Widerstandsfähigkeit der Hebräer gehen, die der Pharao zu brechen trachtet.

Damit wendet sich die Erzählung den beiden Hebammen zu, die mit dem Genozid beauftragt werden. Diese werden namentlich genannt: Schifra und Pua. Schwierigkeiten bereitet allerdings die Frage, ob es sich dabei um hebräische oder ägyptische Frauen handelt. Der hebräische Konsonantentext lässt zwei Lesarten zu: »Der Pharao sprach zu den [gemeint: ägyptischen] Hebammen der Hebräerinnen« oder »… zu den hebräischen Hebammen« (V. 15). Inhaltlich würde man vermuten, dass der Pharao natürlich seine ägyptischen Hebammen instruiert, denn warum sollten die hebräischen überhaupt den Gedanken erwägen, Kinder ihres eigenen Volkes zu ermorden. Interessanterweise entschieden sich die Masoreten bei ihrer Vokalisation des Konsonantentexts aber genau für diese zweite, inhaltlich schwierigere Deutung.

Wie häufig im Alten Testament sind Erzählungen mehrschichtig und lassen – jenseits der Alternative von richtig oder falsch – unterschiedliche Deutungen zu. Das gilt auch für Schifra und Pua: Betrachtet man sie als Ägypterinnen, liegt die Pointe darin, dass sie sich ihrem König an dem Punkt verweigern, wo dessen Gebot unmenschlich wird. Hebammen zu befehlen, Kinder zu ermorden, ist gleich auf mehreren Ebenen eine Unmenschlichkeit und Perversion. Die beiden Frauen reagieren darauf allerdings nicht, indem sie den Pharao mit der Monstrosität seiner Forderung konfrontieren, sondern in einer Weise, die ihnen die Folgen ihrer ›Befehlsverweigerung‹ erspart: Sie sagen, dass die Hebräerinnen so schnell gebären, dass sie ohnehin immer erst zu spät zur Stelle sind. Der wirkliche Grund ihrer Weigerung liegt allerdings in ihrer Gottesfurcht (V. 17). Die Wendung (wörtlich) »und sie fürchteten den Gott« könnte, wenn man sehr weit ausgreifen wollte, suggerieren, dass Schifra und Pua die ersten Proselytinnen waren, die sich JHWH zuwandten. Allerdings ist »Gottesfurcht« in den Religionen der antiken Welt in der Regel das, was wir heute allgemein als ›Frömmigkeit‹ bezeichnen würden, unabhängig davon, um welche Gottheit es sich handelt. Die Frömmigkeit der beiden Frauen steht demnach gegen die Gottlosigkeit des Pharao. Auch in Ägypten gibt es also Religion, die auf dem Respekt vor dem Leben und dem Schutz von Fremden beruht. Das erinnert an die zweite Erzählung von der Gefähr-

---

[376] Nach späterer, rabbinischer Überlieferung vererbt sich die Zugehörigkeit zum Judentum über die Mütter, im Alten Testament allerdings noch über die Väter (vgl. die Rede vom »heiligen Samen« in Esr 9,2).

dung der Ahnfrau, wo Abraham annimmt, dass es im ›Ausland‹ keine Gottes-furcht gäbe, und er sich deswegen als Bruder (und nicht als Ehemann) von Sara ausgibt (Gen 20,1). Damit wird einer Stereotype gewehrt: Nicht ganz Ägypten ist gottlos und moralisch verkommen, sondern der um seine Macht fürchtende Pharao, der ja eigentlich der Hüter der Religion in seinem Land hätte sein sollen und der phasenweise dort sogar selbst als Gott verehrt wurde. Diese Orientierung am Schutz des Lebens stellt diese Perikope über-dies in eine Linie mit der folgenden Geburtsgeschichte des Mose, wo es eben-falls eine Ägypterin ist, die Tochter des Pharao, die die Pläne ihres Vaters un-terläuft und dessen künftigen Gegenspieler großzieht (Ex 2,1–10).[377]

Das couragierte und eben auch fromme Handeln der Hebammen steht freilich auch dann noch im Vordergrund, wenn man sie als Hebräerinnen identifiziert. Allerdings verschieben sich dann die Akzente. Zunächst betrifft das die Haltung des Pharao: Die Annahme, dass die hebräischen Hebammen mit ihm kollaborieren und ihre eigenen Babys töten würden, degradiert das Sklavenvolk noch weiter und spricht ihm jede moralische Integrität ab. Aus antiken Quellen wissen wir, dass die herrschenden Mächte (damals also wie heute) Spione und Kollaborateure unter den von ihnen unterdrückten Völkern hatten, und dazu will der Pharao offenbar die beiden Hebammen machen.

Das wirft weiterhin die Frage auf, was mit der Gottesfurcht gemeint ist, wenn diese nun zwei Hebräerinnen beigelegt wird. Eigentlich hatte das Israel der ägyptischen Gefangenschaft ja keinen Gott (mehr). Die Wiedererinnerung an den Gott der Väter, der sich nun mit einem neuen Namen vorstellt, beginnt, indem dieser Mose zu den Hebräern schickt. Allerdings rechnet Mose bereits damit, dass eine bloße Verheißung dieses Gottes, noch dazu aus dem Mund eines ehemaligen ägyptischen Prinzen, nichts bewegen würde. Erst Wunder-taten räumen die Zweifel aus (Ex 3,13–15; 4,29–31). Es wird hier Gott selbst überlassen, sich wieder in Erinnerung zu bringen und gleichsam den Faden dort aufzunehmen, wo er mit Joseph liegengeblieben war. Allerdings – und das wird dann zur Pointe von V. 15 – ist es nicht nur Gott, der für diese Kon-tinuität sorgt, dies tun gerade auch Schifra und Pua, die beiden gottesfürch-tigen Hebräerinnen. Sie sind – bevor Mose überhaupt geboren wird – die ers-ten, die sich dem Herrschaftsanspruch des Pharao widersetzen und sich dafür auf ihren Gott berufen. Der Exodus beginnt also genau genommen be-reits mit ihnen und wird zugleich in die Kontinuität mit dem Israel der Gene-sis gestellt. Zwar sind die beiden keine Mütter, sondern Hebammen, aber

---

[377]   Ebenfalls einer der neuen Predigttexte (für das Christfest I).

gleichwohl gewinnt man den Eindruck, dass die Perikope sie in den Rang zweier Ahnfrauen erhebt. Bevor die Exodusgeschichte ein von Männern dominiertes Geschehen wird, mit großen Wundern und Offenbarungen, zeigt sich das Wesentliche doch schon hier im vermeintlich Kleinen und Unscheinbaren. (AS)

Ein einzelner Mensch

Ex 1,8–20 erzählt vom Ungehorsam der (hebräischen? ägyptischen?) Hebammen, die sich dem Befehl des Pharao widersetzen und so das Leben des Volkes Israel in Ägypten ermöglichen (Ex 1,8–20). Dabei kommt in der Perikopenabgrenzung des 23. Sonntags nach Trinitatis[378] auch die Vorgeschichte der Hebammenperikope in den Blick. Interessant ist, dass es in der narrativen Logik von Ex 1 nicht etwa das Volk der Ägypter ist, das von sich aus die Israeliten als Bedrohung wahrnehmen würde. Es ist der neue König, der zu den Ägyptern spricht und dabei die Überlegenheit und potentielle Gefährlichkeit *des* Volkes der Israeliten vor Augen malt (vgl. V. 8–10). Demagogie und Populismus arbeiteten bereits im Alten Ägypten mit den Mitteln der kollektiven Verdächtigung (»*das* Volk der Israeliten«, V. 9) und des Schürens von Ängsten (vgl. V. 10). In einem lesenswerten Artikel unter der Überschrift »Altes Muster. Schon der Pharao setzte vor 3500 Jahren Propagandamittel ein, um Juden zu diffamieren« überträgt der Rabbiner Jehoschua Ahrens die Erzählung in dieser Perspektive auf die jüdische Geschichte und Gegenwart.[379]

Der weite Blick auf die zunehmende Bedrückung des Volkes in Ägypten fokussiert sich ab V. 15 auf zwei Frauen und deren Handeln. Die Hebammen tragen Namen; der Pharao nicht![380] Pauschaler formuliert: Es sind einzelne, namentlich benennbare Menschen, die den Unterschied machen und – groß gesprochen – die Welt verändern. Ex 1 lässt sich als Geschichte gegen jede resignative Müdigkeit lesen, die sich immer wieder in der Frage artikuliert: »Was kann ich denn als einzelne oder einzelner schon machen?« Es sind immer einzelne, durch die etwas Neues beginnt. Es gibt die bekannten und we-

---

[378] Vgl. zur Beschreibung des Textraums die Ausführungen zu Am 7,10–17.

[379] Jehoschua Ahrens, Altes Muster, Jüdische Allgemeine vom 4. 1. 2013, im Internet greifbar unter http://www.juedische-allgemeine.de/article/view/id/14827 [Zugriff vom 15. 02. 2018].

[380] Dies erinnert im Neuen Testament an Lk 16,19–31, die Beispielgeschichte vom (namentlich unbekannten) »reichen Mann« und armen Lazarus.

niger bekannten Frauen und Männer, die die Welt mit ihrem Ungehorsam, ihrem kreativen Widerstand, ihrer Gottesfurcht veränderten. Der Film »Die göttliche Ordnung« (Petra Volpe, CH 2017) erzählt, wie es durch die Initiative einzelner Frauen gelang, die Stimmung hin zur Einführung des Frauenwahlrechts in der Schweiz 1971 zu beeinflussen, und zeigt sensibel und humorvoll, wie die Mechanismen von (männlicher) Macht funktionieren und unterlaufen werden können – auch dort, wo die Allianz von männlicher Dominanz, heiler Welt und göttlicher Ordnung zu funktionieren schien.

Im babylonischen Talmud findet sich das Wort von R. Avira: »Israel wurde aus Ägypten erlöst durch die gerechten Frauen jener Generation.«[381] Die Hebammen retten Leben und sichern die Existenz des Volkes Israel (V. 20). Mit diesem Vers endet die für den 23. Sonntag nach Trinitatis vorgesehene Perikope. Mit V. 22 freilich könnte man fragen: Hat es wirklich etwas gebracht? Der Befehl des Pharao zur Tötung der Söhne wird wiederholt, die Situation hat sich gegenüber V. 15 f. augenscheinlich nicht verändert. Erneut aber treten in Ex 2 Frauen auf, die durch ihr Handeln die Geschichte der Befreiung überhaupt erst ermöglichen: die Mutter des Mose, seine Schwester und die Tochter des Pharao.

Im Talmud heißt es auf die Frage, warum am Anfang nur *ein* Mensch erschaffen worden sei: »Der Mensch wurde deshalb einzig erschaffen, um dich zu lehren, dass, wenn jemand *eine* jisraelitische Seele vernichtet, es ihm die Schrift anrechnet, als hätte er eine ganze Welt vernichtet, und wenn jemand *eine* jisraelitische Seele erhält, es ihm die Schrift anrechnet, als hätte er eine ganze Welt erhalten.«[382] Der ungarische Autor György Konrád schreibt im Rückblick auf eigenes Erleben in Budapest 1944: »Auch gegen den Terror kann etwas getan werden. Ein einzelner Mensch kann gegebenenfalls Tausende retten. Bei entschlossenem Widerstand werden auch die Befehlshaber des Terrors verunsichert, und zumindest einige Opfer können dem Tod entkommen. Selten ergeben sich total ausweg- und hoffnungslose Situationen.« Und weiter: »Den Spruch aus dem Talmud, wonach derjenige, der einen Menschen rettet, die ganze Welt rettet, halte ich für zutiefst wahr. Ein solcher Mensch öffnet der Hoffnung das Tor und dem Licht das Fenster. Er legt Zeugnis davon ab, daß es einen Nächsten gibt, dem man vertrauen kann, und einen Handschlag, der Geltung hat.«[383]

---

[381] bT Sota 11b [Übersetzung AD].
[382] bT Sanhedrin 37a [Übersetzung von Lazarus Goldschmidt].
[383] Aus einer Rede in Berlin im Jahr 1997; zitiert nach: http://www.zeit.de/1997/47/

Als Lied nach der Predigt eignet sich das textlich wie musikalisch eindrucks-
volle, aber selten gesungene Lied Johann Heermanns aus der Zeit des Drei-
ßigjährigen Krieges: »Herr, unser Gott, lass nicht zuschanden werden«
(EG 247). Auch das neue Wochenlied EG 351 (Ist Gott für mich, so trete)
kann sich (besonders in den Strophen 1–2+8+11–13) als Lied nach der
Predigt eignen. Das heute als Himmelfahrtslied rubrizierte EG 123 (Jesus
Christus herrscht als König) hat eine deutlich politische Dimension (vgl.
V. 1+2). (AD)

Wer_einen_Menschen_rettet_rettet_die_ganze_Welt/komplettansicht [Zugriff vom 13.02.
2018].

24. Sonntag nach Trinitatis (Reihe II/V): Jes 51,9-16

Über die Urzeit in die Zukunft

Die Perikope beginnt mit der Aufforderung an den Arm Gottes »aufzuwachen«. Diese zunächst eigentümlich anmutende Hinwendung an einen bestimmten Körperteil unterstreicht den Aspekt göttlicher Aktivität, der im Folgenden vor allem gemeint ist: Der Arm steht für Gott als Krieger, der die Waffe führt und die Feinde zerschmettert. Angespielt wird dabei auf das Motiv des uranfänglichen Chaoskampfes, in dem Gott die lebensfeindlichen Mächte bezwang und die Welt erschuf. Daran wird Gott hier erinnert (V. 9) und aufgefordert, sich aus einem Zustand der Passivität oder gar Abwesenheit heraus wieder zu erheben.

Der Chaoskampf gehört zu den Motiven, die im Alten Testament (vgl. Ps 74,12-17; 77,17-20) ebenso begegnen wie in dessen altorientalischer Umwelt, und jeweils geht es um die uranfänglichen Taten der Götter, die der Welt die Ordnung und Stabilität verliehen, die seither besteht. Daran gemessen überrascht, dass in diese Ereignisse der Urzeit in Jes 51 auch der Exodus aus Ägypten eingereiht wird. Jedenfalls folgt unmittelbar auf die Erwähnung der Erschlagung der Rahab (eine Art ›Urmonster‹) der Hinweis auf ein Ereignis, mit dem Israels Durchzug durchs Rote Meer gemeint zu sein scheint: »Warst du es nicht, der das Meer austrocknete, die Wasser der großen Tiefe, der den Grund des Meeres zum Wege machte, dass die Erlösten hindurchgingen?« (V. 10). Eine andere Rettungstat, die mit einem solchen Meerwunder verbunden wäre, ist aus dem altorientalischen Bereich nicht bekannt. Zwar wird hier nichts über die Umstände gesagt, wie sich die Trockenlegung des Meeres vollzog und wer eigentlich die »Erlösten« sind; das zentrale Geschehen, dass eine Menschengruppe trockenen Fußes durch ein Meer hindurch gelangt, ist – zumindest im Umfeld der Überlieferung des alten Israel – kaum anders als eben auf den Exodus aus Ägypten zu beziehen.

Das Ungewöhnliche daran besteht in der Einordnung dieses Ereignisses in die uranfänglichen Dinge, jedenfalls wenn man die Exoduserzählung der Tora zum Vergleich heranzieht. Dort ist die Befreiung aus Ägypten bekanntlich eine Episode innerhalb geschichtlicher Zeit, die mit Abraham beginnt und im babylonischen Exil bzw. mit der Rückkehr aus dem Exil endet. Bibelwissenschaftlich ergibt sich die Frage, ob es möglicherweise neben der ›geschichtlichen‹ Darstellung des Exodus auch eine andere ›mythische‹ Version gab, die sich (im Unterschied zur Tora) dann in der Jesajatradition niederschlug. Das wäre durchaus denkbar, weil für Jesaja nicht unbedingt das Exodusbuch, wie wir es kennen, die Vorlage gewesen sein muss. Andererseits ist es auch möglich, dass die Jesajatradition diese Verlagerung des Exodus als paradigmatisches Rettungsereignis in die Mythologie vorgenommen hat. Dafür spricht die Zuschreibung des Exodus als Heilstat des »Arms JHWHs«. Demnach gab es eine Zeit – eben die des Anfangs –, als Gott die Welt ordnete, und dazu gehörte auch die »Erlösung« des Volks, das er sich erwählt hatte. Schöpfung, Rettung, Erlösung bilden demnach einen Cluster, der etwas darüber sagt, wie die Welt beschaffen ist, die Gott dem Chaos entrissen hat.

Genau an diese uranfänglichen Machterweise Gottes will Jes 51,9–16 anknüpfen. Von der Erlösung Israels ›damals‹ folgt nun ein großer Sprung in die Gegenwart der Autoren und die Situation ihrer Adressaten (V. 11). Die »Erlösten« sind nun diejenigen, die nach der Zeit des Exils zum Zion zurückkehren sollen. Es geht also um die Gruppe der Judäer, die nach Babylon deportiert worden war und der nun die Heimkehr angekündigt wird. Dazu soll der Arm JHWHs erwachen und die Welt so zurechtrücken, wie er dies schon einmal getan hatte. Genau diese Aussicht soll den Exilierten nun Trost sein und sie davon abbringen, Angst zu haben vor den Mächtigen ihrer Zeit, denn diese sind vergänglich wie das Gras (V. 12, vgl. Jes 40,6).

Der Referenzpunkt für Gottes Macht sind also keine Geschichtstaten. Das fällt im Unterschied zur Tora, aber auch Teilen der prophetischen Literatur auf. Dort wird die Verlässlichkeit und Treue Gottes damit illustriert, wie er sein Volk immer wieder rettet und seinen Bund mit Israel – trotz dessen Verfehlungen – aufrechterhält. Vor allem in Jes 40–55 (Deuterojesaja) tritt die Orientierung an der Geschichte als Heilsparadigma erkennbar zurück und an deren Stelle tritt der Blick auf Gott als Schöpfer aller Dinge. Der Gott, der jetzt die Exilierten zum Zion zurückführt, ist derselbe, der am Anfang die Welt erschuf. In V. 13 werden diese Perspektiven zusammengeführt: Der Schöpfer des Kosmos ist derselbe, der auch »dich« (Israel) erschaffen hat. Die Pointe liegt in der Verbindung von Universalität und Partikularität, von kosmologischer Weite und dem geschichtlichen Moment der Existenz Israels. Es sollte nicht unerwähnt bleiben, dass diese Zusammenführung zu den elementaren theologischen Voraussetzungen auch für das Verständnis der Person Jesu im Neuen Testament gehört. Die Überzeugung, dass sich der Weltschöpfer gleichsam an einem Punkt der Geschichte, in einem bestimmten Ereignis oder sogar einer Person zeigt, ist nicht zuletzt ein Erbe der prophetischen Theologie.

Das führt zu dem sprachlich wie inhaltlich zentralen, aber auch schwierigen V. 16: »Und ich habe meine Worte in deinen Mund gelegt, und im Schatten meiner Hand habe ich dich verborgen, um auszuspannen den Himmel und zu gründen die Erde und zu Zion zu sagen: ›Mein Volk bist du!‹« (eigene Übersetzung). Diese unterschiedlichen Bilder sind allesamt auch aus anderen Stellen des Alten Testamentes bekannt. Das In-den-Mund-Legen des Wortes erinnert an die Berufung Jeremias (Jer 1,9) und ebenso an die kollektive Berufung Israels (Dtn 30,14; Jes 59,21). Aus den Psalmen ist das Bild des Verborgenseins unter den Flügeln Gottes vertraut (Ps 17,8; 36,8), das bei Jesaja als Verborgensein unter der »Hand« Gottes wiederkehrt (neben 51,16 auch 49,2). Das Aufspannen des Himmels und die Gründung der Erdscheibe als Fundament schließlich geht wohl schon auf ältere Kultpsalmen zurück (Ps 89,12; 102,5) und findet sich auch noch an anderer Stelle bei Jesaja (Jes 44,24). Die finale Logik, die aus alledem folgt, dass Gott sein Volk schützt und beruft, *um* die Erde zu gründen und den Himmel zu schaffen, wirkt allerdings zunächst fremd. Gemeint sein dürfte, dass mit der Erlösung und der erneuten Berufung des aus dem Exil zurückkehrenden Israel Gott die Welt insgesamt noch einmal neu schafft. Die Lutherbibel 2017 bringt dies zum Ausdruck, indem sie übersetzt: »auf dass ich den Himmel von Neuem ausbreite und die Erde gründe …« (V. 16). Das »von Neuem« hat keinen sprachlichen Anhalt im hebräischen Original, dürfte aber eine zutreffende Interpretation des Gemeinten sein. So wie Gott am Anfang der Zeit eine Welt schuf und ein Volk erlöste, so nun auch jetzt. Das Ende des Exils und die Rettung Israels sind der Anfang einer insgesamt neuen Welt. Dieser Gedanke wird dann am Ende des Jesajabuches aufgegriffen, wo explizit von der Erschaffung eines neuen Himmels und einer neuen Erde die Rede ist (Jes 65 f.).

Die prophetische Erwartung richtet sich demnach auf ›Schwellenzeiten‹, an denen Gott eingreift und den Lauf der Welt verändert. Dabei ist entscheidend, dass Schöpfung und Rettung/Erlösung zwei Seiten derselben Medaille sind: Gott schafft, indem er rettet, und er rettet, indem er schafft. Diese Logik sieht Jesaja bereits in der Urzeit grundgelegt und er erkennt sie wieder in den Geschehnissen seiner eigenen Gegenwart. Dieser Logik folgend wird später auch im Neuen Testament davon die Rede sein, dass die Rettung durch Kreuz und Auferstehung Jesu eine solche Schwellenzeit ist – auch hier mit der Erwartung verbunden, dass sich auf diese Weise nicht nur ein partikulares Heilsgeschehen einstellt, sondern dass dies der Beginn einer neuen Welt sein würde. (AS)

Macht-Worte gegen die Furcht

Jes 51,9-16 gehört zu den wenigen Perikopen, die an *zwei* Sonntagen im Kirchenjahr in der Perikopenordnung erscheinen: Liegt Ostern – was sehr selten vorkommt – vor dem 27. März, so gibt es einen 24. Sonntag nach Trinitatis und Jes 51,9-16 wird als alttestamentliche Lesung an diesem Sonntag gelesen. In den Jahren bis 2050 wird dies lediglich 2035 und 2046 der Fall sein.

Liegt Ostern am 14. April (in Schaltjahren: 13. April) oder später, gibt es den 4. Sonntag vor der Passionszeit – und Jes 51,9-16 steht dort als alttestamentliche Lesung. Dies kommt in den Jahren bis 2050 immerhin 11mal vor.[384] Weit häufiger begegnet Jes 51,9-16 also im Proprium des 4. Sonntags vor der Passionszeit, in dem er nun wiederum kein *neuer* Text ist, sondern bereits ein altbekannter (nur hieß dieses Proprium bislang 4. Sonntag nach Epiphanias).[385] Ich beginne mit diesem Proprium und blicke im zweiten Schritt auf den seltenen 24. Sonntag nach Trinitatis:

(1) Der *4. Sonntag vor der Passionszeit* könnte als der Sonntag des Perspektivwechsels in Zeiten der Furcht bezeichnet werden. In solche Zeiten sei, so der Grand Seigneur der Soziologie Zygmunt Bauman (1925-2017), die Moderne geraten. Bauman spricht von der »Liquid Modernity« als Signatur unserer Gegenwart (auf Deutsch müsste man wörtlich von »Flüssiger Moderne« sprechen; die deutsche Übersetzung des Buchtitels Baumans lautet »Flüchtige Moderne«).[386] In dieser spät- oder nach-modernen Situation sei die Furcht ein großes und bestimmendes Thema weltweit – vielleicht *das* entscheidende Thema. Überall gebe es, so Bauman, »liquid fear« – flüssige, diffuse, nicht genau bestimmbare Furcht, die mit Unsicherheit zu tun habe. Wir hätten das Gefühl, die Kontrolle verloren zu haben. Es sei das Versprechen der Moderne gewesen, dass der Mensch sich genau diese Kontrolle mehr und mehr erobert: über die Natur, über Krankheiten, über den Weltraum etc. und dass Gefahren auf diese Weise verschwinden. Und es gehöre zur Dialektik der Moderne, dass diese Kontrolle einerseits wachsen mag, damit aber andererseits auch

---

[384]   2019, 2022, 2025, 2028, 2030, 2033, 2038, 2041, 2044, 2047, 2049.

[385]   In der Perikopenrevision wurde die Epiphaniaszeit, die bislang je nach Ostertermin kürzer oder länger ausfallen konnte, am Termin von »Lichtmess« (2. Februar) orientiert. Demgegenüber kann die Anzahl der Sonntage vor der Passionszeit größer oder kleiner sein.

[386]   Vgl. Zygmunt Bauman, Flüchtige Moderne – Liquid Modernity, Frankfurt a. M. 2009.

das Risiko immer weiter zunehme. Furchterregend sei es, dass die Furcht trotz aller Versuche ihrer Zähmung eben nicht verschwinde. Damit ist für Bauman auch klar, dass überall die Suche nach Sicherheiten begegne – explizit oder implizit. Schnelle und klare Antworten seien gefragt. Pluralität und Diversität werde häufig als bedrohlich erlebt. Es spricht m. E. einiges dafür, dass Bauman mit seiner Diagnose einen wesentlichen Aspekt erkennt, der auch eine Erklärung für die weltweit wahrnehmbare Faszination für fundamentalistische Formen der Religion bieten kann. Damit aber wird der 4. Sonntag vor der Passionszeit zu einem eminent relevanten Proprium.

Das Evangelium Mk 4,35-41 erzählt vom Sturm, in den die Jünger auf dem See Genezareth geraten, und von der Todesangst der Jünger (vgl. V. 38). In geradezu groteskem Gegensatz zur Angst der Jünger schläft Jesus »auf einem Kissen« »hinten im Boot« (V. 38). Mit zwei Worten besänftigt der von den Jüngern geweckte Jesus den Sturm und wendet sich inmitten der »große[n] Stille« (V. 39) an seine Jünger: »Was seid ihr so furchtsam?« (V. 40). Es ist eine Meisterleistung des Evangelisten Markus, dass er nun zum ersten Mal explizit von der Furcht der Jünger spricht: »Und sie fürchteten sich sehr und sprachen untereinander: Wer ist der, dass ihm Wind und Meer gehorsam sind!« (V. 41). In der Perspektive des markinischen Jesus schließen sich Furcht und Glaube aus; weil für Markus aber niemand den Glauben einfach ›hat‹ (vgl. Mk 9,24: »Ich glaube, hilf meinem Unglauben!«), fürchten sich auch die Jünger – und schließt das gesamte Evangelium mit den Worten: »… denn sie fürchteten sich« (Mk 16,8).

Die Struktur von Jes 51 ist mit der von Mk 4 vergleichbar: Gott scheint zu schlafen und muss geweckt werden (V. 9 f.). Die anschließende Gottesrede (V. 12-16) ist allerdings weit seelsorglicher gestaltet als die schroffen Worte des Sturmstillers Jesus an seine Jünger. Gott wendet sich als »Tröster« an sein furchtsames Volk und zeigt, dass jede Furcht vor Menschen unnötig und unbegründet ist, weil Gott sich zu seinem Volk bekennt (V. 16) und als Schöpfer zugleich der Mächtige ist.

Glaube bedeutet nicht die Stetigkeit furchtloser Existenz. Vielmehr muss es immer neu zu Perspektivwechseln kommen. Mk 4 und Jes 51 zeigen, wie dies geschieht und wie das Handeln und Reden Gottes/Jesu die Situation verändert. Beide Texte ergänzen sich und lassen sich hervorragend intertextuell lesen. Aber auch der Wochenspruch aus Ps 66,5 ruft zu einem Blickwechsel auf: »Kommt her und sehet an die Werke Gottes, der so wunderbar ist in seinem Tun an den Menschenkindern.«

Liedvorschläge: EG 7 (O Heiland, reiß die Himmel auf) nimmt zahlreiche Motive aus Deuterojesaja auf und ruft – wie Jes 51,9–16 – Gottes Hilfe dringlich herbei. Mit diesem Lied können adventliche Töne in der Zeit zwischen Epiphanias und dem Beginn der Passionszeit hörbar werden. Darüber hinaus eignen sich die Lieder der Rubrik »Angst und Vertrauen« (EG 361–383) – etwa EG 369 (Wer nur den lieben Gott lässt walten): Georg Neumark (1621–1681) singt darin von vergnügter Ruhe (vgl. V. 3) inmitten der »Not und Traurigkeit« (V. 1) und sagt zu, dass Gott wird »bei dir werden neu« (V. 7).

(2) Der *24. Sonntag nach Trinitatis* wurde in seinen Texten grundlegend verändert. Bisher war das Leseevangelium die Erzählung von der »Heilung der blutflüssigen Frau« und der »Auferweckung eines Mädchens« (Mt 9,18–26; so die Überschrift der Lutherbibel). Diese Erzählung erschien den Verantwortlichen der Perikopenrevision so bedeutsam, dass sie von dem sehr selten gefeierten Sonntag weggerückt und in ihrer Markus-Fassung als Predigttext auf den im Vergleich deutlich häufiger gefeierten 4. Sonntag vor der Passionszeit verschoben wurde (Mk 5,24b–34). Das neue Evangelium ist Mk 1,21–28, die Erzählung von der Heilung eines Besessenen in der Synagoge von Kapernaum, bisher Predigttext am 4. Sonntag nach Epiphanias. 1 Kor 9,16–23, die paulinische Reflexion über sein Amt als Apostel und Epistel des 24. Sonntags nach Trinitatis, stand bislang am 2. Sonntag nach Trinitatis; der Text wurde nun schlicht deshalb zur Epistellesung am 24. Sonntag nach Trinitatis, weil er seinen ursprünglichen Ort verlor, aber dennoch für so wichtig erachtet wurde, dass er insgesamt nicht aus der Perikopenordnung verschwinden sollte. Ein wenig handelt es sich beim 24. Sonntag nach Trinitatis also um die ›Resterampe‹ bzw. den ›Verschiebebahnhof‹ der Perikopenrevision. In jedem Fall ist der Sonntag ein ›Abstellgleis‹, dessen Texte nur selten in den Blick genommen werden.

Das ist vor allem im Blick auf Mk 1,21–28 bedauerlich – und im Blick auf das interessante Zusammenspiel, das sich auch zwischen diesem Evangelium und der deuterojesanianischen Zusage ergibt. Bei Deuterojesaja wird die Machtfrage angesichts der politischen Situation gestellt und beantwortet. Auch in Mk 1 geht es um die Frage nach der Macht – nun aber angesichts eines psychisch Kranken bzw. in der Sprache des Markus-Evangeliums: eines von einem bösen Geist Besessenen. Die »Sach- und Worterklärungen« der neuen Luther-Bibel bestimmen böse bzw. unreine Geister als »geistige Wesen mit übermenschlichen Kräften, die von einem Menschen Besitz ergreifen und ihn völlig beherrschen können«. Der unreine, böse Geist erkennt Jesus – und es entwickelt sich ein exorzistischer Kampf, an dessen Ende der Geist aus dem Besessenen ausfährt.

Die Frage, wie das ›Böse‹ verstanden und welche ›Realität‹ ihm zugemessen wird, wird in unterschiedlichen Theologien und Frömmigkeiten kontrovers gedeutet und diskutiert. Damit zusammen hängt auch die divergente Einschätzung der Bedeutung von Exorzismen, die etwa in der charismatischen Seelsorge als »Befreiungsdienst« eine große Rolle spielen und in der katholischen Kirche nach wie vor gängige, wenn auch selten geübte Praxis sind – allerdings seit 1999 mit einem gegenüber der Fassung von 1614 völlig überarbeiteten Formular. In seiner Dissertation zum Bösen im evangelischen Gesangbuch (Leipzig 2018) verweist Heiko Herrmann wohlbegründet darauf, dass das Kirchenlied die grundlegende evangelische Form des Exorzismus sei. Singend werden die bösen Geister vertrieben – wie etwa in Johann Francks »Jesu, meine Freude« (EG 396): »Weicht, ihr Trauergeister, denn mein Freudenmeister, Jesus, tritt herein ...« (V. 6).

Im Kontext von Mk 1 erscheinen besonders die Chaoskampf-Motive aus Jes 51 bedeutsam: Gott, der am Anfang das Chaos besiegte, hat – so ließe sich der Text vor diesem Hintergrund hören – die Macht, das Chaos zu besiegen, das der große ›Durcheinanderwirbler‹ (*Diabolos*) in einzelnen Menschen anrichtet. Schöpfung und Rettung lassen sich auch in dieser Hinsicht aufeinander beziehen. (AD)

Drittletzter Sonntag des Kirchenjahres (Reihe III): Ps 85

Der Kuss des Friedens

Ps 85 ist einer der Psalmen, von denen man sich sehr leicht ›erschlagen‹ fühlen kann. Die Sprache ist redundant, die Frequenz theologisch schwergewichtiger, aber kaum entfalteter Termini so hoch, dass man nur schwer greifen kann, worum es im Text eigentlich geht. Handelt es sich um eine übertriebene, fast schwülstige Utopie eines universalen Friedens, die den Boden der Realität niemals berühren wird und vielleicht auch gar nicht berühren soll? Haben wir hier also eine poetische Fiktion vor uns, die den Gegenentwurf zur Welt bietet, die wir kennen? Formulierungen wie die des »Küssens« von Gerechtigkeit und Frieden (V. 11b) scheinen dies nahezulegen. Oder aber ist Ps 85 im Gegenteil eine Protestnote an Gott? Dass es Rettung, Frieden und Gerechtigkeit geben soll, wäre dann nicht nur Ahnung, Hoffnung und Sehnen, sondern ein Verlangen und ein Anspruch, den die Beter hier gegenüber Gott geltend machen.

Ob man sich eher der einen oder der anderen Deutungsmöglichkeit annähert, hängt nicht zuletzt von der Situation ab, in der man den Psalm verortet. Dabei fällt zunächst auf, dass V. 1–4 auf die Erfahrung von Rettung zurückblickt: »Herr, der du bist vormals gnädig gewesen deinem Land und hast erlöst die Gefangenen Jakobs« (V. 1). Es liegt (vor allem wegen der Erwähnung der »Gefangenen Jakobs«) nahe, bei diesem Rückblick an das babylonische Exil und vor allem an dessen Ende zu denken. Dass Israel sein Land und den Jerusalemer Tempel verlor, wird im Alten Testament fast durchgängig als Gottes Strafe für den Bundesbruch seines Volkes gewertet. Gleichwohl war damit kein Schlusspunkt unter die Geschichte zwischen Gott und Volk gesetzt. Der Tempel wurde wiederaufgebaut und Gott versammelte sein Volk erneut um den Zion. Für den Heilspropheten des Alten Testaments par excellence, Deuterojesaja (Jes 40–55), war dies das Zeichen für den Anbruch eines neuen Zeitalters, eines allumfassenden Neubeginns in der Erwählungsgeschichte Israels.

Vergleicht man damit nun Ps 85, fällt auf, dass im Unterschied zu Deuterojesaja die Zeit der Heilserfahrung bereits in die Vergangenheit gerückt ist, während die Gegenwart im Kontrast dazu als Zeit von Gottes Zorn und Ungnade erlebt wird: »Willst du uns denn nicht wieder erquicken, dass dein

Volk sich über dich freuen kann?« (V. 7, vgl. insgesamt V. 5–8). Auch für diese pessimistische Sicht auf die eigene Gegenwart des Beters kann man eine zeitgeschichtliche Einordnung versuchen. Tatsächlich scheint es so, dass der nachexilische Optimismus auf den Anbruch einer neuen Heilszeit nur eine kurze Blüte erlebte und allmählich der politischen Realität wich. Israel war letztlich nicht erlöst worden, sondern befand sich auch nach dem Ende des Exils unter der Herrschaft einer Großmacht. Diesmal waren es die Perser, die in mancher Hinsicht toleranter waren als ihre Vorgängerreiche. Und dennoch war Israel immer noch nicht frei, und der Zion war alles andere als der Weltenberg, von dem aus JHWH nun regieren würde, sondern eine unwesentliche Erhebung am Rand des Perserreiches.

Auch für diese Phase der Ernüchterung nach den kühnen Heilsansagen Deuterojesajas haben wir möglicherweise einen biblischen Zeugen, nämlich den sogenannten Tritojesaja (Jes 56–66). Auch hier wird (vor allem in Jes 57–59) kritisch in den Blick genommen, dass und warum Israel seinem Ziel, ein freies Volk zu sein, nicht nähergekommen ist. Warum verzögerte sich das Heil und die Rettung, die doch eigentlich zum Greifen nah schienen? Tritojesajas Antwort hierauf ist denkbar klar: Gott hatte mit dem Ende des Exils seinen Beitrag zur Wiederherstellung Israels geleistet, nur war dieses Volk selbst offenbar nicht in der Lage, dem durch das Tun von Recht und Gerechtigkeit auch zu entsprechen. Die Erwartung, dass Israel nach allem, was es erlebt und durchlebt hatte, nun, im Unterschied zu früheren Zeiten, bereit wäre für eine gereifte Gottesbeziehung, hatte sich in dieser Form nicht erfüllt. Soziale Indifferenz, Übervorteilung von Schwächeren und schließlich ein halbherziger oder gar völlig pervertierter Kult – all das sind Vorhaltungen, die die Prophetie nun gegen das heimgekehrte Israel macht. Gleichwohl besteht für Tritojesaja die bleibende Hoffnung, dass sich die Situation verbessern und die Heilszeit dann auch wirklich und vollständig anbrechen würde (Jes 60–62).

Im Sinne einer solchen Heilsverzögerung kann man nun auch Ps 85,9–14 lesen. Der Beter will hören oder, anders gesagt, will noch erleben, wie Gott seinem Volk schließlich doch Frieden zusagt. Die Rettung ist nahe (V. 10), was hier tatsächlich ganz ähnlich wie am Anfang Tritojesajas formuliert wird (vgl. Jes 56,1). Aber nahe heißt nicht, dass Rettung nun auch von allein kommt, sondern dass man ihr zumindest entgegengehen muss – ein Verhalten, das der Beter hier als »Gottesfurcht« bezeichnet.

Wenn es also so ist (wofür der Vergleich mit der Jesajaüberlieferung spricht), dass wir es bei Ps 85 mit einem Gebet zu tun haben, das aus einer Krise heilsgeschichtlicher Erwartung heraus gesprochen wird, dann lässt sich auch die Zukunftsvision von V. 9–14 nunmehr genauer einordnen. Wir hatten eingangs ja gefragt, ob diese Vision als poetische Utopie oder als Protest gegenüber Gott zu verstehen sei. Tatsächlich legt sich demgegenüber ein dritter Weg nahe: Wenn davon die Rede ist, dass Güte und Treue »einander begegnen« und Friede und Gerechtigkeit »sich küssen« (V. 11), dann artikuliert sich hier metaphorisch eine konkrete Erwartung an die Umgestaltung sozialer Verhältnisse. Diesen Metaphern ist gemeinsam, dass sie ›Annäherungen‹ suggerieren. Dinge, die offenbar getrennt voneinander existieren, sollen zusammenkommen. Es liegt nahe, im Hintergrund die Bewegung realer Menschen aufeinander zu sehen. Getrenntes soll (wieder) zusammenwachsen, was noch dadurch unterstrichen wird, dass sogar Himmel und Erde darin einstimmen (V. 12).

Tritojesaja hat man, zumal aus protestantischen Lagern, immer wieder Werkgerechtigkeit vorgeworfen, weil nicht das Kommen, wohl aber das Eintreten der Heilszeit auch an menschliches Verhalten geknüpft wird. Trifft ein solcher ›Verdacht‹ auch die Beter von Ps 85? Dazu ist zu sagen, dass eine systematische Trennung der Zuständigkeiten menschlichen und göttlichen Handelns dem Alten Testament weitgehend äußerlich ist. Wesentlich an all den in Ps 85 versammelten Begriffen – Gerechtigkeit, Treue, Friede, Güte – ist, dass es sich hier durchweg um Beziehungsbegriffe handelt, die sowohl die Sozialwelt wie auch den Kult einbegreifen. Hier wird eine Komplexität ins Auge gefasst, die mit dualen Konzepten wie Aktivität und Passivität, Werke und Gnade etc. kaum hinreichend in den Blick kommt. (AS)

Wirkworte oder Plastikwörter?

Die Korpuslinguistik untersucht große Textmengen und fragt danach, wie Begriffe in gegenwärtigen Zusammenhängen verwendet werden. Unter www.wortschatz.uni-leipzig.de kann man sich die Ergebnisse dieser Analysen vergegenwärtigen. Zu »Frieden« findet sich die folgende Graphik.[387] Je dicker die Linie zwischen zwei Wörtern ist, desto häufiger ist das Wort mit einem anderen verbunden.

---

[387] Vgl. http://corpora.uni-leipzig.de/de/res?corpusId=deu_newscrawl_2011&word=Frieden [Zugriff vom 11.05.2018].

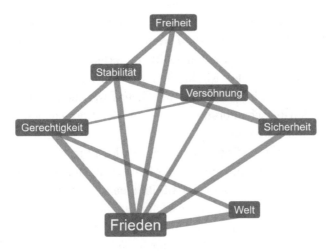

Frieden und Gerechtigkeit begegnen also nicht nur in Ps 85, sondern auch in unseren Sprachzusammenhängen nebeneinander – so häufig, dass die Gefahr besteht, diese Verbindung als übliche politische Sonntagsrhetorik oder kirchlichen Jargon wahrzunehmen. Friede und Gerechtigkeit wären dann semantisch entleert und stünden für irgendetwas abstrakt ›Gutes‹. In der Linguistik nennt man so etwas »Plastikwörter«. Sie tragen eine hohe Wertigkeit in sich, schillern aber inhaltlich und werden daher in der Werbesprache oft verwendet. Besteht die Chance, Frieden und Gerechtigkeit am drittletzten Sonntag des Kirchenjahres aus dieser Unbestimmtheit zu reißen und mit Hilfe von Ps 85 Wirkworte aus ihnen zu machen oder gar Schöpfungsworte einer neuen Wirklichkeit?

Das Proprium des drittletzten Sonntags im Kirchenjahr hat in der Perikopenrevision deutliche Umgestaltungen erfahren. Es ist kurz gesagt zum *Friedensproprium* im Kirchenjahr geworden. Das drückt sich im neuen Wochenspruch Mt 5,9 aus: »Selig sind die Friedfertigen, denn sie werden Gottes Kinder heißen.« Das zeigt sich auch in der neu für diesen Tag vorgesehenen alttestamentlichen Lesung Micha 4,1–5(7b), die das Motiv »Schwerter zu Pflugscharen« in den Textraum bringt, in der neu an diese Stelle gerückten Epistellesung Röm 8,18–25 (das Seufzen der Schöpfung[388]) und in dem Predigttext aus der Feldrede (Lk 6,27–38), in dem es um die von Jesus radikal zugespitzte Feindesliebe geht.

---

[388]   Vorher war dieser Text Epistellesung am vorletzten Sonntag im Kirchenjahr.

Bei der Neugestaltung des Propriums stand die Praxis der Ökumenischen Friedensdekade im Hintergrund. Seit 1980 werden die zehn Tage vor Buß- und Bettag in besonderer Weise zur Zeit der Bitte um Frieden. Große Bedeutung erlangte diese Dekade in den Kirchen der DDR. In Zeiten des Kalten Krieges und des mit ihm einhergehenden Wettrüstens war die Erinnerung an die biblische Friedensbotschaft brandaktuell – und den Herrschenden der SED ein beständiger Dorn im Auge.

In den vergangenen Jahren stiegen die weltweiten Rüstungsausgaben erneut an, nachdem diese in der Mitte der 1990er Jahre deutlich zurückgegangen waren. Inzwischen liegen sie bei rund 1,5 Billionen Euro jährlich (zum Vergleich: die weltweiten jährlichen Ausgaben für Entwicklungshilfe liegen bei rund 0,120 Billionen Euro – betragen also weniger als ein Zehntel der weltweiten Rüstungsausgaben). Die Idee, wonach die Welt durch ein Mehr an Waffen sicherer würde, ist erneut mehrheitsfähig geworden und bestimmt politisches Handeln.

In diesem Zusammenhang fällt in Ps 85 vor allem die *Verbindung* von Friede und Gerechtigkeit auf. Sie begegnet auch in dem Gedicht »Schade« von Eva Zeller:[389]

Gerechtigkeit und Frieden
küssen sich nur in den Psalmen,
aber da küssen sie sich,

lagern sich zusammen
wie zwei Atome
ein und desselben Moleküls;

im vergrößerten Modell
ist zu sehen, wie inein-
anderverschmolzen sie sind;

schade um diesen
hinreißenden
Entwurf.

---

[389] Eva Zeller, Ein Stein aus Davids Hirtentasche. Gedichte, Freiburg im Breisgau 1992, 51.

Friede ist definitiv mehr als die Abwesenheit von Krieg. Und so geht es in Ps 85 um ein neues soziales Miteinander, das auf Treue und Verlässlichkeit gegründet ist. Dass es der Mensch mit dieser Einsicht nicht leicht haben würde, ist bereits in der rabbinischen Tradition deutlich im Blick. Dort wird erzählt, dass es zum Streit der Dienstengel kam, als Gott dabei war, Adam zu erschaffen: »Lasset uns Menschen machen ...« (Gen 1,26).[390] Die eine Gruppe der Engel meinte, er solle erschaffen werden, die andere wandte sich massiv dagegen. Dazu verweist der Midrasch auf eine aufregend andere Lesart von Ps 85,11: »Liebe und Wahrheit kämpfen gegeneinander, Gerechtigkeit und Friede haben ihre Waffen gegeneinander erhoben.«[391] Die Liebe sagte: »Er soll geschaffen werden, denn er wird Taten der Liebe vollbringen.« Die Wahrheit sagte: »Er soll nicht geschaffen werden, denn alles, was er tut, wird Lüge sein.« Die Gerechtigkeit sagte: »Er soll geschaffen werden, denn er wird gerechte Taten vollbringen.« Der Friede sagte: »Er soll nicht geschaffen werden; denn alles, was er tun wird, ist Streit.« Rab Huna aus Sepphoris sagte: »Während die Dienstengel sich besprachen und diskutierten, schuf der Heilige, gepriesen sei Er, Adam und sagte dann: ›Worüber besprecht ihr Euch? Der Mensch ist bereits erschaffen.‹«[392]

Der Mensch ist erschaffen – und handelt uneindeutig. Vor diesem Hintergrund wird die Bitte von Ps 85 um Frieden *und* Gerechtigkeit bedeutsam. Friede entsteht nicht durch immer mehr selbst gemachte Sicherheit – im Gegenteil ist genau dies die große Illusion, die zu Ausgrenzung und weiterem Unfrieden führt: zu »gated communities« in den Großstädten des globalen Südens, zu Mauern an Europas Außengrenzen oder der Südgrenze der USA. Frieden *und* Gerechtigkeit – wenn es gut geht, sind das keine Plastikworte, sondern Wirkworte einer Gott-menschlichen Veränderung der Welt.

Liedvorschläge: Die Lieder der Rubrik »Schöpfung, Frieden, Gerechtigkeit« eignen sich auch als Predigtlieder; am ehesten wohl EG 430 (Gib Frieden, Herr, gib Frieden) und EG 431 (Gott, unser Ursprung, Herr des Raums). (AD)

---

[390] Vgl. zum Folgenden den Midrasch Genesis Rabba 8,5 [Übersetzung AD].

[391] Das hebräische Wort »begegnen« wird hier als gewaltförmige Konfrontation gelesen; und das Wort kussen *naschuqu* wird von *näschäq* (= Waffe) abgeleitet.

[392] Hier wird die Wendung »na'aseh adam« (Lasst uns Adam / den Menschen schaffen) aus Gen 1,26 als passivische (= Niph'al) Form gelesen: »ne'aseh adam«, was bedeutet: »Adam wurde geschaffen«.

Drittletzter Sonntag des Kirchenjahres (Reihe VI): Mi 4,1-5(7b)

Eine Völkertora?

Das Buch Micha gibt der Bibelwissenschaft einige Rätsel auf. Micha von Moreschet gilt aufgrund der Chronologie am Buchanfang als Zeitgenosse Jesajas. Allerdings ist die Zuversicht, dass die Botschaft dieses Propheten tatsächlich den Kern des nach ihm benannten Buches bildet, heute eher gering. Eher gewinnt man den Eindruck, dass das Michabuch eine Neufassung verschiedener prophetischer Stoffe ist, die auch aus anderen Büchern bekannt sind. Das gilt auch für Mi 4,1-5. Diese Vision eines universalen Völkerfriedens ist vor allem in ihrer jesajanischen Version bekannt (Jes 2,1-5). Die beiden Fassungen sind weitgehend wortgleich. Überschüssig im Michatext sind allerdings die Verse 4 und 5. Diese Vision wird ihrem zentralen Motiv entsprechend üblicherweise als ›Völkerwallfahrt zum Zion‹ bezeichnet. Am Ende der Tage wird der Zionsberg hoch und erhaben sein – der Weltenberg, zu dem die Völker strömen. Ein fraglos mutiges und politisch gesehen irreales Bild, denn auf der Karte der Großmächte, unter deren Einfluss Israel und Juda bis zur Zerstörung Jerusalems (70 n. Chr.) standen, war der Zion nie mehr als eine unwesentliche Erhebung in einer entlegenen Provinz.

Warum aber sollen die Völker überhaupt zum Zion kommen? Vor allem im Jesajabuch sind die Antworten darauf ganz unterschiedlich. In Jes 49,18-25 und Jes 60,4-18 werden die Völker als Vasallen Israels dargestellt, die am Jerusalemer Tempel ihre Tribute abliefern. Hier werden die politischen Verhältnisse und die geschichtlichen Erfahrungen Israels also umgekehrt: Aus den einstigen (und, zur Zeit der Verfasser, gegenwärtigen) Untertanen werden die Herrschenden, und umgekehrt werden die Großmächte nun das Maß an Unterdrückung erfahren, das sie anderen zugefügt haben. Diese Versionen der Völkerwallfahrt bleiben allem Anschein nach ganz in der Vorstellungswelt von Dominanz und Hegemonie gefangen. Anders dagegen Jesaja 2 und Mi 4, die sich von dieser Vorgabe lösen und das Bild des erhabenen Zion neu ausmalen. Hier strömen die Völker zum Zion, nicht weil sie etwas dorthin bringen, sondern weil sie von dort etwas mitnehmen wollen, nämlich *Tora*. Aber was ist damit gemeint? Tora kann in einem weisheitlich-pädagogischen Sinn »Weisung«, »Unterweisung« oder »Lehre« bedeuten. Im Zusammenhang der Gesetzesüberlieferungen des Alten Testaments hat der Begriff aber häufiger die Konnotation von »Ordnung« und »Gebot«. Schließlich ist damit auch ganz konkret die Sinaitora gemeint, die Mose empfängt und die die Grundlage des Bundes zwischen JHWH und Israel bildet. Nimmt man Letzteres auch für Jes 2/Mi 4 an, ginge es darum, dass sich am Ende der Zeit alle Völker dem Bund anschließen, den Gott zuerst nur mit Israel geschlossen hatte. Oder etwas anders gesagt: Es wird eine universale Konversion zum Judentum geben – nicht erzwungen, sondern weil die Völker darin schließlich die Überlegenheit dieser Tora erkennen werden. Dass dieser Gedanke mitschwingen könnte, legt sich aufgrund anderer Stellen im Alten Testament nahe: In Dtn 4,5 f. ist davon die Rede, dass die Völker beim Einzug Israels in das verheißene Land dessen besondere Weisheit erkennen werden. Von der Möglichkeit der Konversion zum Judentum und deren Konditionen ist genauer in Jes 56,1–8 die Rede. Diese Stelle ist im Vergleich mit Jes 2/Mi 4 von besonderer Relevanz, weil die Konversion von Fremden und Eunuchen explizit mit dem Jerusalemer Tempel auf dem Zion in Verbindung gebracht wird (vgl. Jes 56,5).

Was diese Deutung nicht grundsätzlich in Frage stellt, aber doch mit einem Fragezeichen versieht, ist die Tatsache, dass sich vor allem das Jesajabuch kritisch mit der Sinaitora auseinandersetzt und nun vielmehr den Zion – als den eigentlichen Heilsberg – zum Ort der fortgesetzten Offenbarung Gottes macht. Die Erwartung von Jes 2 und Mi 4 wäre dann, dass Gott über das hinaus, was er Israel mitgeteilt hatte, noch einmal eine Tora geben würde – und diesmal eine Tora für alle Völker. Tatsächlich wird auch deren Inhalt benannt. Diese Tora ist kein religiöses Gesetz, keine Reinheits- oder Speisevorschriften, sondern es ist ein Unterricht in der Kunst des Friedenschaffens. Mit dieser Tora ausgestattet werden die Völker ›verlernen‹, Krieg zu führen und stattdessen ihr Kriegsgerät in Friedensinstrumente umschmieden – Schwerter zu Pflugscharen (V. 3b). Diese Völkerwallfahrt ist also nicht mehr von dem Streben überschattet, die Oberhoheit über die Welt zu gewinnen. Überwunden ist damit auch die Vorstellung, dass es immer Sieger und Besiegte geben muss und sich nur noch die Frage stellt, wem dabei welche Rolle zufällt. Allerdings braucht auch diese Unterweisung in der Kunst des Friedens Recht und Zurechtweisung (V. 3a). Das Bewusstsein darum, dass dieser Friede nicht von allein kommt und möglicherweise auch nicht von allen Nationen gleichermaßen befördert wird, leuchtet im Hintergrund der Vokabeln *schafat* »richten« und *jakach* »schlichten, zurechtweisen« auf.

Gegenüber der jesajanischen Version zieht Micha die Linie etwas weiter aus und schafft ein Bild dafür, wie diese befriedete Welt aussehen wird, in der Waffen zu Erntegeräten geworden sind: »Ein jeder wird unter seinem Weinstock und Feigenbaum wohnen, und niemand wird sie schrecken« (V. 4a).

Wein- und Feigenanbau dienen nicht der Absicherung der Grundnahrung, sondern suggerieren Wohlstand und Lebensfreude. Das wird nun allen Völkern ohne »Schrecken« möglich sein (V. 4b), also ohne die Gefahr von Belagerung und Zerstörung und auch ohne den Zwang, davon Tribute bezahlen zu müssen.[393] Die Botschaft ist, dass es in der von Gott befriedeten Welt genügend Raum und Ressourcen für alle Völker gibt und insofern auch kein Grund für Expansion und Unterdrückung besteht.

Im Grunde wäre mit V. 4 bereits ein Schlusspunkt erreicht, und vermutlich endete die Micha-Version der Völkerwallfahrt auch einmal an dieser Stelle. Dazu gesellt hat sich als Nachtrag eine bemerkenswerte, wenngleich inhaltlich schwer zu deutende Notiz: »Ja, alle Völker gehen ein jedes im Namen ihres Gottes (oder: ihrer Götter), wir aber gehen im Namen JHWHs unseres Gottes, auf immer und ewig.« (Übers. AS) Fraglos ist im Kontext (vgl. V. 2) mit dem »Gehen« (hebr. *halach*) der Weg zum Zion gemeint. Erstaunlicherweise ist auch Israel dann offenbar nicht schon am Zion ›ansässig‹, sondern selbst erst unterwegs dorthin. Eine privilegierte Stellung Israels scheint dabei nicht vorgesehen zu sein. Überhaupt fällt auf, dass die Zionstora als mit anderen Religionen vereinbar gesehen wird. Jedenfalls ist nicht davon die Rede, dass die Akzeptanz dieser Tora mit der Konversion zu JHWH einhergeht, und offenbar wird dies auch gar nicht erwartet. Das könnte bedeuten, dass JHWH als eine Art Weltengott gesehen wird, der über den Nationalgöttern der Völker angesiedelt ist. Das würde möglicherweise die Religionspolitik im persischen Reich reflektieren, wobei es dort die Gottheit Ahuramazda war, die im Sinne einer solchen obersten Instanz fungierte. Wenn man nicht ganz so weit ausgreifen möchte, ist aber auch denkbar, dass zu Michas Vision einer friedlichen Koexistenz der Völker ganz automatisch auch unterschiedliche Religionen – und Götter – gehören. Der Glaube Israels wäre dann im Sinne einer Monolatrie zu verstehen: JHWH ist der einzige Gott, den Israel verehrt, was allerdings keine Aussage über die Existenz (oder Nicht-Existenz) anderer Götter impliziert. Wie auch immer man V. 5 genau zu deuten hat, eine vergleichbar offene und, modern gesprochen, tolerante Aussage über die Götter der Völker findet man im Alten Testament kaum. Am weitesten entfernt ist man dagegen von der Fremdgötterpolemik des Deuteronomiums. Zwar streitet auch das Deuteronomium die Existenz anderer Götter nicht

---

[393] Dieser Überschuss im Micha-Text dürfte seinerseits eine Entlehnung aus dem Jesajabuch sein, wo sich die Darstellung eines solchen paradiesischen Friedens in Jes 62,8f. findet.

grundsätzlich ab, billigt diesen aber keine Existenzberechtigung zu und sieht in ihnen vielmehr eine Gefahr für Israel (vgl. Dtn 7,1–5). In Mi 4 wird offenbar genau umgekehrt gedacht: Die Zionstora zieht keinen Zaun um Israel, sondern ist in ihrem Kern Völkertora! (AS)

Schwerter zu Pflugscharen

> »Wir wissen nicht, was morgen wird,
> Ob der Kampf unsrer harrt oder Frieden,
> Ob hier Sense sirrt oder Säbel klirrt –
> Wir wissen nur, daß es Morgen wird,
> Wenn wir Schwerter zu Pflügen schmieden.«
> (Mascha Kaléko[394])

Der drittletzte Sonntag des Kirchenjahres ist – wie in den Ausführungen zu Ps 85 gezeigt – zum *Friedenssonntag* im Kirchenjahr geworden. Im Kontext der Friedensdekade werden die selig gepriesen, die Frieden stiften (vgl. den Wochenspruch Mt 5,9), und Gottes Frieden schaffendes Handeln steht im Mittelpunkt.

Micha 4 ist die neue alttestamentliche Lesung an diesem Tag. Frieden wird hier nicht geschaffen durch die Unterwerfung der anderen Völker, nicht durch die Macht des Stärkeren oder die Unterdrückung abweichender Meinungen oder gar eines abweichenden Glaubens (V. 5), sondern dadurch, dass Gott Tora lehrt und dies die Völker anzieht. Die Logik eines Friedens durch Macht, Waffen und Abschreckung der Feinde ist im 21. Jahrhundert (trotz zweier »Weltkriege« im 20. Jahrhundert) nicht weniger verbreitet, als sie es zur Zeit der Entstehung der Friedensvision des Micha-Buches war. Und es kann nicht bestritten werden: Diese Logik erweist sich (leider!) immer wieder als stimmig. Man denke nur an die neuere Geschichte des Staates Israel, den es ohne seine erdrückende militärische Überlegenheit wohl nicht mehr gäbe.

Wo Gott vom Zion aus Tora lehrt und nur durch die ›Macht‹ des gesprochenen Wortes wirkt, rückt eine andere, eine innerweltlich ›närrische‹ Logik ins Zentrum: Friede entsteht durch gemeinsame Ent-Sicherung: »Schwerter zu Pflugscharen«, »Spieße zu Sicheln« (V. 3); ein wirklich sicheres Wohnen wird möglich, wenn niemand mehr lernt, »Krieg zu führen« (V. 3).

---

[394] Mascha Kaléko, Verse für Zeitgenossen, Reinbek 2000, 42; die zitierten Verse sind die letzte Strophe des Gedichts »Chanson für morgen«.

In der Geschichte des Christentums gibt es immer wieder beides: diejenigen, die sich der Realpolitik beugen, gerechte Kriege rechtfertigen und die Macht der Waffen religiös sanktionieren; und diejenigen, die der biblischen Vision von einem Frieden ohne Waffen anhängen, sie groß machen und dafür eintreten. Wahrscheinlich gehört beides zum Unterwegssein der Kirche in dieser Welt – bevor Gott ist alles in allem (1Kor 15,28). Wenn Mi 4 nun jährlich gelesen und alle sechs Jahre gepredigt wird, besteht die Chance, die Vision groß zu machen und die Gemeinde als eine Gemeinschaft derer zu konstituieren, die für diese Vision eintritt.

Es kann dann an einzelne erinnert werden, die einem Frieden ohne Waffen und einer Sicherheit ohne militärische Garantien das Wort redeten, wie Dietrich Bonhoeffer dies 1934 bei einer Rede auf der Tagung des Ökumenischen Weltbundes für Freundschaftsarbeit in Fanö (Dänemark) tat:[395]

»Wie wird Friede? Durch ein System von politischen Verträgen? Durch Investierung internationalen Kapitals in den verschiedenen Ländern? d.h. durch die Großbanken, durch das Geld? Oder gar durch eine allseitige friedliche Aufrüstung zum Zweck der Sicherstellung des Friedens? Nein, durch dieses alles aus dem einen Grunde nicht, weil hier überall *Friede* und *Sicherheit* verwechselt wird. Es gibt keinen Weg zum Frieden auf dem Weg zur Sicherheit. Denn Friede muss gewagt werden, ist das eine große Wagnis, und lässt sich nie und nimmer sichern. Friede ist das Gegenteil von Sicherung. Sicherheiten fordern heißt Misstrauen haben, und dieses Misstrauen gebiert wiederum Krieg. Sicherheiten suchen heißt sich selber schützen wollen. Friede heißt, sich gänzlich ausliefern dem Gebot Gottes, keine Sicherung wollen, sondern in Glaube und Gehorsam dem allmächtigen Gott die Geschichte der Völker in die Hand legen und nicht selbstsüchtig über sie verfügen wollen.«

Es kann aber selbstverständlich auch daran erinnert werden, dass die Vision aus Mi 4/Jes 2 in den 1980er Jahren viele in Bewegung brachte und mit dazu beitrug, den Kalten Krieg zwischen Ost und West zu beenden. Zum Buß- und Bettag 1980 wurde von evangelischen Jugendgruppen zu Gottesdiensten in der DDR eingeladen. Dazu wurden Lesezeichen mit dem Hinweis auf die Gottesdienste und auf eine »Friedensminute« versandt. Gedruckt wurden diese Lesezeichen auf Vliesstoff, weil dies als Textiloberflächenveredlung keine staatliche Druckerlaubnis nötig machte. Harald Bretschneider, der sächsische

---

[395] Dietrich Bonhoeffer, Ökumene. Briefe – Aufsätze – Dokumente 1928 bis 1942, in: Gesammelte Schriften, hg. v. Eberhard Bethge, Bd. 1, München 1958, 216–219, 218.

Landesjugendpfarrer, schuf das Symbol für die Einladung. Es zeigte in der Mitte ein Abbild der Bronzeskulptur, die die Sowjetunion im Dezember 1959 der UNO geschenkt hatte und die seither vor dem UNO-Hauptquartier in New York steht. Ein muskulöser Mann schmiedet ein Schwert zu einem Pflug um. Auf Bretschneiders Symbol ist das Abbild der sowjetischen Skulptur umgeben von den Worten »Schwerter zu Pflugscharen«. Es verbreitete sich in den folgenden Tagen und Wochen vor allem unter vielen Jugendlichen der DDR, die es sich auf Jacken und Mützen, Taschen und Hosen nähten, und wurde bald zu einem Politikum. Undifferenzierter Pazifismus wurde den Trägern vorgeworfen, und damit: Zersetzung der Wehrkraft der DDR. Viele, die den Aufnäher nicht entfernten, wurden der Schule oder Hochschule bzw. ihrer Betriebe verwiesen. Dennoch behielten viele den Mut, ihn zu tragen; andere trugen stattdessen weiße runde Kreise auf ihrer Kleidung oder schnitten sich kreisrunde Löcher in der Größe des Aufnähers hinein. Am 24. September 1983 schmiedete Stefan Nau aus Wittenberg vor tausenden Teilnehmern des Kirchentages aus einem Schwert eine Pflugschar. Aus den Friedensbewegungen wuchsen vielerorts Friedensgebete – wie etwa die regelmäßigen Montagsgebete in der Leipziger Nikolaikirche. Es wurde deutlich, dass ein Festhalten an der biblischen Vision nicht illusionäre Flucht in politische Phantastereien bedeutet, sondern ein Handeln, das die Welt verändert. Von daher ist es mehr als nur pathetischer Kitsch, wenn Mi 4/Jes 2 immer wieder zitiert und der Welt vor Augen gehalten wird – auf Aufnähern oder Skulpturen, in Gedichten oder auch in Michael Jacksons »Heal the World«.[396]

Liedvorschläge: EG 248 (Treuer Wächter Israel) von Johann Heermann, entstanden 1630 in der Hochzeit des Dreißigjährigen Krieges, bittet eindringlich um Gottes Eingreifen in die Sphäre der Politik und um ein Ende des Krieges: »Du bist ja der Held und Mann, / der den Kriegen steuern kann, / der da Spieß und Schwert zerbricht …« (V. 6). EG 426 (Es wird sein in den letzten Tagen) nimmt Mi 4/Jes 2 unmittelbar auf und endet in jeder Strophe mit dem Ruf: »Auf, kommt herbei! Lasst uns wandeln im Lichte des Herrn!« (AD)

---

[396]   »Create a world with no fear / together we'll cry happy tears / see the nations turn/ their swords into plowshares.«

Buss- und Bettag (Reihe V): Ez 22,23–31

Die vergewaltigte Tora und der entheiligte Gott

Was diese Prophetie ihrer Leserschaft vor Augen führt, ist nicht weniger als ein Bild gesellschaftlichen Totalversagens. In der ihm eigenen Radikalität und mit drastischer Sprache zeichnet Ezechiel ein Porträt seiner Zeit. Insbesondere wenn man sich an die hebräische Idiomatik hält, die dieser Prophetie unterlegt ist, drängt sich der Gedanke auf, dass man sich eigentlich in einem Gemälde von Hieronymus Bosch befindet. Hier werden nicht nur Missstände aufgelistet und Sünden aufgedeckt. Was Ezechiel beschreibt und wie er dies tut, zeichnet nicht weniger als das Bild der Hölle auf Erden. Es ist eine Welt, in der, im wörtlichen wie im übertragenen Sinn, Blut fließt, in der willentlich Leben zerstört wird, physisch wie auch sozial.

Der Text folgt einer leicht erkennbaren Gliederung, insofern nacheinander die ›Statusgruppen‹ der damaligen Gesellschaft adressiert werden: zweimal die Propheten (V. 25.28),[397] die Priester (V. 26), die politischen Führer (V. 27) und das »Volk des Landes« (V. 29). Mit dem »Volk des Landes« ist vermutlich weniger die Bevölkerung insgesamt gemeint, sondern speziell die ökonomische Oberschicht, die über große Teile des Agrarlandes verfügte (man spricht gelegentlich auch von ›Landadel‹). Diese werden jeweils für ihre Verbrechen angeprangert. Als besonders brutal werden dabei die Propheten dargestellt, was damit zu tun haben dürfte, dass es sich hierbei um die direkten Opponenten Ezechiels handelt. Diese werden in einer Weise beschrieben, die zunächst einmal gar nichts mit ihrem Beruf zu tun zu haben scheint: Wie ein Löwe zerreißen sie (wörtlich übersetzt) »Leben« oder »Seele« und »fressen« die Ressourcen des Landes auf, was zur Folge hat, dass es viele Witwen gibt (V. 25). Was genau damit gemeint ist, kann man allenfalls in Umrissen erkennen. Allerdings gab es zur Zeit Ezechiels zahlreiche militärische Auseinandersetzungen – nicht zuletzt mit den Babyloniern –, die viele Frauen als Witwen zurückließen. Auch war es nicht unüblich, dass die Könige Judas Leiharbeiter oder Leihsoldaten aus der männlichen Bevölkerung als Einkom-

---

[397] Die Lutherbibel 2017 übersetzt in V. 25 »Fürsten«, vermutlich um die Dopplung mit V. 28 auszugleichen. Allerdings steht im Hebräischen »seine [des Landes] Propheten«.

mensquelle an benachbarte Königtümer verschickten. Auch das Aufzehren von Ressourcen des Landes (vermutlich ist dabei an Agrarprodukte gedacht) dürfte im zeitgeschichtlichen Kontext auf den gesteigerten Geldbedarf der Könige Judas hindeuten.

Hier gilt eben noch nicht »Schwerter zu Pflugscharen«, vielmehr bleiben Kriegsgeräte intakt und verlangen ihren Preis. Warum aber werden gerade die Propheten mit dieser Blutspur in Verbindung gebracht? Propheten gehörten, nach allem was wir wissen, zum engsten Beraterstab der Könige und beeinflussten vor allem auch deren Außenpolitik.[398] Allem Anschein nach hatten sie dabei auch die finanziellen Bedürfnisse der Könige im Blick und waren diesbezüglich auch bereit, die Ausbeutung der Unterschichten bis hin zum Verlust an Leib und Leben zu unterstützen. Dazu passt als Gegenstück V. 28, wo gesagt wird, dass die Propheten die Handlungen der Oberschicht mit Heilsbotschaften »übertünchen«, ohne dabei eine göttliche Autorisierung hinter sich zu haben.

Die Propheten werden hier also mindestens als Kollaborateure charakterisiert, wenn nicht sogar als Profiteure, die sich durch strategische Manöver am Ausbluten der sozial Schwachen schadlos hielten. Dass Ezechiel sie unter einer Decke mit den politischen Führern sieht, zeigt sich auch daran, dass Letzteren (analog zum Vokabular von V. 25) ebenfalls das »Zerreißen« von »Leben/Seelen« vorgehalten wird, hier noch ergänzt durch das Vergießen von Blut.

Die Verse 25, 27 und 28 sind kompositorisch als kleiner Rahmen angelegt, innerhalb dessen die Kritik an den Priestern erfolgt (V. 28). Die Priester tun der Tora »Gewalt« an, und man darf vielleicht sogar übersetzen, dass sie das Gesetz Gottes durch ihre Auslegung ›vergewaltigen‹. Im Hebräischen steht hier die Wurzel *chamas*, die heute durch ihre arabische Parallele als politischer Begriff bekannt ist. Schlimmer kann man den Umgang mit der Tora kaum noch zeichnen. Die Konsequenz daraus ist, dass am Ende Gott selbst entheiligt und profanisiert dasteht: »Ich werde entheiligt in ihrer Mitte« (V. 26b). In einer solchen Passivität beschreibt sich Gott im Ezechielbuch nur an dieser Stelle. Dass man den *Namen* Gottes profanisieren kann, wird bei Ezechiel auch an anderen Stellen eingeräumt (Ez 20,9; 36,23). Aber dass Gott sich selbst als das besudelte Opfer einer pervertierten Kultpraxis darstellt, ist singulär.

Spätestens mit diesem Satz ist klar, dass ein Endpunkt erreicht ist. Und so schlägt das Bild in V. 30 jäh um. Es ist so, als habe Gott den Tempel und

---

[398] Siehe dazu die Auslegung von Ez 2,1–3,3 (2. Sonntag vor der Passionszeit).

Jerusalem bereits verlassen und komme der Stadt nun von außen als Angreifer und Feind entgegen – ganz so wie die Babylonier, die zur Zeit Ezechiels die Stadt belagerten und einnahmen. So steht Gott also zum Angriff bereit und wartet, was geschieht. V. 30 ist in seiner Bedeutung allerdings nicht eindeutig. Wörtlich übersetzt lautet er wie folgt: »Und ich forderte von ihnen einen Mann, der eine Mauer errichten und sich in die Bresche stellen würde vor mir um des Landes willen, damit ich es nicht zerstörte; aber ich fand keinen.« Das Bild ist das einer Belagerung, und Gott fordert die Einwohner Jerusalems heraus, ob einer von ihnen sich seinem Zorn in den Weg stellen würde. Aber da ist keiner. Und so nimmt das Unheil seinen Lauf und Gottes Zorn überflutet das Land. Interessanterweise wird in V. 31 gesagt, dass dieses Gericht an Jerusalem im Grunde nichts anderes ist als die Vollendung »ihrer (eigenen) Wege« (V. 31a). Die Zerstörung, die Gott über die Menschen bringt, setzt demnach den Schlusspunkt unter die Gewalt und Zerstörung, die das Volk bereits über sich selbst gebracht hat.[399] Etwas freier formuliert: Dieses Volk hätte keine Zukunft mehr gehabt und wäre letztlich an sich selber zugrunde gegangen.

Die betrübliche Botschaft dieses Textes ist nicht nur die flächendeckende Sünde, sondern dass es keinen einzigen Gerechten gibt, der den göttlichen Zorn hätte abwenden können (oder wollen). Dabei fühlt man sich freilich an Abrahams Handel mit Gott um Sodom und Gomorrha erinnert, wo ebenfalls kein Gerechter übriggeblieben war (Gen 18,23–33). Das Thema von Ez 22,23–31 ist die Realität kollektiven Versagens, in die vor allem auch die religiösen Institutionen der Zeit involviert sind. Priester und Propheten sind ja gerade diejenigen, denen das Gesetz und das Wort Gottes anvertraut sind; daran zweifelt auch Ezechiel nicht. Aber das Wort und das Gesetz Gottes bleiben hier wirkungslos. Deren ›Vergewaltigung‹ führt vielmehr dazu, dass am Ende Gott selbst zum Feind wird und sein Volk seinem selbstgewählten Schicksal überlässt. Dass dies im Ezechielbuch nicht das letzte Wort bleiben wird, weiß jeder Leser, der schließlich in Ez 37 ankommt, wo von der Wiederbelebung des Leichenfelds Israel die Rede ist. Aber gerade daran gemessen ist auch klar, dass es in Ez 22 um nichts weniger als den Tod (oder sollte man sagen: den Selbstmord?) Israels geht. (AS)

---

[399]   Eine ganz ähnliche Logik liegt in der priesterlichen Fluterzählung vor, die vermutlich in zeitlicher und sachlicher Nähe zu Ezechiel entstanden ist. Auch dort wird die Flut, die Gott über die Welt bringt, als Korrelat zur Verderbnis »allen Fleisches« eingeordnet (vgl. Gen 6,11 f.).

Gott nicht allein lassen!

Buß- und Bettage wurden in der Geschichte der evangelischen Kirchen zunächst dann einberufen, wenn es nötig und angezeigt schien. »In verschiedenen Anläufen (1853, 1878, 1893) einigen sich die evangelischen Landeskirchen Deutschlands schließlich auf die Einführung eines allgemeinen Buß- und Bettages am Mittwoch vor dem letzten Trinitatissonntag.«[400] Diese Tradition hat sich bis heute erhalten, wenn auch der Buß- und Bettag inzwischen nur noch in Sachsen gesetzlicher Feiertag ist.[401]

Das Evangelium des Tages Lk 13,(1–5)6–9 lässt im Gleichnis vom Feigenbaum, der keine Frucht bringt, den Zusammenhang von Gerichtsankündigung und Zeit zur Veränderung erkennen: »Herr, lass ihn noch dies Jahr ...« (V. 8). Noch ist Zeit zur Umkehr, noch ist Zeit, um Frucht zu bringen, was der neue Predigttext Mt 7,12–20 (Reihe III) als entscheidendes Kriterium benennt: »An ihren Früchten sollt ihr sie erkennen« (V. 16.20). Die Dringlichkeit der Umkehr wird auch durch die alttestamentliche Lesung (Jes 1,10–18) sowie die Epistellesung des Tages unterstrichen (Röm 2,1–11; »Weißt du nicht, dass dich Gottes Güte zur Buße leitet?«, V. 4).

Die ›Ständepredigt‹ Ezechiels als neuer Predigttext radikalisiert die Botschaft des Tages und stellt sie in einen gesellschaftlichen Horizont. Der Blick auf die ›Stände‹ im Land ist hilfreich und gefährlich zugleich. Sehr schnell könnten ›wir‹ auf ›die anderen‹ zeigen: »Die da oben« – diese drei Wörter bedeuten einen derzeit viel gehörten Versuch, eigene Verantwortung zu vermeiden. Es sind doch »die Reichen«, die Einfluss haben und die etwas tun könnten; es sind »die Mächtigen« in der Politik und in der Wirtschaft, deren Verhalten zu unseren Problemen führt. Wendungen wie diese bedeuten immer: ›Ich‹ bin es jedenfalls nicht. Das Genesis-3-Syndrom der beständig ausgestreckten Zeigefinger zur Weitergabe der Verantwortung greift: Nicht ich, sondern die Frau! Nicht ich, sondern die Schlange (vgl. Gen 3,12 f.). Die Pointe der Ständepredigt Ezechiels freilich geht exakt in die andere Richtung: Gott bleibt allein und findet niemanden, der in die Bresche tritt! Umgekehrt formuliert: Alle sind schuldig und tragen Verantwortung!

---

[400] Karl-Heinrich Bieritz, EGb, 720.
[401] In den anderen Bundesländern wurde er wegen der Einführung der Pflegepflichtversicherung 1994 als gesetzlicher Feiertag abgeschafft.

Leider wird der Buß- und Bettag nur noch von wenigen als relevant emp-funden. Dabei könnte er es in hohem Maße sein – dann nämlich, wenn die Individualisierung von Schuld und Buße überwunden und die *politische Dimension* dieses Tages wiederentdeckt würde. Der Spruch des Buß- und Bettags lautet: »Gerechtigkeit erhöht ein Volk; aber die Sünde ist der Leute Verderben« (Spr 14,34). Einen weiteren Tag im Kirchenjahr, an dem wir indi-viduelle protestantische Gewissensprüfung betreiben, braucht in der Tat nie-mand – dieser Aspekt kommt im Kirchenjahr oft genug zur Sprache und ge-hört in vielen kirchlichen Liturgien zur allsonntäglichen Praxis. Einen Tag aber, an dem ›wir‹ (wirklich ›wir‹ – als Kirche in der Gesellschaft und mit der Gesellschaft!) auf unser Land blicken und unsere Rollen bedenken, erscheint gegenwärtig mehr als nötig! Was macht ein Land gerecht? Der Buß- und Bettag ist ein politischer Feiertag.

Wenn es darum geht, nicht zunächst die anderen in den Blick zunehmen, sondern ›uns‹ selbst in unserer gesellschaftlichen und politischen Verant-wortung, dann ist es mindestens in der Vorbereitung einer Predigt zu Ez 22, aber vielleicht auch in der Predigt selbst, nötig, auf unsere Rolle als Predige-rinnen und Prediger zu blicken. Die Frage nach der eigenen Verantwortung und eigenen Schuld kann auch andere befreien, ihre Rollen zu bedenken. Die Priester entheiligen Gott, und die Propheten streichen mit ihrer Verkündigung religiöse »Tünche« (V. 28) über die gesellschaftlichen Missstände. Das Pro-blem besteht darin, dass der religiöse Betrieb keine Unterbrechung der Ge-sellschaft bedeutet, sondern sich geschmeidig einfügt in das Funktionieren der Gesellschaft. Dazu reißen diejenigen, die Gottes Wort ausrichten sollen, dieses an sich und verkünden am Ende Lügen, die sie als göttliche Botschaften ausgeben. In einer Art Dauerschleife erklingt so eine immer wieder beruhi-gende, tröstende Botschaft von einem lieben und harmlosen Gott. Die Be-schreibung der Funktion des Systems Religion im Kontext der Gesellschaft und im Raum der Politik, die Ezechiel vor 2500 Jahren in wenigen Versen vorlegt, erweist sich als beinahe bedrängend aktuell. Und es wird klar: Wir als Predigende haben am allerwenigsten das Recht, uns auf die Seite Ezechiels zu stellen und mit dem Finger auf die anderen zu zeigen. Christel Weber schreibt in einer Predigthilfe zu Ez 22:

> »Wenn wir als Priester nur den unermüdlich redenden Gott und nicht auch den schweigenden Gott verkünden, wird man unsere Gottesdienste bald nicht mehr von einer Talkshow unterscheiden können. Wenn Pfarrerinnen Heiliges nicht mehr von Profanem unterscheiden können und Gott, den Großen, Unbegreiflichen ersetzen durch einen ›orientalischen Pazifisten mit Schlappen und Vollbart‹, vom

Typ ›Gandhi [...], ganz okay‹, dann werden noch mehr Dreizehn-, Vierzehnjährige unsere Botschaft irrelevant finden und sich Tschüss sagen [...].«[402]

Christel Weber lenkt die Aufmerksamkeit auf das Gottesbild, das Gottes »Zorn« und das »Feuer« des göttlichen »Grimmes« (V. 31) nicht mehr kennt und das verantwortlich ist für eine bestimmte Rolle der Kirche in der Gesellschaft. Als Lieferantin von Werten und als gesellschaftliches Schmiermittel gebraucht man Kirche gerne. Auch als Garantin von Identität kann sie und können ihre Symbole dienen (vgl. nur die immer wieder diskutierte Frage nach Rolle und Bedeutung des Kreuzes im öffentlichen Raum!). Als Ort des kritischen Widerspruchs ist sie weit weniger gefragt. Als Salz in der Suppe der Gesellschaft oder gar als Rad, das in die Speichen mancher Laufräder politischer Rhetorik fährt, wollen viele die kirchliche Predigt nicht verstanden wissen, und die Gefahr für Predigende besteht immer wieder darin, sich den Erwartungen zu fügen: den Erwartungen der Gemeinde (»Der Pfarrer, der es den Leuten recht macht«[403]) oder den (vermeintlichen oder tatsächlichen) Erwartungen der Gesellschaft.

In Ez 22 ist Gottes Ernüchterung radikal, weil er *niemanden* gefunden hat. Gott suchte und blieb allein! Es ist die Aufgabe der Kirchen, die Aufgabe von Christen und Juden und allen religiösen Menschen, Gott nicht allein zu lassen, eigene Schuld einzugestehen und aus der Buße zu Neuanfängen zu finden. Ruth Poser liest das Buch des Propheten Ezechiel als »Trauma-Literatur«.[404] Ihrer Deutung zufolge kommt der Text von der erlittenen Katastrophe her. Die Radikalität der Schuldwahrnehmung diene angesichts des erlittenen Traumas dazu, wieder klar sehen und denken zu können. Die Situation einer Gemeinde am Buß- und Bettag ist zweifellos eine andere. Die schonungslose Wahrnehmung der Schuld aller im gesellschaftlichen Kontext könnte aber zu einem Blickwechsel führen und dazu, Gott nicht allein zu lassen und das Jahr, das bleibt (vgl. Lk 13,8), zu nutzen.

---

[402] Christel Weber, Worte gegen das Land und seine Bevölkerung, GPM zu Ez 22,23–31, veröffentlicht unter http://www.stichwortp.de/index.php?state=stichworte&action=predigttopdf&predigtID=127 [Zugriff vom 12.05.2018].

[403] Vgl. Karl Barth, Der Pfarrer, der es den Leuten recht macht. Predigt über Hesekiel 13,1–16, gehalten in Safenwil (Schweiz), Neukirchen-Vluyn 1967.

[404] Vgl. Ruth Poser, Das Buch des Propheten Ezechiel als Trauma-Literatur, VT.S 154, Leiden/Boston 2012.

Liedvorschläge: Das zweite vorgeschlagene Wochenlied EG 428 (Komm in unsre stolze Welt) nimmt nach der »stolze[n] Welt« (V. 1) das »reiche Land« (V. 2), die »laute Stadt« (V. 3), das »feste Haus« (V. 4) und das »dunkle Herz« (V. 5) in den Blick – und geht so einen Weg, der immer deutlicher bei ›mir‹ landet, aber die Welt nicht außen vor lässt. Es könnte sich als Lied nach der Predigt eignen. Im Kontext der Lieder zur Beichte (EG 230–237) ist nur eines in der ersten Person Plural abgefasst und könnte ebenfalls als Predigtlied geeignet sein: EG 235 (O Herr, nimm unsre Schuld). (AD)

Ewigkeitssonntag (Reihe VI): Ps 126

Die Verwandlung auf dem Weg

Die Beschäftigung mit Ps 126 muss mit der nicht ganz einfachen Übersetzung des Textes beginnen. In V. 1 stellt sich die Frage, ob hier ein Geschehen der Vergangenheit oder der Zukunft gemeint ist. Luther übersetzt in letzterem Sinn: »Wenn der HERR die Gefangenen Zions erlösen wird, so werden wir sein wie die Träumenden« (V. 1). Demnach wäre die Gegenwart der Beter durch Gefangenschaft gekennzeichnet. Historisch hätte man dabei mit großer Wahrscheinlichkeit an das Exil in Babylon zu denken. Ps 126 wäre dann, ähnlich wie Ps 137, an den »Flüssen Babylons« situiert, wo die Exilierten »saßen und weinten« und sich vorstellten, wie es wohl sein würde, wenn Gott ihr Schicksal einmal wenden würde, nämlich wie in einem Traum.

Gegen diese Lesart sprechen allerdings ganz nüchtern die hebräischen Tempora, die das Exilserlebnis nicht als die Gegenwart, sondern als die Vergangenheit der Beter ausweisen. Der Blick geht zurück auf die Rettung, die Israel schon einmal zum Zion zurückgebracht hatte. Entsprechend ergibt sich eine andere Übersetzung, die hier möglichst wörtlich gehalten ist:

Ein Lied für das Hinaufsteigen

(1) Als JHWH das Geschick Zions wendete, waren wir wie Träumende[405].

(2) Damals füllte[406] sich unser Mund mit Freude und unsere Zunge mit Jubel. Damals sprach man unter den Völkern: »Groß hat sich JHWH erwiesen, indem er an diesen handelte!«

(3) Groß hat sich JHWH erwiesen, indem er an uns handelte, da waren wir voll Freude.

(4) Wende unser Geschick, JHWH, wie die Wasserläufe des Negev.[407]

---

[405] Im Hebräischen steht für die Verben von V. 1 das Perfekt (gr. Aorist).

[406] Das stärkste Argument für die Lutherübersetzung sind die Imperfekta in V. 2. Allerdings muss damit, zumal im Kontext der Psalmen, keine Zukunft gemeint sein, vielmehr kann hier auch eine zeitliche Erstreckung gemeint sein (das »Anfüllen« von Mund und Lippen mit Jubel, das »Reden« der Völker untereinander).

[407] Gemeint sind die Wasserläufe in der Negevwüste, die nur während der Regenzeit

(5) Die mit Tränen säen, mit Jubel sollen sie ernten.

(6) Einer, der sich weinend aufmacht (gemeint: zum Tempel?!) und seinen Beutel mit Samenkorn trägt, wird hineingehen mit Jubel und seine Garben tragen.

Der Psalm lässt sich aufgrund der Entsprechung von V. 1 und 4 in zwei Teile gliedern. Der Rückblick (V. 1–3) mit dem zweifachen »damals« holt noch einmal die heilvolle Vergangenheit zurück, als sich Gott seines Volks angenommen und es zum Zion zurückgebracht hatte. Es wird also auf ein ganz bestimmtes Ereignis der Geschichte Israels angespielt, das ein im Grunde schon nicht mehr existentes Volk, in der Metaphorik von V. 6 ausgedrückt, aus der Dürre zu erneutem Leben brachte. Diese Rückkehr aus dem Exil wird als fast unwirkliches Geschehen dargestellt – als etwas, das man eher im Traum als in der Realität erlebt (V. 1). Das sahen auch die Völker ringsum und erkannten darin die Größe JHWHs. V. 2b wird dann in V. 3 fast wörtlich wiederholt, allerdings sind es nun nicht die anderen Völker, die die Gottes Taten bezeugen, sondern Israel selbst (»indem er an *uns* handelte«).

Mit V. 4 kommt der Psalm in der Gegenwart der Beter an. So wie Gott damals das Geschick Israels wendete, so soll er es nun wieder tun. V. 1 und 4 bedienen sich der gleichen Terminologie, um die Entsprechung von erinnerter Vergangenheit und gegenwärtiger Erwartung herzustellen. Worin genau die Not dieses Mal besteht, wird nicht eigens ausgeführt. Deutlich ist nur, dass die Menschen der Gegenwart nicht allein von der Erinnerung an frühere Zeiten zehren können, sondern das rettende Handeln Gottes am eigenen Leib erfahren wollen. Anders ausgedrückt geht es um das *pro me/pro nobis*: Was wahr und glaubhaft sein soll, kann nicht nur als Erinnerung existieren, sondern muss zu einer Erfahrungswirklichkeit werden. Das Signalwort ist das »an uns« (wörtlich eigentlich »mit uns«) von V. 3. Das, was Menschen in der Vergangenheit schon einmal über sich sagen konnten, wollen auch die Beter des Psalms über sich sagen können.

Es bleiben die schwierigen Verse 5 und 6. Vor allem V. 5 klingt wie eine hoffnungsvolle Lebensweisheit, wie man sie im Proverbienbuch finden könnte – aus Kummer wird Freude, aus Not Jubel. Das mag keine alltägliche Erfahrung sein, aber darin artikuliert sich die Hoffnung, dass die Not, die den Augenblick beherrscht, nicht das letzte Wort haben wird. In der Regel

---

Wasser führen. Es geht also darum, dass aus Trockenheit und Dürre Leben und Vegetation werden. Dieses Bild wird metaphorisch auf die Situation des Beters angewandt, der in Zeiten der Not auf das belebende Eingreifen JHWHs hofft.

versucht man, auch V. 6 in diesem Sinne zu deuten: Jemand geht hinaus, säht unter Tränen und kehrt jubelnd mit reicher Ernte zurück. Aber zur Vorstellung von Hinausgehen und Zurückkehren im Sinne von Aussaat und Ernte passen die hebräischen Verben an dieser Stelle nicht. »Gehen« (*HLK*) und »Hingehen/ Hineingehen« (*BW'*) bezeichnen in der Regel Anfang und Ende *eines* Weges[408]. Die Pointe von V. 6 besteht also darin, dass sich hier ›unterwegs‹ Weinen in Jubel verwandelt und aus Saatkorn reiche Ernte wird. Es geht um eine Verwandlung ›auf dem Wege‹ – vom Weinen zum Lachen, von der Dürre zur Ernte. Damit wiederholt sich in der Gegenwart des Beters das Erleben, dessen Israel teilhaftig geworden war, als es aus den Zeiten des Exils zum Zion zurückkehrte.

Wo und wann aber soll sich diese Verwandlung ereignen? Wo hat sie ihren ›Sitz im Leben‹? Diese Frage rückt ein Detail in den Mittelpunkt, das man gerne überliest, nämlich die Überschrift von Ps 126. Es handelt sich um einen ›Wallfahrtspsalm‹, ein Gebet also für die Pilgerreise zum Tempel in Jerusalem. In der Regel sind dies kürzere Psalmen, die möglicherweise den Pilgern (auf einem Stück Pergament) für den Aufstieg zum Tempel mitgegeben wurden.

Als Perikope für den Ewigkeitssonntag sagt Ps 126 also etwas anderes als man für diesen Anlass vielleicht zu schnell in ihm finden will: Es geht nicht um eine weit ausgreifende Hoffnung auf ein Heilsereignis der Zukunft und um die Aussicht, dass sich die Tränen der Gegenwart irgendwie einmal in Jubel verwandeln werden. Die Zeitstruktur der Ewigkeit von Ps 126 funktioniert von der Vergangenheit her in die eigene Gegenwart: Die Hoffnung richtet sich darauf, dass die Verwandlung von der Not zur Freude, die andere Menschen zu früheren Zeiten schon einmal erlebt hatten, auch im eigenen Leben geschehen möge. Die Hoffnung für das eigene Leben speist sich aus dem Rückblick auf das, was schon einmal wirklich war. Als Kultpsalm und als Wallfahrtsgebet steht die Anteilhabe im Vordergrund, die die eigene Existenz hineinnimmt in die Freude an der Gegenwart Gottes. In Ps 126, wie in allen Wallfahrtspsalmen, geht es um die Möglichkeit der Annäherung an Gott, die ein Leben verwandelt. (AS)

---

[408] Z. B. Rut 2,3; 2Kön 4,25; Ps 11,16; 2Sam 11,22; 14,23; 2Kön 10,12 u. ö.

Vier Worte und eine ewige Hoffnung

Ps 126 begegnet als neuer alttestamentlicher Text im Proprium des Ewig-keitssonntags (Letzter Sonntag im Kirchenjahr). Dieses Proprium war in zahl-reichen Rückmeldungen der vergangenen Jahre immer wieder kritisiert wor-den. In vielen Gemeinden wird an diesem Sonntag der Verstorbenen des vergangenen Kirchenjahres gedacht. Dazu passt vor allem das Gleichnis von den »klugen und törichten Jungfrauen« (Mt 25,1–13; Evangelium des Sonn-tags) mit seinem ernsten und mahnenden Ton[409] nur bedingt. Auch aus diesem Grund wurde in der Perikopenordnung das bislang für einen »Früh-, Predigt- oder Vespergottesdienst« vorgesehene Proprium des »Gedenktags der Entschlafenen«[410] zu einem eigenen Totensonntagsproprium ausgeweitet, das nun gleichberechtigt neben dem Ewigkeitssonntag steht und gleich drei neue alttestamentliche Texte aufweist: Dtn 34,1–8, Ps 90,1–14 und Dan 12,1b–3.

Am Ewigkeitssonntag richtet sich der Blick nicht auf das Sterben und den Tod, sondern auf Gottes Handeln: Gott bringt Neues hervor (Epistel: Offb 21,1–7; alttestamentliche Lesung: Jes 65,17–19[20–22]23–25; 2Petr 3,[3–7]8–13), und die Evangelientexte dieses Sonntags unterstreichen die Notwendigkeit der ständigen Bereitschaft für dieses Neue: »Darum wachet, denn ihr wisst weder Zeit noch Stunde!« (Mt 25,13; vgl. auch Mk 13,28–37). Ps 126, der schon bisher der Psalm des Tages war und nun auch als Predigt-text alle sechs Jahre begegnet, verstärkt an diesem Sonntag den Ton der Freude und des Lachens, blendet aber die Realität der Gefangenschaft und Tränen nicht aus und bittet Gott um sein verwandelndes, erneuerndes Han-deln (V. 4).

Wenn Gott erlöst, »werden wir sein wie die Träumenden« (V. 1). In der Luther-Bibel letzter Hand (Biblia Germanica von 1545) findet sich zu dem Wort »Trewmende« die Randglosse: »Das ist / Die Freude wird so gros sein / das wir sie kaum gleuben werden / und wird uns gleich sein, als treumet es uns und were nicht war.« Das Neue, das Gott hervorbringt, passt nicht zu dem, was Menschen als ihre Realität kennen. Es ist das Andere, das kein Ohr gesehen und kein Auge gehört hat (vgl. Jes 64,3 und EG 535). Wie kann man Sprache finden für dieses Neue und so schon jetzt hineinkommen in die Be-wegung der Erwartung und der (Vor-)Freude?

---

[409] Vgl. Karl-Heinrich Bieritz' Wahrnehmung dieses Textes; EGb, 720.

[410] Vgl. EGb, 484 f.

Zwei Richtungen deuten sich in Ps 126 an: (1) Einerseits hat Gott immer wieder in der Geschichte gehandelt. Die Hoffnung auf sein neues Handeln hat ihren Grund in seinem zurückliegenden Handeln an Israel und der Welt. Die »Gefangenen Zions« (V. 1) wurden aus Babylon zurückgeführt, wie das Volk Israel einst aus Ägypten befreit wurde. Das Gedenken führt schon jetzt zur Freude über das, was Gott (gewiss!) erneut tun wird (V. 3). (2) Andererseits bietet der Psalm Bilder, die Gottes neues Handeln mit dem verbinden, was Menschen kennen und vor Augen haben. Das Bild vom ausgetrockneten Wadi in der Wüste, das sich neu mit Wasser füllt, ist ein Bild, das den ursprünglichen Betern des Psalms vor Augen stand (V. 4). Das andere ist das Bild von Saat und Ernte (V. 5 f.). Besonders V. 5 hat Karriere gemacht. Vier Worte nur hat dieser Vers im hebräischen Original. Aber diese vier Worte umspannen die extremen Weiten des menschlichen Fühlens. Die Lutherübersetzung braucht acht Worte: »Die mit Tränen säen, werden mit Freuden ernten.«[411] Was Menschen über Jahrhunderte aus eigener unmittelbarer Anschauung vertraut war, muss heute wohl neu nahegebracht werden. Säen bedeutete (und bedeutet bis heute in manchen Teilen dieser Erde): Man muss von dem Wenigen, das man hat, aus den Händen geben, um später (vielleicht/hoffentlich) eine reiche Ernte einzufahren.[412] Das Loslassen ist schmerzlich und mit Tränen und Weinen verbunden. Umso größer ist dann die Freude über die Ernte und das ›Wunder‹, dass aus dem Wenigen ohne menschliches Zutun weit mehr geworden ist und die vergehende Saat das neue Korn in Fülle hervorgebracht hat (vgl. auch die Epistel am Totensonntag: 1 Kor 15,35–38.42–44a).

Die vier Worte von Ps 126,5 dürfen nicht auseinandergerissen werden. Es gibt das eine nicht ohne das andere, den Jubel der Ernte nicht ohne die Tränen der Saat. Das wird hörbar in den zahlreichen Vertonungen dieses Verses, die vor allem den Stimmungswechsel musikalisch hörbar machen. Besonders eindrucksvoll geschieht dies bei Johann Hermann Schein (1586–1630), der 1623 sein Werk »Fontana d'Israel. Israels Brünnlein« vorlegte und darin so lange bei dem Vers »Die mit Tränen säen« verbleibt, dass die fließenden Tränen musikalisch spürbar werden; dann erst erklingt die Freude der Ernte. Ähnlich lässt sich der Stimmungswechsel auch in den »Psal-

---

[411]   Die Übersetzung von Martin Buber gibt den Chiasmus des hebräischen Originals wieder: »Die nun säon in Tränen / im Jubel werden sie ernten.«

[412]   Diesen Aspekt unterstreicht KLAUS EULENBERGER eindrucksvoll; vgl. http://www.stichwortp.de/index.php?state=stichworte&action=predigttopdf&predigtID=128 [Zugriff vom 16.02.2018], 4.

men Davids« (1619; SWV 42) von Heinrich Schütz (1585–1672) miterleben und im »Deutschen Requiem« von Johannes Brahms (1833–1897), wo der Vers gleich im ersten Satz erscheint – eingebunden in die Worte aus Mt 5,4: »Selig sind, die da Leid tragen, denn sie sollen getröstet werden« (Mt 5,4). Im Gottesdienst am Ewigkeitssonntag wird die Verheißung der Freude nur dann nicht kitschig oder unbarmherzig, wenn der Hintergrund des Weinens, der leeren Halme und vertrockneten Wadis nicht ausgeblendet wird. Die Sprachform der leidenschaftlichen Bitte, die auch Ps 126 prägt, ist entscheidend. Sie kann sich zur Klage steigern, wie dies – in Aufnahme von Ps 126 – in einer Strophe von Mascha Kalékos (1907–1975) Gedicht »Enkel Hiobs«[413] geschieht:

> Mit Tränen säten wir das erste Korn,
> Und sieh, der Halm ist leer, den wir geschnitten.
> Was willst du, Herr, noch über Hiob schütten?
> – Gar tief entbrannte über uns dein Zorn.

Heinz Piontek (1925–2003) hingegen zeichnet in seinem Gedicht »Freies Geleit« unter Aufnahme von Ps 126 ein Bild des Sterbens als Hoffnungsbild. Er setzt mit bekannten Erfahrungen ein (ein Ufer bleibt zurück; ein Feldweg endet). Aber der Weg geht weiter »über letzte Lichter« hinaus – ins Unbekannte. Mit Ps 126 ist es ein Weg, der in das Lachen führt.[414]

> Da wird ein Ufer
> zurückbleiben.
> Oder das End eines
> Feldwegs.
>
> Noch über letzte Lichter hinaus
> wird es gehen.
>
> Aufhalten darf uns
> niemand und nichts!
>
> Da wird sein
> unser Mund
> voll Lachens –

---

[413] MASCHA KALÉKO, Die paar leuchtenden Jahre, hg. v. GISELA ZOCH-WESTPHAL, München 82009, 266.

[414] HEINZ PIONTEK, Wie sich Musik durchschlug. Gedichte, Hamburg 1978, 88.

Die Seele
reiseklar –

Das All
nur eine schmale
Tür,

angelweit offen –

Liedvorschläge: Von Samuel Gottlieb Bürde (1753–1831) stammt eine Nachdichtung zu Ps 126, die im Gesangbuch greifbar ist (EG 298: Wenn der Herr
einst die Gefangenen). Das Lied könnte nicht nur nach, sondern bereits während der Predigt und diese strukturierend gesungen werden. Im katholischen
»Gotteslob« findet sich ein gut singbarer Liedruf von Thomas Laubach zu
Ps 126 (GL 443: Im Jubel ernten, die mit Tränen säen). Wohl bekannt und
viel gesungen ist Dieter Trautweins »Komm, Herr, segne uns« (EG 170); in
Strophe 3 begegnet Ps 126,5. (AD)

DER TOD DES »KNECHTS«

Moses Tod markiert eine Epochengrenze und zugleich den Abschluss eines großen literarischen Werks, der Tora. Dennoch bleibt dieses Ende spannungsvoll offen, weil die zentrale Verheißung – der Einzug ins verheißene Land – noch nicht erfüllt wurde. Diese Nicht-Erfüllung exemplifiziert sich in besonderer Weise am Schicksal des Mose, dem Gott vom Berg Nebo aus das Land in seiner ganzen Erstreckung zeigt. Die ganze Existenz des Mose dreht sich darum, das Volk Israel nicht nur aus Ägypten befreit zu haben, sondern es auch in das verheißene Land hineinzuführen. Aber an der Erfüllung seines Lebenswerks selbst teilzuhaben, wird Mose verwehrt. Es bleibt ihm allerdings der Blick hinüber: Mose wird deutlich mehr gezeigt als ein heutiger Besucher selbst an einem klaren Tag vom Berg Nebo im heutigen Jordanien sehen kann: Dieses Land erstreckt sich von der Südspitze des Toten Meers bis weit ins heutige Syrien hinein und, in Ost-West-Richtung, von Jericho (hier als die »Palmenstadt« bezeichnet) über das judäische Gebirge hin zum Mittelmeer. All das darf Mose sehen, aber mit der ›Landnahme‹ beginnt ein neuer Abschnitt der Geschichte, zu dem mit Josua eine neue, wenngleich nicht mehr ganz so strahlende Frontfigur auftritt.

Die Trennung zwischen Exodus und Landnahme wird dadurch unterstrichen, dass niemand, der aus Ägypten auszog, auch in das verheißene Land einziehen wird (Num 14,22–38; 26,65; 32,13). Die Exodusgeneration – trotz allem, was sie erlebt hat – hatte sich nicht als das Volk erwiesen, das des Bundes mit Gott fähig sein würde. Und so lässt er Israel so lange in der Wüste umherziehen, bis nur noch die Generationen der Kinder und Enkel übrig sind – offenbar in der Erwartung, dass diese die Unzulänglichkeiten ihrer Väter und Mütter hinter sich lassen würden. Selbst Mose – die Überfigur, die so nahe an Gott herangerückt wird wie sonst niemand im Alten Testament – entgeht dieser Bestimmung nicht.[415]

Aber warum muss Mose eigentlich sterben? Die Antwort darauf ist gar nicht so einfach. In Dtn 34,1–8 gibt es darauf zwei unterschiedliche Antworten

---

[415] So sind es am Ende Josua und Kaleb – Figuren aus der ›zweiten Reihe‹ hinter Mose, Aaron und Miriam, die beide Ereignisse, Exodus und Landnahme, erleben.

und, wenn man darüber hinaus schaut, noch mindestens eine weitere. Die vielleicht älteste dürfte in Dtn 31,2a enthalten sein. Dort wird Mose als alter Mann dargestellt, der nicht mehr die Kraft hat, Israel über den Jordan zu führen und die Einwohner des Landes vor Israel zu vertreiben. Dieses neue Kapitel der Geschichte wird also ohne Mose stattfinden, ähnlich wie Jakob, der am Ende der Genesis stirbt und die Rückkehr nach Kanaan nicht mehr erlebt (Gen 49,33). Eine zweite Deutung sieht das Ende des Mose nicht als natürlich gegeben an, sondern als Strafe Gottes, denn selbst Mose verfällt letztlich dem Ungehorsam seiner Generation. In Num 20,1–13 wird in einer der leitmotivischen ›Murrgeschichten‹ davon berichtet, dass das Volk gegen Gott aufbegehrt, weil es kein Wasser mehr hat. Gott erlaubt Mose und Aaron daraufhin, ein Wunder zu vollbringen: Sie sollen sich vor einen Felsen stellen und diesem (offenbar im Namen Gottes) befehlen, Wasser hervorsprudeln zu lassen. Stattdessen aber schlägt Mose mit dem Stab gegen den Felsen und – so scheint der Text zu suggerieren – macht damit nicht Gott, sondern sich selbst zum Wundertäter. Man gewinnt den Eindruck, dass es hier darum geht, Mose im Kontrast zur Sinaiperikope wieder stärker als ›normalen‹ Menschen zu zeichnen, der am Ende doch mehr auf die Seite Israels als auf die Seite Gottes gehört. Dass es sich in diesem Fall nicht um einen natürlichen Tod aus Altersschwäche handelt, unterstreicht Dtn 34,7: Mose stirbt, obwohl (im Unterschied zu Dtn 31,2a) sein Auge nicht trüb geworden und seine Kraft nicht gewichen war. Die Angabe, dass Mose bei seinem Tod 120 Jahre alt war (Dtn 31,2; 34,7), lässt möglicherweise noch einen dritten Deutungsansatz erkennen. 120 Jahre sind in Gen 6,3 die Grenze, die Gott der menschlichen Lebenszeit setzt. Gott ist Gott und Menschen sind Menschen – dazwischen soll es nichts geben. Das wird anhand des Heldengeschlechts verdeutlicht, das aus den Ehen zwischen Göttersöhnen und Menschentöchtern hervorgeht (Gen 6,2) und um dessentwillen Gott sich zum Eingreifen genötigt sieht. Möglicherweise wird auf diese Traditionslinie zurückgegriffen, um deutlich zu machen, dass selbst Mose, an dem die Herrlichkeit Gottes ›klebt‹ (Ex 34,29), am Ende nichts anderes ist als ein sterblicher Mensch.

Wie häufig im Alten Testament wird ein wichtiges Ereignis in unterschiedlichen, nicht deckungsgleichen Perspektiven beleuchtet. Der Tod des Mose wird zum Medium der allgemeinen Frage, warum Menschen sterben: Weil ihnen als *endlichen Wesen* eine natürliche Lebensspanne gesetzt ist? Oder weil sie als *unvollkommene Wesen* den Zorn Gottes auf sich ziehen?[416]

---

[416] Interessanterweise begegnen diese beiden Perspektiven auch in Ps 90 (einem weite-

Für eine moderne Welt wird erstere Antwort vermutlich immer die überzeugendere sein. Für das Alte Testament hat Endlichkeit allerdings nicht nur mit der biologischen, sondern auch mit der sozial-ethischen Konstitution des Menschen zu tun. Es geht nicht nur darum, dass Menschen physisch nicht für die Ewigkeit gemacht sind, sondern dass sie die Ewigkeit auch gar nicht gestalten, nicht mit Leben füllen könnten.

Die unterschiedlichen Deutungsperspektiven von Dtn 34 konvergieren gleichwohl in der Absicht, Mose als Menschen seiner Zeit und seiner Generation darzustellen. Auch er endet in einem Grab. Und dennoch wäre nicht alttestamentliche Erzählkunst am Werk, wenn dem besonderen Menschen Mose nicht doch ein besonderes Ende beschieden wäre: Gott selbst begräbt ihn, und so weiß auch nur er, wo dessen Grab zu finden ist. Das ist einer der wenigen Momente in den Erzählungen des Alten Testaments, wo Gott fast vollständig in die Rolle eines menschlichen Akteurs schlüpft. Gott verfügt nicht etwa, dass Mose beerdigt wird oder versammelt ihn zu seinen Vorfahren. All das hätte man sagen können, um Gott nicht allzu sehr in das Geschehen zu involvieren. Aber Letzteres scheint gerade intendiert zu sein: *wajjiqbor* »und er begrub« suggeriert das Bild von jemandem, der tatsächlich mit der Hand am Arm eine Grube aushebt, um einen nahen Menschen darin zu begraben. So wie Mose am Sinai fast gänzlich in die Sphäre Gottes eintauchte, so erscheint Gott nun ganz auf der Seite des Vergänglich-Irdischen. Dabei wird eine Physikalität in das Geschehen aufgenommen, die an einen anderen Schlüsseltext der Tora, Gen 15,1–6[417], erinnert, wo Gott den Abraham am Arm nimmt und ihn aus dessen Zelt hinausführt, um ihm den Sternenhimmel zu zeigen. Komplementär dazu kehrt Gott ganz am Ende der Tora noch einmal in diese Rolle des Begleiters und Freundes zurück, der seinen getreuen »Knecht« begräbt und als einziger weiß, wo dessen Grab ist.

Der Tod des Mose lädt schließlich zum Vergleich mit dem Ende des Elia ein. Elia und Mose – als Symbolfiguren der gesetzlichen und der prophetischen Überlieferungen – sind in vieler Hinsicht komplementäre Gestalten. Anders als Mose stirbt Elia nicht und wird entsprechend auch nicht begraben, sondern erlebt eine Himmelfahrt (2Kön 2). Auf den ersten Blick mag dies das ›bessere‹ Ende sein. Diese vermeintliche Ungleichheit zwischen Mose und Elia dürfte dazu geführt haben, dass sich unter den Apokryphen des Alten

---

ren neuen alttestamentlichen Predigttext für den Totensonntag), der Mose als Autor zugeschrieben wird.

[417] Ebenfalls eine der neuen Predigtperikopen (für den 15. Sonntag nach Trinitatis).

Testaments auch eine »Himmelfahrt des Mose« befindet (ca. 1. Jh. n. Chr.), von der allerdings nur Bruchstücke erhalten sind. Im Blick auf das Alte Testament selbst ist aber gar nicht eindeutig, ob Elias Entrückung ihm tatsächlich einen höheren Status einräumt. Interessanterweise wird von Gott im Zusammenhang der Himmelfahrt gar nicht gesprochen. Elia fährt gen Himmel, aber was (dort) aus ihm wird, bleibt offen. Gemessen daran ist Moses Tod ein behütetes Ende, das ganz in Gott aufgehoben ist, ohne dass sich deswegen daran die Hoffnung auf ein Leben ›danach‹ heften muss. Anders als bei Elia geht es nicht um die Frage der möglichen Wiederkehr, sondern um den würdigen Tod, der hier dem »Knecht« (V. 5) Gottes beschieden ist. (AS)

Sterben mit Aussicht

Für den letzten Sonntag im Kirchenjahr war bislang in der Perikopenordnung der »Ewigkeitssonntag« angegeben, der den Blick auf den kommenden Herrn und Gottes neue Welt lenkt und der zur Wachsamkeit auffordert (vgl. den Wochenspruch Lk 12,35: »Lasst eure Lenden umgürtet sein und eure Lichter brennen«; vgl. auch EG 147 als Lied der Woche). Daneben verweist die bisherige Ordnung auf die Möglichkeit eines *weiteren* Gottesdienstes als »Früh-, Predigt- oder Vespergottesdienst«, der dann gefeiert werden kann, wenn es üblich ist, »an diesem Sonntag der Entschlafenen zu gedenken« (EGb 406) und für den ein eigenes Proprium vorgesehen ist (vgl. EGb 484 f.).

Mit der Perikopenrevision stehen nun zwei *gleichwertige* Proprien nebeneinander: der bisherige Ewigkeitssonntag und der Totensonntag. Beide können gefeiert werden und beide haben deutlich unterschiedlichen Charakter, wie bereits der eigene Wochenspruch des Totensonntags zeigt: »Lehre uns bedenken, dass wir sterben müssen, auf dass wir klug werden« (Ps 90,12). Der preußische König Friedrich Wilhelm III. hatte »durch Kabinettsordre vom 17. 11. 1816 zum Gedenken an die in den Befreiungskriegen Gefallenen« einen Totensonntag eingeführt, der bald auch von anderen Landeskirchen übernommen wurde.[418] Mit der Revision 2018 kommt der Totensonntag nun zu neuen Ehren. Gegenüber dem bisherigen Gedenktag der Entschlafenen weist das Proprium vier neue Texte aus, darunter gleich drei aus dem Alten Testament, wozu die neue alttestamentliche Lesung Dtn 34,1–8 gehört. Geblieben sind das Evangelium Joh 5,24–29: »Wer mein Wort hört und glaubt dem, der

---

[418] Karl-Heinrich Bieritz, EGb, 720.

mich gesandt hat, der hat das ewige Leben ...« (V. 24) und die Epistellesung (1Kor 15,35–38.42–44a), in der Paulus von dem neuen, geistlichen, unverweslichen Leib der Auferstehung spricht.

Dtn 34 schließt die fünf Bücher der Tora ab und erzählt in den ersten acht Versen vom Sterben des Mose und seinem Begräbnis. Handelnde Personen sind dabei zunächst nur Mose, der auf den Berg steigt (V. 1) und stirbt (V. 5), und der Herr, der ihm das Land zeigt (V. 2), zu ihm spricht (V. 4) und ihn begräbt (V. 5). Erst in V. 8 wird von der Trauer der Israeliten berichtet.

»[...] ich sehe im Sterben das Land«, mit diesen Worten nimmt Erich Fried (1921–1988) Dtn 34 auf. In dem Gedicht kommt ein lyrisches Ich zu Wort, das sich ein Leben lang beschränkt und sein »Herz« »immer kürzer« gehalten hatte, weil da draußen vermeintlich Gefahren lauerten. Erst sterbend erkennt es im Blick auf das Land: »Alles leer / Weit und breit / keine Sturmleitern / keine Feinde.«[419] Die bittere Einsicht in dem Gedicht lautet: Es war umsonst, so zu leben, wie das ›Ich‹ gelebt hat. Im Blick auf das Land, das nun nicht mehr erreicht werden kann, kommt diese Erkenntnis freilich zu spät. Auch in einem weiteren Gedicht nimmt Fried auf Dtn 34 Bezug. Es ist als Anrede Josuas an Mose gestaltet und endet mit den Zeilen: »Doch du mußt gehn, eh du das Land erreichst, / und in der Wüste sterben, der du gleichst.«[420]

»[...] ich sehe im Sterben das Land.« Selbstverständlich kann Dtn 34 so gelesen und in die Gegenwart übertragen werden.[421] *Memento mori* (Gedenke, dass du stirbst ...) bedeutet immer auch, die Frage nach dem Lebensstil und der Lebensführung heute zu stellen. Im Angesicht des Todes gewinnt jeder Tag des Lebens Bedeutung und die Frage nach dem rechten und guten Leben Dringlichkeit.

Aber das Bild vom sterbend auf das verheißene Land blickenden Mose muss keineswegs resignativ gelesen werden. Es kann Trostpotential entfalten, wenn die befreiende Einsicht in die Fragmentarität menschlichen Lebens mit ihm verbunden wird, aufgrund derer sich versöhnt leben und sterben lässt. Der Praktische Theologe Henning Luther (1947–1991) hat einem überfor-

---

[419] Erich Fried, Gesammelte Werke, Bd. 2: Gedichte 2, hg. v. Volker Kaukoreit und Klaus Wagenbach, Berlin 1993, 445 f.

[420] Erich Fried, Gesammelte Werke, Bd. 1: Gedichte 1, hg. v. Volker Kaukoreit und Klaus Wagenbach, Berlin 1993, 45.

[421] Im biblischen Erzählduktus wird die Tatsache, dass Mose das Land nicht selbst erreicht, als Strafe Gottes interpretiert (vgl. Dtn 34,4: »aber du sollst nicht hinübergehen«), weil Mose und Aaron beim Haderwasser zu Kadesch nicht so handelten, wie es der Herr befohlen hatte (vgl. Dtn 32,48–52; Num 20,1–13).

dernden und unrealistischen Identitätskonzept, das auf Ganzheit und Vollendung zielt, den Realismus und die Leichtigkeit der Einsicht in die menschliche Fragmentarität gegenübergestellt.[422] Er schreibt: »Die nicht vorhersehbare und planbare Endlichkeit des Lebens, die jeder Tod markiert, läßt Leben *immer* zum Bruchstück werden.«[423] Menschen seien Fragmente aus Vergangenheit und Fragmente aus Zukunft, und Glauben bedeute »als Fragment zu leben und leben zu können«.[424] Henning Luther führt zahlreiche Zitate auf, die diese Sicht auf das Leben unterstreichen. Theodor W. Adorno meinte: »Das Ganze ist das Unwahre.«[425] Robert Musil schrieb: »Das angeblich voll ausgelebte Leben ist in Wahrheit ›ungereimt‹, es fehlt ihm am Ende, und wahrhaftig am wirklichen Ende, beim Tod, immer etwas.«[426] Und Dietrich Bonhoeffer bemerkte 1943 in einem Brief an seine Eltern aus dem Gefängnis: »Aber gerade das Fragmentarische kann ja auch wieder auf eine menschlich nicht mehr zu leistende höhere Vollendung hinweisen.«[427] Es ist Teil der *conditio humana*, am Ende eine »Unvollendete« zu hinterlassen, »nicht komplett, aber perfekt« zu sein (so der Titel eines Essays zu sieben berühmten unvollendeten Werken der Musikgeschichte[428]).

Das menschlich notwendig Unvollendete weist voraus und auf Gott hin. Moses Tod ist ein Sterben in der Nähe Gottes, der Moses Sterbebegleiter wird und ihn bis zum Begräbnis nicht allein lässt. Und es ist ein *Sterben mit Aussicht* auf das verheißene Land. Der Hoffnung auf Gottes Vollendung im Angesicht des Todes Sprache zu geben und *memento mori* als Aufruf zu heiter-gelassener Existenz angesichts menschlicher Fragmentarität zu verstehen, ist Aufgabe eines Gottesdienstes am Totensonntag. Dtn 34,8 zeigt dabei, dass trotz der Aussicht auf das Neue die Trauer ihre Berechtigung hat.

Aus den Liedern der Rubrik »Sterben und ewiges Leben« bieten sich als Predigtlieder besonders EG 521 (O Welt, ich muss dich lassen), EG 525 (Mach's

---

[422] Vgl. HENNING LUTHER, Identität und Fragment. Praktisch-theologische Überlegungen zur Unabschließbarkeit von Bildungsprozessen, in: DERS., Religion und Alltag. Bausteine zu einer Praktischen Theologie des Subjekts, Stuttgart 1992, 160-182.283-293.

[423] A. a. O., 168.

[424] A. a. O., 172.

[425] THEODOR W. ADORNO, Minima Moralia, Frankfurt a. M. 1951, 57.

[426] ROBERT MUSIL, Der Mann ohne Eigenschaften, Hamburg 1952, 859.

[427] DIETRICH BONHOEFFER, Widerstand und Ergebung, München 1952, 80.

[428] https://www.br-klassik.de/themen/klassik-entdecken/sieben-unvollendete-musikalische-werke-100.html [Zugriff vom 15. 02. 2018].

mit mir, Gott, nach deiner Güt) und EG 529 an (Paul Gerhardts »Ich bin ein Gast auf Erden«; besonders geeignet wegen der Metapher des Weges, aber auch wegen des Hinweises auf die »lieben Alten« [V. 4], die vor uns ihre Wege gegangen sind). Dass der einzige im Alten Testament mit Mose verbundene Psalm (Ps 90) nun in den Versen 1–14 der Wochenpsalm am Totensonntag ist und zugleich Ps 90,12 der Wochenspruch, macht es möglich, den gesamten Gottesdienst im Klangraum der Mose-Figur zu feiern. (AD)

BRAUCHT GLAUBE AUFERSTEHUNG?

Eine der Tatsachen, die heutige Christen immer wieder am Alten Testament erstaunt, betrifft die fehlende Erwartung eines Lebens nach dem Tod. In den allermeisten Texten, die sich – implizit oder explizit – mit diesem Thema befassen, überwiegt die Überzeugung, dass der Mensch ein unabänderlich endliches Wesen ist. Mit dem biologischen Tod wird der Körper wieder zur Erde, von der er genommen wurde – so die berühmte und für das Alte Testament insgesamt charakteristische Festlegung Gottes nach dem ›Sündenfall‹ (Gen 3,19). Allerdings bestand der Mensch damaliger Vorstellung nach nicht nur aus einem Körper, sondern aus einem zweiten vitalen Element, einer *naefaesch*, das in vielen Bibelübersetzungen mit »Seele« übersetzt wird. Anders als in platonisch inspirierten Vorstellungen ist aber auch diese Seele nicht unsterblich, vielmehr verschwindet sie nach dem Tod in der Unterwelt, der *Sche͏ol*. Dabei handelt es sich nicht um die mittelalterliche Hölle, sondern um einen Ort, an dem die »Seele« keinen Zugang mehr zum Bereich der Lebenden hat, also auch nicht zu Gott, von dem sie alttestamentlicher Vorstellung nach ihre Vitalität empfängt.

Es ist von einiger Bedeutung, dass sich religiöse Wahrnehmung und theologische Reflexion im Alten Testament insgesamt vor dem Hintergrund dieser Annahme einer ultimativen Endlichkeit vollziehen. Wenn hier von Gottes Fürsorge, Rettung und Bewahrung die Rede ist, handelt es sich um Aussagen über das Leben von der Wiege bis zur Bahre, aber nicht darüber hinaus. Es ist im Detail umstritten, ob und in welchem Maß vor allem einzelne Klagepsalmen (z. B. Ps 16) diese Grenze aufzulösen beginnen, ob es also doch auch so etwas wie eine Rettung aus der Todeswelt gibt. Aber die Spuren in diese Richtung sind vereinzelt und vergleichsweise schwach ausgeprägt.

Die Vision von Dan 12 ist die große Ausnahme von dieser Regel. Hier, in einem der jüngsten Texte des Alten Testaments und vermutlich im Austausch mit griechischer Populärphilosophie, begegnet nun nicht nur allgemein die Erwartung eines Lebens nach dem Tod, vielmehr entwirft dieser Text eine recht genaue Vorstellung vom Übergang in das jenseitige Leben. Das betrifft zum einen den Zeitpunkt. Alle Menschen werden gleichzeitig auferstehen und zwar zum Gericht am Ende von Zeit und Geschichte. Das bedeutet, dass

Menschen unterschiedlich weit von diesem Zeitpunkt entfernt sterben. Der Zustand bis dahin wird als ein »Schlafen« bezeichnet (V. 2, vgl. auch 1 Thess 4,13–18), wobei nicht gesagt wird, ob damit der Körper in der Erde oder die »Seele« in der Unterwelt gemeint ist – oder beides. Dieses Gericht hat einen doppelten Ausgang – entweder zum ewigen Leben oder zur Verdammnis. Und für Letzteres scheint zu gelten, dass die Unterwelt nun doch nicht mehr nur ein Ort der Schatten, sondern von Qual und Leiden sein wird. Die Gerichtsszene wird begleitet vom Aufschlagen der Bücher, das im Danielbuch bereits in der Menschensohn-Vision eine Rolle gespielt hatte (V. 1, vgl. Dan 7,10). Im Himmel wird Buch geführt über die Taten der Menschen auf der Erde, und das Aufgeschriebene wird wiederum zur Grundlage des Urteils im Gericht. Tatsächlich wird vor allem im apokalyptisch ausgerichteten Judentum die Idee himmlischer Bücher immer wichtiger. Es gibt gleichsam eine himmlische Wahrnehmung und Kommentierung der Geschichte, und letztlich ist diese für deren Ausgang entscheidend.

Sowohl diese ›Bürokratisierung‹ wie auch allgemein die Vorstellung, dass am Ende der Zeit ein Gericht steht, in dem nur ewiges Leben oder ewige Verdammnis das Urteil sein kann, stellen die heutige Aneignung vor Probleme. Wenn man sich auf den Gedanken des Gerichts in dieser Form überhaupt einlässt, dürfte klar sein, dass jedes einzelne Leben zu vielschichtig und komplex ist, als dass es sich der dualen Logik von Schuldspruch oder Freispruch unterwerfen ließe. Anders als im Mittelalter gibt es hier noch nicht das Instrument des Fegefeuers, das sozusagen ›Grauschattierungen‹ zulässt. Allerdings deutet dieser duale Gerichtsausgang auf den vermutlichen historischen Hintergrund von Dan 12 in der Märtyrertheologie hin. Dan 12 dürfte im Zusammenhang der Makkabäerkriege entstanden sein, während derer Juden, die sich der Hellenisierung ihrer Religion widersetzten, gefoltert und hingerichtet wurden. Davon berichten die Makkabäerbücher (2 Makk 7), und in diesem Zusammenhang begegnet auch der Glaube an eine leibliche Auferstehung der Märtyrer als Belohnung für ihre Treue (2 Makk 7,35–37). Dieser historische Zusammenhang macht deutlich, dass es bei dieser Auferstehungshoffnung nicht um eine weltanschauliche Allgemeinfrage geht, sondern um das Bedürfnis nach Gerechtigkeit, die nicht an der Grenze des Diesseits endet. Entsprechend ist die leibliche Auferstehung zentral, weil es die zerstörten Leiber sind, denen Gerechtigkeit widerfahren soll.

Allerdings stellt Dan 12 (über 2 Makk 7 hinaus) noch weiterreichende Erkundungen zur Leiblichkeit der Auferstehung an. Die Auferstehung zum Gericht erfolgt demnach noch in Gestalt des irdischen Körpers. Diejenigen, die das ewige Leben erhalten, werden dann allerdings in einer anderen Weise fortexistieren: »Und die Verständigen werden leuchten wie des Himmels Glanz, und die viele zur Gerechtigkeit weisen, wie die Sterne immer und ewiglich« (V. 3). Nicht ein irdischer Leib ist der Stoff des ewigen Lebens, sondern ein immaterieller Lichtglanz. Hier wird also nicht zu erklären versucht, wie vergängliche Materie ewig existieren kann, vielmehr wird die Daseinsweise der geretteten Auferstandenen von vornherein mit etwas assoziiert, das nicht der Vergänglichkeit unterworfen ist. Ein analoger Gedanke begegnet auch im Matthäusevangelium, das sich hier möglicherweise auf Dan 12 beruft: »Der Menschensohn wird seine Engel senden, und sie werden sammeln aus seinem Reich alle Ärgernisse und, die da Unrecht tun, und werden sie in den Feuerofen werfen; da wird sein Heulen und Zähneklappern. Dann werden die Gerechten leuchten wie die Sonne in ihres Vaters Reich« (Mt 13,41-43).

Es sind also vor allem zwei Themen, die von Dan 12 ausgehend das heutige Nachdenken über Tod und Auferstehung herausfordern. Einerseits die Frage nach der Leiblichkeit der Auferstehung, die im Christentum zwar verschiedentlich dogmatisiert wurde, ohne dabei freilich zu einer erschöpfenden Antwort zu gelangen. Grundsätzlicher noch stellt sich die Frage, was überhaupt den Glauben an und die Hoffnung auf eine Auferstehung begründen kann. Die Tatsache, dass im Alten Testament der Gottesglaube gerade ohne eine solche Hoffnung auskommt, wirft die Frage auf, ob und, wenn ja, warum der Gottesglaube die Auferstehung braucht. Glaubt man daran, weil radikale Endlichkeit ein zu verstörender Gedanke wäre? Dem widerspricht das Alte Testament, indem es die Dignität jedes einzelnen Lebens gerade auch in dessen Endlichkeit sehen kann. Ein Leben, das beginnt und endet, ist ein Lobpreis für den, der allein ewig ist, und darin erfüllt es seine Bestimmung.

Das Danielbuch setzt in gewisser Weise dort an, wo natürliche Endlichkeit als Paradigma nicht mehr ausreicht - dann nämlich, wenn Leben gewaltsam unterdrückt, gequält und beendet wird. Es ist das Thema der Gerechtigkeit und der Vergeltung, das zur Auferstehungserwartung führt. Würde der gewaltsam herbeigeführte Tod eine Grenze für Gott bilden, jenseits derer er keine Gerechtigkeit mehr walten lassen könnte, dann stünden Gottes Souveränität und Macht auf dem Spiel. Das Problem der Märtyrertheologie von Dan 12 besteht freilich darin, dass sie situationsgebundenes Erleben und das Bedürfnis nach ausgleichender Gerechtigkeit zum eschatologischen Maßstab macht. Ewiges Leben wird auf diese Weise zur Belohnung, ewige Verdammnis zur Strafe. Das Weiterdenken an Dan 12 müsste entsprechend dabei ansetzen, ob Gottes Gerechtigkeit auch in einem weniger verkürzten Sinn als Macht verstanden werden kann, die einem Fatalismus der Endlichkeit entgegensteht. (AS)

Im Buch des Lebens

Der neue alttestamentliche Text aus Dan 12 spielt in den Klangraum des Totensonntags eine in ihrer Wirkung eminent bedeutsame Metapher ein: das »Buch«, in dem diejenigen »geschrieben stehen«, die »errettet werden« (V. 1b).

In der Bibel begegnen mehrere Bücher, die von Gott geschrieben und im Himmel aufbewahrt werden. Erwähnt wird das Buch, das den göttlichen Weltenplan enthält, von sieben Siegeln verschlossen ist und am Ende der Zeit geöffnet wird, wodurch sich dieser göttliche Plan Schritt für Schritt, Seite für Seite realisiert (vgl. Offb 5; vgl. auch Dan 10,21; 4Esra 6,20). Zu denken ist auch an das Buch der Erinnerung aus Mal 3,16. Vor allem aber ist es das Buch des Lebens, das im Kontext der Bibel als Bestandteil der göttlichen ›Buchhaltung‹ begegnet.[429] Von ihm ist in Phil 4,3 und mehrfach in der Offenbarung des Johannes (Offb 3,5; 13,8; 17,8; 20,12.15; 21,27) zu lesen, der Sache nach auch in Lk 10,20 und Hebr 12,23. Im Alten Testament begegnet es begrifflich als »Buch der Lebenden« in Ps 69,29, der Sache nach in Ex 32,32 f. und in Dan 12,1.

Im kirchlichen Kontext ist die Metapher des Lebensbuchs seit der Zeit der Alten Kirche im Kontext der Taufliturgie verortet. »Dass der Name, den wir geben, bleibt, können *wir* nicht garantieren. Die himmlische Einschreibung wird […] zum Unterpfand menschlicher Hoffnung angesichts der grundsätzlichen Begrenzung geschöpflichen Lebens.«[430] Christinnen und Christen sehen sich durch die Taufe, durch ihre Verbindung mit dem Leiden, Sterben und Auferstehen Jesu, in das Buch eingeschrieben, das im Kontext Daniels ein Buch des Volkes Israel ist. Am Totensonntag, an dem in vielen Gemeinden die Namen der im vergangenen Kirchenjahr Verstorbenen verlesen werden,

---

[429] Mit diesem Buch des Lebens hat sich die Berner Systematikerin Magdalene L. Frettlöh in den vergangenen Jahren immer wieder in überaus lesenswerten Beiträgen beschäftigt. Vgl. dies., »Ja den Namen, den wir geben, schreib' ins Lebensbuch zum Leben«. Zur Bedeutung der biblischen Metapher vom »Buch des Lebens« für eine entdualisierte Eschatologie, in: Ruth Hess / Martin Leiner (Hg.), Alles in allem. Eschatologische Anstöße. J. Christine Janowski zum 60. Geburtstag, Neukirchen/Vluyn 2005, 133–165; dies., Buch des Lebens. Zur Identifikation und vieldeutigen Aktualität einer biblischen Metapher, in: dies., Worte sind Lebensmittel. Kirchlich-theologische Alltagskost, Erev-Rav-Hefte. Biblische Erkundungen Nr. 8, Wittingen 2007, 147–160; dies., Eingeschriebene Hoffnung. Dan 12,1b–3/Totensonntag 2017, in: GPM 71 (2016/17), 507–515.

[430] Frettlöh, »Ja den Namen …«, 138.

verbindet sich das biblische Lebensbuch (auf dessen Seiten nichts anderes als eine Namensliste zu finden ist!) mit dieser Liste.

Namentlich in einem Buch vorzukommen, ist zweifellos etwas Besonderes. Es soll Professorinnen und Professoren geben, die neu erschienene Bücher zuerst beim Namensregister aufschlagen und die Qualität des Buches daran überprüfen, ob ihr eigener Name dort verzeichnet ist. Bei Daniel geht es in keiner Weise um ein Spiel akademischer Eitelkeiten; es geht um Gottes Buch und um die Frage nach Rettung oder Verlorensein, nach Recht und Gerechtigkeit. Die Lyrikerin Nelly Sachs beschreibt die Situation, in der das Danielbuch entstand, mit den Worten:»Dort, wo die Zeit heimisch wurde im Tod / erhob sich Daniel [...].«[431] Der Prophet entreißt die Zeit dem Tod; er erkennt, dass Gottes Macht auch jenseits der Grenze zum Totenreich wirksam ist und sieht eine ›glänzende‹ Zukunft für sein Volk, obwohl aller äußerer Anschein dagegen spricht.

Daniel beschreibt einen doppelten Ausgang der Auferstehung: ewiges Leben einerseits, ewige Schmach und Schande andererseits. Es ist falsch, diesen doppelten Ausgang als ›typisch alttestamentlich‹ zu bezeichnen; er findet sich ebenso im Neuen Testament (vgl. nur Mt 25,31–46; Joh 5,24–29; 1 Petr 4,17f. – und natürlich die Texte der Offenbarung). Für die unter Ungerechtigkeit Leidenden ist die Aussicht nicht nur verständlich, sondern nötig und rettend, dass Gott Gerechtigkeit schaffen wird. Die Perspektive der jüdischen Opfer des 2. Jahrhunderts vor Christus, an die sich Dan 12 richtet, ist nicht die einer Gemeinde in Mitteleuropa im 21. Jahrhundert. Dieser führt Dan 12 – wie die anderen Gerichtstexte der Bibel – zunächst den Ernst vor Augen, den gelebtes Leben mit all seinen Entscheidungen und allem, was es unterlässt, vor Gott hat. Nichts wird vergessen! An dieser Stelle spielt das andere Buch eine Rolle, das neben dem Buch des Lebens in der Offenbarung des Johannes erwähnt wird:»ein Buch darin geschrieben, / was alle Menschen jung und alt, / auf Erden je getrieben« (EG 149,3; vgl. Offb 20,12).[432] Im Angesicht der eigenen Werke, die in diesem Buch verzeichnet sind, ist das Gericht ein Ort von Schmach, Schande und Scham. Christologisch gedacht ist freilich der Richter kein anderer als der, der die Sünde getragen und so besiegt hat und der von dem Buch der Werke auf das Buch des Lebens verweist.

---

[431] NELLY SACHS, Fahrt ins Staublose. Gedichte, Frankfurt a. M. 1988, 205.

[432] EG 149 (Es ist gewisslich an der Zeit) ist eine Nachdichtung der mittelalterlichen Sequenz »Dies irae, dies illa«. In dieser heißt es: »Liber scriptus proferetur, / in quo totum continetur, / unde mundus iudicetur.«

Allerdings wäre es hoch problematisch, aus der von Gott gegebenen Gewissheit des Heils eine Selbstsicherheit zu machen, die »Furcht und Zittern« (Phil 2,12) längst hinter sich gelassen hat. Die biblischen Gerichtstexte, die einen doppelten Ausgang des Gerichts beschreiben, sind beständige Warnung gegen solche *Selbst*sicherheit.

Theologisch problematisch im jüdischen wie im christlichen Kontext ist eine Lehre vom doppelten Ausgang allerdings, weil sie bedeuten würde, dem Tod wenigstens einen partiellen Sieg zu überlassen, wo dieser doch auf ewig von Gott verschlungen (Jes 25,8) und als letzter Feind vernichtet werden wird (1Kor 15,26). Aber auch die denkerische Alternative einer *Apokatastasis panton* (wörtlich: Wiederbringung aller) ist keine Lösung, sondern würde den Opfern die ersehnte und von Gott verheißene Gerechtigkeit vorenthalten. Dogmatisch haben etwa Christine Janowski und Magdalene L. Frettlöh das Reden von »Allerlösung« als Ausweg aus dem Dilemma zwischen dualisierender Eschatologie und *Apokatastasis panton* vorgeschlagen: »Auf Allerlösung zu hoffen, sie zu denken und zu lehren, müsste also bedeuten, eine radikale *Verwandlung* irdischen Lebens, konkret eine Vernichtung des Bösen und ein Vergehen der Sünde zu denken, ohne dabei aber die irdischen Lebensgeschichten dem völligen Verlöschen preiszugeben, sie zu vergleichgültigen, ihre Spuren zu tilgen.«[433]

Die Chance eines Gottesdienstes am Totensonntag liegt wohl weniger darin, eine *Lehre* vom Gericht zu präsentieren, sondern vielmehr darin, im *Gebet* auf den Gott des Lebens zu vertrauen. – Der israelische Lyriker und Aphoristiker Elazar Benyoëtz schreibt: »Gott ist im Himmel / und schreibt dort sein Buch; / willst du in den Himmel? / Nein, ich will / in sein Buch.«[434]

Als Predigtlied am Totensonntag könnte sich ein Tauflied durchaus anbieten. In EG 206 (Liebster Jesu, wir sind hier, deinem Worte nachzuleben) erscheint das Lebensbuch in V. 5: »... ja den Namen, den wir geben, / schreib ins Lebensbuch zum Leben.«). EG 207 (Nun schreib ins Buch des Lebens) verwendet die Metapher bereits in der ersten Zeile. Aber auch EG 523 (Valet will ich dir geben) aus der Rubrik »Sterben und ewiges Leben« nimmt dieses Motiv in V. 5 auf: »Schreib meinen Nam' aufs beste / ins Buch des Lebens ein ...«. (AD)

---

[433] Frettlöh, »Ja den Namen ...«, 134.
[434] Elazar Benyoëtz, Finden macht das Suchen leichter, München/Wien 2004, 240.

Totensonntag (Reihe VI): Ps 90,1–14

Warum sterben wir?

Mit Ps 90 beginnt das vierte Buch des Psalters, das in besonderer Weise eine poetische Theologie enthält. Anders als in den vorhergehenden drei Büchern dominieren hier nicht die ›klassischen‹ Psalmengattungen – Klage- und Loblieder –, sondern andere Formen. Dazu gehören die JHWH-Königspsalmen, die Gottes Macht und Souveränität preisen und – gleichsam am anderen Ende des Spektrums – poetische Reflektionen auf den transitorischen Charakter alles Geschaffenen. Letzteres gilt vor allem auch für Ps 90, der in Form und Inhalt den Ton für das vierte Buch vorgibt. Außergewöhnlich ist zunächst die ihm zugeschriebene Autorenschaft. Zusammen mit Ps 91 handelt es sich um die einzigen beiden Mosepsalmen. Ein Grund für die Assoziation mit Mose dürfte das Thema sein: Das *memento mori*, die Einsicht in den unausweichlichen Tod, und die Verknüpfung mit dem Zorn Gottes kulminieren in der Biographie des Mose, dem Gott ankündigt, dass er vor dem Einzug ins verheißene Land sterben wird (Num 20,17; Dtn 34,1–8[435]). Die Worte von V. 12 »Lehre uns bedenken, dass wir sterben müssen, auf dass wir klug werden« werden in der Tradition der Psalmen zur Bitte des Mose im Blick auf seinen bevorstehenden Tod. Dass er sterben muss und sogar wann er sterben wird, weiß er. Was er allerdings noch lernen muss, ist, mit diesem Wissen umzugehen – klug zu werden oder, modern gesprochen, etwas daraus zu machen.

Allerdings ist es gar nicht so einfach, Ps 90 als Weisheit über den Tod zu lesen, weil es hier durchaus unterschiedliche Begründungen dafür gibt, warum Menschen sterben und was dies für ihr Leben bedeutet. Der Psalm beginnt mit einer Vertrauensbekundung gegenüber Gott, der schon vor aller Schöpfung da war und der bleibt, auch wenn die Geschöpfe sterben. Der Tod hat hier zunächst einmal gar keine negative Konnotation, sondern gehört zum Rhythmus des Kommens und Gehens. Gott lässt die Menschen sterben und er ruft sie ins Leben. Die Reihenfolge von V. 3 mag auf den ersten Blick verkehrt erscheinen. Allerdings beginnt jüdischer und z. T. auch christlicher Tradition nach ein Tag mit der Nacht, die ihm vorausgeht (vgl. Gen 1). Die

---

[435] Nunmehr auch einer der Perikopentexte für den Totensonntag.

Bewegungsrichtung führt vom Dunkel zum Licht, und genau diese Bewegung vollzieht auch Ps 90 im Blick auf den Rhythmus des Lebens nach. Für Gott sind Kommen und Gehen nur einzelne Momente, die sich über die Jahrtausende wie auf einer Perlenschnur aufreihen. Der einzelne Mensch mit seiner Lebensspanne (die mit siebzig bzw. achtzig Jahren für damalige Verhältnisse relativ hoch angesetzt wird) ist letztlich nur ein solcher Moment, zumindest in der Wahrnehmung Gottes.

Es ist gar nicht ganz deutlich, ob vor allem in V. 5 die Melancholie über das eigene Schicksal überwiegt (das Gras, das sprosst und wieder vergeht) oder die Faszination für Gottes Ewigkeit. Das erinnert, wie so vieles in Ps 90, an Worte des Predigers Salomo. Nach dem berühmten Gedicht über die Zeit, die jedes Ding unter der Sonne hat (Pred 3,1–8)[436], hält der Prediger fest, dass Gott dem Menschen auch die Ewigkeit ins Herz gelegt habe (3,11). Das bedeutet, dass der Mensch (im Unterschied zum Tier?) um seine Endlichkeit weiß, weil es im Unterschied dazu auch die Ewigkeit Gottes gibt. Gleichzeitig gehört der Rhythmus des Lebens und Sterbens als ewige Erneuerung für den Beter von Ps 90 auch zu den Wundern der Schöpfung. Sterben lernen bedeutet in dieser Perspektive auch zu verstehen, dass die eigene Existenz ein endlicher Teil des Lebensganzen ist, das nur Gott selbst ermessen kann. Die gleiche Wahrnehmung begegnet noch an anderer zentraler Stelle des vierten Psalmbuchs. Im großen Schöpfungspsalm, Ps 104, wird die Bewegung von Gottes eigenem »Geist« (oder »Odem«) als innerer Antrieb allen Lebens verstanden: »Es wartet alles auf dich, dass du ihnen Speise gebest zu seiner Zeit. Wenn du ihnen gibst, so sammeln sie; wenn du deine Hand auftust, so werden sie mit Gutem gesättigt. Verbirgst du dein Angesicht, so erschrecken sie; nimmst du weg ihren Odem, so vergehen sie und werden wieder Staub. Du sendest aus deinen Odem, so werden sie geschaffen, und du machst neu das Antlitz der Erde« (Ps 104, 27–30). Die Todesperspektive wird hier gerade nicht zum Anlass einer düsteren Weltsicht genommen, vielmehr stellt der Beter den Rhythmus des Lebens als Ausweis der Herrlichkeit Gottes dar: »Die Herrlichkeit des Herrn bleibe ewiglich, der Herr freue sich seiner Werke!« (V. 31).

Betrachtet man Ps 90 in der Fluchtlinie von Ps 104, steht das Wissen über den Tod im Zusammenhang mit der Erkenntnis Gottes als Schöpfer. Allerdings bleibt es in Ps 90 nicht bei dieser durchaus positiven Einschätzung, vielmehr wird die Vergänglichkeit des Menschen ab V. 7 noch einmal anders beleuchtet und als Auswirkung des Zornes Gottes betrachtet. Dieser Perspek-

---

[436] Vgl. die Auslegung zum Altjahrsabend.

tivenwechsel kommt überraschend, weil er den Gedanken nahelegt, dass Menschen nicht sterben, weil ihnen von Natur aus eine begrenzte Lebensspanne gesetzt ist, sondern weil sie der vernichtenden Macht des Zornes Gottes ausgesetzt sind. Damit könnte (wie in der Bibelwissenschaft immer wieder vermutet wurde) eine Anspielung auf Gen 3 vorliegen. Ist der Mensch von Ps 90 also der aus dem Paradiesgarten vertriebene Mensch, der sich – wider Gottes Willen – die Erkenntnis von Gut und Böse, aber eben nicht auch die Unsterblichkeit verschafft hat? Das *memento mori* zielte dann auf diese besondere Verfasstheit des Menschen als sterbliches und gleichzeitig erkenntnisfähiges Wesen.

Eine andere Parallele tut sich auf, wenn man Ps 90 in den Zusammenhang des Hiobbuchs stellt. Für die Freunde Hiobs ist das *memento mori* eine Notwendigkeit, die sich nicht aus einem besonderen ›Sündenfall‹ ergibt, sondern allgemein aus dem unendlichen Abstand zwischen Gott und Mensch. So gleich in der ersten Rede des Eliphas, der auf die Klage Hiobs Folgendes entgegnet: »Wie kann ein Mensch gerecht sein vor Gott oder ein Mann rein sein vor dem, der ihn gemacht hat? Siehe, seinen Dienern traut er nicht, und seinen Boten wirft er Torheit vor: wie viel mehr denen, die in Lehmhäusern wohnen und auf Staub gegründet sind und wie Motten zerdrückt werden! Es währt vom Morgen bis zum Abend, so werden sie zerschlagen, und ehe man's gewahr wird, sind sie ganz dahin. Ihr Zelt wird abgebrochen, und sie sterben ohne Einsicht« (Hi 4,17–21). Was hier als Mangel an Gerechtigkeit und Reinheit bezeichnet wird, kann im Hiobbuch im Blick auf Gott auch als dessen Zorn über den Menschen gewendet werden. Durch sein Unvermögen und seine Unzulänglichkeit kann der Mensch gar nicht anders, als unter dem beständigen Zorn Gottes zu stehen (vgl. Hi 4,9; 9,13). Anders gewendet: Der Mensch ist viel zu gering und zu unvollkommen, um Gottes positive Aufmerksamkeit oder gar Achtung auf sich zu ziehen. An einem Punkt allerdings unterscheidet sich Ps 90 von Hi 4: Auch wenn dieser Zorn unvermeidbar ist, muss der Mensch nicht »ohne Einsicht« sterben (Hi 4,21), sondern er soll um sein Schicksal wissen, auf dass er »klug werde« (Ps 90,12).

Wie aber soll man nun damit umgehen, dass in Ps 90 zwei so unterschiedliche Sichtweisen auf die Endlichkeit entwickelt werden? Ist das Kommen und Gehen des Lebens Ausdruck einer Vitalität, die Gott der Welt der Lebenden eingestiftet hat? Oder aber überwiegt der Abstand des Menschen gegenüber einem überlebensgroßen Gott, vor dem nichts Endliches bestehen kann? Wie häufig im Alten Testament werden solche Fragen pointiert gestellt, ohne aber einer Antwort zugeführt zu werden. Das hat weniger mit theologischer Unentschlossenheit zu tun als mit der Tatsache, dass die Texte ihrer

Leserschaft die Antwort gerade nicht abnehmen wollen. Ps 90 entwickelt zwei denkerisch mögliche und gleichermaßen erfahrungsnahe Perspektiven. Es gibt einerseits das Gefühl, trotz begrenzter eigener Lebensspanne doch aufgehoben zu sein in das Lebensganze von Gottes Schöpfung. Aber gerade wenn dieses ›Aufgehobensein‹ nicht mehr überzeugt oder an Plausibilität verliert, ist es nur ein kleiner Schritt zum Gedanken an den Zorn Gottes. Genau diese Ambiguität bildet Ps 90 ab und lässt sie theologisch zu. Dahinter steht hermeneutisch die Annahme, dass keine Antwort – selbst wenn sie, wie im christlichen Glauben, in die Erwartung eines Lebens nach dem Tod mündet – glaubhaft ist, wenn sie nicht zuerst mit diesen existenziellen Fragen gerungen hat. (AS)

Gottes Zeit und Gottes Grimm

Dem Sterben schenken wir seit einigen Jahren mehr Aufmerksamkeit. Gott sei Dank! Es stimmt nicht (oder jedenfalls nicht so pauschal, wie es bisweilen auch von evangelischen Kanzeln zu hören ist), dass wir in einer Gesellschaft leben würden, die den Tod verdrängt. Die ARD-Themenwoche »Leben mit dem Tod« im Jahr 2012 war eine der erfolgreichsten überhaupt. Die Diskussionen um Organspende und um neue Formen der Bestattung wurden und werden geführt. Vor allem aber der Erfolg der Hospizbewegung und der Palliativmedizin in den vergangenen Jahren zeigen, dass Menschen durchaus bedenken, dass sie sterben müssen (vgl. Ps 90,12) und wie das in Würde und unter Wahrung individueller Wünsche geschehen kann. Seit 1996 hat sich die Anzahl ambulanter Hospizdienste mehr als verdreifacht, die Zahl der Palliativstationen in Kliniken sowie der stationären Hospize ist heute etwa achtmal größer als noch vor 20 Jahren. Mehr als 100.000 Menschen engagieren sich haupt- und ehrenamtlich in diesem Bereich.[437] Die jüngste Kirchenmitgliedschaftsuntersuchung legte den Befragten eine Reihe von Themen vor und wollte wissen, welche davon für sie (eher) religiöse Themen seien. »Der Tod« wurde von mehr als zwei Dritteln der Befragten als religiöses Thema identifiziert und liegt damit an der Spitze und knapp vor der Frage nach »Anfang und Ende der Welt«, »Sterbehilfe, Selbsttötung« und bereits mit einigem

---

[437] Diese Angaben sind der Homepage des »Deutschen Hospiz- und Palliativverbandes e. V.« entnommen; vgl. http://www.dhpv.de/service_zahlen-fakten.html [Zugriff vom 23. 02. 2018].

Abstand vor der Frage nach dem »Sinn des Lebens«.[438] Dass der Totensonntag nun als eigenes Proprium gleichwertig mit dem Ewigkeitssonntag aufgenommen wurde, ist auch im Blick auf die erneute Aufmerksamkeit für das Thema Sterben und Tod gut begründbar. Er bietet die Chance, der Verstorbenen des vergangenen Kirchenjahres zu gedenken und Tod und Sterben im Klangraum biblischer Texte und so im Horizont des Handelns Gottes wahrzunehmen.

Ps 90 gehört zu den Psalmen, die in der Perikopenrevision auch zu Predigttexten wurden. Am Totensonntag legt sich dies unmittelbar nahe, wird doch Ps 90,12 als Leitwort für ein biblisch begründetes *Memento mori* immer wieder zitiert.[439] In Ps 90 freilich geht es nicht um ein allgemeines Bedenken menschlicher Sterblichkeit und den Imperativ, das Leben *vor* dem Tod bewusst zu gestalten und zu genießen, sondern darum, dass eine Gemeinschaft der Betenden[440] ihre Einsicht in die radikale Vergänglichkeit des menschlichen Lebens mit Gott verbindet und so (1) in die Dimension der göttlichen Zeit und (2) in die Ambivalenz der göttlichen Gefühle rückt.

(1) Neben Ps 90,12 ist auch V. 4 zu einem geflügelten Wort geworden: »Tausend Jahre sind vor dir wie der Tag, der gestern vergangen ist.« Gott wird *jenseits* menschlicher Zeit verortet, kategorial in einer anderen Zeit, »von Ewigkeit zu Ewigkeit« (V. 2). Jürgen Ebach betont, dass dies nicht nur die Flüchtigkeit und Vergänglichkeit menschlicher Zeit unterstreicht, sondern auch bedeutet, dass die vergehende menschliche Zeit bei Gott getragen und aufgehoben ist – mit der Folge, dass kein Name verloren geht und kein Leben vergessen wird. Bei Gott ist Zeit und Gott hat Zeit für jedes Leben. Ebach schreibt in Aufnahme und pointierter Umkehrung der biblischen Aussage: »Ich möchte mir vorstellen dürfen, dass Gott tausend Jahre Zeit hat für einen unserer Tage.«[441]

---

[438] Vgl. Heinrich Bedford-Strohm / Volker Jung (Hg.), Vernetzte Vielfalt. Kirche angesichts von Individualisierung und Säkularisierung. Die fünfte EKD-Erhebung über Kirchenmitgliedschaft, Gütersloh 2015, 491f.

[439] Dabei wird in aller Regel Luthers Übersetzung verwendet, die eher eine freie Übertragung ist. Wörtlicher übersetzt die Einheitsübersetzung: »Unsere Tage zu zählen, lehre uns …«.

[440] Es ist interessant, dass der in der ersten Person Plural gestaltete Psalm – als einziger in der Bibel – auf Mose zurückgeführt wurde. Für die Predigt bietet dies die Chance, besonders die alttestamentliche Lesung (Dtn 34,1–8: Das Sterben des Mose) einzubeziehen.

[441] Jürgen Ebach, Totensonntag. Wider die Verwechslung von Vergänglichkeit und Vergeblichkeit, in: http://www.stichwortp.de/index.php?state=stichworte&action=predigttopdf&predigtID=132 [Zugriff vom 21.02.2018], 5.

(2) Es gibt bei der gegenwärtigen ›Wiederentdeckung‹ des Themas Sterben und Tod die Gefahr, dass der Tod ›ästhetisiert‹ und der ›schöne und gute Tod‹ zur Norm wird. Es läge dann – ganz gegen die eigentliche Intention – eine zusätzliche Last auf den Sterbenden, nun auch ihr eigenes Sterben ›schön‹ zu gestalten (weil andere das doch auch so wunderbar hinbekommen!). Die auf den ersten Blick unbequemen Verse von Ps 90, die menschliche Vergänglichkeit mit Gottes Zorn und Grimm angesichts menschlicher Missetaten verbinden (vgl. dazu auch Röm 5,12–21; 6,23), können dazu verhelfen, den Tod nicht schönreden zu müssen. Er bedeutet – wie alt oder jung jemand auch immer stirbt – Abbruch und Ende, Tränen und Trauer. In einer Tischrede aus dem Jahr 1532 sagt Martin Luther:

> »Ich sehe die Beispiele ungern, dass man gerne stirbt; sondern die zagen, zittern, erblassen vor dem Tod und gehn dennoch hindurch, die sehe ich gern. Den großen Heiligen geschieht so, dass sie nicht gerne sterben. Die Furcht ist natürlich, denn der Tod ist Strafe und ist also traurig. Im Geiste stirbt man gern, nach dem Fleisch aber heißt es: Er führt dich anderswohin, wohin du nicht willst [Joh 21,18].«[442]

Es wäre allerdings fatal, wenn die Verbindung von Tod und Sünde mit einem moralischen Begriff von Sünde einherginge. All die Kurzschlüsse von Tun und Ergehen wären damit erbarmungslos reaktiviert. In Ps 90 deutet sich eine andere Perspektive an, die einer lutherischen Sündenlehre durchaus entspricht. Sünde – das ist das nicht auf Gott hin offene, nicht von Gott empfangende, sich in sich selbst verschließende Leben. Leben in Sünde bedeutet in dieser Hinsicht ein Leben, das – gerade weil Menschen verzweifelt und beständig versuchen, etwas daraus zu machen – schnell dahin fährt, »als flögen wir davon« (V. 10). Die Erinnerung an die gezählten Tage (V. 12) bietet die Chance, innezuhalten und um ein neues Verhältnis von Gott und Mensch zu bitten (V. 13), das die Tage zu gefüllten macht (V. 14) und das Werk des Menschen zu einem gelingenden (so V. 17, der leider nicht mehr zur Predigtperikope gehört, aber durchaus mit hinzugenommen werden kann). Das Leben so zu führen, hat Auswirkungen auf die Angst vor dem Tod. So auch Margot Käßmann:

> »Der Mensch, der sich auf Gott bezieht, ist sich selbst entzogen, auch sich selbst als einem Sterbenden kann er entkommen ... Ein an Leukämie sterbendes Kind

---

[442] WA.TR 1, 177, Nr. 408; die sprachliche Modernisierung und Übersetzung der lateinischen Passagen stammt von mir [AD].

sagte zu seinen Eltern: ›Ihr könnt noch nicht mit, ich geh schon vor.‹ Es war sich selbst gnädig entzogen. Das ist der Weg, vom terror mortis freizukommen.«[443]

Liedvorschläge: Ein klassischer *Memento-mori*-Gesang ist die Vertonung der mittelalterlichen Antiphon »Media vita in morte sumus« in EG 518 (Mitten wir im Leben sind). Dieses Lied nimmt vor allem den Zusammenhang von Sünde und Tod auf und wendet sich bittend an den heiligen und ewigen Gott. Zahlreiche Motive aus Ps 90 begegnen – in typisch barocker Gestalt – in EG 527 (Die Herrlichkeit der Erden) und EG 528 (Ach wie flüchtig, ach wie nichtig). Ps 90,12 wird direkt auch in EG 534 aufgenommen (Herr, lehre uns, dass wir sterben müssen). (AD)

---

[443] MARGOT KÄSSMANN, Tagesspiegel vom 8.4.2007, https://www.tagesspiegel.de/meinung/von-der-kunst-zu-sterben/832370.html [Zugriff vom 23.02.2018].

ZU DEN AUTOREN

Alexander Deeg, Dr., Jg. 1972, ist Professor für Praktische Theologie mit dem Schwerpunkt Homiletik und Liturgik. Er lehrt an der Theologischen Fakultät der Universität Leipzig und leitet das Liturgiewissenschaftliche Institut der Vereinigten Evangelisch-Lutherischen Kirche. Er ist außerdem Vorsitzender des Liturgischen Ausschusses der VELKD und leitete in den Jahren 2012 bis 2017 die Ausschüsse, die die Perikopenrevision erarbeitet haben.

Andreas Schüle, Dr. Dr., geb. 1968, ist Professor für Exegese und Theologie des Alten Testaments und Leiter der Forschungsstelle Judentum an der Universität Leipzig. 2012 wurde er zum Extraordinary Professor of Biblical Studies an der Universität von Stellenbosch berufen. Als Visiting Professor lehrt er regelmäßig am Trinity Theological College von Singapur. Forschungsschwerpunkte: Theologie des Alten Testaments, Biblische Hermeneutik, Antikes Judentum, Exegese der Bücher Genesis und Jesaja.

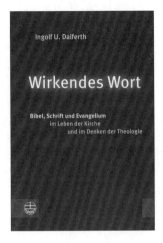

Ingolf U. Dalferth
Wirkendes Wort
Bibel, Schrift und Evangelium im
Leben der Kirche und im Denken
der Theologie

488 Seiten | Hardcover mit Schutz-
umschlag | 14 x 21 cm
ISBN 978-3-374-05648-4
EUR 38,00 [D]

Der international bekannte Systematiker und Religionsphilosoph
Ingolf U. Dalferth bestimmt das Verständnis von »Wort Gottes«, »Bibel«,
»Schrift« und »Evangelium« neu und stellt damit das herrschende Theo-
logieverständnis radikal infrage.
Die protestantische Theologie ist mit ihrer unkritischen Gleichsetzung
von Schrift und Bibel in die »Gutenberg-Falle« gegangen und hat sich
im Buch-Paradigma eingerichtet. Die reformatorische Orientierung
an Gottes schöpferischer Gegenwart in seinem Wort und Geist wurde
ersetzt durch die historische Beschäftigung mit Gottesvorstellungen.
Dabei brachte und bringt Theologie Interessantes ans Licht, aber am
Wirken des Geistes versagen ihre Instrumentarien. Will Theologie eine
Zukunft haben, muss sie wieder lernen, sich produktiv mit den Spuren
des Geistwirkens im Leben der Menschen auseinanderzusetzen.

EVANGELISCHE VERLAGSANSTALT
Leipzig www.eva-leipzig.de

Tel +49 (0) 341/ 7 11 41-44   shop@eva-leipzig.de